Reisetipps A–Z

Land und Leute

Vilnius und Südosten

Kaunas und Südwesten

Klaipėda und Ostseeküste

Im Norden und Osten

Anhang

Kartenatlas

092li-Foto: gs

Günther Schäfer
Litauen

Die Kurische Nehrung ist so merkwürdig,
dass man sie eigentlich ebenso als Spanien
und Italien gesehen haben muss,
wenn einem nicht ein wunderbares Bild
in der Seele fehlen sollte.

Wilhelm von Humboldt, 1809

056li Foto: gs

Impressum

Günther Schäfer
Litauen
erschienen im
Reise Know-How Verlag Peter Rump GmbH
Osnabrücker Str. 79
33649 Bielefeld

5., komplett aktualisierte und erweiterte Auflage 2006

Gestaltung
Umschlag: M. Schömann, P. Rump (Layout);
Caroline Tiemann (Realisierung)
Inhalt: Günter Pawlak (Layout)
Caroline Tiemann (Realisierung)
Fotos: der Autor, Rainer Höh (S. 258)
Titelfoto: der Autor
Karten: Catherine Raisin, world mapping project (Atlas)

Lektorat (Aktualisierung): Caroline Tiemann

Druck und Bindung
Wilhelm & Adam, Heusenstamm

ISBN 3-8317-1343-X
Printed in Germany

Dieses Buch ist erhältlich in jeder Buchhandlung Deutschlands, der Schweiz, Österreichs, Belgiens und der Niederlande.
Bitte informieren Sie Ihren Buchhändler über folgende Bezugsadressen:

Deutschland
Prolit GmbH, Postfach 9, D-35461 Fernwald (Annerod) sowie alle Barsortimente

Schweiz
AVA-buch 2000
Postfach, CH-8910 Affoltern

Österreich
Mohr Morawa Buchvertrieb GmbH
Sulzengasse 2, A-1230 Wien

Niederlande, Belgien
Willems Adventure
Postbus 403, NL-3140 AK Maassluis

Wer im Buchhandel trotzdem kein Glück hat, bekommt unsere Bücher auch über unseren **Büchershop im Internet: www.reise-know-how.de**

Wir freuen uns über Kritik, Kommentare und Verbesserungsvorschläge.

Alle Informationen in diesem Buch sind vom Autor mit größter Sorgfalt gesammelt und vom Lektorat des Verlages gewissenhaft bearbeitet und überprüft worden.

Da inhaltliche und sachliche Fehler nicht ausgeschlossen werden können, erklärt der Verlag, dass alle Angaben im Sinne der Produkthaftung ohne Garantie erfolgen und dass Verlag wie Autor keinerlei Verantwortung und Haftung für inhaltliche und sachliche Fehler übernehmen.

Die Nennung von Firmen und ihren Produkten und ihre Reihenfolge sind als Beispiel ohne Wertung gegenüber anderen anzusehen. Qualitäts- und Quantitätsangaben sind rein subjektive Einschätzungen des Autors und dienen keinesfalls der Bewerbung von Firmen oder Produkten.

Günther Schäfer

Litauen

Reise Know-How im Internet

Aktuelle Reisetipps und Neuigkeiten
Ergänzungen nach Redaktionsschluss
Büchershop und Sonderangebote

www.reise-know-how.de
info@reise-know-how.de

Wir freuen uns über Anregung und Kritik.

Vorwort

Litauen hat eine mehr als erstaunliche Entwicklung durchgemacht, seit es 1991 unabhängig wurde. Stand es jahrzehntelang unter sowjetischer Okkupation, so ist es heute ein freier demokratischer Staat und ein gelungenes Beispiel für den Übergang eines Staates vom Kommunismus zur freien Marktwirtschaft. Als letztes Teilstück der Verbundenheit mit dem Westen und dem „Weg zurück nach Europa" ging mit der Mitgliedschaft in NATO und EU ein langersehnter Traum in Erfüllung. Die Landeswährung wird vielleicht schon 2007 durch den Euro ersetzt. Durch diese innere Stabilität ist auch zu erwarten, dass zunehmend ausländische Investitionen ins Land fließen und der Tourismus noch mehr angekurbelt wird, der schon in den letzten Jahren erstaunliche Zuwachsraten verbuchen konnte. Auch die Zahl der Reiseveranstalter, die Litauen im Programm haben, ist deutlich gestiegen. Das Land ist zwar kein Geheimtipp mehr, aber es bietet sich zunehmend für Reisende auf der Suche nach neuen Ufern und Alternativen zum Massentourismus an.

Mit dem Beitritt zur EU ist Litauen mehr ins Bewusstsein der Urlauber gerückt. Auch die vielen Billigflieger haben die Neugier geweckt. Vor allem junge Leute machen Litauen als „trendiges Reiseziel" aus, was Aktivurlaub und Wellness angeht.

Es gibt genug verlockende Gründe, Litauen zu besuchen. Die klassischen Reiseziele Vilnius mit seiner barocken Pracht der Altstadt und die unvergleichliche Kurische Nehrung mit den größten Dünen Europas sind als UNESCO-Welterbe geschützt und lohnen allein schon die Anreise. Hinzu kommen u.a. die Metropole Kaunas, der geographische Mittelpunkt Europas, ein mit dem alternativen Nobelpreis ausgezeichneter Skulpturenpark, viele kulturhistorische und ethnographische Sehenswürdigkeiten wie Schlösser, Burgen oder Freilichtmuseen sowie andere historisch interessante Orte mit mittelalterlichen Stadtkernen, die von der reichen geschichtlichen Vergangenheit zeugen.

Der litauische Fürstenstaat war ein Bollwerk gegen die Kreuzritter, bevor es als letztes europäisches Land christianisiert wurde. Danach bildete es zusammen mit Polen ein Großreich, das sich von der Ostsee fast bis zum Schwarzen Meer erstreckte. Litauen hat sich seine Eigenständigkeit bewahrt, obwohl es seit dem 18. Jh. zuerst vom zaristischen Russland, dann von der Sowjetunion unterdrückt wurde. Zwischen den beiden Weltkriegen war ihm nur eine kurze Phase der „Wiedergeburt" vergönnt. Der starke Drang nach Unabhängigkeit zeigte sich auch darin, dass Litauen als erstes Land der Sowjetunion aufbegehrte und sich dann auch loslösen konnte. Im Jahr 2009 wird es seine 1000-jährige Staatsgründung feiern.

Litauen bietet eine reiche kulturelle Vielfalt, die neben Theatervorführungen, Konzerten, Museen etc. auch alte Traditionen bewahrt hat wie z.B. Folklore- oder Sängerfeste mit Massenchören mit bis zu 25.000 Sängern. In abgelegenen idyllischen Dörfern mit Ziehbrunnen und Holzkaten scheint die Zeit stehen geblieben zu sein. Besucher werden auch von der landschaftlichen Schönheit überrascht sein. In der teilweise fast unberührten Natur, die durch Nationalparks, Naturreservate und Regionalparks geschützt ist und die ein Dorado u.a. für Ornithologen und Botaniker ist, gibt es neben unzähligen Seen und einigen Hochmooren dichte Wälder, hügelige Weiden, einsame Sandstrände und naturbelassene Ufer der Bernsteinküste. Aktivurlaubern bieten sich viele Möglichkeiten, u.a. zum Wandern, Baden, Rad- oder Kanufahren. Erholungsurlauber können sich in traditionsreichen Kur- und Badeorten verwöhnen lassen. Die gastfreundlichen und aufgeschlossenen Menschen, das große kulinarische Angebot wie auch eine breite Palette von Unterkünften bzw. Unterhaltungs- und Einkaufsmöglichkeiten tun ihr Übriges.

Dieser komplett überarbeitete und erweiterte Reiseführer beinhaltet viele praktische Tipps, Stadttouren, Routenvorschläge und Hintergrundinformationen. Ich hoffe, dass er Ihnen viele Anlässe bietet, wertvolle und unvergessliche Eindrücke zu gewinnen.

Günther Schäfer

Inhalt

Vorwort 7
Exkurse 10
Hinweise zur Benutzung 10
Litauen auf einen Blick 11

Praktische Reisetipps A–Z

An- und Rückreise 14
Diplomatische Vertretungen 28
Einkaufen, Souvenirs und Kunsthandwerk 29
Einreisebestimmungen 31
Elektrizität 36
Essen und Trinken 36
Feiertage und Feste 41
Film und Foto 43
Rund ums Geld 43
Gesundheit 46
Informationen 50
Maße und Gewichte 52
Medien 53
Öffnungszeiten 54
Orientierung 54
Post 55
Reisegepäck und Kleidung 56
Reisezeit und Klima 57
Sicherheit 59
Sport und Erholung 59
Sprache 66
Telefonieren 68
Toiletten 70
Uhrzeit und Datum 70
Umgangsformen 71
Unterhaltung und Kultur 72
Unterkunft 73
Verkehrsmittel 79
Versicherungen 94
Zollbestimmungen 94

Land und Leute

Geographie 98
Bodenschätze 100
Natur 100
Flora und Fauna 104
Umweltschutz 106
Bevölkerung 108
Religion und Kulte 113
Geschichte 115
Staat und Verwaltung 131
Wirtschaft 131

Vilnius und der Südosten

Vilnius 136
Umgebung von Vilnius 201
Trakai 208
Druskininkai 216
Dzūkija-Nationalpark 226
Varėna 229
Lazdijai 231
Alytus 232

Kaunas und der Südwesten

Kaunas 236
Umgebung von Kaunas 274
Kauno-Marios-Regionalpark 275
Nemunas-Schleifen-Regionalpark 280
Kėdainiai 283
Marijampolė 286
Von Kaunas durch das Nemunas-Tal 289
Jurbarkas 292
Von Kaunas nach Klaipėda auf der A 1 294

Klaipėda und Ostseeküste

Klaipėda 298
Umgebung von Klaipėda 321
Im Osten des Kurischen Haffs 323
Šilutė 329
Östlich von Šilutė 331
Kurische Nehrung 336
Nida 350
Palanga 360
Šventoji 371
Kretinga 372

Im Norden und Osten

Plungė 378
Žemaitija-Nationalpark 379
Telšiai 382
Šiauliai 384
Kelmė 393
Tytuvenai 393
Šiluva 394
Šeduva 394
Panevėžys 396
Biržai 401
Rokiškis 405
Anykščiai 406
Ukmergė 410
Utena 411
Im Land der Seen 412
Molėtai 412
Zarasai 413
Ignalina 416
Aukštaitija-Nationalpark 418

Anhang

Literaturhinweise 434
Ortsnamen Deutsch-Litauisch,
Litauisch-Deutsch 436
Kleine Sprachhilfe 437
Entfernungstabelle 444
Postleitzahlen, Vorwahlen 445
Register 451
Der Autor 456

Kartenatlas **nach 456**
(Ausschnitte aus der Litauen-Karte des world mapping project)
Kartenverzeichnis XXIV

306li-Foto: gs

Am Berg der Kreuze bei Šiauliai

Exkurse

- Bernstein – das „Baltische Gold" ... 32
- Oster- und Weihnachtsbräuche ... 42
- Vier Regionen und vier litauische Charakterzüge ... 99
- Das „polnische Problem" ... 109
- Alte heidnische Kulte ... 112
- Staatssymbole ... 128
- Hochzeit und Scheidung auf Litauisch ... 130
- Die Legende vom Eisernen Wolf ... 137
- Kasimir – der Nationalheilige ... 146
- Jerusalem des Nordens ... 168
- Die Karäer ... 213
- Kaunas – Legende von der Stadtgründung ... 242
- Mikalojus Konstantinas Čiurlionis ... 254
- Das Teufelsmuseum von Kaunas ... 258
- Darius und Girėnas – die Atlantikflieger ... 262
- Sonnwendfeier und die magische „Farnblüte" ... 334
- Die Sage von der schönen Riesin Neringa ... 336
- Der Bernsteinschatz von Juodkrantė ... 345
- Jūratė und Kastytis – wo der Bernstein herkommt ... 356

Hinweise zur Benutzung

Wichtige litauische Begriffe und Abkürzungen

Straße	*gatvė (g.)*
Boulevard	*prospektas (pr.)*
Platz	*aikštė (a.)*
Brücke	*tiltas (t.)*
Autobahn	*plentas (pl.)*

Weitere Abkürzungen

EZ: Einzelzimmer
DZ: Doppelzimmer
Lt.: Litas
Zi.: Zimmer
p.P.: pro Person

Atlasverweise in Überschriften

In den Ortsbeschreibungen wird in den Überschriften mit einem **Pfeil ⇗** auf den Atlas verwiesen, damit sich der Ort auf der Karte schnell finden lässt, z.B. **⇗ XII/A2.**

Dabei verweist die römische Zahl auf die Seite im Atlas, Buchstaben und arabische Ziffern geben das Planquadrat an.

Orte ohne diese Verweise liegen außerhalb der Ausschnitte.

Internet-Adressen

Die **Trennungszeichen** innerhalb der Internetadressen in diesem Buch sind oftmals kein Teil der Adresse, sondern entstanden beim Zeilenumbruch des Textes.

Litauen auf einen Blick

Landesname: Lietuva (LT)
Staatsform: parlamentarische Republik
Nationalflagge: gelb-grün-rot
Staatssymbol: weißer berittener Ritter
Nationalfeiertag: 16. Februar
Staatsoberhaupt: Valdas Adamkus
Regierungschef: Algirdas Brazauskas
Mitgliedschaften: EU, NATO, OSZE, UNO
Fläche: 65.303 km²
Küste: 90 km (Ostsee)
Grenzen: 110 km mit Polen, 300 km mit Russland (Kaliningrader Gebiet), 550 km mit Lettland
Staatl. geschützte Gebiete: 5 Nationalparks, 30 Regionalparks, 5 Natur- und Kulturschutzgebiete, 290 Kulturdenkmäler
Höchster Berg: Juozapines (294 m)
Längster Fluss: Nemunas (937 km, 475 km innerhalb Litauens)
Anzahl der Seen: 2830
Größter See: Drūkšiai (45 km²)
Waldfläche: 20.000 km²
Umweltgeschützte Gebiete: 10,3 %
Klima: maritim-kontinental
Hauptstadt: Vilnius (ca. 543.000 Einw.)
Größte Städte: Vilnius, Kaunas, Klaipėda, Šiauliai, Panevėžys, Alytus, Marijampolė
Einwohner: 3.445.000 (ca. 84 % Litauer, ca. 7 % Polen, ca. 6 % Russen)
Bevölkerungsdichte: 54 Einw./km²
Stadtbevölkerung: ca. 70 %
Universitäten: Vilnius, Kaunas, Klaipėda
Schulpflicht: 7-16 Jahre
Administrative Aufteilung: 10 Bezirke, 44 Landkreise, 55 Gemeinden
Religion: vorwiegend römisch-katholisch
Landessprache: Litauisch
Währung: Litas (Lt.), 1 Litas = 0,29 Euro
Zeitzone: **OEZ** (MEZ + 1 Stunde)
Landesvorwahl: 00370
Elektrische Spannung: 220 V, 50 Hz, westeurop. Standardstecker, 2-3-polig
Wichtigster Seehafen: Klaipėda
Internationale Flughäfen: Vilnius, Kaunas, Palanga

Danksagung

Für die Neuauflage möchte ich mich bei den vielen hilfsbereiten und freundlichen Menschen in Litauen bedanken. Mein Dank gilt auch den vielen hilfreichen Informationen von Carsten Okkens von Schneider-Reisen in Hamburg, Birutė Laurinavičiūtė und Regina Žiūrienė vom Dorlita-Reisebüro in Klaipėda, Lilijana Stepanovienė und Jovita Rakutytė vom Delta-Reisebüro in Kaunas, Karsten Reddmann von Scandlines in Klaipėda, Ingrid Beck aus Druskininkai, Inesa Vaisnoraitė sowie den LITINTERP-Mitarbeitern Rimantas Pagojus, Eduardas Pikturnas, Indre Norkutė, Cheslovas Koreiva und Vykintas Stalgaitis.

Günther Schäfer

205li-Foto: gs

Praktische Reisetipps von A bis Z

309li-Foto: gs

308li-Foto: gs

Matrioshkas und Bernstein – die beliebtesten Souvenirs

Touristinformation in Telšiai

Alles klar?

An- und Rückreise

Die Anreise ist mit allen **öffentlichen Verkehrsmitteln** möglich. Es gibt viele Flüge (Flugzeit z.B. ab Berlin 90 Min.), sehr viele Bus- und einige Bahn- bzw. Fährverbindungen.

Wer Litauen intensiver erkunden will oder mehr Komfort oder Flexibilität wünscht, sollte mit dem **eigenen Fahrzeug** reisen oder sich einen Wagen **vor Ort mieten.** Möglich ist dann auch die Anreise mit einer Fähre (s.u.), eine organisierte Auto- oder Motorradtour bei „DNV-Tours" (s. „Informationen") oder ein „Fly and Drive"-Angebot (s. „Verkehrsmittel/Mietwagen"). Um die Fahrstrecke im Inland zu verkürzen, kann man einen Autoreisezug bis nach Hamburg, Berlin, Rostock oder Sassnitz nehmen (Infos Tel. 0180-5-241224 und www.dbautozug.de).

Flug

Direktverbindungen gibt es ab Berlin, Frankfurt/M., Hamburg, Köln/Bonn, München und Wien, zu den internationalen Flughäfen Vilnius, Kaunas und Palanga. Mit Ausnahme von Air Baltic steuern Billigflieger z.Zt. nur Flughäfen in Nachbarstaaten an, das Netz wird aber ständig ausgebaut, also Augen aufhalten! Die **wichtigsten Linienfluggesellschaften** mit Verbindungen nach Litauen sind:

- **Air Baltic,** www.airbaltic.com, von Berlin-Tegel, Hamburg, München und Wien nach Vilnius nonstop
- **Air Lithuania,** www.al.lt, von Hamburg, Köln/Bonn und München nach Palanga nonstop und nach Kaunas über Palanga.
- **Amber Air,** AHS GmbH, Airport Terminal 1, 22335 Hamburg, www.amberair.lt, info@amberair.lt, von Hamburg nach Palanga.
- **Austrian Airlines,** www.aua.com, von Wien nach Vilnius nonstop sowie von vielen anderen Flughäfen in Deutschland, Österreich und der Schweiz über Wien nach Vilnius.
- **Czech Airlines,** www. czechairlines.de, von vielen Flughäfen in Deutschland, Österreich und Zürich über Prag nach Vilnius.
- **KLM,** www.klm.nl, von Zürich und Genf über Amsterdam nach Vilnius.
- **Lithuanian Airlines (LAL),** www.lal.lt, von Berlin-Tegel und Frankfurt nach Vilnius nonstop sowie nur im Sommerhalbjahr von Berlin-Tegel, Hannover und Frankfurt nach Palanga nonstop.
- **LOT,** www.lot.com, von vielen Flughäfen in Deutschland, Österreich und der Schweiz über Warschau nach Vilnius.
- **Lufthansa,** www.lufthansa.de, von Frankfurt nach Vilnius nonstop sowie von vielen anderen Flughäfen in Deutschland, Österreich sowie Basel, Genf und Zürich über Frankfurt nach Vilnius.
- **Ryan Air,** www.ryanair.com, voraussichtlich ab März 2006 von Frankfurt/Hahn nach Kaunas.
- **SAS,** www.scandinavian.net, von vielen Flughäfen in Deutschland, Österreich und der Schweiz über Kopenhagen nach Vilnius.

Flugtickets

Je nach Fluggesellschaft, Jahreszeit und Aufenthaltsdauer ist ein Hin- und Rückflug bei frühzeitiger Buchung ab **150 €** zu haben (Endpreis einschl. aller Steuern, Gebühren und Entgelte). Am teuersten ist es in der Hauptsaison im Juli und August, in der die Flugpreise durchaus auf über 400 € steigen können. In der Schweiz ist es um einiges teurer mit Preisen ab 440 SFr.

Fassade des Flughafengebäudes von Vilnius

Preiswertere Flüge sind mit **Jugend- und Studententickets** (je nach Airline alle jungen Leute bis 29 Jahre und Studenten bis 34 Jahre) möglich. Außerhalb der Hauptsaison gibt es einen Hin- und Rückflug von Frankfurt nach Vilnius ab etwa 130 €.

Tipp: Kinder und bestimmte Personenkreise mit Ausweis (Jugendliche unter 27 Jahren, Studenten, Senioren u.a.) erhalten ggf. **ermäßigte Tarife** sowohl für die An- und Rückreise als auch für Fahrten im Reisezielgebiet. Verbilligte Flug-/Bahn-/Bustickets für Jugendliche und Studenten gibt es z.B. bei „Lithuanian Student and Youth Travel"-Reisebüros in verschiedenen Städten in Litauen (Infos: www.jaunimas.lt). Infos zu **Reiseveranstaltern** siehe Kapitel „Informationen".

Indirekt sparen kann man auch als Vielflieger, indem man Mitglied bei einem **Vielflieger-Programm** wird, z.B. bei Lufthansa, Austrian Airlines, LOT Polish Airlines oder SAS Scandinavian Airlines, die alle im Verbund www.staralliance.com sind.

Buchung

Für die Tickets der Linienairlines kann man bei folgenden **zuverlässigen Reisebüros** meistens günstigere Preise als bei vielen anderen Reisebüros finden:

- **Jet-Travel,** Buchholzstr. 35, D-53127 Bonn, Tel. 0228-284315, Fax 284086, info@jet-travel.de, www.jet-travel.de. Auch für Jugend- und Studententickets. Sonderangebote auf der Website unter „Schnäppchenflüge".
- **Globetrotter Travel Service,** Löwenstrasse 61, CH-8023 Zürich, Tel. 01-2286666, www.

201li Foto: gs

globetrotter.ch., zh-loewenstrasse@globetrotter.ch. Weitere Filialen gibt es in Baden, Basel, Bern, Biel, Chur, Freiburg, Luzern, Olten, St. Gallen, Thun, Winterthur und Zug.

Wer sich erst im letzten Augenblick für eine Reise nach Litauen entscheidet oder gern pokert, kann Ausschau nach Last-Minute-Flügen halten, die von Lufthansa für Flüge von Frankfurt nach Vilnius mit deutlicher Ermäßigung ab 3 Tage vor Abflug angeboten werden, wenn noch Plätze zu füllen sind. Diese Last-Minute-Flüge lassen sich nur bei Spezialisten buchen (bei den Rufnummern werden 0,12-0,20 € bzw. 0,12 SFr pro Minute berechnet):

- **L'Tur,** www.ltur.com; (D)-Tel. 01805-212121, (A)-Tel. 0820-600800, (CH)-Tel. 0848-808088, sowie 140 Niederlassungen europaweit. Unter „Super Last Minute" gibt es Angebote für den Abflug innerhalb der nächsten 72 Std.
- **Lastminute.com,** www.de.lastminute.com, Tel. 01805-777257.
- **5 vor Flug,** www.5vorflug.de, Tel. 01805-105105.

Mini „Flug-Know-How"

Check-in

Nicht vergessen: Ohne einen **gültigen Reisepass oder Personalausweis** kommt man nicht an Bord (und das gilt auch für Flüge innerhalb Deutschlands und Europas).

Bei den innereuropäischen Flügen muss man mindestens eine Stunde vor Abflug am Schalter der Airline eingecheckt haben. Viele Airlines neigen zum Überbuchen, d.h., sie buchen mehr Passagiere ein, als Sitze im Flugzeug vorhanden sind, und wer zuletzt kommt, hat dann möglicherweise das Nachsehen.

Gepäck

In der Economy-Class darf man in der Regel nur **Gepäck bis zu 20 kg pro Person** einchecken (steht auf dem Flugticket) und zusätzlich ein Handgepäck von 7 kg in die Kabine mitnehmen, welches eine bestimmte Größe von 55 x 40 x 23 cm nicht überschreiten darf. In der Business Class sind es meist 30 kg pro Person und zwei Handgepäckstücke, die insgesamt nicht mehr als 12 kg wiegen dürfen. Man sollte sich beim Kauf des Tickets über die Bestimmungen der Airline informieren.

Aus Sicherheitsgründen gehören Waffen, auch z.B. Nagelscheren, Explosivstoffe, Munition, Feuerwerke, leicht entzündliche Gase (z.B. in Sprühdosen, Campinggas), entflammbare Stoffe (z.B. in Feuerzeugen) sowie Aktentaschen oder Sicherheitskoffer mit installierten Alarmvorrichtungen nicht ins Passagiergepäck.

Buchtipps

- *Frank Littek:* **Fliegen ohne Angst,** und *Erich Witschi:* **Clever buchen, besser fliegen,** Praxis-Reihe, Reise Know-How Verlag.

Fähre

Wohl die angenehmste Möglichkeit für denjenigen, der vielleicht auch sein Fahrzeug mitnehmen möchte. Mit der Fähre hat man nicht nur etwas mehr Zeit, sich auf das Reiseland einzustellen, sondern man genießt zudem die Reise über das „Baltische Meer" (Ostsee). Außerdem ist es komfortabler, sicherer und umweltfreundlicher als die anstrengende Autofahrt durch Polen.

Autoreisezug

Die Anreise zum Fährhafen ist mit einem Autoreisezug möglich. Die Verbindungen:

- nach **Sassnitz** von Frankfurt/Neu Isenburg oder Stuttgart/Kornwestheim;
- nach **Niebüll** und **Rostock** von Dortmund, Frankfurt/Neu Isenburg oder Stuttgart/Kornwestheim;

- nach **Hamburg-Altona** von Lörrach, München, Salzburg und Villach.

Bei Last-Minute-Buchung ab 6 Tage vor Abfahrt 25 % Ermäßigung. Für Online-Buchung 15 € Rabatt, wenn man die Fahrkarten selber ausdruckt.

- **DBAutoZug,** www.autozug.de oder Tel. 01805-241224 (0,12 €/Min.).

Hinweise zu Fahrzeugpapieren etc. bei „An- und Rückreise/Auto, Motorrad." Siehe auch Kapitel „Sicherheit".

Kiel – Klaipėda – Kiel

Die Einschiffung erfolgt in Kiel im Ostuferhafen (den Hinweisschildern am Ende der A 7/A 215 folgen bzw. mit Bus 11 oder 12 vom Hauptbahnhof Kiel in Richtung Dietrichsdorf bis zur Haltestelle „Grenzstraße", von dort 5 Min. zu Fuß); in Klaipėda im Fährhafen Perkėlos 10. Am Ostuferhafen in Kiel gibt es einen bewachten Parkplatz (6 €/Tag). Passagiere mit und ohne PKW sollten sich drei Stunden vor der Abreise einfinden (Meldeschluss). Bei der Ankunft können bei der Entladung bzw. Erledigung der Pass- und Zollformalitäten 60 bis 90 Minuten vergehen.

Einen **Überblick** über alle Fährverbindungen bietet *Schnieder-Reisen*

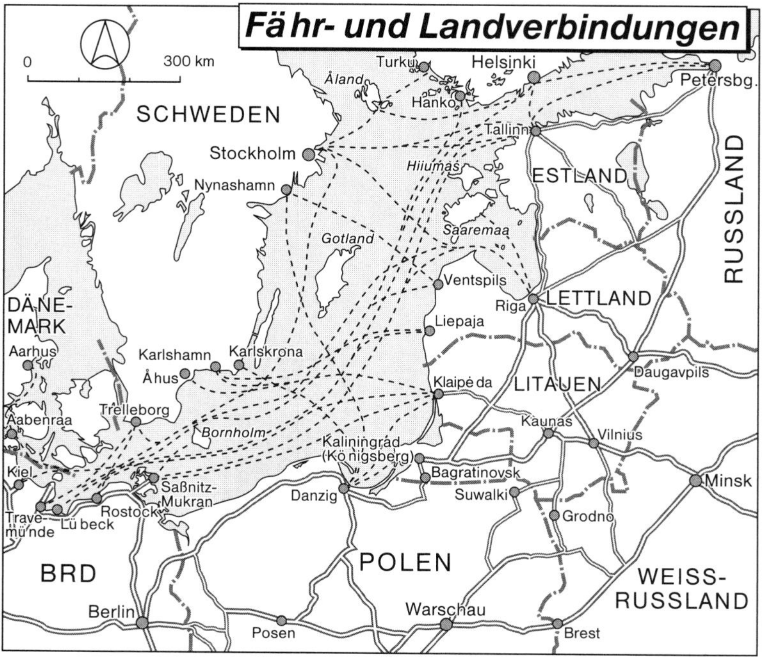

unter www.baltikum24.de. bzw. BTZ (s. „Informationen").

LISCO und SCANDLINES betreiben die Kombi-Fährschiffe *Lisco Gloria*, bzw. *Svealand* (je dreimal wöchentlich) mit 20-21 Std. Fahrzeit. Man sollte auch in der Nebensaison **frühzeitig buchen** und sich nicht auf kurzfristig stornierte Plätze verlassen, da der Schwerpunkt auf der Fracht liegt. Eine Option ist das Fährschiff *Urd* von Rostock nach Liepaja (Lettland), nahe der litauischen Grenze (von SCANDLINES). Die Preise sind in Deutschland und Litauen gleich, variieren aber nach Saison und Kategorie (Pullman-Sitze kosten nur 70 €). Frühstück ist inklusive. Es gibt u.a. Restaurant, Bar, Duty-Free-Shop, Sauna und Solarium.

Weitere Infos geben neben Reisebüros und Reiseveranstaltern:

- **LISCO-Generalagentur:** Lisco Baltic Service GmbH, Ostuferhafen 15, 24149 Kiel, Tel. (0431) 20976420, Fax 20976555; www.lisco-baltic-service.de; info@lisco-baltic-service.de.
- **SCANDLINES-Generalagentur:** Scandlines Deutschland GmbH, Am Warnowkai 8, 18147 Rostock, Tel. (0381) 6731217, Fax 6731213 bzw. Tel. (0180)-5-7226354637; www.scandlines.de; buchung@scandlines.de.

Check-In für LISCO und SCANDLINES: Lisco Baltic Service GmbH (s.o.).

Infos, Reservierung und Kauf in Litauen:

- **LISCO,** Janonio 24, Klaipėda, Tel. 393288, Fax 393287, www.lisco.lt, booking@lisco.lt bzw. im Fährhafen Perkėlos 10 bei Krantas Shipping, Tel. 395050, Fax 395052, oder in allen Krantas-Reisebüros (www.krantas.lt, travel@krantas.lt).
- **SCANDLINES,** neben Hotel Klaipėda, Naujoji Sodo 1 (Zimmer 111, Herr Reddmann),

202li Foto: gs

Tel./Fax 310561 (Mo-Fr 9-17 Uhr) bzw. im Fährhafen Perkėlos 10 (Tel. 355000, Mo-Sa 12-20 Uhr); www.scandlines.lt, ferry@scandlines.lt.

Mukran – Klaipėda – Mukran

Zwischen Mukran (nahe Sassnitz auf Rügen) und Klaipėda verkehrt dreimal wöchentlich ein Frachtschiff von LISCO (ca. 18 Std. Fahrzeit). LKW und deren Fahrer haben Vorrang. Meist ist nur eine kurzfristige Zusage möglich. Bushaltestelle direkt am Fährhafen.

Kreuzfahrtschiffe

Einige Reedereien bieten Kreuzfahrten auf der Ostsee an, wobei auch Klaipėda angelaufen wird. Infos bei Reisebüros, Reiseveranstaltern bzw. der BTZ (s. „Informationen").

Anreise mit der eigenen Jacht

Die Häfen Klaipėda, Juodkrantė, Pervalka, Preila, Nida, Dreverna, Minija, Šilutė und Uostadvaris, wo es mehr oder weniger moderne Jachthäfen gibt, können mit Privatbooten angesteuert werden. Hilfreich ist die Broschüre „Yacht Harbours of Lithuania" mit Details und Karten, die vom Tourismusverband herausgegeben wird (info@tourism.lt). Seekarten gibt es u.a. beim Jana Seta-Verlag (s. Anhang) oder im Buchhandel. Im DSV-Verlag erschienen ist das „Hafenhandbuch Ostsee". Immer mitzuführen sind Besitzerurkunde sowie Nationalitäten- und Heimathafennachweis. Es können vor Ort auch Jachten ausgeliehen werden (s. „Sport und Erholung").

Von Klaipėda setzt die Fähre nach Smiltynė auf die Kurische Nehrung über

Anreise mit der Bahn

Aktuellste Infos und Fahrpläne sind bei DER-Reisebüros, Bahn-Reisezentren, beim Bahninformationsdienst Tel. 11861 oder 0800-1507090, unter www.bahn.de oder im „Thomas-Cook-European-Timetable" erhältlich. Es würde den Rahmen sprengen, Zugverbindungen aufzulisten, die dann doch bald wieder überholt wären.

Man kann **Bahntickets** an jedem größeren Bahnhof direkt kaufen. Es geht aber auch ohne Warteschlangen online oder telefonisch; die Tickets erhält man dann per Post zugeschickt:

- **DB,** www.bahn.de oder in Deutschland, Tel. 11861 (0,03 €/Sek., ab Weiterleitung zum Reiseservice 0,39 €/Min.).
- **ÖBB,** www.oebb.at oder in Österreich, Tel. 05-1717 (zum Ortstarif).
- **SBB,** www.sbb.ch oder in der Schweiz, Tel. 0900-300300 (1,19 SFr/Min.).
- **DB NachtZug,** www.nachtzugreise.de oder über die obigen Bahngesellschaften.

Es gibt bei den Bahngesellschaften regelmäßig **attraktive Angebote.** Damit man keines davon verpasst, kann man bei der DB oder SBB den Newsletter auf der Website abonnieren.

Besondere Ermäßigungen gibt es häufig auch für die Besitzer einer **Kundenkarte der Bahngesellschaft** wie der deutschen *BahnCard,* österreichischen *VORTEILScard* oder den Schweizer *Halbtax-Abonennten.* Überdies gibt es mitunter **Frühbucher-Rabatte** und **Ermäßigungen** für Online-Buchungen.

Wer nicht via Prag, Budapest, Bratislava, Sofia etc. nach Warschau oder

Vilnius fahren möchte, muss mehr oder weniger zuerst nach **Berlin-Lichtenberg** bzw. **Berlin-Ostbahnhof,** wo die meisten der Züge Richtung Osten abfahren bzw. diese Bahnhöfe passieren (es gibt viele Direktverbindungen von deutschen Städten nach Warschau via Berlin). In der Hauptreisezeit wird eine Reservierung empfohlen. Möglich ist die Anfahrt nach Berlin auch mit einem Linienbus (s.u.) bzw. über eine Mitfahrzentrale (s. „Fahrrad/Trampen/ Mitfahrzentrale").

In der Broschüre **„Bahnreisen"** findet man auch Angebote für das Ausland (z.B. Sparpreis Europa, Eurodomino, Railplus, Interrail). Wer diese Ermäßigungen in Anspruch nimmt oder sich die Zeit zum Ticketkauf im Ausland ersparen möchte, kann auch gleich das Rückfahrtticket kaufen und einen Platz reservieren lassen. Die **Schlaf- oder Liegewagenkarte** für die Rückfahrt ist i.d.R. nur im Ausland zu kaufen. In Osteuropa gekaufte Tickets sind billiger als in Deutschland. Wie überall empfiehlt sich bei **Nachtfahrten,** die Tür des Abteils zu verriegeln, seine Sachen gut zu verstauen und auf seine Wertsachen zu achten. In polnischen Schlafwagen wird ein kostenloses Frühstück serviert.

Der **Polrailpass** (60 US$ für 8 Tage, 90 US$ für 15 Tage, Zuzahlung bei Intercitys), erlaubt unbegrenztes Fahren, lohnt sich aber i.d.R. nicht für eine Durchfahrt nach Litauen. Erhältlich nur für nichtpolnische Staatsangehörige bei allen Orbis/Wasteels-Agenturen in Polen (z.B. Warschau, ul. Chmielna 98, Tel./Fax 6546 579). Dort gibt es auch Discounttickets für Personen unter 26 Jahren.

Der **Eurailpass** gilt nicht in Polen und Litauen. **Interrailpässe** lohnen sich nicht, da sie nur in Polen, nicht im Baltikum gültig sind; um sie lediglich für die Hin- und Rückreise via Skandinavien zu nutzen, sind sie zu teuer.

Berlin – Vilnius – Berlin

Ab Berlin gibt es z.B. den nach St. Petersburg fahrenden **Expresszug** via Vilnius (18-22 Std.). Die Züge gehen über **Weißrussland** und erfordern ein **Transitvisum,** das man für 50 € vor der Abreise bei der Botschaft besorgen muss. Das Visum ist 30 Tage gültig und gilt auch für die Rückfahrt.

An der polnisch-weißrussischen Grenze steht der Zug oft stundenlang (Umstellung der Gleisspurbreite). Während der Durchfahrt durch Weißrussland sind Kontrollen obligatorisch. Von einer solchen Fahrt wird deshalb dringend **abgeraten.** Es werden Züge von Warschau nach Kaunas/Vilnius empfohlen, die nicht durch weißrussisches Gebiet führen. Von Berlin aus erfordert dies zwangsläufig ein Umsteigen in Warschau; trotzdem eine sehr angenehme Reisemöglichkeit. Geplant ist eine Schnellzugstrecke (Rail Baltica) von Warschau bis Tallinn.

Berlin – Warschau – Berlin

Täglich mehrere Expresszüge (6 Std.) sowie Nachtzüge (8-11 Std.). Aufgrund der besseren Einrichtungen, Sicherheit und Aufenthaltsmöglichkeiten empfiehlt sich entgegen der DB-Zugauskunft das Aus-/Umsteigen im Warschauer **Zentralbahnhof** *(Centralna)* und nicht im Westbahnhof *(Zachodni)*, es sei denn, man möchte von dort aus mit dem Bus weiterfahren (s.u.). Vom Ostbahnhof *(Wschodni)* wird grundsätzlich abgeraten.

Aufenthalt in Warschau

Wer mit dem Nachtzug ankommt, hat zwar eine sehr gute Anschlussmöglichkeit nach Kaunas (s.u.), aber auch die Hauptstadt Polens bietet genug Sehenswertes, um seine Fahrt hier zumindest für einige Stunden zu unterbrechen und mit dem nächsten Nachtzug weiterzufahren oder hier zu übernachten. Wichtige Infos im Warschau-Stadtführer des Reise Know-How-Verlags sowie unter www.inyourpocket. com (erscheint 5-mal jährlich; auch in Hotels, Kiosken etc. zu kaufen). **Hotelinfos** unter www.polhotels.com oder unter www.hotelspoland.com. **Zuginfos** auch unter www.pkp.com.pl. Hilfreich sind auch die **Touristinformationsbüros** z.B. im Busbahnhof (s.u.) oder im Zentralbahnhof mit Zimmervermittlung, Stadtinfos, Zugfahrplänen etc.; 8-18 Uhr, Mai-Sept. 8-20 Uhr (Tel. 0048-22-9431, www.warsawtour.pl bzw. info@warsawtour.pl). Zugtickets sind z.T. auch in Reisebüros erhältlich.

Der Warschauer Zentralbahnhof

Er liegt an der Al. Jerozolimskie 54. Der wichtigste der 6 Warschauer Bahnhöfe **(Achtung Taschendiebe!)** hat vier Ebenen:

Untergeschoss: Bahnsteige

Erdgeschoss: Bahnhofshalle mit Verkaufsschalter, Touristinformationsbüro (s.o.), Zuginformation (national).

Obergeschoss: WC, internationale Tickets und Zugauskunft, Wartesaal.

Zwischenebenen: 24 Std. geöffnet sind: Geldwechsel („Kantor“, etwas schlechtere Kurse als anderswo; vom Schwarztausch wird dringend abgeraten), Apotheke, elektronische Schließfächer (4-14 Zl., Beschreibung auch auf Deutsch). Außerdem Cafés, Shops, Imbissstände, Ticketschalter, Geldautomaten, Post, Telefonamt etc.

Warschau – Kaunas – Vilnius mit Express-Nachtzug

Hinfahrt an ungeraden Tagen um 21.42 Uhr, Ankunft in Kaunas 7.14 Uhr, in Vilnius 8.45 Uhr. **Rückfahrt** an geraden Tagen um 20.55 Uhr, in Kaunas 22.20 Uhr, Ankunft Warschau 5.53 Uhr). Die Plätze im Schlafwagenabteil (3 Betten, Waschbecken) und Liegewagenabteil (6 Betten) für die Hinreise können i.d.R schon in Deutschland reserviert und bezahlt werden. Die Bettwäsche ist im Preis inbegriffen. Polen und Litauen haben die gleiche Gleisspurbreite. Die Grenz- und Zollkontrolle erfolgt während der Fahrt.

Warschau – Kaunas – Vilnius mit Nahverkehrszügen

Abfahrt 7.12 Uhr, Ankunft in Šeštokai um 15.10 Uhr; Umsteigen erforderlich, Abfahrt 16 Uhr, Ankunft Kaunas 17.43 Uhr, in Vilnius 19.20 Uhr. **Rückfahrt** von Vilnius um 12.35 Uhr, in Kaunas 14.00 Uhr, Ankunft Šeštokai 15.35 Uhr, Umsteigen erforderlich, Abfahrt 16.27 Uhr, Ankunft Warschau 22.30 Uhr.

Es gibt zwar noch andere Züge von Warschau bis zum polnischen Grenzbahnhof Suwałki (Fahrtzeit rund fünf Stunden), von denen aber nur sehr wenige nach Šeštokai (16 km hinter der Grenze, Fahrtzeit fast zwei Stunden) weiterfahren. Dort kann man dann auf obige Züge warten oder mit einem Bus weiterfahren (s.u.). Auch ab Suwałki verkehren Busse nach Litauen.

Bahn-Bus-Kombination

Aufgrund der zahlreichen Verkehrsverbindungen kann man unterwegs auch vom Zug in den Bus und umgekehrt wechseln. Das bietet sich insbesondere dann an, wenn man entweder besondere Ermäßigungen (s.o.) in Anspruch nehmen will, der Anschluss schlecht ist oder verpasst wurde, oder kein Platz frei ist. Gute Möglichkeiten bieten sich vor allem in Warschau, z.T. auch in Suwałki (s.o. bzw. „An- und Rückreise/Bus") oder in Šeštokai (s.o.).

Anreise per Bus

Von Deutschland und Österreich

Die von Busreiseanbietern meistens von Mai bis September organisierten **Luxus-Ferienbusse** mit einer Zwischenübernachtung und Ausflugsprogramm fahren von vielen deutschen Städten u.a. nach Nida. (Auflistung in der Broschüre der BTZ, s. „Informationen").

Daneben gibt es noch ganzjährig fahrende **Linienbusse,** die zwar billig und schnell sind, aber bei langen Reisestrecken (z.B. Berlin – Kaunas 17 Std., Wien – Vilnius 22 Std.) und wenig Bein- und Bewegungsfreiheit etwas anstrengend sein können. Verkauf von Lebensmitteln und Getränken an Bord. Sie fahren von vielen Städten ab und sind sehr populär, deshalb auch die Weiter- bzw. Rückfahrt rechtzeitig buchen (Adressen bei den jeweiligen Städten). Nach Marijampolė, Kaunas und Panevėžys Mitfahrt in den Bussen nach Riga und Tallinn möglich, falls Plätze frei sind. Renommierte Gesellschaften sind u.a.:

- **Eurolines** (Deutsche Touring), Am Römerhof 17, 60486 Frankfurt, Tel. 069-790350, Fax 7903228, service@deutsche-touring.com, www.deutsche-touring.com bzw. www.eurolines.com. Buchung bei DER- Reisebüros.
  Von Stuttgart, Hamburg, Berlin, Wien, Zürich etc.: fast täglich nach Marijampolė, Kaunas, Panevėžys (Anschluss mit Minibus nach Vilnius).
- **Reisedienst von Rahden** (in Verbindung mit Sputnik-Reisen, Kaliningrad bzw. Kautra, Kaunas), Heidkamp 49, 28790 Schwanewede, Tel. 04209-91620, Fax 916249, www.vonraden.de.
  Von Berlin, Bielefeld, Bremen, Köln etc.: mehrmals wöchentlich nach Vilnius, Kaunas, Marijampolė.
- **Bayern-Express & P. Kühn GmbH,** Mannheimerstr.33/34, 10713 Berlin, Tel. 0800-666-6999, www.berlinlinienbus.de.
  Von München, Berlin etc. nach Marijampolė, Kaunas, Panevėžys.
- **Salza-Tours,** Tel. 03603-82670, Fax 82677, www.baltic-line.com. Von Erfurt, Leipzig, Potsdam u.a. nach Klaipėda und Alytus.

Polen – Litauen

Viele europäische Busgesellschaften haben **Direktbusse nach Polen** (z.B. *Eurolines,* von Frankfurt nach Warschau 19 Std., von Wien nach Warschau 16 Std.). Wer jedoch gleich weiter nach Litauen oder Kaliningrad fahren möchte, für den lohnt ein Buswechsel in Polen nicht, da die Busse von Polen aus oft ausgebucht, nur geringfügig billiger sind und oft längere Wartezeiten an den Grenzen haben (Infos zu Warschau s.o.).

Einige Busse halten bzw. fahren vor dem Zentralbahnhof (s.o.) ab. Den Busbahnhof im Ostteil der Stadt beim Stadion in der Al. Zieleniecka sollte

219li Foto: gs

man meiden. Der wichtigste **Busbahnhof** „Dworzec PKS Zachodni" (West) liegt in der Al. Jerozolimskie 144 neben dem gleichnamigen Zugbahnhof (zu erreichen mit einem Stadtzug vom Bahnhof Srodmiescie direkt neben dem Zentralbahnhof oder z.B. mit den Bussen 127, 130, 508). **Vorsicht vor Taschendieben!** Hier gibt es auch eine Touristinformation (tgl. 9-20 Uhr), eine Gepäckaufbewahrung (7-19 Uhr; 4 Zl./Std.), Geldwechsel („Kantor"; Mo-Fr 8.30-18, Sa 8-14 Uhr), Geldautomaten etc.

Bustickets sind rechtzeitig entweder im dortigen Eurotrans-Reisebüro (Tel. 8236858, www.busnet.pl), am internationalen Ticketschalter *(miedzynarodowa),* in einigen Reisebüros (z.B. Orbis, ul. Bracka 16, Tel. 8277604) oder direkt bei den Busgesellschaften (z.B. Eurolines, ul. Wandy 16, Tel. 6729060, www.eurolines.com) zu bekommen. Infos über internationale Busverbindungen unter Tel. 8235770 und 6286253.

Von **Warschau** fahren mehrmals täglich komfortable Busse u.a. nach Vilnius (8-10 Std.) und Kaunas. Nachtbusse kosten meist etwas mehr. Vom Grenzort **Suwałki** gibt es u.a. Busse nach Vilnius (4-5 Std.), Kaunas, Druskininkai und Lazdijai. Busse nach Vilnius fahren u.a. auch von Białystok (7 Std.)

Busbahnhof in Nida

und Danzig (11 Std.) via Olsztyn, Elblag und Ostroda.

Diese direkten Busse fahren nicht durch Weißrussland (daher **kein Transitvisum** erforderlich) und können die Warteschlange an der polnisch-litauischen Grenze passieren. Für die Grenzkontrolle genügt deshalb meist eine Stunde oder weniger.

Anreise mit dem eigenen Fahrzeug

25 km nördlich von Vilnius liegt der Mittelpunkt Europas, und bis dorthin sind es rund 830 km von Berlin. Die Strecke Wien – Vilnius beträgt rund 940 km. Möglich ist auch die Fahrt mit einem Autoreisezug z.B. bis Berlin (s.o.). Wer mit dem eigenen Fahrzeug auf dem Landweg anreist, muss in jedem Fall durch **Polen,** auch wenn man erst durch Tschechien oder die Slowakei fährt. Für die neuen EU-Länder besteht Visafreiheit (s. „Einreisebestimmungen). Ausführungen zum Fahren auf den Straßen Litauens s. unter „Verkehrsmittel".

Ausrüstung

Vor der Reise sollte man eine **Inspektion** durchführen lassen. Da die Servicestationen nicht so dicht gesät und Ersatzteile schwieriger zu bekommen sind, sollte man zumindest die übliche **Grundausstattung** haben (z.B. Starthilfekabel, Abschleppseil, Wagenheber, Verbandskasten, Warndreieck, Feuerlöscher etc.). Letztere sind sogar gesetzlich vorgeschrieben, in Litauen auch eine Taschenlampe. Außerdem sollte man **Werkzeug,** Glühbirnen, Sicherungen, Motorenöl und ein Kleinteile-Set für kleinere Reparaturen mit sich führen. Wichtig ist auch ein **Reservekanister** (maximal 20 l). Eine gute **Straßenkarte** nicht vergessen (s. „Orientierung").

Fahrzeugpapiere

Ein EU- oder nationaler **Führerschein** sowie der **Fahrzeugschein** sind obligatorisch. Die Einreise mit Kopien der Fahrzeugpapiere ist verboten. Auch die älteren grauen Führerscheine werden anerkannt, sofern der Inhaber auf dem Foto noch zu erkennen ist. In Tschechien braucht man noch eine beglaubigte Übersetzung. Argumentationshilfen in vielen Sprachen können unter www.vzbv.de/anerkennung heruntergeladen werden. Es wird aber trotzdem empfohlen, auch einen internationalen Führerschein mitzuführen, der bei der heimischen Führerscheinstelle beantragt werden kann. Am Fahrzeug sollte immer das **Nationalitätenkennzeichen** angebracht sein. Wer einen fremden Wagen fährt, benötigt eine notariell beglaubigte Benutzungsvollmacht (Vordruck bei den Automobilclubs wie dem ADAC, ÖAMTC oder TCS, s.u.). Man sollte nie ohne diese Papiere fahren, wenn man kein hohes Bußgeld riskieren möchte. Außerdem sollte man immer seinen **Reisepass oder Personalausweis** mit sich führen.

Versicherungen/Schutzbriefe

Die **„Internationale Grüne Versicherungskarte"** , die die wichtigsten Fahrzeugdaten enthält und die Schadensabwicklung bei einem Unfall erleichtert, ist in Litauen empfehlenswert, in Polen sogar obligatorisch. Wer ohne sie einreisen will, muss dort eine sehr hohe Pflichtgebühr und Geldstrafe bezahlen. Diese fallen noch höher aus, wenn man erst durchgewunken, dann jedoch von anderen Beamten gestoppt wird, die von ihren Kollegen informiert wurden. Eine Zusatzversicherung kann z.T. noch an der Grenze abgeschlossen werden.

Ein Abschluss oder eine Erweiterung einer kurzzeitigen **Vollkasko- und Insassenunfallversicherung** vor der Abreise wird trotzdem nach schriftlicher Klärung des Versicherungsschutzes durch den Versicherer dringend empfohlen. Ebenso ein **Auslandsschutzbrief mit Europadeckung** (Kostenübernahme für Rücktransport, Abschleppunternehmen, Unfall- und Pannenhilfe, Mietwagen etc.).

Gute **Angebote** gibt es u.a. bei den Automobilclubs. Da die Deckungssumme einer Haftpflichtversicherung relativ niedrig ist, würde man auf einem Teil der Kosten sitzen bleiben.

Pannen- und Unfallhilfe

Dies sind **die wichtigsten Automobilclubs** und ihre 24-Stunden-Notrufnummern in Deutschland, Österreich und der Schweiz:

- **ADAC,** www.adac.de; Notruf-Tel. 0049-89-222222, unter 0049-89767676 erfährt man, wo sich in der Nähe Ihres Urlaubsortes ein Deutsch sprechender Arzt befindet; die Liste kann man auch vorab anfordern.
- **ÖAMTC,** www.oeamtc.at; Notruf-Tel. 0043-1-2512000.
- **TCS,** www.tcs.ch; Notruf-Tel. 0041-22-4172220.

Weitere nützliche Notrufnummern für Pannen- und Unfallhilfe auf der Strecke:

- **Touristennotruf** (deutschsprachig) in Polen Tel. 061-8319888, in der Slowakei Tel. 004202-61104351, in Tschechien Tel. 261104351.
- **Reiseinfos** zu Polen unter www.polen-info.de, zur Slowakei www.sacr.sk und zu Tschechien www.czechtourism.com.

Bei Unfällen muss man in jedem Fall die Polizei verständigen. Verhaltenstipps bei Notfällen s. Kapitel „Sicherheit". In Polen hilft PZM, Tel. 022-499361. **Notrufnummer in Polen:** Tel. 997 (Polizei), 999 (Ambulanz), 981 bzw. 954 (Pannenhilfe). **In Tschechien und der Slowakei:** Tel. 155 (Ambulanz) bzw. Tel. 158 (Polizei); Tel. 1230 bzw. 123 (Pannenhilfe). **In Litauen** Bereitschaften der litauischen Verkehrspolizei: Tel. 331168, Notfälle (Polizei, Ambulanz, Feuerwehr) Tel. 112.

Bei **Pannen** helfen auch die Reparaturwerkstätten einiger Tankstellen, die auch weitervermitteln. Alle großen westlichen Automarken sind in den Großstädten vertreten und leisten Pannenhilfe bzw. führen Reparaturen aus. Der litauische Autofahrerverband (s. „Verkehrsmittel") ist ebenso hilfreich wie der gebührenfreie 24-Std.-Pannendienst (Tel. 8-800-00-000/für Mobiltelefone 188). Weitere in Litauen ansässige Pannendienste sind in den Ortsbeschreibungen vermerkt. Hilfreich sind auch die „In your Pocket"-Stadtführer (s. „Informationen").

220-li Foto: gs

Tanken

Verbleites und bleifreies Benzin sowie Diesel sind zwar überall erhältlich, aber besser immer volltanken und einen Ersatzkanister füllen (zu große Mengen sind aber zollpflichtig, siehe „Zollbestimmungen"). Die Tankstellendichte ist zufriedenstellend, sie sind mindestens von 6 Uhr bis 22 Uhr, entlang der Via Baltica oft 24 Std. geöffnet.

Verkehrsbestimmungen in den Transitländern

In Litauen und den Transitländern gilt Rechtsverkehr. In Polen sind 0,2 Promille gestattet, in Tschechien und der Slowakei gilt Alkoholverbot. Die **Höchstgeschwindigkeit** für PKW in diesen Ländern beträgt in geschlossenen Ortschaften 60 km/h (in Tschechien und Warschau 50 km/h), auf der Landstraße 90 km/h und auf Autobahnen 130 km/h. In Tschechien und der Slowakei gibt es auf Autobahnen **Vignettenpflicht.** Die Anschnallpflicht gilt für alle Sitze. Vom 15.10.-15.3. muss in Tschechien und der Slowakei auch tagsüber das Abblendlicht eingeschaltet werden, bei Motorrädern ganzjährig. Die Handybenutzung während der Fahrt ist verboten. Bei Zuwiderhandlung sind **saftige Bußgelder** fällig, manchmal besonders hoch für Fahrer mit westlichen Kenn-

Landschaft bei Biržai

zeichen (ohne Quittung wandert das Geld meist in die eigene Tasche des Polizisten).

Man muss mit **vielen Kontrollen** rechnen. Polizisten in Zivilkleidung sind nur innerorts erlaubt, sie müssen sich aber ausweisen.

Die aktuellsten Bestimmungen am besten nochmals vor Abreise bei einem Automobilclub o.Ä. einholen.

Sicherheit

Die **Kriminalität** entlang der Transitroute ist relativ niedrig (insbesondere Raub, Diebstahl). Nach Möglichkeit sollte man aber nicht allein fahren, nicht bei Nacht und ohne Übernachtung direkt an der Straße. Keine Anhalter mitnehmen. Vorsicht vor vorgetäuschten Autopannen!

Man sollte sein Fahrzeug nur auf **bewachten** (Hotel-)Parkplätzen abstellen (wichtige Tipps im Kapitel „Sicherheit"). Die meisten Landstraßen haben Seitenstreifen, die das von polnischen Fahrern geliebte Überholen trotz Gegenverkehr ermöglichen. Der Langsamere weicht automatisch nach rechts aus. Kritisch wird es nur, wenn sich dort schon andere Verkehrsteilnehmer befinden. Auf den Straßen sollte man u.a. immer auf Schlaglöcher, schlecht beleuchtete/gesicherte landwirtschaftliche Fahrzeuge, Pferdefuhrwerke, Radfahrer, auch auf Fußgänger und Tiere gefasst sein.

Strecke Berlin – Warschau

Für die Strecke (545 km) wählt man am besten die E 30 via Frankfurt/Oder und Poznan (Posen). Möglich ist auch, Warschau zu umfahren und die Strecke Frankfurt/O. – Gorzow – Torun – Olsztyn – Suwałki zu wählen (schlechtere Straßen, aber nicht so stark befahren). Hilfreich sind Infos unter www.routenplanung.web.de oder www.michelin.de.

Via Baltica

Die schnellste Verbindung durchs gesamte Baltikum führt auf der Via Baltica (E 67) von Warschau via Suwałki, Budzisko, Marijampolė, Kaunas, Panevėžys und Riga (Lettland) nach Tallinn (Estland). Streckenlänge 950 km (davon in Litauen 270 km, in Polen 325 km).

Nützlich sind die Broschüre „Via Baltica" (engl.) und z.B. die ADAC-Broschüre „Autofahren im Baltikum". Die Straßenverhältnisse sind befriedigend bis gut, einige Abschnitte sind als Autobahn ausgebaut, bis 2010 soll sie durchgehend als solche zu befahren sein. Sie verläuft größtenteils schnurgerade. Die Verkehrsdichte ist relativ gering.

Infos über Streckenverlauf, Sehenswürdigkeiten und Unterkünfte auch unter www.respons.pp.fi/viabaltica bzw. www.linksundrechts.com. Reiserouten und Übernachtungsmöglichkeiten in der polnischen Region Suwałki findet man in der Broschüre „Euroregion Nemunas" (s „Unterkunft/Urlaub auf dem Land").

Fahrrad

Informationen zum Radfahren siehe „Verkehrsmittel".

Trampen/Mitfahrzentrale

Eine etwas teurere, aber sicherere Variante als Trampen ist die Mitfahrt bei einem Dritten, die durch die Mitfahrzentralen vermittelt wird. Es ist aber sehr selten ein Lift direkt bis nach Litauen zu bekommen (www.mitfahrzentrale.de bzw. Tel. bundesweit unter 19440 nach der Städtevorwahl).

Grenzübergänge

Bei Einfahrt in den litauischen Grenzkorridor erhält man ein Papier (Vermerk des Kennzeichens und der Personenzahl). Dieses wird abgestempelt und muss bei Verlassen des Korridors abgegeben werden. Man kann die LKW-Schlangen passieren, da sie getrennt abgefertigt werden. Linienbusse werden meist vorrangig abgefertigt. An den Grenzen zu Weißrussland und zum Kaliningrader Gebiet muss mit strengen Kontrollen auf litauischer Seite gerechnet werden, zumal diese jetzt EU-Außengrenzen darstellen.

Polnisch-litauische Grenzübergänge

- Grenzübergang **Budzisko-Kalvarija** auf der Via Baltica, 29 km von Suwałki, 113 km bis Kaunas, Info 8-343 (92312); Abfertigungen i.d.R. schnell; Geldwechsel, Caféteria etc.
- Grenzübergang **Ogrodniki-Lazdijai,** 41 km von Suwałki oder vor Suwałki von Augustow direkt 61 km. Info 8-318 (51509); schnelle Abfertigung, da für Schwerverkehr gesperrt. Empfohlen für Touristen.

Weißrussisch-litauische Grenzübergänge

Von der Anfahrt durch Weißrussland ist **abzuraten,** da die Fahrstrecke erheblich länger ist, ein weißrussisches Transitvisum beantragt (s. „Einreisebestimmungen") und das mitgeführte Bargeld deklariert und manchmal sogar nachgewiesen werden muss. Bei mehr als 500 US$ muss die Herkunft angegeben werden. Bei Unstimmigkeiten wird man angeklagt. Eine Wartezeit von 3 Stunden bis 2 Tagen ist nicht unüblich, mit strengen Kontrollen muss gerechnet werden. Ein Albtraum!

Lettisch-litauische Grenzübergänge

Die Abfertigung an den sieben internationalen Grenzübergängen geht normalerweise sehr zügig voran. Viele andere Grenzübergänge sind nicht für Touristen freigegeben (Infos unter www.pasienis.lt, rvp@pasienis, Tel. 370-5-2719305, oder unter Tel. 8-451-34298).

Grenzübergänge Litauen – Kaliningrader Gebiet

Transitvisa für Kaliningrad sind zwar möglich, aber teilweise sogar teurer als ein Touristenvisum, so dass sich die Anfahrt über Kaliningrad nur lohnt, wenn man das Gebiet sowieso bereisen möchte. Die Pass- und Zollkontrolle kann 1-2 Std. dauern. Am schnellsten geht es meistens mit einem Linienbus. Es muss auch ein Zolldeklarationsformular ausgefüllt werden. Es gibt zurzeit drei Grenzübergänge:

Pagegiai/Panemunė – Sowetsk, Tel. 8-441-42336; **Kybartai – Tschernyschevskoje,** Tel. 8-342-30252, **Nida – Kuršskaya,** Tel. 8-469-52161. Es gibt eigentlich 26 Grenzübergänge rund um Kaliningrad, viele sind jedoch nicht für Touristen freigegeben (ggf. vor Abreise nachfragen).

Diplomatische Vertretungen

Die Botschaften im Ausland helfen bei Verlust der Reisedokumente und anderen Schwierigkeiten; bei finanziellen

Engpässen wird der Betrag für die Rückreise vorgestreckt.

Botschaften und Konsulate

In Deutschland

- **Botschaft der Republik Litauen,** Charitéstr. 9, 10117 Berlin, Tel. (030) 8906810, Fax 89068115, http://amb.urm.lt, info@botschaft-litauen.de. Es gibt eine **Außenstelle** in Bonn sowie **Honorarkonsulate** in Frankfurt/M., Düsseldorf, Hamburg, München, Erfurt, Dresden und Künzelsau.

In Österreich

- **Botschaft der Republik Litauen,** Löwengasse 47, 1030 Wien, Tel. 01-7185467, Fax 7185469, amb.at@urm.lt. Es gibt ein **Honorarkonsulat** in Salzburg.

In der Schweiz

- **Generalkonsulat der Republik Litauen,** Ch. Louis-Dunant 13 à 17 bis, 1202 Genf, Tel. 022-7482471, Fax 7482481.

In Litauen

- **Deutschland:** Sierakausko Gatvė 24/8, Vilnius, Tel. 05-2106400, und in Notfällen unter Tel. 8-65055510.
- **Österreich:** Gaono 6, Vilnius, Tel. 05-2660580.
- **Schweiz:** Gostauto 12a, Vilnius, Tel. 05-2683833.

Einkaufen, Souvenirs und Kunsthandwerk

Man kann sehr schöne und preisgünstige Souvenirs und Kunsthandwerksarbeiten erwerben.

Das Naheliegendste an der Bernsteinküste ist natürlich **Bernsteinschmuck,** den man fast überall in Form von Ketten, Anhängern, Ohrringen, Broschen und Ringen angeboten bekommt – auf Märkten, in Schmuckgeschäften, Souvenirläden, Bernsteingalerien etc. Die Preise variieren nach Qualität und Verarbeitung.

Ebenso findet man **Holzarbeiten,** wie geschnitzte Löffel oder gedrechselte Dosen.

Schöne Mitbringsel sind auch die **Keramikarbeiten** wie etwa Glaskeramik. **Anderes Kunsthandwerk** sind z.B. Lederarbeiten (z.B. Bucheinbände), bestickte Leinen, Deckchen (Spitzen- und Häkelarbeiten), Korbwaren und Trachten. Ein anderer traditioneller Zweig der **Volkskunst** ist die Anfertigung von Schärpen; diese Bänder werden gewoben und wurden früher um den Leib getragen. Beliebt sind auch Stricksachen aus Wolle (z.B. Trachtenmützen, Handschuhe, Socken), meist zweifarbig in den im 19. Jh. populären Flora- und Faunaornamenten. Liebhaber von Kunsthandwerk sollten sich die Broschüre „Folk Art Routes" vom Tourismusverband (info@tourism.lt) besorgen. Hier sind landesweit die Kontaktadressen der Kunsthandwerker (Holzschnitzer, Weber, Sticker, Bernsteinkünstler etc.) aufgeführt, bei denen man vor Ort deren Kunst bewundern kann. Die **Anfertigung von Kreuzen** ist seit 2001 als kulturelles Erbe von der UNESCO geschützt (s. „Religion und Kulte").

Auch russisches Kunsthandwerk wie *matrioshka* (ineinander verschachtelte Holzpüppchen), *pisanki* (bemalte Holzeier), *loshki* (bemalte Holzlöffel) und *shkatulki* (Lackkästchen aus Pappmaché) ist sehr populär, auch Souve-

203li Foto: gs

nirs vergangener sowjetrussischer Exotik (z.B. T-Shirts mit Hammer und Sichel, Orden oder Generalsmützen).

Eine große Auswahl bieten Kunsthandwerksgeschäfte *(dailė)* und Souvenirläden, teilweise auch Antiquitätengeschäfte (s. „Zollbestimmungen"). An touristischen Plätzen bieten auch Straßenhändler ihre Waren feil; es gibt auch **Souvenirmärkte** (z.B. in der *Pilies gatvė* in Vilnius, wo es auch einen Bildermarkt gibt). Hier ist Handeln gefragt. Meist ist es vorteilhaft, wenn ein Einheimischer die Kaufgespräche führt. Am teuersten sind meist die **Souvenirshops** der Hotels. Sehr gute Kaufgelegenheiten für Handarbeiten bieten u.a. auch das **ethnologische Freilichtmuseum** in Rumšiškes, die archäologischen Tage in Kernavė oder die Jahresmärkte in vielen Städten (Infos bei den Touristinformationen).

Am ersten Märzwochenende findet in Vilnius der St. Kasimirs-Jahrmarkt mit einem großen **Kunstgewerbemarkt** statt, auf dem auch kunstvoll gebundene *verba* (als Glücksbringer dienende kranz- oder wedelartige Geflechte aus natürlichen und gefärbten Birken-, Weiden- oder Fliederzweigen mit 24 üblichen Mustern, geschmückt mit Trockenblumen, Kräutern, Gartenpflanzen, Getreideähren, Gräsern und Moos) und *muginukas* (s. „Essen und Trinken") verkauft werden. In einigen

Auf dem Markt

Buchhandlungen und Antiquariaten findet man u.a. alte deutsche **Bücher.** Ein schönes Souvenir findet man manchmal auch auf **Flohmärkten** und auf **Märkten,** bei denen von Anzügen bis Zahnbürsten alles verkauft wird (Vorsicht Taschendiebe). Zu Blumenmärkten s. Kapitel „Umgangsformen".

Wer sich schon vor der Reise ein Bild über Souvenirs, Kunstgegenstände etc. und deren Preise machen möchte, oder wer ein Mitbringsel vergessen hat, kann www.balticshop.com, www.suvena.lt, www.glassware.lt oder www.araksa.lt anklicken. Günstige Mitbringsel sind auch landestypische Lebensmittel wie **Honig** oder getrocknete Steinpilze oder Getränke wie Kräuterlikör, Honigbier oder Wodka (s. auch „Essen und Trinken" bzw. „Zollbestimmungen").

Lebensmitteleinkauf

Die weitaus beste Möglichkeit bieten neben den oft bis 22 Uhr geöffneten **Supermärkten,** in denen man alles Nötige bekommt (z.B. IKI-Supermärkte, www.iki.lt), und **24-Stunden-Geschäften** die **Märkte,** die man fast überall findet. Generell kommen auf die meist täglich stattfindenden Märkte viele private Anbieter; Qualität und Auswahl sind daher meist besser als in den kleineren Geschäften, oft auch billiger. Hier bekommt man alle Arten von Lebensmitteln, von Fisch und Fleischwaren bis zu Eiern und Butter. Letztere werden oft in Markthallen verkauft.

Einen großen Markt sollte man auch besuchen, um einmal das bunte Leben und Treiben dort zu sehen und zu erleben. Da es den Rentnern finanziell nicht so gut geht, wäre es gut, wenn man Obst, Gemüse, Eier etc. vorzugsweise bei ihnen kauft. Man sieht sie neben anderen **privaten Händlern** oft an Plätzen und in Fußgängerzonen stehen, und ihre Produkte sind meist frisch und gut. Oft werden auch getrocknete **Steinpilze** verkauft, die Verkäufer oft an einer Schnur aufgereiht um den Hals hängen haben (s. „Fauna und Flora"). **Kaviar** sollte nicht gekauft werden, da einerseits immer mehr Störe ausgerottet werden, andererseits Kaviar oft überlagert und gepanscht ist, was zu Eiweißvergiftungen führen kann. Von Nichteinheimischen wird selten mehr verlangt, und nur, wenn man die Zahlen in der Landessprache nicht beherrscht. Ausländer werden freundlich, aus sprachlichen Gründen aber oft wortlos bedient. Man kann auch **handeln** (s. „Rund ums Geld").

Lebensmittelgeschäfte *(maišto prekes* oder *parduotuvė)* gibt es überall. Es ist fast alles zu bekommen, auch viele Importprodukte. Einheimische Produkte sind für unsere Verhältnisse billig. Auch moderne Tankstellen bieten eine reichhaltige Auswahl an Lebensmitteln.

Einreisebestimmungen

Litauen und die Transitländer Polen, Tschechien und Slowakei gehören seit 2004 der **EU** an. Seitdem genügt zur

Bernstein – das „Baltische Gold“

Mythen und Legenden

Seit alters her versuchten die Menschen, das Geheimnis um die Herkunft des Bernsteins zu ergründen. Eine altlitauische Sage, die dem litauischen Dichter *Maironis* als literarische Vorlage diente, berichtet, die Bernsteinstücke seien Splitter des Palastes der Meeresgöttin *Jūratė*, und die durchsichtigen Tropfen seien ihre Tränen.

Eine ähnliche Erklärung bot der römische Dichter *Ovid*, als er in seinen „Metamorphosen“ berichtete, dass nach dem Tode von *Phaethon*, dem Sohn des Sonnengottes, die Tränen seiner Mutter und Schwester vom Fluss zum Meer getragen worden seien und sich dort in Bernstein verwandelt hätten. Weniger poetisch, aber dafür der heutigen Wissenschaft näher war der Römer *Plinius* in seiner *„naturalis historia“* mit seiner Ansicht, dass der Bernstein aus dem erstarrten Harz der im Norden wachsenden Nadelbäume entstanden sei. Ein anderer Römer mit Namen *Servius* nahm an, der Bernstein stamme aus dem Walfischambra, der sich im Wasser verändere (daher stammt übrigens die englische Bezeichnung „amber“ für Bernstein). Und noch im Mittelalter glaubte man, der Bernstein entstehe durch eine Mischung von Salz, Steinkohle, Bitumen, Öl und Meeresschaum.

Entstehung und Zusammensetzung

Erst 1767 gelang es *Friedrich S. Bock* aus Königsberg Bernstein (lat. succinitus) als fossiles Harz zu definieren, das unter dem Einfluss von Mikroorganismen und durch Oxydation, Polymerisation (Verbindung zu Großmolekülen) und Hydratation (durch Absorption von Wasser verursachte Volumenvergrößerung), Dehydratation (Entzug von Wasserstoff) verändert worden ist. Der baltische Bernstein ist etwa 40-50 Millionen Jahre alt. Er entstand während der frühtertiären Eozänzeit in „Fennoscandia“, das südliche Skandinavien und das Gebiet der heutigen Ostsee, das von subtropischen Wäldern bedeckt war. In diesen dichten Wäldern gedieh die inzwischen ausgestorbene Bernstein-Kiefer (lat. *Pinus succinifer* = saftige Kiefer). Durch dramatische Klimaveränderungen verhärtete das herabgeflossene oder abgetropfte Harz, wurde im Boden angereichert und mit Flüssen dem Meer zugeführt. Im Laufe der Zeit formte die Strömung im Meeresboden bis zu 9 m breite und mehrere km lange Glaukonit-Schichten aus sogenannter „blauer Erde“, die in 1 Kubikmeter rund 1 kg Bernstein enthält. Trocknet diese Erde, wird sie hellblau. Diese Schichten liegen an der Ostseeküste 5-50 m unter der Erdoberfläche, so dass auch der Tagebau möglich ist (s.u.). Die nordische Inlandvereisung während des Pleistozäns trug zur weiteren Verbreitung bei. Erst Millionen Jahre später wurde der Bernstein durch Erderwärmung freigelegt. Bernstein findet man vor allem in dem 150 km langen Küstenstreifen an der Ostsee zwischen Polen und Litauen sowie in Sibirien. 94 % der Weltvorräte entfallen auf Russland; in Deutschland gibt es kleinere Vorkommen bei Bitterfeld.

Name

Der deutsche Name „Bernstein“ kommt von dem niederdeutschen Wort *bernen* = „brennen“; da Bernstein ein Harz ist, lässt er sich mit einem Streichholz leicht entzünden. Er wurde oft in Prozessionen als Weihrauchspender benutzt. Der germanische Name *„glasaz“* für Bernstein hat sich in unserem Glas erhalten, die griechische Bezeichnung „elektron“ steht für wundersame Kräfte (Sonnenglanz), und in Litauen heißt das Baltische Gold *gintaras*, was „vor Krankheit schützend“ bedeutet (vgl. medizinische Bedeutung, s.u.).

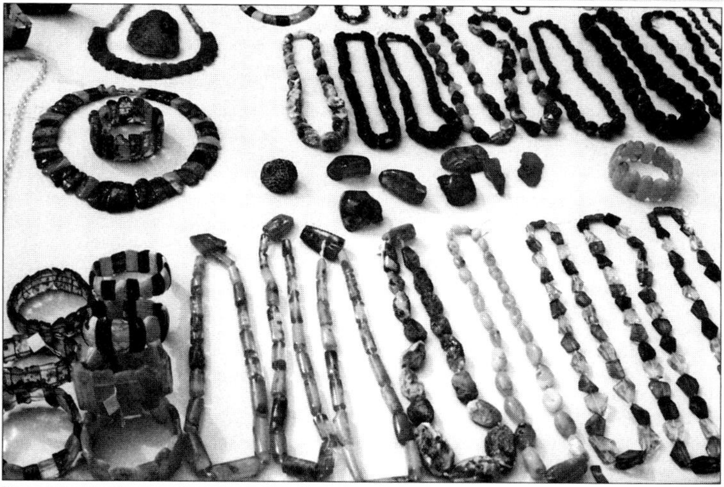

204li-Foto: gs

Eigenschaften

Das fossile Harz ist nicht nur leicht brennbar, sondern auch sauerstoffempfindlich: an der Luft bildet es eine Verwitterungskruste. Dies dauert jedoch sehr lange, und Stücke mit dieser unansehnlichen Verwitterungsschicht lassen sich wieder aufpolieren. Je nach Lichtdurchlässigkeit unterscheidet man klaren, trüben und milchigen Bernstein. Die Farbe variiert zwischen honiggelb bis bräunlich und gelblich-weiß, kann aber auch einen orangefarbenen, roten oder grünen Einschlag haben. Sehr selten findet man auch blauen und schwarzen Bernstein. Der weiße wird Königsbernstein genannt. Es gibt rund 250 verschiedene Arten. Einige besonders große Bernsteinbrocken sind im Museum von Palanga zu sehen. Der größte, den man bisher gefunden hat, wog fast 10 Kilogrammm (s. Juodkrantė).

Bedeutung des Bernsteins

Der Bernstein hat in der Geschichte der baltischen Völker eine wichtige Rolle gespielt. Funde aus der Gegend von Priekulė, Klaipėda, Palanga und Šventoji beweisen, dass Bernsteinarbeiten sich hier bereits im Neolithikum zu verbreiten begannen. Es waren meist Anhänger, Broschen, Armbänder, Knöpfe, Mundstücke oder Halsketten. Dem Bernstein allein verdanken die baltischen Stämme seit der Bronze- und Hallstadtzeit über die „Bernsteinstraße" ihre Handelsbeziehungen mit den damals fortschrittlichsten Zivilisationen. Das „Baltische Gold" als Luxusgegenstand war in ganz Mittel- und Südeuropa gefragt und gelangte sogar nach Kleinasien und Ägypten. Erste urkundliche Erwähnung fand das amorphe Mineral schon in den Keilschriften der Assyrer. Baltischer Bernstein war auch bei Griechen, Römern, Phöniziern und Mesopotamiern bekannt. Er diente mitunter als Kultgegenstand (z.B. als Grabbeilage) sowie auch als Gebrauchsgegenstand. Bei arabischen Völkern wurden Bernsteinamulette zur Geistervertreibung benutzt. Im alten Rom wurde eine schöne Bernsteinschnitzerei glatt mit einem Sklaven aufgewogen.

Die litauische Ostseeküste ist besonders reich an Bernstein. Im Mittelalter gab es das „Bernstein-Regal“, ein landesherrliches Eigentumsrecht, das von den Herzögen der Pommerellen auf den Deutschen Orden überging, welcher es u.a. an den Bischof von Samland übertrug. Im 14.-15. Jh. gewannen die Ritterorden hier jährlich Dutzende von Tonnen des „Baltischen Goldes“ und finanzierten damit u.a. den Bau ihrer Burgen. Wer ohne Erlaubnis Bernstein sammelte oder mit ihm handelte, konnte am nächsten Baum aufgehängt werden. Der „Bernsteineid“, den die Küstenbewohner schwören mussten, wurde erst im 19. Jh. abgeschafft. Nach dem Untergang des Ordens 1525 ging das Bernsteinmonopol an den Kurfürsten von Preußen, und bis 1945 besaß Deutschland das Regalienrecht auf die Gewinnung, Handel und Verarbeitung.

Gewinnung

Am Anfang reichten die von den Wellen an den Strand gespülten Bernsteinstücke aus. Noch im Jahre 1862 wurden bei Pilvininkai in nur einer Nacht zwei Tonnen Bernstein gesammelt. Später begann man, sie mit Netzen und langstiligen Löffeln zu fischen, noch später kamen Taucher und in Ostpreußen der Tiefbau mit Stollen hinzu. Anfang des 19. Jh. förderte man auf der Semba-Halbinsel Bernstein in einem Tagebau. Hier gewann man 400-500 Tonnen Bernstein pro Jahr. Seit 1872 wird in Jantarny im größten, einzigen Tagebau der Welt 94 % des Weltproduktion gefördert. Harte Konkurrenz für das Naturprodukt brachte die von *Rosenberg* entwickelte Bernsteinimitation aus Epoxidharzen, die den Markt überschwemmte und mehrere Firmen in den Bankrott trieb.

Zwar ist die Menge des gefundenen Bernsteins im Laufe der Jahrhunderte weniger geworden, doch nach Stürmen spülen die Wellen der Ostsee noch immer Bernsteinstücke an den Strand Palangas und der Kurischen Nehrung. Und mit etwas Glück kann man an den richtigen Strandabschnitten durchaus auch selbst das „Baltische Gold“ entdecken. Meist ist es dem sogenannten „Bernsteindreck“ untergemischt, einem Gewirr von Muschelschalen, Pflanzenresten und Holzstückchen. Der **echte Bernstein** lässt sich von abgeschliffenen Steinen oder Glasstücken leicht unterscheiden. Zum einen ist er wesentlich weicher (wenn man ihn auf eine Glas- oder Steinplatte fallen lässt, klingt er nicht so hell wie eine Scherbe oder ein Metallstück) und er lässt sich mühelos mit einer Nadel ritzen. Außerdem ist er so leicht, dass er im Salzwasser schwimmt. Außerdem lädt er sich durch Reibung (z.B. mit einem Wolltuch) elektrostatisch auf und wird dadurch magnetisch. Die simpelste Methode, einen echten Stein zu erkennen, ist, ihn zu reiben oder ihn etwas schmelzen zu lassen, da er dann nach Kiefernwald duftet. Kleine Stücke werden übrigens durch Erhitzung zu größerem Pressbernstein verarbeitet.

Schmuck

Da Bernstein weich ist und sich leicht bearbeiten lässt, ist er seit Jahrtausenden ein begehrter Schmuckstein. Durch besondere Bearbeitung können verschiedene Farbtöne erzielt werden. Zur Schmuckherstellung eignen sich nur 10 % der geförderten Bernsteine, was man auch an den erstaunlichen Preisdifferenzen erkennen kann (je nach Qualität von 2-300 €/kg). Große Stücke, Inklusen (s.u.) und Kombinationen mit Edelmetallen sind teuer. Einfache Stücke werden u.a. zur Medikamenten- und Lackherstellung verwendet. Aus allen Kulturepochen ist Bernsteinschmuck bekannt, und in den letzten Jahrhunderten wurden auch kunsthandwerkliche Arbeiten daraus hergestellt: Teller mit Intarsien,

Leuchter, Schachfiguren und ganze Altäre. Insbesondere in Palanga gab es seit dem 17. Jh. Bernsteinwerkstätten; während der Blütezeit im 17./18. Jh. kamen noch Königsberg und Danzig als Hochburgen der Bernsteindreherzünfte hinzu. Besonders bekannt wurde das 55 qm große legendäre **Bernsteinzimmer.** Es war das größte Bernstein-Kunstwerk überhaupt und wurde als **achtes Weltwunder** betrachtet. 1701-11 im Auftrag des preußischen Königs Friedrich Wilhelm I. ursprünglich für das Schloss Charlottenburg in Berlin angefertigt, schenkte dieser 1716 das 17 qm große Panel dem Zaren Peter den Großen, das 1717 nach St. Petersburg kam und 1755 seinen endgültigen Platz in der Sommerresidenz im Katharinenpalast in Zarskoje Sela (im heutigen Pushkin) fand. Unter Zarin Katharina II. wurde das Bernsteinzimmer vergrößert; so wurden z.B. vier Florentiner Steinmosaike mit allegorischen Darstellungen der 5 Sinne in die Bernsteinwände eingelassen. 1770 war aus dem kleinen Kabinett ein etwa 100 qm großer Prachtsaal geworden. Im Herbst 1941 wurde es beim Russlandfeldzug von deutschen Truppen nach Königsberg gebracht, wo es dann in etwas veränderter Form im Schloss besichtigt werden konnte. Im Juni 1944 wurde es letztmals gesehen, als die 107 Paneele und 150 Figuren abgebaut und verpackt wurden. Seither ist es verschollen. Der Nachbau, finanziert durch ein deutsches Gasunternehmen, ist ab 2003 an seinem alten Platz zu bewundern. Hierfür wurde qualitativ hochwertiger Stoff, der nur in rund 0,2 % der Fördermenge zu finden ist, verwendet. Es wird jedoch noch etwa 80 Jahre dauern, bis der Bernstein nachdunkelt und wie das einstige Bernsteinzimmer aussehen wird. Eine kleinere Kopie ist im Bernsteinmuseum von Kaliningrad (Königsberg) zu sehen. Ein Mosaik des berühmten Zimmers wurde 1997 in Bremen auf einem Dachboden entdeckt, wo es ein Wehrmachtssoldat als „Mitbringsel“ versteckt hatte. 1998 tauchte dann in Ostberlin noch eine Kommode auf, die jemand unwissentlich in seinem Wohnzimmer stehen hatte. Beide Kunstwerke wurden 1999 im Austausch mit Beutekunst an Russland zurückgegeben.

Inklusen sind in den Bernstein eingeschlossene tierische oder pflanzliche Reste, wie Mücken, Käfer, Spinnen oder Blätter. Diese Lebewesen sind im ursprünglich flüssigen Harz klebengeblieben und darin eingeschlossen worden. Da das Harz rasch erhärtete, sind sie über Jahrmillionen hinweg vorzüglich konserviert worden, so dass heute noch feinste Einzelheiten zu erkennen sind. Da Inklusen nur in etwa einem Prozent aller Funde vorkommen, sind sie nicht nur sehr teuer, sondern auch von wissenschaftlichem Interesse, um prähistorische Lebensformen zu ergründen. Der Traum eines jeden Gentechnikers ist, wie im Film „Jurassic Park“ zu sehen ist, aus dem Blutstropfen eines Insektenrüssels den genetischen Bauplan eines Dinosauriers zu rekonstruieren. Die Rückkehr der Riesenechsen aus Omas Brosche? Die weltweit umfangreichste Sammlung solcher Inklusen besitzt das Bernsteinmuseum in Palanga.

Schlauben nennt man solche Bernsteinstücke, bei denen die natürliche Fließform des Harzes erhalten geblieben ist. Da die meisten Harzströme übereinanderflossen, erscheinen die Schlauben geschichtet. Andere Fließformen, die im Bernstein erhalten geblieben sind, sind **Zapfen** und **Tropfen** (die Tränen der Jūratė; s. Exkurs).

Medizinische Bedeutung

Bernstein wird in Heilsteingeschäften vor allem als Rohstein, Anhänger, Kette, und Handschmeichler verkauft. Er soll sowohl positiv auf die Psyche ausstrahlen und u.a. bei Depressionen helfen (was z.B. schon die Griechen erkannten, s.o.) als auch heilende Wirkung auf den Körper haben. Seine Anwendungsgebiete sind u.a. Hautkrankheiten, Allergien, Entzündungen, Muskel- und Knochenerkrankungen, Grippe. Nähere Infos in der Fachliteratur.

Einreise für EU-Bürger und Schweizer der **Personalausweis,** der noch mindestens drei Monate nach Verlassen des Landes gültig sein muss. Jugendliche ab 16 Jahren brauchen einen eigenen Ausweis, Kinder ab sechs Jahren einen Kinderausweis mit Lichtbild.

Nur für Aufenthalte von mehr als 90 Tagen muss eine Aufenthaltsgenehmigung beantragt werden. All dies gilt auch für eine Weiterreise nach Lettland und Estland. Infos erteilen die Botschaften und Konsulate (s.o.) sowie jedes Reisebüro. Da die neuen EU-Staaten noch nicht dem Schengener Abkommen beigetreten sind, finden an den Grenzen noch Personenkontrollen statt. In Zweifelsfällen über die finanzielle Lage wird die Vorlage der Geldmittel, des bestätigten Rück- bzw. Weiterreisetickets und einer Auslandskrankenversicherung verlangt.

Reisende mit bis zu drei Tagen Aufenthalt müssen mindestens 300 Lt. oder entsprechende ausländische Währung in bar vorweisen können. Ab drei Tagen sind es pro Tag mindestens 100 Lt. oder entsprechende Devisen.

Die genannten Einreisebestimmungen sind **Stand September 2005.** Man sollte sich unbedingt vor der Reise bei der Botschaft erkundigen, ob sie noch gelten.

Weißrussland (Belarus)

Züge von Polen nach Litauen fahren z.T. durch Weißrussland, für das ein Transitvisum erforderlich ist. Von einer Fahrt durch Weißrussland ist jedoch grundsätzlich abzuraten (s. „An- und Rückreise").

Elektrizität

In Litauen gibt es wie in Deutschland 220 Volt/50 Hz. Wechselstrom (auch für die meisten Geräte mit 240 V unbedenklich). Für die seltenen Schuko-Stecker sind **Adapter** erforderlich, da in die Steckdosen nur die in Deutschland gebräuchlichen zweipoligen Stecker ohne Schutzkontakt passen. Euronormstecker sind verwendbar.

Essen und Trinken

Gastronomie

Es gibt vor allem in den größeren Städten so viele **Restaurants** *(restoranas)* internationaler Küche, dass es manchmal schwierig ist, landestypische Gerichte zu bestellen. Sehr beliebt sind diejenigen in altertümlichen Kellern sowie die traditionell eingerichteten, in denen manchmal folkloristische Musik gespielt wird. An touristischen Orten und an Raststätten sieht man zunehmend Restaurants mit traditionellen Dächern aus Stroh und Reet. Im Hinterland sind Gastronomiebetriebe selten, so dass man auf die kleinen Lebensmittelgeschäfte angewiesen ist (sich ggf. vorher im Supermarkt eindecken). Reservierungen sind meist nicht üblich und meist auch nicht nötig; trotzdem stehen in einigen Restaurants *„rezervuota"*-Schilder auf dem Tisch. Das Personal gibt diese Tische auf Anfrage aber meist frei.

Nichtraucherbereiche und Rampen für **Rollstuhlfahrer** gibt es erst wenige (diese sind in den „In Your Pocket"-Stadtführern vermerkt). Hinweise zu **Preisniveau** und **Trinkgeld** s. „Rund ums Geld".

Wer schneller, einfacher (aber nicht unbedingt schlechter) und sehr preiswert essen will, geht in eine der einfacheren **Speisegaststätten** wie die vielerorts verbreiteten **Kantinen** *(valgykla)*, oft mit Selbstbedienung, in eine **Imbissstube** *(užkandinė)* oder auch in ein **Café** *(kavinė)*. Diese Cafés sind nicht ganz mit den unseren zu vergleichen. Neben Kuchen, Gebäck und Kaffee bekommt man dort auch einfache kalte und warme Gerichte und manchmal auch alkoholische Getränke. Eine richtige Cafékultur ist erst langsam im Entstehen. Auch in einer **Bar** *(baras)* kann man meist essen. Der Übergang zwischen Café, Imbissstube und Bar ist deshalb fließend. Im Sommer findet man Straßencafés, Restaurants mit Sommerterrassen etc. meist entlang der Touristenmeilen. Etablissements wie Bistros, Pubs, Discos und Nachtclubs laden ebenfalls zum Essen ein (s. „Unterhaltung").

Fast-food-Freunde kommen in Hamburgerketten, Pizzerien, Schnellrestaurants, Grillbars, modernen Tankstellen oder Imbissbuden auf ihre Kosten. Für Ketchup müssen meist 2-3 Lt. extra bezahlt werden. Infos zu Gastronomiebetrieben unter www.menu.lt, www.meniu.lt. und www.lvra.lt.

Bestellung

In den besseren Restaurants gibt es meist **Speisekarten** *(valgiaraštis)* auf Englisch, teilweise auch auf Deutsch (manchmal sogar mit detaillierter Beschreibung des Gerichts). In manchen Kantinen oder Cafeterias genügt ein Fingerzeig auf ein **Plastikmodell** des gewünschten Gerichts. Die meist reichlichen Portionen sind schön angerichtet und garniert. In einigen Cafés, Restaurants o. Ä. muss man die Speisekarte selbst am Tresen holen und dort auch bestellen. Das Bestellte wird dann gebracht, bezahlt wird wieder am Tresen. Der Service kann recht langsam sein; sich darüber aufzuregen schadet nur. Das Personal versteht oft auch etwas Englisch oder Deutsch.

206li Foto: gs

Vor einem Restaurant mit litauischer Küche in Vilnius

Hingewiesen sei auf die Sprachhilfe im Anhang sowie auf den sehr empfehlenswerten Sprechführer der Kauderwelsch-Reihe (s. Literaturhinweise).

Litauische Küche

Sie ist relativ schlicht, aber auch teilweise rustikal und fett, zumal sie gern mit saurer Sahne oder Mayonnaise verfeinert wird. Mit Gewürzen wird sparsam umgegangen. Viele Gerichte werden mit Dill garniert. Eine Suppe, Kartoffeln oder Teigwaren, Fleisch oder Fisch sowie Gemüse sind fast immer auf Mutters Tisch zu finden. In vielen Gastronomiebetrieben erhält man neben internationalen Gerichten (die man teilweise noch erraten kann, wie *fileja* oder *šnitzelis)* auch **nationale oder regionale Spezialitäten.** Bei manchen sind die Bezeichnungen etwas irreführend: *Šašlykai (šašliks)* sind Fleischspieße, die mehr türkischem Kebab ähneln als unserem Schaschlik; *karbonadas* sind garnierte Fleischfilets; *kotletas* sind nicht Koteletts, sondern Hackfleischklöße, und mit *bifštekas* bezeichnet man nicht nur Beefsteak, sondern gebratenes oder gegrilltes Fleisch verschiedenster Art.

So eine Art **Nationalgericht** sind die *blynai;* das sind z.B. mit Fleisch *(mėsa),* Kohl *(kopūstai),* Pilzen *(grybai),* Quark *(varškė),* saurer Sahne, Kartoffeln, Lachs, Fisch *(žuvis),* Obst *(vaisiai)* oder Beerenmarmelade *(uogienė)* gefüllte Pfannkuchen. Dazu gehören auch *blyneliai* (kleine Pfannkuchen), *bulviniai* (Pfannkuchen mit geriebenen Kartoffeln), *varškėčiai* (Quarkpfannkuchen) und *lietiniai* (ohne Hefe).

Landesweit sehr beliebt sind auch die *čepelinai* (Kartoffelklöße mit Speckfüllung). Das hört sich nicht nur so an, sondern bedeutet tatsächlich Zeppelin, denn genau diese Form haben die Klöße, die mit einer Soße aus Speckschnitten und Zwiebeln serviert werden. Ihren Namen haben sie von den Zeppelinflugzeughallen, die die deutsche Armee im 1. Weltkrieg in Zokniai baute. Die Bewohner waren so begeistert, dass sie ihren ähnlich aussehenden Kartoffelklößen *(didžkukuliai)* den Namen gaben. Es gibt sie auch mit Pilz-, Hackfleisch-, Quark- oder Käsefüllung. Auf einigen Speisekarten erscheinen sie als *„didžku-kuliai"* (große Klöße).

Andere litauische Spezialitäten sind *kugelis* (eine Art Kartoffelpuffer mit Möhren und Sauerrahm), *vėdarai* (mit Kartoffeln oder Graupen gefüllte Würste), *čeburekai* (dünne, tiefgefrorene Pfannkuchen mit Fleischfüllung), *kepsnys* (Schweine, Rind- oder Hähnchenfilet), *balandėliai* (Krautrouladen mit Hackfleisch- oder Reisfüllung), *kibinai* (Fleischpastete), *koldūnai* (Ravioli mit Fleisch- Pilz- oder Kartoffelfüllung), *suktiniai* (Fleischrouladen mit Ei-, Zwiebel- und Speckfüllung), *rūgštynės* (Sauerampfersuppe), *troškinys* (in Tontöpfchen servierter Eintopf mit Kartoffeln, Fleisch und Pilzen), *liežuvis* (Kuhzunge) und *šaltibarščiai* (kalte Rote-Bete-Suppe mit Buttermilch, Eiern, gekochten Kartoffeln, Gurken; im Sommer sehr beliebt). Nicht so leicht werden es **Vegetarier** in Restaurants haben, da viel Fleisch serviert wird. Am besten hält man sich an Salatteller oder an einige der o.a. Gerichte. Fisch wird meist mariniert oder geräuchert angeboten. Auf der Kurischen Nehrung findet man fast überall geräucherten Fisch. In den größeren Städten haben viele Restaurants jetzt aber auch mindestens ein **vegetarisches Gericht** auf der Speisekarte. Zuhause an Mutters Küche wird ein Vegetarier hingegen viel Freude finden, denn hier gibt es viel Gemüse *(daržovės:* Rüben, Sauerkraut, Kohl etc.), viele Gemüse-, Brot-, Milch-, Fisch- und Mehlsuppen, Pilz- und Beerengerichte, Käse- und Krautsalate sowie die verschiedensten Milchprodukte (u.a. *grietinė* = Sauerrahm, *rūgusis pienas* = saure Milch). Oder mit Honig bestrichene saure Gurken. *Skalsaus!* (Guten Appetit!)

Ein **Menü** besteht aus einer Vorspeise (Hering = *silkė*, Sprotten = *šprotai,* Pilze, Tomaten- und Gurkenscheiben u.a.), einer Suppe *(sriuba),* ein oder zwei Hauptgängen und einem Nachtisch *(desertas)* wie z.B. Eiscreme *(ledai),* Kuchen, Kompott, Pudding (oft mit Honig) oder *šaltanosiai* („kalte Nasen"; eine Art Ravioli mit Beeren). **Kuchen** und **Torten** sind sehr beliebt, darunter auch der *šakotis* (ein sehr großer Kuchen aus 99 Eiern in Form eines Tannenbaums, der oft an Hochzeiten gegessen wird) und *kūčiukai* (Biscuits an Weihnachten). *Muginukas* ist ein Honiggebäck mit Zuckerblumen (meist in Herzform).

Ein westliches **Frühstück** mit Brötchen, Butter, Marmelade gibt es eigentlich nur an den Frühstücksbuffets der großen Hotels. Ansonsten werden u.a. Käse, Wurst, Omelett, Brot, Fisch, Pilze, Rühreier und Tee oder Kaffee aufgetischt. Dafür bieten **Konditoreien** neben Kaffee und Tee auch Gebäck, Brötchen etc. an. **Milchbars** servieren u.a. Quarkspeisen, Milchshakes und Salate. Infos zur Küche der Aukštaitija-Region unter www.culinary-heritage.com; in Vilnius gibt es ein Museum darüber. Siehe auch Literaturhinweise im Anhang.

Getränke

Populär sind Tee *(arbata),* Kaffee *(kava),* Mineralwasser *(mineralinis vanduo),* Milch und natürlich Softdrinks. **Beeren-** und **Fruchtsäfte bzw. Limonaden** sind oft sehr süß. Gut ist **Mineralwasser,** von dem es viele Sorten gibt, darunter auch recht salzhaltige. **Leitungswasser** sollte man **nicht trinken.**

Bier (alus)

Litauisches Bier ist teilweise recht alkoholstark. Gute Marken sind Švyturis, Utenos, Ragutis, Horn, Tauras und Kalnapilis. Es wird wegen seiner Farbe auch „flüssiger Bernstein" genannt und ist das beliebteste alkoholische Getränk, aber statistisch gesehen trinkt ein Litauer nur 1 l pro Woche. Im Norden Litauens hat fast jede Stadt ihre eigene Brauerei mit eigenen Bierfesten. Nützliche Informationen hierzu findet man in der Broschüre „The Beer Trail" („Rundfahrt im Bierland Litauen"), erhältlich beim Staatlichen Tourismusbüro (s. „Informationen"). Die

006li-Foto: gs

Brauerei Avilys in Vilnius produziert auch Honigbier.

Alkoholisches

Gern getrunken werden u.a. auch **Wodka** *(degtinė),* **Honigmet** mit Kräutern *(midus),* **Gira** (Fermentgetränk aus Roggen, als alkoholfreie Version bei Jugendlichen als Erfrischungsgetränk beliebt, auch als Instantpulver erhältlich), **Sekt** (darunter die landeseigene Marke Alita), *trauktinė* (eine Art Branntwein), Schnaps, süßer Beerenwein, Wein *(vynas;* meist Import), Glühwein *(karštas vynas)* sowie Honiglikör und viele Fruchtliköre *(likeriai).* An der Theke werden harte alkoholische Getränke meist in 50-ml-Gläschen ausgeschenkt. Zum Trinken von Alkohol auf öffentlichen Plätzen siehe „Umgangsformen".

Beliebte Snacks zu Getränken

- *kepta duona* (geröstetes Brot mit Knoblauch oder Salz)
- *sūris* (Käseschnitten)
- *virtos kiaulės ausys* (geräucherte Schweinsohren)
- *žirniai* (Erbsen mit Speck)
- *duonos salatos* (Brotsalat mit Käse und Mayonnaise)
- *vištienos sparnai* (Hähnchenkeule)
- *žemės riešutai* (Nüsse)

Lebensmittelgeschäft

Feiertage und Feste

Nationalfeiertage und Gedenktage

- **1. Januar,** Neujahr sowie Gedenktag der Staatsflagge (s. Exkurs „Staatssymbole")
- **13. Januar,** Gedenktag an die Verteidiger der Freiheit (am 13.1.1991)
- **16. Februar,** Tag der Unabhängigkeit (von 1918)
- **4. März,** Gedenktag des Hl. Kasimir
- **11. März,** Tag zur Wiedererlangung der Unabhängigkeit (von 1990)
- **März/April,** Ostern (s. Exkurs)
- **1. Mai,** Tag der Arbeit (nicht arbeitsfrei)
- **1. Maisonntag,** Muttertag
- **4. Maisonntag,** Gedenktag an die Partisanen
- **14. Juni,** Tag der Trauer und Hoffnung zum Gedenken an die Deportationen nach Sibirien 1941
- **15. Juni,** Gedenktag an die Besetzung und den Genozid
- **6. Juli,** Tag des Staates (Krönungstag von König *Mindaugas* 1253)
- **15. Juli,** Gedenktag an die Schlacht bei Grunwald *(žalgiris)*
- **15. August,** Mariä Himmelfahrt *(žoline)*
- **23. August,** Gedenktag des schwarzen Bandes (Molotov-Ribbentrop-Pakt, an der Nationalflagge wird ein schwarzer Trauerflor befestigt)
- **8. September,** Gedenktag der Nation (geplanter Krönungstag von Großfürst *Vytautas* 1430; er starb jedoch vorher)
- **23. September,** Gedenktag für die Holocaust-Opfer
- **31. August,** Gedenktag an die Erlangung der Freiheit
- **25. Oktober,** Gedenktag der Verfassung von 1992
- **1./2. November,** Allerheiligen, Allerseelen *(vėlinės)* (Friedhofsbesuch)
- **23. November,** Gedenktag an die litauischen Krieger
- **25./26. Dezember,** Weihnachten (s. Exkurs)

Hinweis: An fast allen diesen Tagen sind Geschäfte, Büros etc. verpflichtet, die **Nationalflagge** zu hissen, was auch viele Privatleute bei allen möglichen Anlässen tun. An **Nationalfeiertagen** sind fast alle Geschäfte, Banken, Behörden und Büros geschlossen, am Tag davor sind kürzere Öffnungszeiten möglich. Während der Feier- und Gedenktage finden Konzerte, Paraden,Volksfeste etc. statt.

Festivals und Feste

Die vielen **volkstümlichen Feste** gehören zu den herausragenden Ereignissen des Jahres und kristallisieren sich auch als besonderer touristischer Anziehungspunkt heraus. Die meisten finden im Sommer statt, einige nur jedes zweite Jahr oder noch seltener, darunter die riesigen **Sängerfeste** mit Chören bis zu 10.000 Mitwirkenden, die alle 5 Jahre stattfinden und die auch als UNESCO-Weltkulturgut geschützt sind. Daneben gibt es noch **Festivals** aller Art, z.B. für Musik, Kunst, Theater, Jazz, Folklore, Tanz oder Film. Sehr hilfreich sind die Broschüre „Main Events in Lithuania" vom Tourismusverband, die Stadtführer „In Your Pocket" sowie die Infoblätter und BTZ-Broschüren der Touristinformationsbüros (siehe „Informationen"). Die wichtigsten Feste und Festivals sind bei den einzelnen Städten sowie bei den National- und Regionalparks vermerkt. Dazu zählen auch das urige Autorennen in Rokiškis. Infos auch unter www.etno.lt, www.kultura.lt oder www.balticevents.com.

Wichtige landesweite Feste

- **Fasching** und Winteraustreibung *(užgavėnės)* im Februar, Karneval mit Umzügen, wobei die Holzmaskenträger (Teufel, Zauberer etc.) von Haus zu Haus ziehen und Süßigkeiten sowie kleine Geschenke erhalten. Die *„morė"*-Puppe in Frauenkleidern als Winter-

Oster- und Weihnachtsbräuche

Litauische Osterbräuche

Einen Sonntag vor Ostern, am **Palmsonntag,** werden von den Kirchen Wacholderzweige verkauft. In der Region Vilnius werden aus getrockneten Pflanzen, Blumen und Getreideähren kunstvoll gestaltete Osterpalmen (sie sind das Symbol der Hauptstadt und ihrer Umgebung), geflochten und gesegnet. **Karfreitag** ist ein Feiertag. Am **Ostersonntag** erzählen die Eltern ihren Kindern, dass sie schon früh morgens im Wald waren und dort zufällig das mitgebrachte Gebäck (auch Osterhasen u.a.) fanden, das der nachts mit dem Pferd aus Wachs gekommene und vor Tagesanbruch wieder verschwundene Osterhase dort versteckt hatte. In einigen Regionen suchen Kinder die vom Osterhasen versteckten Ostereier. Dann wird zu Hause mit der Familie gefeiert. Am **Ostermontag** werden unter Familien, Freunden und Kollegen kunstvoll bemalte Eier ausgetauscht und Osterei-Ausstellungen abgehalten. Es wird zu Volkstänzen getanzt und gesungen.

Sehr populär sind **Eierpyramiden** und **Eierspiele,** bei denen z.B. das kräftigste Osterei durch gegenseitiges Aneinanderschlagen ermittelt wird. An Hügeln und anderen öffentlichen Plätzen wird das Eierrollen, besser wohl **„Eierbowling"** abgehalten. Eierspiele finden auch am darauf folgenden „Weißen Sonntag" statt.

Ein typisches Weihnachtsfest

Wie bei uns ist der wichtigste Tag der **Heiligabend** am 24. Dezember, wo auch die Geschenke des Nikolaus geöffnet werden. Der Esstisch wird mit Stroh bedeckt, um Jesus in der Krippe zu symbolisieren, und darauf legt man ein Tischtuch. Jeder zieht einen Strohhalm darunter hervor, und je länger er ist, desto mehr Glück und langes Leben soll er bringen.

Stellvertretend für die 12 Apostel und 12 Monate werden 12 fleischlose Gerichte *(kučios)* serviert, darunter Hering, Karpfen und Nüsse, die zumindest probiert werden müssen. Auch für verstorbene Familienangehörige werden Teller gedeckt. Vorher geweihtes Brot wird verteilt, Alkohol wird nur sehr wenig getrunken. Nach dem Festmahl werden Spiele veranstaltet, welche die Zukunft vorhersagen. Am 25.12. wird auch Fleisch serviert; man lädt Freunde und Nachbarn ein.

Am 25./26. Dezember gibt es in manchen Städten einen **Weihnachtskarneval.** Die Weihnachtsveranstaltungen beginnen offiziell schon am 10. Dezember mit der Ankunft des Weihnachtsmannes und dem feierlichen Anbrennen der Neujahrslichter und enden am 6. Januar mit der Verabschiedung des Weihnachtsmannes.

symbol wird am Tag vor Aschermittwoch an einen Karren gespannt und danach verbrannt. Leute tanzen singend um das Feuer. Man isst vor der Fastenzeit noch viele Pfannkuchen *(plinsen).*

- **14. Februar** (Valentinstag), man schenkt *muginukas* (s. „Essen und Trinken"), Blumen
- **8. März** (Internationaler Frauentag), obwohl nach der Unabhängigkeit abgeschafft, wird er noch von der älteren Garde oder von denen, die den Valentinstag vergessen haben, gefeiert (Frauen bekommen rote Tulpen).
- **Frühlingsanfang, 21. März** *(lygiadienis),* Karneval mit Gesang und Tanz, die Kirchenglocken läuten, Konzerte. Geister als Symbole von Erde, Wasser, Feuer und Gras entzünden von weit her sichtbare Großfeuer.
- **1. April** (Tag der Streiche und Scherze), Satireveranstaltungen, fröhliche Spiele, Witze.

- **Johannisnacht, 23. Juni** *(rasa und joninės)* (s. Exkurs „Sonnwendfeier").
- **Herbstanfang, 21. September,** früher wurden den Göttern Ernteopfer gebracht, heute wird u.a. getanzt.
- **23. Dezember** *(blukas-*Fest*)*, ein alter Baumstumpf wird durch die Höfe geschleppt. Er symbolisiert die vergangene Zeit, unerfüllte Hoffnungen usw.; Umzug mit Folkloregruppen und Verkleideten.

Film und Foto

In Kirchen, Museen etc. muss meist eine teure Extragebühr fürs Fotografieren bezahlt werden. Militärische Anlagen dürfen nicht fotografiert werden. **Filmmaterial und Zubehör** sollte man genügend von zu Hause mitbringen, da diese hier meist billiger sind und in Litauen APS-, Diafilme oder Spezialbatterien oft nur in wenigen Filmgeschäften oder größeren Hotels erhältlich sind. Bei schlechten Lichtverhältnissen sind höher belichtete Filme (ASA 400 und mehr) zu empfehlen. Bei Reisen im Winter sollte man wegen der Kälte vorsichtshalber mehrere Ersatzbatterien mitnehmen und diese vor der Kälte schützen. Die **Filmentwicklung** ist in den meisten Fotolabors teurer als zu Hause.

- **Buchtipp:** „Reisefotografie" und „Reisefotografie digital", erschienen in der Praxis-Reihe des Reise Know-How Verlags, Bielefeld.

Rund ums Geld

Währung

Litauens Währung heißt **Litas** und ist in 100 Centai (Singular: Centas) unterteilt. Alle Zahlen, die auf 02 bis 09 enden, bilden den Plural Litai und Centai; alle übrigen erfordern Litų bzw. Centų. Der Einfachheit halber werden hier nur Litas (abgekürzt Lt.) verwendet.

Es gibt **Münzen** zu 1, 2, 5, 10, 20 und 50 Centai sowie zu 1, 2 und 5 Litas sowie **Banknoten** zu 10, 20, 50, 100, 200 und 500 Litas. Die 1-, 2- und 5-Lt.-Scheine werden jedoch immer mehr aus dem Verkehr gezogen. Unter www.lbank.lt findet man die Abbildungen der Banknoten und Münzen mit Beschreibung.

Der Euro wird frühestens 2007 Zahlungsmittel, wobei die Schreibweise noch unklar ist (möglich wäre auch die deklinierte Singularform *Euras*).

Geldwechsel

Beim Erhalt der litauischen Geldscheine sollten beschädigte, bekritzelte oder verschmutzte Noten zurückgegeben werden, da diese in vielen Geschäften nicht akzeptiert werden.

Banken und Wechselstuben *(valiutos keitykla)* gibt es auch in kleineren Städten, vor allem im Zentrum und rund um die (Bus-)Bahnhöfe, ebenso an den Flughäfen und in einigen Supermärkten. Seit 2002 ist der Euro die Leitwährung. Der offizielle **feste Umrechnungskurs des Euro** beträgt

3,4528 Lt., was ein Verhältnis von ca. 3:1 bedeutet. Die **Wechselkurse** unterscheiden sich nur geringfügig, da gesetzlich max. 1 % Gebühr bei Bargeldaustausch, max. 0,25 % bei anderen Transaktionen verlangt werden dürfen. Dies gilt nicht für andere Währungen. Problemlos können auch Dollar getauscht werden, andere Währungen haben meist schlechte Kurse. Meist ungünstiger sind die **Kurse in Hotels,** die aber die beste Anlaufstelle sind, falls man nirgendwo anders tauschen kann. Es lohnt sich nicht, Litas schon vor der Abreise zu besorgen.

Geldkarten und Reiseschecks

Fast überall (Auflistung unter www.atm.eimb.com) findet man **Geldautomaten** mit Bargeld-Service, u.a. in Hotels, Einkaufsstraßen, Postämtern, Banken (darunter auch die „Bankas-Snoras-Filialhäuschen"; sie sind meist 24 Std. verfügbar (Beschreibung auch auf Deutsch). Limit: 1000 Litas pro Transaktion. Man sollte sich aber nicht völlig auf diese Automaten verlassen (technische Störung möglich) und genügend Litas in Bargeld (auch kleine Scheine, vor allem bei Reisen aufs Land) sowie Reiseschecks mitnehmen. Manchmal gibt es z.B. Probleme mit 4-stelligen Geheimzahlen.

Die preiswerteste Art der Geldbeschaffung ist die Barabhebung vom Geldautomaten unter Angabe der PIN mit der **Maestro-Karte** (früher in Deutschland EC-Karte genannt). Je nach Hausbank wird dafür pro Abhebung eine Gebühr von ca. 1,30-4 € bzw. 4-6 SFr. berechnet. Diese können jedoch nur bei den Geldautomaten der LTB- und *Bankas-Snoras*-Filialen benutzt werden, wobei die Rückgabe der Karte meist erst nach Drücken einer bestimmten Taste erfolgt.

Von Barabhebungen per **Kreditkarte** ist abzuraten, weil dabei bis zu 5,5 % an Gebühr einbehalten werden. Aber für das **bargeldlose Zahlen** berechnet der Kreditkartenaussteller nur eine Gebühr für den Auslandseinsatz in Höhe von ca. 1-2 %. In vielen Banken werden **Kreditkarten** akzeptiert, ebenso in den großen Hotels, Restaurants, Geschäften, Reisebüros etc. (gängig sind vor allem MasterCard, American Express, Visa). Unumgänglich sind Kreditkarten beim Leihen eines Mietwagens. Beim Bezahlen mit Kreditkarte sollte man immer die Belegkopie aufbewahren und nie die Karte aus den Augen lassen.

In den Banken und einigen Wechselstuben der großen Städte werden gegen eine geringe Gebühr auch **Reiseschecks** (American Express und Thomas Cook) eingelöst. Sie sind sicherer als Bargeld (Ersatz bei Verlust); die Kaufbestätigung, die Notfall-Telefonnummer sowie die Liste der Reisechecknummern sollte man aber

Wechselkurse

1 € = 3,45 Litas; 1 Litas = 0,29 €
1 Schw. Fr. = 2,24 Litas; 1 Litas = 0,45 SFr

ebenso wie die Scheckkarte getrennt aufbewahren.

Im Notfall gibt es die **Western Union-Geldtransfers** (5 % Gebühr, www.westernunion.com). Andere wichtige Hinweise bei „Sicherheit".

Bei **Verlust oder Diebstahl** der Geldkarte oder Reiseschecks sollte man diese umgehend sperren lassen. In Deutschland gibt es seit dem 1. Juli 2005 dafür die einheitliche **Sperrnummer 0049-116116** für Maestro-Karten, Kreditkarten, Krankenkassenkarten und Handykarten u.a. In Österreich und der Schweiz gelten folgende Rufnummern:

- **Maestro-Karte,** A: Tel. 0043-1-2048800; CH: Tel. 0041-1-2712230; UBS: 0041-8488-88601; Credit Suisse: 0041-8008-00488.
- **MasterCard und VISA,** A: Tel. 0043-1-717014500 (Euro/MasterCard) bzw. Tel. 0043-1-71111770 (VISA); CH: Tel. 0041-44-2008383 für alle Banken außer Credit Suisse, Corner Bank Lugano und UBS.
- **American Express,** A: Tel. 0049-69-97971000; CH: Tel. 0041-1-6596666.
- **Diners Club,** A: Tel. 0043-1-501350; CH: Tel. 0041-1-8354545.

Bei **Maestro-Karten** muss man für die computerisierte Sperrung seine Kontonummer nennen können.

Nur wenn man den Kaufbeleg mit den Seriennummern der **Reiseschecks** sowie den Polizeibericht vorlegen kann, wird der Geldbetrag von einer größeren Bank vor Ort binnen 24 Stunden zurückerstattet.

Also muss der Verlust oder Diebstahl **umgehend** bei der örtlichen Polizei und auch bei American Express bzw. Travelex/Thomas Cook gemeldet werden:

- **American Express Reiseschecks,** D: Tel. 0049-69-97971850; A: Tel. 0043-1-5450120; CH: Tel. 0041-17454020.
- **Travelex / Thomas Cook Reiseschecks,** mehrsprachiger Computer für alle Länder Tel. 0044-1733318949.

Reisekosten und Preisniveau

Um den Wert der Litas richtig einschätzen zu können (z.B. für Trinkgelder, Geschenke), sollte man wissen, dass der **Durchschnittsverdienst** derzeit rund 350 € und eine durchschnittliche Rente rund 95 € beträgt. Der gesetzliche Mindestlohn beträgt 130 €, und der durchschnittliche Stundenlohn nicht einmal 3 €, also rund achtmal weniger als der EU-Durchschnitt. Allerdings gibt es nur geringe Inflation (siehe „Wirtschaft"). Der Zusammenbruch der Sowjetunion brachte ein enormes soziales Gefälle zwischen gut Betuchten und Einkommensschwachen. Fast ein Drittel der Bevölkerung soll unter dem offiziellen Existenzminimum leben, darunter viele Rentner.

Trinkgelder sind nicht obligatorisch, werden aber meist erwartet, da die Löhne niedrig sind. Manchmal runden Restaurantangestellte, Taxifahrer etc. den Betrag auf oder behaupten, kein Wechselgeld zu haben. Für besonders guten Service kann durchaus ein Trinkgeld von 5 bis 10 % gegeben werden. In Hotels hängt das Trinkgeld vom Service ab. Exklusive Restaurants, Bars, Nachtclubs etc. stellen oft auch einen **Bedienungszuschlag** von 7-12 % in Rechnung, so dass sich dann ein Trinkgeld erübrigt.

Das **Preisniveau** für Lebensmittel, öffentliche Verkehrsmittel etc. liegt weit unter dem unseren. Im Gastronomiebereich und im Tourismusgewerbe sind die Preise jedoch in vielen Fällen auf Westniveau gestiegen, so dass sich nur Touristen und „gut betuchte" Einheimische diesen „Luxus" leisten können. Importgetränke sind teuer, deshalb besser vorher nach dem Preis fragen. Andererseits gibt es noch genügend Caféterias, Kantinen oder billige Restaurants (3-5 € für ein Gericht) sowie preiswerte, einfach ausgestattete Hotels, Pensionen oder Herbergen (ab 15 €), so dass man für westliche Verhältnisse noch günstig reisen kann (von evtl. Studentenermäßigungen noch abgesehen). Eine Busfahrt kostet etwa 4 € für 100 km, eine Fahrt mit dem Zug nur etwa 3 €. Die Tickets für Veranstaltungen sind mit Ausnahme der Vorführungen ausländischer Stars sehr billig.

Das Preis-Leistungsverhältnis bei den Gastronomiebetrieben ist meist gewahrt, aber nicht immer bei den Hotels (s. „Unterkunft").

Seit dem EU-Beitritt sind viele Preise erhöht worden. Im Zuge der EU-Angleichung müssen aber auch noch die niedrigen MwSt.-Sätze und die Verbrauchssteuern auf Alkohol, Zigaretten und Benzin erhöht werden. Es ist zu vermuten, dass der **Euro-Effekt** später die Preise weiter steigen lässt. Die Löhne werden wohl nicht mehr mit der Inflation Schritt halten können, so dass sich die Kaufkraft für viele verschlechtern wird. Da dann eine Abwanderung qualifizierter Arbeitskräfte in den Westen zu befürchten ist, wurde eine Übergangsregelung verabschiedet.

Das **Handeln** um den Preis ist nur auf Märkten und Flohmärkten üblich. Auch Touristen zahlen nur den marktüblichen Preis.

Gesundheit

Für Reisende sind keine **Impfungen** vorgeschrieben. Das Bundesgesundheitsamt empfiehlt jedoch grundsätzlich eine Polio-, Tetanus-, Diphterie-, Hepatitis-A- und FSME-Zeckenschutzimpfung (letztere aber nur für diejenigen, die in Wäldern und an Seen Urlaub machen). Vor der Reise sollte man ggf. noch seine Zähne überprüfen lassen. Es gelten die üblichen vorbeugenden Hygieneregeln. Die AIDS-Rate ist noch relativ gering (www.aids.lt; Hotline Tel. 8-80001111). Eine Tuberkulosegefahr besteht für Touristen i.d.R. nicht.

Die ärztliche Versorgung ist recht gut. Die gesetzlichen Krankenkassen von Deutschland, Österreich und der Schweiz garantieren eine Behandlung auch im akuten Krankheitsfall in Litauen, wenn die medizinische Versorgung nicht bis nach der Rückkehr warten kann. Als Anspruchsnachweis benötigt man seit Januar 2005 die **Europäische Krankenversicherungskarte,** die man von seiner Krankenkasse erhält (bei manchen Krankenkassen übergangsweise bis 2006 noch eine Ersatzbescheinigung).

207li Foto: gs

Die „Deutsche Apotheke" in Vilnius

Im Krankheitsfall besteht ein Anspruch auf ambulante oder stationäre Behandlung bei jedem zugelassenen Arzt und in staatlichen Krankenhäusern. Da jedoch die Leistungen nach den gesetzlichen Vorschriften im Ausland abgerechnet werden, kann man auch gebeten werden, zunächst **die Kosten der Behandlung** selbst zu tragen. Obwohl bestimmte Beträge von der Krankenkasse hinterher rückerstattet werden, kann doch ein Teil der finanziellen Belastung beim Patienten bleiben, also zu Kosten in kaum vorhersagbarem Umfang führen.

Aus diesem Grund wird zusätzlich der Abschluss einer **privaten Auslandskrankenversicherung** dringend empfohlen. Diese sollte außerdem eine zuverlässige Reiserückholversicherung enthalten, denn der Krankenrücktransport wird von den gesetzlichen Krankenkassen nicht übernommen. Diese sind z.B. in Deutschland ab 5 € pro Jahr sehr günstig (für Empfehlungen siehe z.B. FinanzTest 07/05).

Zur Erstattung der Kosten benötigt man grundsätzlich ausführliche **Quittungen** (mit Datum, Namen, Bericht über Art und Umfang der Behandlung, Kosten der Behandlung und Medikamente).

Der Abschluss einer **Jahresversicherung** ist in der Regel kostengünstiger als mehrere Einzelversicherungen. Günstiger ist auch die **Versicherung als Familie,** statt als Einzelpersonen. Hier sollte man nur die Definition von „Familie" genau prüfen.

Die **Ambulanz,** die man in Notfällen von jedem Apparat aus kostenlos anrufen kann, ist unter der **Nummer 112** (auch Handy) zu erreichen.

Adressen und Telefonnummern von **Krankenhäusern** sind in den Beschreibungen der einzelnen Städte angegeben. Die Telefonnummer für Hausbesuche erfährt man bei der Auskunft

221-li Foto: gs

(09). **Deutsch sprechende Ärzte** kann man bei den Botschaften, manchmal auch bei größeren Hotels erfragen. Infos auch in den „In Your Pocket"-Stadtführern oder in den Gelben Seiten (s. „Informationen").

Die Adressen von **Apotheken** sind ebenfalls in den Beschreibungen der einzelnen Städte aufgeführt. Sie haben meist Mo-Fr von 8 bis 19 Uhr geöffnet; es gibt aber auch Apotheken, die nachts und an Wochenenden Bereitschaftsdienst haben (Auflistung unter www.vaistai.lt).

Die **Medikamente** sind preisgünstig und oft rezeptfrei erhältlich. Wer regelmäßig Medikamente braucht, sollte diese unbedingt von zu Hause mitnehmen (ggf. Beipackzettel oder Schreiben des Arztes). Westliche Medikamente bekommt man in größeren litauischen Städten, u.a. bei der *Vokiečių vaistine* („Deutsche Apotheke"). Hier spricht man auch Deutsch und Englisch.

Brillen- und Kontaktlinsenträger sollten ein Ersatzset oder den Brillenpass des Optikers mitnehmen.

Die russisch-orthodoxe Mariä-Erscheinungskirche in Vilnius

Hilfreich ist auch ein **Impf- und Gesundheitspass** (Blutgruppe, Allergien u.a.) und eine kleine **Reiseapotheke** (Pflaster etc.); Infos bei jeder Apotheke.

Das **Leitungswasser** ist meist stark gechlort. Unsauberes Wasser sollte man abkochen oder mit *Micropur* Tabletten entkeimen. Am einfachsten und sichersten ist immer noch der Griff zur Mineralwasserflasche.

Die meisten Gastronomiebetriebe haben (noch) **keine Nichtraucherbereiche.** Etwa 53 % der Männer und 16 % der Frauen rauchen, die Regierung hat ein Aufklärungsprogramm gestartet; Tabak- und Alkoholwerbung sind verboten.

Reisen für Behinderte

Einige Strände in Nida und Palanga haben behindertengerechten Zugang für Rollstuhlfahrer. Noch relativ wenige Restaurants und Hotels haben Behindertenrampen/-toiletten (diese sind in den „In Your Pocket"-Stadtführern vermerkt). Ansonsten ist es aufgrund der häufigen Kopfsteinpflaster und Treppen, der fehlenden Vorrichtungen an öffentlichen Verkehrsmitteln sowie dem jetzt erst langsam aufkommenden Verständnis nicht gerade einfach für sie. In Vilnius und Kaunas sollen in Zukunft die neuen öffentlichen Verkehrsmittel behindertengerecht sein. Infos sind in Vilnius erhältlich beim Informations- und Beratungsbüro für Behinderte, Teatro 11/8-13, Tel. 617277 bzw. Kauno 4, Tel. 330161. Kontaktstelle für taubstumme Personen: Šv. Kazimiero 3, Tel. 612570, für Blinde: Labdarių 7/11, Tel. 624866.

Informationen

Fremdenverkehrsbüros

Bei folgenden Stellen kann man sich vor Reiseantritt über Veranstaltungen u.v.m. informieren und Prospekte zukommen lassen:

- **Baltikum Tourismus Zentrale (BTZ),** Katharinenstr. 19-20, 10711 Berlin, Tel. 030-89009091, Fax 030-89009092, www.baltikuminfo.de, info@baltikuminfo.de; schön aufgemachte, informative Broschüre mit Auflistung der Reiseveranstalter, Fähr- und Flugverbindungen, Veranstaltungskalender; auch Zusendung der Broschüren „Aktivurlaub“ (s. „Sport und Erholung“) und „Urlaub auf dem Lande“ (s. „Unterkunft“).
- **Staatliches Litauisches Tourismusbüro,** A. Juozapavičiaus 13, 2005 Vilnius, Tel. 370-5-210-8796, Fax 2108753, www.tourism.lt, info@tourism.lt. Die neueste offizielle Website mit sehr vielen aktuellen Infos ist www.lithuania.travel.com (geplant ist auch die Abfrage an interaktiven Terminals).
- **Litauischer Tourismus Fond,** A. Juozapavičiaus 13, 2005 Vilnius, Tel./Fax 370-5-2726554, info@travel.lt, www.travel.lt.

Reiseveranstalter

In Deutschland

Viele Reiseveranstalter haben Litauen in ihrem Programm, mit einer breiten Palette: Rund-, Städte-, Kultur-, Boot-, Wander- und Fahrradreisen. In der Broschüre der BTZ sind alle aufgeführt, getrennt nach Veranstaltern für Bus-, Gruppen-, Individual-, Rad- und Sportreisen, Paketveranstaltern und Spezialisten für das Baltikum. Zu letzteren, die gute Angebote an Pauschalreisen und anderen Leistungen (Charter-, Linienflüge etc.) anbieten, gehören:

- **Schnieder Reisen,** Schillerstr. 43, 22767 Hamburg, Tel. 040-3802060, Fax 040-388965. Rad-, Wander-, Zug-, Bus-, Studien-, PKW-, Rund-, Städte- und Flugreisen, Fly & Drive, Fähren etc., Kartenmaterial, Broschüren, sehr kompetent und hilfsbereit, Baltikumspezialist, www.baltikum24.de.
- **DNV-Tours,** Heubergstr. 21, 70806 Kornwestheim, Tel. 07154-13183-0, Fax 182924. Städte- und Individualreisen, Wander-, Radreisen, Auto- und Motorradreisen etc. sehr kompetent, www.dnv-tours.de.
- **Ost-Reiseservice,** Am alten Friedhof 2, 33647 Bielefeld, Tel. 0521-4173333, Fax 4173 344; u.a. Bus-, Städte-, Kultur- Flugreisen, Fähren. www.ostreisen.de.
- **Litauen-Reisen,** Kaiserstr. 22, 97070 Würzburg, Tel. 0931-84234, Fax 86447, Rad-, Kultur-, Studien-, Rundreisen ins Baltikum, www.litauenreisen.de.
- **Nehrung Reisen,** Am Martinshof 21, 79263 Simonswald, Tel./Fax 07683-1300; www.nehrung-reisen.de; vermittelt u.a. Ferienhäuser in Nida und Juodkrantė; Büro in Nida, Pamario 35-7, Tel./Fax 469-2135.
- **Ebden Reisen,** Frankfurter Str. 54, 35440 Linden, Tel. 06403-74117. Rund-, Studien- und Städtereisen.

In Österreich und der Schweiz

Hierzu zählen u.a. www.blaguss.at, www.kneissltouristik.at, www.ruefa.at, www.kira-travel.ch, www.eovoyages.ch.

In Litauen

Die Adressen einiger Reiseveranstalter bzw. -büros mit Deutsch und/oder Englisch sprechenden Mitarbeitern sind bei den einzelnen Städten vermerkt. Teilweise arbeiten sie mit deutschen Reiseveranstaltern zusammen. Sie bieten auch Individualtouristen Stadtführungen, Radtouren, Ausflüge, Rundreisen, Autovermietung etc. an und helfen bei der Suche nach einer **Unterkunft** (Hotels, oft mit Discounts; Ferienwohnungen, Pensionen, B&B). Fragen kostet nichts!

DELTA-Tours in Kaunas organisiert u.a. originelle Reisen für Brauereifreunde, Ornithologen, Forstwirtschaftler, Kunstliebhaber, Ikonenfreunde und sogar Kirchengemeinden.

Informationen vor Ort

Auch vor Ort gibt es vielfältige Möglichkeiten sich zu informieren:

- Sehr zu empfehlen sind die an Kiosken, Hotels etc. zum Preis von 5 Lt erhältlichen **„In Your Pocket"-Infohefte.** Sie erscheinen auf Englisch 6-mal jährlich für Vilnius und einmal jährlich für Kaunas und Klaipėda. Unter www.inyourpocket.com ständige Aktualisierung. Sehr nützlich, da sie neben vielen praktischen und aktuellen Infos auch gute Stadtpläne (auch für Nida und Palanga), z.T. auch Trolley- und Buslinienpläne enthalten. Gleiches gilt für „Exploring Vilnius" und „Exploring Klaipėda". Sie ersetzen aber keinen Reiseführer. Bei den einzelnen Städten wird bei der entsprechenden Rubrik auf sie verwiesen.
- Die **Touristinformationsbüros** sind bei den einzelnen Städten vermerkt. Sie bieten Infos u.a. zu Ausflugszielen in der Region, Veranstaltungen, Stadtführungen, Unterkunft (Hotels, Pensionen, Urlaub auf dem Land etc.); Zimmervermittlung (teils mit Ermäßigungen), Verkauf von Stadtplänen. Sie sind leicht zu erkennen an den Schildern mit einem großen, weißen „i" auf grünem Hintergrund. Eigentlich hat jede Kleinstadt ein Informationsbüro, wenn es auch nur eine Anlaufstelle im Rathaus ist. National- und Regionalparks haben ebenfalls Auskunftsstellen.
- Die **Telefonauskunft** (Tel. 118; 1,10 Lt/ Min.) gibt Infos auf englisch über Hotels, Restaurants, kulturelle Veranstaltungen, Leihwagen, Fahrradvermietung, Verhalten bei Notfällen.

Anlaufstellen für allgemeine Fragen, Reiseführer, Reiseveranstalter oder Beschwerden sind auch:

- **Litauischer Tourismusverband,** Konstitutcijos 223, Vilnius, Tel./Fax 2726191, www.turfond.is.lt, turizmoasoc@takas.lt.
- **Litauisches Touristenbüro für Landtourismus** (s. „Unterkunft/Urlaub auf dem Lande").
- **Litauischer Verband der Sport- und Reisefreunde,** Žemaitės 6, Vilnius, Tel./Fax 2135255, www. sportasvisiems.lt.
- **Litauischer Reiseleiterverband,** Šv. Mykolo 8, Vilnius, Tel. 2121388, skaidra@vilniusdays.lt.
- **Vereinigung der Touristinformationsbüros,** Vilniaus 213, Šiauliai, Tel. 523110, tourisminfo@siauliai.lt.
- **Litauischer Hotel- und Restaurantverband,** Jasinskio 16, Vilnius, Tel./Fax 2497478, lvra@mail.lt.
- Gute Infos auch bei vielen **Reiseveranstaltern und -büros** (s.o.) erhältlich, teilweise auch bei Hotelrezeptionen o.Ä.
- Hilfreich sind auch die „Visa Lietuva" (Gelbe-Seiten-Telefonbücher), auch unter www.visalietuva.lt bzw. www.yp.lt. **Zeitschriften** und **Zeitungen** (s. „Medien") und gutes **Kartenmaterial** (s. „Orientierung") findet man meist an (Hotel-) Kiosken, deutschsprachige **Bücher** (s. Anhang „Literaturhinweise") in guten Buchgeschäften.

Kontaktgruppen

Hier erhält man keine praktischen Reiseinformationen, sondern erfährt Wissenswertes über Land und Leute. Die Kontaktgruppen in Litauen sind in den Ortsbeschreibungen bei den einzelnen Städten vermerkt.

- **Informationszentrum Baltische Staaten e.V. (InfoBalt),** Helgolander Str. 8, 28217 Bremen, Tel. 0421-391571, Fax 391572, www. infobalt.de, kulturelle Kontakte, Umweltproblematik, Politikberichte, Bücherforum, Infos, Forum für Projektberichte etc, sehr informativ.
- **Pro Baltica Forum,** Brodschangen 4, 20457 Hamburg, Tel. 040-37655260, Fax 37655333, www.probaltica.org.
- **Litauische Volksgemeinschaft,** Bethmannstr. 17, 60311 Frankfurt, Tel. 069-92870244.
- **Litauisches Kulturinstitut,** Schloss Rennhof, Lorscherstr. 1, 68623 Lampertheim-Hüttenfeld, Tel. 06571-4629, www.litauisches-kulturinstitut.de, angeschlossenes lit. Gymnasium, Bibliothek mit über 10.000 Bänden.

Internet

Allgemeine Reiseinformationen

- für Deutschland: www.auswaertiges-amt.de
- für Österreich: www.bmaa.gv.at
- für die Schweiz: www.eda.admin.ch

Informationen über Litauen

Das Landeskürzel im Internet ist „lt". Hier sind nur diejenigen Websites angeführt, die einen generellen Überblick vermitteln, jedoch meist auf Litauisch und Englisch. Hervorzuheben ist **www.litauen-info.de** (eine gut gestaltete, sehr informative Homepage von *H.J. Kaiser* aus Tauberbischofsheim, ständig aktualisierte Infos, auch TV-Tipps).

Umfangreiche Infos, teilweise auch über die Regionen, findet man außer auf diesen Websites unter:

- www.litauen-info.org
- www.travelling.lt
- www.countryside.lt
- www.std.lt (Statistiken)
- www.ratgeber-litauen.de
- www.litnet.lt
- www.litauen.org
- www.randburg.com
- www.omnitel.net
- www.litauen.com
- www.clickfish.com
- www.neris.mii.lt, bietet auch einen Überblick aller Internet-Adressen sowie Beschreibungen aller Städte.

Links zu anderen Websites:

- www. tdd.lt
- www.osteuropa-netzwerk.de
- www.yahoo.de/Städte und Länder

Fast alle **Städte** haben eine eigene Website, meist auf Litauisch und Englisch, selten auf Deutsch. Viele weitere Websites sind bei den entsprechenden Kapiteln bzw. in den Ortsbeschreibungen vermerkt.

Suchmaschinen

Unter www.on.lt auf Litauisch und Englisch, unter www.search.lt auch auf Deutsch. Neu sind: www.google.lt, www.balticexplorer.com.

Baltische Netzwerke und Projekte

- **Baltisches Forum von Jugendprojekten:** www.ballad.org (zu empfehlen, Hunderte von Links)
- **Baltischer Rat:** www.baltinfo.org
- **Baltischer Städtetourismus:** www.baltic-events.com
- **Baltische Kommission für Seetourismus:** www.baltic.sea.com
- **Baltisches Institut:** www.balticinstitute.se

Internetcafés

Man kann in einigen Postämtern oder Bibliotheken bzw. in den bei den einzelnen Städten vermerkten Internetcafés surfen und E-Mails verschicken. Die Preise und die Geschwindigkeit unterscheiden sich z.T. beträchtlich. Infos bei den Touristinformationen.

Maße und Gewichte

Es gilt das metrische System. In einigen Lokalen ist das **Gewicht** des Essens und des Getränks auf der Speisekarte angegeben, was sich amüsant liest (Beispiel: 100 g Wurst, 50 g Brötchen, 5 g Senf = 100/50/5; ein Viertelliter Wein = 250 g).

Medien

Fernsehen und Radio

Die besseren Hotels haben Kabel- oder Satelliten-TV (teilweise auch deutsche Sender), die billigeren empfangen nur nationale, z.T. auch polnische und russische Programme. Im litauischen Fernsehen sieht man viele schlecht synchronisierte US-Schnulzen und Seifenopern. **Baltijos TV** (BTV) zeigt ab 24 Uhr Deutsche Welle.

Deutschsprachige Radiosendungen sind i.d.R. nicht zu empfangen.

Zeitungen, Zeitschriften

Die **englischsprachige Zeitung** „Baltic Times" erscheint donnerstags mit Nachrichten über das Baltikum, einem Veranstaltungskalender, Anzeigen etc.; (www.baltictimes.com). Auf Englisch erscheinen auch die wöchentlichen „Lithuanian Weekly" (vkatilius@takas.lt) und „Verslo Žinios" (www.vz.lt). Gute Artikel findet man auch im Nachrichtenmagazin „City Paper" (erscheint wöchentlich, www.balticsww.com) und im „Inflight"-Magazin „Lithuania in the World" der Lithuanian Airlines (vierteljährlich, sigitas@agvila.lt).

Die „Baltische Rundschau" ist die größte **deutschsprachige Zeitung** im Baltikum (www.baltische-rundschau.com, baltische-rundschau@gmx.net, S. Konarskio 49, Vilnius, Tel. 2120837, Fax 2791484; Auslandsabonnement möglich). **Lokale Nachrichten auf Deutsch** findet man in dem ebenfalls

208li Foto: gs

monatlich erscheinenden Magazin „Deutsche Nachrichten" *(Vokiečių Žinios)* in Klaipėda. Die beliebteste **litauische Tageszeitung** ist die *Lietuvos Rytas* (mit vielen Veranstaltungshinweisen, www.lrytas.lt). Ansonsten gibt es viele lokale Zeitungen (z.B. *Kauno diena*).

Obige Zeitschriften und Magazine findet man in den besseren Hotels, Zeitungen meist an Kiosken und in Buchläden.

Nachrichten im Internet

Das Neueste findet man unter www.press.lt (engl./dt.), www.news.lt (engl./dt.), www.elta.lt (engl.), www.ciesin.ee (engl.), www.rferl.org *(Radio Freies Europa* und *Radio Liberty)* bzw. www.bns.lt.

Öffnungszeiten

Die meisten Geschäfte, Restaurants, Banken etc. haben an der Eingangstür ein **Piktogramm** mit einer Leiste aus 7 Quadraten. Jedes Quadrat steht für einen Wochentag, mit Montag beginnend. Ein leeres Feld bedeutet geschlossen, ein volles geöffnet, ein halbvolles bedeutet verkürzte Öffnungszeiten. Die Uhrzeit ist rechts daneben aufgeführt. Einige Geschäfte, Restaurants etc. öffnen und schließen nach Lust und Laune, manchmal einfach, weil nichts los ist. Man darf daher nicht allzu überrascht sein, wenn das Schild trotzdem auf „geöffnet" hinweist. Andererseits haben einige an Sonn- und Feiertagen geöffnet. Einige schließen auch einmal im Monat ohne Ankündigung für einen **„Reinigungstag"** oder bei einer Warenanlieferung. Folgende Öffnungszeiten variieren:

- **Banken,** Mo-Fr 9-17, Sa 9-13 Uhr,
- **Büros, Behörden,** 8-12, 13-17 Uhr, Fr bis 16 Uhr,
- **Cafés,** 9-20 Uhr,
- **Discos, Nachtclubs,** 20-24, am Wochenende bis 4 Uhr,
- **Geschäfte,** meist 8-20 Uhr, Sa/So 8-18 Uhr (z.T. 24 Std, z.T. 1 Std. Mittagspause),
- **Museen,** 11-18 Uhr (Mo meist immer, Di manchmal geschlossen; Kassenschluss meist 1 Stunde vorher),
- **Postämter,** Mo-Fr 8-17, z.T. Sa 8-12 Uhr,
- **Supermärkte,** meist täglich 8-22 Uhr,
- **Restaurants,** 12-24 Uhr,
- **Telefonämter,** meist 24 Std.,
- **Touristinformationsbüros,** Mo-Fr 9-17 Uhr, z.T. auch Sa 10-14 Uhr,
- **Wechselstuben,** Mo-Fr 9-19, Sa 9-17 Uhr, teilweise 24 Std.

Orientierung

Landkarten und Stadtpläne

Wer mit öffentlichen Verkehrsmitteln unterwegs ist und nur die wichtigsten touristischen Orte besucht, kommt gut mit den Übersichtskarten und Stadtplänen im Buch (s. Kartenverzeichnis) zurecht. Nützlich sind auch die Stadtpläne in den „In Your Pocket"-Stadtführern (s. „Informationen").

Stadtpläne *(miesto planas)* sowie Regional- und Landkarten sind in Kiosken, Hotels, Buchgeschäften, Reisebüros, Tankstellen etc. erhältlich, ebenso am Flughafen in Vilnius. Eine gute Anlaufstelle sind die **Touristinformationsbüros,** in denen man Karten teilweise gratis und auch für andere Städte erhält. In Einzelfällen gibt es dort auch **Karten für die National- und Regionalparks,** die man ansonsten nur bei den Nationalparkverwaltungen bekommt.

Für die (An-)Reise mit dem eigenen Fahrzeug ist eine größere **Straßenkarte** sinnvoll, welche die Straßenbeschaffenheit in verschiedenen Farben und mehrsprachige Erläuterungen enthalten sollte. Sehr empfehlenswert ist die Karte **„Litauen, Kaliningrad"** aus dem world mapping projekt des Reise Know-How Verlages im Maßstab 1:325.000. Sie besteht aus reiß- und wasserfestem Papier und enthält GPS-Koordinaten und Höhenschichten. Außerdem sind die wichtigsten Sehenswürdigkeiten eingezeichnet, ein Register verzeichnet alle Orte. Der **Kartenatlas im Anhang** zeigt Ausschnitte aus dieser Karte. In der gleichen Reihe erscheinen entsprechende Karten zu Lettland und Estland.

Radwanderkarten: siehe „Verkehrsmittel".

Tipp: Wer sich in Großstädten wie Vilnius, Kaunas und Klaipėda nicht auskennt und sich angesichts der vielen Einbahnstraßen, Gassen, Fußgängerzonen etc. zeit- und nervenraubende Umwege ersparen will, kann einen **Taxifahrer** am Stadtrand nach dem Weg fragen, ihm ggf. einen Geldschein in die Hand drücken und sich zu seinem Hotel eskortieren lassen.

Beschilderung

Die **Verkehrszeichen** und **Straßenschilder** sind normalerweise auf Litauisch, bei bestimmten Plätzen (z.B. internationaler Fährhafen) zusätzlich auf Englisch.

Post

Die Postverbindungen von und nach Westeuropa sind zuverlässig. Wichtige Dokumente sollte man mit Einschreiben *(registruotas)* verschicken (Gebühr 2 Lt.). Luftpostsendungen sind gewöhnlich nicht länger als 3-5 Tage unterwegs. **Expresspost** *(EMS)* kann bei größeren Postämtern aufgegeben werden (Dauer: 2-3 Tage). Diese sowie die Adressen der teuren, aber schnellen **Kurierdienste** (www.dhl.lt, www.ups.com, www.fedex.com, www.tnt.com) sind bei den einzelnen Städten vermerkt, ebenso die **Faxdienste.** Man kann ein Fax meist auch auf Postämtern *(paštas)* schicken und erhalten (Inland 1-1,50 Lt., Ausland 4-10 Lt.). Unter www.post.lt findet man neben den Tarifen und allen Briefmarkenausgaben seit 1995 auch die Adressen der Postfilialen (meist mit Kopierservice, Verkauf von Schreibwaren, Zeitschriften, Blumen etc.). Auch größere **Hotels** verkaufen meist Briefmarken und geben die Post ihrer Gäste auf. Die **Briefkästen** sind gelb. Infos zu Internetcafés s. „Informationen".

Briefe und Postkarten innerhalb Litauens kosten 1 Lt. bzw. 0,80 Lt., ins

Ausland mit Luftpost *(oro paštų)* 1,70 Lt. bzw. 1,20 Lt., auf dem Landweg 1,30 Lt. bzw. 1 Lt. Aerogramme kosten 1,30 Lt.

Adressierung

Die Adressierung für Post nach Litauen funktioniert wie bei uns. Ein **Verzeichnis der Postleitzahlen** befindet sich im Anhang.

Postlagernde Sendungen

Wer sich Post schicken lassen möchte, aber keine feste Adresse hat, kann dies unter dem Vermerk *Poste restante* bei jedem größeren Postamt tun. Der Familienname sollte unterstrichen sein, Umlaute getrennt geschrieben werden. Adressierung mit „Centrinis Paštas". Die Post bleibt 4 Wochen am Schalter *iki pareikalavimo* liegen, bevor sie zurück geschickt wird.

Telegramme

Eine Telegramm-Aufgabe ist von den meisten großen Hotels aus möglich, außerdem per Telefon (Nr. 06 bzw. 8-199), auf Postämtern und in Vilnius vom Telegrafenamt.

Reisegepäck und Kleidung

Man kann alles vor Ort relativ billig kaufen, doch das meiste sollte man besser mitnehmen, um sich Zeit und Sucherei zu ersparen.

Es empfiehlt sich, „light" zu reisen. Anstelle eines oft sperrigen Koffers oder eines großen Rucksacks sind eine größere **Reisetasche** oder ein kleiner **Koffer** mit Rollen viel praktischer. Für Tagestouren ist ein kleiner **Rucksack** *(daypack)* ausreichend.

Für den Sommer wird zwar **leichte Kleidung** empfohlen, jedoch sollte man für kühle Phasen auch leichte Wollsachen einpacken; Übergangskleidung für Frühling und Herbst, warme Sachen und warme Schuhe für den Winter. Es besteht keine bestimmte Kleiderordnung (vgl. aber „Umgangsformen"). Siehe auch die Kapitel „Gesundheit" (Reiseapotheke, Medikamente etc.), „Film und Foto" und „Elektrizität" (Adapter). Persönliche Toilettenartikel wie Tampons, Kondome etc. sollte man besser mitbringen.

In manchen Gegenden ist ein gutes **Moskitomittel** hilfreich.

Manchmal haben bestimmte Personen wie z.B. Studenten bei Vorlage des **Ausweises** Anspruch auf Ermäßigungen bei Veranstaltungen, in Verkehrsmitteln, bei der Unterkunft etc.

Hier noch eine kleine **Checkliste** von Dingen, die man auf der Litauen-Reise unbedingt dabei haben sollte:

- Im Sommer: **Badekleidung,** denn die Ostsee und die zahlreichen Seen laden zum Schwimmen ein

- Evtl. **Schlafsack** für Übernachtungen in mietbaren Hütten auf Campingplätzen (s. „Unterkunft“)
- (Landestypische) **Gastgeschenke** (s. „Umgangsformen“)
- Alle wichtigen **Dokumente** (s. „Sicherheit“)
- **Passfotos,** für den Fall des Verlustes von wichtigen Dokumenten
- **Taschenlampe** und **Taschenmesser** für Outdoor-Aktivitäten
- **Sonnenschutzartikel,** denn auch in Litauen droht im Sommer Sonnenbrandgefahr
- **Toilettenpapier** (s. „Toiletten“)

Hinweis zur Kleidung: Es gibt noch relativ wenige **Waschsalons** und **Reinigungen** (einige sind in den betreffenden Ortsbeschreibungen erwähnt). Genügend **Waschmittel** mitnehmen, falls man den Waschservice des Hotels nicht in Anspruch nehmen möchte.

Reisezeit und Klima

Litauen liegt in der **Übergangszone** zwischen dem kontinentalen Klima Osteuropas (mit kalten Wintern und heißen Sommern) und dem milderen maritimen Klima, das noch von den Ausläufern des Golfstroms beeinflusst wird. Die **Sommer** sind nicht sehr heiß mit Durchschnittstemperaturen von etwa 19°C im Juli, die **Winter** relativ mild mit durchschnittlichen Temperaturen zwischen 3 und -6°C, im Januar mit relativ viel Sonne.

Im **Landesinnern** ist es im Winter oft 2-4°C kälter als an der Küste, im Sommer dagegen oft 1-2°C wärmer. Hierbei ist jedoch zu beachten, dass die **Durchschnittstemperaturen** nur eine begrenzte Vorstellung von der tatsächlichen Temperatur vermitteln. So kann das Thermometer im Sommer auch einmal auf Spitzenwerte über 30°C klettern bei einer Luftfeuchtigkeit von rund 80 % und im Winter auf bis zu -15°C an der Küste und bis unter -25°C im Landesinneren fallen. Den aktuellen **Wetterbericht** findet man z.B. unter www.reisewetter.de oder www.alle-wetter.de.

Die ersten **Fröste** kommen im Oktober, und im Frühjahr dauern die Nachtfröste bis Ende April oder Anfang Mai. Im Winter sind die Tage kurz und oft neblig. **Schnee** liegt meist von Dezember bis März, vor allem im Landesinnern.

Die **Niederschlagsmengen** liegen wie in den meisten nordeuropäischen Ländern durchschnittlich zwischen 500-700 mm. 75 % davon fallen als Regen nieder. Am niederschlagsreichsten sind die Monate Juli, August und Oktober. Allgemein gilt das Wetter vor allem aufgrund der Westwinde als **sehr wechselhaft,** so dass man gut daran tut, Schirm oder Regenkleidung griffbereit zu haben.

Die **beste Reisezeit** ist von Mai bis September. In dieser Zeit finden auch die meisten Feste und Festivals statt, ein Magnet für viele Touristen (für Juli und August ggf. die Anreise und Unterkunft rechtzeitig reservieren). Im Mai blühen die Blumen und Wiesen, im Juni sind angenehme Temperaturen. Die Tage sind sehr lang. Juli und August sind am wärmsten, aber es regnet auch viel. Abends ist am Kurischen Haff manchmal ein **tropisches Phänomen** zu beobachten. Schlagartig ver-

222-li Foto: gs

Sommerliche Souvenirhäuschen in Nida

dunkelt sich der Himmel, ein Sturm zieht auf, und es regnet etwa 15 Minuten in Strömen.

Die **Wassertemperatur** an der Küste liegt zwischen 17 und 23° C, letztere vor allem im Juli und August, in Flüssen und Seen rund 16-18° C.

Verhältnismäßig stabil ist die Wetterlage während des Altweibersommers im **September,** der besonders an der Küste sicher eine der schönsten Jahreszeiten ist. Nachts kann es frisch werden, aber die Tage sind oft noch angenehm mild und sonnig. Die endlosen Strände sind praktisch menschenleer und laden zu herrlichen Spaziergängen ein. Dort kann man sogar Anfang Oktober noch manchmal baden und in der Sonne liegen. Die Blätterfärbung tritt stellenweise schon im September ein. Relativ kalte, aber teilweise auch **sonnige Frühlings- und Herbsttage** gibt es im April und Oktober. Schön kann auch eine Wanderung durch den Schnee sein, und auch für **Wintersportfreunde** gibt es einige Aktivitäten (s. „Sport und Erholung"). Im Winter finden die meisten Theater und Konzerte statt.

Sicherheit

Man kann sich so sicher fühlen wie zu Hause, wenn man die üblichen **Vorsichtsmaßnahmen** und **Verhaltensregeln** beachtet (s. Kasten). Die Menschen sind ausgesprochen freundlich, aufgeschlossen und hilfsbereit. Die **Kriminalitätsrate** ist immer noch relativ gering, wobei „kleinere" Delikte wie z.B. Wohnungseinbrüche oder Taschendiebstähle überwiegen. In Touristengegenden wurde die Polizeipräsenz verstärkt. In Vilnius wurden 50 Überwachungskameras installiert. Von der vielbeschriebenen Mafia bekommt der Tourist nichts mit, da sich deren Aktivitäten auf Glücksspiele, Prostitution etc. konzentrieren.

Hinweise für Autofahrer

Tatsache ist, dass die Einheimischen, wenn sie ihr Fahrzeug abstellen, häufig ihre Autoradios ausbauen und nichts im Wageninneren liegenlassen, um **Diebstahl** oder **Vandalismus** vorzubeugen. Man wird auch davor gewarnt, sein Fahrzeug auf **unbewachten Parkplätzen** abzustellen, vor allem, wenn man ein westliches Kennzeichen hat. Auch wer nur einige Minuten dort parkt, sollte vor allem in touristischen Zentren oder Anlaufpunkten (z.B. Innenstädte, Fährhafen, grenznahe Bereiche) immer eine Person beim Fahrzeug bleiben. Diebe arbeiten flink, und für Profis ist auch ein abgeschlossener Wagen kein Problem. Gestohlen werden nicht nur Wertgegenstände, sondern manchmal auch Autobatterien, Türschlösser, Embleme, teilweise alle vier Räder etc. Da hilft auch keine Wegfahrsperre; besser ist eine Alarmanlage. Diebesbanden in **Klaipėda** haben sich momentan darauf spezialisiert, bei der Ankunft am internationalen Fährhafen PKW zu verfolgen und im passenden Moment zu stehlen. **Auf keinen Fall auf unbewachten Parkplätzen im Auto übernachten!** Man sollte sein Fahrzeug also besser auf bewachten Parkplätzen *(saugoma automobilių stovėjimo aikštelė)* abstellen (z.B. bei Hotels; Infos auch bei der Polizei etc.). Einige sind bei den einzelnen Städten vermerkt. Seit dem EU-Beitritt gibt es schärfere Kontrollen an den Ostgrenzen. So ist die Zahl der Autodiebstähle stark zurückgegangen.

Sport und Erholung

Für alle, die aktiven Urlaub mögen oder sich erholen wollen, ist Litauen ein Paradies. Möglichkeiten hierzu gibt es mehr als genug und überall und das zu erschwinglichen Preisen.

Reiseveranstalter im Heimatland und vor Ort (s. „Informationen") bieten u.a. geführte Wander-, Rad- oder Kanutrips an. Viele Anbieter von „Urlaub auf dem Lande" (s. „Unterkunft") haben eigene Pferde und vermieten Boote oder Fahrräder. Hilfreich sind die Broschüren „Aktivurlaub" des staatlichen Tourismusbüros (erhältlich bei der BTZ, s. „Informationen"; auch

Sicherheitstipps

Vorsichtsmaßnahmen

- Lassen Sie **Wertsachen,** ggf. auch Geld, im **Hotelsafe** gegen Quittung einschließen.
- Ansonsten tragen Sie Wertsachen in einem **Geldgürtel** unter der Hose/dem Rock, und benutzen Sie einen Geldbeutel o.Ä. für kleinere Beträge. Eine **Kopie** des Reisepasses bzw. Personalausweises, des Flug-/Fährtickets, der Kredit- und EC-Karte, der Zollerklärung etc. sowie eine Liste aller Notfall-Nummern sollte man bei sich tragen, eine zweite Kopie im verschlossenen Gepäck verstecken. Eine weitere zu Hause zurücklassen. Bei Verlust der Originale sind die Kopien hilfreich. Wichtige Hinweise zu **Kreditkarten, Reiseschecks** etc. siehe „Rund ums Geld".
- Falls Sie mit dem **Fahrrad** unterwegs sind: Hinweise im Kapitel „Verkehrsmittel".
- Lassen Sie **Wertgegenstände** (Kameras etc.) nicht im Hotelzimmer herumliegen, sondern schließen Sie diese in Ihr Gepäck ein (**eigenes Schloss** mitnehmen).
- Zeigen Sie Geld nicht in der Öffentlichkeit. Geld für den Notfall an verschiedenen Stellen im Gepäck verstecken. Wer abends ausgeht, sollte nur soviel **Bargeld** wie nötig mitnehmen. Lassen Sie vor dem Verlassen des Nachtclubs etc. besser ein **Taxi** rufen.
- Tragen Sie ihre **Kamera** nicht offen herum, sondern stecken Sie sie in einen Tragebeutel o.Ä. Zeigen Sie nicht unbedingt, dass sie ein **Tourist** sind.
- Seien Sie wachsam bei **Gedränge** (Busbahnhöfe, Bahnhöfe, Märkte u.a.) und gehen Sie **nachts** nicht allein, vor allem auf unbeleuchteten Straßen oder in zweifelhaften Gegenden (dies gilt insbesondere für **Frauen**).
- Vermeiden Sie jeden Kontakt mit **Drogen!**
- Lassen Sie sich besser nicht mit **Prostituierten** oder zwielichtigen Personen in Bars oder Nachtclubs ein. Unter Umständen werden Sie mit K.O.-Tropfen „ausgeschaltet", und wenn Sie wieder aufwachen, liegen Sie ausgeraubt im Straßengraben oder Hotelzimmer ...
- Nehmen Sie nur **offizielle Taxis** und teilen Sie sie nicht mit Fremden. Ein bestelltes Taxi ist sicherer und oft billiger.
- Bei nächtlichen **Zugfahrten** das Abteil verriegeln; keine **Nahrungsmittel** und Getränke von Fremden annehmen, da sie Betäubungsmittel enthalten könnten.

Verhalten im Notfall

- Die kostenlose **Notruf-Nummer der Polizei** ist 02. In Vilnius wurde ein Service für Ausländer eingerichtet, die Adressen und Telefonnummern der Polizeistationen sind bei den einzelnen Städten vermerkt (s. auch Sprachhilfe im Anhang).
- Die **Ambulanz** ist unter Tel. 03 zu erreichen (s. auch „Gesundheit").
- Hinweise zu **Pannen und Unfällen** s. „An- und Rückreise/Auto, Motorrad".
- Bei **Diebstahl** oder **Verlust von Kredit- und EC-Karten** sollte man diese sofort sperren lassen (s. auch Hinweise bei „Rund ums Geld").
- Die **diplomatische Vertretung** hilft i.d.R. nicht bei Geldproblemen. Die Fluggesellschaften stellen ein Ersatzticket aus, die Botschaften einen Ersatzpass. Notwendig ist hierfür das **Protokoll** der Polizei, ebenso für die Verlustmeldung bei einer Versicherung.
- Wer **polizeiliche Hilfe** braucht, sollte einen Einheimischen mitnehmen, da die meisten Polizisten keine Fremdsprachen beherrschen. Wer je **verhaftet** werden sollte, hat die gleichen Rechte wie im Westen (Angabe des Grundes, Informierung eines Angehörigen, Inanspruchnahme eines Rechtsanwalts etc.). Man kann 72 Std. ohne Anklage festgehalten werden. Ggf. hilft die Botschaft oder das Konsulat.
- **Buchtipp:** „Schutz vor Gewalt und Kriminalität", aus der Reihe Praxis, Reise Know-How Verlag, Bielefeld.

unter www.activeholidays.lt) und „Discover Nature“ (s. „Natur“) mit vielen Details und Kontaktadressen. Infos gibt es auch beim **Litauischen Verband der Sport- und Reisefreunde** (s. „Informationen“, auch Organisation von Sportveranstaltungen sowie Ski-, Paddel- und Radtouren, Verleih von Sportgeräten und Zubehör).

Auch bei den Touristinformationsbüros und in den „In Your Pocket“-Stadtführern findet man **Kontaktadressen** für sportliche Aktivitäten, u.a. zu Fitnessstudios, Kegelbahnen, Billardsälen, Sportplätzen und -vereinen. Details finden sich in den Ortsbeschreibungen.

Angeln und Eisangeln

Angler kommen aufgrund der vielen Seen und Flüsse auf ihre Kosten. Besonders fischreich sind der **Nemunas-Fluss,** dessen Delta und das **Kurische Haff.** Beliebt sind auch die Seenplatten rund um Ignalina und Molėtai, der Fluss Merkys und die südlitauische Seenplatte. Details zu den Angelgebieten, Fischarten, Saisonen, Unterwasserjagen etc. sowie Kontaktadressen für den Erwerb von Angellizenzen in den **Broschüren** „Angeln und Jagen“ des staatlichen Tourismusbüros bzw. „Discover Nature“ (s.o.) sowie bei den Informationsbüros der National- und Regionalparks, z.T. auch bei den Touristinformationsbüros. Infos auch beim **Litauischen Sportanglerverband,** Žemaitės 6, Vilnius, Tel./ Fax 2333966 bzw. beim **Anglerverein Merkys,** Stikliu 6, Vilnius, Tel. 2618301, Fax 2618204.

Eisangeln ist ohne Lizenz möglich und wird von Dezember bis März vor allem auf dem Kurischen Haff praktiziert. Tausende von Eisanglern fahren mit Amphibienfahrzeugen von beiden Haffseiten zu den Angelplätzen aufs dicke Eis, um den *seestint,* eine Lachsart, die nach Gurken riecht, zu fischen, nachdem sie mit Handbohrern Löcher ins Eis bohren. Auch für Nichtangler sehenswert. Rund 100.000 Litauer frönen diesem Hobby, einige sind Mitglieder in den rund 50 Vereinen. Arrangements für Touristen mit Unterkunft in Holzhäusern bei deliuszvejys@omni.lt.

Basketball

Bei vielen eine Art zweite Religion, der populärste (Zuschauer-)Sport und „Straßenfeger“ bei den Spielen sowohl der Nationalmannschaft, die Weltklasseniveau hat, als auch einiger Clubteams. In Bars auf Großleinwänden etc. kann man Live-Übertragungen sehen. Einige der (früheren) Spieler sind zu einer Art Nationalhelden geworden, und haben jetzt ihre eigenen Basketballschulen und Hotels (auch Betten mit Überlänge).

Auch im kleinsten Dorf eifern ihnen Jugendliche nach, landesweit soll es 1434 Basketballplätze geben. Einige Spieler verdienen ihre Brötchen im Ausland, das Konterfei mancher prangt auf riesigen Reklametafeln. *Krepsinis* (litauisch für Basketball) ist Kommerz und zugleich traditioneller Kult. Der Nationalheld *Steponas Darius* (s. Exkurs „Darius und Girėnas – die Atlantikflieger“) brachte den Sport aus den USA mit und gründete einige Clubs.

Das litauische **Nationalteam** war schon 1937 und 1939 Europameister, danach bildeten die Spieler das Rückgrat der sowjetischen Nationalmannschaft, die 1972 und 1988 Olympiagold holte. Das Team von Kaunas holte zweimal den sowjetischen Meistertitel. Seit der Unabhängigkeit holte Litauen dreimal Olympiabronze, 2004 reichte es „nur" zum vierten Platz, nachdem es **2003 Europameister** wurde. Bei großen Siegen gibt es Autokorsos, viele schwenken die Landesflagge, bei der Rückkehr der Sportler kommt es zu Massenaufläufen mit Anzeichen von Hysterie. Größere Basketballspiele werden in der Siemens-Arena in Vilnius ausgetragen. Infos unter www.lkl.lt, www.zalgiris.lt.

Beeren- und Pilzesammeln

Ein nationales Phänomen, so dass sogar Exportlimits dafür existieren. Von Frühjahr bis Herbst sieht man (vor allem im Dzūkija-Nationalpark, Labanoras-Regionalpark sowie im Seengebiet um Molėtai) in Bussen und Zügen viele Sammler mit ihrer Ausbeute, die sie z.T. auch an Straßenecken, auf Märkten oder entlang der Ausfallstraßen verkaufen (Schilder mit „perkome grybos"). Auch Ökotourismus-Veranstalter und „Urlaub auf dem Lande"-Organisationen (s. „Unterkunft") bieten Pilz- und Beerentouren an (Vorsicht! Es gibt auch giftige Pilze, vgl. „Flora und Fauna").

Bungee-Jumping

Von April bis Oktober aus 190 Metern Höhe vom Fernsehturm in Vilnius.

Fliegen

Ballon-, Drachen- und Segelfliegen bzw. Fallschirmspringen sind populär und recht erschwinglich. Infos u.a. beim Lit. Aeroclub, Vilnius, Kaštonu 4, Tel. 2123920, Fax 2122972, www.skrydis.lt, zu **Ballonflügen** unter www.ballooning.lt und www.orobalionai.lt. Mit einem Pilotenschein kann man bei Sportflugvereinen selbst fliegen. Möglich ist auch der Mitflug in einem **Trainingskampfjet** (www.forceone.lt).

Fußball

Fußball ist weit weniger populär als Basketball, obwohl Litauen seit der Unabhängigkeit sechsmal den Baltikum-Cup der baltischen Staaten gewann. Infos unter www.futbolas.lt.

Golf, Minigolf

Minigolfanlagen gibt es in Nida, Juodkrantė und Palanga. 15 km von Kaunas liegt der Golfclub Elnias, Didžiosis Lapės, Tel. 37-470237, 9-Lochanlage, Verleih von Golfausrüstung. Beim Europa-Park entsteht ein neuer Golfplatz.

Jagen

Am populärsten sind Wildschweinjagden mit Treibern und Hunden von Ende Oktober bis Januar, bei denen u.a. auch Hirsche, Rehe, Füchse, Hasen, Wiesel, Biber, Wildenten, Wildgänse, Rebhühner, Waldschnepfen, manchmal auch Wölfe erlegt werden.

Infos zu Jagdsaisonen, -veranstaltern (dt./lt.), -gebieten, -lizenzen etc. in den Broschüren „Angeln und Jagen". „Discover Nature" und „Aktivurlaub" (s.o.) bzw. beim Staatlichen Forstamt, Tel. 370-5-2734021, Fax 2734004, www.gmu.lt. Die örtlichen Forstämter sind für die Befürwortung der Einfuhrgenehmigungen für **Gewehre** zuständig. Letztere können nur mit Genehmigung des Innenministeriums eingeführt werden.

Für die Jagd in den Reservaten und Schutzzonen ist eine **Sondergenehmigung** erforderlich. Ansonsten ist immer der Jägerausweis und die Lizenz mit sich zu führen.

Bergsteigen und Klettern

Infos beim Litauischen Alpinistenverband, www.climbing.lt (Kletterreisen, -training und -wände), bzw. beim Bergsportzentrum in Vilnius, Tel. 2791510, www. tdd.lt/ksc.

Motorsport

Infos beim Go-Cart Club Vilnius, Tel. 2438390, www.racing.lt.

Orientierungssport

Populär von Januar bis Oktober. Infos bei der Litauischen Orientierungssportföderation, Perkūno al. 5, Kaunas, Tel. 205733, www.sonex.lt.

Paintball

Infos unter www.paintball.lt bzw. www.legionas.lt.

Radfahren

s. „Verkehrsmittel"

Reiten

An den rund 20 Gestüten können Pferdeausritte unternommen oder Reitstunden genommen werden. Diese werden oft auch für Gäste von „Urlaub auf dem Lande" (s.o.) angeboten.

Für Pferdenarren ist im Februar das **„Pferderennen auf Eis"** in Dusetos ein Leckerbissen. Infos unter www.horse.lt.

Sauna

Aufgrund der Klimabedingungen ist es nicht überraschend, dass die Sauna ein Teil der baltischen Kultur ist. Eine Einladung zu einem Saunabesuch aus Gastfreundschaft sollte man deswegen, wenn immer möglich, annehmen. Saunen findet man meist in den größeren Hotels, manchmal gibt es auch städtische und private.

Auch einige Pensionen, Motels, Anbieter von „Urlaub auf dem Lande" (s. „Unterkunft") und Erholungskomplexe haben Saunen.

Am aufregendsten sind natürlich diejenigen, bei denen man sich in der freien Natur im Fluss oder See abkühlen kann (wie wäre es im Winter mit dem Eintauchen in ein ins Eis geschlagene Loch?).

Neben der **finnischen** Sauna mit elektrischem Heizkörper gibt es dort auch die Variante der **russischen** *banja,* mit Holzofen und etwas verraucht. Man klopft sich mit Birkenzweigen leicht auf den Körper, was das Schwitzen und somit auch das Entspannen und die Vitalisierung fördern soll.

Skating

In einigen Städten stehen Rampen, in Vilnius finden Skaterabende statt. Infos unter www.inlineskating.de.

Vogelbeobachtung

Ein Paradies für Vogelliebhaber, besonders während der Vogelzüge im Herbst und im Frühling, ist die Vogelwarte in Ventė. Auf seine Kosten kommt man auch auf der Kurischen Nehrung, im Aukštaitija-, Žemaitija- und im Dzūkija-Nationalpark, in den Nemunas-Delta- bzw. Pajūris-Regionalparks sowie in den vier Naturreservaten (s. „Natur") und in einigen Regionalparks (z.T. mit Beobachtungstürmen). S. auch Kapitel „Flora und Fauna". **Infos** bei der Litauischen Ornithologengesellschaft, Vilnius, Naugarduko 47-3, Tel./Fax 2230498, www.birdlife.lt (u.a. Vogeltour im Oktober), bzw. beim Vogelbeobachtungsverein (www.birdwatching.lt). Fernglas nicht vergessen.

Wandern

Die herrliche Landschaft lädt zum Durchstreifen ein. Einige Reiseveranstalter (s. „Informationen") bieten Wanderreisen an. Individualreisende erhalten Kartenmaterial und Infos bei den Infozentren der National- und Regionalparks. Es versteht sich von selbst, die Natur zu schützen und bestimmte Reservate nicht zu betreten (s. „Natur"). Populäre Wanderrouten sind in den Ortsbeschreibungen vermerkt. Weitere Infos, auch über Wandermarathonläufe, beim „Litauischen Verband der Sport- und Reisefreunde".

Wassersport, Baden

Litauen mit seinen vielen Flüssen und Seen ist ein Paradies sowohl für Wassersportler als auch für Badende und Erholungssuchende. Herrliche **Badestrände** mit Sanddünen und Pinienwäldern findet man an der Ostsee. Bestimmte Bereiche sind im Sommer recht überlaufen, manche sind menschenleer. Es gibt auch viele **Badeseen.** Die Bade- und Wassersportsaison dauert von Mai bis Oktober.

- An vielen Orten können **Ruder-, Tret- und Paddelboote,** manchmal auch **Jetski, Segelboote, teils mit Besatzung, Surfbretter** und **Wasserfahrräder** ausgeliehen werden. Zum Schutz des Wassers dürfen auf den Seen nur Boote mit Elektromotoren fahren (Benzinmotoren sind verboten).
- Möglich sind **Segelboottrips** z.B. in Nida (aufs Kurische Haff und ins Nemunasdelta), in Trakai und Plateliai. Jachten aus aller Welt laufen die Jachthäfen in Nida und Juodkrantė an.
- Relativ ruhig verlaufende Flüsse sind der Nemunas, Neris, Merkys, Šventoji und Nevėžis, die teilweise durch National-/Regionalparks (s. „Natur") fließen und auf denen **Kanus, Kajaks** und andere Boote fahren können. Es ist auch möglich, von der weißrussischen Grenze bis zur Ostsee zu fahren (am besten ist die Strecke bis Vilnius wegen der Stromschnellen und vielen Übernachtungsmöglichkeiten). Sehr beliebt sind auch die Seen um Molėtai und die Seen und Flüsse in den Aukštaitija- und Dzūkija-Nationalparks, wo auch Touren angeboten werden (s. dort). Es gibt insgesamt rund 20 Flüsse, die für Wassersport geeignet sind.
- **Verleihstationen** gibt es u.a. in Vilnius, Marcinkonys, Pabradė und Klaipėda. Einige Reiseveranstalter (s. „Informationen") bieten **geführte Kanutouren** an. Fast alle Seen der National- und Regionalparks sind für kleine Jachten zugelassen;
- **Infos** hierzu sowie zu Übernachtungsmöglichkeiten bei den dortigen Infobüros bzw.

223-li Foto: gs

beim Lit. Verband der Sport- und Reisefreunde (s.o.). Infos zu den Wasserrouten und Flüssen stehen in der Broschüre „Aktivurlaub". Bei der BTZ (s. „Informationen") ist ein Heft mit den schönsten Boots- und Kanutouren in Litauen erhältlich.

- In Vilnius, Trakai und Kaunas gibt es **Tauchschulen.** Infos unter www.diving.lt, www.scubadiving.lt und www.scubadivers.lt.

Nemunas-Schleifen im Regionalpark

Wellness

In den Kurorten Birštonas, Druskininkai und Palanga mit ihren Heilquellen und der heilenden Luft der Kiefernwälder kann man sich in modernen **Spa-Hotels** oder **Kurhäusern mit Wellness-Angeboten** (Heilbäder, Wasser-, Schlammkuren etc.) zu einem annehmbaren Preis verwöhnen lassen. Unterschieden wird zwischen Gesundheitszentren *(sveikatingumo centras)*, Gesundheits- und Erholungszentren *(sveikatos ir poilsio centras)* und Sanatorien *(sanatorija)*.

Wintersport

Die Tage im Winter sind kurz und oft kalt, und es liegt viel Schnee. Skilanglaufloipen gibt es u.a. in den schneesicheren Regionen bei Ignalina und auch im Aukštaitija-Nationalpark. Schlittschuhlaufen auf den gefrorenen Seen oder auf Eisbahnen, und Skifahren an den weniger steilen Hängen etc. finden auch ihre Fans. In Vilnius gibt es künstliche Skihänge. **Infos** beim „Litauischen Verband der Sport- und Reisefreunde" (s.o.).

Sprache

Litauen hat seine eigene Sprache, die seit 1991 wieder die offizielle Landessprache ist, was sie schon 1918-40 war. Die Anfänge der litauischen Hochsprache reichen bis ins 16. Jh. (der erste handschriftliche Text stammt von 1503). Der Autor des ersten litauischen Buches, eines Katechismus (einer recht eigenwilligen Übertragung des „Kleinen Katechismus" von Luther), der 1547 in Königsberg erschien, war *Martynas Mažvydas* (1510-1563). Er war einer der acht Studenten, die vom preußischen Herzog Albrecht zum Theologiestudium in Königsberg eingeladen wurden.

Litauisch und **Lettisch** gehören zur baltischen Gruppe der indoeuropäischen Sprachen. Sie bilden damit eine eigene Sprachgruppe und haben keinerlei Verwandtschaft mit dem slawischen Zweig. Litauisch ist die älteste noch erhaltene indogermanische Sprache und hat am meisten vom ursprünglichen Lautsystem und von den morphoplogischen Besonderheiten bewahrt. Daher ist Litauisch für Sprachwissenschaftler besonders interessant. Zu der gleichen Sprachfamilie gehören das inzwischen ausgestorbene **Altpreußisch** und das in Rudimenten überlieferte **Kurisch.** Litauisch und Lettisch haben sich im Laufe der Jahrhunderte weit auseinanderentwickelt, es gibt kaum mehr Übereinstimmungen im Alltagswortschatz.

Litauisch enthält viele Anklänge an das Altgriechische, Lateinische, Iranische, Armenische und Gotische, mit seinen vielen Endungen auf -as, auch an das indische Sanskrit, der indogermanischen Ursprache. Die Sprache hat **7 Deklinationen** und damit eine äußerst komplizierte Grammatik. Die Endungen modifizieren jedes Wort je nach Satzstellung.

Das **litauische Alphabet** mit 32 Buchstaben ist römischen Ursprungs, hat aber einige Sonderzeichen. Die **Dialekte** gliedern sich in zwei Hauptgruppen, in Aukštaitisch und Žemaitisch (vgl. Kapitel „Geographie"). Die zwei Hauptdialekte lassen sich wiederum in einzelne Dialekte und Unterdialekte unterteilen. Der Suvalkija-Dialekt ist die Basis des Standard-Litauisch.

Im Südosten des Landes gibt es eine lituanisierte oder polonisierte Art von **Weißrussisch** *(po prostu).* Im Süden wird teilweise auch **Polnisch** gesprochen.

Nahezu überall problemlos verständigen kann man sich mit **Russisch.** Auch Kinder lernen in der Schule Russisch als Fremdsprache. Zwar erfreut sich diese Sprache bei den Älteren als ehemalige „Besatzersprache“ nicht gerade besonderer Beliebtheit, aber die Litauer benutzen sie auch selbst, wenn sie sich mit Freunden in Lettland oder Estland verständigen wollen. Zur Zaren- und Sowjet-Zeit war auch in Litauen Russisch die offizielle Amtssprache (s. „Geschichte“). Aufschriften waren zum Teil zweisprachig, und die Litauer lernten Russisch als zweite Muttersprache, während die zugewanderten Russen sich meist nicht auf Litauisch verständigen konnten oder wollten.

Das Interesse wendet sich jetzt immer mehr **Englisch** und **Deutsch** zu. Bisher allerdings kommt man damit (noch) nicht sehr weit, teilweise nicht einmal bei internationalen Auskunftsstellen. Etwas verbreiteter ist Deutsch, historisch bedingt, in Klaipėda und auf der Kurischen Nehrung, da diese Gebiete über Jahrhunderte hinweg unter deutschem Einfluss standen. Im Tourismusgewerbe und bei Gesprächen mit jüngeren Leuten ist eine Kommunikation jedoch auf Englisch, z.T. auch auf Deutsch bedingt bis gut möglich. Deutsch- oder englischsprachige Exkursionen gibt es in vielen Städten. **Bei Verständigungsproblemen** wird mancherorts oft so lange herumtelefoniert, bis eine Person mit Fremdsprachenkenntnissen gefunden ist.

Andererseits durchforsten neuerdings **staatliche Sprachinspektoren** zum Schutz der Landessprache sowohl alle Medien als auch Warenauszeichnungen in Supermärkten etc. nach Grammatikfehlern und „unzulässigen“ Anglizismen wie *hot dog* oder *hostel.* Das Sprachgesetz sieht hierfür sogar Strafen bis zu rund 400 € vor. Eine weitere Linguistenkommission erfindet ständig litauische Wörter für neuartige Phänomene, tut sich allerdings schwer mit einfacheren, aber umgangssprachlichen Ausdrücken (wie z.B. *elektroninis pastas* für *e-mailas*).

Tipp: Versuchen Sie es zuerst mit ein paar Brocken **Litauisch,** da jeder noch so kleine Versuch bereits positiv aufgenommen wird. Zwangsläufig gehört dazu auch die Phrase, ob der Gesprächspartner **Deutsch** oder **Englisch** kann, und bei einem „Nein“ auch die Frage, ob man dann **Russisch** sprechen darf (falls man das beherrschen sollte); und er wird ganz sicher nichts dagegen haben, sich in dieser Sprache auch mit Besuchern aus dem Westen zu unterhalten, sondern im Gegenteil froh sein, überhaupt eine Verständigungsbasis gefunden zu haben. Außerdem machen in manchen Gegenden die zugezogenen Russen, die nur Russisch sprechen, bis zu 90 % der Bevölkerung aus.

Sprachhilfen und Kurse

Litauisch ist sicher keine leicht zu erlernende Sprache, doch wie überall ist es vorteilhaft, wenn man zumindest einige wenige Wörter beherrscht. Eine kleine Sprachhilfe mit den wichtigsten Begriffen findet man im **Anhang.** Die Universität in Vilnius bietet regelmäßig im Sommer recht teure **Sprachkurse** in Litauisch an, Tel./Fax 2610786, www.vu.lt, ebenso die Vytautas-Magnus-Universität in Kaunas, Tel. 323294, Fax 323296, www.vdu.lt. Unter www.

litauisch.com findet man Hinweise zu Sprachkursen in Deutschland, zu Wörterbüchern online und zu Übersetzungen. **Intensivsprachkurse** werden angeboten unter www.uni-muenster.de, die **Sonderzeichen** unter www.uni-koeln.de.

Sprechführer

Sehr nützlich ist der praktische und kompakte Sprechführer der **Kauderwelsch-Reihe** aus dem REISE KNOW-HOW Verlag **Litauisch – Wort für Wort** (Band 54), der ein umfangreiches Wörterverzeichnis enthält, Grundlagen der Grammatik auf einfache Weise erläutert und vielfältige praktische Konversationsbeispiele zu allen Bereichen des touristischen Alltags anbietet. Als begleitendes Tonmaterial ist der **AusspracheTrainer** auf Audio-CD erhältlich.

Vorwahlnummern

Deutschland	0049
Schweiz	0041
Österreich	0043
Litauen	00370

Wichtige Rufnummern

Feuerwehr (kostenlos): 112
Polizei (kostenlos): 112
Ambulanz (kostenlos): 112
Vermittlung
- -für Litauen: 8-193 (auf Engl., 2,48 Lt.)
- -weltweit: 8-194/5
- -nationale Gespräche auf fremde Rechnung: 8-191

Auskunft (1,1 Lt./Min.): 1588

Telefonieren

Nach Litauen

Nach der internationalen **Vorwahlnummer 00370** wählt man die Städtevorwahl (Verzeichnis im Anhang) ohne die Ziffer 8 (z.B. nach Vilnius 00370-5-Rufnummer). Ruft man ein **Handy** in Litauen an, muss ebenfalls die 8 als erste Ziffer der Rufnummer weggelassen werden (00370 + achtstellige Rufnummer). Die Verbindung klappt meist auf Anhieb.

In Litauen

Alle Telefone sollen bis 2015 digital umgestellt werden. Es ist deshalb möglich, dass sich die Telefonnummern geändert haben. **Telefonbücher** liegen in Telefonzellen nicht aus. Ggf. die Auskunft anrufen oder beim Post-/Telefonamt etc. erfragen. Auch im Internet unter www.telecom.net, www.lintel.net; gelbe Seiten unter www.yp.lt oder www.visalietuva.lt.

Gespräche von Hotels sind teurer als von den vielen öffentlichen **Kartentelefonen** *(taksofonas)*. Die wenigen rechteckigen akzeptieren nur Magnetstreifenkarten, die anderen nur Chipkarten. Beide sind u.a. an Kiosken, Tankstellen, Post- und Telefonämtern zu 9, 13, 16 und 30 Lt. (50-200 Einheiten) erhältlich. Für nationale Gespräche *(vietiniai pokalbiai)* ist die Telefonkarte der *lietuvos telekomas* zu empfehlen, für internationale Gespräche *(tarptautiniai pokalbiai)* die von Ntel (www.ntel.lt) mit Billigtarifen. Falls die

Karte nicht mehr herauskommt, die gebührenfreie Nr. (8-800) 20404 anrufen. Gespräche kann man auch von **Kabinen** in Post- und Telefonämtern aus führen. An bestimmten Kartentelefonen kann auch mit **Kreditkarte** telefoniert werden.

Ortsgespräche

Hierfür genügt die Telefon-Nr. (ohne Vorwahl). Gebühren Mo-Fr 7-20 Uhr 0,12 Lt/Min., sonst 0,08 Lt./Min.

Nationale Nah- und Ferngespräche

Man wählt zunächst 8 und wartet, bis man einen ununterbrochenen Ton hört. Dann wählt man die Stadtvorwahl (s. „Anhang") und die Nummer des Teilnehmers, wobei keine Pause von mehr als 5 Sekunden entstehen sollte (z.B. Kaunas 8-37-Rufnr.). Gebühren Mo.-Fr. 0,37 Lt/Min., von 20-7 Uhr 0,24 Lt/Min., am Wochenende 0,12 Lt/Min. Um ein Handy anzurufen, muss erst die 8, dann die achtstellige Rufnummer gewählt werden.

Auslandsgespräche

Die Verbindung kommt meist rasch und reibungslos zustande, auch von Kartentelefonen (auf Tastendruck erscheint auch eine Anleitung auf Englisch). Man wählt die Landesvorwahl, dann die Stadtvorwahl (ohne die Null), und schließlich die Rufnummer (z.B. Frankfurt 0049-69- ...). Bei Gesprächen nach Lettland und Estland gelten z.T. Besonderheiten; ggf. die Auskunft oder Vermittlung (s. Kasten) anrufen, ebenfalls bei Ländern ohne Direktanschluss. Die Gebühren pro Minute liegen bei 2,79 Lt. nach Westeuropa (30 % Rabatt an Wochenenden, Feiertagen und von 22-6 Uhr).

Mobiltelefone

Das eigene Mobiltelefon lässt sich in Litauen problemlos benutzen. Wegen hoher Gebühren sollte man bei seinem Anbieter nachfragen oder auf dessen Website nachschauen, welcher

209li Foto: gs

Telefonzellen in Kaunas

der Roamingpartner günstig ist, und diesen per **manueller Netzauswahl** voreinstellen. Nicht zu vergessen sind die passiven Kosten, wenn man von zu Hause angerufen wird (Mailbox abstellen!). Der Anrufer zahlt nur die Gebühr ins heimische Mobilnetz, die teure Rufweiterleitung ins Ausland zahlt der Empfänger.

Wesentlich preiswerter ist es, sich auf **SMS** zu beschränken, der Empfang ist dabei in der Regel kostenfrei. Der Versand und Empfang von **Bildern per MMS** hingegen ist nicht nur relativ teuer, sondern je nach Roamingpartner auch gar nicht möglich. Die **Einwahl ins Internet** über das Mobiltelefon, um Daten auf das Notebook zu laden, ist noch kostspieliger – da ist in jedem Fall ein Gang ins nächste Internetcafé weitaus günstiger. Falls das Mobiltelefon **SIM-lock-frei** ist (keine Sperrung anderer Provider vorhanden ist) und man viele Telefonate innerhalb Litauens führen möchte, kann man sich eine örtliche **Prepaid-SIM-Karte** (7-20 Lt.) besorgen.

Es gibt drei große Anbieter: www.omnitel.net, www.bite.net und www.tele2.lt. Man erhält eine Nummer, mit der man telefonieren, SMS senden und auch angerufen werden kann. (Handyshops sowie Infos zu Anrufen mit **Laptop** und **GPRS-Handys** in den „In Your Pocket"-Stadtführern mit allen Tarifen.)

Anruf auf ein anderes Handy: die 9-stellige Zahl (inkl. der 8) wählen. **Anruf aufs Festnetz:** 8 + Rufnummer, besser ist aber 370 + Städtevorwahl (ohne die 8) + Rufnummer.

Toiletten

Die besten Toiletten findet man in den neuen Cafés, Restaurants und Hotels, die sehr sauber und auch mit Toilettenpapier ausgestattet sind. Relativ sauber sind die öffentlichen WCs, für die man bis 1 Lt. entrichten muss, dafür aber auch ein paar Blatt Toiletten- oder Zeitungspapier erhält. Die übrigen **öffentlichen Toiletten** sind meistens schmutzig, haben selten Toilettenpapier und fließendes Wasser. Die Stehklos auf den (Bus-) Bahnhöfen sollte man möglichst umgehen. Sollte ein Eimer oder ein Korb im WC stehen, heißt das, dass man wegen Verstopfungsgefahr in der Kanalisation diesen für das Klopapier verwenden sollte. Es empfiehlt es sich aber, immer ein paar **Papiertaschentücher** mit sich zu führen. Wenn ein Hotel oder Restaurant in der Nähe ist, kann man als Tourist meistens deren Lokalitäten benutzen. Manche Restaurants und Bars geben allerdings den WC-Schlüssel erst nach einer Bestellung heraus, andere verlangen einen kleinen Obolus. Die Zeichen für **Herrentoiletten** sind „V", bzw. ▼. Die für **Damen-WC** sind „M" (Achtung, nicht verwechseln) bzw. ▲.

Uhrzeit und Datum

In Litauen sowie in Lettland und Estland gilt die **Osteuropäische Zeit,** die der Mitteleuropäischen Zeit (MEZ) um eine Stunde voraus ist, auch während der **Sommerzeit** (letzter Sonntag im März bis letzter Sonntag im Oktober). Um 12 Uhr Mitteleuropäischer Zeit ist es in Litauen also 13 Uhr. In Polen, Tschechien und der Slowakei gilt die MEZ.

Das Datum wird wie folgt geschrieben: **Jahreszahl – Monat – Tag.** Es kann deshalb leicht zu Missverständnissen kommen (2006. 5. 2. ist also der 2. Mai, nicht der 5. Februar).

Umgangsformen

Die Einheimischen sind normalerweise relativ zurückhaltend, aber überaus **gastfreundlich** und **hilfsbereit.** Sie geben sich alle Mühe, dem Besucher das Beste zu bieten, auch wenn sie nicht viel Geld haben. Sie geben auch gerne **Geschenke.** Man kann sich damit revanchieren, dass man ihnen landestypische Geschenke aus Deutschland mitbringt (Bildbände, Ansichtskarten, Bierkrüge o.Ä.). Dabei die Obergrenze beachten (s. „Zollbestimmungen"). Ansonsten sind auch Pralinen, Wein etc. (ggf. vor Ort gekauft) richtig. Enge Freunde *(bičiuliai* = Bienenfreunde) schenken einander oft **Honig,** da Bienen und Honig Symbole der Freundschaft und Gastlichkeit sind. Es ist auch Sitte, den Gastgeber mit **Blumen** zu beschenken; es gibt auch so viele **Blumenmärkte,** praktisch in jeder Stadt und oft bis in die späte Nacht hinein. Es ist jedoch zu beachten, dass eine **gerade** Anzahl von Blumen nur bei **traurigen** Anlässen überreicht wird (makabrerweise auch ein Dutzend rote Rosen). Gelbe Blumen sind tabu für alte Leute (Farbe der Eifersucht), Lilien und Chrysanthemen sind für Trauerfälle, Nelken sind ein Symbol des Kommunismus. Eine einzige Blume ist meist unhöflich, außer bei Liebhabern. Im **Dienstleistungsbereich** und in der **Bürokratie** kann der **Umgangston** bisweilen noch recht streng sein, ein Überbleibsel aus der Sowjetzeit. Da heißt es nur geduldig bleiben, wenn nicht alles so klappt, wie man es gern hätte. Seinen Unwillen darüber zu zeigen, legt einem noch mehr Steine in den Weg. Bestechungsversuche sind zwecklos.

Männer begrüßen sich immer mit einem **Händedruck.** Es ist nicht üblich, dass sich Männer und Frauen mit einer Umarmung oder einem Kuss begrüßen. Lassen Sie sich nicht dadurch beirren, dass Litauer nicht immer Personen gegenseitig vorstellen, die sich nicht kennen.

Homosexualität ist zwar legal, wird aber nicht immer toleriert. **Infos** unter www.gay.lt oder www.gayline.lt.

Seit 2001 ist es verboten, auf Straßen und in Parks **Alkohol** zu trinken (die Strafen reichen von einer Verwarnung bis zu 150 Lt., bei Wiederholungstätern bis zu 30 Tagen Gefängnis).

Die meisten Einheimischen legen viel Wert auf schöne und geschmackvolle **Kleidung.** Interessant ist, dass Rentnerinnen oft mehrere Pullover übereinander tragen (nicht nur bei kaltem Wetter) und ihr Haupt mit Häkelmützen schmücken. Frauen müssen in orthodoxen Kirchen ihren Kopf mit einem Tuch bedecken. In Kirchen und

210li Foto: gs

Klöstern sollte man nicht mit **Freizeitkleidung** gehen. Zu aufreizende Kleidung von Frauen kann Missfallen erregen. In Restaurants, Cafés und Bars gibt es grundsätzlich keine vorgeschriebene Garderobe. In Nachtclubs wird auf vornehmere Kleidung geachtet, wobei man mit Schwarz nichts falsch macht.

Beim Betreten eines Hauses zieht man die **Schuhe** aus (Hausschuhe werden angeboten).

Um wortlos **Wodka zu bestellen,** legt man den linken Daumen auf den linken Mittelfinger, schnippt diesen an den Hals und grinst die Bedienung an. Wer beim Trinken mit den Fingern sein Ohrläppchen etwas umdreht oder mit seinen Fingerknöcheln enthusiastisch auf den Tisch klopft, deutet damit an, dass sein Gegenüber gerade etwas ziemlich Dummes gesagt hat.

Nicht erlaubt: der Konsum von Alkohol in der Öffentlichkeit

Mit **Geld** sollte man nicht zu großzügig und protzig umgehen, um die Gefühle und den Stolz der Einheimischen nicht zu verletzen, die ein wesentlich geringeres Durchschnittseinkommen als wir haben.

Zu den vielen **Aberglauben** zählen: Man darf sich nicht über die Türschwelle hinweg die Hände reichen oder küssen und auch nicht im Haus pfeifen (beides bringt Pech). Wenn man mit Gläsern anstößt, sollte man sich in die Augen schauen (sonst gilt man als verdächtig). Wenn man unabsichtlich einem Freund auf den Fuß tritt, muss sich dieser revanchieren (sonst wird ein Unglück passieren). Wer eine Gabel fallen lässt, wird von einer Frau besucht, bei einem Messer von einem Mann.

Unterhaltung und Kultur

Das **kulturelle Angebot** ist sehr vielseitig. Die Termine dafür kann man bestimmten Tageszeitungen entnehmen bzw. bei den Touristinformationsbüros oder Kulturämtern erfragen. Nützlich sind auch die Veranstaltungshinweise in den „In Your Pocket"-Stadtführern. Einen **Veranstaltungskalender** erhält man auch bei der BTZ

(s. „Informationen"). Hinweise zu Festen und Festivals s. „Feiertage und Feste". Bestimmte Personenkreise (Studenten etc.) erhalten oft **Preisermäßigungen** bei Veranstaltungen und Museumsbesuchen. Einen Überblick findet man unter www.culture.lt (viele Links) bzw. www.muza.lt.

In größeren Städten gibt es Folklore- und Theatervorführungen, Balletts, Opern und Konzerte aller Musikrichtungen (Volksmusik, Pop, Rock, Blues etc.). Infos unter www.classicalmusic.lt, www.dance.lt, www.filharmonija.lt, www.opera.lt, www.lvso.lt (Symphonieorchester), zu Theateraufführungen unter www.teatras.lt oder www.scena.lt. Litauen ist die Königin des **modernen baltischen Jazz,** jährlich finden viele Jazz-Festivals statt.

Ein Museumsfreund kommt aufgrund der vielen verschiedenen und teilweise originellen **Museen** (z.B. Teufelsmuseum in Kaunas) auf seine Kosten. Die Beschilderung ist in der Landessprache, z.T. auch in Englisch. Infos beim „Litauischen Museumsverband", Vilnius, Tel. 2790918, bzw. www.muziejai.lt. Einen Überblick über die vielen Galerien gibt www. ldm.lt.

Die **neueren Kinofilme** in den meist mit modernster Technik ausgestatteten Kinos sind meist im Original mit litauischen Untertiteln. Ältere Filme werden meist in russischer Synchronisation vorgeführt. Eintrittspreise meist 8-14 Lt. Infos u.a. in Tageszeitungen und www.cinema.lt, www.kinas.lt, www. filmai.lt.

Das **Nachtleben** pulsiert einerseits in Nachtclubs, Stripclubs, Themenbars (z.T. mit Sowjet-Flair), Discos etc., andererseits in (Jazz-) Kneipen, Bars, Bistros oder Pubs. Hinweise hierzu sowie zu Restaurants etc. s. „Essen und Trinken", zum Dresscode s. „Umgangsformen". Infos zur Partyszene und zu Clubs: www.ore.lt, www.hip-hop.lt.

Das **Preisniveau** ist zwar meist relativ niedrig, bei bestimmten Etablissements sollte man sich aber vorher erkundigen, um nachher nicht mit leeren Taschen dazustehen. Auch **Casinos** sind inzwischen legal.

Unterkunft

Das Angebot in **Litauen** ist auch preislich sehr vielseitig und erweitert sich ständig. Vor allem in Vilnius entstehen ständig neue Unterkünfte, insbesondere der mittleren und gehobenen Klasse; landesweit wurden ehemals stillose Hotels renoviert und erstrahlen jetzt in neuem Glanz; auch **Privatzimmer** werden vielerorts angeboten. Man kann deshalb auch in der Saison damit rechnen, eine Unterkunft zu finden, muss vielleicht aber nach der Ankunft mit etwas anderem als dem Gewünschten vorlieb nehmen. Man sollte auch nicht immer erwarten, dass alles **westlichem Standard** entspricht. Das **Preisniveau** ist im Vergleich zum sonstigen Preisniveau hoch, aber das Preis-Leistungsverhältnis nicht immer gewahrt. Wer Wert auf bestimmten **Komfort** legt, sollte frühzeitig reservieren (einige Top-Hotels haben nur wenige Zimmer). Die meisten **Tourist-**

informationsbüros (z.T. auch Reisebüros) haben eine Auflistung aller möglichen Unterkünfte (s.u.) und helfen bei der Zimmersuche (oft haben sie sogar Sonderkonditionen). Einen guten Überblick erhält man unter www.travel.lt, www.lithuania.travel.com, www.hotels.lt, www.hotelslithuania.com, www.hotelslithuania.net, www.lithuanianhotels.com, www.litus.lt sowie in den „In Your Pocket"-Stadtführern (www.inyourpocket.com).

Bestimmte Personenkreise wie Studenten, Journalisten etc. erhalten manchmal **Rabatt.** Saisonpreise gibt es i.d.R. nur in Badeorten wie Palanga oder Nida. Vor allem bei geringer Auslastung kann man nach einem Preisnachlass fragen. Infos zu rollstuhlgerechten Unterkünften s. „Gesundheit".

Hotels (viešbutis)

Einstufung

Es gibt (noch) keine verbindliche **Klassifizierung nach Sternen,** so dass die von den Hotels angegeben Ratings nach westlichen Einstufungen manchmal 1-2 Sterne **niedriger** ausfallen können. Eine Vielzahl der Hotels in Städten könnten nach unserem Standard 3, manchmal auch 4 Sterne, die in der Provinz 2-3 Sterne bekommen. Das liegt z.T. auch daran, dass noch viele Hotels an das in Sowjetzeiten verlegte **Fernwärmenetz** angeschlossen sind, das die Bevölkerung von etwa Mitte Oktober bis Anfang April mit Heizung versorgt. Außerhalb dieser Zeit ist man auf Heizstäbe, Heizlüfter, Wolldecken etc. angewiesen, die auf Wunsch vom Hotel gestellt werden. Nur die besseren Hotels haben ein **autarkes Heizsystem.** Die Warmwasserversorgung ist jedoch unabhängig davon und das ganze Jahr über gewährleistet (auf die Warmwasserrohre im Bad kann man auch Wäsche zum Trocknen legen). Einige Ferien- und Privatwohnungen haben zusätzlich Heißwasserboiler.

Einige Hotels sind übrigens gar nicht bestrebt, vor einer zukünftigen Renovierung offiziell klassifiziert zu werden. Die Einstufung einzelner Hotels in Hotelkategorien (s.u.) ist teilweise schwierig, weil einige sehr **unterschiedliche Zimmerkategorien** haben, die sich durch Zustand (neu, alt, Grad der Renovierung), Ausstattung, Lage und Größe unterscheiden und deshalb auch völlig verschiedene Preiskategorien haben. In diesen Fällen ist das überwiegende Niveau maßgebend.

Suiten *(lux)* sind keine Luxuszimmer, sondern zwei voneinander getrennte Wohn- und Schlafräume. **Doppelbetten** sind meist zwei nebeneinander gestellte Einzelbetten. In älteren Hotels haben Waschbecken und Badewannen manchmal keine Stöpsel.

Bei **Beschwerden, Anfragen** etc. kann man sich an den Litauischen Hotel- und Restaurantverband wenden.

Zu beachten ist, dass das **Erdgeschoss** als 1. Stock bezeichnet wird.

Preise und Buchung

Die Preise variieren je nach Zimmerkategorie (s.o.), manchmal auch nach dem Grad der Auslastung. In teureren

Hotels gibt es z.T. **Wochenend-Sondertarife.** Einen Preisnachlass erhält man außer bei den o.a. Möglichkeiten auch bei einer Buchung über das **Internet** (s. obige Websites bzw. direkt über die Websites der Hotels). Auch bei Reiseveranstaltern können Zimmer gebucht werden.

Auch in Litauen kann man **Rabatte** bei bestimmten Unterkünften, Tourveranstaltern etc. bekommen, wenn man im Besitz eines internationalen Studentenausweises (ISIC), Lehrerausweises (ITIC) oder Schülerausweises (IYTC) ist. Diese muss man allerdings schon zu Hause erworben haben. Zum Kauf (10 € bzw. 20 SFr) geht man zum AStA, in ein Reisebüro oder zum Studentenwerk und muss Immatrikulationsbescheinigung bzw. Schüler- oder Lehrerausweis, Personalausweis und Passbild vorlegen. Den nächsten Verkaufspunkt findet man unter www. isic.org oder www. isic.de.

Hotelkategorien

In den **billigen Hotels** (ab 20 €) ist derjenige gut bedient, der keinen Wert auf Komfort legt. Die Zimmer sind einfach, aber zweckmäßig ausgestattet (oft mit TV), meist sauber, manchmal nur mit Etagendusche.

Standardhotels gibt es nahezu in jeder Stadt. Die Zimmer dort sind meist ziemlich schlicht und abgenutzt, oft haben sie nur ein Waschbecken, aber sie sind i.d.R. sauber und auf ihre Art gemütlich. Einige haben auch luxuriösere Zimmer, die mit Teppichen, Radio und Satelliten-TV-Gerät, Telefon und Kühlschrank ausgestattet sind, ohne deshalb moderner zu wirken. Also fast wie ein ehemaliges Intouristhotel, nur nicht so teuer (meist zwischen 30 und 40 €). Es kommt manchmal vor, dass Besuchern aus dem Westen nur die teuersten Zimmer angeboten werden, weil man glaubt, alles andere wäre nicht angemessen. Wer also ein billigeres Zimmer will, muss manchmal deutlich darauf bestehen.

Die meisten der **ehemaligen Intouristhotels** sind stillose Betonburgen der Sowjetzeit mit grauen, abgewohnten Zimmern. Und die Extras, die sie gegenüber billigeren Hotels bieten (Bar, Café, Wechselstube, Reisebüro), reichen sicher nicht, um die recht hohen Preise zu rechtfertigen. Allerdings werden sie nach und nach renoviert, so dass es viele Preisklassen gibt.

Mittelklassehotels, meist kleinere Familienhotels, findet man nur in den größeren Städten. Sie verlangen oft westliche Preise von rund 50-100 € incl. Frühstück, und die meisten von ihnen bieten tatsächlich einen entsprechenden Standard. Dies sind oft Hotels, die in den letzten Jahren von Grund auf renoviert wurden. Im Sommer zeitig reservieren.

Es gibt auch **Luxushotels** mit allem Komfort, bei denen das Preis-Leistungsverhältnis annähernd stimmt. Sie werden meist von Hotelketten betrieben. Preise meist ab 100 €.

Hinweis: Bei den Städtebeschreibungen wird die Klassifizierung in untere, mittlere und obere Kategorie vorgenommen. Sie erfolgte nach dem Preisniveau und spiegelt nicht unbedingt die Leistung wider.

Gästehäuser

Es gibt *svečiu namai* in verschiedenen Leistungs- und Preiskategorien. Im Gegensatz zu Hotels haben sie meist kein Restaurant und keine besonderen Einrichtungen. Das Frühstück ist meist inklusive.

Motels

Es gibt nur wenige *motelis*. Das Netz wird aber entlang der Autobahn und wichtigen Verbindungsstraßen ständig ausgebaut.

Erholungsheime und -stätten

Traditionelle Urlaubsgebiete wie die Kurische Nehrung oder Palanga verfügen über eine große Bettenkapazität in **Erholungsheimen** *(poilsio namai)*, die zu Sowjetzeiten von verschiedenen Betrieben und Organisationen genutzt wurden. Nach dem Ende des Kommunismus wurden diese oft trostlosen Betonklötze zunehmend umgewandelt, mit recht unterschiedlichem Engagement und Erfolg. Und entsprechend verschieden sind auch die Preise. Sie bewegen sich vom unteren bis zum oberen Bereich und umfassen meist Halb- oder Vollpension. Viele frühere Sanatorien wurden ebenfalls zu Erholungsheimen umgewandelt.

Erholungsstätten *(poilsio baze)* sind einfachere Unterkünfte, die für den sowjetischen Billigtourismus geschaffen wurden und auch heute noch sehr preisgünstige Übernachtungsmöglichkeiten bieten. Man findet sie u.a. in Nationalparks (z.B. Aukštaitija-Nationalpark). Manche verfügen sogar über eine eigene Kochgelegenheit oder Kantine. Im Sommer sind sie oft hoffnungslos ausgebucht, im Winter meist geschlossen. *Poilsiavietė* sind einfache Rasthütten.

211li Foto: gs

Hotel Radisson-SAS in Vilnius

Jugendherbergen/Herbergen

In Litauen ist der **JH-Verband** *LJNN* der *IYHF* (www.iyhf.org) angeschlossen. Einen Ausweis (gültig für ein Jahr) erhält man in den einzelnen Herbergen und im Hauptbüro (LJNN Head Office, Filaretų 17, Vilnius, Tel.

2154627, Fax 2120149, www.filaretai-hostel.lt) oder bei den Verbänden:

- **Deutsches Jugendherbergswerk,** Bismarckstr. 8, 32756 Detmold, Tel. 05231-74010, www.jugendherberge.de, 12-20 €.
- **Österreichischer Jugendherbergsverband,** Schottenring 28, 1010 Wien, Tel. 01-53353530, www.oejhv.or.at, 11,50-21,50 €.
- **Schweizer Jugendherbergen,** Schaffhauserstr. 14, 8042 Zürich, Tel. 01-3601414, www.youthhostel.ch, 22-55 SFr.

Es gibt zurzeit sechs Jugendherbergen in Litauen: zwei in Vilnius und jeweils eine in Klaipėda, Ignalina, Šiauliai und Zervynos im Dzūkija-Nationalpark. Die Herbergen sind sehr **einfach ausgestattet** und billig: meist 8 €, im Doppelzimmer 5 € pro Nacht (inkl. Frühstück und Bettzeug). Manche sind fantastische Traveller-Treffs und unersetzliche Informationsquellen. Im Sommer besser rechtzeitig buchen. Sie vermieten Fahrräder (Vilnius, Šiauliai) bzw. Kanus (Ignalina) und bieten geführte Touren an.

Es gibt auch **private Herbergen** *(nakvynės namai),* die etwa gleich teuer sind wie Jugendherbergen, manchmal auch besser.

Es besteht im Sommer die Möglichkeit, während den Semesterferien in **Studentenwohnheimen** zu übernachten (ab 10 €).

Privatzimmer/Pensionen/B&B

Überall werden auch **Privatquartiere** angeboten. Sie stellen eine gute Möglichkeit dar, einen näheren Einblick in das Alltagsleben zu erhalten, wenn man auch Familienanschluss möchte (gemeinsames Essen litauischer Gerichte etc.). Mit Ausnahme von Palanga ist es nicht immer einfach, diese Unterkünfte selbst zu finden. Man erkennt sie an den Schildern „kambariai" oder „nuomo jami". Touristinformationsbüros bzw. Agenturen wie Litinterp (www.litinterp.lt) vermitteln ebenfalls Privatzimmer, allerdings zu höheren Preisen. **Art und Ausstattung** der Privatunterkünfte sind sehr unterschiedlich – meist sind es Einzel- oder Doppelzimmer, manchmal mit einer Kochgelegenheit, die man sich oft mit dem Vermieter teilt. Bad und WC werden meist ebenfalls gemeinsam genutzt. Oft kann man preisgünstig ein ausgezeichnetes Frühstück bekommen oder sogar Halb-/Vollpension. Die **Preise** sind unterschiedlich, ca. 15-20 € pro Person für die Übernachtung bzw. 25-35 €, wenn man sich die Unterkunft vermitteln lässt. Appartements ohne Familienanschluss kosten meist 80-90 €. Übrigens: Beim Herumfragen nach einem Privatquartier kann es durchaus passieren, dass man **als Gast eingeladen** wird (siehe „Umgangsformen").

Ferienhäuser und -wohnungen

Diese werden meistens durch Reisebüros oder Touristinformationsbüros vermittelt. Man findet sie oftmals an der Ostseeküste.

Urlaub auf dem Lande

Diese Form der Unterkunft wird immer populärer. Mittlerweile gibt fast

212li Foto: gs

Mietbare Holzhütten

jeder der 10 Verwaltungsbezirke eine Broschüre mit mehrsprachigen Erläuterungen und den Adressen der meist einfachen **Bauernhöfe, ländlichen Ferienhäuser, Herrenhäuser** etc. heraus. Die meisten liegen in schöner Natur, an Flüssen, Seen oder Wäldern, teils in National- bzw. Regionalparks, teils in Dörfern und Weilern, die nur auf detaillierten Straßenkarten (s. „Orientierung“) zu finden sind. Eine tolle Möglichkeit, Land und Leute kennen zu lernen, und sei es nur für eine Nacht. Der Landtourismus gibt den Bewohnern die Möglichkeit, ihr meist karges Einkommen als Bauern aufzubessern und die Agrarproduktion zu erhalten. Man kann hier auch zelten oder sein Wohnmobil abstellen. Es bieten sich viele **Sport- und Erholungsmöglichkeiten** wie z.B. Reiten, Angeln, Pilz- und Beerensuche, Rad-, Boot- und Kanufahren. Die meisten haben eigene Küchen, einige auch Saunas etc. Sie kosten meist 10-30 € pro Person.

Kataloge *(atostogos lietuvos kaime)* gibt es bei der BTZ (s. „Informationen“) und beim Litauischen Touristenbüro für Landtourismus, Kaunas, Donelaičio 2, Tel. 400354, Fax 400350. Infos unter www.atostogoskaime.lt, www.countryside.lt, www.lithuaniancountryside.com bzw. info@countryside.lt. Infos und Buchungen auch bei den Touristinformationsbüros.

Infos zu Gehöften für Landtourismus sowie anderen Übernachtungsmöglichkeiten in der Nemunas- (Memel-) Region (u.a. Südlitauen mit den Nationalparks Dzūkija und Trakai und den Regionalparks Panemuniai, Vistytis und Meteliai sowie dem polnischen Suwa ki-Gebiet) findet man ebenso wie Routenvorschläge für Autofahrer, Radfahrer, Wanderer und Wassersportler in der Broschüre „Erholung auf dem Lande in der Euroregion Nemunas“ (Büro in Marijampolė, Vytauto 28, Tel. 91538, Fax 91240, www.nemunas-euroreg.lt).

Camping

Campingplätze *(kempingas)* mit westeuropäischem Standard gibt es zurzeit in Nida, Palanga, Karklė, Ventainė, Trakai, am Vištytis-See und in Žalvariai bei Molėtai; es kommen stetig neue hinzu. Die anderen Campingplätze sind meist sehr einfache Naturplätze, oft nur mit Schutzhütte, einigen Wasserpumpen, Plumpsklos und Grillplätzen, manchmal mit weiteren Einrichtungen wie Sauna, Café oder Imbiss. Manche sind nicht einmal zum Aufstellen von Zelten geeignet. Hingegen kann man oft kleine, unbeheizte **Holzhütten** oder **Ziegelbungalows** mit 3-4 Betten mieten, die sehr billig sind (meist 8-10 €). Die sanitären Anlagen liegen außerhalb.

Beim **Litauischen Campingverband,** Slenio 1, Trakai, Tel. 698-75503, viktorija@viktorija.lt, erhält man allgemeine Infos. Nützlich ist eine gute **Straßenkarte,** in der auch die Campingplätze verzeichnet sind (s. „Orientierung"). Infos auch bei den Touristinformationen bzw. bei den Infostellen für „Urlaub auf dem Lande" (s.o.) und beim Litauischen Radfahrerverband (s. „Verkehrsmittel"). Die Plätze sind im Allgemeinen nur während der Sommersaison geöffnet (Mai-August) und oft nicht mit öffentlichen Verkehrsmitteln erreichbar. Sie liegen zumeist in schöner Natur am Waldrand oder Seeufer oder in Strandnähe.

Wildes Campen ist außerhalb der Ortschaften und Naturschutzgebiete für eine Nacht gestattet; in National- und Regionalparks darf man nur an den bezeichneten Stellen campen. Dabei sollte man auch immer an den Naturschutz denken (s. „Natur"). Nach vorheriger Anfrage kann man zwar meist auch bei Bauernhöfen und auf Privatgrundstücken zelten, was jedoch aufgrund der vielen Hunde nicht empfehlenswert ist. Besser sind die „Urlaub auf dem Lande"-Unterkünfte (s.o.), wo man meist auch zelten darf.

Wohnmobil/Caravan

Grundsätzlich kann man auf den Campingplätzen auch mit dem Wohnmobil oder Wohnwagen übernachten. Es gibt meist Strom- und Wasseranschlüsse. Einen guten Stellplatz gibt es neben den o.a. Campingplätzen und den „Urlaub auf dem Lande"-Unterkünften auch in Meteliai.

Frei zu stehen ist außerhalb der Ortschaften gestattet. Ideale Übernachtungsmöglichkeiten bieten die meist hübsch angelegten **Rastplätze,** die öfters etwas abseits der Straße liegen und manchmal sogar Toiletten haben (erkennbar an den blauen Schildern mit einem **Tannensymbol**). Sehr hilfreich ist deshalb eine gute Straßenkarte (s. „Orientierung").

Verkehrsmittel

Auto, Motorrad

Dokumente (Fahrzeugpapiere, Versicherungen, Schutzbriefe), Ausrüstung, Pannen- und Unfallhilfe sowie die „Via Baltica" siehe Kapitel „An- und Rückreise/Auto, Motorrad".

Infos beim Litauischen Autofahrerverband (LAS), Vilnius, Antakalnio 28,

Tel. 2104433, www.las.lt, info@las.lt, bzw. Litauischen Motoristenclub, Vilnius, Lvovo 9, Tel./Fax 2721273, mototuras.turizmas@takas.lt. Die Adressen der Kfz-Vertragshändler, bei denen meist auch Ersatzteile erhältlich sind, kann man bei Hotels, Tankstellen, Touristinformationsbüros etc. erfragen.

In einigen Nationalparks muss für motorisierte Fahrzeuge eine **Extragebühr** bezahlt werden.

Straßenzustand in Litauen

Neben der „Via Baltica" (s. „An- und Rückreise") sind auch die zwei **Autobahnen** von Vilnius nach Klaipėda (A 1) bzw. nach Panevėžys (A 2) sowie der zur Autobahn ausgebaute Abschnitt der A 11 zwischen Šiauliai und Kuršėnai in sehr gutem Zustand. Sie sind nicht immer kreuzungsfrei. Entlang dieser „Highways" gibt es Tankstellen, Raststätten und Einbuchtungen für (meist überdachte) Bushaltestellen der anliegenden Dörfer, auf den Mittelstreifen manchmal Notrufsäulen. Auch die meisten **Haupt- und Landstraßen** sind asphaltiert und bis auf vereinzelt auftretende waschbrettartige Querrillen (meist an Gefällstrecken) und Schlaglöcher gut befahrbar. Der meiste Verkehr rollt auf diesen Straßen. Das Verkehrsaufkommen ist aber noch relativ gering.

Daneben gibt es auch eine ganze Reihe von **Nebenstrecken,** die nicht asphaltiert sind, viele Schlaglöcher haben und recht staubig, bei Regen schlammig sein können. Die Beschilderung hier ist meist dürftig. Eine gute **Straßenkarte** ist deshalb unerlässlich (s. „Orientierung"). Manchmal gehen breite, geteerte Landstraßen in Schotter oder Sand über. Im besten Fall sind die **Sandwege** plattgefahren und hart wie Asphalt. Viel öfter trifft man jedoch auf **Schotterpisten,** teils mit Steinen von Kastaniengröße, in Küstennähe dagegen meist mit einer Mischung aus Schotter und Sand. Streckenweise gibt es alle 60-80 cm quer zur Fahrbahn verlaufende, waschbrettartige **Bodenwellen,** die kleine Erschütterungen hervorrufen. In Ausnahmefällen kann man auch die **land- und forstwirtschaftlichen Wege** nutzen.

Alle 30 Min. aktualisierte, fünfsprachige **Verkehrsinformationen** über den Straßenzustand und den Wetterbericht erhält man unter www.balticroads.net, allgemeine Infos beim Straßenaufsichtsamt (www.lra.lt). Der Winterräumdienst bedient meist nur die Hauptverkehrsstraßen.

Verkehrsvorschriften

Es gelten die üblichen internationalen Vorschriften, wie z.B. die **Gurtpflicht** für alle (50 Lt. Strafe) bzw. die Helmpflicht für Zweiradfahrer. Kinder unter 12 Jahren dürfen nicht vorn sitzen. In Litauen ist die **Promillegrenze** 0,4, es herrscht **Rechtsverkehr.** Telefonieren nur mit **Freisprechanlage.** Die **Ampel** schaltet von Grün auf blinkendes Grün, dann auf Gelb und Rot; bei blinkendem Grün darf man nicht mehr fahren.

Außerdem muss vom 1.9. bis 1.4. und bei Regen tagsüber mit **Abblendlicht** gefahren werden; vom 1.11.-1.4.

sind Winterreifen mit oder ohne Spikes erlaubt.

Höchstgeschwindigkeit ist auf der Autobahn 110 km/h (vom 1.4. bis 1.10. sogar 130 km/h; zwischen Vilnius und Kaunas jedoch stets 100 km/h), auf der Landstraße 90 km/h, innerorts 50 km/h. Fahrzeuge über 3,5 t dürfen maximal 70 km/h fahren. Es gibt viele versteckte Radarkontrollen. Man sollte immer auf die weißen Ortsschilder achten, die bei langgestreckten Dörfern bis zu 3 km auseinander liegen können, auch wenn nur wenige Häuser entlang der Straße liegen. Kurz aufgeblendetes Fernlicht von entgegenkommenden Fahrzeugen bedeutet Warnung vor einer Radarfalle.

Die den internationalen Normen entsprechenden **Verkehrsschilder** müssen beachtet werden, vor allem an Kreuzungen und Fußgängerüberwegen. **Achtung:** durchgehende gelbe Linien am Straßenrand bedeuten Halteverbot, gestrichelte Linien stehen für Parkverbot. Auch bei kleineren **Unfällen** muss immer erst auf die Polizei gewartet werden.

Die **Strafen** für die Überschreitung von Verkehrsregeln sind oft drakonisch, auch bei geringsten Verstößen (von 25-5000 Lt.; z.T. Führerscheinentzug). Es hilft, höflich zu sein und sich zu entschuldigen. Das Bußgeld an Ort und Stelle kann dann evtl. ein bisschen heruntergehandelt werden. Falls nicht, sollte man auf einer ordnungsgemäßen **Quittung** bestehen; das hilft manchmal auch. Bußgelder müssen zunehmend per Bareinzahlung bei bestimmten Banken bezahlt werden.

Fahrverhalten

Auch wenn die Straßen meist in gutem Zustand sind, die Verkehrsdichte noch relativ gering ist und überwiegend rücksichtsvoll gefahren wird, sollte man immer **vorsichtig fahren,** da auch kleinere Unfälle und Pannen unangenehm werden können, z.B. weil benötigte Ersatzteile nur umständlich zu bekommen sind. Vor allem aber auch, weil die Fahrweise manchmal etwas **unkonventionell** ist und weil jüngere Autofahrer häufig schnell, riskant und aggressiv fahren. Die meisten der jährlich rund 800 Verkehrstoten und rund 8000 Verletzten sind dieser Risikogruppe zuzuordnen. Aber auch andere Verkehrsteilnehmer können z.B. bei Stadtausfahrten mit erhöhter Verkehrsdichte ihre Nerven verlieren. **Überholt** wird manchmal auch bei Gegenverkehr, der dann auf den meist unbefestigten, steinigen Randstreifen ausweichen muss. Der international vorgeschriebene **Sicherheitsabstand** von 1,5 m wird meist nicht eingehalten. **Radfahrer** werden oft als Hindernis betrachtet, häufig unter lautem Hupen auf Haaresbreite überholt oder beim Wiedereinscheren auf den Randstreifen abgedrängt, vor allem von LKW mit Anhängern und während der Hauptreisezeit auch von PKW mit Campinganhängern.

Besondere Gefahrenquellen

Aufpassen sollte man auf die **Minibusse** (Linientaxis), die plötzlich, ohne zu blinken, nach rechts ausscheren, um jemanden mitzunehmen, und dann wieder einscheren. Auch **(Trolley-)**

Busse scheren oft weit aus den Bushaltestellen aus. Auf die ein-/aussteigenden Leute sollte man achten (auch bei Straßenbahnen).

Erhöhte Vorsicht ist sowieso bei Fahrten durch Ortschaften geboten. Einige Landstraßen sind recht eng und passen sich der Landschaft an, so dass es auf und ab geht. **Kuppen und Hügel** machen das Fahren dann oft unübersichtlich. Ganz normal ist es, dass auch auf der **Autobahn** Radfahrer und Pferdefuhrwerke unterwegs sind (!), dass Fußgänger die Fahrbahn überqueren, dass Kuhherden darüber getrieben werden oder dass Tiere frei herumlaufen. Üblich ist auch, wenn man eine Ausfahrt verpasst hat, dass man kurzerhand über den Grünstreifen auf die Gegenspur wechselt.

Eine andere Gefahrenquelle sind **verlorene Ladungsteile** von Lastwagen und Traktoren. Deshalb sollte man zu beladenen Fahrzeugen ausreichend Abstand halten! Heimtückisch können ganz vereinzelt auftretende **tiefe Schlaglöcher** in ansonsten sehr guten Asphaltstraßen sein, da man nicht darauf vorbereitet ist und vor allem nachts Gefahr läuft, bei hoher Geschwindigkeit nicht mehr ausweichen zu können. Aber noch halsbrecherischer können beschädigte oder fehlende **Kanaldeckel** sein. Falls irgendwo auf der Fahrbahn ein Zweiglein emporragt, das man sonst zwischen die Räder nehmen würde, so ist höchste Vorsicht geboten! Auf diese Weise werden manchmal fehlende Kanaldeckel markiert. Besondere Vor-

213li Foto: gs

sicht ist bei **Nachtfahrten** geboten. Nicht alle Verkehrsteilnehmer nehmen es mit der Beleuchtung so genau (unbeleuchtetes Fuhrwerk, Fahren mit Standlicht o.Ä.). **Verkehrsschilder** sind in der Regel nicht beleuchtet, und die oft kleinen Schilder sind in der Dunkelheit ebenso wie manche **Straßenmarkierungen** schlecht zu erkennen.

An unbeschrankten **Bahnübergängen** muss man beachten, dass ein oder zwei weiße bzw. gelbe Blinklichter nur den Übergang markiren.

Tanken

Das **Tankstellennetz** in Litauen ist nicht so dicht wie im „überautomobilisierten" Westen, aber ausreichend. Die **Benzinpreise** sind im Vergleich zu Deutschland rund ein Drittel niedriger. Die Zapfrüssel sind meist farblich markiert (grün = bleifrei, rot = verbleit, schwarz = Diesel), die Oktanzahlen sind meist angeschrieben.

Die meist **modernen Tankstellen** mit Weststandard (Shell, Nestė, Statoil, Texaco u.a.) liegen an Hauptverkehrs- und Ausfallstraßen. Dies sind auch Tankstellen, an denen man bleifreies Benzin (95 Oktan), Super bleifrei (95 E) und Superplus bleifrei (98 E) bekommt. Außerdem gibt es dort verbleites Benzin u.a. mit 92 und 80 Oktan (dem Motor zuliebe letzteres nicht tanken), Diesel (DK), Gas *(dujos)*, Schmierstoffe sowie Autozubehör und Ersatzteile. Auch Waschanlage, Autoservice, Kiosk und Caféteria gehören dazu. Geöffnet sind die meisten rund um die Uhr. Das Personal spricht oft Englisch. Es gibt hier auch moderne Reparaturwerkstätten. Die Bezahlung ist mit Kreditkarte möglich. **Sonstige Tankstellen** sind preislich etwas günstiger, sie bieten aber weniger Service.

Nach wie vor häufiges Verkehrsmittel: Pferdefuhrwerk

Parken

In größeren Städten gibt es **Parkuhren** oder Parkwächter. Die Parkplätze dort sind jedoch fast immer belegt, so dass es sich, auch aus Sicherheitsgründen (Hinweise s. „Sicherheit"), empfiehlt, mit öffentlichen Verkehrsmitteln in die Stadt zu fahren. Wer die **Parkgebühr** nicht ordnungsgemäß zahlt oder auf reservierten Plätzen *(reservuota)* bzw. auf Parkverbotstellen sein Fahrzeug abstellt, muss mit einer Radkralle oder mit Abschleppen rechnen (Gebühr 50 Lt, Bußgeld 150 Lt, Abholung 300 Lt). **Zahlungspflichtige Parkplätze** sind mit einem Schild „P" (mit Münzen) gekennzeichnet. Das **Parkticket** (meist 1-2 Lt/Std.) muss deutlich sichtbar angebracht werden. Nicht zu bezahlen braucht man zu bestimmten Zeiten (dort vermerkt) oder mit einem örtlich ausgestellten Ausweis. Die Zahlweise ist je nach Standort verschieden. Es gibt z.T. auch **Parkkarten** für 25 Lt. (erhältlich an Kiosken).

Mietwagen

Die **internationalen** Mietwagenfirmen sind in den größeren Städten vertreten, in Vilnius meist auch mit Sitz am Flughafen. Preislich liegen sie i.d.R.

weit über dem Westniveau, oft 50-75 €/Tag ohne Kilometer-Limit inkl. Vollkaskoversicherung mit Selbstbeteiligung. Es gibt auch billigere **Packages.** Deshalb Preise und Bedingungen vergleichen (www.avis.lt, www.budget.lt, www.hertz.lt., www.europcar.lt, www.sixt.lt etc.). Im Allgemeinen ist es billiger, wenn man den Mietwagen bereits im Heimatland bucht. Es gibt auch nationale und oft **billigere Autovermieter** mit Preisen von 25-45 €/Tag wie z.B. www.rimas.lt, www.litinterp.lt, www.unirent.lt), ggf. mit Chauffeur. Die Adressen der einzelnen Firmen sind in den Ortsbeschreibungen angegeben. In Provinzstädten erkundigt man sich am besten bei Hotels, Touristinformationen oder Reisebüros. Dort vermittelt man häufig Wagen sowohl mit als auch ohne Chauffeur.

Schnieder Reisen u.a. (s. „Informationen") hat **„Fly & Drive"**-Pakete, bei denen das Mietauto am Flughafen in Empfang genommen und wieder abgenommen wird, ggf. auch an anderen Airports im Baltikum.

In **Vilnius** sind die Mietpreise billiger als in Riga und Tallinn. Manche Firmen erlauben, das Auto in einer anderen Stadt abzugeben, aber oft nur gegen Zusatzgebühr. Das Mindestalter beträgt 21 Jahre, Bezahlung meist nur mit Kreditkarte. Ansonsten muss eine Kaution hinterlegt werden. Die minimale Mietdauer beträgt einen Tag. Die Autos werden vollgetankt vermietet; wenn im Voraus nicht anders vereinbart, muss der Tank bei der Rückgabe wieder voll sein, sonst wird oft eine Gebühr von 1 €/l berechnet.

Fahrrad

Abwechslungsreiche und fast unberührte Natur, dünne Besiedlung, mit Ausnahme der wenigen Großstädte und Hauptverkehrsstraßen relativ wenig Autoverkehr bei einem gut ausgebauten Straßennetz, fast flaches Terrain und immer mehr Radwege machen Litauen zu einem **idealen Urlaubsziel für Radfahrer,** von denen viele immer wiederkommen. Radtourismus wird immer beliebter. Mit dem Rad kann man viele Ziele erreichen, zu denen man mit anderen Verkehrsmitteln nicht gelangt. Das Bild trübt nur der streckenweise **schlechte Straßenzustand auf Nebenstrecken** und das Fahrverhalten einiger Einheimischer (s.o.). Man sollte sehr umsichtig fahren und immer auf Ausweichmanöver vorbereitet sein. Ein Fahrradhelm, wasserdichte Kleidung und eine gute Straßenkarte (s.u.) gehören zur Pflichtausrüstung. Die o.a. Ausführungen zu den Verkehrsvorschriften und besonderen Gefahrenquellen gelten hier sinngemäß. In einigen Städten, Ferien- und Kurorten sowie National- und Regionalparks kann man Räder ausleihen (rund 10 €/Tag, Kaution meist 100 Lt.).

Fahrradtransport

Die **Einfuhr von Fahrrädern** ist ohne weiteres möglich. Sie können gegen geringen Aufpreis auf den **Fähren** mitgenommen werden. Der Transport im **Flugzeug** ist mit der Fluggesellschaft abzuklären. In Deutschland und in den Transitländern kann man das

Rad in bestimmten **Zügen** gegen Aufpreis mitnehmen (vorher erkundigen, s. „An- und Rückreise/Bahn"). In Litauen sollte man die Zeiten des Berufs- und Wochenendverkehrs wegen des Gedränges meiden (kann beim Bahnhof oder Schaffner erfragt werden).

In **Bussen** ist der Radtransport vom Platz her meist schwierig bis unmöglich. Wenn aber Platz ist, zeigen sich die Fahrer oft hilfsbereit (Rad vorher durch Verstellen von Lenker, Sattel etc. nach Möglichkeit „verkleinern") und verstauen den Drahtesel im Gepäckfach (man hat jedoch keinen Anspruch darauf). Wenn man noch nicht genau weiß, wo man aussteigen will, kann man mit dem Fahrer vereinbaren, erst beim Ausstieg zahlen zu dürfen.

Sicherheit

Natürlich sind Fahrrad und Gepäck ständig **diebstahlgefährdet.** Beides möglichst nie unbeaufsichtigt lassen oder an feste Gegenstände anketten. Bei **Leihfahrrädern** wird meist kein eigenes Schloss gestellt, so dass man eines mitführen sollte. Sicherer ist jedoch, sein (vollbepacktes) Rad mit ins Gebäude zu nehmen und dort evtl. abzuschließen oder jemanden zu bitten, darauf aufzupassen, und sei es nur bei einem Restaurantbesuch oder einem Einkauf. Die Sorge um einen Diebstahl ist zwar größer als das tatsächliche Risiko, wird aber auch von den Einheimischen geteilt und praktiziert. Fahrräder werden grundsätzlich mit in die Wohnung genommen. Auch Hotels etc. bieten meist einen abschließbaren **Fahrradraum** an.

Für Radtouristen ist es i.d.R. kein Problem, auch ohne Reservierung einen Zeltplatz oder eine Unterkunft zu finden (hilfreich ist die Broschüre „Urlaub auf dem Lande", s. „Unterkunft"). Eine gewisse Gefahr geht von den vielen freilaufenden Hunden aus, die in ländlichen Gegenden, aber auch in Kleinstädten Radfahrer ankläffen, teilweise auch versuchen, hinterher zu preschen. Da hilft meist nur schnelleres Fahren ...

Ausrüstung

Von **Rennrädern** und allzu breitreifigen MTBs (mit entsprechend hohem Rollwiderstand) ist abzuraten. Ideal sind **Trekkingräder** mit stabilen Reifen mit asphaltgeeignetem Profil, um auch den Sand, die Schlaglöcher, Bodenwellen und Querrillen zumindest einigermaßen meistern zu können. Die flache Geländeform erlaubt einen großen Raddurchmesser. **Werkstätten und Ersatzteile** gibt es genügend. Es empfiehlt sich aber trotzdem, Ersatzteile und Werkzeug mitzunehmen. Fahrradteile (Speichen, Felgen etc.) haben die gleiche Norm wie in Deutschland.

Radwege

Das Netz der überregionalen und internationalen Radwege wird ständig ausgebaut. Manche führen entlang Flüssen und Straßen, andere durch National- und Regionalparks sowie Erholungsgebiete.

Durch Litauen führen **zwei europäische Radwege,** nämlich „Euro Velo 10" (russische Grenze des Kaliningrader Gebiets – Nida – entlang der

Kurischen Nehrung nach Palanga – Grenze zu Lettland) und „Euro Velo 11" (polnische Grenze – Lazdijai – Dzūkija-Nationalpark – Trakai – Vilnius – Zarasai – Grenze zu Lettland). Beliebte litauische Radwege gibt es u.a. entlang der Nemunas, im Žemaitija-Nationalpark, im Sūduva-Gebiet oder in Druskininkai.

Radtouren, Informationen

- **Organisierte Radtouren für Individual- und Gruppenreisende** bieten z.B. DNV Tours und Schnieder Reisen (s. „Informationen"; die Räder werden gestellt).
- **Litauischer Radfahrerverband BIC,** Vitties 6, Klaipėda, Tel. 412481, Fax 380650, www.bicycle.lt; organisiert die jährliche „Baltic-Cycle-Radtour" (im Juli/August; durch alle drei baltischen Länder sowie Kaliningrad; mit Tourhandbuch; Details unter info@bicycle.lt); auch Infos und Beratung über Fahrradgeschäfte, -werkstätten, Routenplanung, Genehmigungen, Camping, Buchung von Unterkunft, Adressen von Radverleihstationen; sie verleihen auch selbst Räder.
- **Infos und Beratung** auch von den Touristinformationsbüros, den Infobüros der National- und Regionalparks und einigen Reisebüros, die z.T. auch selber Radtouren durchführen. Hilfreich sind auch der **Litauische Verband der Sport- und Reisefreunde** (s. „Informationen") sowie die Broschüre „Aktivurlaub" mit Adressen und Radrouten (s. „Sport und Erholung") sowie der **Litauische Verband für Reisende** (s. „Informationen"). Radtouren werden auch von Reisebüros, Touristinformationsbüros etc. organisiert.
- Recht nützlich ist das **Buch** „Velo Via Baltica – Baltikum per Rad" (Infos dazu und Neuigkeiten unter veloviabaltica@t-online.de). **Gute Infos** auch beim ADFC-Bundesverband, Postfach 107 747, 28077 Bremen, Tel. (0421) 346290, Fax 3462950, www.adfc.de, www.infobalt.de und www.swb.de.
- Bei obigen Stellen bzw. vor Ort in guten Buchhandlungen und Tankstellen werden auch die **Velokarte** Litauen und Kaliningrad (1:650.000) mit Tourenvorschlägen sowie **Regionalkarten** (1:110.000) verkauft. Detaillierte **Radwegbeschreibungen** und **Radtourenbücher** gibt es auch unter www.bicycle.lt/de/mein/shop. Vorsicht: nicht alle **Grenzübergänge** sind für internationale Gäste zugelassen (s. „An- und Rückreise"/„Auto/Motorrad").

Bahn

Das **Eisenbahnnetz** ist weniger dicht als das Netz der Busverbindungen. Alle Fernverbindungen laufen über die **Drehscheibe Vilnius;** andere Bahnhöfe wie Kaunas sind dagegen Provinzbahnhöfe. Bei einigen Verbindungen wie z.B. von Vilnius nach Klaipėda muss man aber aufgrund der ungewöhnlichen Streckenführung (während der Zarenzeit geplant) gewaltige Umwege in Kauf nehmen. Andere Städte wie z.B. Palanga haben gar keinen Bahnanschluss. Es gibt auch keine direkte Verbindung zwischen Vilnius und Panevėžys. Ansonsten verkehren Züge mehrmals täglich zwischen den größeren Städten.

Auf einigen **Nebenstrecken** fahren Züge nur an bestimmten Wochentagen oder nicht mehr nach 18 Uhr. In den letzten Jahren wurden einige Strecken **stillgelegt.** Diese sind aber noch immer auf den meisten Übersichtskarten verzeichnet; deshalb sollte man möglichst den aktuellen Fahrplan zu Rate ziehen (s.u.).

Die wichtigsten **Bahnverbindungen** sowie die **Bahnhöfe** sind in den Abschnitten „Verkehrsverbindungen" der Ortsbeschreibungen vermerkt. Die

214li Foto: gs

Züge sind **sicher** und **meist pünktlich.** Eine Zugfahrt ist einer Busfahrt generell bei Nacht- und Langstreckenfahrten vorzuziehen (mehr Bequemlichkeit bzw. Beinfreiheit), es sei denn, dass auf dieser Strecke auch Luxusbusse fahren (s.u.). Das Fahrziel ist auf Waggonschildern angeschrieben (ggf. nachfragen). Die Bahnwaggons sind einfach ausgestattet. Die Fenster lassen sich oft nicht öffnen.

Abteilklassen in den Fernzügen

- **1. Klasse:** Schlafwagenabteil *(megomasis)* für meist 2 Personen, abschließbar, recht komfortabel, mit Waschbecken.

Eines der seltenen Holzklasse-Abteile

- **2. Klasse:** gehobenes Liegewagenabteil *(kupė)* für 4 Personen, abschließbar, nicht so komfortable Pritschen.
- **3. Klasse:** einfaches Liegewagenabteil *(plačkartas)* für 6 Personen (davon 2 Plätze am Korridorfenster), Abteil ohne Tür, harte Pritschen.
- **4. Klasse:** weiche Sitzplätze *(bendras).*

Die **Reservierung** ist eingeschlossen. Eine zusätzliche „Platzkarte“ ist nicht erforderlich; der für die 3. Klasse verwendete Begriff hat sowieso nichts mit dem deutschen Ursprungswort zu tun und führt deshalb leicht zu Missverständnissen. In den ersten drei Klassen dienen die unteren Liegepritschen tagsüber als Sitzplätze. Die **Waggonschaffnerin** behält kurz nach dem Besteigen des Zugs das Ticket ein und

215li Foto: gs

gibt es rund 30 Min. vor Ankunft wieder zurück (gut für die, die sonst verschlafen). Sie kassiert auch die Gebühr für das Bettzeug, serviert Tee aus dem Samowar und beaufsichtigt ihren Waggon. Trotzdem sollte man bei einer **Nachtfahrt** immer das Abteil abschließen und auf seine Wertsachen aufpassen (s. „Sicherheit").

Historische Lok im Eisenbahnmuseum von Šiauliai (Schaulen)

Die **Preisunterschiede** sind beträchtlich. Wer das Abteil nicht mit Fremden teilen möchte, kann auch alle Plätze des Abteils aufkaufen.

Zugklassen

Die **Nahverkehrszüge** (Vorortzüge) werden meist elektrisch betrieben, halten überall und fahren teilweise bis zu einem Umkreis von 50-100 km. Unter den **Fernzügen** rangieren die Dieselzüge (meist 4. Klasse), die Passagierzüge (2.-4. Klasse) und die Schnellzüge (1. und 2. Klasse).

Fahrkarten

Fahrkarten erhält man auf den Bahnhöfen (spätestens 5 Min. vor Abfahrt; auch Kauf für andere Abfahrtsorte möglich), z.T. auch in Reisebüros. **Vorverkaufskassen** stellen nur Tickets für Züge aus, die nicht am selben Tag abfahren. Für Strecken über 50 km kann man die Tickets bis zu 7 Tage im Voraus lösen, für Fernzüge bis zu 40 Tage vor Reiseantritt.

Internationale Tickets erhält man meist an speziellen Schaltern (s. „An- und Rückreise/Bahn). Fahrkarten können auch im Zug gelöst werden, aber mit einem 50 %-Zuschlag, wenn man in einer Station mit Fahrkartenschalter eingestiegen ist. Zugverbindungen sind i.d.R. billiger als Busse, aber auch langsamer (oft wegen der Umwege). Für die 350 km Vilnius – Klaipėda braucht der Zug je nach Zugklasse 5-8 Stunden, kostet aber nur etwa 10 €. Bestimmte Personengruppen (Studenten etc.) erhalten eventuell eine Preisermäßigung. Eine Gepäckaufbewahrung *(bagažinė)* gibt es in allen größeren Bahnhöfen.

Fahrpläne, Informationen

Die meisten Bahnhöfe haben große **Fahrplan-Tafeln** in den Bahnhofshallen. Angegeben sind die Abfahrts- und Ankunftszeiten, die Zug-Nummern bzw. die Plattform-Nummer, teilweise auch die Abfahrtszeiten der Züge in entgegengesetzter Richtung oder bei Transitzügen die Abfahrtszeit am Startbahnhof. Man sollte unbedingt die dortigen **Fußnoten** mit den Erläuterungen beachten, da manche Züge nicht täglich fahren. Wer auf Nummer Sicher gehen will, kann sich auch an die **Informationsschalter** wenden, wo auch meist etwas Englisch gesprochen wird (in Ausnahmefällen gegen eine kleine Gebühr).

Am besten sollte man sich den aktuellen **Fahrplan** *(Keleivinių traukinių tvarkaraštis)* als Faltblatt gratis an einem Bahnhof besorgen. **Infos** auch unter www.litrail.lt, bwz. passenger@litrail.lt In größeren Städten gibt es auch eine **Hotline** für Auskünfte.

Auch manche **Reisebüros** haben die neuesten Fahrpläne. Ebenfalls hilfreich sind die Fahrplanauszüge in den Stadtführern „In Your Pocket". Vergewissern Sie sich aber trotzdem vor dem geplanten Abfahrtstag noch einmal.

Überlandbusse

Das **Busnetz** ist sehr dicht und die Verbindungen sind gut. Nur mit Bussen sind viele kleine Städtchen und Dörfer zu erreichen. Jede größere Stadt hat einen **Busbahnhof,** meist mit Gepäckaufbewahrung *(bagažinė).* Die Busse sind sicher und meist pünktlich. Die Fahrtroute ist auf einem Schild angegeben (ggf. nachfragen).

Die wichtigsten Verbindungen sind bei den einzelnen Städten vermerkt. Busse sind zwar etwas teurer als Züge (100 km kosten etwa 5-7 €, z.T. Ermäßigung für Studenten u.a.), jedoch meist um einiges schneller, und sie fahren häufiger (z.B. Vilnius – Kaunas alle 30 Min., sonst meist alle 1-2 Std.).

Fahrkarten

Die Fahrkarten kauft man entweder am **Busbahnhof** (bis 10 Min. vor der Abfahrt) oder beim **Fahrer** selbst. **In-**

ternationale Tickets (s. „An- und Rückreise/Bus") erhält man meist an getrennten Schaltern, teilweise auch in den Büros der jeweiligen Busgesellschaften (z.B. www.eurolines.lt). Fahrkarten für bestimmte Busse können bis zu 7 Tage im Voraus gekauft oder telefonisch bestellt werden (Abholung spätestens 2 Std. vor Abfahrt). Auf der Fahrkarte sind die Nummer der Plattform *(aikštele)* sowie die Abfahrtszeit vermerkt; ebenso die Sitznummer im Bus. Für größere Gepäckstücke wird manchmal ein Aufpreis verlangt.

Busklassen

Vor allem im Nahverkehr in **ländlichen Gebieten** gibt es noch ältere Busse in nicht mehr bestem Zustand. In den **Städten** hat man oft die Auswahl zwischen normalen und den nicht überall haltenden sowie geringfügig teureren Expressbussen. Wer bei Langstrecken- und Nachtfahrten nicht mit dem Zug fahren will, kann hier für die komfortablen **Kautra-Luxusbusse** (www.kautra.lt) mit Klimaanlage, TV, etc. benutzen (auch alleinreisende Frauen werden sich bei Nachtfahrten hier vielleicht wohler als im Zug fühlen). Zwischen einigen Städten fahren auch bequeme, klimatisierte **Mikrobusse.**

Fahrpläne, Informationen

Für Busse gelten die Ausführungen zu den Zügen sinngemäß mit dem Zusatz, dass die Fahrpläne für bestimmte

216li Foto: gs

Richtungen auch an den jeweiligen **Plattformen** angebracht sind. Nicht alle Busse halten an jeder Haltestelle. An den meisten der (Bedarfs-) Haltestellen sind jedoch Fahrpläne angebracht. Die Abfahrtszeiten der Überlandbusse sind unter www.autobusai.lt zu finden.

Fähren

Zu den internationalen Fährverbindungen s. Kap. „An und Rückreise/Fähre“. **Nationale Schiffsverbindungen** gibt es nur wenige (z.B. Kaunas – Nida am Kurischen Haff).

Städtische Verkehrsmittel

Busse, Trolleybusse

Stadtbusse fahren von etwa 5 Uhr morgens bis z.T. nach Mitternacht, in Außengebieten nach 19 Uhr sporadisch. Sie sind auf bestimmten Routen und bei bestimmten Tageszeiten oft **überfüllt.** Schieben und Drücken ist dann die Regel. Jede Stadt hat ihre eigenen Bestimmungen und Tarife. Älteren Leuten und Behinderten wird immer ein **Sitzplatz** angeboten, die Sitzplätze vorne sind sowieso für *babushkas* und Kleinkinder bestimmt. Bei drangvoller Enge empfiehlt es sich, den Weg zum Ausstieg schon frühzeitig anzutreten. Transportiert werden darf eigentlich (fast) alles.

Busbahnhof in Palanga

Fahrkarten bekommt man beim Fahrer, es sei denn, es ist „bilietai neparduodami“ (kein Fahrkartenverkauf) angeschrieben. Sie kosten 0,60-0,80 Lt. an Kiosken bzw. 0,60-1 Lt. beim Fahrer oder Schaffner. Kinder und Rentner zahlen die Hälfte. Tickets für Busse können i.d.R. für Trolleybusse und umgekehrt benutzt werden (aber z.B. nicht in Kaunas). Das Ticket muss bei Fahrtantritt **entwertet** werden. Ansonsten sind bei **Kontrolle** eines Schaffners *(Kontrolierius)*, oft in Zivilkleidung, 20 Lt. Bußgeld fällig. Manchmal hält sogar der Fahrer selbst auf offener Strecke an und kontrolliert die Fahrgäste. **Wochen- und Monatspässe** lohnen sich bei Vielfahrten. An einigen Orten gibt es auch 1-, 3- und 10-Tage-Tickets bzw. verbilligte 5er/10er Karten. In **Privatbussen** zahlt man 0,70-1 Lt. an den Schaffner. In manchen Ausgaben der „In Your Pocket“-Stadtführer sind **Routenpläne** zu finden, ebenso in „Exploring Vilnius“.

Minibusse

Es gibt auch viele Minibusse (*maršrutinis,* **Marschroutentaxis**), die ebenfalls bestimmte Routen befahren, jedoch zum Ein- und Aussteigen überall halten. Einfach die Hand raushalten. Der Fahrpreis von meistens 1-2 Lt. (23-6 Uhr: 2 Lt.) muss direkt beim Fahrer bezahlt werden. Sie sind bedeutend schneller als Busse, und man hat immer einen Sitzplatz.

Taxis

Die meisten Strecken sind auch mit öffentlichen Verkehrsmitteln erreich-

217li Foto: gs

bar. Wer aber trotzdem nicht auf Taxis verzichten kann oder möchte, sollte immer telefonisch bestellen; diese Wagen sind sicher und sogar billiger. Seriöse Taxifirmen sind in den Ortsbeschreibungen mit Rufnummern angegeben; ansonsten die Nr. 118 oder 1588 anrufen. Bei Anruf vom Festnetz wird man zurückgerufen und über die Uhrzeit der Abholung informiert; bei Anruf vom Handy geht das nicht. Wer abends ausgeht, kann von der Bar etc. ein Taxi rufen lassen. Sollte eine telefonische Bestellung nicht möglich sein, sollte man immer in ein Taxi mit **Firmenlogo,** ausgehängtem **Lizenzschreiben** und funktionierendem **Taxameter** steigen. Die Grundgebühr beträgt meist 1 Lt. und der gefahrene Kilometer 0,70-1,30 Lt. (je nach Typ). Nachts oder bei schlechtem Wetter wird meist ein **Zuschlag** erhoben. Manche **unseriöse Taxifahrer** versuchen immer wieder, Ausländern an der Straße mit allerlei Ausreden dreimal so viel abzuknöpfen wie üblich. Besonders gierige Typen findet man vor allem an Flughäfen, (Bus-) Bahnhöfen und vor Touristenhotels. Manche fahren Extrarunden, andere schalten das Taxameter nicht ein. Bei diesen

Marschroutentaxis *(maršrutinis)* fahren auf festgelegten Routen und halten nach Bedarf

Trolleybus in Kaunas

218li Foto: gs

sollte man auf jeden Fall den Preis (und auch die Währung!) genau festlegen, um nicht übers Ohr gehauen zu werden.

Trampen

Trampen ist in keinem Land der Welt sicher, insbesondere Frauen sollten dies nicht allein tun, da sie auch hier manchmal **Gewaltverbrechen** zum Opfer fallen. Mag es auch für Einheimische aufgrund der relativ niedrigen Einkommen plausibel und normal sein zu trampen, für unsere Verhältnisse sind die öffentlichen Verkehrsmittel jedoch so billig, dass man sich sicher nicht dieser unnötigen Gefahr aussetzen sollte.

Ganz abgesehen davon, dass auch der Fahrer ein anteiliges **Benzingeld** erwartet. Einige Grenzübergänge dürfen nicht zu Fuß überquert werden. In Polen wurden Tramper oft in der Nähe der Grenzstationen ausgeraubt. Wenn mehrere Personen mitgenommen werden möchten, zeigt eine Person mit den Fingern die Anzahl derer an. Trampen ist auch an den Autobahnauffahrten erlaubt.

Hinweise in den Ortsbeschreibungen bzw. beim „Vilnius Tramperclub", Tel. 2707241, www.autostop.lt.

Versicherungen

Hinweise zu **Fahrzeugversicherungen** s. „An- und Rückreise/Auto, Motorrad", zur **Krankenversicherung** siehe „Gesundheit".

Es bleibt natürlich jedem selbst überlassen, weitere Versicherungen abzuschließen (z.B. Unfall-, Privathaftpflicht-, Gepäck-, Reiserücktrittskostenversicherung). Man sollte aber unbedingt **alle Klauseln lesen,** da der Versicherungsschutz nur unter bestimmten Konditionen gewährleistet ist. Am einfachsten ist der Abschluss eines Versicherungspakets; Einzelversicherungen sind oft billiger. Bei Pauschalreisen sollte man bei der ersten (An-) Zahlung den **Sicherungsschein** ausgehändigt bekommen.

Zollbestimmungen

Auch nach der Aufnahme in die EU sind die Bestimmungen **ständigen Änderungen** unterworfen, so dass man sich bei den diplomatischen Vertretungen (s. dort), bei den Zollämtern (s. Infoteil der einzelnen Städte) oder unter www.cust.lt bzw. info@cust.lt erkundigen sollte.

Der Im- und Export von Waffen, Munition, Drogen, Wildtieren- und Pflanzen ist verboten. Import und Export von **Litas** ohne Limit; die Deklaration von mehr als 10.000 Lt. bzw. ausländischen **Devisen** im Wert von über 10.000 Lt. ist nötig, die Ausfuhr darf nicht höher sein als die deklarierte Einfuhr.

Einfuhr

Genussmittel dürfen in Litauen bis zu folgenden Mengen **zollfrei** eingeführt werden: 1 l Spirituosen oder 2 l (Schaum-)Wein oder 3 l Bier, 200 Zigaretten oder 100 Zigarillos oder 50 Zigarren oder 250 g Tabak, 500 g Schokolade, 500 g Kaffee oder 100 g Tee, 50 ml Parfüm, 25 ml Eau de Cologne, 1 kg Lebensmittel, 25 g Schmuck. Angemessene Mengen an Geschenken (bis 1000 Lt.) und Kraftstoff (1 Ersatzkanister bis 20 l) sind zollfrei. Die Zollgebühr beträgt 10 % plus 18 % MwSt.

Die Höchstgrenzen für Spirituosen, Lebensmittel und Tabakwaren **verringern sich** bei der Anreise zu Land (Straßen- und Bahngrenzposten) um die Hälfte. Bei Bier sind es bei Anreise zu Land 0,5 l.

Ausfuhr

Der Export von **Pilzen und Beeren** ist bis 10 kg, im getrockneten Zustand 5 kg gestattet, die Ausfuhr von **Bernstein** bis zum Wert von 250 US$. **Kunstwerke und Antiquitäten** dürfen mit Genehmigungsschreiben zollfrei, solche, die älter als 50 Jahre sind, mit einem Zoll von 10-20 % ausgeführt werden. Infos bei den Komitees für Kulturelles Erbe in Vilnius, Kaunas und Klaipėda (Vorlage des Reisepasses, des Objekts sowie 2 Fotos des Objekts). Viele der besseren Antiquitätengeschäfte übernehmen diese Formalität. Infos s.u. www.heritage.lt, centras@heritage.lt, Tel. 370-5-2734256.

Rückeinreise

Deutsche und Österreicher dürfen Waren aus der EU zum **persönlichen Gebrauch** oder als Geschenk steuerfrei mitnehmen, die Mehrwertsteuer wird innerhalb der EU nur einmal im Kaufland erhoben. Bei Überschreiten der nachfolgenden Mengen an verbrauchsteuerpflichtigen Waren muss nachgewiesen werden, dass keine gewerbliche Verwendung beabsichtigt ist (wobei für Tabakwaren bis zum in Klammern genannten Datum eine Freimengenbeschränkung gilt, die von den Einfuhrbestimmungen in andere EU-Länder abweicht):

- **Tabakwaren:** 200 Zigaretten
- **Alkohol:** 90 l Wein (davon höchstens 60 l Schaumwein), 110 l Bier, 10 l Spirituosen über 22 % Vol. und 20 l unter 22 % Vol.
- **Anderes:** 10 kg Kaffee, 20 l Kraftstoff in einem Benzinkanister

Waren, die zu **gewerblichen Zwecken** verwendet werden, müssen grundsätzlich beim Finanzamt zur Umsatzsteuer angemeldet werden und sofern sie der Verbrauchssteuer unterliegen auch beim Hauptzollamt.

Darüber hinaus gelten in allen EU-Mitgliedstaaten weiterhin **nationale Ein-, Aus- oder Durchfuhrbeschränkungen,** z.B. für Tiere, Waffen, starke Medikamente etc. Nähere Informationen:

- **BRD:** www.zoll.de oder beim Zoll-Infocenter Tel. 069-469976-00
- **Österreich:** www.bmf.gv.at oder beim Zollamt Villach Tel. 04242-33233
- **Schweiz:** www.zoll.admin.ch oder bei der Zollkreisdirektion in Basel Tel. 061-2871111

Schweizer können bei Rückeinreise in die Schweiz pro Tag und Person folgende Mengen zollfrei einführen:

- **Alkohol:** 2 l bis 15 % Vol. und 1 l über 15 % Vol.
- **Tabakwaren:** 200 Zigaretten oder 50 Zigarren oder 250 g Pfeifentabak
- **Anderes:** neu angeschaffte Waren für den Privatgebrauch (ausgenommen Lebensmittel) bis zu einem Gesamtwert von 300 SFr.

Weitere Details über **Einfuhrverbote und -einschränkungen** erhält man beim oben genannten schweizerischen Zollamt.

Mitnahme von Tieren

Für **Haustiere** wie Hunde und Katzen muss man seit dem 1.10.2004 für das Tier eine ordnungsgemäße **Tollwutschutzimpfung** vorweisen und einen **EU-Heimtierausweis** (Pet Passport genannt – oder übergangsweise den bisherigen Impfausweis) vorlegen können. Darüber hinaus muss das Tier mit einem **Microchip** oder übergangsweise bis 2011 mit einer lesbaren **Tätowierung** gekennzeichnet sein.

225li-Foto: gs

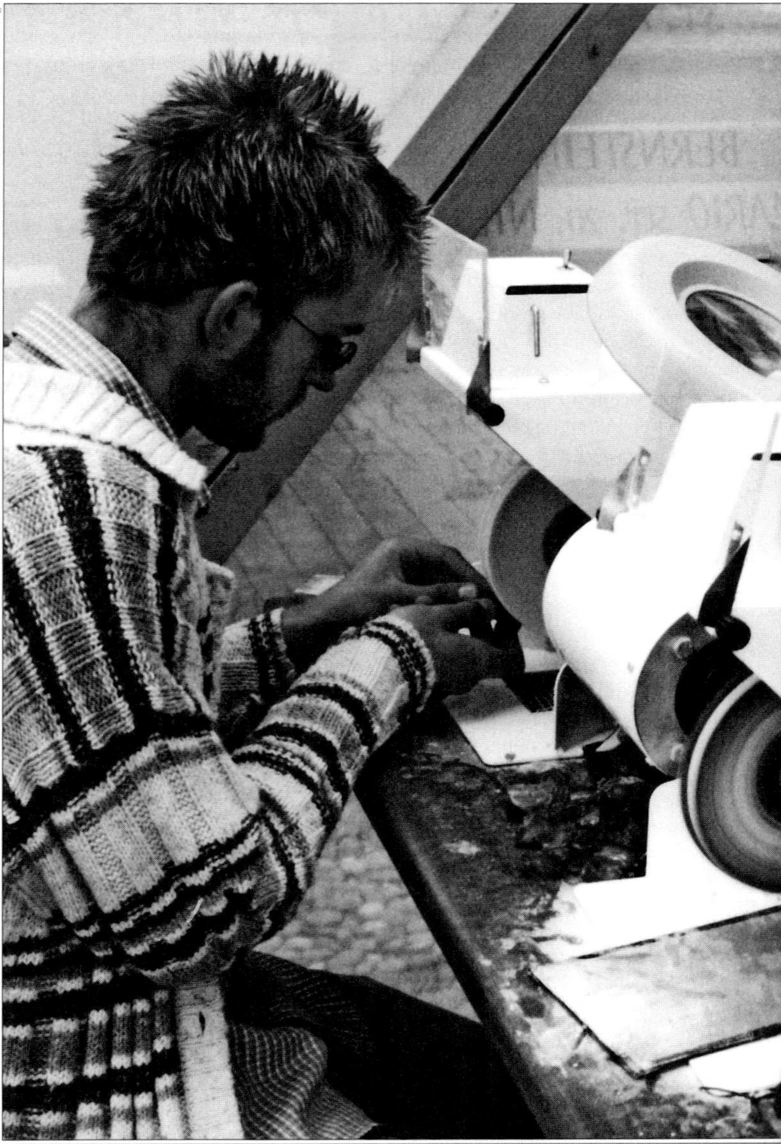

Land und Leute

224li Foto: gs

107li Foto: gs

Bernsteinschleifer

Erster Schultag

Gemüsehändler auf dem Wochenmarkt

Geographie

Der geographische Mittelpunkt Europas liegt, auch wenn das vielleicht überraschen mag, bei Vilnius (s. „Europos Centras"). Litauen liegt an der Ostküste des „Baltischen Meeres" (Ostsee). Die Länge der **Küste** beträgt exakt 99 km. Litauen hat keine Inseln. Das Land liegt etwa auf der **geographischen Breite** zwischen Hamburg und Århus in Dänemark und auf den gleichen Längengraden wie das Nordkap und Kreta (54°-56° nördliche Breite und 21°-27° östliche Länge). Die **Gesamtlänge der Grenze** beträgt 1751 km, die größte Nord-Süd Ausdehnung 276 km, die von Ost nach West 373 km. Im Norden grenzt Litauen an Lettland, im Osten und Süden an Weißrussland, im Südwesten an Polen und an das zu Russland gehörende Kaliningrader Gebiet.

Mit einer **Fläche** von 65.303 km² ist Litauen fast so groß wie Bayern und der größte baltische Staat. Selbst die höchsten **Berge** erreichen keine 300 m und sind nichts weiter als die Geröllablagerungen eiszeitlicher Gletscher. Das relativ flache Land erstreckt sich am westlichen Rand der **osteuropäischen Ebene** entlang dem mittleren und unteren Lauf des Nemunas.

Längs der Küste dehnt sich das 15-20 km breite **Pajūris-Tiefland** aus, mit einer Höhe bis zu 50 m über dem Meeresspiegel. Einige Landstriche am Kurischen Haff liegen sogar unter dem Meeresspiegel. Östlich davon folgt das **Žemaičių-Hochland** mit „Bergen" bis zu einer Höhe von 234 m. Im Landesinneren erstreckt sich das bis zu 100 km breite, fruchtbare **Zentrale Tiefland** mit Höhenlagen zwischen 35 und 90 m. Im Süden und Osten erhebt sich das **Baltische Hochland** mit ausgedehnten Wäldern, Seen, Mooren und Bergen bis zu 282 m. Im Osten zur weißrussischen Grenze hin liegen das **Hochland von Medininkų** mit dem höchsten Berg Litauens, dem Juozapinės (294 m), und das **Hochland von Švenčionių** mit zahlreichen Seen und dem **Aukštaitija-Nationalpark.**

Geologisch besteht das litauische Territorium zu 55 % aus Moränen, zu 21 % aus Hügelmoränen, zu 18 % aus sandigen Flächen, zu 4 % aus Flusstälern und zu 2 % aus Küstengebieten.

Regionen

Das Land ist in vier ethnographische Regionen unterteilt, die sich in den **Dialekten** (s. „Sprache"), **Trachten** und **Gebräuchen** und gewissermaßen auch in der **Mentalität** ihrer Bewohner (s. Exkurs „Ethnographische Regionen") unterscheiden. Die westlichste

Vier Regionen und vier litauische Charakterzüge

Den Bewohnern der vier Hauptregionen Litauens, Žemaitija, Aukštaitija, Suvalkija und Dzūkija, sagt man bestimmte Charaktereigenschaften nach – die man aber auch als Klischee auslegen kann. Die Žemaiten sollen hartnäckig, stur und verschlossen sein (als letzte Heiden Europas wurden sie erst 1413 christianisiert), die Aukštaiten gebildet und auch etwas arrogant, die Suwalker ordnungsliebend und sparsam und die Dzūken stolz, gesprächig, fröhlich und stets zu einem Liedchen oder Tänzchen aufgelegt. Dazu folgende ironische Geschichte:

Eines Tages hatte der Teufel fünf Litauer (einen aus jeder Region sowie einen aus Klein-Litauen) in einen Sack gesteckt und zog durchs Land. Als er sich müde unter einen Baum setzte und den Sack losließ, sprang sofort der Dzūke heraus und rannte laut singend weg. Der clevere Aukštaite sah, dass der Teufel dadurch abgelenkt war, und rannte in die entgegengesetzte Richtung. Dann kroch der Suwalke heraus und starrte den Teufel an, worauf ihn dieser fragte, warum er nicht weglaufe. Er antwortete, dass er warte, bis die anderen zwei verschwunden wären, um dann den leeren Sack mitnehmen zu können. Nachdem der Klein-Litauer den Teufel zaghaft gefragt hatte, ob er wirklich gehen dürfte, zog er auch von dannen. Nur der Žemaite blieb im Sack und schrie den Teufel an: „Wenn du mich schon hier reingesteckt hast, dann hol mich gefälligst auch wieder raus!"

280li Foto: gs

und zweitgrößte ist die Region **Žemaitija** (Somogitien bzw. West-, Niederlitauen), die die gesamte Küste und das Land zwischen Nemunas und der lettischen Grenze etwa bis zur geographischen Länge von Šiauliai umfasst. Östlich davon schließt sich die Region **Aukštaitija** (Nordost-, Hochlitauen) an, die mehr als die Hälfte der Landesfläche und die beiden wichtigsten Städte Vilnius und Kaunas umfasst. Sie reicht bis zur weißrussischen Grenze.

Im Südwesten zwischen dem Nemunas und der polnischen Grenze liegt die kleinste Region, die **Suvalkija** (Sūduva). Die Stadt Suwałki selbst liegt heute in Polen (s. Exkurs „Das polnische Problem"). Den südlichsten Winkel des Landes schließlich, von Trakai bis zur weißrussischen Grenze im Süden, bildet die Region **Dzūkija** mit dem Kurort Druskininkai. Ethnographisch nicht selbständig ist Mažoji Lietuva bzw. Klein-Litauen, das auch mal Memelland hieß (s. Geschichtsteil von Klaipėda).

Bodenschätze

Scherzhaft sagen die Litauer, dass ihr einziger Bodenschatz die Kartoffel ist. Es werden tatsächlich nur Torf, Kies, Quarzsand, Gips, Kalk, Lehm, Dolomit und Sand abgebaut. Es gibt auch kleinere Braunkohle-, Tonschiefer und Erdölvorkommen. In Kurorten gibt es Mineralquellen und Heilschlamm. Die Ostseeküste hat reiche Bernsteinvorkommen (s. Exkurs zu Bernstein).

Natur

Litauen wurde von der Natur reich beschenkt. Die Schönheit liegt in der **abwechslungsreichen Landschaft,** die vor allem von landwirtschaftlich genutzten Flächen wie Feldern und Wiesen (rund 54 % der Fläche), Wäldern (ca. 30 %) sowie Mooren und Sümpfen (ca. 7 %) geprägt ist. Daneben gibt es viele Hügel, Sandböden, Flüsse und Seen. Ein Naturphänomen ist die **Kurische Nehrung** mit den höchsten Sanddünen Europas, ein herausragendes Beispiel biologischer Vielfalt. Die kaum berührte Tier- und auch üppige Pflanzenwelt sowie die Baum- und Waldarten werden unter „Flora und Fauna" ausführlich beschrieben.

Als niederschlagsreiche Region hat Litauen ein dichtes Netz von Wasserläufen. **758 Flüsse** sind mehr als 10 km lang, 18 davon sind länger als 100 km. Durch Litauen fließen fast 30.000 Flüsse und Bäche mit einer Gesamtlänge von rund 63.700 km. An allen von Brücken oder „Brücklein" überspannten Wasseradern (die meisten übrigens in ihrem natürlichen Flussbett) sind deren **Namenstafeln** angebracht (ein Beweis dafür, wie wichtig Wasserläufe für Litauer sind). Viele sind geeignet für Kanu- und Kajakfahrten (s. „Sport und Erholung"). Die längsten Flüsse, der **Nemunas (früher Memel)** mit 937 km (davon ca. 475 km in Litauen) und die **Neris** mit 510 km (davon 235 km auf litauischer Seite), entspringen in Weißrussland. Der Nemunas bildet auf einer Strecke von rund 150 km die Grenze zum Kaliningrader Gebiet. Längster im Lande entspringender Fluss ist die 510 km lange **Venta,** die nach Lettland fließt. Der längste rein litauische Fluss und zugleich einer der schönsten des Landes ist die 246 km lange **Šventoji.** Die **Minija** ist 213 km, der **Nevėžis** 209 km und der **Merkys** 203 km lang. Die Strömung ist wegen des flachen Reliefs meist gering. Im

Durchschnitt sind die Wasserläufe drei Monate im Jahr **von Eis bedeckt;** in manchen Wintern bleiben sie offen.

Litauen liegt in einem der seenreichsten Gebiete Europas, verursacht durch die Schmelze des Gletschereises nach der Eiszeit. Neben den rund 1600 kleinen Seen gibt es **2833 Seen,** die mehr als 0,5 ha groß sind. Insgesamt umfassen sie 950 km^2 bzw. 1,5 % der Landesfläche. Teilweise sind sie miteinander verbunden und bilden **Seenplatten.** Die meisten Seen findet man im Aukštaitija-Hochland. Der größte See ist der 45 km^2 große Drūkščiai, tiefster ist der Tauragnas mit 60 m Tiefe. Längster mit 21,9 km ist der Asveja. Im Volksmund heißen die Seen „die blauen Augen der Natur".

229li Foto: gs

Naturschutz

Schon in der traditionellen Mythologie und der vorchristlichen Religion galten **Buchen** und **Eichen** als heilige Bäume, wurden besonders geschützt und oft in Gedichten oder auf Bildern dargestellt und gerühmt (s. „Religion und Kulte"). Man hielt Bäume für den Seelenort der Toten. Im Kampf gefallene Soldaten sollen sich in Bäume verwandelt haben, um später wieder für ihr Land zu kämpfen. Bäumen wurden auch heilende Kräfte zugeschrieben. Oft erhielten sie Namen wie „Hexenesche" oder Namen von Personen, Dingen und Persönlichkeiten. Da Blitze immer wieder in Eichen einschlugen, ohne ihnen etwas anzuhaben, galten besonders sie als Symbol für den Kontakt zu den höheren Mächten. Auch der **Wald** (s. „Fauna und Flora") wurde besonders geachtet und geschont, da er als Refugium von mystischen Gestalten und Heldenfiguren galt. Litauen ist auch heute noch sehr stolz auf seine 159 **Naturdenkmäler** und 386 geschützten **Naturobjekte** wie Steine, Brunnen oder Bäume. Bäume mit besonderem Aussehen oder hohem Alter werden immer noch als Naturdenkmäler geschützt.

Nachdem in der Sowjetzeit der Natur wenig Aufmerksamkeit geschenkt worden war, wurden seither zum **Schutz des Ökosystems,** der biologi-

Der Wald als Refugium mystischer Gestalten

schen Vielfalt und der Naturschätze auch mit Hilfe der EU durch Errichtung von Nationalparks, Naturreservaten und Regionalparks rund 11,5 % der Fläche unter besonderen Schutz gestellt, dem höchsten Anteil im Baltikum. Die Parks sind nicht nur ein Dorado für Naturfreunde, Ornithologen und Botaniker, sondern auch ein Paradies für **sportliche Aktivitäten** wie Angeln, Wandern, Reiten und Kanufahren. Sie laden außerdem zu Besichtigungen der zahlreichen **kulturhistorischen Denkmäler** ein, wie z.B. Burgruinen, Landhäuser, Wasser- und Windmühlen. Bei den Besucherzentren der Parkverwaltungen erhält man Infos und Kartenmaterial, z.T. ist auch die Ausleihe u.a. von Rädern, Booten oder Ausrüstungsgegenständen (Zelte, Kochgeschirr etc.) möglich. Übernachten kann man u.a. in Bauernhäusern (s. „Unterkunft/Urlaub auf dem Lande") innerhalb der Parks oder in deren Umgebung.

Weitere Infos wie z.B. auch zu Naturmuseen und Freizeitaktivitäten wie Vogelbeobachtung, Angeln etc. findet man in der Broschüre „Aktivurlaub" (s. „Sport und Erholung"). Der Führer „Discover Nature" (vstt@gamta.lt) enthält Infos zu allen Schutzgebieten mit Beschreibungen der Landschaftstypen, der Flora und Fauna und Freizeitmöglichkeiten. Im Führer „Discover Natio-

Landschaft auf der Kurischen Nehrung

008li-Foto: gs

nal and Regional Parks" (info@travel.lt) sind alle Parks ausführlich in sechs Routen beschrieben.

Touren durch die Naturschutzgebiete werden von den Parkdirektionen und von einigen Reisebüros durchgeführt, die auch Sondergenehmigungen für die Naturreservate besorgen.

Bei einem Aufenthalt sollte man die **Regeln der Parkbehörden** zum Schutz der Natur beachten. Dazu gehören z.B. kein Feuer zu machen und keine brennenden Zigaretten wegzuwerfen (Waldbrandgefahr), auf den Pfaden zu bleiben, Pflanzen nicht zu beschädigen, Tiere nicht zu stören, Abfälle nicht zurückzulassen oder zu vergraben, nur an den bezeichneten Stellen zu campen (s. „Unterkunft") und sorgsam mit Wasser und Strom umzugehen. Im Nationalpark Kurische Nehrung gelten zusätzliche Regeln.

Nationalparks

Litauen hat 5 Nationalparks mit einer Gesamtfläche von 1394 km^2. Am bekanntesten und schönsten sind der **Aukštaitija-Nationalpark,** der **Nationalpark Kurische Nehrung** (von der UNESCO als Welterbe geschützt) und der historische **Nationalpark von Trakai.** Weitere sind der Dzūkija- und der Žemaitija-Nationalpark. Sie wurden zum Schutz und Studium des nationalen Erbes, das die Bereiche Natur, Kultur und Geschichte umfasst, gegründet. Sie sind Besuchern weitgehend zugänglich und alle mit **öffentlichen Verkehrsmitteln** erreichbar, die teilweise auch die Parks durchqueren und auch sporadisch die Siedlungen und Dörfer innerhalb des Parkgeländes anfahren. Ansonsten ist man meist auf sich selbst angewiesen (zu Fuß, Fahrrad, Auto etc.). Bis auf die Parks der Kurischen Nehrung und Trakai, die ihre eigene Verwaltung haben, werden sie vom „Hauptbüro der Litauischen Nationalparks" in Vilnius, Juozapavičiaus 9, verwaltet (Tel. 2723284, Fax 2722572, www.miskai.gamta.lt/ parkai, bzw. www.vstt.lt).

Regionalparks

Es gibt 30 Regionalparks, darunter der Nemunas-Regionalpark bei Birštonas und Punia, der Biržai-Regionalpark und der Nemunas-Delta-Regionalpark. Geheimnisvolle Hünenhügel und heidnische Kultstätten bieten sich als Besuchsziele an. Infos beim „Litauischen Regionalparkverband", Parko 2, Kurtuvėnai, Tel./Fax (8-41) 370336, lrpa@ siauliai.omnitel.net, und bei allen Parkdirektionen. Die Parks sind mit öffentlichen Verkehrsmitteln erreichbar, wenn auch etwas umständlich.

Naturreservate

Von den ausgedehnten **Moor- und Sumpfgebieten,** die einst 20 % der Landesfläche ausmachten, sind im Laufe des 20. Jh. sehr viele trockengelegt und der Landwirtschaft nutzbar gemacht worden. Doch aufgrund der ehemaligen sowjetischen militärischen Sperrgebiete haben sich in vier **Naturreservaten** für europäische Verhältnisse noch relativ große Feuchtgebiete (Sumpf- und Marschland, Hoch- und Flachlandmoore) erhalten. Sie bilden Rückzugszonen für viele sonst selten gewordene Tier- und Pflanzenarten, insbesondere Wasservögel (z.B. Wildenten, Wildgänse).

Die Naturreservate Žuvintas, epkeliai, Kamanos sowie das Viešvilė-Schutzgebiet dürfen nur mit **Genehmigung** und nur in Begleitung eines Führers betreten werden. In diesen Feuchtgebieten stehen über 35 Tier-, 200 Vogel-, 20 Fisch- und 600-800 Pflanzen- sowie viele Insektenarten unter besonderem Schutz.

Die Gebiete sind z.T. nicht mit öffentlichen Verkehrsmitteln erreichbar, und es besteht keine Übernachtungsmöglichkeit. Moskitoschutz und Gummistiefel nicht vergessen. Man sieht hier noch *kulgrinda,* Pfade aus großen Steinen und Baumstümpfen, die durch Sümpfe und Moore führen und früher als Fluchtweg vor Angreifern dienten. Verriet sie jemand, wurde er streng bestraft. Sümpfe und Moore galten früher als Orte der Teufel und Hexen.

Flora und Fauna

Litauen liegt klimatologisch in einer **Übergangszone,** was sich auch in der Tier- und Pflanzenwelt widerspiegelt. Nach dem Rückzug des Eises vor etwa 13.000 Jahren breitete sich in einer 2000-jährigen **subarktischen** Periode erst eine arktische Fauna (Lemming, Polarfuchs, Rentier) und Flora (Birken, Buschwerk) wie in der sibirischen Tundra aus. Als dann die Wälder das Territorium wieder erobert hatten, folgten die Tierarten der Taiga und schließlich die der Laubwälder. In den Moorgebieten des Hochlandes und den sie umgebenden Kiefernwäldern haben sich aber auch Arten der **arktischen Tierwelt** bis heute erhalten, wie Goldregenpfeifer, Moorhuhn, Birkhuhn und Schneehase.

Fast ein Drittel des Landes ist heute noch von **Wäldern** bedeckt. Litauen war schon seit alters her bekannt für große und undurchdringliche Wälder, die Schutz vor Feinden boten. Auch die „Waldbrüder" versteckten sich hier beim Kampf gegen die Sowjets (s. „Geschichte"). Durch Rodung und teilweise Wiederaufforstung hat sich der Wald- und Baumbestand verändert. Der Anteil der über 100 Jahre alten Bäume beträgt nur noch 4 %. Große Waldflächen finden sich meist nur noch in den Nationalparks. Es gibt jedoch viele kleinere Wälder zwischen den landwirtschaftlich genutzten Feldern und Wiesen. Zu den **Baumarten** gehören neben der dominierenden Kiefer auch Ahorn, Birken, Buchen, Eiben, Eichen, Erlen, Eschen, Espen, Fichten, Linden und Tannen.

Je nach Bodenart und dem Ausmaß der Aufforstung findet man verschiedene Arten von Mischwäldern sowie entweder nordische Nadel- oder mitteleuropäische Laubwälder, im Aukštaitija-Nationalpark sogar ein „Urwaldreservat". Auch in der Art des **Bodenbewuchses** gibt es große Unterschiede: Meist ist der Boden der Kiefernwälder von Beerensträuchern bedeckt (Preiselbeeren, Heidelbeeren, Sanddorn, Wacholder), häufig von Heidekraut, Moos und Flechten. In

226li Foto: gs

den Fichtenwäldern findet man Sauerklee und Blaubeeren, in den Birkenwäldern hauptsächlich Riedgräser und in den Erlenwäldern Farne und Nesseln. Viele der Busch-, Gras- und Rohrpflanzen sind geschützt. Es gibt auch viele Wildblumen sowie **Pilze** (meist Pfifferling, Steinpilz, *voveraitė, baravykas*). Von den rund 1200 Pilzarten in Litauen sind 380 essbar, gesammelt werden aber nur 10-20 Arten. Es gibt rund 100 giftige Pilzarten. Eine sehr populäre Freizeitbeschäftigung ist das **Beeren- und Pilzesammeln** (s. „Sport und Erholung").

In Litauen wachsen 210 besonders **gefährdete Pflanzenarten,** viele davon in den zahlreichen Moor- und Sumpfgebieten (s. „Natur/Naturreservate"). Auch in einigen National- und Regionalparks gibt es noch Feuchtgebiete.

In Litauen gibt es etwa 330 verschiedene **Vogelarten,** darunter seltene Eulenarten, Seeadler, Fischadler und Schwarzstörche. Das Land ist ein Paradies für Vogelbeobachtung (s. „Sport und Erholung"). Ein Drittel der Vögel brüten aber nicht in Litauen. Ca. 13 der hier vorkommenden Vogelarten sind weltweit bedroht. Auffällig zahl-

Wisente im Reservat

reich sind die **Störche,** die hier noch zum Dorfbild gehören. Am 25. März, dem Tag des Storches, wird dieser Vogel als Symbol des Hausbeschützers und als Glücksbringer für eine gute Ernte verehrt. Der Storch gilt als Nationalvogel. Litauen hat die weltweit dichteste Storchpopulation, bei der letzten Weißstorchzählung wurden rund 13.000 brütende Paare registriert.

Im Baltikum gibt es zwar mehr große **wilde Tiere** als anderswo in Europa, aber sie in der freien Natur zu Gesicht zu bekommen erfordert Geduld, Entschlossenheit und meist auch die fachkundige Begleitung eines Führers. Nicht fehlen darf das Glück, das man haben muss, um einen der geschätzten 5000 **Elche** – meist in der Morgen- und Abenddämmerung – sehen zu können (s. auch Kapitel Jagen bei „Sport und Erholung").

Unter den rund 70 **Säugetierarten** finden sich einige, die in Mitteleuropa selten oder ganz verschwunden sind. In den Wäldern leben außer Elch und **Wildschwein** auch der einst fast ausgerottete **Rothirsch** sowie Reh, Damwild, Hase, Hermelin, Iltis, Fuchs, Marder, Dachs, Wiesel und mit steigender Tendenz auch **Luchs** und **Wolf.**

Im 19. und 20. Jh. wurden neue Tierarten eingeführt: Nerz, Sitkahirsch, Bisamratte, Mufflon, Fasan, Marderhund, Eichhörnchen und Waschbär. Im Krekenava-Regionalpark wurden 1969 wieder die größten Tiere Europas, die **Wisente** (europäische Bisons) angesiedelt, nachdem sie aus der freien Natur schon verschwunden waren. Vorbei sind aber die Zeiten, als sie im 14./15. Jh. die größten Jagdtrophäen der Großfürsten waren.

Es gibt rund 15.000 **Insektenarten**, von denen 102 besonders gefährdet sind. In den vielen **Gewässern** tummeln sich neben Reptilien, Amphibien, Fischottern und den einst ausgerotteten Bibern auch 108 **Fischarten** wie z.B. Forelle, Dorsch, Zander, Hecht (s. Angeln bei „Sport und Erholung"). In und an den Gewässern darf man auch die Moskitos nicht vergessen. Besonders die National- und Regionalparks bzw. die Naturreservate (s. „Natur") sind Lebensraum für viele Tiere und Pflanzen. In Kaunas gibt es einen Zoo und ein zoologisches Museum.

Umweltschutz

Während der Sowjetzeit spielte Umweltschutz praktisch keine Rolle. Eine Folge hiervon war, dass industrielle Gift- und Schadstoffe sowie Abwässer oft ungeklärt in die Flüsse eingeleitet wurden. Mit Unterstützung der EU werden seit einiger Zeit große Anstrengungen zur Verbesserung unternommen. Da auch Düngemittel und Pestizide weniger eingesetzt werden, ist z.B. die **Ostsee** sauberer geworden. Die Schadstoffeinleitungen wurden um ein Drittel verringert. Litauen ist Mitglied der „Helsinki-Konvention zum Schutz der Ostsee". Seit der Aufnahme in die EU übernimmt Litauen schrittweise deren Umweltstandards.

Im Žemaitija-Nationalpark

Nida erhielt die „Blaue Flagge" für gute Wasserqualität am Strand. Positiv ist auch, dass es noch einige **fast unberührte Flecken** gibt, die vielen sonst bedrohten Tier- und Pflanzenarten Lebensraum bieten und so zum Erhalt des europäischen Naturerbes beitragen (s. „Natur").

Eine einflussreiche „grüne Bewegung" gibt es (noch) nicht. Die **Liebe der Litauer zur Natur** hilft jedoch, Städte und Parks sauberzuhalten. Schilder auf Parkplätzen bitten den Fahrer, den Motor abzustellen.

Umweltprobleme

Das wohl größte „Umweltrisiko" ist das **AKW in Visaginas,** obwohl 2005 einer der beiden Reaktoren auf Druck der EU vom Netz genommen wurde; das AKW wird 2009 ganz abgeschaltet (s. auch „Wirtschaft"). Die EU hat einen Unterstützungsfonds für den Verlust von Arbeitsplätzen in der Region geschaffen, die u.a. in der dortigen Tourismusindustrie aufgefangen werden sollen. Sie unterstützt auch die **Entsorgung von Gift- und Atommüll,** die Abgasreinigung von Industrieanlagen und konventionellen Kraftwerken sowie die Förderung von Windkraftwerken und umweltfreundlichen Energiequellen.

Problemfälle sind auch die **Raffinerie von Mažeikiai** und der **Ölterminal in Butingė,** die Altlasten der alten sowjetischen Militäranlagen, die Energieverschwendung in den veralteten Produktionsanlagen, die Wasserverschmutzung durch Abwässer sowie

227li Foto: gs

die Grundwasserbelastung durch teilweise noch ungesicherte Mülldeponien. Sorge macht auch die neue russische Ölplattform vor der Küste Kaliningrads, die nur 22 km vom Strand in Nida entfernt ist.

Die Qualität des **Trinkwassers** leidet unter dem teilweise schlechten Zustand der Leitungen (viele sind undicht, es geht auch Wasser verloren). Der Zustand der **Gewässer** ist relativ gut. Ein Problem ist der **Nemunas,** der in mancher Hinsicht einer der am stärksten verschmutzten Flüsse Europas ist, da er auf seinem Weg zur Ostsee sowohl das Wasser von fast allen Flüssen Litauens als auch Einleitungen von Weißrussland und vom Kaliningrader Gebiet mitzuführen hat.

Andere Sorgen bereiten die veraltete Technologie vieler kleiner **Heizanlagen** und der geringe Wirkungsgrad bei der Energienutzung. Sind alle diese Punkte mehr oder weniger noch Spätfolgen der katastrophalen Zustände aus der Sowjetzeit, so sind jetzt aber auch die **Verbraucher** die Verursacher neuer Probleme. Die Abfallberge wachsen durch Übernahme westlicher Konsumgewohnheiten (Einwegverpackungen etc.); aber auch die Hilfe aus dem Westen durch den steigenden Import von Gebrauchtwagen (einschließlich alter Autoreifen), Secondhand-Waren (Kleidung etc.) und veralteter Medizin, die früher oder später alle auf der Müllhalde landen, trägt dazu bei. Noch fehlen richtige Entsorgungssysteme und Recyclinganlagen.

Bedenklich ist auch die **Luftverschmutzung** in städtischen Regionen sowohl wegen der schlechten Abgaswerte vieler Gebrauchtwagen bzw. Busse und LKW mit veralteter Technologie als auch wegen der steigenden Verkehrsdichte durch den verstärkten Güterverkehr auf der Straße. Auch die Zahl der Privatautos steigt, bedingt durch größeren Wohlstand. Seit 1990 sind die Passagierzahlen in Bussen um zwei Drittel, in Zügen sogar um 80 % zurückgegangen. Der Fahrzeugbestand der öffentlichen Verkehrsmittel ist teilweise überaltert. Die Einschlagraten vor allem bei privatisierten **Waldflächen** sind drastisch gestiegen, die Zahl der Wiederaufforstungen sinkt dagegen.

Gute Artikel zur Umweltproblematik erhält man bei „Infobalt" (s. „Informationen"). Infos auch beim Umweltministerium, Vilnius, Tel. 2663661, www.am.lt. Die litauischen „Grünen" sind keine Partei; die miteinander verbundenen Gruppen wie *Atgaja* nehmen nur mit beratender Stimme an Ausschüssen teil.

Bevölkerung

Die heutigen Litauer sind die Nachfahren der **baltischen Stämme,** die sich etwa 2000 v. Chr. hier niederließen. Anfang des 13. Jh. wurden sie dann zum **Großfürstentum Litauen** vereinigt, einer Stammesgemeinschaft mit verschiedenen Traditionen und Kulturen, die sich z.T. bis heute erhalten haben (s. „Geschichte"). Zu Beginn des 14. Jh. siedelten sich u.a. **Deutsche,**

Schweden und Russen an, Ende des 14. Jh. wurden Tataren und Karäer (s. Exkurs „Die Karäer") ins Land geholt. Im 16. Jh. während der Reformation ließen sich in ihrer Heimat verfolgte schottische Calvinisten, Ende des 18. Jh. in Russland verfolgte Anhänger der altslawischen Religion nieder, da es in Litauen eine große **Toleranz** gegenüber anderen Religionen und Nationalitäten gab. Ende des 19. Jh. wurden viele **russische Staatsbeamte und Militärs** nach Litauen versetzt, nachdem bei dem misslungenen Zarenaufstand 1863 viele Bewohner nach Sibirien verschleppt oder getötet wurden bzw. viele Bürger emigrierten. Andererseits entwickelte sich Vilnius zum „Jerusalem des Nordens" (s. gleichnamiger Exkurs). Die nächste **Emigrationswelle** rollte zwischen dem Ende des Ersten Weltkrieges und dem Beginn des Zweiten, zumeist aus wirtschaftlichen Gründen, an. Im Juni 1941 erfolgte die nächste **Massenverschleppung** nach Sibirien. Viele andere, vor allem Juden, wurden von den Nazis oder deren litauischen Schergen getötet oder fielen im Krieg. Kurz vor Kriegsende flohen viele nach Westen. Litauen war auch jenes Land unter allen von den Sowjets besetzten Staaten, in dem die meisten Bewohner nach dem Zweiten Weltkrieg von ihnen verschleppt wurden (120.000). Daraufhin emigrierten wieder viele Li-

Das „polnische Problem"

Über 400 Jahre lang, bis zur letzten Teilung im Jahre 1795, bildeten **Litauen und Polen** zusammen einen **Doppelstaat.** Mehr als eine Viertelmillion Polen leben im heutigen Litauen, Vilnius ist nach Tschenstochau die wichtigste Marien-Kultstätte der Polen. Hier lebte der polnische Nationaldichter *Adam Mickiewicz,* und hier stand die zweitgrößte polnische Universität.

Nach dem Ersten Weltkrieg weigerten sich die Litauer, ihren Bund mit Polen zu erneuern. Daraufhin besetzten polnische Truppen am 9. Oktober 1920 Vilnius und die östlichen Gebiete Litauens. „Befreiung", nannten sie es; für die Litauer war es *okupacija.* Vilnius wurde eine polnisch-jüdische Stadt mit polnischen Straßennamen. 1945-1958 gingen 222.000 Polen freiwillig oder wurden in ihr früheres Heimatland deportiert. Noch heute gibt es in diesem Gebiet Ortschaften mit überwiegend polnischer Bevölkerung.

Während der litauischen Unabhängigkeitsbestrebungen hielten die verbliebenen Polen zu Moskau. Als die Litauer ihre Unabhängigkeit von Moskau erklärten, verfügte die Ortsverwaltung der überwiegend von Polen bewohnten Stadt Šalčininkai, dass die neuen Gesetze dort ungültig seien. Während des Putsches in Moskau im August 1991 wurde vor dem Bezirksgebäude sogar die rote Fahne gehisst. Und als Litauen schließlich als unabhängiger Staat anerkannt war, proklamierten die polnischen Bezirksverwaltungen von Vilnius und Šalčininkai ihre Autonomie, worauf das litauische Parlament sie kurzerhand auflöste.

Im Januar 1992 haben Polen und Litauen eine „Erklärung über Freundschaft und Zusammenarbeit" unterzeichnet, in der die bestehenden Grenzen bestätigt werden. Litauen hat dabei auch auf das ehemalig litauische Gebiet um Suwałki verzichtet, das nach der Teilung des polnisch-litauischen Doppelstaats erst an Preußen, dann an das Großherzogtum Polen fiel.

230li Foto: gs

tauer zusammen mit dort ansässigen Polen.

Die Bevölkerungszahl von 3,1 Mio. im Jahre 1940 ging Ende der 1950er Jahre auf 2,5 Mio. zurück. Heute leben rund 3 Mio. Litauer oder Litauischstämmige im Ausland (teilweise schon seit mehreren Generationen), davon etwa 800.000 in den USA (Chicago ist Sitz der **Weltlitauer** mit der größten exillitauischen Gemeinde). Viele leben in Kanada, Südamerika, England und Australien, ca. 150.000 in Russland und in anderen GUS-Staaten. Litauen pflegt diese Beziehungen. So finden z.B. alle drei Jahre Sportwettbewerbe der Weltlitauer statt.

Trachtengruppe

Heutige Bevölkerung

Litauen hat heute **3,445 Mio.** Einwohner mit **rückläufiger Tendenz.** Gründe hierfür sind sinkende Geburtenzahlen (durchschnittliche Kinderzahl pro Frau: 1,24) steigende Sterbeziffern, eine seit der Unabhängigkeit um 70 % gestiegene Selbstmordrate (mit 44 pro 100.000 Einwohnern mehr als doppelt so hoch wie der EU-Durchschnitt und weltweit eine der höchsten; 80 % davon stehen im Zusammenhang mit Alkohol), Alkohol- und

Drogensucht, der Wegzug vieler Russen, die Auswanderung aufgrund fehlender beruflicher Perspektiven, die relativ hohe Arbeitslosigkeit.

Die **Bevölkerungsdichte** ist bei durchschnittlich 53 Einwohnern/km² gering. Auf dem Land wohnt rund ein Drittel der Bevölkerung. Der weibliche Bevölkerungsanteil liegt bei 53 %. Aufgrund der besseren medizinischen Versorgung und besseren Lebensbedingungen ist zu hoffen, dass sich die **Lebenserwartung** der Bevölkerung erhöht, die mit rund 78 Jahren bei den Frauen und 66 Jahren bei den Männern immer noch geringer ist als in Westeuropa. Erstaunlich ist der Unterschied von 12 Jahren (in den meisten europäischen Staaten nur 7-8 Jahre).

Knapp 3 Millionen (84 %) der Bevölkerung sind **Litauer.** Sie gehören zum größten Teil der **römisch-katholischen Kirche** an, die auch für die Erhaltung der nationalen Identität gegenüber dem atheistischen Sowjetstaat eine wichtige Rolle spielte. Nur rund 1,5 % gehört der evangelisch-lutherischen und der evangelisch-reformatorischen Kirche an.

Von den knapp 260.000 **Polen** (darunter auch viele im 19. und 20. Jh. polonisierte Litauer), die etwa 6,7 % der Gesamtbevölkerung ausmachen, leben die meisten im Südosten des Landes, besonders in den Distrikten Vilnius und Šalčininkai. Sie gehören der römisch-katholischen Kirche an. Die Mehrheit der Polen spricht einen weißrussischen Dialekt, viele der jüngeren haben nach dem Zweiten Weltkrieg die russische Sprache angenommen (s. Exkurs „Das polnische Problem").

Die drittgrößte ethnische Gruppe machen mit rund 6,3 % die **Russen** aus, von denen die meisten nach dem Zweiten Weltkrieg ins Land gekommen sind. Sie wohnen fast ausschließlich in größeren Städten. In Vilnius stellen sie fast 20 % der Einwohnerzahl. Sie sprechen überwiegend Russisch (und meist nur wenig Litauisch) und gehören großteils der **russisch-orthodoxen** Kirche an, teilweise der untergeordneten Sekte der „Altgläubigen".

Die **Weißrussen** machen 1,2 % der Bevölkerung aus, sprechen Weißrussisch, Russisch oder Polnisch und gehören meist der russisch-orthodoxen oder römisch-katholischen Kirche an.

Weiterhin leben in Litauen heute noch etwa 4000 **Juden.** Ende des 19. Jh. stellten sie noch über 13 % der Gesamtbevölkerung, doch während der Nazi-Okkupation wurden ca. 200.000 Juden ermordet, rund 94 % der jüdischen Bevölkerung, der höchste Prozentsatz in Europa (s. Exkurs „Jerusalem des Nordens"). Nach der Unabhängigkeit emigrierten viele nach Israel.

Weitere Minderheiten sind **Ukrainer** (0,65 %, zu einem Großteil russifiziert), **Letten** (0,1 %, überwiegend im Norden, Lutheraner) und **Roma und Sinti,** die im 15. Jh. zugewandert sind, mehrheitlich ihre eigene Sprache sprechen und der römisch-katholischen oder russisch-orthodoxen Kirche angehören.

Die rund 2000 verbliebenen **Deutschen** leben über das ganze Land verstreut und sprechen zu etwa 40 % Deutsch; der Rest spricht Litauisch oder Russisch. Sie gehören meist der **lutheranischen** Kirche an. Die ersten deutschen Siedler kamen bereits im 13. Jh. nach Litauen. Viele verließen nach 1924 das Memelgebiet (s. Geschichtsteil Klaipėda) oder wurden 1939 ins Deutsche Reich „heimgeholt", aufgrund des Nichtangriffspakts mit Russland. Die meisten der noch ansässigen Deutschen flohen aber 1945 vor der Roten Armee aus dem ehemaligen **nördlichen Ostpreußen.**

Zwei besondere Volksgruppen in Litauen sind die etwa 5100 **Tataren,** die überwiegend in und um Vilnius leben, dem moslemischen oder russisch-orthodoxen Glauben angehören und noch zu 30 % ihre eigene Sprache sprechen, sowie die etwa 200 **Karäer** (s. Exkurs „Die Karäer"). Kultur- und Sprachkurse für Karäisch und Tatarisch gibt es beim weltweit ersten „Zentrum für staatenlose Kulturen" an der Universität Vilnius. Infos über nationale Minderheiten und Auswanderer erhält man man unter info@tmid.lt.

Alte heidnische Kulte

Die Kultur der Balten war durch großen **Respekt vor der Natur** geprägt, und auch die Götter waren mit der Natur verbunden. Der Himmel war ein Berg, auf dem viele **Götter** wohnten, beispielsweise der besonders verehrte Donnergott *Perkunas,* der Himmelgott *Dievs,* die Sonnengöttin *Saule,* der Mondgott *Menes,* die Schicksalsgöttin und Hausgottheit *Laima* (die in der christlichen Lehre dann zum Symbol des Kobolds wurde) und die Waldgöttin *Medeinė.* Daneben existierten *Velnias,* der Wächter der Zauberer und Weisen (der in der neuen Religion der Teufel wurde), die Erdenmutter *Žemyna* sowie viele kleinere Gottheiten, die über natürliche Phänomene, Sachen und menschliche Aktivitäten herrschten (Jagdgötter in Form von Tiergestalten etc.). Wälder und Bäume, Steine u.v.m. wurden angebetet (s. Kapitel „Natur"). Man glaubte, dass auch unter der Baumrinde oder im Moos sich Götter aufhielten, und dass die Steine in der Erde wachsen und sich fortbewegen (andererseits wurden große Steine als Mühlsteine, Wasserbecken oder zum Schlachten von Geflügel o.Ä. benutzt). Die **Jahreszeiten** spielten eine große Rolle. Es gab auch viele **Fruchtbarkeitsriten** wie z.B. die Sonnwendfeier (s. Exkurs „Sonnwendfeier und die magische Farnblüte"). Der **Mondzyklus** war für Aussaat, Ernte, manchmal auch für Kriegszüge sehr wichtig (davon zeugen z.B. Ornamente mit Neumonddarstellungen und Mondgebete). Auch Sonne und Sterne, Pflanzen und Tiere wurden oft auf Schmuckanhängern oder Ornamenten dargestellt. Der Kult schuf auch ein ethisches System mit ungeschriebenem Gewohnheitsrecht, das über Jahrhunderte hinweg galt. Wurde während der Bronzezeit die Asche der Verstorbenen noch in **Hügelgräbern** beigesetzt, bestattete man später deren Körper und legte wertvolle Schwerter, Kleidung etc. bei, wohl in der Annahme, dass es ein Leben nach dem Tod gibt. Die Leichname der Großfürsten *Algirdas* und *Keštutis* wurden 1377 bzw. 1382 aber auf dem Scheiterhaufen mitsamt ihrer Kleidung aus Silber und Gold, ihren Schätzen, Waffen, Pferden und Jagdhunden eingeäschert.

Minderheitenprobleme

Jeder in Litauen lebenden ethnischen Gruppe wird laut Verfassung das Recht auf die Pflege ihrer Sprache und Kultur sowie der Unterhaltung eigener Schulen zugestanden, wenn sie auch die litauische Sprache lehren. Es existiert ein Gesetz, nach dem alle Bürger, die vor November 1989 in Litauen ansässig waren, automatisch zu litauischen Staatsbürgern wurden. Alle nach diesem Datum Zugereisten müssen mindestens zehn Jahre in Litauen wohnen, um diese Rechte zu erhalten. Die **nicht-ethnischen Litauer** müssen zuerst die Landessprache erlernen, wenn sie sich für einen Staatsjob bewerben. Im Gegensatz zu Estland und Lettland mit hohen russischen Bevölkerungsanteilen hat Litauen wenige Integrationsprobleme. Litauer verlieren nicht ihre Staatsbürgerschaft, wenn sie die eines anderen Landes angenommen haben.

Religion und Kulte

Die überwiegende **Religionszugehörigkeit** der einzelnen ethnischen Gruppen ist im Kapitel „Bevölkerung" beschrieben.

Nach Jahrzehnten der Verfolgung und Entmündigung unter der Sowjet-Herrschaft gibt es wieder **Religionsfreiheit.** Viele Priester und Religiöse wurden damals nach Sibirien ins Arbeitslager deportiert oder ins Gefängnis gesteckt; das kirchliche Vermögen wurde beschlagnahmt, die Kirchen wurden geschlossen, teilweise auch als Werkstätten, Sporthallen, Kinos oder Museen für Atheismus missbraucht. Die Religion war ein bedeutendes Element der **Unabhängigkeitsbewegung,** und die Kirchen haben heute wieder regen Zulauf. Kirche und Staat sind getrennt, und in den Schulen wird Religion als Wahlfach angeboten. Die Kirchen leben meist nur von Spenden, da sie keine Steuern und staatlichen Zuwendungen erhalten. Es gibt einige Wallfahrtsorte (u.a. Aušros-Torkapelle in Vilnius, Berg der Kreuze bei Šiauliai, Žemaičiu Kalvarija), die von Pilgergruppen aufgesucht werden. Einige Reiseveranstalter und Reisebüros führen Pilgerreisen durch.

Christianisierung

Der erste Missionar im Baltikum, *Bischof Waitiekus* (Wentzel) aus Prag, wurde 997 von dem Stamm der Pruzzen getötet, als er einen heidnischen Göttern geweihten Wald betrat. Es dauerte noch volle 200 Jahre, bis Estland und Lettland christianisiert wurden. Das litauische Heidentum war sehr **tolerant.** Schon lange bevor Litauen im Jahr 1387 (die Žemaitija-Region sogar erst 1413) als **letztes europäisches Land** bekehrt wurde, gab es Kirchen, Kapellen, Moscheen und Tempel verschiedener Religionen. Auch danach wurden **heidnische Bräuche** beibehalten (s. Exkurs), während viele Kultorte zerstört wurden. Details zur Religionsgeschichte sind im Kapitel „Geschichte" erwähnt.

Auch heute noch findet man viele **Symbole des Paganismus,** darunter die Verehrung der Wälder (s. „Natur") und besonders der Eichen (u.a. in Stelmužė und Anykščiai), die Opferhügel, (wie der Birutė-Hügel in Palanga), Votivgaben (kleine Gliedmaßen aus Messing o.Ä.) die Sonnwendfeiern (s. Exkurs „Sonnwendfeier und magische Farnblüte") und die Motive in der Volkskunst. Sie sind Zeichen der **Symbiose im Glauben an Gott und die Natur.** Es gibt sogar wieder Anhänger der heidnischen Götter und Kulte, die sich in der **„Romuva-Bewegung"** zusammenschlossen (1967 gegründet, zurzeit etwa 300 Mitglieder, Gemeinden u.a. in Vilnius, Kaunas und im Ausland; Infos unter www.romuva.lt. Sie ist nach einem antiken Tempel benannt, der in Pravdinsk im heutigen Kaliningrader Gebiet stand).

231li Foto: gs

Religiöse Volkskunst

Eine alte Tradition ist das **Schnitzen** von großen Holzkreuzen, Christus- und Heiligenfiguren sowie kleinen Altären und Kapellpfählen, die dann an Weg- und Straßenrändern, Kreuzungen, Dorfplätzen, Friedhöfen etc. aufgestellt werden. Sie symbolisieren Hoffnung, drücken Glauben aus und ehren bedeutende Ereignisse wie Erntedankfeste. Sie sind mit den Riten des katholischen Glaubens verbunden. In ihnen spiegeln sich die christlichen und heidnischen Symbole wider. Als Erscheinung des nationalen Glaubens war diese Volkskunst zur Sowjetzeit zwar verboten, wurde aber immer wieder ausgeübt. Eine Besonderheit ist der geschnitzte „Schmerzensmann" *Rūpintojėlis*, eine trauernde (Christus-) Gestalt mit dem Kopf in seinen Händen, die an den Kapellpfählen oder Bildstöcken aufgestellt oder an Kreuzen angebracht wird. Er wurde während der Unterdrückung zum Symbol des Schicksals. Häufig sind auch *koplytstulpis*, geschnitzte Figuren unter einem schützenden Dächlein. Die meisten Kreuze findet man in der Region Žemaitija. Seit 2001 ist die Anfertigung von hölzernen und geschmiedeten Kreuzen von der UNESCO als **Weltkulturerbe** geschützt.

Religiöse Andenken am Berg der Kreuze in Šiauliai

Geschichte

Vorindoeuropäische Zeit

Bis 11.000 v. Chr. lag das gesamte Baltikum unter den Gletschern der Eiszeit. Als sie allmählich zurückgingen, drangen in der Altsteinzeit die **Rentierjäger** der späten Magdalénien- und der Swidry-Kultur in dieses Gebiet vor. Beide Kulturen begegneten sich im Bereich des heutigen Litauens. Zu Beginn der Mittleren Steinzeit (8000-4000 v. Chr.) erwärmte sich das Klima; die Mischwälder dehnten sich aus, in denen die Nomaden als **Jäger und Sammler** reichlich Nahrung fanden. Mit Beginn der Jungsteinzeit (um 4000 v. Chr.) stießen von Osten her **finno-ugrische Jäger und Fischer** ins Baltikum vor, wurden hier sesshaft und besiedelten nach und nach den gesamten Raum zwischen Ural und Ostsee.

Ankunft der Indoeuropäer

In der Zeit zwischen 4400 und 3000 v.Chr. fielen **indoeuropäische Reiternomaden** der Kurgan-Kultur aus dem Raum nördlich des Schwarzen Meeres in drei Wellen nach Westen ein. Die erste Welle betraf nur Südeuropa. Die zweite Welle (ab 3400 v. Chr.) bewirkte in Mitteleuropa das Entstehen der Kugelamphoren-Kultur, die sich zur Schnurkeramik-Kultur weiterentwickelte und auch eine Reihe baltischsprechender Völker erfasste. Sie waren Viehzüchter und bauten die ersten Hügelwehrburgen. Die dritte Welle schließlich verdrängte um 3000 v. Chr. diese Völker nach Nordwesten und in den ostbaltischen Raum, wo sie sich bis 2500 v. Chr. ausbreiteten, sesshaft wurden und die alteingesessenen Bewohner assimilierten. An der Ostsee bildete sich aus der Narva-Kultur die Haffküsten-Kultur heraus, deren Merkmale der späten Kugelamphoren- und der frühen Schnurkeramikkultur ähnelten.

Durch diese Vermischung entstand im Gebiet zwischen Germanen und Slawen die ethnisch eigenständige Volksgruppe der **indoeuropäischen Balten.** Sie sind die Vorfahren der heutigen Letten und Litauer und wurden dort um 2000 v. Chr. sesshaft. Ihre Erwerbsquelle war **Ackerbau** und **Viehzucht,** aber erst durch den Handel mit **Bernstein** gelangten sie zu Wohlstand (s. Exkurs „Bernstein – das Baltische Gold"). Tacitus berichtete, dass sie äußerlich den Germanen glichen. Die Bezeichnungen Balten bzw. Baltikum leiten sich von der sagenhaften Bernsteininsel **Baltia** ab, die griechische und römische Geographen der Antike in der Ostsee vermuteten. Letztere wurde ab dem 11. Jh. auch „Mare Balticum" (Baltisches Meer) genannt. Neben Bernstein waren auch Pelze, Felle, Honig, Flachs etc. als Tauschobjekte begehrt, die Balten erhielten dafür Waffen, Werkzeuge, Kupfer, Bronze etc. Weitere baltische Völker siedelten sich in der **Bronzezeit** um 1000 v. Chr. an, und es wurden Befestigungen auf Hügeln errichtet. In der **Eisenzeit** zwischen 700-450 v. Chr. hatten die Balten rege Handelsbeziehungen mit der in Europa verbreiteten **keltischen Hallstattkultur.** Als Folge des wirtschaftlichen Reichtums expandierten die Balten ihr Territorium von der Ostsee bis zur Wolga, bis im 6. Jh. n. Chr. **skandinavische** und **ostslawische Völker** ins Baltikum vordrangen.

Entstehung des litauischen Staates und die Kreuzritter

Die eigentliche „litauische" Geschichte beginnt etwa um 1000 n. Chr., als sich die meisten baltischen Staaten erfolgreich gegen die Herrschaft der **Kiever Rus** wehrten. Die wirtschaftliche und soziale Entwicklung wurde aber von ihr beeinflusst. Litauische Fürsten bekamen mehr Macht und brachten von ihren Beutezügen auch Leibeigene mit. **Erstmals schriftlich erwähnt** wurde der lateinische Name „Lituae" (Litauen) in den **Quedlinburger Annalen** von 1009. Es wird angenommen, dass der Name von dem Fluss *Lietava* (Lietanka) stammt, einem Nebenfluss der Neris. Zwischen 1238 und 1240 vereinigte Fürst *Mindaugas* (1238-63) die baltischen Kleinfürstenstämme (Litauer im Südosten, Jatwinger bzw. Suduven im Südwesten, Samogitier bzw. Žemaiten im Nordwesten, Aukštaiten im Osten und Kuren im Westen) zum **Großfürstentum Litauen.**

Diese Entwicklung wurde durch das Vordringen der **beiden deutschen Ritterorden** beschleunigt, die dem Beispiel des Papstes folgend Anfang des 13. Jh. ins Baltikum vorstießen, um es zu kolonisieren und zu christianisieren. Von Riga her versuchte der **Schwertritterorden** (auch Liwonsker Orden, Livländischer Orden oder Orden der Schwertbrüder bzw. Schwertträger) seinen Machtbereich auszudehnen, vom Gebiet der Pruszen her (heutiges Kaliningrader Gebiet) stießen die Ritter des **Deutschen Ordens** (auch Teutonischer Orden genannt) vor und versuchten, ihr Territorium entlang der Küste mit dem der Schwertritter zu vereinigen. Bis zu dieser Zeit hatten sich die einzelnen litauischen Fürstentümer gegenseitig bekämpft und es so den Kreuzrittern erleichtert, überhaupt erst Fuß zu fassen, indem sie sich mit ihnen gegen die jeweiligen Nachbarn verbündeten. Doch nur dadurch, dass die einzelnen Fürstentümer ihre Kräfte vereinigten, hatten sie eine Chance, den Rittern zu trotzen.

In der **„Schlacht von Saulė"** wurde das Heer der Schwertritter im Herbst 1236 vom litauischen Heer vernichtend geschlagen (Details bei „Šiauliai").

Die **Ordensritter** verstärkten dann ihre Bemühungen, Westlitauen (Žemaitija) zu erobern, um einen Korridor nach Livland zu erhalten.

Großfürst *Mindaugas* reagierte mit einem taktischen Schachzug, indem er 1251 den katholischen Glauben annahm, um dem Orden den Vorwand zu entziehen, zur Missionierung nach Litauen einzufallen. Außerdem trat er Teile von Žemaitija ab und ließ in Vilnius eine Kirche an der Stelle der heutigen Kathedrale bauen. Litauen war damit offiziell ein katholisches Land. Die Kurie des Papstes erklärte Mindaugas 1253 zum **König von Litauen** und übersandte ihm die Königskrone (der Krönungstag des ersten und einzigen König Litauens am 6. Juli ist heute ein Feiertag). Gekrönt wurde er in Kernavė. Da der Großteil der Bevölkerung sich aber weiterhin nicht taufen ließ, verheerten um 1256 die Ordensritter Klaipėda und die Žemaitija, ohne sich dort festsetzen zu können. 1260 unternahmen sie zusammen mit Ritterheeren aus verschiedenen Ländern und zwangsrekrutierten Baltenstämmen einen großen **Kreuzzug,** um Litauen endgültig zu unterwerfen. Bei **Durbė** (heute Lettland) erlitten sie am 13. Juli eine vernichtende Niederlage, und 1261 sagte sich Mindaugas vom katholischen Glauben wieder los, der Bau von Kirchen und Klöstern ging aber weiter. Doch nachdem der äußere Druck beseitigt war, kamen innere Konflikte zum Ausbruch. Einige Fürsten waren mit der Regierung Mindaugas' unzufrieden und ermordeten ihn und seine Familie im Jahre 1263. Unter Großfürst *Traidenis* (1269-82) wurde **Kernavė** dann zur **ersten Hauptstadt** Litauens. Nach einer Phase der Dezentralisierung übernahm *Vytenis* (1294-1316) die Macht und vollendete die Vereinigung der litauischen Gebiete zu einem einheitlichen Staat.

Gediminas und sein Geschlecht

Ihm folgte sein Bruder *Gediminas* (1316-1341), der 1316 seine Residenz nach Senieji-Trakai verlegte, bevor er 1323 die **Hauptstadt Vilnius** gründete (s. Exkurs „Die Legende vom Eisernen Wolf"). Unter seiner Herrschaft wurde das Großfürstentum nach Westen und Osten hin ausgedehnt, indem er Polen und Teile Russlands sowie Weißrusslands und der Ukraine durch Verträge und Heiratspolitik an sich band. Den Vormarsch der Ordensritter (der Deutsche Orden und der Schwertritterorden hatten sich 1328 zusammengeschlossen) konnte er stoppen, bevor er 1341 angeblich bei Veliuona starb. Nachdem sein Sohn *Jaunatis* 1345 von dessen Brüdern *Algirdas* und *Kestutis* entmachtet wurde, regierten diese zusammen bis 1377 (sie schlugen 1363 auch die Tataren in Südrussland vernichtend). Unter ihrer Herrschaft verdoppelte sich nahezu die Fläche des Reiches und reichte fast **bis zum Schwarzen Meer.**

Nach dem Tode *Algirdas'* im Jahre 1377 begann eine lange Zeit der inneren Wirren. Großfürst wurde zunächst *Algirdas'* Sohn *Jogaila (Jagiello)* 1381 gelangte *Algirdas'* Bruder *Kestutis* wieder an die Macht, bis ihn *Jogaila* 1382 ermorden ließ, um selbst wieder die Regierung zu übernehmen. Nun kämpfte *Kestutis'* Sohn *Vytautas* (zugleich *Jogailas* Vetter) darum, seinem Vater auf dem Thron zu folgen.

Das litauisch-polnische Doppelreich und das Ende der Ordensherrschaft

Während der Zeit der litauischen Expansion nach Osten hatten die Ordensritter die Gelegenheit genutzt, sich in Westlitauen festzusetzen, und in der zweiten Hälfte des 14. Jh. hatte Litauen zunehmend Schwierigkeiten, sich dem ständigen Andrang des erstarkten Ordens zu widersetzen. Da auch Polen von den Deutschrittern bedroht war, erschien es vorteilhaft, die beiden Reiche zu vereinigen. Polen hatte damals keinen König, und so bot man *Jogaila* an, die polnische Thronerbin *Jadwiga* zu heiraten. 1385 wurde in **Kreva** die **litauisch-polnische Personalunion** geschlossen. *Jogaila* wurde 1386 **König von Polen,** heiratete *Jadwiga* und versprach, das immer noch heidnische Litauen zu katholisieren, den Polen ihre verlorenen Gebiete zurückzuerobern und das ganze Großfürstentum Litauen an Polen anzugliedern. Jogaila alias König Wladislaw II. ließ sich dann auch taufen, und **Litauen** wurde schließlich 1387 als letztes europäisches Land **zum Christentum bekehrt,** die Žemaitija-Region sogar erst 1413 (s.u.). Er setzte seinen Günstling *Skirgaila* als litauischen Fürsten ein, was *Vytautas* so erboste, dass er sich mit den Ordensrittern verbündete und Trakai angriff. Erst 1392 verständigten sich *Jogaila* und *Vytautas* schließlich darauf, dass *Vytautas* von da an in Litauen regierte und dass Litauen nicht an Polen angegliedert wird. *Skirgaila* wurde dafür Herrscher über die heutige Ukraine. *Jogaila* überließ aber erst 1401 *Vytautas* die litauische Großfürstenwürde. Während seiner Herrschaftszeit bis 1430 wurde das Großfürstentum Litauen zu einem der **größten Staaten Europas.** Es reichte bis zum Schwarzen Meer und umfasste das heutige Weißrussland, den größten Teil der Ukraine und Gebiete West-Russlands (Smolensk) bis dicht vor Moskau. *Vytautas* war der bedeutendste litauische Herrscher. Sein Expansionsdrang wurde erst 1398 durch die Niederlage gegen die Tataren bei Kiew gestoppt. Um König zu werden, verbündete und trennte er sich mehrmals mit den Ordensrittern (!), und ließ sich sogar dreimal katholisch und einmal russisch-orthodox taufen. Ein Spielball war für ihn die Žemaitija, die er erstmals 1398 den Ordensrittern abtrat. Diese wurden zwar 1401 von deren Bewohnern vertrieben, aber das Spiel wiederholte sich 1404.

1409 vertrieb er den Orden dann selbst, und im Juli 1410 kam es zur großen **Schlacht bei Grunwald** nahe Tannenberg/Žalgiris im ehemaligen Ostpreußen und heutigen Polen (der Name **Žalgiris** steht heute für den Stolz der Litauer, und viele Produkte, Vereine etc. schmücken sich mit ihm), in der das litauisch-polnische Heer unter *Jogaila* und *Vytautas* dem Ordensheer eine Niederlage zufügte, von der es sich nie mehr erholen sollte. Nach dem Frieden von Thorn 1411 und einem weiteren Krieg (1422) erhielten die Litauer und Polen im **Vertrag von Melnosee** endgültig die Žemaitija zugesprochen, aber nicht das Memelland (bis auf Palanga, so dass Litauen Zugang zur Ostsee erhielt). Damit wurde der deutsche **„Drang nach Osten"** für die damalige Zeit endgültig gestoppt, und der Orden wurde zu einem polnischen Vasallen.

Vytautas wähnte sich 1429 am Ziel seiner Träume, als *Jogaila,* der Papst und der Kaiser von Luxemburg ihm die litauische Königskrone zugestanden. Das **Krönungsfest** wurde am 8. September 1430 in Trakai anberaumt, aber die Gesandtschaft des Kaisers wurde von polnischen Nationalisten abgefangen und die Krone eingeschmolzen. Eine Ersatzkrone wurde bestellt, aber der 80-jährige verstarb kurz darauf. Er wurde in der Kathedrale von Vilnius beigesetzt (der 8. September ist heute der „Gedenktag der Nation"). Danach regierten der Großfürst *Švitrigaila* und ab 1432 Fürst *Žygimantas.*

Rzeczpospolita und Reformation

1434 starb *Jogaila,* und sein Sohn *Kazimieras* (*Kasimir,* 1440-92) war nun wieder gleichzeitig König von Polen und Groß- fürst von Litauen. Er hatte mit *Elisabeth von Habsburg* 11 Kinder, von denen eine Tochter einen Hohenzollern heiratete. Er residierte in Polen und zeigte sich nur selten in Litauen. Der **litauische Hochadel** wurde zunehmend **polnisiert** (schon deshalb, weil der polnische Adel weit mehr Privilegien besaß), und so gewann Polen innerhalb der Union den Vorrang. Zudem war das Großfürstentum in den Kriegen gegen Russland (1495 und 1562) immer mehr auf Polen angewiesen.

Die **Hanse** betrieb von 1440 bis 1532 ein Kontor in Kaunas (s. Geschichtsteil von Kaunas). Unter Großfürst *Sigismund August* (1548-1572) wurde 1569 in der polnischen Stadt **Lublin** eine Union geschlossen, die Litauen und Polen zu **einem** Staat, der **Republik Rzeczpospolita,** verband, mit einem gemeinsamen König, gemeinsamem Senat und gemeinsamer Währung. Die litauische Souveränität war auf das eigene Heer und die eigene Verwaltung beschränkt. 1572 wurde **Polnisch** vorübergehend sogar die Amtssprache und Sprache im öffentlichen Leben. Fast ein Jahrhundert lang war diese Republik die dominierende Macht in Osteuropa.

Seit dem 15. Jh. hatte sich die Abhängigkeit der **Bauern** vom Adel ständig verstärkt, und sie waren zunehmend zu **Leibeigenen** geworden. Durch die Bodenreform von 1557 hatten sie jegliches Recht auf Grundbesitz verloren und wurden immer stärker ausgebeutet. Die **Kirche** jedoch profitierte davon und gehörte bald zu den größten Landbesitzern. Die meisten katholischen Geistlichen kamen

091li-Foto: gs

Großfürst Gediminas – Standbild in Vilnius

damals aus Polen. Die **Reformation** in der ersten Hälfte des 16. Jh. hatte großen Einfluss auf die Sprache und Kultur; so erschien 1547 das erste Buch auf Litauisch (s. „Sprache"). Als aber radikale Kalvinisten die Abschaffung der Leibeigenschaft und soziale Gleichheit forderten, hatten es die **Jesuiten** nicht schwer, angesichts dieser Bedrohung den Adel des Doppelreiches im Zuge der **Gegenreformation** für Rom zurück zu gewinnen. Die Jesuiten verbreiteten daraufhin den Katholizismus volksnah auf litauisch und gründeten in Vilnius 1570 ein **Kolleg** als Bastion der Gegenreformation, aus dem 1579 die **Universität** hervorging. Litauen wurde ein bedeutendes Zentrum der Religionsfreiheit, der Toleranz und des Liberalismus in Europa. Es ließen sich Angehörige verschiedener Nationalitäten und Religionen nieder.

Zerfall des Reiches

Im Laufe des 17. Jh. war der polnisch-litauische Staat in eine Reihe zermürbender **Kriege** gegen Schweden und das erstarkende Russland verwickelt, das nach und nach die slawischen Gebiete im Osten der Rzeczpospolita zurückeroberte. *Radvila,* der litauische Großhetman, unternahm 1655 dann den Versuch, die Union mit Polen aufzulösen, und unterschrieb den Vertrag von Kėdainiai mit dem schwedischen König. Aber 1655-61 hatte Litauen unter der **Besetzung durch Russland** besonders zu leiden. Auch durch **innere Konflikte** wurde das Reich weiter geschwächt. Der litauische Feudaladel kümmerte sich wenig um die Bedürfnisse der verarmten Bevölkerung. Hungersnöte und Epidemien brachen aus.

Von 1700 bis 1721 währte der **Nordische Krieg** zwischen Russland und Schweden um die baltischen Gebiete, der fast zehn Jahre lang größtenteils auf litauischem Boden tobte. Die Städte wurden mal von der einen, dann von der anderen Seite erobert und jedes Mal zerstört. Das Land wurde von **Pest** und **Hunger** heimgesucht, und mehr als ein Drittel der Bevölkerung starb. Mitte und Ende des 18. Jh. wurden in Vilnius viele Kirchen und Klöster gebaut, so dass es auch „Rom des Nordens" genannt wurde.

Als Folge innerer Konflikte kam es 1772 zur **Ersten Polnischen Teilung,** bei der Gebiete Polen-Litauens zwischen Russland, Preußen und Österreich aufgeteilt wurden. Bei der **Dritten Polnischen Teilung** nach dem Aufstand von 1795 wurden schließlich Litauen und Polen ganz aufgeteilt und **hörten auf, als Staat zu existieren.** Alle litauischen Gebiete nördlich und östlich des Nemunas fielen an Russland, und **Vilnius** war bis 1915 **Hauptstadt** des neuen **russischen Gouvernements.** Die litauischen Länder südwestlich des Nemunas fielen an Preußen.

Litauen als Teil des Russischen Reiches

Als Teil des zaristischen russischen Reiches öffneten sich für Litauen neue Märkte im Osten, und der **Handel** erlebte einen Aufschwung. Durch das europaweite Verbot des Jesuitenordens (bereits 1773) und einer Bildungsreform gelangten auch die **Wissenschaften** zu neuer Blüte. Die Lage der leibeigenen Bauern verbesserte sich aber nicht. 1799 wurde die russisch-orthodoxe Kirche zur offiziellen Glaubensrichtung des Landes erklärt, katholische Kirchen wurden in russisch-orthodoxe umgewandelt, Klöster wurden geschlossen oder fungierten als Militärbaracken (erst um 1915 erlangte die katholische Kirche ihren Status zurück).

1812 zog *Napoleon* auf seinem Marsch nach Moskau mit 600.000 Mann durch Litauen. Wenige Monate später kehrte er mit seinen geschlagenen Truppen (nur noch 40.000 Mann) zurück. 80.000 seiner Soldaten fanden in Litauen ihre letzte Ruhestätte.

Die Lasten des Wiederaufbaus, Forderungen nach Abschaffung der Leibeigenschaft und Unabhängigkeitsbestre- bungen führten zu **Aufständen** gegen die Zarenherrschaft (1825 und 1831), die aber niedergeschlagen wurden. **Unterdrückung** und **Russifizierung** verstärkten sich daraufhin. 1832 wurde die Universität von Vilnius geschlossen.

Die **Aufhebung der Leibeigenschaft** 1861 beschleunigte die Entwicklung kapitalistischer Verhältnisse. Wer Land besaß, gelangte zu Wohlstand; die landlosen Bauern jedoch verarmten zunehmend, wanderten in die Städte ab und bildeten dort ein Heer von Arbeitslosen. Viele von ihnen **emigrierten** daraufhin in die USA sowie nach Argentinien, Brasilien und Australien. Diese Umstände und auch o.a. Gründe führten 1863 zu einem erneuten **Aufstand,** der wiederum erfolglos war, der aber als **„Erwachen der litauischen Nation"** bezeichnet werden kann. Viele, darunter ein großer Teil der Intelligenzschicht, wurden getötet oder nach Sibirien **deportiert.** Ziel war nicht nur die Zerschlagung einer Nation und deren Führungsschicht, sondern auch der Bedarf an billigen Arbeitskräften in Sibirien. Außerdem wurden auch viele russische Beamten und Militärs mit dem Ziel der **totalen Kolonisation** angesiedelt, das ihnen dann durch das Fehlen der Intelligenzschicht leicht gemacht wurde. Andererseits konnte sich Vilnius zu einem Zentrum jüdischer Kultur entwickeln (s. Exkurs „Jerusalem des Nordens"). 1864-1904 waren **litauische Druckerzeugnisse verboten.** In dem unter deutscher Herrschaft stehenden Klein-Litauen (Memelland) und im Königsberger Gebiet wurden indessen viele litauische Bücher gedruckt und ins russisch beherrschte Litauen eingeschleust. **Litauisch** wurde zum **Dialekt** erklärt und deren öffentlicher Gebrauch untersagt.

In der zweiten Hälfte des 19. Jh. fanden **nationale Befreiungsbewegungen** wachsenden Zulauf, verbunden mit dem Ziel, die litauische Tradition, Kultur, Religion und Sprache wieder aufleben zu lassen. Ihre bekanntesten Führer waren:

- der Arzt *Jonas Basanavičius,* Mitherausgeber der ab 1883 in Tilsit erschienenen ersten litauischen Zeitung Aušra („Morgenröte") und Mitunterzeichner der Unabhängigkeitserklärung von 1918. Er ziert sogar den 50 Lt. Schein.

- der Gelehrte *Vincas Kudirka,* Herausgeber der Zeitung Varpas („Die Glocke"). Er hat auch die Nationalhymne getextet und komponiert (s. Exkurs „Staatssymbole"). Er ist auf der 500 Lt. Note abgebildet. Sein Gedenkmuseum steht in Paežeriai.
- der Jurist *Antanas Smetona,* Mitherausgeber der Zeitungen „Viliaus & Žinios" und Viltis („Hoffnung") und späterer Präsident.

Durch die Industrialisierung im 19. Jh. bildete sich eine verarmte Arbeiterschicht, die für sozialrevolutionäre Ideen offen war. 1896 wurde die Litauische Sozialdemokratische Partei gegründet. Die bürgerliche Revolution von 1905 in Russland wurde auch in Litauen unterstützt, und ihre brutale Niederschlagung gab der nationalen Bewegung weiteren Auftrieb. 1905 erhielt Litauen dann einen **eigenen Landtag** und eigene Bildungseinrichtungen sowie eine Vertretung im russischen Parlament, der Duma.

233li Foto: gs

Unabhängigkeitsdenkmal

Die erste Unabhängigkeit

Während des **Ersten Weltkriegs** war Litauen 1915-1918 von der **deutschen Armee** als Land **„Ober-Ost"** besetzt. Nach der russischen **Oktoberrevolution von 1917,** als die Bolschewiken damit beschäftigt waren, ihre Macht im Kernland zu festigen, kam für Litauen die historische Chance, seine staatliche Selbstbestimmung zu erreichen. Am 11. Dezember 1917 wählten nach Unabhängigkeit strebende Politiker und Intellektuelle mit Billigung der deutschen Besatzungsmacht in Vilnius den **Litauischen Rat** *(Lietuvos Taryba)* unter dem Vorsitz von *A. Smetona* (s.o.), der am 16. Februar 1918 in Vilnius vorläufig die **Unabhängigkeit** ausrief (dieser Tag ist heute ein gesetzlicher Feiertag). Am 11. Juli proklamierte zwar der Taryba nach einem Vorschlag des deutschen Zentrumpolitikers *Matthias Erzberger* den schwäbischen Herzog von Urach zum König *Mindaugas II.,* was aber nicht mehr als eine Gefälligkeit gegenüber den deutschen Machthabern war, die dann im November auch die Kriegsschuld hinnehmen mussten. Die Lage war weiter instabil, und im Dezember 1918 fand auch in Vilnius der Erste Parteikongress der litauischen Kommunisten statt und bildete die Provisorische Revolutionäre Arbeiter-und-Bauern-Regierung unter Führung von *Vincas Kapsukas,* die die litauisch-weißrussische Sowjetrepublik Litbel forderte. Die neue litauische **Flagge** (s. Exkurs „Staatssymbole") wurde am 1. Januar 1919 in Vilnius auf dem Gediminas-Berg gehisst (heute ein Gedenktag). Die Sowjetregierung verzichtete im **Frieden von Brest-Litowsk** zwar auf alle Ansprüche, ließ dann aber doch wieder die Rote Armee in Vilnius einmarschieren. Daraufhin siedelte die Regierung nach **Kaunas** über. Smetona wurde dann am 4. April zum **ersten Präsidenten Litauens** gewählt.

Von 1919 bis 1920 dauerte der litauische **Unabhängigkeitskrieg** gegen die Rote Armee in den von Kapsukas besetzten Gebieten, gegen die Armee Polens, das das Vilniusgebiet beanspruchte, und gegen die Bermondt-Armee (russische und deutsche Einheiten unter deutschem Oberbefehl). Die **deutschen Soldaten** verließen Litauen erst im Juli 1919. Nachdem die Rote Armee vertrieben war, erkannte die Sowjetregierung 1920 die **Souveränität Litauens** an. Kurz darauf trat Smetona wegen der Landreform zurück. Vilnius und die umliegenden Gebiete wurden am 9. Oktober 1920 von **Polen besetzt**. Kaunas wurde von 1920 bis 1939 **provisorische Hauptstadt.** 1921 wurde Litauen Mitglied des Völkerbundes. Im Zuge der angeheizten nationalistischen Stimmung annektierten Freischärler später das **Memelgebiet** (s. Geschichtsteil von Klaipėda). Nachfolger von Smetona wurde *Alexander Stulginkis,* der 1926 von *Grinius Kazys* abgewählt wurde. Dessen Politik war jedoch propolnisch, so dass es im Dezember 1926 zu einem **Militärputsch** der nationalistischen Partei unter Ministerpräsident *Voldemaras* kam, der alle Parteien außer seiner Einheitspartei „Tautininkai" verbot und Smetona wieder als alten und neuen Präsidenten einsetzen ließ. Er selbst wurde Smetona jedoch zu radikal, so dass er ihn 1929 absetzen ließ. Von da an regierte Smetona als diktatorischer „Führer des Volkes" *(Tauto vadas).* Nach der Weltwirtschaftskrise und **zunehmender Armut** emigrierten viele in den Westen. 1934 schlossen sich die baltischen Staaten zur „Baltischen Entente" zusammen. Am 23. März 1939 musste er unter Hitlers Drohungen **die Abtretung des Memelgebietes** an das Deutsche Reich akzeptieren.

Der Hitler-Stalin-Pakt

Das weitere Schicksal Litauens wurde am 28. September 1939 durch das **geheime Zusatzprotokoll** zu dem am 23. August geschlossenen **Nichtangriffspakt** zwischen *Hitler* und *Stalin* besiegelt. In diesem auch als „Molotow-Ribbentrop-Pakt" bezeichneten Abkommen wurde Litauen – und das gesamte Baltikum – als Interessengebiet der UdSSR zugesprochen und Hitler der Weg zur Unterwerfung Polens geebnet (heute ein Gedenktag). Als Gegenleistung wurden die Deutschen **„heim ins Reich"** geholt, die der Aufforderung nach erfolgter Entschädigung auch fast widerspruchslos entsprachen. Sie dienten Hitler als Schachfiguren, um sich Stalin als vertrauenswürdig zu erweisen und um die Sowjetunion dann um so überraschender überfallen zu können.

Am 10. Oktober 1939, nach der Besetzung Polens durch Deutschland und der Sowjetunion, erhielt Litauen zwar das Vilniusgebiet mit Vilnius als Hauptstadt zurück, musste aber vorher einen **Beistandspakt** abschließen, durch den die Rote Armee das Recht erhielt, in ganz Litauen Stützpunkte zu errichten. Dieser Pakt wurde Litauen nach der sturmartigen Besetzung von Vilnius durch die Rote Armee am 17. September regelrecht aufgezwungen. Am 28. Oktober marschierten dann litauische Truppen in Vilnius ein. Aber am 15. Juni 1940 kamen 150.000 Soldaten der Roten Armee angerückt. Die Regierung trat zurück und Smetona floh in die USA. Am 21. Juli bat eine von Moskau an die Macht gebrachte **Marionettenregierung** um Aufnahme in die UdSSR, womit die **Unabhängigkeit** Litauens **beendet** war.

Am 3. August 1940 wurde Litauen offiziell eine **Sozialistische Sowjetrepublik der UdSSR,** und die litauische Wirtschaft und Kultur wurden sowjetisiert. Während der ersten Welle der **Massendeportationen** verschleppten die Sowjets im Juni 1941 rund 18.500 Litauer ohne jede Gerichtsverhandlung nach Sibirien; 3600 wurden ins Gefängnis gesteckt. Betroffen waren vor allem Regierungsvertreter, Beamte und Intellektuelle. Die Gründe waren die gleichen wie bei der Verschleppung von 1863 (s.o.). Die Zwangsarbeit dauerte meist 10-20 Jahre, zum Teil auch lebenslänglich. Die Transporte in den Viehwaggons auf Schienen oder Rädern ohne jegliche Hygiene dauerten rund vier Wochen. Sie endeten am 22. Juni, dem sogenannten **„Barbarossa-Tag",** dem Tag des Überfalls der Deutschen auf die Sowjetunion, an dem sich die Litauer dann gegen die russischen Besetzer erhoben und eine **provisorische Regierung** ausriefen. Der 14. Juni ist heute ein Gedenktag für die Deportierten.

234li Foto: gs

Zweiter Weltkrieg und Sowjetzeit

Im Juni/Juli 1941 besetzte die deutsche Wehrmacht auch die baltischen Sowjetrepubliken unter der Bezeichnung **„Ostland“.** Die provisorische Regierung Litauens musste kurz nach dem Einmarsch abdanken. Aufkeimende Hoffnungen auf eine Wiederherstellung der Unabhängigkeit verflogen jedoch rasch. Etwa 45.000 Litauer leisteten sogar Dienst in der deutschen Armee oder für die **Sicherheitspolizei** Saugumas. Unter ihrer Mithilfe wurden während der Nazi-Okkupation ca. 200.000 Juden ermordet (s. Exkurs „Jerusalem des Nordens“). Kämpfer für die Unabhängigkeit und Kommunisten gründeten Widerstandsbewegungen, und auch sowjetische Partisanen kämpften auf litauischem Gebiet.

Von Mitte 1944 bis Januar 1945 wurde Litauen unter schweren Kämpfen und großen Zerstörungen von der deutschen Besetzung befreit, zugleich wieder von der Roten Armee besetzt und schon ab 7. Juli 1944 sukzessive wieder in die **Sowjetunion eingegliedert.** Viele Litauer flohen in den Westen. Es folgten Unterdrückung, weitere **Massen-Deportationen** nach Sibirien und neue Maßnahmen der **Sowjetisierung.**

Insgesamt wurden 1944-53 über 120.000 Litauer deportiert (vgl. 1941). Die Gesamtzahl der Getöteten, Deportierten und politischen Gefangenen wird auf annähernd 360.000 geschätzt. Am Untergrundkampf für die Unabhängigkeit bis 1953 waren etwa 40.000 so genannte **„Waldbrüder“** beteiligt, von denen drei Viertel umkamen.

1949-52 wurde eine **Zwangskollektivierung** der Landwirtschaft durchgeführt. Während der gesamten Sowjetzeit wurden systematisch **Russen** angesiedelt. Gleichzeitig lief eine neue **Emigrationswelle** mit rund 100.000 Menschen; außerdem mussten viele litauische Polen in ihr Vaterland zurück (s. Exkurs „Das polnische Problem“). Der Lebensstandard war zwar im Vergleich zu den anderen Sowjetrepubliken am höchsten, ging aber oft zu Lasten der Umwelt (s. „Umweltschutz“).

Russisch wurde zur Amts- und ersten Unterrichtssprache und dominierte auch die Medien und Kultur.

Das **kirchliche Leben,** bisher ein wichtiger Kristallisationspunkt nationaler Identität, wurde ebenfalls stark eingeschränkt (s. „Religion und Kulte“).

Am 14.5.72 verbrannte sich der Student *Romas Kalanta* in Kaunas, um gegen das Sowjetsystem zu protestieren.

Erste **Widerstände** breiter Schichten standen im Zusammenhang mit der Umweltbewegung und dem Kampf gegen das AKW in Visaginas (1986).

Sozialistische „Helden“ auf der Grünen Brücke in Vilnius

Die Wiederherstellung der Unabhängigkeit und die Zeit danach

Mit der Ära *Gorbatschow* kam dann die Wende. Am 23. August 1987 (dem Datum des Hitler-Stalin-Pakts) versammelten sich in Vilnius 3000 Menschen zu den ersten **Demonstrationen.** Am 3. Juni 1988 wurde die Litauische **Reformbewegung** *Sajūdis* unter Vorsitz des Musikdozenten *Vytautas Landsbergis* gegründet, die am 23. August in Vilnius aus Protest gegen o.a. Pakt etwa 250.000, und vom 16.-18. September aus Protest gegen den geplanten Bau des dritten Atomreaktors in Visaginas ca. 15.000 Demonstranten als Menschenkette rund um das AKW organisierte. Zum ersten Mal seit 1940 wurden am 7. Oktober in Vilnius wieder die Nationalflagge gehisst bzw. am 24. Dezember das Weihnachtsfest öffentlich gefeiert. Am 26. Januar 1989 wurde **Litauisch** wieder **Amtssprache,** am 16. Februar offiziell des Unabhängigkeitstages gedacht, und am 25. März gewann Sajūdis sogar die Mehrheit der litauischen Sitze im sowjetischen Volksdeputiertenkongress.

Am 18. Mai wurde die **Souveränitätserklärung** verabschiedet, die u.a. die wirtschaftliche Eigenständigkeit und die Loslösung von der Moskauer Uhrzeit beinhaltete. Gegen den 50. Jahrestag des o.a. Pakts am 23. August demonstrierte eine 2 Mio. umfassende **Menschenkette,** die 650 km lang von Vilnius bis Tallinn in Estland reichte. Die „baltische Kette" war die erste gemeinsame Tat der drei Völker von historischem Ausmaß. Der friedliche Aufstand bis zum Tag der Unabhängigkeit wird auch „singende Revolution" genannt, da viele Menschen u.a. bei Liederfesten ihren gemeinsamen Freiheitswillen manifestierten.

Im November gewährte Moskau die **wirtschaftliche Autonomie,** trotzdem löste sich am 20. Dezember die kommunistische Partei Litauens unter Vorsitz von *Brazauskas* (s.u.) von der KPdSU, während andere Parteien legalisiert wurden. Im Januar 1990 wurde **Gorbatschow** in Vilnius von rund 300.000 begeisterten Menschen empfangen. *Sajūdis* gewann am 4. März die Wahlen zum Obersten Rat Litauens, der dann *Landsbergis* zum Parlamentspräsidenten wählte und die **Verfassung** von 1920 wieder in Kraft setzte. Als oberster Politiker der ersten freien Republik der Sowjetunion proklamierte Landsbergis am 11. März die **Wiedererrichtung des unabhängigen Litauen** (heute ein Gedenktag).

Am 15. März erklärte Moskau jedoch alle neuen Gesetze Litauens für ungültig. Da am 17. April eine **Wirtschaftblockade** verhängt wurde, kam es zu Versorgungsengpässen, Inflation in astronomischer Höhe und Massenarbeitslosigkeit. Das Parlament setzte daraufhin am 29. Juni die Unabhängigkeit für 100 Tage aus, um neue Verhandlungen zu erreichen. Die Lage entspannte sich daraufhin. Im Oktober wurden litauische Grenzposten

Das litauische Parlament in Vilnius

aufgestellt. Am 13. Januar 1991 besetzten **Spezialtruppen** des sowjetischen Innenministeriums die Studios der Radiosender und den Fernsehturm von Vilnius, wobei 14 unbewaffnete Verteidiger getötet wurden (heute ein Gedenktag). Der oberste Rat Litauens beschloss am 18. Januar ein **Referendum über die Unabhängigkeit** durchzuführen, das am 9. Februar von rund 80 % der Bevölkerung befürwortet wurde. Gorbatschow lehnte dies jedoch ab. Trotzdem erkannte **Island** als erster Staat am 12. Februar den unabhängigen Staat Litauen an. Am 31. Juli wurden 7 Grenzsoldaten bei Medininkai von russischen Truppen getötet (s. Antakalnio-Friedhof in Vilnius). Aber erst der gescheiterte **Putsch in Moskau** am 21. August 1991 brachte schließlich den endgültigen Durchbruch für die Unabhängigkeit. Die sowjetischen Truppen zogen sich aus den besetzten Gebäuden zurück und die Einwohner von Vilnius stürzten die Lenin-Statue auf dem Lukiškių-Platz.

Heute ist Vilnius wieder die Hauptstadt der **freien Republik Litauen,** die am 6. September 1991 auch von Moskau anerkannt wurde (Deutschland hatte schon am 27. August eine Botschaft eingerichtet).

Im September 1991 wurden die drei baltischen Staaten wieder in die **UNO** aufgenommen; bei der **Winterolympiade** im Februar 1992 trat Litauen erstmals seit 1928 als Mannschaft auf.

Bei den **Parlamentswahlen 1992** erhielt die Litauische Demokratische Arbeiterpartei LDDP des früheren KP-

235li Foto: gs

Staatssymbole

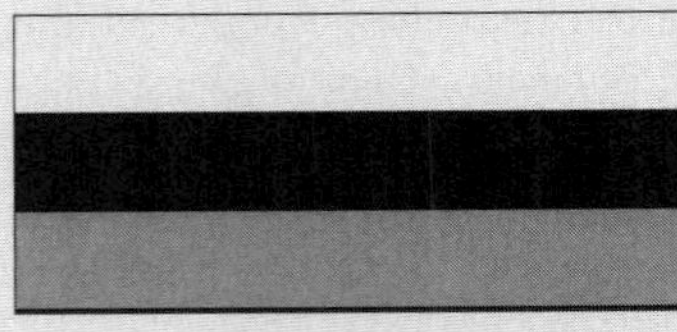

● Die **historische Staatsflagge** war rot mit dem Wappen Vytis auf der einen und der Heiligen Jungfrau auf der anderen Seite. Die **heutige Flagge** in den Farben **gelb-grün-rot** entstand erst 1917, als sich der vom Litauischen Rat gebildete dreiköpfige Ausschuss unter *J. Basanavičius* (s.o.), dem Künstler *A. Žmuidzinavius* (s. Exkurs zu Teufelsmuseum in Kaunas) und dem Ethnographen *T. Daugirdas* für die drei Farben entschieden, die am häufigsten in litauischen Geweben vorkommen. Nach der **Unabhängigkeitserklärung** wurde sie erstmals am 1.1.1919 auf dem Burgberg in Vilnius gehisst, wo sie aber nicht lange wehen durfte. Erst am 18. November 1988 wurde sie auf Drängen demokratischer Kräfte wieder anerkannt, nachdem sie schon am 7. Oktober in Vilnius erstmals gehisst worden war. Am 1. Januar wird außer dem Neujahr auch der Tag der Nationalflagge gefeiert.

Die drei Farben sollen eine Verbindung der edelsten geistigen Werte, der Charakterzüge des litauischen Volkes und der Schönheit des Landes symbolisieren.

Gelb steht für die Sonne, das Symbol von Licht und Wohlergehen.

Grün versinnbildlicht die Schönheit der Natur sowie die Hoffnung und die Freude.

Rot als Farbe des Blutes, des Lebens und der Erde und symbolisiert Mut und die Opfer der Litauer im Kampf um ihre Freiheit.

● Das litauische **Wappen** ist eines der ältesten staatlichen Wappen Europas. Es zeigt auf rotem Hintergrund den Litauischen Reiter, einen silbernen Panzerreiter mit erhobenem Schwert und einem blauen Schild, der das goldene Doppelkreuz trägt. Es stellt einen litauischen Fürsten dar, der seine Heimat verteidigt.

Erstmals erscheint dieser Reiter 1366 auf einem Siegel des Großfürsten *Algirdas*. Dessen Sohn, *Jogaila*, heraldisierte den Reiter 1386, und unter *Vytautas* wurde das Reiterbild 1392 zum Wappen des von ihm gegründeten Großfürstentums. Von den Zaren 1795 verboten, wieder eingesetzt 1918, nach der sowjetischen Okkupation 1940 erneut verboten, ist das Wappen seit dem 1. März 1990 wieder in Kraft und Zeichen dafür, dass das heutige Litauen die historischen Staatstraditionen fortsetzt.

- Ein weiteres Staatssymbol sind die **Gediminas-Säulen.** 1397 Siegel des Großfürsten Vytautas, heute Symbol für die kulturelle Wiedergeburt Litauens und für die frühere Unabhängigkeitsbewegung Sajūdis.
- Die **Nationalhymne** *(Tautinė giesmė)* mit dem Titel „Litauen – Du unser Vaterland" wird oft auch als „Nationalgesang" bezeichnet. Text und Musik stammen von *Vincas Kudirka* (s. „Geschichte"). Sie wurde 1898 veröffentlicht und 1905 erstmalig öffentlich gespielt. Seit 1918 ist sie die offizielle Hymne der Republik Litauen. Nach der Sowjet-Okkupation wurde sie verboten. Gleichzeitig mit der Flagge ist sie 1988 wiederbelebt worden. Sie wird vor allem am 1. Januar sowie am 16. Februar öffentlich gespielt (s. „Feiertage und Feste") und kann unter www.litauen.com abgespielt werden.

Chefs *Algirdas Brazauskas* (Wende-Kommunisten) knapp 45 % der Stimmen und stellte mit den Sozialdemokraten die Regierung. Durch eine Volksabstimmung bestätigt, trat dann die am 25. Oktober beschlossene **Verfassung** (heute ein Gedenktag) am 2.11.1992 in Kraft, und am 14.2.1993 wurde der erste **Präsident** seit dem 2. Weltkrieg gewählt. Brazauskas gewann auch diese Wahl.

Am 14.5.1993 wurde Litauen Mitglied des **Europarates.** Am 25.6.1993 wurde die **eigene Währung** *(Litas)* eingeführt, der letzte russische Soldat verließ am 31. August das Land.

Am 27.1.1994 schloss sich Litauen dem NATO-Programm „Partnerschaft für den Frieden" an. Zur Unterzeichnung eines **Assozierungsabkommens** mit der EU kam es am 12.6.1995.

Der frühere Unabhängigkeitskämpfer *Landsbergis* wurde 1996 zum **Parlamentspräsidenten,** nachdem er als Vorsitzender der konservativen Vaterlandspartei eine Koalition mit den Christdemokraten bildete. Aber *Valdas Adamkus,* der 1944 geflohen und nach kurzem Studium in München nach Chicago übergesiedelt war, wo er an der litauischen Exilbewegung teilnahm, gewann im Februar 1998 die Präsidentenwahl. Auf Druck der EU schaffte das Oberste Gericht im Dezember die **Todesstrafe** ab. Im August wurden rund 10.000 frühere **KGB-Kollaborateure** aufgefordert, sich zu melden, um nicht öffentlich denunziert zu werden. Die **Parlamentswahlen** im Oktober 1998 brachten den totalen Einbruch der Konservativen und die Wiederkehr einer Mitte-Linksregierung unter *Paksas* als Vorsitzender der Liberalen Union. Er trat aber im Juli 2001 zurück und wurde durch den sozialdemokratischen Ex-Präsidenten *Brazauskas* ersetzt.

Aktuelle Politik

Seit 2002 ist der Litas an den **Euro** gekoppelt. Im Januar 2003 wurde der bisherige Präsident *Adamkus* bei Stichwahlen überraschend von seinem Herausforderer *Paksas* geschlagen, weil er aus Siegessicherheit auf einen Wahlkampf verzichtete.

Beim Referendum am 11. Mai 2003 stimmten 91 % der Wähler für einen EU-Beitritt. Am 29. März 2004 wurde

Litauen **Mitglied der NATO** (das Heer umfasst 9700 Soldaten, eine kleine Luftwaffe und einige Schiffe; im Irak sind derzeit rund 100 Soldaten stationiert, viele davon freiwillig). Am 1. Mai 2004 wurde Litauen **Mitglied der EU.** Am 6. Mai wurde Präsident *Paksas* nach monatelangen Auseinandersetzungen wegen Verletzung des Amtseids, Amtsmissbrauchs und Begünstigung durch ein Amtsenthebungsverfahren abgesetzt, dem ersten Litauens und sogar der neuen europäischen Geschichte. Am 27. Juni 2004 gewann *Adamkus* gegen die frühere Premierministerin *Prunskienė* die Stichwahl der Präsidentenwahl.

Sowohl bei der Wahl des Europaparlaments am 13. Juni 2004 als auch bei der Parlamentswahl im Oktober wurde die **neue Arbeitspartei** unter Vorsitz des russischstämmigen Millionärs und Konservenmagnaten *Uspaskich* mit rund 30 % stärkste Partei. Die bisherige Koalition der Sozialdemokraten und Sozialliberalen verlor zwar 30 %, stellt aber mit Premierminister *Brazauskas* erneut die Regierung in einer Koalition mit der Arbeits- und der Bauernpartei mit 80 von 141 Sitzen. Brazauskas regiert nun seit 2001, ein Rekord, zumal er seit 1991 bereits der 12. Premierminister ist.

Am 11. November 2004 ratifizierte das Parlament als erstes der EU-Mitgliedsstaaten die **EU-Verfassung.** Einer der zwei Reaktoren des **AKW Visaginas** wurde am 31.12.2004 vom Netz genommen.

Im Gegensatz zur lettischen Präsidentin boykottierten Präsident *Adamkus* und sein estnischer Amtskollege die Moskauer Feierlichkeiten zum 60. Jahrestag des Zweiten Weltkriegs am 9.5.2005. Damit protestierten sie dagegen, dass Russland die Einverleibung des Baltikums zu Kriegsende bisher nicht offiziell als unrechtmäßig anerkannt hat. Am 29.6.2005 musste Wirtschaftsminister *Uspaskich* wegen Amtsmissbrauchs zurücktreten.

Mit der **Einführung des Euro** und dem Beitritt zu den Schengen-Staaten wird frühestens 2007 gerechnet.

Hochzeit und Scheidung auf Litauisch

Überall in Litauen begegnet man samstagmittags ganzen Paraden von Brautpaaren, oft bis zu 50 in einer Stadt. Sie versammeln sich vor den Hochzeitspalästen, bevor sie sich, meist in einer Kirche, trauen lassen. Die Hochzeitsgäste warten ungeduldig mit Blumen, Geschenken und Champagner auf die frisch Vermählten, bevor diese in einem blumengeschmückten Auto herumkutschiert werden. Der Brauch verlangt, dass sich die Paare nach der Trauung vor allen Monumenten von nationaler Bedeutung fotografieren lassen – auch hierbei begegnet man ihnen als Tourist immer wieder. Die Feierlichkeiten dauern meist drei Tage.

Kurioserweise hat Litauen eine der höchsten Scheidungs- und Wiederverheiratungsraten weltweit. Die Scheidungsrate beträgt 3,2 pro 1000 Einwohner. Um dies nicht so offen zutage treten zu lassen, müssen in den Hochzeitspalästen Braut- und Scheidungspaare verschiedene Türen benutzen.

Staat und Verwaltung

Die **Republik** Litauen ist ein unabhängiger **demokratischer** Staat. Die Staatsgewalt liegt beim Volk, das das **Parlament** *(Sejmas)* alle vier Jahre wählt; es hat 141 Abgeordnete (Infos unter www.lrs.lt bzw. www.seimas.lt). Es wählt den **Parlamentspräsidenten** und ernennt auf Vorschlag des Staatspräsidenten den **Premierminister** und auf Vorschlag des Premierministers wiederum die übrigen Mitglieder der **Regierung.** Diese ist dem Parlament verantwortlich, das auch die Mitglieder des Obersten Gerichtshofes wählt (Infos unter www.lrvk.lt).

Der **Präsident** ist Staatsoberhaupt und wird alle fünf Jahre direkt vom Volk gewählt. Er bestimmt den außenpolitischen Kurs und darf das Parlament auflösen, den Premierminister absetzen und Neuwahlen ausschreiben (Infos unter www.president.lt). Das **Wahlrecht** haben Bürger ab dem 18. Lebensjahr.

Verwaltungsgliederung

Es gibt zehn Verwaltungsbezirke *(apskritis)* mit je einer Bezirksstadt als Verwaltungszentrum. Diese sind in 52 Landkreise *(rajon)* untergliedert. Es gibt 92 Städte. 1945 gab es noch mehr als 25.000 Dörfer, von denen über 6000 im Rahmen der Landkollektivierung aufgegeben wurden.

Wirtschaft

Seit der Unabhängigkeit hat sich Litauen relativ schnell durch Privatisierungen (ca. 80 % des Bruttosozialprodukts werden in der Privatwirtschaft erbracht) bzw. durch die **Liberalisierung** des Kapitalmarkts und Handels der freien Marktwirtschaft angepasst. 2000 erfolgte der **Beitritt zur WTO.** Mit dem EU-Beitritt 2004 hat Litauen dann sein großes Ziel erreicht. Mit rund **5-9 % Wirtschaftswachstum** in den letzten und voraussichtlich auch in den nächsten Jahren ist Litauens Wirtschaft eine der am schnellsten wachsenden Volkswirtschaften Europas und wird mittlerweile zusammen mit Estland und Lettland als „Baltischer Tiger" bezeichnet.

Im Dienstleistungsbereich (u.a. im Tourismus) arbeiten 56 % der Beschäftigten, in der Industrie 27 %. Litauen gilt als **Drehscheibe zwischen Ost und West** und konnte hohe ausländische Investitionen anlocken, u.a. aus Deutschland. Viele **internationale Firmen** lassen ihre Produkte jetzt in Litauen fertigen, z.T. von Zulieferfirmen. Gründe hierfür sind Niedrigsteuersätze (ca. 13 %), Billiglöhne, flexible Arbeitszeiten, Währungsstabilität, Rechtssicherheit und freier Zugang zum europäischen Markt. 2004 wurde die **Deutsch-Baltische Handelskammer** gegründet (www. ahk-balt.org).

Schattenseiten sind das immer noch riesige Gefälle beim Pro-Kopf-Einkommen (es beträgt nur 38 % des EU-Durchschnitts), Defizite bei den ökologischen und sozialen Standards bzw.

der Infrastruktur sowie die **Arbeitslosigkeit** mit ca. 9 %. Da diese auf dem Lande noch höher liegt, die Löhne aber niedriger sind als in den Großstädten, ziehen viele Jüngeren in die Städte, so dass ein noch größeres **Wohlstandsgefälle** zwischen Stadt und Land entsteht. Viele setzen aber weiterhin große Hoffnungen in den **Tourismus,** der in den letzten Jahren zweistellige Zuwachsraten zu verzeichnen hatte und bei dem ein Ende des Booms nicht abzusehen ist.

Litauen war bis zur Unabhängigkeit ein industrialisierter Agrarstaat. Heute erbringt die **Land- und Forstwirtschaft** nur noch 11 % des Bruttosozialprodukts, stellt aber 17 % aller Arbeitstätigen. Die Effektivität der landwirtschaftlichen Nutzung wird noch durch den Mangel an technischen Geräten erschwert. Zwangsläufig ist deshalb auch der **Import von Lebensmitteln** notwendig. Wichtigste Zweige der Landwirtschaft sind Getreide-, Zuckerrüben- und Kartoffelanbau, Milchproduktion sowie Rinder-, Geflügel- und Schweinezucht.

Aufgrund der Aufnahme in die EU stehen noch tiefgreifende Reformen an (Umsetzung der Quotenregelung, Verwendung der Subventionen, Übergangsregelungen etc.). 95 % der traditionellen Bauernhöfe sind kleiner als 10 ha und zu klein, um im harten **Konkurrenzkampf innerhalb der EU** bestehen zu können. Subventionen werden wohl nur diejenigen Landwirte er-

236li Foto: gs

halten, die auf leistungsfähige Betriebe umstellen. Infos u.a. beim Agrarministerium unter www. zum.lt.

Die **Industrie** beschränkt sich in dem an Bodenschätzen armen Land weitgehend auf den verarbeitenden Bereich. Wichtige Zweige sind Maschinenbau und Metallverarbeitung (Präzisionsgeräte, landwirtschaftliche Maschinen, Haushalts- und Elektrogeräte, Schiffbau, Ersatzteile, Fahrräder), Leichtindustrie (Textil- und Schuhindustrie), Petrochemie, Nahrungsmittelindustrie, Segelflugzeugbau und Holzverarbeitung.

83 % der **Exporte** gehen in Gebiete außerhalb der ehemaligen Sowjetunion, davon rund 60 % in andere EU-Länder. Russland ist vor Deutschland der größte Warenlieferant. Russische Mineralölprodukte sind sowohl das wichtigste Importgut als auch, veredelt in der Raffinerie von Mažeikiai und ausgeliefert aus dem Ölhafen Butingė, die wichtigste Exportware. Die Petrodollars werden über Schweizer Banken verbucht, so dass die Schweiz als größter Exportmarkt (12 %) noch vor Russland (10 %) und Deutschland (9,9 %) erscheint.

Seine **Energie** gewinnt das Land aus mehreren Heizkraftwerken bei Vilnius und dem Wasserkraftwerk bei Kaunas, aber größtenteils noch aus dem Kernkraftwerk in Visaginas. Im gesamten Energiesektor (Öl, Gas und Kohle) ist Litauen weiterhin stark auf russische Lieferungen angewiesen. 2009 wird auch der zweite Reaktor des AKW Ignalina abgeschaltet, so dass Litauen auf andere Stromquellen angewiesen ist. Umweltfreundliche Energieträger wie Windkraftwerke machen nur 3,5 % aus, sie sollen ab 2009 auf 7 % steigen (s. „Umweltschutz“).

Weitere Infos über Wirtschaft unter www.amb.urm.lt, www.lda.lt, www. dlw.lt, allgemeine Infos und Statistiken beim Statistischen Bundesamt unter www. destatis.de und www.eu-datashop.de. Zum Euro, zu Preisen und Löhnen s. Kapitel „Rund ums Geld“.

Der wirtschaftliche Umbruch manifestiert sich auch auf der Straße

016li-Foto: gs

Vilnius und der Südosten

232li-Foto: gs

088li-Foto: gs

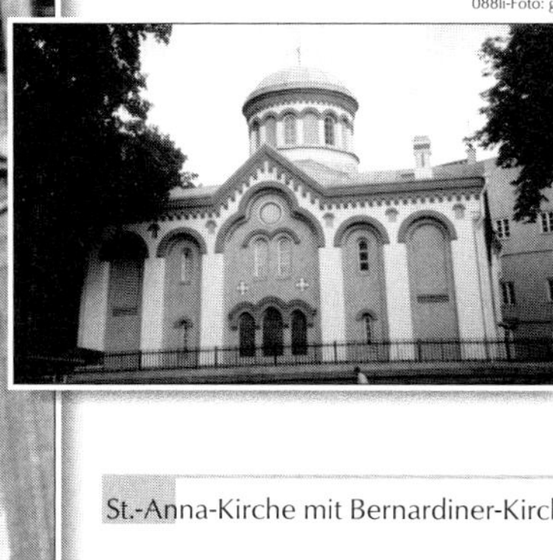

St.-Anna-Kirche mit Bernardiner-Kirche

Trakai, eine der meistbesuchten Sehenswürdigkeiten Litauens

Piatnickaya-Kirche

Vilnius

Die Hauptstadt Litauens ist aufgrund der Vielzahl und Vielfalt ihrer Sehenswürdigkeiten immer eine Reise wert. Wegen der prachtvollen **Meisterwerke der Baukunst verschiedener Stile** in der größten Altstadt Osteuropas, die zum **UNESCO-Weltkulturgut** zählt, wird Vilnius auch als „das Neue Prag", aber auch „Rom des Nordens", „Perle des Barock" und „Stadt der Kirchen" bezeichnet. Die **Silhouette** wird sowohl von den Glockentürmen der mehr als 30 katholischen Kirchen und 40 Klöster als auch von den Zwiebeltürmen der orthodoxen Kirchen geprägt. **Zeichen der religiösen Toleranz** sind auch Gebetshäuser anderer Religionen. Früher hieß es sogar, dass es unmöglich war, weniger als drei Kirchen zu sehen, egal in welche Richtung man schaute.

Die Stadt ist eingebettet in die bewaldete Hügellandschaft mit schönen Panoramablicken vor allem entlang des Flusses Vilnia. Rund 44 % der Stadtfläche sind von **Parks und Grünanlagen** bedeckt, zwei Landschaftsschutzgebiete tangieren den Stadtrand. Aber Vilnius ist nicht nur **die grünste** Hauptstadt des Baltikums, sondern für viele auch **die schönste** und aufgrund der Vielzahl der kulturellen Veranstaltungen, Feste, Festivals und dem großen Angebot an Gastronomiebetrieben und des Nachtlebens auch **die pulsierendste.** Schon seit dem 15. Jh. ist sie ein **multikultureller Treffpunkt zwischen Ost und West.** Es gibt viele Theater, Konzertsäle, Galerien, Museen etc. Hat Rom den unabhängigen Staat Vatikan auf seinem Territorium, so hat Vilnius die mehr oder weniger unabhängige Republik Užupis, ein **Künstlerviertel.** Mit dem Sitz der Regierung, des Parlaments und des Präsidenten, der Botschaften und vieler Banken ist Vilnius auch das wirtschaftliche, administrative und politische Zentrum Litauens und seit jeher ein **Schmelztiegel vieler Nationalitäten.**

Die landesweit größte Stadt zählt etwa 543.000 Einwohner, davon ca. 58 % Litauer, 14 % Russen, 19 % Polen, 4 % Weißrussen und 5 % sonstige Nationalitäten. Sie liegt im Südosten des Landes, nur 33 km von Weißrussland entfernt. In Planung ist das **Großprojekt Dipolis,** das mit strukturellen Verbesserungen die urbane Entwicklung von Vilnius und Kaunas zusammenfassen soll, mit dem Ziel, dass mehr Menschen in das Gebiet zwischen den beiden Städten ziehen.

Vilnius entstand an der Einmündung des Flüsschens **Vilnia** („Welle"), dem die Stadt ihren Namen verdankt, in die **Neris,** welche die Stadt in drei Schleifen durchquert.

Geschichte

Der Legende zufolge soll Fürst *Gediminas* (1316-41), inspiriert durch seinen Traum vom „Eisernen Wolf" (siehe Exkurs), die Stadt gegründet haben.

Tatsächlich war die Gegend an der Einmündung der Vilnia in die Neris bereits in **vorgeschichtlicher Zeit** besiedelt; die mehr als 7 m tiefe Kultur-

Die Legende vom Eisernen Wolf

In einer litauischen Chronik aus dem 16. Jh. findet sich die Gründungslegende von Vilnius. Dort, wo heute die stolze Hauptstadt steht, lagen Anfang des 14. Jh. undurchdringliche Wälder. Hier ging Großfürst *Gediminas,* der zu jener Zeit in der Burg Trakai lebte, mit seinem Gefolge gern zur Jagd auf Bären, Wölfe und mächtige Auerochsen, von denen er eines Tages auf dem heutigen Tauro- (Auerochs-) Berg einen erlegte. Abends, als es zu spät geworden war, um nach Trakai zurückzukehren, schlug er im so genannten Šventaragis-Tal sein Lager auf.

Als er sich in seinem Zelt zum Schlafen legte, hatte er einen **seltsamen Traum.** Auf dem höchsten Punkt des Berges an der Vilnia-Mündung stand ein riesenhafter **Wolf** und heulte zum Nachthimmel empor, so laut wie hundert Wölfe zusammen. Das schaurige Heulen drang dem Fürsten durch Mark und Bein. Von Angst ergriffen, packte er seinen Bogen und schoss mit schweren Jagdpfeilen nach dem Wolf. Doch die Pfeile prallten klirrend von dem unheimlichen Tier ab und fielen zu Boden, ohne es zu verletzten, denn sein Körper bestand aus hartem Eisen.

Tief beeindruckt erwachte der Fürst und befahl, sofort den Opferpriester *Lizdeika* zu rufen, um seinen Traum zu deuten. Der alte *Lizdeika* dachte lange nach und sprach schließlich: „Großer Fürst! In dem Traume wollen die Götter dir ihren Willen verkünden. Der eiserne Wolf bedeutet die **Burg,** die du auf diesem Berg errichten sollst. Sie wird ebenso unbezwingbar sein wie dieser eiserne Wolf. In ihrem Schutz wird eine Stadt entstehen, die so prachtvoll und reich sein wird, dass ihr Ruhm in die ganze Welt hinaus erschallt, so wie das alles durchdringende Heulen des eisernen Wolfes."

Er befolgte die Worte des weisen Priesters, denn was gäbe es Wünschenswerteres für einen Fürsten als eine uneinnehmbare Burg, zu deren Füßen eine reiche Stadt entsteht? So befahl er im Jahre 1323, auf dem Hügel (heute Burgberg) eine **Festung** zu errichten, und begründete damit die heutige Hauptstadt.

schicht am Fuß des Gediminas-Hügels reicht bis ins 4. Jahrtausend v. Chr. zurück. Aus mehreren kleineren Siedlungen ging dann im 7. Jh. n. Chr. eine Stadt hervor, die sich vom 9.-13. Jh. als Handelszentrum entwickelte. Vom 10.-13. Jh. stand auf dem Gediminashügel eine Holzburg, 1251 ließ König *Mindaugas* an seinem Fuße eine Kirche erbauen.

Erstmals schriftlich erwähnt wurde Vilnius, hier prallen Legende und historische Überlieferung aufeinander, durch die berühmte **Botschaft des Gediminas** aus dem Jahre 1323, mit der sich der Großfürst an die Hansestädte, viele europäische Fürsten und sogar an den Papst wandte. Um seine „neugegründete" **Hauptstadt** aufzubauen, rief er Siedler, Kaufleute, Handwerker und Baumeister nach Vilnius und versprach ihnen Land und allerlei Vergünstigungen. Das litauische Heidentum war damals überaus **tolerant.** So wurde **deutschen Kaufleuten** schon 1320 der Bau der Nikolauskirche erlaubt. Er ließ sogar Missionare kommen und versprach, sich taufen zu lassen (was er aber aufgrund der Angriffe der Ordensritter später zurücknahm). 1323 gilt als offizielles Gründungsjahr, da nach der Historikerkonvention eine Stadt erst dann als „gegründet" galt, wenn sie schriftlich erwähnt wurde. Die Obere Burg aus Holz wurde durch eine steinerne ersetzt, am Fuß des Hügels entstand die Untere Burg.

Im Sommer 1365 erreichten die **Kreuzritter** Vilnius, und in den folgenden Jahrzehnten belagerten sie oft die Stadt, letztmals 1402, obwohl 1387 Litauen christianisiert wurde, Vilnius das **Magdeburger Stadtrecht** erhalten hatte, und König Jogaila einige Kirchen bauen ließ. Das **Stadtwappen** zeigt den Hl. Christophorus, Symbol der Christianisierung, mit dem Jesuskind auf seinen Schultern sowie das Doppelkreuz von Jogaila (s. Exkurs „Staatssymbole"); es wurde Vilnius schon 1330 verliehen, aber bis zur Christianisierung 1377 zeigte das Wappen den Märchenhünen *Alkis,* der seine Frau ebenfalls auf den Schultern über den Fluss trug). Dank der **geschützten Lage** zwischen den zwei Flüssen und den starken Befestigungen der Stadt, die damals aus der **Oberen Burg** und der **Unteren Burg** mit dem Großfürstenpalast bestand, schafften es die Ritter bis auf das Niederbrennen der Unteren Burg nach fünfwöchiger Belagerung im Jahr 1390 nicht, die Stadt zu erobern. Genauso wie es der Traumdeuter geweissagt hatte.

Deshalb entwickelte sich die neue Hauptstadt rasch. Und nachdem die Kreuzritter 1410 geschlagen worden waren, erlebte Vilnius eine Blüte seiner Macht und nahm wirtschaftliche und kulturelle Beziehungen zu anderen europäischen Städten auf. Ein Großteil der Stadt und der Unteren Burg wurde 1419 bzw. 1530 durch Großbrände zerstört.

Da es inzwischen über den Ring seiner natürlichen Schutzwälle hinausgewachsen war und tatarische Reitertruppen die Stadt von Südosten her bedrohten, wurde 1503-1522 eine fast 3 km lange und bis zu 12 m hohe **Stadtmauer** mit **9 Toren** und zwei Türmen errichtet. Die beiden Burgen wurden in das Verteidigungssystem mit einbezogen. 1532 wurde eine hölzerne **Wasserleitung** von den Quellen in Vingriai ins Zentrum gelegt, 1536 war die erste Steinbrücke über die Neris fertig. Vilnius wurde während seiner **feudalen Blütezeit** im 16. Jh. mit rund 30.000 Einwohnern zu einer der größten und bedeutendsten Städte Europas. Über die Flüsse hatte man Zugang zur Ostsee und zum Schwarzen Meer. 1562 entstand eine Postverbindung über Krakau und Wien bis nach Venedig, es wurden **Handwerkerzünfte** gegründet; von besonderer Bedeutung war der Handel mit Moskau und Kiev.

1570 wurde das **Jesuitenkolleg** gegründet, aus dem dann 1579 die **Universität** hervorging. Sie war die **erste** Universität im Gebiet der einstigen Sowjetunion und beeinflusste das kulturelle und wissenschaftliche Leben weit über die Grenzen Litauens hinaus.

Durch die Vereinigung Litauens mit Polen in der **Union von Lublin** (1569) verlor Vilnius an Bedeutung. Die Großfürsten residierten in Polen. Vilnius fiel an Bedeutung erst hinter Krakau, dann auch noch hinter Warschau zurück. Es hob sich von anderen Städten durch seine religiöse Toleranz gegenüber vielen Religionen ab; deren Gläubige wohnten meist in bestimmten Stadtbezirken (so lebten die Lutheraner in der Vokiečiú gatvė, der „Deutschen Straße"). 1604 mussten die Calvinisten die Stadt verlassen. Vilnius wurde 1610 von einem Großbrand heimgesucht und hatte unter der Besetzung durch **Russland** (1655-61) zu leiden. Handel und Handwerk lagen darnieder, die Bevölkerung der Stadt schrumpfte um die Hälfte, die Obere und die Untere Burg wurden zerstört.

Im **Nordischen Krieg** (1700-1721) zwischen Russland und Schweden, wechselte Vilnius mehrfach den Besitzer und wurde oft geplündert. Erneut hatte die Stadt unter Bränden zu leiden und wurde 1708-11 von **Hunger- und Pestepidemien** heimgesucht, die allein im Sommer 1710 innerhalb von nur drei Monaten über 30.000 Menschenleben forderten. Die **Großbrände** 1737, 1748 und 1749 zerstörten 12 Kirchen, 15 Paläste und Hunderte von Häusern. In der Zeit des Niedergangs der Republik wurde Vilnius dann zur **Stadt der Kirchen und Klöster.** Mitte des 18. Jh. ließen adlige Mäzene neben prunkvollen Palästen auch 40 Kirchen und 18 Klöster bauen, allesamt im Spätbarockstil. Es erhielt den Namen „Rom des Nordens".

Bei der **Dritten Polnischen Teilung** von 1795 fiel auch Vilnius an Russland und wurde zur **Hauptstadt** des neuen Gouvernements. Die Wirtschaft erholte sich, Vilnius begann zu wachsen und war 1811 mit 56.000 Einwohnern, nach Moskau und St. Petersburg, die drittgrößte Stadt Russlands. Die Universität erlebte eine neue Blüte.

1812 zog *Napoleon* auf seinem Marsch nach Moskau in Vilnius ein und setzte eine litauische Regierungskommission ein. Wenige Monate später kehrte er mit seinen geschlagenen Truppen zurück, bevor der russische General *Kutuzov* einmarschierte. In Vilnius kamen rund 40.000 Soldaten Napoleons ums Leben, viele davon verhungerten und erfroren. Nach den **Aufständen gegen die Zarenherrschaft** von 1825 und 1831 verstärkte sich die Unterdrückung und Russifizierung. 1832 wurde die Universität geschlossen.

Durch den **Eisenbahnbau** zwischen Warschau und St. Petersburg 1860-69 kam es zu einem erneuten **Wirtschaftsaufschwung** und die Einwohnerzahl erhöhte sich bis 1897 auf 154.000, davon 64.000 Juden, derer bis 1919 sogar auf 100.000 (s. Exkurs „Jerusalem des Nordens").

Die Politik spielte sich von 1915 bis heute (außer der Interimszeit von Oktober 1920 bis Oktober 1939) vorwiegend in Vilnius ab, so dass hier auf das allgemeine Kapitel „Geschichte" verwiesen sei.

Während der Sowjetzeit 1945-90 waren 30 der 40 Kirchen und Kapellen von Vilnius geschlossen.

Rund um die Kathedrale

Kathedralenplatz

Der natürliche Ausgangspunkt für einen Rundgang durch Vilnius ist der Kathedralen-Platz *(Arkikatedros aikšte),* sowohl zum Besichtigen als auch zum Erleben. Hier schlägt das **Herz von Vilnius,** hier kreuzen sich alle Fäden, hier pulsiert das Leben. Er ist ein beliebter Rendezvous-Platz und ziert die Rückseite der 50-Lt.-Note. Hier fanden 1988-90 viele Kundgebungen im Unabhängigkeitskampf statt. An der Stelle, wo am 23. August 1989 die 650 km lange Menschenkette begann bzw. endete, wurde eine **Platte** mit der Inschrift „Stebuklas" (Wunder) in den Boden eingelassen. Wer sich etwas wünscht, muss darauf treten, den Wunsch äußern (aber nicht verraten) und sich dann im Uhrzeigersinn drehen. Man findet sie halbwegs zwischen Kathedrale und Glockenturm, die den Platz dominieren und schon von weitem ins Auge fallen. Der Kathedralenplatz war die **Keimzelle der Stadt.** An der Stelle der Kathedrale befand sich seit ältester vorchristlicher Zeit eine religiöse Kultstätte (s.u.). Rund um die heutige Kathedrale erhob sich zur Blütezeit des Litauischen Reiches die **Untere Burg,** eine befestigte Stadtanlage in Form einer hölzernen Vorburg mit Türmen und Wällen, die nach dem Traum des Gediminas (s.o.) am Fuß des Hügels, während die eigentliche Festung, die Obere Burg, auf dem Hügel errichtet wurde. Die **Vilnia** verlief damals aber in einer Schleife westlich um den Burgberg herum, und im Norden strömte die Neris vorbei, so dass die Stadt von drei Seiten her durch die beiden Flüsse geschützt war. An der Ostseite brach der Berg zu einer tiefen Schlucht hin ab. Und indem man diese Schlucht vertiefte und die beiden Flüsse durch einen Graben verband, war der Zugang zu Stadt und Burg nun von allen **vier Seiten** her durch Wasser versperrt. Sichelförmig zog sich also die Stadtanlage um die Nord-, West- und Südseite des Berges herum.

Auf der **Nordseite** am Ufer der Neris standen einst dicht gedrängt die Wohn- und Wirtschaftsgebäude, in denen Handwerker und Kaufleute lebten. Hier stand auch die **Kirche St. Anna** (später St. Barbara), deren Fundamente noch erhalten sind (s.u.). Im 14./15. Jh. wurde der hölzerne Schutzwall durch eine einen Kilometer lange Mauer aus Ziegeln ersetzt, 9-10 m hoch und 2-3 m breit, mit Toren und über 20 Türmen (darunter der heutige Glockenturm). Die Untere Burg war das kulturelle, politische und administrative und mit der Kathedrale auch religiöse Zentrum des Landes. Direkt neben der Kathedrale stand der Großfürstenpalast. Im 15. Jh. mussten die Händler und Handwerker in Häuser südlich der Vorburg entlang der Burgstraße und der Handelsstraßen umziehen, wo seit jeher schon die anderen Bürger wohnten. Nach der Zerstörung im Krieg gegen Russland (1655-61) baute man die gesamte Untere Burg nicht mehr auf. Unter der Zarenherrschaft wurden 1801 die meisten historischen Gebäude und der stark verfallene Palast abgetragen. Unter dem

239li Foto: gs

„Lächelnde Madonna“ in der Kathedrale

Platz und den Grünflächen liegen heute u.a. die **Fundamente des Bischofpalasts** vom 14. Jh., der Gerichtshof wie auch **Überreste heidnischer Kultstätten.** Noch tiefer liegen hölzerne Straßenpflaster sowie Reste von Steinzeit- und heidnischer Siedlungen. Der westliche Arm der Vilnia wurde zugeschüttet, der östliche Kanal blieb erhalten. Auf dem freien Platz wurden Anfang des 20. Jh. **Märkte** abgehalten, darunter der berühmte Jahrmarkt des *Heiligen Kasimir.* Da der Platz jedoch wiederholt durch Hochwasser der Neris überschwemmt wurde, verlegte man die Märkte bald auf den Lukiškių aikšte. 1938-41 wurde der Kathedralen-Platz erhöht und mit Betonplatten ausgelegt, wodurch er sein heutiges Gesicht erhielt. Die dunkleren Granitplatten markieren die Lage eines früheren Burgtores sowie einer Mauer zwischen dem Glockenturm und dem **Neuen Arsenal.** Gleich in der Nähe standen der Bischofspalast und der Gerichtshof. Eine **Schautafel** steht südlich des Glockenturms auf einer Grünfläche neben der Straße. **Weitere Überbleibsel** der Unteren Burg sind Teile des Glockenturms sowie Gebäudeteile des alten und neuen Arsenals (s.u.), das Haus des Burgkustos aus dem 15. Jh., dessen östliche Wand als Befestigung gegen das Rutschen des Berges dient, und Teile der Verteidigungsmauer. Der Großfürstenpalast wird zurzeit wieder aufgebaut (s.u.).

Auf dem südöstlichen Teil des Platzes steht eine **Reiterstatue von Großfürst Gediminas.** Obwohl er nie ein Krieger war, hält er ein Schwert in der Hand, was den Unwillen vieler Einwohner hervorrief. Auf dem Sockel in traditionellem Stil sind Reliefs von Mitgliedern seines Adelsgeschlechts sowie der **Eiserne Wolf** (siehe Exkurs) zu sehen.

Geschichte der Kathedrale

Die Kathedrale, die Hauptkirche Litauens, steht, wie viele Kirchen, an der Stelle eines uralten **Kultplatzes** aus vorchristlicher Zeit, im sagenumwobenen Tal des Šventoragis (s. Exkurs „Die Legende vom eisernen Wolf“).

Die **erste litauische Kirche** wurde hier 1251 im romanischen Stil unter

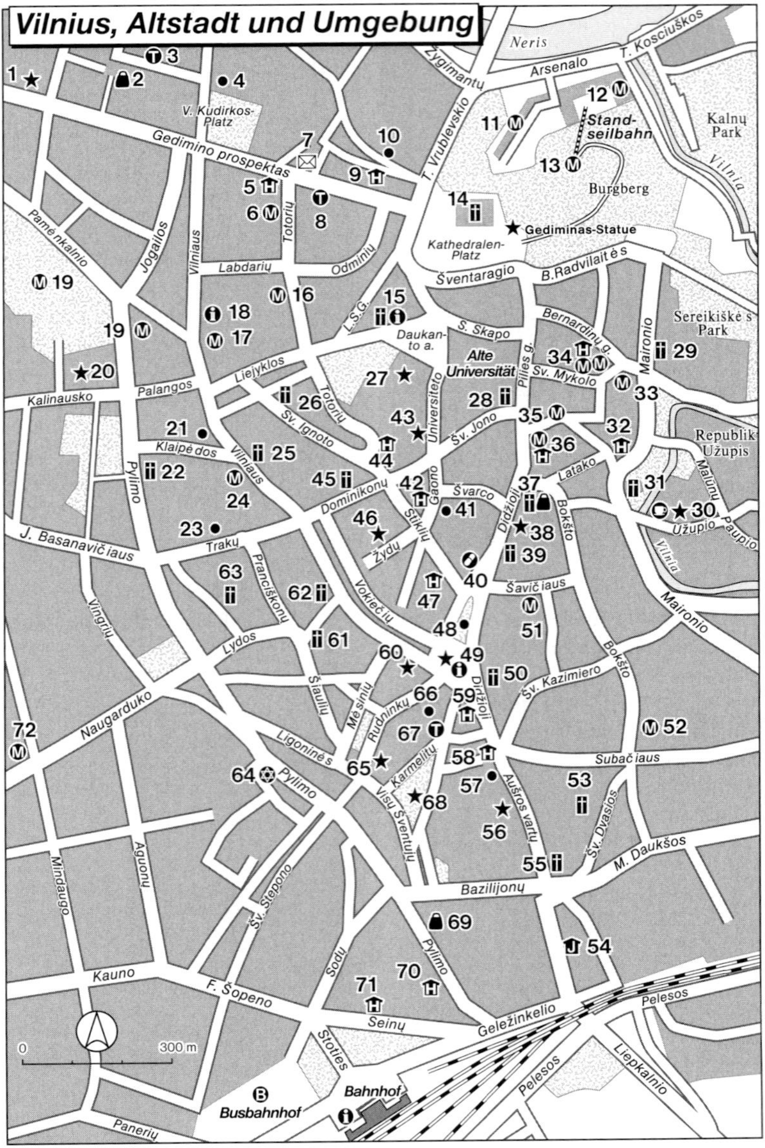
Vilnius, Altstadt und Umgebung
Neris
Arsenalo
T. Kosciuškos
Žygimantų
T. Vrublevskio
V. Kudirkos-Platz
Gedimino prospektas
Standseilbahn
Burgberg
Kalnų Park
Vilnia
Gediminas-Statue
Kathedralen-Platz
Šventaragio
B.Radvilaitės
Totorių
Vilniaus
Jogailos
Pamėnkalnio
Labdarių
Odminių
L.S.G.
Daukanto a.
Š. Skapo
Bernardinų g.
Alte Universität
Pilies g.
Sv. Mykolo
Maironio
Sereikiškės Park
Liejyklos
Palangos
Kalinausko
Sv. Ignoto
Universiteto
Šv. Jono
Klaipėdos
Pylimo
Dominikonų
Gaono
Stiklių
Švarco
Didžioji
Latako
Bokšto
Republik Užupis
Malūnų
Užupio
Paupio
J. Basanavičiaus
Trakų
Pranciškonų
Žydų
Vokiečių
Šavičiaus
Vingrių
Lydos
Šiaulių
Mėsinių
Rūdninkų
Šv. Kazimiero
Naugarduko
Ligoninės
Karmelitų
Visų Šventųjų
Aušros vartų
Subačiaus
Šv. Dvasios
M. Daukšos
Mindaugo
Aguonų
Šv. Stepono
Bazilijonų
Sodų
Kauno
F. Šopeno
Seinų
Geležinkelio
Pelesos
Stoties
Liepkalnio
Bahnhof
Busbahnhof
Panerių
0
300 m

★ 1 Denkmal Žemaite
2 Gediminomarkt
3 Opern- und Balletttheater
• 4 Regierungsgebäude, Kongresspalast
5 Ambassador Hotel
6 Bankenmuseum
7 Hauptpostamt
8 Staatliches Schauspielhaus
9 Senatoriai Hotel
• 10 Goetheinstitut
11 Nationalmuseum
12 Museum für Angewandte Kunst
13 Gediminas-Turm/ Oberes Burgmuseum
14 Kathedrale/Glockenturm
15 Bonifratres Kirche
16 Museum des Kulinarischen Erbes
17 Radvilos Palast
18 Touristinformation
19 Jüdische Museen
★ 20 Frank Zappa Memorial
• 21 Haus der Lehrer
22 Reformierte Evangelische Kirche
• 23 Österreich./Schweizer Lesesaal
24 Theater-, Musik- und Filmmuseum
25 St. Katharinen Kirche
26 St. Ignatius Kirche
★ 27 Präsidentenpalast
28 St. Johanneskirche
29 St. Annakirche/ Bernardinerkirche
30 Užupio Kavinė
31 Orth. Muttergotteskirche
32 Mabre Residence
33 Architekturmuseum/ St. Michaelkirche
34 Litinterp (B&B), A. Mickevičiaus Museum, Bernsteinmuseum
35 Narutis, Signatura namai
36 Latako Guesthouse, Šlapeliai-Haus
37 Piatnickaya Kirche, Souvenirmarkt
★ 38 Gemäldegalerie
39 St. Nikolai Kirche
40 Deutsche Apotheke
• 41 Österreichische Botschaft
42 Relais & Chateaux Stikliai
★ 43 Alumnat
44 Apia Guesthouse
45 Heiliggeistkirche
★ 46 Gaono-Büste
47 Algis House
• 48 Rotušės aikšte (Rathausplatz)
★ 49 Palast der Künstler, Touristinformation
50 St. Kasimirskirche
51 M.K. Čiurlionio Museum
★ 52 Bastei der Wehrmauer
53 Orthodoxe Heiliggeistkirche
54 Altstadthostel
55 Aušros Vartai/ St. Theresienkirche
★ 56 Basiliustor
• 57 Philharmonie
58 Grybas House
59 Radisson SAS Astorija
★ 60 Zentrum für moderne Kunst
61 St. Nikolaus Kirche
62 Evang. Lutherische Kirche
63 Franziskaner Kirche
64 Synagoge
★ 65 Ghetto Gedenktafel
• 66 Sitz des Judenrats (Gedenktafel)
67 Jugend- und Puppentheater
★ 68 Denkmal L. Pelêda
69 Halės-Markthalle
70 Mikotel
71 Panorama
72 Eisenbahnmuseum

dem späteren König Mindaugas im Zusammenhang mit seiner Taufe aus Holz errichtet, nach seinem Tod 1263 jedoch in einen heidnischen Tempel umgewandelt. Großfürst *Jogaila* ließ 1387-88, als die Litauer den christlichen Glauben angenommen hatten, diesen abreißen und auf den Fundamenten der Mindaugas-Kirche eine **Steinkirche** im gotischen Stil mit 5 Kapellen bauen. Von dieser wurde 1985 die nördliche Mauer mit gotischen Fresken entdeckt.

Nach einem Brand im Jahre 1419 wurde das Gotteshaus unter Fürst *Vytautas* ebenfalls im gotischen Stil, aber größer und im Stil norddeutscher Kirchenbauten wieder aufgebaut. Vytautas soll 1430 in einer **Gruft** unter dem Dom beigesetzt worden sein, die allerdings bis heute unentdeckt blieb.

In den folgenden Jahrhunderten wurde der Dom durch eine Reihe von **Bränden** zerstört und jedes Mal in einem anderen Stil wieder erneuert: 1530 im Geist der italienischen Renaissance mit Fresken, 1610 im Barockstil. 1666 wurden die schmalen gotischen Fenster verbreitert. Mitte des 18. Jh. entstanden Risse in der Westfassade, und 1769 stürzte einer der Türme ein. Das Gotteshaus wurde wegen Baufälligkeit geschlossen.

Sein heutiges Gesicht erhielt die Kathedrale schließlich ab 1783 unter dem Architekten *Laurynas Stuoka-Gucevičius* (1753-98), der mit ganzem Herzen für den **Klassizismus** schwärmte (sein Denkmal steht südwestlich der Kathedrale in der nach ihm benannten Straße, s.u.). Er beließ nur den Grundriss und konstruierte das Äußere des im Kern immer noch gotisch geprägten Baus von Grund auf neu: klassisch-streng und mit ausgewogenen Proportionen. Von dem früheren Bauwerk ist außer dem Innenraum und den frühbarocken Kapellen (die Kasimir-Kapelle und die gegenüberliegende Sakristei) nichts erhalten geblieben. Nach dem Tode von Stuoka-Gucevičius wurden die Arbeiten 1801 vom Architekten *Michael Schulz* beendet.

Aus der mittelalterlichen Kirche war ein Bauwerk geworden, das nicht mehr wie eine Kirche, sondern wie ein griechischer **Tempel** wirkte. Unter sowjetischer Herrschaft wurde die Kathedrale dann 1956 vollends verweltlicht und als Kunstmuseum und Konzerthalle genutzt. 1988 gab der Staat das Bauwerk an die katholische Kirche zurück, sie wurde am 5. Februar 1989 neu geweiht wurde. Die sterblichen Überreste des Heiligen *Kasimir* wurden aus der Peter-und-Paul-Kirche zurück in die Kathedrale überführt. Heute dient das Gotteshaus wieder als **erzbischöfliche Kathedrale.** An Samstagen finden hier oft Hochzeiten statt, ansonsten auch Orgel- und klassische Konzerte.

Kathedrale

Kommt man den Gediminas-Prospekt herunter, so erblickt man schon von weitem die majestätische **Säulenhalle der Westfassade** mit ihren 20 m hohen sechs dorischen Säulen. In den Nischen stehen große Barockstatuen, welche die vier Evangelisten, flankiert von Moses und Abraham, darstellen.

020li-Foto: gs

Das Giebelrelief zeigt Noahs Familie beim Dankopfer für die Rettung vor der Sintflut. 1996 wurden die unter dem Regime Stalins 1956 zerstörten hölzernen **Figuren der drei Heiligen** *Stanislav, Kasimir* und *Helene* als rund 5 m hohe Replikas aus Blech auf der Kathedrale wieder aufgestellt und sind von weither sichtbar, insbesondere die Hl. He- lene mit einem 9 m langen goldenen Kreuz in der Hand. Auch die **Nord- und Südfassaden** werden von 6 dorischen Säulen getragen, wobei in den Nischen der Nordkolonnade Rokoko-Figuren von Aposteln und Heiligen, auf der Südseite Rokoko-Figuren litauischer Fürsten stehen. Im **Inneren** teilen zwei Reihen mächtiger viereckiger Säulen den Raum in drei gleichhohe Schiffe. Beeindruckend sind der Hauptaltar, die kostbare Tabernakeltür, 1625 von Augsburger Goldschmieden geschaffen, die rund 40 Bilder und Fresken vom 16.-19. Jh., die Skulpturen und die dekorativen Grabplatten vieler Persönlichkeiten. In den Seitenschiffen befinden sich elf Kapellen, unter denen die **Kapelle des Heiligen Kasimir** das Prunkstück und künstlerisch am wertvollsten ist. Die Kapelle im Stil des frühen Barock (1623-36) befindet sich im südöstlichen Teil der Kathedrale (also vom Portal aus rechts hinten) und wurde zu Ehren des Nationalheiligen *Kazimieras* (= Kasimir) geschaffen.

Die Kathedrale von Vilnius

Kasimir – der Nationalheilige

Fürst *Kazimieras* (1458-84), Sohn des gleichnamigen Fürsten und ein Enkel des Großfürsten *Jogaila,* sollte 1471 König von Ungarn werden. Die ungarischen Adligen schickten ihn jedoch als unfähig wieder nach Hause und beriefen seinen Bruder *Wladislaus.* Da ihm als Herrscher ohne Land weltliche Ehren also versagt blieben, suchte *Kasimir* sein Heil auf geistlichem Gebiet, zog 1479 nach Vilnius und verbrachte dort seine Tage, indem er auf den Treppen des Doms vor aller Augen betete und fastete. Die Kunde von seinem frommen Tun drang bis nach Rom, und 1521 wurde er selig, 1602 schließlich sogar **heilig gesprochen** und gleich darauf hier begraben. 1604 errichteten die Jesuiten eine Kirche zu seinen Ehren. Am ersten Märzwochenende findet der traditionelle *Kaziukas*-Jahrmarkt statt.

Seine Reliquien sind in dem **Silbersarg** aufbewahrt. Das Bildnis unter dem Sarg von 1521 zeigt ihn mit drei Händen, laut einer Legende ein Wunder. Über dem Sarg sieht man ein Stukkorelief vom 17. Jh., die **„Lächelnde Madonna“** mit dem Jesuskind. Die Kapelle ist u.a. mit Sandstein, schwarzem Marmor, braunem Granit und weißen Stukkofiguren reich verziert. **Fresken** an der Kuppel und den Wänden der Kapelle zeigen Szenen aus dem Leben des Heiligen Kasimir. Als besonders wertvoll gelten die beiden großen Fresken an den Seitenwänden, die die „Graböffnung“ (nach 120 Jahren war sein Körper nicht verwest) und das „Wunder am Grab des Heiligen Kasimir“ (ein totes Mädchen stand wieder auf) zeigen. Die acht versilberten **Holzfiguren** in den Wandnischen stellen litauische Großfürsten dar. Die Kapelle war über eine versteckte Galerie im oberen Stock mit dem Großfürstenpalast verbunden. Den Balkon, wo das Fürstenpaar gewöhnlich saß, sieht man gleich nach dem Eingang zur Kapelle.

Unter der Kapelle liegt das **königliche Mausoleum** mit den Überresten von litauischen Großfürsten und polnischen Königen, darunter *Alexander Jogailaitis* (1506) sowie die zwei Ehefrauen von König *Sigismund August II., Elisabeth von Habsburg* (1545) und *Barbora Radvilaitė* (1551). In den unterirdischen Räumen aus dem 12. Jh., die nur mit Führung zugänglich sind (Tel. 2611127), sind auch die Fundamente der heidnischen Tempel, der Fußboden der Kirche von König *Mindaugas* (1251), Überreste der Kirche von 1387, das älteste litauische Fresko (die Kreuzigung Jesu aus dem 14. Jh.) sowie die Krypten vieler Persönlichkeiten und Priester der Kathedrale zu sehen. Andere sehenswerte **überirdische Kapellen** sind u.a. die Kapelle Goštautų des Kanzlers Goštautas mit seinem Marmorgrabmal von 1640, die Renaissance-Kapelle Valavičių von 1631 sowie die Renaissance-Kapelle von Bischof *Alšėniškis* von 1550 mit dem wundertätigen Bild „Die Hl. Jungfrau Maria“ von 1750.

Im März 1985 wurden in den Wänden der Kathedrale wertvolle **Juwelen**

237li Foto: gs

sowie **Gold- und Silberschätze** vom 13.-16. Jh. gefunden. Aus Angst, dass die Sowjets den Schatz okkupieren, wurde er 13 Jahre lang versteckt, und erst im Juli 1998 wurde der Fund öffentlich bekannt gegeben. Die 270 religiösen Gegenstände (Monstranzen etc.) im heutigen Wert von mehr als 10 Mio. Euro wurden im Jahr 1655 vor dem Ansturm der Russen hier versteckt. Sie sind heute im Museum für Angewandte Kunst zu sehen.

Glockenturm der Kathedrale

Glockenturm

Vor der Kathedrale erhebt sich der Glockenturm, der sich aus verschiedenen Teilen aus unterschiedlichen Epochen zusammensetzt – erst viereckig, dann rund und achteckig. Der viereckige Abschnitt des Turmes ist allerdings nicht sichtbar, da er mehr als 5 m tief unter die Erde in die so genannte „Kulturschicht" reicht. Er soll aus dem 13. Jh. stammen.

Über das heutige Niveau des Platzes erhebt sich das **runde** Geschoss mit bis zu 4 m dicken **Mauern** und **Schießscharten.** Dieser Teil stammt aus dem 14. Jh. und war ein Turm in der Stadtmauer um die Untere Burg. Der **achteckige,** zweistöckige Aufbau mit den hohen Fenstern wurde 1522-24 gebaut. Ende des 16. Jh. folgte das letzte Stockwerk für die Uhr, die aber erst 1803 eingebaut wurde. Auf diesen Unterbau wurde 1893 eine 8 m hohe Blechpyramide gesetzt. Insgesamt ist der sichtbare Teil des Turmes 52 m hoch, oder sogar 57 m, wenn man das Kreuz mit der vergoldeten Kugel an seiner Spitze mitrechnet.

Die heute noch funktionierende **Turmuhr** stammt aus dem 17. Jh. Ihr Mechanismus wiegt fast eine Dreivierteltonne. Vier vergoldete **Zifferblätter** mit je 2 m Durchmesser sind rings um den Turm angeordnet. Gespart hat man allerdings an den Zeigern, jedes Zifferblatt hat nur einen bekommen, der die Stunden anzeigt. Die Minuten muss man abschätzen, denn im 17. Jh. hat man es damit wohl nicht so genau genommen.

Großfürstenpalast

Der Großfürstenpalast wurde von *Gediminas* im 14. Jh. gebaut und war fast 300 Jahre lang die **wichtigste Residenz** der Großfürsten. Von hier aus wurde das Land regiert, hier wurden auch Gäste und Gesandte aus dem Ausland empfangen. Nach der Zerstörung durch die Kreuzritter 1390, dem Wiederaufbau und dem Großbrand von 1419 ließ *Vytautas* den Palast ebenso wie die Kathedrale im gotischen Stil erneut wieder aufbauen, vermutlich mit drei zweistöckigen Flügeln.

Mitte bis Ende des 15. Jh. wurde er durch einen steinernen Palast ersetzt. *Sigismund* der *Ältere* (1506-44) ließ 1520-30 im Stil der **Renaissance** den Nordflügel anbauen, den Ost- und Südflügel auf drei Stockwerke aufstocken und einen Innenhof anlegen; der Westflügel schloss direkt an die Kathedrale an. Hier gab es u.a. eine Sammlung von **unschätzbaren Kostbarkeiten,** eine Bildergalerie und eine Bibliothek mit 4000 Bänden, die später als Basis der Universitätsbibliothek dienten. Der Palast überstand im Gegensatz zum größten Teil der Stadt und der Burg unbeschadet den Großbrand von 1530.

Sigismunds Sohn Großfürst und König von Polen *Sigismund August II.* (1529-72) residierte hier 1544-48 erst mit seiner ersten Ehefrau *Elisabeth von Habsburg,* die 1545 hier verstarb, dann ab 1547 mit seiner zweiten Frau *Barbora Radvilaitė,* die 1551 vergiftet wurde (Details s. Biržai). Der Großfürst konnte sie aufgrund des Widerstands innerhalb des Hofes erst 1547 heiraten, so dass er sie bis dahin im nahegelegenen **Radvila-Palast** auf dem Territorium der Unteren Burg über einen **Geheimgang** in der Nähe des Neuen Arsenals (s.u.) aufsuchte, der kürzlich gefunden wurde. 1562 wurde im Palast die Hochzeit seiner Schwester *Katrin* mit dem Sohn des schwedischen Königs *Gustav Wasa* gefeiert.

Beim Großbrand 1610 wurde der größte Teil der Stadt und der Burg vom Feuer verwüstet; der Palast wurde zwar mit mehr Marmor und Sandstein renoviert, aber seitdem nur noch selten als Residenz benutzt. 1636 fanden hier die **ersten Theater- und Opernaufführungen** statt.

1655-61 wurde er durch die Russen geplündert und schwer verwüstet. 1801 hat man die Reste auf Anordnung des russischen Gouverneurs abgetragen, die Fundamente und Keller später zugeschüttet. 1987-2001 fanden hier **archäologische Ausgrabungen** statt.

2000 wurde ein Gesetz für den **Wiederaufbau** des Palastes im Stil des 16. Jh. verabschiedet, der 2002 begann und bis zur 1000-jährigen Staatsfeier 2009 beendet sein soll. Die voraussichtlichen Kosten von etwa 25 Mio. US$ werden großteils durch Spenden (www.lvr.lt) und den Verkauf von Bier, Gebäck und Wurst mit dem Namen *Valdovu rumai* (Großfürstenpalast) finanziert. In einem Pavillon in der Nähe des Gediminas-Denkmals kann man Souvenirs erwerben und sich informieren. Führungen durch das Gelände sind möglich bei der Direktion des Unteren Burgmuseums, Tel. 2629988, wobei auch Ausgrabungsstücke gezeigt werden. Der Großfürstenpalast soll als **Kultur-, Bildungs- und Repräsentationszentrum** dienen, auch das Museum der Unteren Burg soll hier seinen Platz finden.

Burgberg (Gediminas-Hügel)

Rechts an der Kathedrale vorbei gelangt man zu dem Weg, der von Süden her auf den 142 m hohen **Pilies kalnas** (Burgberg) hinaufführt. Der Höhenunterschied vom Platz aus beträgt nur 48 m und ist unter schattigen Bäumen rasch überwunden. Man kann auch mit einer Standseilbahn hochfahren, die Talstation liegt zwischen Neuem und Altem Arsenal (s.u.) auf der anderen Seite des Hügels (2 Lt.). Das Gelände ist rund um den Fuß des Berges eingezäunt. Das Südtor ist von 7.30-19.30 Uhr geöffnet, die anderen Tore sind meist geschlossen. Von hohen Absätzen wird aufgrund der Kopfsteinpflaster abgeraten.

Der ziegelrote **Gediminas-Turm** auf dem Gipfel mit drei achteckigen Geschossen, die auf einem massigen viereckigen Fundament ruhen, ist das **Wahrzeichen der Stadt** und eine beliebte Pilgerstätte nationaler Identität, da hier am 1. Januar 1919 das erste Mal die **Nationalflagge** wehte. Dieser Anlass wird hier stets am Neujahrsabend gefeiert (s. Exkurs „Staatssymbole"). Die erste Aktion der vielen Okkupanten im Laufe der Geschichte war stets, die eigene Flaggen zu hissen, so die Polen 1920, die Russen 1940, die Deutschen 1941 und wiederum die Russen 1944. Zwischendurch nutzten die Litauer jede Gelegenheit, die eigene Flagge aufzuziehen. Am 7.10.1988 wurde hier dann lange vor der Unabhängigkeit die Nationalflagge gehisst.

Hier oben fand man in einer 6 m tiefen Kulturschicht **Siedlungsreste** von 500 v. Chr. mit Holzbauten, Waffen etc., auch einen Verteidigungs- und einen heidnischen Kultplatz mit einem vorchristlichen **Observatorium** ähnlich wie in Palanga. Auch im 5./6. Jh. gab es hier eine Siedlung. *Gediminas* soll 1323 die **Obere Burg** aus Holz errichtet haben, obwohl hier schon seit dem 10. Jh. eine Burg gestanden haben soll, die auch den Angriffen der Ordensritter widerstand. Nach dem Brand von 1419 ließ *Vytautas* eine **gotische Burg** aus rotem Backstein errichten, geschützt durch eine 320 m lange Wehrmauer mit einem Tor sowie 3 dreistöckigen Schutztürmen im Süden, Westen und Norden. Im Osten lag der zweistöckige **Palast** mit einem Thronsaal. Zwischen ihm und dem Nordturm stand die Kapelle des Hl. Martin. Mitte des 15. Jh. verlor die Burg ihre Funktion als Wehranlage, wurde ein Arsenal und ab 1610 das Staatsgefängnis. Während der russischen Besetzung (1655-61) wurde die Burg zerstört. 1930 wurde der **Westturm** als heutiger Gediminas-Turm restauriert; er war aber ursprünglich vierstöckig. Zu sehen sind auch noch Teile des Palastes, des Südturms, der Wehrmauer und der Kapelle (sie sollen alle wieder aufgebaut werden).

Im Gediminas-Turm ist das **Obere Burgmuseum** untergebracht, mit ei-

238li Foto: gs

Der Gediminas-Turm auf dem Burgberg

ner Ausstellung, die Waffen und Rüstungen vom 13.-18. Jh. zeigt (tägl. 10-19 Uhr, von Oktober bis April täglich außer Montag von 11-17 Uhr, Tel. 2617453). Ein anderer Grund, weswegen man den 20 m hohen Turm mit seinen 78 Stufen besteigen sollte, ist der beeindruckende **Ausblick** von seiner Plattform.

Nach Süden blickt man über die Ziegeldächer der **Altstadt,** zwischen denen Türme und Kuppeln emporragen. Nach Westen hin führt der schnurgerade **Gedimino Prospektas** durch das Einkaufs- und Verwaltungszentrum der **Neuen Stadt** in Richtung Parlament, und ganz im Hintergrund erkennt man den **Fernsehturm.** Östlich des Burgberges strömt zwischen waldigen Bergen die **Vilnia** dahin, bevor sie unterhalb des Burgbergs in die Neris mündet. Dort sieht man auch aus dem Grün der Bäume **drei weiße Kreuze** (s.u.) aufragen. Jenseits der bewaldeten Hänge des **Kalnų Parks** im Nordosten erstreckt sich der Stadtteil **Antakalnis,** und nach Norden hin geht der Blick weit über die **Neris** und die neuen Stadtteile. Es ist also schon etwas dran, wenn die Litauer sagen: „Wer nicht auf dem Gediminas-Turm gewesen ist, der hat Vilnius nicht gesehen“. Gute Ausblicke auf Stadt und Umgebung, wenn auch anderer Art, hat man von den Bars der Hotels Reval Lietuva und Crowne Plaza bzw. vom Europa- und Fernsehturm.

Am Fuße des Burgberges

Wer schon auf dem Burgberg ist, kann mit der Seilbahn von dort zur Talstation im **Hof des Alten Arsenals** fahren (s.u.). Beschrieben wird hier der Fußweg am Rand des Burgbergs von der Kathedrale in Richtung Neris. Gleich hinter der Kathedrale steht die **Skulpturengruppe** „Litauische Ballade“ mit drei abstrakten Figuren, die Könige, Priester oder Götzen darstellen könnten; der Künstler ließ 1973 die Sowjets darüber im Unklaren, damit er sie überhaupt aufstellen durfte. Nicht weit davon steht das **Denkmal für König Mindaugas,** den einzigen König Litauens. Auf seinem Thron sitzend, hält er die königlichen Insignien – Zepter und Kugel. Das Denkmal wurde, ebenso wie die Brücke über die Neris schräg gegenüber, 2003 zur 750-Jahrfeier seiner Krönung errichtet.

Das dahinter liegende, langgestreckte, zweigeschossige Bauwerk mit rotem Dach ist das **Neue Arsenal,** dessen nordwestliche Mauer zugleich auch Wehrmauer der Unteren Burg war. Hier findet man **Fragmente vieler architektonische Stile,** von gotischen Kellern des 14. Jh. bis zur klassischen Fassade mit dem Portiko vom 19. Jh. Heute ist darin das **Nationalmuseum** *(Lietuvos Nacionalinis Muziejus)* untergebracht, das man sich nicht entgehen lassen sollte. Das landesweit größte, bereits 1855 gegründete Museum umfasst über 700.000 Exponate, die über Volkskunst, Archäologie, Ikonographie und die Geschichte Litauens von der Steinzeit bis in die Gegenwart informieren. Zu sehen sind auch Wohnräume der verschiedenen ethnographischen Regionen und eine Ausstellung über Handel und Gewerbe der Bauern und Fischer, Militärstücke von Soldaten Napoleons und eine Kartographiesammlung. Die berühmtesten Museumsstücke sind wohl der Tisch, an dem 1795 die dritte Teilung des polnisch-litauischen Doppelreiches besiegelt wurde, und der zerbrochene Dolch des polnischen Königs *Stanislaw,* der das Ende des Staates symbolisieren sollte (Tel. 2629426, Di-So 10-17 Uhr, www.lnm.lt).

Gleich hinter dem Nationalmuseum führt ein Tor in den **Hof des Museums.** Hier sieht man die Fundamente der **Kirchen St. Anna** (Ende 14. Jh.) und **St. Barbara** (1552-72 zu Ehren der Königin *Barbora Radvilaitė* gebaut). An der Stelle, wo heute Gebäude aus dem 19. Jh. liegen, stand der gotische Radvila-Palast. Der **Geheimgang,** der zum Großfürstenpalast führte (s.o.), liegt heute verdeckt hinter der Mauer am Fuß des Hügels. Durch das Tor des langgestreckten Gebäudes daneben gelangt man in den Hof des Alten Arsenals, wo zwei alte Kanonen vor der Talstation der Seilbahn zum Burgberg liegen. In dem Gebäude aus der Zarenzeit gegenüber ist das **Archäologische Museum** untergebracht, eine Abteilung des Nationalmuseums (u.a. Fundstücke vom 11. Jh. v. Chr. bis 14. Jh. n. Chr., ein Modell der Burganlage, alte Waffen). Dahinter liegt das **Alte Arsenal,** eines der Zeughäuser aus dem 16. Jh., das rekonstruiert wurde; die Fassade erstrahlt im Renaissance-Stil des 17. Jh. Die freigelegten Mauerreste gotischer Bauten und der Stadtbefestigungen (12.-14. Jh.) von der Unteren Burg sind im Gebäudeinneren zu sehen. Jetzt ist darin das **Museum für angewandte Kunst** untergebracht, in dem litauische und ausländische Kunst vom 14.-20. Jh. (Möbel, Keramik, Porzellan, Kreuze etc.) sowie Wechselausstellungen zu sehen sind. Bis Ende 2007 läuft die Ausstellung mit Kunstschätzen des Großfürstenpalastes und des Kathedralenschatzes (geöffnet Di-So 11-18 Uhr, Tel. 2121813, www.lnm.lt).

Nordöstlich des Burgbergs

Berg der drei Kreuze (Trijų Kryžių Kalnas) / Kalnų Park

Überquert man den Fluss Vilnia, führt eine Straße von der T. Kosciuškos rechts ab hoch zum hügeligen **Kalnų Park.** In dessen Dainų-(Lieder)-Tal finden auf der Freiluftbühne Konzerte und Folklorefeste statt; daneben liegen ein Busparkplatz für Reisebusse, ein Stadion und ein Tennisplatz. Ein Weg führt hoch zum „Berg der drei Kreuze", dem **Plikasis-Hügel.** Hier sollen im Jahr 1333 sieben Franziskanermönche, die auf dem späteren Rathausplatz (s. dort) Heiden taufen wollten, von denselben gekreuzigt worden sein, von denen vier in die Vilnia geworfen wurden, während die anderen drei zur Abschreckung eine Weile lang hängen blieben. Als Erinnerung daran wurden im 17 Jh. drei Holzkreuze errichtet, die 1916 durch Betonkreuze ersetzt wurden. 1950 wurden sie gesprengt. Die am 14. Juni 1989 neu aufgestellten weißen Kreuze sind ein Symbol von Hoffnung und Trauer. Von hier hat man ein gutes **Panorama** auf die Stadt. Bei Sonnenuntergang bietet sich von der Žaliasis-Tiltas-Brücke beim gleichnamigen Hotel ein schöner Blick auf die drei Kreuze. Laut einer Legende kann man zwei Kreuze von überall her sehen, während das dritte verdeckt bleibt. Hier oben stand auch die „Schiefe Burg", bis sie 1390 von den Kreuzrittern zerstört wurde.

240li-Foto: gs

St.-Peter-und-Paul-Kirche (Šv. Petro ir Povilo Bažnyčia)

Zurück zum Ausgangspunkt auf der T. Kosciuškos geht man weiter nach rechts Richtung Stadtteil Antakalnis oder man nimmt einen der vielen Trolleybusse bis zum ersten Kreisverkehr. Nach rund 800 m, vorbei am Barockschlösschen Sluškai (Hausnr. 10), gelangt man zur barocken St.-Peter-und-Paul-Kirche am Platz des Papstes Johannes Paul II., der die Kirche 1993 besuchte. Sie ist neben der gotischen St.-Anna-Kirche (siehe Altstadt) das zweite Bauwerk von europäischem Rang in Vilnius. Das **architektonische Meisterwerk** mit großartigen Werken der Bildhauerkunst blieb dank seiner Lage außerhalb der damaligen Stadt von Krieg und Bränden verschont. So kann man es heute als das **bedeutendste** Baudenkmal des **Hochbarock** in Litauen bewundern.

Der Legende zufolge soll an dieser Stelle in vorchristlicher Zeit der heidnischen Liebesgöttin *Milda* gehuldigt worden sein. Die ersten Missionare nahmen den heidnisch-sündigen Ort für das Christentum in Beschlag, indem sie hier eine **Holzkirche** errichteten. 1655 soll diese Holzkirche im Krieg gegen Russland abgebrannt sein. Der reiche und mächtige Fürst und Hauptmann der Armee *Mykolas Kazimieras Pacas,* der damals nur

Portal der St.-Peter-und-Paul-Kirche

knapp dem Tode entrann, soll beim Anblick der brennenden Kirche geschworen haben, an ihrer Stelle das prachtvollste Gotteshaus der Stadt zu errichten, vorausgesetzt, er komme mit dem Leben davon. Er kam davon, und mit dem Bau der Kirche und des Klosters der Lateran-Chorherren wurde 1668, bzw. 1677 begonnen. Sein wahres Motiv war jedoch eher, dass er mit seinem Reichtum glänzen und sich eine pompöse Gruft bauen wollte. 1675 war Richtfest. *Pacas* starb jedoch schon 1682, und wegen Geldmangels ruhte der Bau von 1686-91. Die Innengestaltung und Ausschmückung dauerte bis 1704.

Dies wird verständlich, wenn man die dreischiffige Kirche: nach dem Plan eines lateinischen Kreuzes mit einigen Kapellen betritt. Während ihr Äußeres mit einer Kuppel und zwei kleinen Türmen eher schlicht und ruhig wirkt, empfängt den Besucher im Inneren eine **Symphonie der Formen:** eine überaus reichhaltige, ästhetisch ausgewogene und sehr plastische Ausgestaltung, die jedoch nicht überladen wirkt, da hier das **überreiche Stuckdekor** ganz in Weiß durch freie Flächen unterteilt und gegliedert ist. Einfach überwältigend sind die mehr als **2000 Menschenfiguren und Gesichter,** die zu unterschiedlichsten Kompositionen gruppiert sind: mythologische und biblische Szenen, historische Schlachten und philosophische Darstellungen; Vertreter aller Stände, Berufe und Altersgruppen; Arme und Reiche, Heilige und Sünder, Kinder, Ritter in Rüstung, Schäfer, Greise und der Sensenmann. Jede Figur, jede Pose ist anders. Auch bei den meisterhaften **Reliefs** und **Panneaus** mit Darstellungen von Tieren, Pflanzen, Blumen etc. wiederholt sich nichts. Geschaffen wurde diese Vielfalt von den italienischen Bildhauern *Pietro Perti* und *Giovanni Galli,* wie überhaupt die ganze Kirche weitgehend das Werk **italienischer Meister** ist: die **Fresken** des Hauptschiffes mit Szenen aus dem Leben des Apostels *Petrus* malten die Italiener *Alto Monte* und *Michelangelo Palloni,* die **Altäre** im Querschiff schufen ihre Landsleute *Pensa* und *Capone,* und im 19. Jh. ergänzten die Italiener *Boretti* und *Piano* die Kirche mit zwei Altären sowie einer **Rokokokanzel** und einem **Kristallkronleuchter,** beide in Form eines Schiffes. Die Apostel Petrus und Paulus sind in einem Bild über dem Hauptaltar verewigt. Die um 1700 in Rom geschnitzte **Jesusskulptur** „Ecce homo" soll wundertätig sein. Das Kloster wurde 1864 geschlossen. 1953-1991 lagen hier die Reliquien des Nationalheiligen *Kasimir* (s. Exkurs), bevor sie in die Kathedrale überführt wurden. An den Kirchengründer *Pacas* erinnert ein Portrait links in der Sakristei sowie am Haupteingang das Wappen seines Geschlechts und sein Grabstein mit der Inschrift „His jacet pecator" („Hier liegt ein Sünder"). 7-12 und 14-18 Uhr bzw. während der Messen, Tel. 2340229.

Tuskulėnai-Park

Wenn man bei der St.-Peter-und-Paul-Kirche über die Žirmūnų-Brücke geht und dann vor dem Betonklotz rechts vorbeigeht, findet man hinter dem Tennisplatz einen Bretterzaun. Dahinter liegt eine Wiese, die bis 1994 ein beliebter Picknickplatz war, bis ans Licht kam, dass hier 706 Leichname verscharrt lagen. Sie waren so genannte „Waldbrüder" (s. „Geschichte") und wurden 1944-47 vermutlich in der KGB-Zentrale und heutigen Museum am Gediminas prospektas ermordet, wo ihre Gebeine jetzt aufbewahrt werden (s. dort). Es gibt Pläne, auf der Wiese anstelle der jetzigen Kreuze ein Denkmal zu errichten. Nur am Allerheiligen- und -seelentag am 1./2. November ist die Wiese zugänglich, man kann sie jedoch von außen sehen. Rechts steht eine kleine Gedenkkapelle.

Antakalnis-Friedhof

Etwa 1 km nordöstlich von der St.-Peter-und-Paul-Kirche in der Karių Kapų gatvė 1 liegt der berühmte Friedhof, auf dem u.a. Gefallene aus dem Ersten Weltkrieg liegen (1809 erstmals angelegt). Links vom Eingang sieht man die zahllosen identischen Gräber polnischer Soldaten. Dahinter steht ein Gedenkstein mit der Aufschrift „Den deutschen und russischen Kriegern 1914-18". Noch weiter links „bewachen" übergroße Statuen von Soldaten der Roten Armee die jetzt erloschene **Ewige Flamme.** In der Nähe steht ein Denkmal für sowjetische Persönlichkeiten, und nach einer Treppe sieht man Gräber von Sowjetsoldaten. Im Zentrum des Friedhofs in einem Bogen liegen neun der 14 Opfer, die am 13. Januar 1991 von russischen

Truppen getötet wurden; die anderen fünf wurden in ihren Heimatstädten beerdigt (s. Ausführungen beim Fernsehturm). Außerdem liegen hier die 1991 am Grenzposten Medininkai von Sowjets getöteten sieben Soldaten. Eine **Madonnenskulptur** mit dem toten Jesus in ihren Armen steht hier zum Gedenken an die Nationalhelden. Auch die Überreste der vielen Soldaten Napoleons sollen hier beigesetzt werden, die seit 2001 in immer neuen Massengräbern im Stadtteil Žirmunai gefunden wurden. Östlich des Friedhofs liegt das botanische Schutzgebiet von Antakalnis, einem Teil des Pavilnia-Regionalparks (s. dort).

Altstadt

Die Altstadt *(senamiestis)* erstreckt sich vom **Kathedralen-Platz** rund einen Kilometer in Richtung Süden bis zum **Medininkų aušros** (auch *Aušros vartai* bzw. „Tor der Morgenröte"). Sie ist mit 359 ha die größte Osteuropas und ziert die Rückseite der 100-Lt.-Note. Die **Hauptachsen** sind die ineinander übergehenden Pilies, Didžioji und Aušros Vartų Straßen. Hier kreuzten sich die früheren Handelsstraßen und hier wohnten seit jeher die „normalen" Bürger, ab dem 15. Jh. auch die Händler und Handwerker, nachdem sie von der Unteren Burg weichen mussten. Der Kathedralenplatz war bis zum 19. Jh. noch von Mauern umgeben, und auf seiner Südseite war der Zugang zum nördlichen Ende der **Pilies gatvė** (Burgstr.), der **ältesten Straße** von Vilnius, nur durch ein Tor möglich. Diese verband die Untere Burg mit dem damaligen Marktplatz neben der St.-Johannes-Kirche. Er wurde später ein Stück weiter südlich auf den Rathausplatz verlegt, die Verlängerung der Straße nannte man einfach Didžioji (Große Straße). Während des Baus der Stadtmauer (1503-1522) wurde die Aušros Vartų zum südlichen Stadttor angelegt. Auf dieser Achse reihten sich schnell Gebäude an Gebäude, so dass bald auch andere Wege angelegt werden mussten. Mit ihren verwinkelten Straßen und Gassen, Kirchen, prunkvollen Bürgerhäusern und Palästen sowie mittelalterlichen Höfen, Plätzen, Befestigungsanlagen, Torbögen und Türmen ist die Altstadt ein **Eldorado** für jeden, der gerne einfach bummelt, um zu entdecken und zu erleben. In den vielen Geschäften oder an Straßenständen kann man Souvenirs erwerben, in den Restaurants oder Straßencafés dem bunten Treiben zusehen. Das historische Erbe trifft man in den vielen **Museen,** die sich teilweise in früheren Adelshäusern befinden, ein Anziehungspunkt sondergleichen. Auch viele **kulturelle Veranstaltungen und Feste** finden hier statt. Die gesamte Altstadt mit ihren seit dem 13. Jh. natürlich gewachsenen Stadtstrukturen ist ein **städtebauliches Denkmal,** wunderschön und unnachahmlich, und es ist deshalb auch kein Wunder, dass sie mit ihren rund 1500 Gebäuden, von denen fast 40 % von höchstem architektonischen oder historischen Wert sind, in die UNESCO-Liste als **Weltkulturgut** aufgenommen wurde. Dazu beigetragen hat auch die

022li-Foto: gs

St.-Anna-Kirche

für Vilnius spezifische Kombination der natürlichen Umgebung mit der harmonischen Architektur, einer einzigartigen Mischung der bedeutendsten Stile Europas. Trotz der Zerstörungen durch Brände und Kriege sind viele sehenswerte Bauwerke erhalten geblieben, viele sind später restauriert worden.

Ursprünglich war das Gesicht der Altstadt von **gotischer Architektur** geprägt. Noch heute findet man in der Altstadt eine Reihe gotischer Bürgerhäuser, und rund 300 Häuser sollen hier über gotischen Kellergewölben stehen, die noch unter dem Stuck späterer Jahrhunderte versteckt sind. Schönstes Zeugnis dieser Stilepoche ist die St.-Anna-Kirche, mit Abstrichen auch die Bernardiner-Kirche und die Paläste vom 14.-16. Jh. Acht andere gotische Kirchen wurden im Laufe der Jahrhunderte derart umgebaut, dass von ihrer ursprünglichen Architektur nicht mehr viel zu erkennen ist. Die meisten von ihnen haben ein **barockes** Gesicht bekommen, und viele Kirchen sind erst in der Barockzeit entstanden, deren Formen heute das Stadtbild prägen. Zwischenzeitlich hatte auch der Stil der **Renaissance** Einzug gehalten, wenn auch nur kurzfristig. Die herrlichsten Bauwerke hierfür sind das Aušros-Tor, die St.-Michaelkirche und einige Höfe der Universität. Die schönsten Beispiele des **Klassizismus** vom Ende des 18. Jh. sind das Rathaus und die Kathedrale.

Rundgang durch die nördliche Altstadt

Vom Kathedralenplatz schwenkt man nach links und gelangt auf die Barbora Radvilaitės gatvė. Nach Süden zweigt die Maironio gatvė ab, die am **Sereikiškes-Park,** dem ältesten Park von Vilnius entlangführt, einem sehr schönen Park in einer Flussschleife der Vilnia, teilweise ein Vergnügungspark. Im 15. Jh. befanden sich hier die Gärten des Bernardiner-Klosters, vom 18. Jh. bis 1919 und später der Botanische Garten der Universität.

Gotisches Ensemble

Der Weg führt gleich zu einem Höhepunkt des Rundgangs: zum „Gotischen Ensemble", dem wohl schönsten Bauensemble von Vilnius, das man sich auch dann unbedingt ansehen sollte, wenn man sonst für Bauwerke nicht viel übrig hat: die Bernardiner-Kirche und die St.-Anna-Kirche gehören zu den vollkommensten gotischen Baudenkmälern Litauens. Sie beeindrucken auch denjenigen, der von Architektur nichts versteht, sondern einfach Freude an harmonischen Formen hat. Bevor man zur St.-Anna-Kirche kommt, passiert man das langgestreckte dreistöckige gotische Gebäude des ehemaligen **Bernardiner-Klosters** (nach dem Zarenaufstand von 1863 wurde das Kloster geschlossen; ab 1919 wurde es von polnischen Offizieren genutzt. Heute beherbergt es Teile der Kunstakademie).

Die Blüte **spätgotischer** Baukunst, einzigartig in der nordosteuropäischen Backsteingotik, markiert die **St.-Anna-Kirche** *(Šv. Onos bažnyčia)*. Ein Schmaus für die Augen, eine Freude für denjenigen, der Ausgewogenheit und Harmonie bewundert. Aufgrund ihrer verspielten Vielfalt der Linien, der Symmetrien und geometrischer Muster wirkt die daneben liegende Bernardiner-Kirche geradezu schlicht und streng. „Wenn ich nur könnte, würde ich sie auf meinen Händen nach Paris tragen!", soll *Napoleon* beim Anblick der St.-Anna-Kirche ausgerufen haben. In ihrer heutigen Form ist sie 1582 nach dem Brand (1564) ihres Vorgängerbaus (gebaut 1495-1500 vom Danziger Baumeister *Michael Enkinger,* der u.a. auch Bauwerke in Königsberg schuf) entstanden. Bei einem Feuer 1812 wurde das Innere zerstört, weshalb das Kirchenschiff heute recht schlicht ist. Hier herrscht Barock vor, darunter drei Altäre von 1747. Ein Netzgewölbe ziert das Presbyterium. Besichtigungen: Mo-Sa 10-15 und 17.30-19 Uhr, So 8-13 und 17-19 Uhr, Tel. 2611236. Die kunstvolle **Westfassade** ist von einzigartiger Schönheit. Auffallend sind die beiden Seitentürme mit ihren Spitzen, die Erker mit Ziertürmchen, der große Rundbogen und die vielen kleinen Bögen sowie die schmalen hohen Fenster.

In dieser relativ kleinen Kirche sind alle Errungenschaften der **gotischen Backstein-Baukunst** zusammengefasst. 33 verschiedene Formen von Backsteinen mussten hergestellt werden, um dieses Kunstwerk zu verwirklichen. Viele Kunsthistoriker sprechen deshalb von einer „flammenden Gotik", und man könnte manchmal wirklich den Eindruck haben, die Kirche stehe in Flammen.

Unbekannt geblieben ist die Identität des bzw. der Baumeister, um die sich daher eine **Legende** rankt, welche zugleich den Unterschied zwischen dem glatten, massigen Unterbau und dem plastisch-verspielten Aufbau erklären soll. Sie behauptet, dass ein Maurermeister namens *Vaitiekus* den Bau der Kirche begonnen habe. Und wie bei fast jedem berühmten Bauwerk hatte dieser Meister einen Gesellen, hier hieß er *Jonas,* der sich in die Tochter des Meisters, in diesem Falle die schöne *Anna,* verliebte. Und wie es so zu sein pflegt, war der Geselle ein armer Schlucker, der zwar der Tochter gefiel, nicht aber dem Meister, der erst wissen wollte, wozu *Jonas* imstande war. Daraufhin zog er beleidigt in die Ferne. Als er Jahre später, jetzt als Meister, wieder nach Vilnius zurückkehrte, da war der alte *Vaitiekus* verstorben und hatte weder die Kirche vollendet noch seine Tochter verheiratet. Beides übernahm nun der junge Meister. Die Liebe zu der schönen *Anna* verlieh seiner Schaffenskraft Schwung und Leichtigkeit, und ihr zu Ehren gab er der Kirche den Namen „Anna-Kirche". Den unteren Teil des Bauwerkes mit den drei Rundbogen des Portals soll der alte Meister geschaffen haben, wuchtig, behäbig und schwer. Der aufstrebende, lebendig verspielte Teil mit den drei Türmen soll vom jugendlichen Meister Jonas stammen. Die Geschichte klingt schön, ganz gleich, ob sie wahr ist oder nicht.

Der **Glockenturm** daneben wurde erst 1874 im neugotischen Stil erbaut. Gleich hinter ihm liegt die **Kapelle der Christustreppe** von 1613, umgebaut 1752. Man erreicht sie durch einen gotischen Torbogen.

Schräg gegenüber liegt der Eingang zur Hl.-Franziskus-Kirche, besser bekannt als **Bernardiner-Kirche** *(Bernardinų bažnyžia). Sie* gehörte zu dem Kloster der Franziskaner, die bereits 1469 als Mitglieder des Kreuzritterordens von Polen nach Vilnius gekommen waren und nahe dem damaligen Stadtzentrum ein Stück Land in der Flussschleife der Vilnia erhalten hatten. Die an der Stelle eines mitsamt dem Kloster abgebrannten Holzbaus um 1500 errichtete Steinkirche stürzte schon bald wieder ein. Lediglich die Sakristei blieb erhalten und bildet noch heute die Apsis der Kirche. Die heutige Kirche wurde 1519 unter dem Baumeister *Enkinger* (s.o.) auf den ehemaligen Fundamenten erbaut und markiert die **klassische Vollendung der Gotik** in Litauen. Trotz häufiger Renovierungen hat das Bauwerk sein ursprüngliches Aussehen mit Spitzbogenfenstern, den Ornamenten über den Nischen an der Hauptfassade und der für die Gotik typischen aufstrebenden Wirkung weitgehend bewahrt. Im **Renaissancestil** umgestaltet wurden nur die Spitzen der beiden achteckigen Seitentürme und der Frontgiebel; dort in einer Halbkreisnische sieht man die **Wandmalerei** „Der Gekreuzigte".

An der Südwand liegen zwei barocke Kapellen, an der Nordseite findet sich die Klostergalerie. Der **Innenraum** wird von vier Paaren achteckiger Säulen in drei Schiffe unterteilt; abgetrennt durch einen Triumphbogen ist der Chor. Auffallend sind die verschiedenen Gewölbe. Der Holzaltar stammt von 1614, die zwölf Seitenaltäre sind von 1766-84. Hier befinden sich auch das Grab des Fürsten *Stefan Radvila* (1618) sowie eine mannsgroße Skulptur eines Gekreuzigten vom 15. Jh., die landesweit älteste. Im Zuge einer tiefgreifenden Renovierung wurden auch gotische **Fresken** im Innenraum (mit Szenen von Jesus und St. Christophorus) sowie im Klosterkorridor zur Sakristei der St.-Anna-Kirche entdeckt.

Dass das Gotteshaus nicht nur frommen Zwecken gedient hat, beweisen die 19 **Schießscharten** in der nördlichen Wand direkt unter dem Dach sowie die dicken Mauern und die Verteidigungstürme, auf die Spindeltreppen hinaufführen. Wegen ihrer Lage am Stadtrand wurden die festungsartige Kirche und das Kloster gleich in die Wehranlagen einbezogen. Heute finden hier auch **Konzerte** statt (Tel. 2617370).

Hinter der Kirche erhebt sich der 37 m hohe achteckige **Glockenturm,** der aus der gleichen Zeit stammt und ebenfalls ein Meisterwerk der Gotik darstellt mit 10 verschiedenen Backsteinformen, verziert mit Nischen, Figuren und Reliefs. An der Maironio-Straße südlich der Kirche steht ein **Denkmal** für *Adam Mickiewicz* (s.u.).

241li Foto: gs

Bernardiner-Kirche mit dem Denkmal für Adam Mickiewicz

Zwischen Gotischem Ensemble und Universität

Gegenüber der St.-Anna-Kirche erhebt sich an der Šv. Mykolo 9 die **St.-Michael-Kirche** mit dem südlich daran anschließenden **Bernardinerinnen-Kloster,** das einzige Renaissance-Ensemble in Vilnius. Die Außenfassade mit den vorgerückten Türmchen trägt aber auch Zeichen der Gotik und des Barocks. Beide Bauwerke wurden 1594 unter dem Kanzler und Hauptmann *Leonas Sapiega* begonnen, dessen Altargrabstein und der seiner zwei Frauen rechts vom Hochaltar aus buntem Marmor und Alabaster im Renaissancestil aus dem 17. Jh. steht. Sein Wappen, ein Fuchs, prangt am Deckengewölbe, das mit seiner Rosettenform das landesweit schönste seiner Art ist. Er stiftete dem Orden das Kloster und die Kirche unter der Auflage, dass die Kirche seine Gruft wird; es ist das einzige Heiligtum dieser Art in Litauen. Er und seine Familie wurden dann mumifiziert in den **Katakomben** der Kirche bestattet (Besichtigung möglich); seine Krypta wurde früher ausgeraubt, die Überreste ruhen jetzt in Eichensärgen. Zu den wertvollsten Grabsteinen Litauens zählt der von

Stanislovas Sapiega über dem Portal der Sakristei. Das Kloster wurde 1604 vollendet, die Kirche erst 1627, der Turm sogar erst 1715. Das Kloster wurde 1949 geschlossen. In dem hellen, palastartigen Innenraum der Kirche ist seit 1956 das **Architekturmuseum** untergebracht, das über Architektur und Denkmalpflege in Litauen informiert. Die Seitenaltäre wurden einst von den Sowjets herausgerissen.

●**Architektūras Muziejus,** Tel. 2616409, Mi-Mo 11-17 Uhr.

Wer nach so viel Baukunst wieder bummeln möchte, dem sind die ebenso malerischen wie verwinkelten Gassen zu empfehlen, die von dem kleinen Platz bei der St.-Michael-Kirche in Richtung Pilies gatvė abzweigen, z.B. links in die Šv. Mykolo 8 mit dem **Bernsteinmuseum** *(Gintaro muziejus)*, in dem die Geschichte des Bernsteins erklärt wird (auch auf Deutsch). Zu sehen sind u.a. Inklusen (s. Exkurs „Bernstein – das Baltische Gold"), eine Nachbildung eines Amuletts aus dem Neolithikum vom berühmten Juodkrantė-Schatz (s. dort) sowie Wechselausstellungen moderner Bernsteinkunst. Im Keller steht u.a. ein hier gefundener Keramik-Schmelzofen aus dem 15. Jh. (tgl. 10-19 Uhr, Tel. 2623092, www.ambergallery.lt). Einen Museumsshop gibt es auch in der Filiale in Nida (s. dort).

Rechts in die **Bernardinų gatvė** einbiegend, findet man sich in einer für das alte Vilnius typischen Gasse, die von eng zusammengedrängten Wohnhäusern aus dem 17. und 18. Jh. gesäumt ist. Hier entdeckt man fast an jedem Haus interessante Details.

Ein Gedenkmuseum im **Haus Nr. 11** mit Innenhof erinnert an den berühmten polnischen Dichter *Adam Mickiewicz* (1798-1855). Er hat 1815-19 an der Universität von Vilnius studiert und 1822 einige Zeit in diesem Haus gelebt und gearbeitet. Er verbrachte auch einige Zeit in einem Gefängnis des Basilius-Klosters (s.u.). Sein Denkmal steht neben der St.-Anna-Kirche (s.o.). Von 1819-23 unterrichtete er am Jesuitenkolleg in Kaunas (s. dort), bevor er von den zaristischen Behörden aus Litauen verbannt wurde, das er jedoch Zeit seines Lebens als geliebte Heimat verehrte. Das beweisen die Zeilen aus seinem Gedicht und heutigen polnischen Nationalepos „Pan Tadeusz" (Herr Thaddäus), das er zehn Jahre später in Paris schrieb: „Litauen! Wie die Gesundheit bist du, mein Vaterland! Wer dich noch nie verloren, der hat dich nicht erkannt. In deiner ganzen Schönheit prangst du heut' vor mir. So will ich von dir singen, denn mich verlangt nach dir!". Eine kleine Ausstellung in diesem Gebäude erinnert an das Leben und Werk des Dichters während seiner Zeit in Vilnius.

●**A. Mickevičiaus Memorialinis Butas muziejus,** Tel. 2791879, Di-Fr 10-17 Uhr, Sa, So 10-14 Uhr.

Am Ende der beiden Gassen gelangt man auf die **Pilies gatvė,** eine der schönsten Straßen der Altstadt mit vielen Gebäuden vom 16.-18. Jh., darunter das architektonisch interessante

076li-Foto: gs

Backsteinhaus mit der Hausnr. 12. Am Haus Nr. 13, einem Gebäude der Universität, ist eine Gedenktafel an *A. Mickiewicz* (s.o.) angebracht. An der Hauswand der Nr. 21 sind, was wie ein türloser Balkon aussieht, die Reste eines katholischen **Schreins** von 1759 zu sehen, dem einzigen des Landes in dieser Form. Hier stand früher auch eine Christusstatue. An der Steinplatte darunter sieht man Inschriften und Verzierungen. Ab 1781 lag an der Stelle des Hauses Nr. 22 einige Jahre lang der Botanische Garten der Universität.

St.-Johannes-Kirche mit Glockenturm

Alte Universität

Geht man die Pilies gatvė hinunter, so erstreckt sich rechter Hand zwischen den Seitenstraßen Skapo und Šv. Jono gatvė die **Alte Universität,** deren Komplex verschiedenster Gebäude aus dem 16.-19. Jh mit gotischen, barocken, Renaissance- und Klassizismus-Architekturbeispielen das **gesamte Straßenkarree** bis zur *Universiteto gatvė* auf der Westseite umfasst, wo auch der einzige Zugang ist, da die anderen meist verschlossen sind (**Hinweis:** für die, die den Universitätskomplex hier nicht besichtigen und lieber auf der Pilies gatvė weiter südlich bummeln möchten, wird auf den **„Rundgang durch die südliche Altstadt“** verwiesen). Man muss also sowohl bei der St.-Johannes-Kirche in die Šv. Jono als auch bei der Kreuzung mit der Universiteto gatvė nach rechts abbiegen. Dort liegt im Hof des Gebäudes mit der Hausnr. 6 das **Alumnat,** ein 1582-1622 als Studenteninternat errichteter und später als Priesterkolleg (von Papst *Gregor XIII.* gegründet) genutzter, prachtvoller Palast, dessen im Stil der italienischen Spätrenaissance angelegter Innenhof auf allen drei Geschossen von offenen Arkadengängen umgeben ist. Hier ist auch das italienische Kulturinstitut untergebracht.

Vom Westtor kann man die Südseite des **Präsidentenpalastes** sehen. Vor dem Gebäude mit der Hausnr. 7 steht eine Tafel mit einem Orientierungsplan. Weiter nördlich liegt hinter dem **Denkmal** für *Kristijonas Donelaitis* (1714-1780), dem Begründer der li-

089li-Foto: gs

tauischen Belletristik, und dem Parkplatz auf dem **Bibliothekshof** der **Eingang zur Universität** (Mo-Sa 9-18 Uhr, November bis Februar 10-17 Uhr, Tel. 2611795, www.vu.lt, Eintritt 4 Lt.)

Wegen der Größe des Komplexes werden hier nur die sehenswertesten der **12 Innenhöfe** mit Arkadengängen und Galerien sowie der **12 Gebäude** beschrieben (die sich aus mehreren Blöcken zusammensetzen; viele haben mit Fresken geschmückte Säle). Zur Orientierung hilft ein kostenlos erhältliches Faltblatt (auch auf Deutsch). Bei größerem Interesse sei eine **Führung** empfohlen (Tel. 2687298). Manchmal finden auf dem großen Hof **Konzerte** statt.

Frontansicht des Observatoriums

Die Universität ist 1579 aus dem neun Jahre zuvor gegründeten Jesuitenkolleg hervorgegangen und damit eine der **ältesten Hochschulen Osteuropas.** Beim Aufbau der Universität wurden alle Wohnhäuser des gesamten Viertels zusammengekauft und zu Universitätszwecken umfunktioniert. Nach einem Brand im Jahre 1610 musste vieles neu aufgebaut werden und der Komplex bekam allmählich sein heutiges Aussehen.

Die Universität war eines der bedeutendsten **wissenschaftlichen und kul-**

turellen Zentren Osteuropas. Fast zwei Jahrhunderte lang befand sie sich im Besitz der **Jesuiten,** die damals in Litauen in Bildungsfragen das Sagen hatten. Sie brauchten die Universität insbesondere dazu, um gegen reformatorische Ideen anzukämpfen. 1773 wurde der Orden europaweit verboten und die Universität vom polnisch-litauischen Staat übernommen. Er verwaltete alle Schulen und Gymnasien u.a. in Vilnius, Minsk und Kiev. Nach der zaristischen Machtübernahme 1795 wurde sie 1803 zur „Kaiserlichen Universität“. Aufgrund der Studenten- und Professorenbeteiligung am Zarenaufstand 1830 wurde sie zwei Jahre später geschlossen, 1919 dann erstmals als litauische Uni wiedereröffnet, 1920-39 unter polnische, dann in kurzen Abständen unter litauische, sowjetische und deutsche Hoheit gestellt, bevor sie 1943 von den Nazis wiederum geschlossen wurde. 1944 wurde sie wieder sowjetisch und ab 1990 litauisch.

Heute sind hier nur noch das Rektorat, die Bibliothek sowie zwei der acht Fakultäten untergebracht. Hier befindet sich das weltweit erste **Zentrum für staatenlose Kulturen** (Roma, Tataren, Karäer etc., mit Sprachkursen), Tel. 2687293, statelesscultures@centras.lt.

Die **12 Höfe** verschiedener Größe und Form (nach Wissenschaftlern der Universität benannt) sind nicht miteinander verbunden, so dass man manche mehrmals passieren muss. Einige Passagen sind recht eng und sehen deshalb gar nicht wie solche aus.

Durch einen Torbogen kommt man zuerst in den **Sarbievijus-Hof,** der belebteste und das **Herz der Uni.** Auf der gegenüberliegenden Seite liegt der Buchladen „Littera“ mit Fresko (Mo-Fr 9-18 Uhr, Sa 10-15 Uhr). Links davon liegt das „Zentrum für litauische Studien“, in dessen 1. Stock in der Aisčiai-Halle das brilliante **Fresko** „Die Jahreszeiten“ von *P. Repšys* zu sehen ist, für dessen Fertigstellung er zehn Jahre brauchte.

Rechts vor dem Buchladen führt eine Treppe (die Glocke darüber stammt vom Glockenmuseum in Sirutėnai, s. dort) hoch zum **Dydysis (Großen) Hof,** der wie ein Saal unter freiem Himmel wirkt. Er ist auf drei Seiten von dreigeschossigen Gebäuden umschlossen. Diese wurden im 17. Jh. im Manieristischen Stil gebaut, dem Übergangsstil von der Renaissance zum Barock. Früher hatten auch die oberen Stockwerke offene Loggien mit Bogengängen im italienischen Stil, sie wurden jedoch im 19. Jh. aufgrund des zu rauen Klimas zugemauert.

Die Ostseite schließen drei Gebäude ab: erstens das **Hauptgebäude der Universität** und deren ältester Teil überhaupt (mit einem geschwungenen Dach, der Aufschrift „Alma Mater Vilnensis“ und einem Säulensaal als Aula); zweitens der 68 m hohe, fünfgeschossige **Glockenturm** im Renaissance- und Barock-Stil (1600-10 bzw. 1737), das höchste Gebäude der Altstadt, und daneben die dazu gehörende **St.-Johannes-Kirche** (Šv. Jonų bažnyčia). Deren dreistöckige Fassade gilt als eine der originellsten Schöpfungen des **Spätbarock** und bietet mit ihren Säulen, Wandpfeilern und Simsen ein sehr plastisches Bild. Die Kirche wurde 1387-1426 auf Veranlassung von *Jogaila* gebaut, unmittelbar nachdem Litauen das Christentum angenommen hatte. König *Sigismund August* übergab sie 1571 den Jesuiten (die sie aber 1773 zurückgeben mussten). Nach dem Brand von 1737 erhielt der gotische Bau (von dem nur noch die hohen Fenster zeugen) Stilelemente des Spätbarock wie z.B. das obere Stockwerk, die später hinzugefügte Kuppel und die Außenverzierung. Nach dem Umbau 1738-49 unter *J. K. Glaubitz* wurde der Innenraum reichhaltig ausgestattet, u.a. mit wertvollen Gemälden, Büsten und Skulpturen. Sehenswert ist neben dem prachtvollen Deckengewölbe auch der **barocke Hauptaltar,** der größte im Baltikum, der sich aus 10 von ursprünglich 22 im Halbrund angeordneten Altären zusammensetzt. Davon sind sieben vom 17./18. Jh. Die schönsten der sieben Kapellen sind die der Hl. *Anna* mit einem schwarzen Marmorportal sowie die wunderschöne Oginski-Kapelle links vom Chor. Während der Sowjetära wurde die Kirche erst als Lagerhalle missbraucht, dann war hier das Museum für Wissenschaftliche Gedanken untergebracht. Heute ist hier auch das **Wissenschaftsmuseum der Universität Vilnius,** Tel. 2611795, Mo-Sa 10-17 Uhr. Zu sehen sind u.a. 50 alte Bücher, z.T. aus dem 14. Jh. Die Kirche wird seit 1991 wieder für Gottesdienste genutzt, aufgrund der exzellenten Akustik auch für **Klassikkonzerte.**

Durch den dem Kircheneingang gegenüber liegenden Bogengang gelangt man in den **Observatoriumshof.** Von der ursprünglichen Sternwarte von 1753, der viertältesten der Welt, ist nur der untere „Weiße Saal" übrig geblieben, in dem heute ein Teil der Bibliothek untergebracht ist. Ab dem 18. Jh. wurden dann von den Kuppeln der beiden zylinderförmigen Türmchen die Sterne beobachtet. 1882 wurde das Observatorium auf Befehl des Zaren geschlossen, viele Geräte brachte man in andere Institutionen des Zarenreichs. An der im klassizistischen Stil entworfenen Fassade sieht man Reliefs der 12 Tierkreiszeichen.

Vom Sarbievijus-Hof gelangt man in weitere Höfe. Im **Daukanto-Hof** sind in der „Filologijos Fakultetas" im 1. Stock u.a. Fresken griechischer Musen zu sehen. Wer Interesse an einer Führung in der Universitätsbibliothek hat, muss sich im Littera-Buchladen (s.o.) anmelden. Deren Eingang mit der Aufschrift „Vilniaus Universitetas" liegt rechts neben dem Bibliothekshof und dem goldenen Tor (s.o.). Die **Bibliothek** wurde 1570 zusammen mit dem Jesuiten-Kolleg gegründet und sie besitzt heute die größte Sammlung

Fresko in einem Saal der Universität

Litauens: rund 5 Mio. Bücher (davon 170.000 vom 15.-18. Jh.), 180.000 Manuskripte aus dem 13.-16. Jh. und 4000 karthographische Werke. Einen Besuch wert ist definitiv der *Smuglevičius*-Lesesaal vom 17. Jh. mit Deckenfresken griechischer Philosophen und Dichter (hinter dem Eingang links, in der Regel nur mit Führung).

Zurück zum Kathedralenplatz

Nach Norden zum Burgberg hin mündet die Universitätsstraße auf den dreieckigen **Daukanto-Platz,** benannt nach dem Historiker *Simonas Daukantas* (1793-1864), der die 100-Lt.-Note ziert. Hier liegt der **Präsidentenpalast** *(prezidentūra,* samstags Besichtigung möglich mit Führung, Tel. 212791, Fax 212210). Im 14. Jh. wurde er als Bischofsresidenz erbaut, ab 1795 war er Residenz der russischen Gouverneure. 1812 weilte hier erst Zar *Alexander I.*, kurz darauf *Napoleon* bei seinem Marsch auf Moskau und bei dessen Rückzug auch sein Widersacher Generalgouverneur *Kutuzov.* Dieser ließ den Palast dann im spätklassizistischen Stil umbauen. Während der Sowjetzeit diente er als Palast der Künstler, von 1991-97 als französische Botschaft.

Der **De-Reus-Palast** aus dem 18. Jh. auf der Nordseite des Platzes (Daukanto 2) erinnert mit seinen vier Säulen an einen griechischen Tempel (heute ist darin ein privates Touristinformationsbüro untergebracht, Mo-Fr 9-18 Uhr, Sa 10-16 Uhr). Von hier ist es nicht mehr weit zurück zum Kathedralenplatz.

Vilnius und Südosten

242li-Foto: gs

Tour durch die westliche Altstadt

Auf dieser Tour liegen im Umkreis von 200 m von der Kreuzung Vilniaus/ Dominikonų gatvė **vier Klosterkirchen** von verschiedenen Kongregationen (Jesuiten, Benediktiner, Franziskaner und Dominikaner) sowie zwei von **deutschen Kaufleuten erbaute Kirchen** – ein Zeichen der religiösen Toleranz von Vilnius.

Vom Kathedralenplatz geht es südwestlich in die L. Stuokos-Gucevičiaus gatvė. Hinter dessen Denkmal (Details bei der Kathedrale, s.o.) steht die **Bonifratres-Kirche.** Hier starben im 14. Jh. Franziskanermönche als Märtyrer, für die 1635 ein Kloster mit Kirche errichtet wurde. Mitte des 18. Jh. wurde die Kirche mit Stukko und Marmoraltären, im 20. Jh. mit Deckenmalereien ausgestattet. In der Sowjetzeit diente die Kirche als Konzertsaal. Berühmt ist sie wegen des wundertätigen Bildnisses der Hl. Jungfrau Maria mit Kind.

An der Kreuzung mit der Totorių gehen wir links und gleich vor dem Palast (heute das Verteidigungsministerium) rechts in die Benediktinių. An der nächsten Kreuzung lohnt ein kleiner Abstecher links zum Jesuitenkloster und der barocken **St.-Ignatius-Kirche** (Šv. Ignoto bažnyčia), in deren Hof oft Konzerte stattfinden. 1622-47 gebaut, diente sie als Sitz der deutsch-katholischen St.-Martin-Brüderschaft. Das Kloster wurde 1798 geschlossen, das Kircheninnere im 19./20. Jh. weitgehend zerstört. Weiter westlich stößt man auf die **Vilniaus gatvė,** die früher von der Stadt zur Neris-Brücke und weiter nach Riga führte. Dort liegt links in der Nr. 30 die **St.-Katharinen-Kirche** *(Šv. Kotrynas bažnyčia).* Die spätbarocke Kirche von 1622, in der heute auch Klassikkonzerte aufgeführt werden, wurde 1741-43 von *J. K. Glaubitz* umgebaut und mit Altären, Gemälden und Skulpturen reich verziert. Sie war Teil des Benediktinerklosters und prägt mit der markanten Silhouette ihrer beiden 50 m hohen Türme das Bild dieses Viertels. Die kuppelgekrönte **Kapelle** wurde zu Beginn des 18. Jh. angebaut.

Auf der gegenüberliegenden Straßenseite liegt in der Nr. 39 das **„Haus der Lehrer“,** ein Veranstaltungsort für Feste und Konzerte; in der Nr. 41 ist im Kleinen Radvila-Palast, in dem 1795-1810 das städtische Theater war, das **Theater-, Musik- und Filmmuseum** mit vielen Ausstellungsstücken untergebracht (Di-Fr, So 12-18 Uhr, Sa 11-16 Uhr, Tel. 2622406). An der Kreuzung gehen wir dann rechts in die Trakų, danach links in die Pranciskonų, wo rechts die **Jungfrau-Maria-Kirche** des früheren Franziskanerklosters liegt (1334-87 vor der Christianisierung Litauens errichtet, heute gotischer und spätbarocker Stil; 1812 Lazarett für Napoleons Soldaten, bis 1989 Staatsarchiv). Die Kirche ist nicht renoviert. Zum Klosterensemble gehören auch die barocke **Suzinų-Kapelle** sowie Gebäude, in denen heute ein Hotel sowie das amerikanische Kulturzentrum residieren.

Gleich nach der nächsten Kreuzung steht links in der Šv. Mikalojaus 4 die

St.-Nikolaus-Kirche. 1320 von deutschen Kaufleuten bereits vor der Christianisierung erbaut und somit älteste Kirche Litauens, wurde die einschiffige Kirche im 16. Jh. im gotischen Stil dreischiffig umgebaut, die Hauptfront erhielt einen Stufengiebel. Im 18. Jh. erhielt das Gotteshaus neue Altäre, einen Chor und einen Glockenturm im Barockstil. Zum 500. Todestag von Großfürst *Vytautas* wurde 1930 eine Büste für ihn aufgestellt. Zurück zur Kreuzung und nach rechts gehen wir bis zur Vokiečių. Dort links bei der Hausnr. 20 steht die **Evangelisch-Lutherische-Kirche** (Evangelikų liuteronų bažnyčia). 1555 von deutschen Kaufleuten erbaut, vereinigt sie barocke und gotische Elemente. Der Rokoko-Altar stammt von 1741. In der Sowjet-Ära wurde sie zur Turnhalle und Werkstatt umfunktioniert (Mo-Do 9-18 Uhr, Fr-So nach Anmeldung, Tel. 2123792, Zugang durch einen Hof, ggf. klingeln; hier finden auch Konzerte statt).

Während des Zweiten Weltkriegs teilte die heutige Vokiečių gatvė („Deutsche Straße") die zwei **jüdischen Ghettos** (s. Exkurs „Jerusalem des Nordens"). Das **„Große Ghetto"** erstreckte sich südwestlich zwischen den Lydos, Pylimo und Karmelitų gatvė, das **„Kleine Ghetto"** nordöstlich zwischen Dominikonų, Stiklių gatvė und fast bis zum Rotušės aikštė. Diese Tour führt um das „Kleine Ghetto" herum, und zwar erst Richtung Norden und dann rechts in die Dominikonų. Bei der Nr. 8 liegt die **Heiliggeist-Kirche** (Šv. Dvasios bažnyčia). Von der ersten gotischen Kirche von 1387, die von Kreuzrittern zerstört wurde, sind noch Reste der Kellergewölbe erhalten. 1501 wurde sie dem Dominikanerorden geschenkt, der daneben ein Kloster errichtete (mit schönen Fresken). Sie wurde im 17./18. Jh. im Stil des Barock und Rokoko umgebaut. Das Innere ist mit Stukkofiguren und Fresken üppig ausgestattet. Von hohem Wert ist die **älteste Orgel** Litauens von 1776. Beeindruckend sind auch die 17 Marmoraltäre, die barocke Orgelempore und die Kanzel von 1770. Während der Sowjetzeit war sie als eine der wenigen Kirchen für Gottesdienste offen. Sie ist heute die Hauptkirche der polnischen Gemeinde und wird auch für Konzerte genutzt. Eher unscheinbar ist die Hl. Dreifaltigkeitskirche in der Nr. 12 (im 16. Jh. im gotischen Stil erbaut, Umbau und Bau von zwei Türmen im 18. Jh.).

Danach geht es rechts in die **Stiklių gatvė** (Glaserstraße). Es gibt hier mehrere Gaststätten, Souvenirläden und Hotels. Mit ihren Bürgerhäusern aus dem 15.-19. Jh., hübschen Fassaden, alten Schaufenstern und vielen dekorativen Details ist sie eine der malerischsten Gassen. Auf Höhe des Hotels Stikliai wird man an das **jüdische Viertel** erinnert. Links in der Gaono 3 (gegenüber der österreichischen Botschaft), wo das Tor des „Kleinen Ghettos" lag, ist eine **Gedenktafel** angebracht zur Erinnerung an die 11.000 Bewohner, die hier ihren Todesmarsch antreten mussten. Rechts in der Žydų gatvė („Judenstraße") Nr. 4 steht eine

Jerusalem des Nordens

Wer heute über die **Vokiečių-Straße** („deutsche Straße") geht, ahnt nicht, dass sich dort einst ein Zentrum jüdischen Lebens befand, das seinen Ursprung im ausgehenden Mittelalter hatte. Damals zwang der christliche Fanatismus in Mittel- und Westeuropa viele Juden zur Flucht nach Osten. In Osteuropa fanden sie religiöse Toleranz und bildeten als Händler und Handwerker die neue Mittelschicht. So verlagerte sich Anfang des 16. Jh. der Schwerpunkt des jüdischen Lebens nach Polen, Galizien, Litauen und Russland.

In Litauen gab es **erste jüdische Niederlassungen** schon Ende des 15. Jh. („shtettlech" genannt); in Vilnius (jiddisch: Wilna) wohnten Juden bereits seit 1323, mindestens seit 1633 existierte ein jüdisches Viertel. Die jüdischen Bewohner werden seit jeher **Litvaken** genannt. Sie durften aber erst nur in den dem Magistrat gehörenden Gebäuden wohnen, so Anfang des 17. Jh. nur in den Straßen Žydų, Šv. Mykolo und Mėdinių, nicht aber in der Vokiečių (für sie waren sogar Wohnungen mit Blick auf letztere verboten). Trotz wiederholter Pogrome wurde 1573 mit dem Bau der großen Synagoge begonnen, und das geistige und kulturelle Leben begann zu blühen. Es entstand eine **Talmud-Akademie.** Dort lehrte auch der größte Gelehrte, *Elija ben Salomon Zalman* (1720-97), besser bekannt unter dem Ehrentitel *„Gaon"* (er konnte schon im Alter von 6 Jahren den ganzen Talmud auswendig vortragen). Ab dem 18. Jh. entwickelte sich Vilnius zu einer **Hochburg rabbinischer Gelehrter** und zu einem **Zentrum jüdischer Kultur.** Hier lebten viele Wissenschaftler des Judaismus. Weise der Stadt sollen den Talmud mit seinen 64 Bänden auswendig gekannt haben. Sie schufen bedeutende Literaturwerke in ihrem Jiddisch, der Grundlage des heutigen Literatur-Jiddisch. Im Gegensatz zu den chassidischen Strömungen Osteuropas, eines mystifizierenden, verinnerlichenden Glaubens, herrschte in Vilnius mehr der Geist der Aufklärung, der *Haskala.* Neben der Rabbinerschule und zehn geistlichen Akademien mit jüdischen Studenten aus aller Welt gab es 96 Synagogen, neun Gebetshäuser, jüdische Verlagsanstalten und Druckereien einen Schriftstellerclub, die Strashun-Bibliothek (ab 1902) und 160 jüdische Vereine. Die Pogrome von 1881 und das Erstarken des polnischen und russischen Antisemitismus stürzten den Haskala schließlich in eine Krise. 1897 wurde der **Jüdische Bund,** die größte jüdisch-sozialistische Partei Osteuropas, als Alternative zum Zionismus gegründet. Von 1897 bis 1919 stieg die jüdische Bevölkerungszahl von 64.000 auf 100.000 und stellte **rund ein Drittel der Einwohner.** Die Kinder wurden in jüdischen Schulen unterrichtet, es gab sechs Zeitungen in jiddischer Sprache sowie ein eigenes Theater. 1925 wurde das YIVO („Yidisher Visenshaftliker Institut") gegründet, das die **jiddische Sprache** erforschte und bis 1940 in Vilnius seinen Hauptsitz unterhielt. Vorstandsmitglieder waren u.a. *Einstein* und *Freud.* In Vilnius wurde angeblich das „reinste" Jiddisch gesprochen. Am Ende der polnischen Annexion (1920-39) betrug der Bevölkerungsanteil mit rund 80.000 Juden noch 34 %. Im September 1939 übernahm Russland Ostpolen, löste alle jüdischen Organisationen auf und deportierte ihre Leiter. Unterdessen flohen viele polnische Juden vor den Nazis nach Vilnius.

Im Juni 1941 besetzte die deutsche Wehrmacht Vilnius, und am 6. September wurden auf dem Gebiet des jüdischen Viertels, getrennt durch die Vokiečių gatvė, **zwei Ghettos** errichtet. Das kleinere existierte nur 46 Tage. Die rund 11.000 Bewohner wurden im Wald von Paneriai erschossen. Im **großen Ghetto** entwickelte sich trotz weiterer Aktionen, bei denen über 26.000 Juden den Tod fanden, ein **eigenständiges Leben.** Etwa 20.000 Bewohner (davon 12.000 legale) unterhielten Fürsorgeeinrichtungen, ein medizinisches Versorgungssystem, Schulen, ein Gericht, Polizei und ein Ghettotheater. Verantwortlich für die Organisation des alltäglichen Lebens war der **Judenrat.** Wer nicht in die Arbeitslager kam, wurde in **Konzentrationslager** nach Lettland und Estland deportiert oder im Wald von Paneriai (s. dort) erschossen.

Widerstandskämpfer unterschiedlicher politischer Richtungen vereinigten sich zur FPO *(Farejniikte Partisaner Organisazje).* Sie konnten zwar keinen Aufstand organisieren, ermöglichten aber bis zur endgültigen Auflösung des Ghettos am 23. September 1943 rund 6000 Menschen die Flucht.

Die Ghettos wurden 1944 von den Sowjets vollends zerstört, die Große Synagoge in die Luft gesprengt. Der **23. September** ist heute der **Gedenktag an den Holocaust,** der in keinem anderen Land so brutal umgesetzt wurde wie hier. Nur etwa 800 Ghettobewohner überlebten ihn. Die Bevölkerung von Vilnius sank größtenteils deswegen von 209.000 vor Kriegsbeginn auf nur noch 110.000. Einige Historiker behaupten, dass die meisten Juden **unter Beihilfe oder direkt von Litauern** ermordet wurden (aus Rache, da sie die Juden für Spitzel und Helfer der Sowjets hielten. Von 25 Polizeibataillonen waren 10 aktiv an Verbrechen gegen Juden beteiligt). Überlebende sagten auch, dass die litauischen Kommandos oft noch grausamer als ihre deutschen Vorgesetzten handelten. Auch heute wird nicht gern über das dunkle Kapitel gesprochen, man liest meist nur von „örtlichen", nicht jedoch von litauischen Kollaborateuren. Von den jüdischen Gedenkstätten abgesehen werden die Sowjets allgemein in einem viel schlechteren Bild als die deutschen Besatzer gezeigt. Das heutige Verhältnis zu den Juden ist immer noch etwas belastet, und in Vilnius leben zur Zeit nur noch **3500 jüdische Einwohner.** Andererseits gibt es Pläne, mit westlicher Hilfe Teile des Ghettos wiederaufzubauen und viele Gedenk- und Hinweistafeln anzubringen.

Infos beim **Zentrum für Toleranz,** Naugarduko 11, Tel. 2663818, beim **Chabad Lubavitch Zentrum,** www.jewish.lt, Tel. 2150387, und bei der **Universität** unter www.yiddishvilnius.com, Tel. 2687187. Weitere Kontaktadressen, auch zu **Führungen** durch das jüdische Vilnius, findet man im Stadtführer „Vilnius in your pocket".

Vom früheren „Jerusalem des Nordens" mit seinen 105 sakralen Stätten ist bis auf die **Synagoge** und die später angebrachten **Gedenktafeln** (s. Rundgänge) nichts mehr geblieben. Auch nach dem Krieg löschten die **Sowjets** jüdisches Kulturgut aus. 1957 wurden die Friedhöfe im Kalnų-Park und auf dem heutigen Žalgiris-Stadion geräumt und die Grabsteine auf dem **Saltoniškių-Friedhof** aufgestellt, soweit sie nicht zu Gehwegplatten benutzt wurden (diese wurden 1991 der jüdischen Gemeinde zurückgegeben). Dort liegt auch das **Grab des Gaon,** heute wieder eine jüdische Pilgerstätte (Anfahrt mit Bus 7, Zugang von der Ažuolyno). Beim Žalgiris-Stadion steht ein Denkmal für den dortigen ehemaligen Friedhof.

Im **jüdischen Gemeindezentrum** (Tel. 2613003, www.litjews.org) in der Pylimo 4 befindet sich im 1. Stock eine Filiale des **Staatlichen Jüdischen Museums** (Tel. 2620730, www.jmuseum.lt), u.a. mit einer Ausstellung über die Große Synagoge. Der Ghettoalltag sowie der Holocaust in Vilnius und anderen Orten wird im Hauptteil des Museums, im „Grünen Haus" in der Pamėnkalnio 12 (das Gässchen hoch hinter Hausnummer 2) bewegend dargestellt (Tel. 2624590). Beide Museen sind Mo-Do 9-17 Uhr und Fr 9-16 Uhr geöffnet (Führung auch auf Deutsch) und liegen auf dem „Rundgang im Neuen Zentrum" (s.u.).

Für den japanischen Konsul **Sugihara,** der 1939-40 rund 6000 Juden das Leben rettete (s. Museum in Kaunas) wurde ein **Denkmal** westlich vom Hotel Reval Lietuva aufgestellt.

Bronzebüste des Gaon auf dem Platz seines früheren Hauses. Links davon an der Stelle des heutigen Kindergartens stand die **Große Synagoge** (1573) und die berühmte **Strashun-Bibliothek** (1902). Zurück geht es zur Stiklių, wo man in der Nr. 3 das **Leinenmuseum** besichtigen kann (Tel. 2610213), bevor diese in den Rathausplatz (s.u.) mündet. Die nächste Tour beginnt am südlichen Teil der Pilies gatvė, so dass man erst ein kurzes Stück Richtung Norden gehen muss.

Die russisch-orthodoxe St.-Nikolai-Kirche

Rundgang durch die südliche Altstadt

Ausgangspunkt ist die Stelle, wo der „Rundgang durch die nördliche Altstadt" zur Universität abbiegt (s.o.). Im Signatorenhaus mit der Neorenaissance-Fassade in der Pilies 26 mit der Aufschrift **„Signatura namai"** wurde am 16. Februar 1918 die Unabhängigkeitserklärung unterzeichnet und auf dem Balkon verkündet. Heute finden sich hier das Zentrum für Geschichte und Kultur und ein Museum (geöffnet Mo-Do 8-17 Uhr, Tel. 2314442). In der Nr. 40 im ersten Stock des **Šlapeliai-Hauses** aus dem 17. Jh. befindet sich ein Museum über Aktivisten der nationalen Befreiungsbewegung im 19./20. Jh. (Mi-So 11-16 Uhr, Tel. 2610771). Hier am Beginn der Didžioji gatvė liegt ein **Souvenirmarkt.** Die ideale Kulisse für den **Bildermarkt** bietet die Kirchenmauer der malerischen russisch-orthodoxen **Paraskovila-Piatnickaya-Kirche.**

Hier auf dem Platz eines Heidentempels für *Ragutis,* den Gott des Bieres, wurde 1345 noch vor der Christianisierung Litauens die erste Steinkirche von Vilnius für die erste Frau des Großfürsten *Algirdas* gebaut. Anfang des 17. Jh. gehörte sie dem Basilianerorden, der sie als Gasthaus benutzte, bevor sie 1655 renoviert wurde. *Peter der Große* besuchte 1705 die Kirche, und schenkte ihr 1709 die Siegesflagge von der Schlacht gegen die Schweden in Poltava in der Ukraine. Hier taufte er 1705 auch *Hannibal,* Alexander Pushkins Urgroßvater, der ein äthiopischer Sklave und ein Geschenk des Sultans der Türkei an den Zaren war. Die Kirche wurde 1863 mit beim Zarenaufstand konfiszierten Geldern im neobyzantinischen Stil neu errichtet. Gegenüber in der Nr. 1 im französischen Kulturzentrum residierte die Behörde der Schatzkammer der Großen Armee Napoleons. Damals übernachtete hier auch der berühmte französische Schriftsteller *Stendal.*

Gegenüber im großen Hof liegt der **Chodkeviciai-Palast** aus dem 17. Jh., rekonstruiert im 19. Jh. Sein Inneres schmücken Stukkos im spätklassizistischen Stil. Er beherbergt heute die **Gemäldegalerie** *(Paveikslū galerija)* mit Ausstellungen litauischer Kunst vom 16.-20. Jh. (u.a. Gemälde, Grafiken, Skulpturen). Im Hof finden Konzerte statt (Didžioji 4, Di-Sa 12-18, So 12-17 Uhr, Tel. 2124258, www.ldm.lt). Das Haus Nr. 10 ist reich verziert. Bei Nr. 12 findet man die prachtvoll restaurierte russisch-orthodoxe **St.-Nikolai-Kirche** (Šv. Mikalojaus cerkvė) mit ihrem dominanten Kirchturm. Die ursprüngliche Holzkirche ließ *Algirdas'* Frau *Juliana* 1350 in eine Steinkirche umbauen. Der Altar und der Großteil der Fassade ist gotisch-byzantinisch, nach den Bränden 1747/48 wurden barocke Elemente hinzugefügt. 1865 erhielt sie auch Elemente im russisch-byzantinischen Stil.

Schräg gegenüber beim Gebäude Nr. 17/1 stand im 14. Jh. eine der ersten Kirchen von Vilnius, die im 16. Jh. in eine **gotische Ziegelkirche** umgebaut wurde, von der heute noch Fragmente erhalten sind. Hier residiert heute das Forschungszentrum für Genozid und Widerstand.

Die Didžioji verbreitert sich dann zu einem großen, dreieckigen Platz, dem **Rotušės aikštė** (Rathausplatz). Hier fällt der Blick zuerst auf die wuchtige Säulenfront des klassizistischen **ehemaligen Rathauses,** das an der Südseite den Platz beherrscht. Dieses tempelartige, zweigeschossige und quadratische Bauwerk mit dem auf erhöhten Stufen errichteten dorischen Säulenvorbau ist wie die Kathedrale ein Werk des Architekten *Laurynas Stuoka-Gucevičius.* Es wurde zwischen 1785 und 1799 errichtet. Der Architekt starb jedoch kurz vorher. Es dient heute als **Palast der Künstler** *(Menininkų rūmai)* mit Ausstellungen moderner Kunst und als Konzertsaal (Didžioji 31, 9-18 Uhr, Tel. Tel. 2618007). Hier finden sich auch ein **Touristinformationsbüro** (Tel. 2626470, Mo-Fr 9-18, Sa 10-18 Uhr) und die **Gedenktafel** für die Anerkennung der Altstadt als UNESCO-Weltkulturgut.

An dieser Stelle kreuzten sich einst die Handelswege und es entstand ein Markt, um den Geschäfte, Lager, Büros, Wohnhäuser etc. angelegt wurden, so dass sich der Platz zum Mittelpunkt der Stadt entwickelte. Hier sollen 1333 die sieben Franziskanermönche getötet worden sein (s. Berg der drei Kreuze). Der Platz war das **wirtschaftliche** und **gesellschaftliche Zentrum** der Stadt. Hier fanden Handelsmessen, Konzerte und Festivals statt, hier wurden Verbrecher ausgepeitscht und es traten Wanderzirkusse auf. Heute werden auf dem Platz auch

Staatsempfänge und Zeremonien abgehalten. Ende des 14. Jh. wurde hier das erste Rathaus im Gotikstil mit Uhrturm und Kuppel gebaut. Es war zugleich Magistrat, Gericht, Gefängnis, Archiv und Arsenal. Nach Bränden in den Jahren 1748/49 war das alte Rathaus trotz intensiver Bemühungen nicht mehr zu retten. Der Bau, der heute an seiner Stelle steht, diente 1810-1924 als Stadttheater. 1940-91 stand hier das städtische Kunstmuseum, bis 1991 war es das Litauische Kunstmuseum. Rechts dahinter liegt an der Vokiečių gatvė 2 das **Zentrum für moderne Kunst,** mit wechselnden Ausstellungen verschiedenster Epochen, Genres und Länder (Di-So 11-19 Uhr, Tel. 2623476, www.cac.lt).

Wer sich für die **jüdische Geschichte** interessiert, kann einen **Abstecher** in das ehemalige **„Große Ghetto"** machen. Die Rudninkų gatvė führt zum damaligen „Sitz des Judenrats" in der Nr. 8, in dessen Hof eine **Gedenktafel** an die 1200 Juden erinnert, die für den Marsch nach Paneriai „auserwählt" wurden. In dem früheren Oginski-Palast findet sich heute das **Restaurationszentrum für Museumsschätze.** An der Stelle des Ghettotors an der Nr. 18 zeigt eine Gedenktafel die Lage der zwei Ghettos. In der Nr. 20/1 liegt die **frühbarocke Allerheiligenkirche** der **Karmeliter** vom 17. Jh., der Glockenturm wurde 1743

Philharmonie

027li-Foto: gs

errichtet. Während der Sowjetzeit war hier das Folkloremuseum.

Nicht weit entfernt in der Pylimo 39 liegt die einzige erhaltene von früher rund 100 **Synagogen** (geöffnet So-Fr 10-14 Uhr). Sie wurde 1903 im maurischen Stil erbaut und während der Nazi-Zeit als Medikamentenlager genutzt. Auf dem Rückweg zum Rathausplatz sieht man rechts von der Karmelitų (sie begrenzte das Ghetto im Osten) ein **Denkmal** an die Lazdynų Pelėda („Haselnusseule"), ein Synonym für ein schriftstellerisches Schwesternpaar. In der Arklių liegen das **Jugend- und das Puppentheater.**

Auf der gegenüberliegenden Seite des Rathausplatzes liegt an der Didžioji 34 die **Kirche des Heiligen Kasimir,** *(Šv. Kazimiero bažnyčia),* des litauischen Nationalheiligen. Ihren Grundriss bildet ein so genanntes „lateinisches Kreuz" (ein langes Mittelschiff, das von einem Querschiff gekreuzt wird). Darüber erhebt sich die 40 m hohe monumentale Kuppel, die größte in Vilnius. Der **Dachabschluss in Form einer Krone** erinnert an die fürstliche Abstammung des Heiligen. Zwei Jahre nach seiner Heiligsprechung wurde die dreischiffige Kirche 1604-1615 durch die Jesuiten als erste Barockkirche von Vilnius errichtet. Und da sie 1618 dem Nationalheiligen Litauens geweiht wurde, entwickelte sie sich zu einem religiösen Zentrum. Im Verlauf ihrer wechselvollen Geschichte wurde die Kirche mehrfach umgebaut. 1812 wurde sie von Napoleons Soldaten als Getreidelager missbraucht. Während der Zarenzeit verwandelte man sie ab 1832 in eine russisch-orthodoxe Kirche und baute sie 1864-68 entsprechend um. Die beiden Türme wurden auf die heutige Höhe „gestutzt" und mit (nicht mehr vorhandenen) Zwiebeldächern versehen. Auch die „Krone der Jagellonen" auf der Kuppel ereilte das gleiche Schicksal. Die Fresken wurden übermalt, die Fassade mit Schnörkeleien im Stil des Neo-Rokoko versehen. 1915 wurde sie nach der Besetzung Litauens durch die Deutschen als Gebetshaus der Lutheraner (ebenso wie 1941) benutzt, 1917 an die Jesuiten zurückgegeben, die sie weitgehend im alten Stil rekonstruierten (das Kloster befindet sich hinter der Kirche). Unter den Sowjets wurde sie als Weinlager, 1965-88 als Museum des Atheismus entweiht. Seit 1991 finden wieder Gottesdienste statt, manchmal auch Konzerte (geöffnet 10-18.30, So 15-18.30 Uhr).

Erhalten sind noch die drei spätbarocken Marmoraltäre von 1755 und auch einige Fresken aus dem 17. Jh. in der Krypta. Das **Windspiel** in den Türmen mit der Melodie „Die Glöckchen für den Hl. Kasimir" bewegt sich auch bei schwachem Wind.

Ab hier geht die Didžioji in die **Aušros Vartų** über, die wohl schönste Straße der Altstadt. Sie war seit jeher berühmt wegen der Kirchen dreier Konfessionen auf engstem Raum.

Bei dem kleineren Platz liegt an der Nr. 5 die **Staatliche Philharmonie,** ein prunkvolles Gebäude von 1902, im Stil des Historismus, in dem 1906 die erste Nationaloper, „Birutė" von *Mikas Pe-*

trauskas, uraufgeführt wurde. Im Giebel des Gebäudes ist das Stadtwappen, der hl. Christophorus mit dem Jesuskind, zu sehen.

An der Nr. 7 steht das prachtvoll spätbarocke **Tor des Basilius-Klosters,** dessen fließende Formen der Architekt *Johann Glaubitz* 1761 schuf. Mit fast 18 m Höhe und fast 11 m Breite ist es eines der größten Tore Litauens. Oben prangt das Relief „Hl. Dreifaltigkeit mit dem Erdball".

Hinter dem Tor liegt das zurzeit verwahrloste Kloster, das an der Stelle errichtet wurde, an der im 14. Jh. drei orthodoxe Märtyrer starben. 1596-1827 war hier eine bedeutende Klosterdruckerei. 1607-1807 und wieder seit 1991 wird es vom griechisch-katholischen Basilianerorden (Unitarier) genutzt, zwischenzeitlich von der russisch-orthodoxen Kirche. Die würfelförmige **Dreifaltigkeitskirche** (1514) hat gotische, barocke und russisch-byzantinische, der Turm spätbarocke Elemente. In einem der Klostergebäude war ein Gefängnis untergebracht, in dem auch *Adam Mickiewicz* einige Zeit gefangengehalten wurde.

Danach beginnt die Straße etwas anzusteigen und öffnet den Blick auf das Aušros-Tor an ihrem Ende. Sie ist auf diesem Abschnitt von gut erhaltenen **alten Bürgerhäusern** verschiedener Epochen gesäumt. Restauriert wurde hier unter anderem ein Backsteingebäude mit gotischem Unterbau aus dem 16. Jh. und einem stufenförmigen Renaissancegiebel mit bunten Verzierungen (Haus Nr. 8; Restaurant Medininkai).

Etwas im Hintergrund, jenseits eines neo-byzantinischen Torbogens und eines großen Hofes, erblickt man die Kuppel der **Heiliggeist-Kirche** *(Stačiatikių Šv. Dvasios Cerkvė).* Sie ist die bedeutendste russisch-orthodoxe Kirche Litauens, Sitz des Erzbischofs von Vilnius sowie das landesweit einzige orthodoxe Gebäude im Frühbarockstil mit Rokokoeinschlag. Von außen wirkt sie etwas schlicht, doch ein Besuch lohnt sich wegen der prunkvollen Barockausstattung und der wertvollen Ikonen. Von hohem künstlerischen Wert sind die große Barockikonostase aus Marmor mit vielen Gemälden (geschaffen 1753-57 von *J. K. Glaubitz*) und der grüne Altar. Die gut erhaltenen **Leichname** der 1347 am Hof des Großfürsten *Algirda* zu Tode gefolterten drei Märtyrer *Antonius, Iwan* und *Eustachius* liegen in einer Krypta am Anfang der Treppe unter dem Altar (man kann sogar ihre Füße sehen). Die Überreste der drei sind an Weihnachten mit weißen, in der Karwoche mit schwarzen und ansonsten mit roten Tüchern verhüllt. Am 26. Juni jeden Jahres werden sie sogar enthüllt; dann werden ihnen besondere Heilkräfte nachgesagt. Die 1597 aus Holz gebaute Kirche in dem traditionell von Russen bewohnten Stadtteil wurde 1632-1638 durch eine Steinkirche ersetzt, nach dem Brand 1749 unter *J. K. Glaubitz* wieder aufgebaut. Die Kuppel wurde 1873 aufgesetzt. Auf dem Grundstück befinden sich auch russisch-orthodoxe Mönchs- und Nonnenkloster, 1584 gegründet von der Brüderschaft der *Hl. Theresa.* In der

Klosterdruckerei dieser Kirche in Vievis wurde die erste „Slawische Grammatik“ gedruckt.

Wenig weiter ragt die frühbarocke **St. Theresienkirche** *(Šv. Teresės bažnyčia)* empor. Am Giebel der Hauptfront der dreischiffigen Kirche vom Basilikatyp sowie über dem Portal sieht man das Wappen der Stifterfamilie *Pacas* (vgl. St.-Peter-und-Paul-Kirche). Für die Fassade wurden ausschließlich teure Materialien wie Granit, Marmor und schwedischer Sandstein verwendet. Unter dem Haupteingang führt eine Treppe in die Begräbniskapelle. Zusammen mit dem dahinter liegenden Kloster des „Barfüßigen Karmeliterordens“ wurde sie zwischen 1633 und 1655 gebaut. Das Kloster wurde 1844 geschlossen, heute befindet sich hier die Technische Universität. Das üppig verzierte Innere der Kirche ist im Rokoko- und Spätbarockstil gehalten. Sehenswert sind u.a. die Deckenfresken mit Szenen der Heiligen Theresa, die acht vergoldeten Seitenaltäre sowie der zweiteilige Hauptaltar mit wertvollen Gemälden. Rechts von ihm erreicht man durch einen Korridor die 1783 gebaute **Stifterkapelle** der Familie *Pacas*. Diese ist mit der Kapelle im Aušros Vartai-Tor (s.u.) durch einen Kreuzweg verbunden, jedoch nicht immer zugänglich.

Das am südlichen Rand der Altstadt gelegene dreistöckige **Aušros-Vartai-Tor** („Tor der Morgenröte“) aus dem Jahr 1514 im Renaissance-Stil wird auch „Medininku-Tor“ genannt. Es ist das letzte noch erhaltene **Stadttor** und auch heute noch mit Teilen der alten Stadtmauer verbunden (s.u.). Seinen Namen bekam es dadurch, dass alle Händler auf dem Weg nach Minsk, der Medininkai-Burg usw. erst durch dieses Tor mit einer Ziehbrücke über den Wehrgraben fahren mussten. Dass es nicht ebenso wie die übrigen acht Tore von den Russen um 1800

087li-Foto: gs

Aušros-Torkapelle mit Madonna

Vilnius und Südosten

abgerissen worden ist, verdankt es der **Ikone,** die sich in der **Tor-Kapelle** befindet. Sie ist auch durch eine Nische von der Straße her sichtbar, so dass Gläubige zu dem Torbogen aufblicken und sich bekreuzigen.

Durch einen Eingang links vor dem Tor führen 40 Stufen hoch zur Kapelle. Am Eingang ist eine Gedenktafel zum Besuch von Papst *Johannes Paul II.* angebracht, der 1993 die Kapelle besuchte und eine purpurne Kardinalsmütze als Geschenk hinterließ. Hier bieten alte Frauen Ikonenbildchen, Rosenkränze etc. feil (der Weg links hinter dem Eingang führt zum Kreuzweg und zum Inneren der St. Theresienkirche, falls deren Hauptportal geschlossen sein sollte, s.o.). Die „Hl. Jungfrau Maria Mutter der Barmherzigkeit", wegen ihrer Hautfarbe auch **„Schwarze Madonna"** genannt, stammt von einem unbekannten Meister und ist von einem Silberrahmen und einem prachtvollen Altar umgeben. Das Bild ist auf acht Eichenbrettern gemalt und wurde später öfters umgemalt, allein die Hände achtmal. Da sie ohne das Jesuskind ist, vermutet man, dass es das Portrait einer „weltlichen" Dame ist, vermutlich von *Barbora Radvilaitė* (ihr Grab ist in der Kathedrale). Anderen Quellen zufolge hat Fürst *Algirdas* das Bild schon 1363 von der Krim mitgebracht. Karmeliter-Mönche der Theresien-Kirche erklärten 1671 die Madonna für **wundertätig** und bauten für sie eine Holzkapelle im Stadttor, worauf diese zu einer der bedeutendsten religiös-nationalen **Pilgerstätten** für Abertausende von gläubigen Litauern, Polen, Ukrainern etc. wurde und heute noch ist, sowohl für Katholiken als auch für Russisch-Orthodoxe.

Das Bildnis der Mutter Gottes soll eines Nachts über der Stadt geschwebt haben, so dass sie als Dank für ihren Schutz ein Silberkleid übergezogen bekam, das mit Nägeln befestigt wurde (bei der Restaurierung im Jahr 1927 wurden 2687 Nagellöcher gezählt). Nach dem Brand 1715 wurde sie in eine andere Kapelle gebracht und 1829 in die inzwischen neoklassizistisch umgebaute Tor-Kapelle zurückgebracht. 1927 sandte der Papst eine Krone, um die wundertätige Madonna zu krönen. Viele Kirchen der Welt haben ein Bildnis dieser Madonna, auch die St.-Peter-und-Paul-Basilika im Vatikan. Rund 8000 Geheilte und Getröstete haben sich mit Herzen und Skulpturen aus Silber bedankt oder als Bitte um Gottes Hilfe diese **Votivgaben** an den silbernen Wandpaneelen neben der Madonna befestigt. Besonders viele Gläubige kommen zum **Feiertag der Madonna** am 16. November.

Ebenso verehrt wird das **Fresko** „Erretter der Welt" in einer Nische an der **Südseite** des Tors. Hier sieht man zwischen Schießscharten ein Kreuzgeschmiede (1920-39 prangte hier das polnische Staatswappen), darüber ein kleines Medaillon von *Hermes,* dem Schutzgott der Kaufleute. An dem erst im 17. Jh. im Stil der Spätrenaissance aufgesetzten **Attikum** sind das von Greifen gehaltene Staatswappen und dekorative Blindfenster zu sehen. Mit dem Rücken zum Tor geht es nach links an den streckenweise gut erhaltenen **Stadtmauerresten** (s. Geschichtsteil) entlang der Šv. Dvasios zur **Bastei der Wehrmauer** *(bastėja)* in der Bokšto 20/18. Der Eingang ist auf der Westseite. Sie wurde Anfang des 17. Jh. zum Schutz gegen Russen und Schweden in der Form eines italienischen Verteidigungssystems gebaut. Vom Turm in der Ringmauer führt ein 48 m langer, unterirdischer Treppentunnel zum hufeisenförmigen Kanonenraum. Im 19. Jh. war hier ein Waisenhaus untergebracht. Später wurde die verwahrloste Bastion als Müllplatz benutzt, unter dem 1828 die Decke einbrach. Damals ging die Legende eines in der Bastion schlafenden Drachens in der Stadt um. Heute sind Waffen etc. bis zum Ende 18. Jh. zu sehen (Di-Sa 10-17 Uhr, So 10-15 Uhr, Tel. 2612149, www.lnm.lt).

Rund um die Bastei bietet sich vor allem bei Sonnenuntergang ein schönes **Panorama,** auch auf die Republik Užupis. Dieser Ort wurde im 18. Jh. als „Paradies" bezeichnet und wird auch heute noch von Liebespaaren besucht. Weiter nach Norden bergab, an der spätbarocken Hl.-Jungfrau-Mariakirche der Augustiner (1746-68) vorbei, geht es links in die Savičiaus, wo in der Nr. 11 das **M. K. Čiurlionio-Museum** liegt. Der Künstler (s. Exkurs „Mikalojus Konstantinas Čiurlionio") lebte und arbeitete hier 1907/8 einige Monate. Hier steht auch sein Piano (Mo-Fr 10-16 Uhr, manchmal Konzerte, Eingang durch die Seitentür, Tel. 2622451). Von hier ist es nicht weit zurück zum Rathausplatz.

Republik Užupis

Das alternative, nur etwa 60 ha große Užupis-Viertel wird als **„Montmartre von Vilnius"** bezeichnet, weil hier viele **Künstler** leben und viele Ausstellungen, Galerien und Künstlerwerkstätten zu sehen sind. In dem Stadtteil wohnen mittlerweile auch Prominente, unter ihnen der jetzige Bürgermeister. „Užupis" bedeutet „jenseits des Flusses", und dieses Image hat es bis heute. Erwähnt wurde der Bezirk im 15. Jh. als Vorstadt von Vilnius, obwohl er auch heute noch mehr an ein Dorf erinnert. Schon damals haftete ihm der Makel eines Armenviertels an. Er ist nicht so sauber, viele Häuser bedürfen einer Renovierung, aber er hat eben „das gewisse Etwas". Das Viertel wird im Süden und Westen durch den Fluss Vilnia begrenzt, der nur über fünf Brücken überquert werden kann.

Die rund 2000 Bewohner „scherzen" gern, dass sie sich jederzeit von Vilnius loslösen könnten, und haben deshalb als **PR-Gag** am 1. April 1997 die **„Republik Užupis"** ausgerufen, was man u.a. auf Straßenschildern erkennen kann. Die Einwohner haben spezielle Pässe, einen Präsidenten, einen Bischof, einen Botschafter in Moskau, eine Armee aus zwölf Männern, eigene Briefmarken, die Zeitung „Užupis Herald" und eine Verfassung mit eigenartigen 41 Artikeln, die zeigen sollen, dass hier Ironie und Freude regieren. Die „offizielle Regierungsbehörde" ist die **Užupio Kavinė,** eine Kneipe gleich hinter der Brücke in der Užupio 2 (Tel. 2122138, 10-23 Uhr). Eine Gedenktafel erinnert an den Freundschaftsvertrag mit Montmartre vom August 1998. Dort bekommt man auf Wunsch ein Visum in den Pass gestempelt. Persönlichkeiten wie z.B. der *Dalai Lama* bei seinem Besuch 2001 erhielten schon die Ehrenbürgerschaft.

Um den satirischen Aspekt der Loslösung zu unterstreichen, wurde der **Nationalfeiertag** auf den 1. April, den Tag der Streiche, gelegt. Nach einem besonderen Kalender werden hier auch eigentümliche **Feste** gefeiert, z.B. das Neujahrsfest am 21. März (Verbrennung aller Stereotypen), Ende Juni das Wasserfestival oder am 2. November der Nistkastentag (Infos unter Tel. 620083, www.uzupis.com).

„Schutzpatron" ist das verstorbene Rockidol **Frank Zappa** (vgl. sein Denkmal, s.u.). Seit einer Künstleraktion 1998 hängen an einigen Häusern **satirische Schilder** wie z.B. „Užupis Sheraton". An der Ecke Užupio, Malūnų, Paupio steht eine 4 m hohe **Säule mit einem Engel mit Posaune,** das Staatssymbol der Republik. Es gibt interessante **Galerien** in der Užupio Nr. 2 und 3 bzw. in der Paupio 2 und 5.

In der Malūnų gatvė, nahe dem Fluss, steht ein langes Haus mit wenigen Fenstern; es war das 1495 gegründete **erste Frauenkloster** der Stadt, das Bernardinerkloster von Užupis. Da sie keine eigene Kirche hatten, mussten die Nonnen immer über eine (heute nicht mehr vorhandene) Brücke zum gleichnamigen Männerkloster auf der anderen Seite der Vilnia gehen.

In der Upio gatvė stößt man erst auf das spätklassizistische Honestai-Schloss vom 19. Jh., bevor man in der Nr. 17 a die Kirche des *Hl. Baltrameus* sieht, die kleinste Kirche der Stadt. An der Stelle einer Holzkirche vom 17. Jh. wurde die jetzige 1824 erbaut. Seit 1878 hängt darin das Bild der Hl. Jungfrau Maria, das früher im Trakai-Tor seinen Platz hatte. Während der Sowjetzeit war hier eine Werkstatt, heute gehört sie der katholischen Gemeinde der Weißrussen. Auf dem Friedhof des früheren Bernhardinerklosters in der Žvirgždyno 3 an der Vilnia liegen Persönlichkeiten aus älterer Zeit begraben.

243lj Foto: gs

Offizielle Regierungsbehörde der „Republik Užupis"

„Grenzübergänge“: Die „Republik“ liegt östlich der Altstadt. Von den fünf Brücken liegt die Užupio-Brücke am zentralsten und ist einfach zu erreichen (z.B. von der Pilies zu Fuß in 5 Minuten via Latako und Rusų). Sie wird auch mit Linienbus 11 befahren.

Direkt vor der Brücke an der Maironio 12 an einem beliebten Picknickplatz liegt die russisch-orthodoxe **Muttergottes-Kirche** *(Skaisčiausios dievo motinos cerkvė).* Das schneeweiße Gotteshaus war die erste Kirche dieses Glaubens in Vilnius und ist auch heute noch die größte. Sie ist prachtvoll mit georgischen Motiven und vielen Gemälden ausgestattet. An den Marmortafeln stehen die Namen der russischen Soldaten, die beim Aufstand 1863 starben. Ein Geschenk des Zaren *Alexander II.* ist das Muttergottesbild von 1870 an der rechten Säule. Teile des ursprünglich gotischen Mauerwerks sind noch an der Außenfassade zu sehen. Die Fassade und die Kuppel ähneln der georgischen Architektur des Mittelalters. Die Kirche soll Mitte des 14. Jh. von *Algirdas'* Ehefrau *Juliana* in Auftrag gegeben worden sein, in der sie auch begraben ist. 1516 fand hier auch die Ehefrau von Zar *Alexander* ihre letzte Ruhestätte. Die Kirche wurde nach den Bränden von 1610, 1716 und 1748 immer wieder aufgebaut. Die Universität übernahm sie 1808, der Architekt *M. Schultz* unterteilte sie 1810 in zwei Stockwerke. Von 1842-60 wurde sie als Militärbaracke, dann als Archiv, Lagerhaus und sogar als Schmiede missbraucht. 1865-68 baute man sie wieder zur Kirche um.

Rundgang durch das Neue Zentrum

Das Neue Zentrum erstreckt sich westlich der Altstadt und wird im Norden und Westen durch die Neris begrenzt. An der Hauptachse, dem **Gedimino prospektas,** findet man zahlreiche Cafés, Restaurants, Banken, Hotels, Ministerien, Geschäfte, Kirchen und Denkmäler. Mit dem KGB-Museum und dem Parlament ist er auch von historischer Bedeutung. Er verbindet die vier größten Plätze der Stadt und führt schnurgerade ca. 1,5 km von der Kathedrale bis zur Neris im Westen.

Bis zur Mitte des 19. Jh. war dieses Gebiet, das nach seinem Besitzer *Luka* den Namen Lukiškės trug, nur spärlich besiedelt. 1852 wurde es durch den Bau des heutigen Gedimino prospektas erschlossen, an dem Verwaltungs- und Geschäftshäuser entstanden und der bis heute die **Haupteinkaufsstraße** von Vilnius ist. Seit damals musste der Boulevard elf Namensänderungen über sich ergehen lassen.

Der Rundgang beginnt am **Kathedralen-Platz.** Auf dem ersten Abschnitt des Gedimino prospektas bis zum V. Kudirkos-Platz, einer neu gestalteten Fußgängerzone, kommt man vor allem an Gebäuden der Wende vom 19. zum 20. Jh. vorbei, in denen wissenschaftliche und kulturelle Institutionen ihren Sitz haben, z.B. die Akademie der Wissenschaften in der Nr. 3. Hier ist eine Gedenktafel angebracht für die Unabhängigkeitsbewegung Sajudis, die am 3.6.1988 gegründet wurde; s. „Geschichte“). Das Schuhgeschäft in der Nr. 2 zieren Schokolade essende Bärenfiguren, Überbleibsel des Schokoladengeschäfts aus der Zarenzeit Anfang des 20. Jh. In der Gedimino 4 links erhebt sich das **Staatliche Schauspielhaus** und das Oskar-Koršunovas-Theater. Über dem Eingang stehen die Skulpturen der drei heiteren, dramatischen und tragischen Musen. Am Eckhaus Totorių 2/8 ist das **Bankenmuseum** untergebracht (Tel. 2680333, www.lbankas.lt). In der Totorių 20 findet sich das **Museum für kulinarisches Erbe** (Tel. 69810081).

Vorbei am **Hauptpostamt** (Haus Nr. 7) gelangt man zum V. Kudirkos-Platz, dem **Savivaldybes aikšte** an der Kreuzung mit der Vilniaus gatvė. Dahinter liegt das **Regierungsgebäude** (Nr. 11), hinter diesem der **Kongresspalast** (Vilniaus 6/14; auch Veranstaltungsort für Konzerte), und links von ihm das **Opern- und Balletttheater** (Eingang in der Vienuolio).

Kleiner Abstecher: Die Vilniaus führt auf die nördliche Seite der Neris. Es lohnt sich, zumindest bis zur **Zaliasis tiltas** („Grüne Brücke“) zu gehen. Sie war die erste Steinbrücke über die Neris (1536), die jedoch 1944 gesprengt und 1952 wiederaufgebaut wurde. Davon zeugen noch die vier sozialistischen Heldengruppen als Eckpfeiler. Von der Brücke hat man einen guten Blick auf den Berg der 3 Kreuze (s.o.), die zweitürmige **St.-Raphaelskirche** (Šv. Rapelo bažnyčia) aus dem 18. Jh. mit dem Jesuitenkloster linkerhand und ein Schlösschen von 1920 rechterhand (heute eine Pizzeria).

Wer will, kann die 103 m lange Brücke überqueren und hinter der Kirche links in eine **Fußgängerzone** einbiegen. Dort liegen u.a. das Planetarium (auf unbestimmte Zeit geschlossen, www.astro.lt), ein Kaufhaus und zwei Hotels. Auf der anderen Seite des Konstitucijos prospektas am Europaplatz steht der 146 m hohe **Europaturm** (Business- und Einkaufszentrum; Gastronomiebetriebe, www.europa.lt). Er ist Teil des neuen Verwaltungszentrums mit dem Neuen Rathaus. Zurück zum Gedimino prospektas gelangt man über die gleiche Brücke

244li Foto: gs

Im KGB-Museum

oder über die weiter westlich gelegenen Radfahrer- und Fußgängerbrücke Baltasis („Weiße Brücke"). Daneben liegt im Sommer ein **künstlicher Strand** (s. „Sport und Erholung").

Auf dem Gedimino prospektas passiert man in der Nr. 17 das Ministerium für Transport und Verkehr und in der Nr. 19 das Landwirtschaftsministerium. Vor dem Hotel Scandic Neringa liegt der Gedimino-Markt.

Ein Stück weiter, vorbei am Justizministerium (Nr. 30/1), in einem kleinen Park zwischen Nr. 27 und 29 steht das **Denkmal** für *Julija Žemaitė*, das an die litauische Schriftstellerin (1845-1921) erinnert, die in ihren Werken über das Leben der Bauern im ausgehenden 19. Jh. schrieb. Man nennt sie auch die „stille Größe Litauens".

Danach gelangt man zum **Lukiškių aikštė,** dem früheren Leninplatz. Hier wurden 1863 die Rädelsführer des Aufstands gehängt bzw. spätere Freiheitskämpfer exekutiert. Das monumentale Lenindenkmal, das einst hier stand und jetzt in Grūtas zu sehen ist (s. dort), wurde 1991 von seinem Sockel gestürzt, und in nur einer Nacht hat das Volk selbst das wuchtige Postament in einen Trümmerhaufen verwandelt. „So habe ich meine Landsleute noch nie schuften sehen," sagte damals ein alter Litauer.

Am Nordende des Platzes steht die zweitürmige **St.-Philip- und Jakobkirche** aus dem Jahre 1690, mit 24 m die höchste einschiffige Kirche Litauens. Das Innere der spätbarocken Kirche wurde erst 1744 fertiggestellt (schöne Holzkanzel und acht Altäre). Daneben liegt ein Dominikanerkloster von 1642, das in der Sowjetzeit als Lagerhaus diente (heute ist es ein Krankenhaus). Auf der westlichen Seite sieht man das Außen- und Finanzministerium (J. Tumo Vaižganto 2 bzw. 8/2). Auf der Südseite an der Gedimino 40 sind in die Wand 199 Namen von 1945-46 vom KGB hier ermordeten Opfer eingraviert. Das 1899 errichtete Gebäude war ursprünglich ein Gerichtshof. 1941-44 diente es als Gestapo-Kommandozentrale, dann bis 1991 als KGB-Zentrale. Heute ist es teils das Staatsarchiv wie auch das **KGB-Museum** oder **Museum der Genozidopfer;** der Eingang liegt an der Seitenstraße Aukų 2a, im hinteren Gebäudeteil links vom Mahnmal. In den Kellerräumen kann man heute die 9 qm großen 22 Zellen sehen, in denen bis zu 20 Andersdenkende eingesperrt und verhört wurden, ehe man sie nach Sibirien deportierte oder zum Tode verurteilte, falls sie nicht vorher verhungerten oder die Folter z.B. in der Wasser- oder Isolationszelle nicht überlebten. Tausende wurden hier verhört. In den Zellen sieht man auch Blutspuren und in die Wand eingeritzte Wörter. Bis 1963 wurden hier auch Todesurteile vollstreckt (diese Kammer darf wegen dem gläsernen Boden nur mit Pantoffeln betreten werden). Die Gebeine der im Tuskulėnai-Park (s.o.) verscharrten Waldbrüder liegen in den Zellen 16 und 18. Die Führer zeigen diese Räume mit spürbarer Verbitterung, denn sie sind teilweise ehemalige Insassen dieser Zellen. Respektieren Sie ihre Gefühle! Man kann sich das Museum auch ohne Führung anschauen, da alle Tafeln in Englisch beschriftet sind bzw. auch Kassettenrecorder ausgeliehen werden können (z.Zt. nur auf Englisch). Wohl nirgends sonst werden die Schrecken der sowjetischen Vergangenheit so hautnah und stark erlebbar wie hier (Tel. 2496264, Di-Sa 10-17, So 10-15 Uhr, www.genocid.lt.) Neben dem Museum steht die **Musikakademie,** an der der spätere Präsident *Landsbergis* unterrichtete.

Nach dem Lukiškių-Platz gelangt man zur **Martynas-Mažvydas-Nationalbibliothek** und dem **Parlament** auf dem **Unabhängigkeitsplatz** *(Nepriklausomibės aikštė)*. Hier warteten im Januar 1991 Tausende hinter den damals errichteten Barrikaden auf die Sowjetpanzer; Kreuze wurden dort aufgestellt, litauische Soldaten nagelten ihre sowjetischen Armeeausweise an die Bäume. Es gab jedoch keine Zwischenfälle. Bis Ende 1992, als der letzte Rote-Armee-Soldat Vilnius verließ, war es noch verbarrikadiert. Auf der **Westseite** sieht man noch Reste des Stacheldrahtverhaus und der bemalten Barrikaden, Kreuze für die damals Getöteten sowie ein Dankeskreuz für Island. Am 11.3.1990 wurde hier die Wiedererrichtung der Unabhängigkeit proklamiert (s. „Geschichte"). Im 1982 errichteten Parlament *(seimas)* sind Führungen möglich (Tel. 2396666).

Auf der **anderen Flussseite** liegt der 1901 eingegliederte Stadtteil Žverynas. Seinen Namen hat er von Rehen, die dort von der Adelsfamilie *Radvila* gezüchtet wurden. In dem beliebten Wohngebiet stehen viele Sommerhäuser und Villen.

Jenseits der alten Žveryno-Brücke von 1906 ragen in der Vytauto 21 die silbern glänzenden Kuppeln der orthodoxen **Mariä-Erscheinungs-Kirche** (1903) auf. Nicht weit weg in der Liubarto gatvė 6 liegt das Gebetshaus **Kenessa** der Karaiten von 1923 (vgl. Exkurs), welches während der Sowjetzeit als Lagerhaus diente.

Für den Rückweg via Liubarto-Brücke und der Jasinskio/Pamėnkalnio kann man auch einen Trolleybus (Nr. 1, 3, 7) nehmen. Bis zur Haltestelle Pamėnkalnio/Tauro sind es ca. 800 m. Hier erhebt sich rechterhand der **Tauro-Berg** (Auerochs-Berg; s. Exkurs „Die Legende vom Eisenen Wolf"). Wer diesen nicht besteigen möchte, kann bis zum Ende der Pamėnkalnio weitergehen/fahren und die Tour beim jüdischen Museum fortsetzen (s.u.). 107 Stufen führen durch einen Park hoch zum **Gewerkschaftshaus** mit seinen acht monumentalen Säulen (und mit Kulturzentrum) und schönem Blick auf die Neustadt. Am südlichen Ende des Parks liegt der **Hochzeitspalast** (Santuoku rūmai), und dahinter an der Basanavičiaus Nr. 27 erheben sich die grünen Zwiebeltürme der russisch-orthodoxen **Romanov-Kirche.**

Man folgt der Basanavičiaus-Straße von der Kirche abwärts bis zum **Russischen Schauspielhaus** bis zur Kreuzung Pylimo/Trakų. Den Balkon am Tiskevičių-Haus, dem Eckhaus Nr. 1/26, stützen schöne Atlanten; es zählt zu den bedeutenden Gebäuden im **Empirestil.** Erhalten ist auch das Wappen der Familie. Im Hof des gegenüber liegenden Eckhauses Trakų Nr. 2 sieht man noch einen Teil des alten Stadtmauertors. Weiter nördlich kommt man an der Pylimo 20 zur Stelle der ersten kalvinistischen Kirche (1553), wo heute die 1830-35 im spätklassizistischen Stil mit mächtigen Säulen erbaute **Reformierte Evangelische Kirche** liegt. Am Giebeldreieck prangt das Relief „Der lehrende Jesus". Seit 1990 steht sie wieder für Gottesdienste zur Verfügung, nachdem sie seit 1953 erst für Ausstellungen, dann als Kinosaal zweckentfremdet wurde. Davon zeugen noch die Kinosessel, die die Kirchenbänke ersetzten.

Hinter einer Klinik in der Kalinausko 1 steht das weltweit erste **Frank-Zappa-Memorial** mit einem eindrucksvollen Graffiti an der Mauer als Erinnerung an den Rockstar, der 1993 an Krebs starb. Er ist auch Schutzpatron der Republik Užupis (s.o.).

Wer Interesse an der **jüdischen Geschichte** in Vilnius hat, kann hier die zwei **Museen** besichtigen (s. Exkurs).

In der Vilniaus 22 steht der **Radvilos-Palast** *(Radvilų rūmai),* in dem sowohl 165 Portraits der Adelsfamilie *Radvila* als auch ausländische Kunst vom 16. Jh. bis heute zu sehen sind (Tel. 2620981, Di-Sa 12-18 , So 12-17 Uhr, www.ldm.lt). Das einst prächtige

Frank-Zappa-Memorial mit Graffiti-Wand

083ji-Foto: gs

Vilnius und Südosten

Renaissance-Schloss aus dem 17. Jh. wurde nach Bränden kleiner rekonstruiert. Es wurde damals „Klein-Louvre" genannt.

Im Gebäude nebenan befindet sich die Hauptverwaltung der **Touristinformation** (s.u.). Von hier ist es nicht mehr weit bis zum Kathedralenplatz.

Weitere Sehenswürdigkeiten

Vingio-Park

Der bewaldete Park in einer Biegung der Neris ist seit dem 16. Jh. beliebt. So soll hier 1812 Zar *Alexander* auf einem Ball von einem Kurier die Nachricht vom Vorstoß *Napoleons* auf das Zarenreich überbracht worden sein (s. Geschichtsteil von Kaunas). Im Ostteil nahe der Čiurlionio gatvė liegt ein **Soldatenfriedhof** mit 4200 meist deutschen Soldaten des Ersten und Zweiten Weltkriegs, der von der deutschen Kriegsgräberfürsorge unterhalten wird. Ein riesiger trauernder Löwe aus Stein bewacht die Gräber.

Auf und vor der **Amphitheaterbühne,** die in Form einer riesigen Muschel 1960 für die traditionellen Liederfeste (alle 5 Jahre) gebaut wurde, finden im Sommer Veranstaltungen statt. Westlich davon liegt seit 1919 eine Sektion des **Botanischen Gartens** der Universität (die andere ist in Kairėnai; Besichtigung von beiden nur mit Führung, Tel. 2344450 bzw. 2347944). Der Park ist u.a. bei Joggern, Spaziergängern und Radfahrern sehr beliebt.

Fahrräder, Rollschuhe etc. können am Kiosk in der Nähe der Freilichtbühne ausgeliehen werden. Es gibt auch einen kleinen Vergnügungspark (Čiurlionio 100, Tel. 2220276). **Anfahrt** mit dem Bus 24 zur Bushaltestelle Vingis (Nähe Savanorių/V. Pietario). Auf dem Weg zum Park kommt man zu den **Radiostudios** *(Lietuvos radias)* an der Kreuzung V. Pietario/S. Konarskio. Sie waren Schauplatz der russischen Attacke 1991, bei der drei Zivilisten starben. Heute stehen hier **hölzerne Kreuze** als Mahnmal (siehe „Fernsehturm").

Fernsehturm

Am 13. Januar 1991 attackierten Spezialtruppen der Sowjets mit Panzern den Fernsehturm, um den herum Zivilisten als menschliche Schutzschilde Arm in Arm zum Zeichen der Solidarität für die Unabhängigkeit Litauens standen. Dabei wurden 11 Personen erschossen oder von Panzern überrollt, in den Radio-Studios (s.o.) starben weitere drei Menschen; insgesamt 1782 Personen wurden verletzt. Das Programm wurde so lange gesendet, bis die ersten Soldaten der Roten Armee durch die Türen brachen, mit dem Ausspruch: „Der Fernsehturm und die Studios werden jetzt attackiert, aber am Ende werden wir siegen!" Diese Bilder gingen um die Welt. Die Sowjets hielten 222 Tage bis zum Moskauer Putsch am 22. August 1991 Stellung. Als Mahnmal für die Getöteten wurden 11 kleine **Gedenksteine** genau an den Plätzen platziert, wo sie starben (einer davon im Erdgeschoss des Turms). Außerdem sind eine **Fotoausstellung** der Vorgänge und Reste

045li-Foto: gs

des Stacheldrahtverhaus zu sehen. Außerhalb des Geländes am Eingang stehen hölzerne Kreuze und Kerzen zum Gedenken, die jährlich am 13. Januar angezündet werden. An dem Gedenktag findet auch ein Straßenlauf vom Antakalnio-Friedhof hierher statt (s. dort). Es ist alles sehr beeindruckend. Täglich geöffnet 10-22 Uhr, Tel. 2525333, www.lrtc.lt. Die Fahrt mit dem Lift zur **Aussichtsplattform** in 165 m Höhe mit dem rotierenden Restaurant **Paukščių Takas** („Milchstraße") kostet 15 Lt.

Der Fernsehturm ist mit 326 m das höchste Gebäude Litauens. Die Sichtweite beträgt bei gutem Wetter bis 50 km. Zu Weihnachten beleuchtet, ist er der weltweit größte Weihnachtsbaum. Möglich ist hier auch **Bungee-Jumping** aus 170 m Höhe (Rekord in Europa). Anmeldung ist nötig, Tel. 8-682-58336 (200 Lt., Sa, So 10-20 Uhr, April-Oktober, www. bungee.lt).

Anfahrt mit Trolleybus Nr. 16 vom Bahnhof bzw. Nr. 11 vom Lukiškių aikšte bis zur Haltestelle Televizijos Bokštas auf dem 9 km langen Laisvės prospektas, dann 2 Min. zu Fuß zur Sausio 13-osios Nr. 10 („Straße des 13. Januar").

Gedenkkreuze für die Opfer der Angriffe seitens der Roten Armee 1991

Rasų-Friedhof

Hier liegen viele berühmte litauische Persönlichkeiten wie z.B. der Komponist und Maler *M.K. Čiurlionis* und der Autor *J. Basanavičius.* Rechts vom Eingang liegt im Grab seiner Mutter das Herz des polnischen Marschalls *Josef Pilsudki,* der für die Annexion 1920 verantwortlich war. Polnische Nationalisten besuchen oft dieses Grab sowie das mit seinen anderen sterblichen Überresten in Krakau. Im Zentrum des 1801 an der Ecke Rasų/Sukilėlių gatvė angelegten Friedhofs *(Rasų kapinės)* steht eine neogotische **Kirche** (gebaut 1841-1850) mit einem Glockenturm. Anfahrt mit Bus Nr. 31.

Alexander-Pushkin-Gedenkmuseum

Grigorij, der Sohn des berühmten russischen Dichters, lebte mit seiner Frau in diesem Holzhaus von 1899 bis zu ihrem Tod 1905 bzw. 1935. Zu sehen sind die Originalmöbel sowie eine Ausstellung über Pushkins Werke. Anfahrt mit Bus Nr. 10 bis zur Endstation Markučiai. Das Museum *(Puškino memorialinis muziejus)* mitsamt dem Familienfriedhof, der Kapelle der hl. *Barbara* und den Grünanlagen liegt am Westrand des Pavilniai-Regionalparks, Subačiaus 124, Tel. 2600080, Mi-So 10-17 Uhr.

Pavilniai-Regionalpark

Er tangiert die Stadt im Osten vom Stadtteil Antakalnis bis nach Ribišės. Mit 2153 ha ist er der kleinste Regionalpark Litauens und ein beliebtes Naherholungsgebiet; hier kann man u.a. wandern, Rad fahren, reiten, angeln und im Winter Ski fahren (es gibt Skilifte). Baden kann man in der Vilnia unterhalb des Damms. Die Parkverwaltung ist im Büro des Verkiai-Regionalparks (s. „Umgebung von Vilnius"). Der Park wurde 1999-2000 von der deutschen Umweltschutzorganisation BUND infrastrukturell umgestaltet.

Anfahrt mit Bus 10 zum Pushkinmuseum am Westrand des Parks (s.o.) oder mit den Bussen 4 und 27 zur Parkmitte bis zur Haltestelle Viadukas. Dort liegen inmitten eines Erholungsparks (www.belmontas.lt, Tel. 868614 656) die **Wassermühle** von Pučkoriai und die Reste einer Waffenschmiede vom 16. Jh. Sehenswert sind auch der 18 m hohe Pučkoriai-Burghügel vom 13. Jh. bzw. die Reste einer **Steinzeitsiedlung** an dessen Fuß sowie die Reste der Rokantiškės-Burg und Grabhügel vom 11. Jh. Im Park liegt der mit 65 m Höhe landesweit **höchste Gletscherabbruch** der Eiszeit. Von dort bzw. rund 15 anderen Aussichtspunkten hat man einen guten Blick auf die erosive Landschaft, die Hauptstadt und die Vilnia, die sich fast wie ein Gebirgsfluss ins Tal schlängelt.

Im Park findet man rund 750 Pflanzenarten, mehr als die Hälfte der landesweit vorkommenden. Besonders geschützt sind das Kalnai- und das botanisch-zoologische Belmontas-Schutzgebiet.

Paneriai

Der Ort, an dem 1941-44 ca. 100.000 Menschen, davon 70.000 Juden, von den Nazis und ihren litauischen Schergen ermordet wurden, liegt 10 km südwestlich von Vilnius (s. Exkurs). Die Anfahrt mit dem Bus ist umständlich, besser ist einer der täglich ca. 25 Nahverkehrszüge Richtung Trakai, Kaunas oder Merkinės nach Paneriai, der ersten Haltestelle (10 Min., 0,90 Lt.). Danach 1 km westlich die Agrastų gatvė der Bahnlinie entlang bis zum Ende. Dort steht rechts des Wäldchens ein polnischer **Gedenkstein,** links einer mit hebräischer, litauischer und russischer Inschrift. Rund 100 m links von hier liegt das kleine, aber erschütternde **Museum** (*Panerių Memorialas,* Agrastų gatvė 15, Tel. 2602001, Führungen unter Tel. 8-280-81278, Mo, Mi-Sa 11-18 Uhr). Daneben stehen ein jüdisches Monument mit einem Davidstern und ein Obelisk mit einem Sowjetstern. Von dort führen Wege zu den vier Massenerschießungsgräben, wo die Nazis versuchten, die Greueltaten zu verheimlichen, indem sie die Opfer verbrannten.

Verkehrsmittel

Eigenes Fahrzeug

Die Autobahn A 1 (E 271) führt nach Kaunas (100 km) und Klaipėda (312 km), die A 2 (E 272) nach Panevėžys (140 km). In der Altstadt gibt es viele **Einbahnstraßen.** Das Fahren vor allem während der Stoßzeiten (vor 8 und nach 17 Uhr) kann nervtötend und zeitraubend sein. Die **Parkplätze** sind meist voll (wichtige Hinweise s. „Verkehrsmittel").

- **Notfalldienst:** Linksmoji 5, Tel. 672456 (24 Std.)
- **Straßenpolizei:** Tel. 331168
- **Pannenhilfe:** Autokomfortas, Tel. 672456, 24 Std. Notdienst: LAS Tel. 709404

Am Flughafen

In der Ankunftshalle **Geldwechsel** am Wechselschalter *(Valiutas keitykla),* Tel. 2163483, tgl. 24 Std., Sa bis 19 Uhr; auch Reiseschecks). Außerdem gibt es einen Geldautomaten, ein Fundbüro (12-23 Uhr), ein Café (10-21 Uhr), ein Postamt (Mo-Fr 8-16 Uhr) sowie Souvenirshop, Gepäckaufbewahrung (6-21 Uhr, Sa/So 6-18 Uhr), Agenturen für Autovermietung, ein Blumengeschäft, eine Snackbar, einen Kiosk (6-18.30 Uhr, Sa/So 8-15 Uhr; Verkauf von Telefonkarten und „Vilnius in your pocket") und ein Buchungsbüro für die Flughafenhotels bzw. fünf **Hotels** im Zentrum (tgl. 10-19 Uhr). In der Abflughalle im Obergeschoss sind ein Café (6-21 Uhr) und die Flughafeninformation (5.30-22.30 Uhr; telefonisch 24 Std., Tel. 2306666, Fax 2329122, www.vilnius-airport.lt). Beim Flughafen *(oro uostas)* an der Rodūnios kelias 8 gibt es zwei Hotels im gleichen Gebäude und eines in Flughafennähe:

- **Adelita,** Tel. 2162133, Fax 2136463, hotel.adelita@takas.lt, modern, 28 Zimmer (EZ ab 140, DZ ab 160 Lt.), Sauna, Fitnessraum.
- Links vom Foyer ist das Hotel **Skrydis,** Tel. 2329099, Fax 2306498, www.vilnius-airport.lt, 56 Zimmer (EZ/DZ 85-180 Lt.), einige unrenoviert, einige mit Etagendusche.
- In Flughafennähe liegt das Hotel **Acappella,** Dariaus ir Girėno 61, Tel. 2167898, Fax 2167241, www.hotelacappella.lt., 10 Zimmer (EZ ab 160, DZ ab 200, Suiten ab 280 Lt.) moderne Zimmer, gutes Restaurant, Garten, zu empfehlen.

Die Adressen der Fluggesellschaften sowie einen Flugplan finden sich in den Stadtführern „VIYP" und „Exploring Vilnius" (s.u.). Viele haben ein Büro im Flughafen.

Von und zum Flughafen

Der Flughafen liegt nur 5 km südlich des Zentrums im Stadtteil Kirtimai. Nehmen Sie keinesfalls eines der privaten **Taxis,** die vor dem Flughafen warten, sofern Sie nicht völlig überhöhte Preise bezahlen wollen. Wenn, dann ein offizielles Taxi mit Taxameter für 15-20 Lt. (sicherer und billiger ist jedoch, ein Taxi telefonisch zu bestellen. Gute und sehr billige Alternativen sind die **Minibusse** Nr. 15, 18, 23 (2 Lt.) vom anderen Ende des Parkplatzes in Richtung Flughafen oder die **Busse** Nr. 1 und 2 (1 Lt.); die Haltestellen liegen direkt vor dem Flughafenausgang. Tickets bekommt man beim Fahrer. Die Linie 1 geht zum (Bus-) Bahnhof (5-23 Uhr, Sa 7-22 Uhr, 1-2-mal stündlich); Linie 2 zum Lukiškių-

Platz im Zentrum der Neustadt und weiter zum Stadtteil Šeskine im Nordwesten der Stadt (5-23 Uhr alle 20 Minuten); vom Gedimino prospektas, ggf. weiter mit einem Taxi.

Mietwagen

- **A&A-Litinterp,** Bernardinų 7-2, Tel. 2123850, Fax 2123559 (Mo-Fr 8.30-17.30 Uhr, Sa 9-15 Uhr, PKW und Kleinbusse mit und ohne Fahrer, www.litinterp.lt.
- **Avis,** Dariaus ir Girėno 32a, Tel./Fax 2306820, Fax 2306821, PKW mit und ohne Chauffeur; am Flughafen, Tel./Fax 2329316, Mo-Fr 8-17, Sa, So 9-16 Uhr, www.avis.lt.
- **Europcar,** S. Gucevičiaus 9-1, Tel./Fax 2120207, Mo-Fr 8-17 Uhr (am Flughafen, Tel. 2163442, 9-19 Uhr), www.europcar.lt.
- **Hertz,** Kalvarijų 14, Tel. 2726940, Fax 2726970, Mo-Fr 8-18 Uhr, am Flughafen Tel./Fax 2329301, 10-18, Sa/So 12-18 Uhr, www.hertz.lt.

Zu den billigsten lokalen Anbietern (ab 25 €/Tag) gehören:

- **Autorenta** (Tel. 370-68777258, www.carrent.lt, 24 Std.)
- **Aunela,** Vytenio 6-110 (Tel. 2330318, www.aunela.lt, 8.30-18 Uhr, Sa/So 9-15 Uhr)
- **Rimas** (Tel. 2776213, rimas.cars@is.lt)
- Weitere Firmen mit Adressen und Tarifen in „VIYP" und „Exploring Vilnius".

Bahn

Den **Hauptbahnhof,** einer der sieben Bahnhöfe, frequentieren jährlich 7 Mio. Passagiere. Er liegt nicht weit von der Altstadt, schräg gegenüber vom Fernbusbahnhof. Falls man in Transit von/zu einem anderen Land ist, darf man den abgesperrten Korridor erst nach erfolgter Zollkontrolle verlassen. Im Obergeschoss findet sich die **Hansa-Bank** (9-18 Uhr, Sa/So 10-16 Uhr), auch die **Wechselstube** der Parex-Bank (24 Std., Tel. 2135454) links vom Ausgang akzeptiert Reiseschecks und Kreditkarten. Dort und im Bahnhof neben der Touristinformation stehen auch **Geldautomaten.**

Der **Bahnhofvorplatz** ist auch die Endstation vieler Minibusse und (Trolley-) Busse. Rechts vom Ausgang fahren die Trolleybus-Linien 1, 2, 5, 7 bzw. die Buslinie 26 (Tickets beim Kiosk oder beim Fahrer), links davon die Minibusse 1, 2, 4, 5, 7 und die Buslinie 62 (Tickets beim Fahrer) ins Zentrum. Nehmen Sie vom Bahnhof aus möglichst kein Taxi (s.u.).

Am Bahnhof sind alle Destinationen auf großen Anschlagtafeln vermerkt. Bei einigen Zügen nach Warschau ist ein Visum für Weißrussland erforderlich! Fahrplanauszüge auch in den Stadtführern „VIYP" und „Exploring Vilnius".

- **Gepäckaufbewahrung** und **WC** (beide 24 Std.) sowie ein **Supermarkt** (6-22 Uhr) im Untergeschoss.
- **Reisebüro** „Kelvita", Tel./Fax 2106130, im Büro Nr. 30, Mo-Fr 8-18 Uhr; Vermittlung von Unterkunft, Visa für Russland, Weißrussland und die Ukraine, Autovermietung, Versicherungen, Stadttouren (u.a. deutschsprachig), www.kelvita.lt.
- **Touristinformationsbüro,** Tel./Fax 269 2091, 9-18 Uhr, Sa/So 10-16 Uhr.

Tickets:

- **Bahnhof „Stotis":** Geležinkelio 16, Info: Tel. 2330086, 2330088.
- **Tickets**: links vom Haupteingang **nationale,** rechts **internationale** Tickets (dort auch kostenloser Fahrplan erhältlich), Schalter von 6-23 Uhr geöffnet.

Der Hauptbahnhof

● **Reservierung:** Tel. 2626947, 8-21 Uhr, So 8-17 Uhr, nicht für Abfahrten am gleichen Tag.
● Tickets können auch bei einigen **Reisebüros** gekauft werden.

Verbindungen:
Züge u.a. nach Kaunas (80 Min.), Klaipėda via Šiauliai (350 km/5 Std., Nachtzug 8 Std.), Trakai (27 km/40 Min.), Varėna (90 Min.), Marcinkonys (2 Std.), Ignalina (2 Std.), Warschau (10 Std.), Minsk (4 Std.), Moskau (16 Std.), St. Petersburg (19 Std.), Riga (6 Std.), Kaliningrad (6 Std.).

Bus

Der **Busbahnhof** *(autobusų stotis)* an der Sodų g. 22 unterhalb des IKI-Supermarkts (8-22 Uhr) ist modern eingerichtet. Gepäckaufbewahrung 5.30-21 Uhr, Sa und So 7-21 Uhr. Auskunft Tel. 1661 (0,90 Lt./Min.), vom Handy 8-900-01661, bzw. www.toks.lt, Reservierung Tel. 2162977 (8-17 Uhr). Die Ticketschalter befinden sich in der Halle rechts; dort gibt es auch die Fahrpläne.

Die **Plattformen** links sind meist für den Nahverkehr (Tickets im Bus kaufen), rechts Fernverkehr (Ticket vorher kaufen; nur bei durchgehenden Bussen auch im Fernverkehr direkt beim Fahrer lösen).

Tickets für **internationale Busse** gibt es an speziellen Schaltern. bzw. auch bei „Eurolines“ im Busbahnhof (Tel. 2335277, Fax 2335772, www.eurolines.lt, 6-22 Uhr, So 14-22 Uhr) bzw. beim Stadtbüro, Jogailos 4, Tel. 2690000. Sie bedienen viele Städte in komfortablen Bussen, u.a. Kaliningrad (9 Std.), Moskau (16 Std.), Minsk (4-6 Std.), Riga (5 Std.), Tallinn (10 Std.). Für

Vilnius und Südosten

246li-Foto: gs

Städte in Polen, Deutschland und Österreich vgl. auch „An- und Rückreise/Bus".

Von Vilnius gibt es Busverbindungen zu fast allen **inländischen** Orten. Für längere Strecken sind Expressbusse vorzuziehen. Ein Busfahrplanauszug ist auch in „VIYP" bzw. „Exploring Vilnius" nachzulesen.

- **Kaunas:** (100 Min.), **Klaipėda** (4 Std.), **Panevėžys** (2-3 Std.), **Palanga** (5-7 Std.), **Nida** (6 Std.), **Šiauliai** (3-4 Std.), **Ignalina** (2-3 Std.), **Druskininkai** (2 Std.), **Moletai** (1 Std. 30 Min), **Utena** (2-3 Std.), **Lazdijai** (3 Std.), **Alytus** (2 Std.), **Trakai** (40 Min.) u.v.m. Nach **Visaginas** fahren Minibusse hinter „McDonalds" ab.

Taxi

Es wird empfohlen, Taxis telefonisch zu bestellen (sicherer und billiger; s. „Reisetipps A–Z: Verkehrsmittel"), z.B. bei **Ekipasas** (Tel. 239554, bzw. 1446; 0,66 Lt./km) oder **Martono** (Tel. 2400004, bzw. 1422, 1 Lt./km). Weitere Firmen mit Tarifangabe sind in „VIYP" und „Exploring Vilnius" aufgeführt.

Städtische Verkehrsmittel

Busse und Trolleybusse fahren von ca. 5 Uhr bis Mitternacht und sind auf bestimmten Routen zu bestimmten Tageszeiten oft überfüllt. Tickets können an Kiosken für 0,80 Lt. bzw. beim Fahrer für 1 Lt. gekauft werden (siehe auch „Reisetipps A–Z: Verkehrsmittel"). Es gibt ebenfalls Monatstickets (35 Lt.) bzw. 1-, 3- und 10-Tage-Tickets für 4, 10 und 20 Lt. (nur am Kiosk neben dem Bahnhof erhältlich).

Privatbusse kosten 0,70 Lt. In „VIYP" und „Exploring Vilnius" gibt es einen **Übersichtsplan.**

Minibusse fahren rund um die Uhr (1-2 Lt.; meist die gleichen Linien und Nummern wie die Trolleybusse). Fahrpläne und Routen aller Verkehrsmittel findet man unter www.vilniustransport.lt.

Velomobil

In der Altstadt fahren in der Saison von 10-22 Velos auf **drei Routen,** von denen auf Wunsch abgewichen wird (max. 2 Personen, 5 Lt./10 Min., für Studenten 8 Lt./20 Min., Tel. 2691021).

Pferdekutschen

Beim Baltaista-Touristinformationszentrum kann man Fahrten mit einer Pferdekutsche buchen (Abfahrt bei der Kathedrale, 1 Lt./Min.).

Informationen

Touristinformation

- **Vilnius Touristinformationszentren** (www.vilnius.lt, www.tourism.vilnius.lt) in Vilniaus 22, Tel. 2629660, Fax 2628169, tic@vilnius.lt, Mo-Fr 9-18 Uhr; Didžioji 31 (Palast der Künstler), Tel. 2626470, Fax 2620762, turizm.info@vilnius.lt, 9-18 Uhr, Sa/So 10-16 Uhr sowie im Hauptbahnhof, Tel./ Fax 2692091, 9-18 Uhr, Sa/So 10-16 Uhr.

Außer hilfreichen Infos auch Zimmervermittlung, Veranstaltungskalender mit Ticketverkauf, Verkauf von Stadtplänen und Landkarten, Organisation und Durchführung von Touren zu Fuß oder mit PKW (in und um Vilnius, z.B. Altstadt-, Barock-, Gotik-, Klassizismus-, Ökotourismustouren). Hilfreich sind die Broschüren „Vilnius Tourism Manual" (engl.) und „Vilnius Events" (auch auf Deutsch; Auflistung aller Veranstaltungen).

● **Baltaista-Touristinformationszentrum,** Daukanto 2/10, Tel. 2608410, Fax 2608421, tourism.vilnius@mail.lt, Mo-Fr 10-17 Uhr, Sa 10-16 Uhr, u.a. Buchung von Touren und Fahrten mit der Pferdekutsche.

Stadtmagazine

● Sehr hilfreich sind die Stadtführer **„Vilnius in your pocket"** (VIYP; 6-mal jährlich, auf Englisch, 8 Lt.) und **„Exploring Vilnius"** (2-mal jährlich, u.a. auf Deutsch); sie ersetzen jedoch keinen Reiseführer.

Stadtführungen

● **Reisebüro Senamiesčio Gidas** („Altstadtführer"), Aušros vartų 7, Tel./Fax 2615558, www.vilniuscitytour.com. Altstadttouren zu Fuß, „Vilnius bei Nacht", Minibustouren in Vilnius, nach Trakai, Kernavė, Kaunas, Nida etc. Buchung bei Hotelrezeptionen.

● Gleiches gilt für Touren vom **Reisebüro „In Via"**, M.K. Čiurlionio 7/1-1, Tel. 2310049, Fax 2310937, www.invia.lt, mit Touren in Vilnius und Trakai. Weitere Veranstalter unter www.ltguide.com und in „VIYP".

Nützliche Adressen

● **Polizeiliche Hilfe für Ausländer,** Tel. 2716159, Mo-Fr 8-17 Uhr (u.a. auf deutsch).

● **Zollamt,** Jakšto 1/25, Tel. 2613027, Fax 2124948, www. cust.lt.

● **Komitee für Kulturelles Erbe,** Šnipiškių 3, Tel. 2734256, www.heritage.lt.

● **Goethe-Institut,** Tilto 3-5/6, Tel. 2314433, Fax 2314432, Mo-Fr 9-13/14-17 Uhr, www.goethe.de/vilnius.

● **Herder-Lesesaal,** Gedimino 51 (in der Nationalbibl.), Tel. 2629990, 10-19 Uhr, Sa bis 17 Uhr.

● **Österreichischer/Schweizer Lesesaal,** Trakų 10, Tel. 2622982, 11-19, Sa bis 18 Uhr (in Mickevičius Bibliothek, Tel. 2612121).

● **Umweltschutz-Hotline,** Tel. 2616148.

● **Deutscher Stammtisch,** www.vikc.lt, Tel. 2120291.

● **Litauisch-Deutsche Gesellschaft,** Tel. 370-69940022.

● **Deutsch-Baltische Handelskammer,** Tel. 2131122, Fax 2131013, www.ahk-balt.org, mit Wirtschaftsstammtisch, Tel. 2127934.

● **Schweizerische Handelskammer,** Tel. 2120837, Fax 2791484, sbcc.vilnius@gmx.net.

● **LITEXPO-Ausstellungszentrum,** Laisvės 5, Tel. 2451800, www.litexpo.lt.

Reisebüros

Neben dem Verkauf von Flug-/Fährtickets etc. vermitteln sie u.a. Touren, Autovermietungen, Versicherungen, teilweise auch Hotelzimmer mit Discount bzw. Privatzimmer und Urlaub auf dem Lande (s. „Unterkunft"). Hier nur eine kleine Auswahl. Viele weitere findet man in „VIYP" und „Exploring Vilnius".

● **Baltic Travel Service,** Subačiaus 2, Tel. 2120220, Fax 2122169, www.bts.lt.

● **Svebas,** Tumo-Vaižganto 9/1, Tel. 2126620, Fax 2124051, www.svebas.com.

● **Liturimex,** Basanavičiaus 11/1, Tel. 2791416, Fax 2791417, www.liturimex.lt.

● **Lithuanian Student and Youth Travel Bureau,** Basanavičiaus 30-13, Tel. 2397397, Fax 2397386, www.jaunimas.lt, billige Tickets für Studenten und Leute unter 26 Jahren.

● **Astrida,** Gedimino 31, Tel. 2122790, Fax 2123506, astrida@astrida.lt, auch Fahrradtouren.

● **Kelvita,** (s.o., Bahn)

Banken/Geldwechsel

● **Kreditkartenbarauszahlung** in der Vilniaus Bankas, Gedimino 12, Tel. 2682093, Mo-Do 8-18 Uhr, Fr 8-17.30 Uhr.

● **24 Std. Geldautomaten für Visa-Card,** u.a. Gedimino 10, 12; Jogailos 9/1.

● **24 Std. Geldautomaten für MasterCard,** u.a. Gedimino 53, 56; Savanorių 13a, 15a, 19; Vilniaus 16, 18; Pilies 9; Ukmergės 14, 20.

● **Wechselstuben** sind überall zu finden. Die beim Bahnhof (Parex Bank), in Gedimino 21/2 (Olympic Casino), Konstitucijos 20 (Hotel Reval Lietuva) und im Flughafen sind rund um die Uhr geöffnet (akzeptieren z.T. auch Reiseschecks).

●**Western Union Geldtransfer** (Infos unter Tel. 2390600 bzw. www.hansa.lt) bei allen Hansa-LTB-Banken.

●**Reiseschecks** werden bei vielen Banken akzeptiert, ebenso im Hauptpostamt (s.u., Tel. 2122815, Mo-Fr 7-18.30 Uhr, Sa 9-15 Uhr).

Post und Kommunikation

●**Hauptpostamt,** Gedimino 7, Tel. 2625468, (Mo.-Fr. 7-20/Sa. 9-16 Uhr) auch Telefonate, Telegramme, Schreibwaren.

●**Fax-Service,** im Hauptpostamt, Tel. 262 6955

●**EMS-Post,** Geležinkelio 6, Tel. 2398388.

●**Kurierdienste bzw. Handys:** Adressen und Tarife in „VIYP".

●**Internet-Cafes: Collegium,** Pilies 22, (Tel. 2618334, www.dora.lt; 8 Lt./Std.; 8-24 Uhr.), **Bazė,** Gedimino 50/2 (24 Std.), **Interneto Kavinė,** Klaipedos 3 (24 Std.), **Netcafė,** Antakalnio 36 (10-22 Uhr), **Penki Kontinentai,** Gedimino 4 (9-22 Uhr) u.v.m.

Billiger ist es in den Bibliotheken (3 Lt./Std., nur mit Leserausweis).

Botschaften und Konsulate

●**Deutschland:** Sierakausko Gatvė 24/8, Vilnius, Tel. 2106400, und in Notfällen unter Tel. 8-65055510.

●**Österreich:** Gaono 6, Vilnius, Tel. 2660580.

●**Schweiz:** Gostauto 12a, Vilnius, Tel. 2683833.

Medizinische Hilfe

●**Ambulanz,** Šeimos Medicinos Centras, Pylimo 9, Tel. 2608684, 8-20, Sa 9-15 Uhr.

●**Vokiečiu Vaistinė** (Deutsche Apotheke), Didžioji 13, Tel. 2124232, 8-19/Sa, So 10-18 Uhr.

●**Gedimino Vaistinė,** Gedimino 27, 24 Std., Tel. 2610135.

●**Baltic American Klinik,** Nemenčines 54 a, Tel. 2342020, 24 Std., www.bak.lt.

●**Medical Diagnostic Centre,** V. Grybo 32, Tel. 2709120 (7.30-20 Uhr, Sa. 8-18 Uhr), www.medcentras.lt.

●**Optiker,** Rega, Pilies 32, Tel. 2620073 (Augenuntersuchungen, englisch-sprechend).

●**Zahnarzt,** Universiteto 2, Tel. 2312952.

●Viele weitere findet man im Stadtführer „VIYP".

Sonstiges

●**Fotokopien,** Žurnalistas, Gedimino 21

●**Schuhreparatur,** Labdarių 1, Tel. 2628863

●**Passfotos,** Vokiečių 15, Tel. 2120326

●**Reinigung,** Jasinskio 16, Tel. 2649164

●**Filmentwicklung,** Gedimino 38/2 (einziges Labor für APS- und Diafilme); für andere Filme gibt es sehr viele Fotolabors

●**Übersetzungen,** Litinterp, Bernardinų 4-9, Tel. 2122924, www.litinterp.lt

●Weitere Adressen von Dienstleistungsunternehmen wie z.B. Kostümausleihe, Schönheitskliniken und -salons findet man im Stadtführer „VIYP".

Sport und Erholung

Kontaktadressen zu folgenden sportlichen Aktivitäten und Einrichtungen, bzw. Ausleihe von Sportgeräten in „VIYP", in der Broschüre „Active Holidays" (s. Kapitel „Reisetipps A–Z: Sport und Erholung"), in der Broschüre „Leisure Activities in Vilnius" des Tourismusbüros sowie bei den Touristinformationsbüros: Aerobic, Angeln, Badminton, Ballonfliegen, Billard, Bodybilding, Bowling, Bungee-Jumping (s. „Fernsehturm"), Eisfischen, Fallschirmspringen, Fitnesscenter, Fliegen, Gesellschaftstanz, Go-Cart, Jogging, Kampfsport, Klettern, Kurkliniken, Paintball, Rad fahren (s. Radkarte „Discover Vilnius/Old Town by bicycle"), Reiten, Sauna, Schach, Schlittschuhlaufen, Schwimmen, Shaping, Skifahren, Skydiving, Squash, Solarium, Tau-

247li-Foto: gs

chen, Tennis, Tischtennis, Wellness und Yoga.

Parks gibt es mehr als genug. Populär sind der Vingio-Park und im Zentrum der Sereikiškės-Park; in diesen kann man Fahrräder ausleihen. **Fahrradausleihe** ist auch möglich in einigen Hotels und in der Filaretai-Jugendherberge (1 Lt./Tag mit Ausweis).

Am Nordufer der Neris neben der Baltasis-Brücke kann man sich im Sommer am **künstlichen Sandstrand** vergnügen, mit Palmen, Pool, Duschen, Strandvolleyballplätzen, einer Skaterbahn und einer Bar.

Baden

- **Žalieji Ežerai** (Grüne Seen), vom Bahnhof mit Bus 26 und 26 a von der Haltestelle Žalgirio mit Bus 35, 36 oder 50 zur Haltestelle Žalieji Ežerai, dann die gleichnamige Straße hinab. Von hier sind der Verkiai-Regionalpark, der Europa-Park und der Mittelpunkt Europas (letzterer nur mit eigenem Fahrzeug) einfach zu erreichen (s. „Umgebung von Vilnius").
- **Veršupis Ežerai,** Strand mit Rutschbahn, Anfahrt mit Bus 39 von Antakalnis bis zur Haltestelle Veršupis.
- **Pavilnių-Regionalpark,** s. dort.

Unterkunft

Obwohl ständig neue Hotels entstehen, sollte man in der Saison bestimmte Unterkünfte besser **rechtzeitig bu-**

Open-Air-Restaurant

chen (s. Kap. „Reisetipps A–Z: Unterkunft"). Die **Preise** sind höher als in anderen Städten. Da viele Touristen gern in der Altstadt und in deren unmittelbarer Umgebung übernachten, wurde eine Aufteilung in „Altstadt und Umgebung" und „Neue Stadt" vorgenommen. Eine ausführlichere Beschreibung findet man auf den Websites der Hotels, unter www.vilniushotels.lt und in „VIYP". **Zimmervermittlung** auch von den Touristinformationsbüros, z.T. auch von Reisebüros. Tipp: Einige der teureren Hotels haben **günstige Wochenendtarife.**

Hotels Obere Kategorie: Altstadt

- **Radisson SAS Astorija,** Didžioji 35/2, Tel. 2120110, Fax 2121762; www.radissonsas.com, 5-Sterne-Hotel, 2 Bars und gutes Restaurant; 120 Zimmer (EZ/DZ ab € 125/135, Suiten ab € 400); Pool, Fitnessraum, Sauna; in renoviertem Gebäude von 1901.
- **Mabre Residence,** Maironio 13, Tel. 2122195, Fax 2122240, www.mabre.lt; 4-Sterne, in einem ehemaligen orthodoxen Kloster; Sauna, Pool, Fitnessraum, 41 Zimmer, gutes Steakhouse, schöner Innenhof (EZ ab 320 Lt., DZ ab 430 Lt.), Luxus-Suiten ab 640 Lt.
- **Grybas House,** Aušros Vartų 3A, Tel. 2619699, Fax 2122416, 10 Zimmer (EZ € 81, DZ € 96, Apartment € 116), www.grybashouse.com, schöne Zimmer, Restaurant im Gewölbekeller vom 16. Jh.; freundliches Familienhotel im Hinterhof, guter Service.
- **Narutis,** Pilies 24, Tel. 2122894, Fax 2622882, www.narutis.com; 50 Zimmer (EZ ab € 131, DZ ab € 174, Luxus ab € 232), schönes Gebäude aus dem 16. Jh., sehr angenehmes Flair, Restaurant, Bar, Fitness-Studio, Pool, Sauna. Innenhof mit viel Grün und Aufzug aus Glas; ältestes Hotel der Stadt, war schon im 16. Jh. eine Herberge; beheizter Fußboden im Bad.
- **Relais & Chateaux Stikliai,** Gaono 7, Tel. 2649595, Fax 2123870, www.stikliaihotel.com, 44 Zimmer (EZ ab € 175, DZ € 210, Luxus, € 230, Appartement € 280), sehr luxuriös, historisches Ambiente in Gebäude vom 17. Jh., hervorragendes Restaurant, Pool, Sauna, Fitnessraum.

Hotels Obere Kategorie: Neue Stadt

- **Best Western Naujasis Vilnius,** Konstitucijos 14, Tel. 2739595, Fax 2739500, www.hotelnv.lt, 114 Zimmer (EZ 340 Lt., DZ 400 Lt.), Restaurant, Bar, viel Geschäftsleute und Reisegruppen, Pool, Sauna, Fitnessraum.

Hotels Mittlere Kategorie: Neue Stadt

- **Centrum Uniquestay,** Vytenio 9/25, Tel. 2683300, Fax 2132760, www.uniquestay.com, 100 Zimmer (EZ ab 200 Lt., DZ 290 Lt., Luxus 390 Lt.), innerhalb eines Geschäfts- und Einkaufskomplexes, Sauna, Pool, Restaurant, Bar, Café, Fitnessraum.
- **Ad Astrum,** Šeimnyniškiu 21, Tel. 2790588, Fax 2790521, www.adastrum.lt, 41 Zimmer (EZ ab 125 Lt., DZ ab 250 Lt.), Pool, Sauna, Café, gutes Preis-Leistungsverhältnis.
- **Baltpark,** Ukmergės 363, Tel. 1655 (landesweit), Tel. 2388000, Fax 2388555, www.baltpark.com; 83 Zimmer (115-229 Lt., Suiten 175-349 Lt.), sehr gutes Preis-Leistungsverhältnis, sehr modern; sehr praktisch für Autofahrer, da an Autobahn Vilnius-Panevėžys Anfahrt mit Taxi ab Bahnhof ca. 20-25 Lt.; von Flughafen Bus 2 bis Šeškinė, dann Bus 52 bis Endstation, bzw. Bus 52 ab Žalgirio.
- **Žemaitės,** Žemaites 15. Tel. 2133193, Fax 2133337, www.hotelzemaites.lt, 57 (200-300 Lt.), Anfahrt vom Bahnhof mit Trolleybus Nr. 15 oder 16 bis „Statybininkų", Sauna, Pool, Café, Bar.

Hotels Mittlere Kategorie: Altstadt

- **Ambassador,** Gedimino 12, Tel. 2615460, Fax 2121716, www.ambassador.lt, 18 Zimmer (EZ 240 Lt., DZ 280 Lt., Suite 360 Lt.), Restaurant.
- **Mikotel,** Pylimo 63, Tel. 2609626, Fax 2609627, www.mikotel.lt, 26 Zimmer (EZ ab 80 Lt., DZ ab 110 Lt.), moderne Zimmer, freundlich, Zimmer mit Etagendusche 60 Lt.

●**Senatoriai,** Tilto 2A, Tel. 2127056, Fax 2126372, www.senatoriai.com, 11 Zimmer (EZ ab 150 Lt., DZ ab 200 Lt., Triple 300 Lt.), tolle Lage bei der Kathedrale, aber recht laut.

Hotels Untere Kategorie

●**Panorama,** Sodų 14, Tel. 2738011, Fax 2163789, www.panorama.lt, gegenüber vom Bahnhof; 164 renovierte und nicht renovierte Zimmer (EZ ab 110 Lt., DZ ab 140 Lt.), gutes Preis-Leitungsverhältnis, aber Zimmer mit Blick auf Bahnhof vermeiden, da zu laut.
●**Victoria,** Saltoniškių 56, Tel. 2724013, Fax 2724320, www.victoria.lt, sauber, Bar; 42 Zimmer (EZ 135, DZ 160, Suiten 190 Lt.).
●**Pušis,** Blindžių 17, Tel. 2683999, Fax 2721305, www.pusishotel.lt, 26 Zimmer (EZ 70 Lt., DZ 130 Lt., Suiten 180 Lt.), in Wohngegend, z.T. mit Etagendusche, beliebt bei Gruppen.
●**Užupio,** Paupio 31 a, Tel. 2643113, Fax 2643112, www.hotel.uzupio.lt, 19 Zimmer (EZ 70 Lt., DZ ab 90 Lt., Suiten ab 120 Lt.), auch mit Schlafsaal, in großem Gutshaus abseits der Straße, sauber, freundlich, Küche.

Gästehäuser

●**Apia Guesthouse,** Šv. Ignoto 12, Tel. 2123426, Fax 2123618, www.apia.lt., 11 schöne Zimmer (EZ ab 260 Lt., DZ ab 280 Lt.), gute Lage.
●**Latako Guesthouse,** Latako 1 /2-30, Tel. 2616364, www.ten.lt/latako, 5 Zimmer (EZ ab 140 Lt., DZ ab 260 Lt., Triple 320 Lt.), gute Lage, vorher anrufen (keine Rezeption).
●**Telekomas Guesthouse,** Vivulskio 13 a, Tel. 2644861, Fax 2644860, www.telekomguesthouse.lt, 15 Zimmer (EZ 110-120 Lt., DZ 130-260 Lt., Suiten 150-300 Lt.), sehr zu empfehlen.
●**Jaunimo Svečiu Namai** (Jugendgästehaus), Konstitucijos 25, Tel. 2722270, Fax 2725651, www.jnn.lt, 10 Zimmer (EZ 80 Lt., DZ 120 Lt., Triple 150 Lt.), sehr populär, sauber, z.T. Etagendusche und WC, Pool, Sauna, Fitnessraum, Café. Anfahrt vom Flughafen mit Bus Nr. 2 oder 5 bis Šnipiškės bzw. vom Bahnhof Trolleybus Nr. 5 bis zur Konstitucijos dann Trolleybusse Nr. 3, 9 oder 19.

Privatzimmer / B&B

Eine Liste von Privatzimmern und B&B haben auch die Touristinformationsbüros.
●**Litinterp,** Bernardinų 7-2, Tel. 2123850, Fax 2123559, Mo-Fr 8.30-17.30, Sa bis 15 Uhr, B&B im Herzen der Altstadt; EZ/DZ 100/120-160 Lt., Apartments 190 Lt. Im Sommer frühzeitig buchen. Hat auch 17 eigene Zimmer über dem Büro. Arrangiert auch B&B in Trakai, Kaunas, Klaipėda, Nida, Palanga (außerdem Autovermietung und Übersetzungen), www.litinterp.lt
●**Saulės Namai,** Saulės 15/23, Tel. 2106112, www.saules-namai.com, 9 Zimmer (EZ ab 100, DZ ab 180 Lt.), Bad/WC im Flur, schöner Blick auf Wald, familiäre Atmosphäre, Kaminfeuer.
●**Algis House,** Stiklių 4-4, Tel. 2121112, 3 moderne Apartments 160-200 Lt., gute Lage, in Gebäude aus 19. Jh. mit Innenhof.
●**Tvirtovė,** Kestučio 38/7, Tel. 2731517, Fax 2733891, www.tvirtove.lt, 7 Zimmer, 150 Lt., große, saubere Apartments mit Küche, TV, Kamin, gutes Restaurant mit gotischem Ambiente, Anfahrt mit Trolleybus 1 oder 7.

Herbergen

●**JH Filaretai,** Filaretų g. 17, Tel. 2154627, Fax 2120149, www.filaretaihostel.lt, vom Bahnhof Bus Nr. 34 bis Filaretų; auch für Nichtmitglieder, 2-, 3- und 6-Bett-Zimmer, Fahrradverleih; Übernachtung 24-45 Lt., Bettwäsche 5 Lt., Frühstück zu 6 Lt. fürGruppen; Waschmaschine, Küche, Ausflüge, Internetzugang.
●**Altstadthostel,** Aušros vartų 20-10, Tel. 2625357, Fax 2685967, www.baltic backpackers.com, 23 Betten, 32 Lt., guter Treffpunkt, schlichte Unterkunft.
●**Jaunųjų Turistų Centras,** Polocko 7, Tel. 2613576/Fax 2627742, 16 Zimmer mit 3/4 Betten, 24 Lt.; sehr beliebt. Anfahrt mit Bus Nr. 11 bzw. Bus 34 ab Bahnhof bis Polocko.

Camping

●**Rytų Kempingas,** Tel./Fax 2651195, 25 km östlich von Vilnius in Rukainiai, nur im Sommer. 100 Zeltplätze bzw. 26 Holzhäuschen am Fluss (ab 40 Lt.), recht verfallen.

Gastronomie

Es gibt sehr viele Restaurants mit litauischer und internationaler Küche aus aller Herren Länder, so dass Feinschmecker die Qual der Wahl haben. Da die Gastronomieszene ständig in Bewegung ist, ist es nahezu unerlässlich, den ständig aktualisierten **Stadtführer „Vilnius In Your Pocket"** zu erwerben. Er ist in verschiedene Landesküchen unterteilt, mit Öffnungszeiten, Preisniveau und Symbolen für Behindertenrampen, Nichtraucherbereiche etc. Außerdem gibt es eine Auflistung von **Frühstücksplätzen, Pizzerien** und **Cafés.** Eine Auflistung der Gastronomiebetriebe, allerdings ohne Beschreibung, gibt es in **„Exploring Vilnius".** In dessen „Food-Map" sind aber alle Restaurants, Cafés etc. nummeriert und verschiedenfarbig eingetragen. Wer ein bestimmtes Lokal sucht, ist mit diesen zwei Führern bestens ausgerüstet (die meisten liegen sowieso in der Altstadt). Hier einige Empfehlungen:

Restaurants

- **Stikliai,** Gaono 7, Tel. 2649580, 12-24 Uhr; das geradezu legendäre Spitzenrestaurant mit entsprechenden Spitzenpreisen; französische Küche. Im Keller befindet sich das **Stikliai Alude,** antik ausgestattet, litauische Volksmusik, litauische Küche, 12-24 Uhr, Tel. 2624501.
- **Literatai,** Gedimino 1, Tel. 2611889, 11-23Uhr; gutes Restaurant und Bar mit umfangreicher Speisekarte, gepflegte Atmosphäre, skandinavische Küche.
- **Lokys,** Stiklių 8, Tel. 2629046, 12-24 Uhr; gotisches Kellergewölbe, in dem Ihnen ein ausgestopfter Bär *(lokys)* beim Essen zusieht; serviert werden Wildspezialitäten aus den litauischen Wäldern; romantische Atmosphäre und freundliche Bedienung, gutes Essen (Spezialität u.a. Wildschwein, Elch).
- **Freskos,** Didžioji 31 (Hintereingang vom Palast der Künstler), Tel. 2618133, 11-24 Uhr, exzellentes Essen, gute Salatbar, originelle Inneneinrichtung mit Theaterkostümen und 350 Jahre alten Fresken, besonderer Service, teure europäische Küche.
- **Amatininkų Užeiga** (Handwerkertaverne), Didžioji 19/2, Tel. 2617968, 10-5 Uhr, Sa, So 11-6 Uhr, gemütliche Atmosphäre, gute litauische Küche, sehr populär.
- **Gabi,** Šv. Mykolo 6, Tel. 2123643, 11-22 Uhr, Nichtraucherlokal, gutes Essen (litauische Küche), populär.
- **Forto Dvaras,** Pilies 16, Tel. 2611070, 12-24 Uhr, mittelalterliches Keller-Ambiente in neun traditionell dekorierten Sälen; große und gute Portionen litauischer Gerichte nach traditionellen Rezepten des kulinarischen Erbes.
- **Da Antonio I,** Vilniaus 23, Tel. 2620109, 11-23 Uhr, gute Pizza und italienische Küche, weitere Filiale in Pilies 20.
- **Markus ir Ko,** Antokolskio 11, Tel. 262 3185, 12-24 Uhr, Steakhouse mit exzellenten Steaks, Fischgerichten, Salaten etc.
- **Žemaičiai,** Vokiečių 24, Tel. 2616573. 11-24 Uhr, viele kleine, auch unterirdische Räume, sehr gute litauische Küche, sehr zu empfehlen, an Wochenenden Live-Volksmusik, hölzerne Boote auf Terrasse.
- **Balti drambliai,** Vilniaus 41, Tel. 2620875, 11-24 Uhr, gute vegetarische Küche.
- **Čili-Pizzeria,** zehnmal in Vilnius, u.a. in Didžioji 5, Tel. 2312462, sehr gut und populär, 8-24 Uhr (mit Frühstück), auch sehr schnelle Auslieferung unter Tel. 2333555.
- **Ritos Smuklė,** Žirmūnų 68, Tel. 2770786, 10-24 Uhr, traditionelle litauische Einrichtung (19. Jh.), Bedienung in Bauerntrachten, Livemusik, sehr gut zum Essen, Tanzen; Funspot.
- **Avilys,** Gedimino 5, Tel. 2121900, www.avilys.lt, einzige **Mikrobrauerei** der Stadt mit einzigartigem Honigbier sowie Spezialitäten des Hauses; 11-1 Uhr, Sa/So 12-23 Uhr.

Cafés

Eine „richtige" Café-Kultur gibt es (noch) nicht, da es wie in den meisten „Kavines" (Cafés) in Litauen eine reichhaltige Auswahl an warmen und kalten Speisen gibt. Folgende heben sich jedoch vom Ambiente ab:

- **Café de Paris,** Didžioji 1, Tel.2611021, 10-22 Uhr, Mi-Sa 10-3 Uhr, französisches Flair, gute Crepes.
- **Skanaus,** Aušros Vartų 9, Tel. 2313705, 8-21 Uhr, gute Backwaren, Milchshakes etc.
- **Skonis ir Kvapas,** Trakų 8, Tel. 2122803, geöffnet 8.30-23 Uhr, originelles Kaffee- und Teehaus, ganztags Frühstück möglich.
- **Pausė,** Aušros Vartų 5, Tel. 2122113, u.a. gutes Eis.
- **Kavos ir Arbatos Namai Presto** („Kaffee- und Teehaus"), Gedimino 32 a, Tel. 2621967, 7-22 Uhr, billig, mit Nichtraucherbereich.
- **Kakarieku,** Vilniaus 21, Tel. 615015, gute Kuchen und Torten.

Bars, Pubs, Kneipen, Discos, Nachtclubs und Casinos

Eine Abgrenzung ist sehr schwierig, da auch in Bars oder Pubs oft getanzt wird und auch Nachtclubs Elemente von Bars oder Pubs haben.

- **Prie Parlamento/Ministerija,** Gedimino 46, Tel. 2496606 (21-3, Fr, Sa bis 5 Uhr). Ein langjähriger Favorit wegen der guten Küche, der tollen Atmosphäre; als Tanz- und Partyspot ein Muss, Jazz-Sessions.
- **The PUB,** Dominikonų 9, Tel. 2618393, 11-1, Fr, Sa bis 4 Uhr, gute Küche, große Portionen, große Bierauswahl in der Kellerbar aus Napoleons Zeiten, Livemusik, Tanz, gute Atmosphäre, sehr populär.
- **Užupio Kavinė,** Užupio 2, Tel. 2122138, 10-23 Uhr, Treffpunkt der Künstler und der alternativen Szene, schöne Terrasse am Fluss, Sitz der Republik Užupis (s.o.)

Auf dem Blumenmarkt

248li-Foto: gs

- **Tores,** Užupio 40, Tel. 2629307, 11-24 Uhr, alternative Bar, von Terrasse schöner Blick auf den Fluss Vilnia, große Weinauswahl.
- **Helios Club,** Didžioji 28, Tel. 2615040, Do 22-4, Fr, Sa 22-5 Uhr, Discoclub, zurzeit der Renner.
- **Sky Bar,** im 22. Stock des Hotels Reval Lietuva, Tel. 2726272, 16-1 Uhr, Fr, Sa 16-2 Uhr, gute Cocktails, toller Ausblick, angenehme Atmosphäre.
- **Pabo Latino,** Traku 3/2, Tel. 2621045, Mi, Do 20-3 Uhr, Fr, Sa 20-5 Uhr, Tanzbar, Cocktailbar, Latino-Küche.
- **Twins O'Brien,** Vokiečių 8, Tel. 2120808, 11-24 Uhr, gemütliches Pub mit guter Küche, Di-Sa abends irische Volksmusik live.
- **Exclusive,** Vingrių 25, Tel. 2617673, Mo-Sa 21-6 Uhr, Nonstop Striptease.
- **Iki Aušros,** Aušros Vartų 15-2, Tel. 8-610-04131, teure Cocktailbar mit besonderer Atmosphäre, 19-2 Uhr, Fr, Sa 19-4 Uhr.
- **Gravity,** Jasinskio 16, Tel. 2497966, Fr/Sa 22-6 Uhr, coole Club-Atmosphäre.
- **Casino Planet,** Basanavičiaus 4, Tel. 2725385, 16-4 Uhr, wie in allen Casinos keine Kreditkarten.
- **Weitere Etablissements** in „VIYP", „Exploring Vilnius" sowie in einer Liste der Touristinformationsbüros.

Kultur

Theater und Konzertsäle

Programmhinweise für Theater, Oper, Konzerte sowie Ballett findet man in „VIYP", in „Exploring Vilnius", bei den Touristinformationsbüros (dort auch Ticketverkauf), im Kulturamt (www.vilnius.lt), in Tageszeitungen bzw. im 4-mal jährlich erscheinenden „Kulturkalender", Tel./Fax 2410354. Die **Theatervorführungen** sind auf Litauisch, einige im Staatlichen Schauspielhaus auch mit englischer Übersetzung. Andere Theater und Infos beim Theaterverband, Tel./Fax 2610814.

Hinweis: Die Vorführungen beginnen meist um 19 Uhr. Die Theater sind montags sowie im Sommer meist geschlossen.

Ganzjährig finden in einigen **Kirchen** klassische Konzerte statt. Diese und **andere Veranstaltungsorte** sind bei den Rundgängen vermerkt.

- **Staatliches Schauspielhaus,** Gedimino 4, Tel. 2629771, www.teatras.lt.
- **Kleines Theater,** Gedimino 22, Tel. 2613195.
- **Opern- und Balletttheater,** Vienuolio 1, Vorbestellung: Tel. 2620727, www.opera.lt.
- **Russisches Schauspielhaus,** Basanavičiaus 13, Tel. 2627133, nur auf russisch.
- **Jugendtheater,** Arklių gatvė 5, Vorbestellung Tel. 2616126, www.jaunimoteatras.lt.
- **Puppentheater „Lėlė",** Arklių gatvė 5, Tel. 2628678. www.teatras.lele.w3.il.
- **Vilnius-Altstadttheater,** Naugarduko 20, Tel. 2134064.
- **Großes Theater,** Jakšto 9, Tel. 2124198.
- **Oskaras Koršunovas Theater,** Tel. 2610015, www.okt.lt.
- **Keistuoliai (Komisches Männer-) Theater,** Laisvės 60, Tel. 2424585, www.keistuoliai.lt.
- **Raganiukės (Kleines Hexen-) Theater,** Š. Stanevičiaus 24, Tel. 2436176.
- **Staatliche Philharmonie,** Aušros vartų 5, Tel. 2665233, www.filharmonia.lt.
- **Konzert- und Sportpalast,** Rinktinės 1, Tel. 2728942.
- **Musikakademie,** Gedimino 42, Tel. 2612691.
- **Kongresspalast,** Vilniaus 6/14, Tel. 2618828, www.lvso.lt.
- **Haus der Lehrer,** Viniaus 39/6, www.kultura.lt.
- **Siemens-Arena,** Ozo 14, Tel. 1653, landesweit größte und modernste Konzert- und Sporthalle.

Festivals und Feste

Die **nationalen** Feiertage und Feste werden hier meist besonders gefeiert.

Daneben wartet Vilnius mit vielen **lokalen** Festen und Festivals auf.

Von besonderer Bedeutung ist das einwöchige internationale **Folklore Festival „Baltica“,** das im 3-jährigen Turnus mit Riga und Tallinn mit Konzerten, Tänzen und Umzügen (das nächste Mal 2008) in Vilnius stattfindet (Infos unter Tel. 2612594, www.neris.mii.lt).

Das **Liederfestival „Dainų Švente“** mit Riesenchören (25.000-30.000 Leute) und Massentänzen findet nur alle vier Jahre statt, das nächste Mal 2007. Es zieht stets ca. 100.000 Zuhörer und Zuschauer an (www.lfcc.lt).

Gefeiert wird u.a. der **1. Januar** (s. Gediminas-Turm), die **Hl. Drei Könige** am 6. Januar (Umzug, Volksfest), der **St. Patrickstag** am 17. März (Umzug), der **Kaziukas-Jahrmarkt** am ersten Märzwochenende (s. „Einkaufen/ Souvenirs“), Anfang Mai das Festival des modernen baltischen Tanzes (www.dance.lt), das **„Skamba Skamba Kankliai“ Folklorefestival** am letzten Mai-Wochenende, der **Karneval** zum Sommeranfang mit Umzügen und Wettkämpfen Ende Mai/Anfang Juni (www.karnavalas.lt), das **„Vilnius Festival“** mit Konzerten Ende Mai bis Anfang Juli (www.filharmonija.lt), im Juni und Juli **Vorführungen der ethnographischen Regionen** im „Haus der Lehrer“ (s.o.), im Juli viele **Veranstaltungen zum Krönungstag** von König *Mindaugas* am 6. Juli (www.lrkm.lt), das **St. Christophorus Sommerfestival** (Klassik, Jazz etc.) vom 1. Juli bis 31. August (www.kristupofestivaliai), das 3-wöchige **Internationale Festival „Vilnius Days“** Anfang September (u.a. mit Karneval, Theater, Konzerten, dem Franziskus-Markt und den je 3-tägigen Bier- bzw. Vilnius-Jazz-Festivals, www.vilniusjazz.lt), Mitte September das **Internationale Theaterfestival** und das **Festival der internationalen Folklore „Griezynė“,** Mitte September bis Mitte Oktober das **Internationale Festival für alte Musik „Banchetto Musicale“,** Ende September das **Feuerskulpturenfestival,** im Oktober das **Internationale Festival für zeitgenössische Musik „Gaida“** (www.mic.lt), im November das **Internationale Jazzfestival Mama Jazz** (www.vilniusmamajazz.lt) und am 25.12. das **Erleuchten des TV-Turms,** mit 326 m der weltweit höchste „Weihnachtsbaum“.

Infos bei den Touristinformationsbüros, beim städtischen Kulturamt (Tel. 2615082, www.vilnius.lt bzw. www.vilniusfestivals.lt) bzw. beim Kulturzentrum für Folklore (www.etno.lt). Die Feste in der **„Republik Užupis“** sind dort beschrieben.

Museen, Ausstellungen, Galerien

Neben den o.a. Museen ist noch das **Eisenbahnmuseum** *(Geležinkelio muziejus)* zu erwähnen. Ausstellung über die Geschichte der Bahn in Litauen, Führungen nur auf Russisch und Litauisch, Tel. 2693741, Di-Sa 9-17 Uhr, Mindaugo 15.

Das Litauische **Energiemuseum** erzählt die Geschichte der Energiegewinnung seit 1900 (Žvejų 14 a/Rinktinės 2, Tel. 2782085, Mo-Fr 9-17 Uhr).

Viele Museen organisieren auch verschiedene **Ausstellungen.** Diese sowie jene in den **Kunstgalerien** findet man in „VIYP", „Exploring Vilnius", in der Baltic Times und den litauischen Zeitungen. Informationen hierzu auch bei den Touristinformationen.

Kinos

Die Kinos **Lietuva** (Tel. 2623422, www.ktlietuva.lt), Salė 88 (Tel. 2314587), beide in Pylimo 17, **Skalvija** (Goštauto 2/15, Tel. 2685832), das moderne **Vingis,** Coca-Cola Plaza (Tel. 2651625, www.forumcinemas.lt, Savanorių 7), der Kinokomplex **Akropolio Kinas** (Ozo 25, Tel. 2484848) und das **Autokino** (Savanorių 16, www.autokinas.lt) zeigen Originalfilme mit Untertiteln. **Infos** in der Zeitung „Lietuvos Rytas" bzw. „The Baltic Times".

Einkaufen

Die **Haupteinkaufsstraße** ist der Gediminas prospektas, viele Geschäfte gibt es auch in der Altstadt. Gut für Souvenirs ist die Pilies g., für Bernstein die Aušros Vartų. Einen guten Einkaufsführer findet man in „VIYP".

Bücher, Zeitschriften, Zeitungen

- Ausländische Literatur findet man u.a. in **Littera,** in der Universität, Mo-Fr 9-18 Uhr, Sa 10-15 Uhr; **Draugystė,** Gedimino 2; **Prie Halės,** Pylimo 53; **Akademinė Knyga,** Universiteto 4; **Centrinis Knygas,** Gedimino 13.
- Ausländische Zeitschriften und Zeitungen u.a. in den **Kiosken** an Gedimino 7 und 21.

Camping-, Outdoorartikel

- **Vytaro Turas,** Laisvės 123, Tel. 2736711.

Fotoartikel

- Gedimino 38/2 (auch APS-Filme), Gedimino 32, Pilies 23, 42 u.v.m.

Kaufhäuser

- **VUP,** Gedimino 18; geöffnet 10-19 Uhr, Sa 10-18 Uhr.
- **VCUP,** Konstitutcijos 16, 11-20 Uhr, Sa 10-19 Uhr.

Einkaufszentren

- **Akropolis,** Ozo 25, Tel. 2484848, www.akropolis.lt, 8-24 Uhr, riesiger Komplex u.a. mit Maxima-Supermarkt, rund 100 Geschäften, Kinokomplex (s.o.), Eislaufbahn, Restaurants, Banken, Bowling; Anfahrt Bus 53/54.
- **Europa,** Konstitucijos 7 A, Tel. 2487070, www.europa.lt, 10-22 Uhr, Restaurants 8-24 Uhr.
- **Media-Supermarkt,** 8-23 Uhr, dreistöckig, futuristisch.
- **Hyper Rimi,** Savanorių 16, Tel. 2461175 bzw. Žirmūnų 64, Tel. 2743231, 8-24 Uhr, u.a. Lebensmittel, Haushaltsgegenstände.

Lebensmittel

- **IKI-Supermärkte** in Žirmunu 2, Antakalnio 42, Architektų 43, Jasinskio 16, Sodų 22 u.a., 8-22 Uhr, Ikiukas, Užupio 7, 8-23 Uhr.
- **Maxima-Supermarkt,** u.a. Mindaugo 11, 8-24 Uhr.
- **Rimi,** Didžioji 28, www.rimi.lt, 8-22 Uhr.

Kunstgewerbe/Souvenirs

- **Sauluva,** Šv. Mykolo 4 (große Auswahl).
- **Souvenirmarkt,** tägl. 9-19 Uhr in der Pilies 23 (Bernstein, Leinen, Keramik, Bilder, etc.).
- **Bernstein,** u.a. in Aušros Vartų 9, 13, 21.

Märkte

Sie sind meist von frühmorgens bis zum frühen Nachmittag geöffnet (montags i.d.R. geschlossen). Hier sollte man stets auf Taschendiebe achten.

- **Halės,** Pylimo 58/1, Fleisch, Gemüse, Obst.
- **Kalvarijų-Markt,** Kalvarijų 61, Lebensmittel, Blumen u.v.m.
- Etwa 4 km außerhalb in Richtung Kaunas liegt der **Gariūnai-Markt,** Gariūnų-Straße (an der Autobahn nach Kaunas). Hier bekommt man auf 120 ha alles, was der Markt zu bieten hat, vom Kaugummi bis zu Autos. Der Markt ist allemal sehenswert. Vom Hauptbahnhof mit Minibussen zu erreichen (Aufschrift „Gariūnai") bzw. mit dem Bus „Gariūnai" von der Trolleybushaltestelle „Gerosios Vilties".
- **Blumenmarkt,** Basanavičiaus 42 (24 Std. täglich).
- **Antakalnis-Markt,** Obst, Gemüse, Blumen (Trolleybus-Haltestelle Tverečiaus).
- **Gedimino-Markt,** neben Hotel Neringa, u.a. Blumen, Bernstein, Obst.

Umgebung von Vilnius

Die folgenden Orte können für Tagesausflüge mit eigenem Fahrzeug ggf. kombiniert werden. Einige Orte sind mit öffentlichen Verkehrsmitteln nicht oder sehr umständlich zu erreichen. Die Hauptsehenswürdigkeit in der Umgebung von Vilnius, **Trakai,** ist weiter unten ausführlich beschrieben.

Regionalpark Aukštadvaris

Der Regionalpark, ein bis zu 250 m hohes Hügelland mit Schluchten und Seen, liegt westlich von Trakai rund um das gleichnamige Städtchen, das 1569 das **Magdeburger Stadtrecht** erhielt. Beim Hügel 500 m südwestlich der Stadt lag 200 v. Chr.-700 n. Chr. eine Siedlung. In Stadtnähe liegt auch das 40 m tiefe und 200 m breite **„Teufelloch"** (Velnio duobė), dessen Ursprung bis heute ungeklärt ist. Die **Parkverwaltung** im Dorf Bagdanonys (Tel. 2-38-67320, Fax 37038) gibt Infos über Grabhügel, Radwege, Campingplätze und Ausleihe von Pferden.

Pirčiupiai

An der A 4 südwestlich von Vilnius steht die **Granitskulptur** der Mutter von Pirčiupiai, die zum Gedenken an die 119 Einwohner errichtet wurde, die von den Nazis am 3. Juni 1944 als Vergeltungsmaßnahme für einige kurz zuvor von Partisanen ermordete SS-Schergen in Scheunen getrieben und dann bei lebendigem Leib verbrannt wurden. Die Namen der unschuldigen Opfer sind eingemeißelt.

Jašiūnai

29 km südlich von Vilnius am Ufer des Flusses Merkys; spätklassizistisches **Schloss** (1828) mit klassizistischen Nebengebäuden und Park.

Eišiškės

Ca. 57 km südlich von Vilnius mit Christi-Himmelfahrts-Steinkirche von 1852. Für Litauen einmalig sind die Kirchenportale zu beiden Seiten des 40 m hohen Glockenturms. Östlich der Stadt liegen Überreste der Burg vom 16. Jh. (Palastfundamente, Wälle).

Šalčininkai

Der Grenzort zu Weißrussland 46 km südlich von Vilnius ist das Kulturzentrum der in Litauen wohnenden Polen (s. Exkurs „Das polnische Problem"). Hier brannten 1311 gleichzeitig drei Burgen nieder. Touristinformation im Rathaus, Vilniaus 49, Tel. 51233, Fax 51244, www.salcininkai.lt.

Dieveniškės-Regionalpark

Der Park liegt in der von Weißrussland von drei Seiten umschlossenen Landzunge rund um die gleichnamige Stadt, die erstmals 1385 erwähnt wurde und im 15. Jh. das Magdeburger Stadtrecht erhielt. Sehenswert sind die schöne Holzkirche und die Dorfstruktur, beide vom 18. Jh. Die Überreste von Verteidigungshügeln und Grabhügeln in der Umgebung sind für das Baltikum einmalig. Die Dörfer und Siedlungen haben ihre ethnische Identität und traditionelle Kultur (Sprache etc.) bis heute bewahrt und sind von besonderem **ethnographischen Wert.** Infos u.a. über 10 Routen für Fahrzeuge, Radfahrer und Wanderer bei der Parkverwaltung in Poškonys, Tel./Fax 380-46624.

Medininkai ⇗ III/D3

32 km südöstlich von Vilnius und nur 2 km von der Grenze zu Weißrussland, an der alten Straße nach Minsk, 2 km von der A 3. Von den vier bis zu 30 m hohen Türmen einer um das 13. Jh. entstandenen **Steinburg,** die erstmalig 1311 in einer Chronik der Kreuzritter erwähnt wurde, ist nur einer erhalten. Vom 12. bis zum 15. Jh. war es eines der wichtigsten Wehrdörfer gegen die Kreuzritter und mongolischen Tataren, und hielt vielen Angriffen stand.Mit einer 586 m langen und bis zu 14 m hohen Mauer war sie eine der größten Burgen des Baltikums. Die fast regelmäßig rechteckige Anlage umfasste fast 2 ha. Nach den Kriegen gegen die Ordensritter verlor die Burg an Bedeutung, und nach schweren Beschädigungen im Krieg gegen Russland im Jahr 1655 wurde sie nicht wieder aufgebaut.

Die Stadt selber wurde 1812 von den Truppen *Napoleons* in Schutt und Asche gelegt, und der Ort blieb danach unbedeutend.

Traurige Bekanntheit erlangte Medininkai im Zusammenhang mit dem Kampf um die Unabhängigkeit, als dort im Juli 1991 die Wachmannschaft eines Grenzpostens ermordet wurde – nur einer von acht überlebte (siehe Antakalnio-Friedhof, Vilnius). Für sie wurde ein **Denkmal** errichtet.

2 km südwestlich liegt der **höchste Berg Litauens,** der *Juozapinės kalnas* (Josephsberg). Nichts Spektakuläres bei einer Höhe von lediglich 294 m. Er fällt in der hügeligen Umgebung mit fast gleich hohen „Bergen" auch nicht besonders auf. Dort steht ein **Denkmal für König Mindaugas,** dem hier an seinem Krönungstag 6. Juli gedacht wird. Zu Ostern werden hier bemalte Eier den Hang hinunter gerollt.

Verkiai

10 km nördlich von Vilnius liegt der **Verkiai-Regionalpark,** historische und kulturelle Monumente eingebettet in die schöne Landschaft (Parkverwaltung in Žaliųjų ežerų 53, Tel. 2-2-729834, Fax 729835, Kuppelbau mit zwei Säulen).

249li-Foto: gs

Nach einer Legende fand man hier den **weinenden** (lit.: *verkti*) **Oberpriester Lizdeika,** woher der Ort seinen Namen hat. Hier war früher vermutlich eine heidnische Kultstätte. Der heutige Park am Neris-Ufer mit Lindenalleen, Walnussbäumen, Orchideen u.v.m., gestaltet vom Gartenarchitekten *Eduard Andrė* (man findet in Litauen noch sieben andere Parkanlagen von ihm, z.B. in Trakai und Palanga), wird vom **Botanischen Institut** der Universität gepflegt. Dieses hat seinen Sitz im **Schloss Verkiai** rund 300 m nach der Parkverwaltung. In dem von *L. Stuoka-Gucevičiaus* und *M. Knackfuss* (s. Kathedrale in Vilnius) entworfenen und Anfang des 19. Jh. fertiggestellten klassizistischen Palast hatten die Bischöfe von Vilnius ihre Sommerresidenz. Der Mittelflügel wurde schon 1812 von Napoleons Truppen zerstört und später abgerissen. In der Nähe der alten Verkiai-Windmühle gibt es auch **Ausflugsboote** (Tel. 8-686-20720, 9 Lt.).

Anfahrt mit Bus: kann mit einem Ausflug an die *Žalieji ežerai* (Grüne Seen) kombiniert werden (s. Vilnius/Sport und Erholung). Von dort Weiterfahrt bis zur Haltestelle Verkių rūmai (⇗ III/D3) mit Bus 35 oder 36 (diese fahren in Vilnius von der Haltestelle Žalgirio ab).

Anfahrt mit PKW: in Vilnius die Kalvarijų bis zum Santariškės-Kreisverkehr, dann rechts ab.

Schloss Verkiai

Europa-Park (Europos Parkas) ⇗ III/C1

Der **Skulpturenpark** unter freiem Himmel (19 km nördlich von Vilnius) ist dem Mittelpunkt Europas (s.u.) gewidmet. Etwa 80 Skulpturen internationaler Künstler stehen auf etwa 55 ha, und auch aufgrund eines jährlichen Workshops mit Künstlern werden es immer mehr. Täglich geöffnet von 9 Uhr bis Sonnenuntergang, Eintritt 18 Lt., Studenten 12 Lt. (Führungen gibt es auf Litauisch, Russisch, Deutsch und Englisch, müssen im Museumscafé oder unter Tel./Fax 5-2377077 angemeldet werden). Infos (auch zu Skulpturenkursen etc.) unter www.europosparkas.lt. Neuerdings gibt es auch ein 700 m langes **Labyrinth** mit ca. 3000 alten TV-Geräten und einer auf dem Rücken liegenden Lenin-Statue, eine Anspielung auf die frühere Sowjet-Propaganda. Es wurde 2002 ins **Guinness-Buch der Rekorde** aufgenommen.

Anfahrt: 6 mal tgl. Bus 92 von Vilnius-Žalgiris nach Skiraiškės, dem Busfahrer Bescheid sagen; Bushaltestelle vor dem Parkeingang. Die Straße nach Norden zum Mittelpunkt Europas ist sehr schlecht, empfohlen wird die Rückfahrt bis Verkiai, am Kreisverkehr dann rechts.

250-li-Foto: gs

Im Europa-Park

Mittelpunkt Europas (Europos centras) ⇗ III/C1

Nahe dem Dörfchen **Purnuškės** etwa 26 km nördlich von Vilnius am See Girijos ist der geographische Mittelpunkt Europas. Ein Blick auf die Karte beweist es: die Linien Gibraltar – Ural und Nordkap – Kreta kreuzen sich hier. Bis 1989 lag der Mittelpunkt Europas offiziell in Raniv in den ukrainischen Waldkarpaten, festgestellt 1887 vom K.u.K. Militärgeographischen Institut in Wien. Erst dann hat das französische nationale Geographie-Institut mit Computerhilfe das neue Zentrum bestimmt, genau bei 25° 19′ östlicher Länge und 54° 54′ nördlicher Breite. Diese Koordinaten stehen auf einem Findling mit Windrose, außerdem steht dort eine **Sonnenuhr** mit aufgetürmten Steinen.

Seit dem Tag des EU-Beitritts, dem 1. Mai 2004, stehen hier eine **Granit-**

säule mit goldenen Sternen und die 25 Flaggen der EU-Länder. Im Infozentrum (tgl. 9-18 Uhr) kann man sich für 5 Lt. ein **Zertifikat** über den Besuch des Mittelpunkts von Europa ausstellen lassen.

Anfahrt: auf der Straße nach Moletai links abbiegen nach Bernotai. Man kann die Anlage schon von der Straße aus sehen, ebenso den Burghügel von 1266.

Sudervė

⇗ II/B1

16 km nordwestlich von Vilnius am Vilnoja-See steht die bemerkenswerte klassizistische **Kirche der Dreifaltigkeit,** die 1803-1822 von *Stuoka-Gucevičius* entworfen wurde (vgl. Kathedrale in Vilnius). Der Rundbau mit dorischen Säulen, verzierten Altären, Skulpturen und einer Kuppel mit achteckiger Laterne ist auch im Inneren streng klassizistisch gestaltet und verfügt über eine außergewöhnliche Akustik.

- **Übernachtung** im Motel *Vilnoja,* Zdziechovskio 27, Tel./Fax 370-5-2490347, 17 Zimmer (EZ 80 Lt., DZ ab 120 Lt.), Motorrad-, Boot-, Jachtverleih. Auf dem etwa 4 ha großen Hotelgelände am Seeufer liegt der „Stone Park Vilnoja" mit rund 30 Steinskulpturen (Drachenköpfe, indianisch anmutende Geister u.a.). Hier kann man auch bei Workshops im Frühling unter professioneller Leitung seine eigenen Granitfiguren anfertigen und mitnehmen (www.stoneart.lt).
- In der Vilniaus 30 findet sich die **Verwaltung des Neris-Regionalparks,** Tel./Fax 370-5-2490202, www.nerisparkas.lt.

Dūkštos

⇗ II/B1

Ca. 30 km nordwestlich von Vilnius. Hübsch ist die neogotische **Kapelle der Heiligen Anna** *(Ona),* die 1863-1918 als orthodoxe Kirche für hier angesiedelte Russen diente.

Kernavė

⇗ II/A1

Knapp 40 km nordwestlich von Vilnius an der Neris liegt mitten im Dorf Kernavė (300 Einwohner) ein **historisches und archäologisches Reservat** mit 196 ha, das zum UNESCO-Weltkulturgut gehört. Über das Reservat gibt ein **Museum** in einem Flügel des Verwaltungsgebäudes Aufschluss mit vielen Ausgrabungsstücken und einem Modell der Anlage (Kerniaus 4 a, Tel. 232-47371, Fax 47391, Mi-So 10-

251-li-Foto: gs

Der Mittelpunkt Europas

252li-Foto: gs

17 Uhr, 1.11.-1.4. bis 15 Uhr). Daneben liegt ein Café, nicht weit davon die neogotische Backsteinkirche (1920-40).

Touristinformation im Gebäude nebenan, Di-Sa 11-13 und 14-17 Uhr (Kerniaus 4, Tel./Fax 382-47311, www.taigaeurobaltika.com). 5-6 Mikrobusse von Vilnius nach Širvintos passieren täglich das Dorf.

Die Gegend entlang des Flusses war bereits 8000 v. Chr. besiedelt. Im 12./13. Jh. stand auf dem später genannten **„Thron des Mindaugas"**-Berges eine Burganlage. 1253 soll hier *Mindaugas* gekrönt worden sein. Der Ort wurde in der Livländischen Reimchronik 1279 als Stammland des Großfürsten *Traidenis* (Regierungszeit 1269-82) genannt und gilt daher als die **erste Hauptstadt Litauens** vor Trakai und Vilnius. Es wurden zur Befestigung weitere vier „Schüttburgen" mit Vorburgen errichtet und zwar auf dem „Berg des Lizdeika" (so benannt erst von Romantikern des 19. Jh.) mit dem spitzen Kegel (links), dem Burgberg (Pilies; rechts), dem weiter entfernten Kriveikiškis-Berg und dem oben abgeflachten „Opferberg" *(Aukuras)*. Die **Fürstenburg** lag später auf letzterem, geschützt von den anderen vier Schüttburgen. Ende 13./Anfang 14. Jh.

In Kernavė

entstand im Pajauta-Tal zwischen den Hügeln und dem Fluss die **„Untere Stadt"**, eine **hölzerne Stadtanlage** der Kaufleute und Handwerker. In der feudalen Stadt gediehen Handel, Handwerk und Ackerbau, so dass Kernavė bald als das bedeutendste politische und **wirtschaftliche Zentrum** Litauens galt. Nach der Verwüstung der Unteren Stadt durch die Kreuzritter zogen die Bewohner in die befestigten Burganlagen. Auch diese wurden des öfteren attackiert und teilweise niedergebrannt. 1316 wurde Trakai Hauptstadt und Residenz der Großfürsten, so dass die Bedeutung von Kernavė schwand. 1365 brannten die Litauer die Fürstenburg nieder, weil sie den Ordensrittern nicht in die Hände fallen sollte. Die anderen Burgen waren schon vorher aufgegeben worden.

Es geht die Sage, dass nach Einführung des Christentums 1387 und der Zerstörung der vorchristlichen Heiligtümer am Hauptsitz der Oberpriester, von denen der Ranghöchste stets den Namen *Lizdeika* trug, sich jener hierher zurückgezogen habe, um mit den *Vaidilutės* (heilige Jungfrauen) das Ewige Feuer zu hüten. Nach der schönsten dieser Jungfrauen, die den Namen *Pajauta* („Mitgefühl") trug, ist jetzt das o.a. Tal benannt. Eine andere Sage erzählt, dass es von hier einen **unterirdischen Gang bis Vilnius und Trakai** gegeben haben soll. Dessen Zugang in Kernavė war angeblich mit eisernen, in Vilnius mit silbernen und in Trakai mit goldenen Toren versperrt.

Bei einem Spaziergang können auch die einzigartigen **fünf Schüttburgen** bestiegen werden. Von jeder von ihnen hat man einen schönen Blick auf die jeweils anderen sowie auf das Neris-Tal. Viel los ist hier während der **Sonnwendfeier** am 24. Juni und den **Archäologie-Tagen** vom 5.-7. Juli (tgl. 11-19 Uhr, Demonstrationen von steinzeitlicher und mittelalterlicher Handwerkskunst, Reiten, traditionelle Gerichte und Musik etc.). Dann gibt es auch viele Busse sowie Touren von Vilnius.

253-li-Foto: gs

Die neogotische Kirche in Kernavė

Trakai

⇗ II/A2

Man sollte das Städtchen Trakai, 27 km südwestlich von Vilnius, mit rund 6000 Einwohnern, unbedingt zumindest als **Tagesausflugsziel** besuchen. Es liegt in der malerischen Landschaft des **Historischen Nationalparks,** umschlossen von fünf Seen mit Buchten, Hügeln und Wäldern, ein Paradies für Natur- und Sportfreunde (vor allem für Wassersportler). Das beliebte **Erholungsgebiet** kann man auch mit Booten oder Ausflugsschiffen erkunden. Hier liegt auch einer der besten Campingplatz Litauens.

Trakai selbst war die Hauptstadt des Reichs noch vor Vilnius, hier residierten die Großfürsten. Sie ist auch mit dem Abwehrkampf der Litauer gegen den Kreuzritterorden eng verbunden. Hauptattraktion ist die herrliche **mittelalterliche Inselburg,** eine Art Nationalheiligtum (auf der Rückseite der 2-Lt.-Note abgebildet). Sie ist die **einzige gotische Wasserburg Europas** und die meistfotografierteste Burg des Landes. Sehenswert sind auch das Museum der von der Krim stammenden **Karäer** (s. Exkurs „Die Karäer") und deren malerische kleine Holzhäuschen sowie die Ruinen der Halbinselburg. Das **Städtchen** hat seinen Grundriss aus dem 14./15. Jh. behalten und zählt zu den interessantesten ethnographischen und städtebaulichen Denkmälern aus jener Zeit.

Geschichte

Ein genaues Gründungsdatum ist nicht bekannt, doch schon im 12. Jh. war Trakai Sitz des Fürstentums. Allerdings nicht am heutigen Platz, sondern 4 km weiter südlich in **Senieji (Alt-)Trakai** (bis auf archäologische Reste ist nichts mehr davon zu sehen). 1316 verlegte Großfürst *Gediminas* (1316-41) die **Hauptstadt** und den Sitz der Fürstenresidenz von Kernavė nach Trakai, bevor er 1323 die neue Hauptstadt Vilnius gründete. Trakai blieb aber weiterhin **Residenz der Fürsten.** *Gediminas'* Sohn, Großfürst *Kestutis* (1345-82) residierte sowohl in Vilnius als auch in Trakai. Er heiratete hier die schöne *Birutė* (s. Geschichtsteil Palanga), die ihm 1350 seinen Sohn *Vytautas* gebar. Da die Ordens-

254li-Foto: gs

Holzschnitzerei neben der Touristinformation

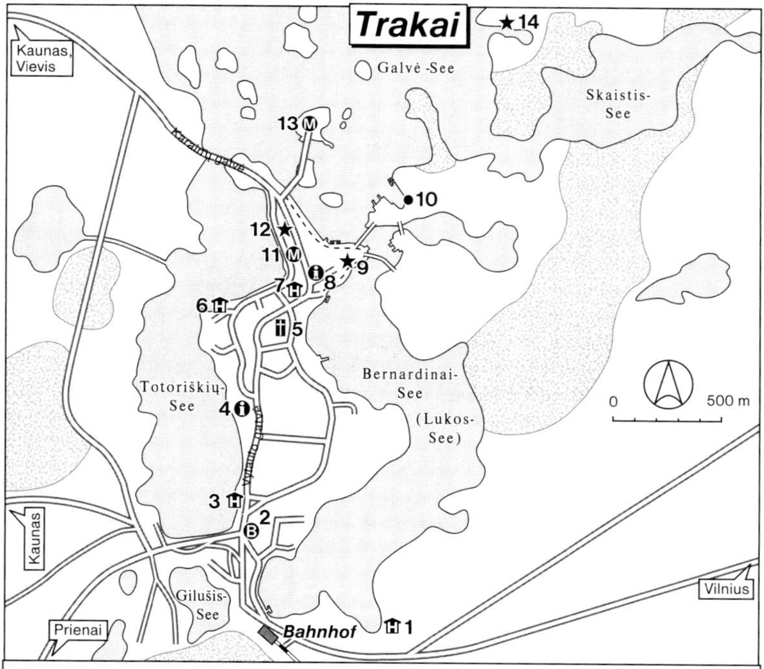

H	1	Pension am Lukos-See
B	2	Busbahnhof
H	3	Gästehaus
i	4	Touristinformation
Kirche	5	Mariä-Verkündigungskirche
H	6	Hotel Trakų
H	7	Hotel Rotusė , Hotel Salos
i	8	Nationalparkverwaltung
★	9	Ruinen der Halbinselburg
•	10	Jachtclub
M	11	Karäer-Museum
★	12	Kenessa
M	13	Inselburg mit Historischem Museum
★	14	Užutrakis Palast

ritter wiederholt Trakai angriffen, ließ er auf einer Landzunge die günstiger gelegene **Halbinselburg** bauen, um die sich dann die heutige Stadt bildete.

Auch sie war ab 1377 des öfteren Ziel der Ordensritter, worauf mit dem Bau der noch besser geschützten **Inselburg** begonnen wurde. 1382 wurde *Kestutis* von seinem Neffen *Jogaila* ermordet. Nachdem dieser 1386 König wurde, setzte er seinen Günstling *Skirgaila* als Statthalter des Fürstentums ein. *Vytautas* fühlte sich um sein Erbe betrogen, verbündete sich mit dem Ordensrittern und belagerte Trakai. Vermutlich 1391 wurde die Halbinselburg von ihnen geschleift. 1392 versöhnten sich *Jogaila* und *Vytautas,* und *Vytautas* wurde Fürst von Litauen. 1396 holte er sich Krimtataren als Pa-

062li-Foto: gs

lastwachen, Gärtner und Handwerker, zwei Jahre später auch Karäer. Nachdem er 1401 Großfürst wurde, ließ er die Inselburg fertigstellen. 1409 erhielt Trakai das **Magdeburger Stadtrecht,** und *Vytautas* ließ auf dem Platz der zerstörten Halbinselburg eine Kirche und ein Bernhardinerkloster bauen (von denen heute nur noch Ruinen zu sehen sind). Bis zu seinem Tod 1430 war Trakai *Vytautas'* bevorzugte Residenz. Nach seinem Tod schwand die Bedeutung Trakais. 1655 wurden die Inselburg dann von den Russen zerstört. Mit dem Wiederaufbau wurde 1952 begonnen.

Inselburg Trakai

Rundgang

Vom Busbahnhof geht man die rund 1,5 km lange Hauptstraße Vytauto nach Norden, passiert dabei das Touristinformationsbüro (Nr. 69) und die gegenüberliegende russisch-orthodoxe Kirche, bevor man nach der Rechtskurve die **Kapellensäule für den Hl. Johann Nepomuk** (18. Jh.) sieht, die früher als Leuchtturm am See stand. Links geht die Vytauto in die Karaimų über (s.u.), rechts führt die Kestučio hoch zu den **Ruinen der Halbinselburg** *(Pusiasalio pilis)* und des späteren Bernhardinerklosters. Von den elf Wehrtürmen wurde nur einer wiederaufgebaut, es gibt jedoch Pläne zur Rekonstruierung der gesamten Anlage mit seinen bis zu 9 m hohen Mauern.

Hier finden manchmal **Ritterspiele** statt (s.u.). Am Fuß des Burghügels liegt ein kleiner Park mit anderen Mauerresten.

Von hier führt ein schöner Pfad entlang des Seeufers zur Inselburg, die man schon von weitem sieht. Bei deren Brücke liegen viele Souvenirstände, Cafés etc. Segeltörns werden angeboten und Boote können ausgeliehen werden, hier fährt im Sommer ein Dampfschiff ab (s.u.).

Die **Inselburg** ist eine fünfstöckige gotische **Wasserburg.** Das Burgensemble aus rotem Ziegelstein fügt sich malerisch in die Landschaft aus Wald und Wasser ein. Man hat den Eindruck, als rage es direkt aus dem Wasser empor. Man erreicht es über zwei Holzbrücken und eine dazwischen liegende bewaldete Insel. Die zweite Brücke endet unmittelbar vor dem quadratischen **Torturm,** durch den man den trapezförmigen **Großen Hof** mit seinen bis zu 7 m hohen Mauern und drei runden Ecktürmen betritt. Gesäumt wird der Hof durch die Gebäude der **Vorburg,** in denen sich einst die Unterkünfte der Burgwachen sowie Waffenlager und Lebensmittelvorräte befanden. Rechts liegen die Ost-, links die zweigeschossigen Westkasematten mit Balustraden, in denen ein Teil des **Historischen Museums** (Waffen, antike Pfeifen u.v.m.) untergebracht ist.

Die **Hauptburg** *(Palas)* ist von einem tiefen Graben umgeben, den man auf einer Brücke überquert (früher eine Zugbrücke). Durch das mächtige Tor des 33 m hohen **Donjon** (Wohn- und Wachturm), von dessen Spitze man einen guten Ausblick auf die Seen und Inseln hat, gelangt man in den schmalen **Hof**, umrahmt von hölzernen Galerien. In den Obergeschossen lagen die Repräsentations- und Wohnräume der Fürsten. Im 1. Stock links und im 2. Stock ist ein Teil des **Historischen Museums** untergebracht, das über die Geschichte der Burg und des litauischen Staates informiert (geöffnet 10-19 Uhr, im Winter Di-So 10-18 Uhr, Tel. 58246, Führung Tel. 55296). Im 1. Stock rechts liegt der **Große Saal** (Thronsaal) mit einem gotischen Sterngewölbe. Von den Fresken sind nur noch Umrisse erkennbar. Hier gibt es manchmal Konzerte. Die größeren Veranstaltungen (u.a. Feste, Konzerte, Opern, Balletts) finden auf der Bühne im Großen Hof statt. Dort lädt auch die Taverne *Pilies Smuklė* zu einem Besuch ein (10-19 Uhr, vom 1.5.-1.10.).

In der **Altstadt** kann man entlang der Karaimų (von der Inselburg in Richtung Stadtmitte) die bunten **Holzhäuschen** der Karäer sehen, die alle mit dem Giebel zur Straße gerichtet sind. In dieser Straße steht bei Nr. 30 auch die **Kenessa,** das Gebetshaus der Karäer, in dem sonntags Gottesdienst gehalten wird (jedoch lediglich von außen zu besichtigen). Das ursprüngliche Gebäude aus dem 15. Jh. wurde von Napoleons Truppen 1812 zerstört.

Wenig weiter, an der Karaimų 22, kann man sich im **Ethnographischen Museum der Karäer** über Trachten, Gebrauchsgegenstände und Brauchtum dieser Volksgruppe informieren

(Mi-So 10-18 Uhr, Tel. 55286). Wer noch mehr über die Kultur der Karäer erfahren will, muss wieder in die entgegengesetzte Richtung gehen. Hinter der Brücke führt die Žalioji zum Alten Friedhof (Senosios karaimų kapinės). Genau gegenüber (Nr. 29) oder in der Karaimų 65 kann man das **Nationalgericht** der Karäer kosten: *Kibinai,* eine Art Fleischpastete, bzw. *troškinta mėsa,* eine Art Eintopf (tgl. 11-21 Uhr).

Im Stadtzentrum steht auf einem Hügel die zweitürmige **Maria-Verkündigungskirche.** Sie wurde 1405 unter *Vytautas* mit Steinen der zerstörten Halbinselburg im gotischen Stil mit Wehrbaucharakter erbaut, 1655 teilweise zerstört und 1717 im Barockstil wieder aufgebaut. Bekannt ist sie auch wegen einiger wertvoller Gemälde und einer Maria-Ikone mit silberbeschlagenem Gewand aus dem 16. Jh.

Nationalpark

Man sollte sich auch die herrliche Landschaft rings um Trakai etwas genauer ansehen. Der 8200 ha große **Historische Nationalpark von Trakai** mit seinen sanften Hügeln und seinem weit verzweigten System von 32 Seen und deren Inseln und Buchten ist vor etwa 20.000 Jahren von den Gletschern der Eiszeit geformt worden. Die Seen umfassen 1110 ha (darunter der **Galvė-See,** der größte mit 20 Inseln, und der **Akmena-See,** der sauberste).

Die **Moore** bei Varnikai und Plomenai sind Brutstätten für seltene Vögel. Der Park ist auch von ethnographischem und archäologischem Wert. Hier befinden sich einige Grabhügel und Hünengräber vom 9.-12. Jh. sowie Überreste alter Burgen. Mehr als ein Drittel des Parks nimmt die **Schutzzone** mit zwei Reservaten und zehn Kultur-, Landschafts- und Naturschutzgebieten ein. Den Kern des Nationalparks bildet der Komplex der zwei Burgen mit der Altstadt. Außerdem sind noch etwa 50 historische Bauten oder ihre Reste, meist aus dem 20. Jh., zu sehen.

Infos bei der Nationalparkverwaltung in der Karaimų 5, Mo-Fr 8-12 und 13-17 Uhr (Tel./Fax 55776, www.is.lt/area.patria). Arrangiert auch Touren, verkauft Karten und Souvenirs und stellt Erlaubnisscheine zum Angeln und Zelten aus. Den Nationalpark kann man teilweise mit dem eigenen Fahrzeug erkunden.

Möglich ist auch ein **Rundflug** (Vilnius Aeroclub, Tel. 2611531, Fax 2718326). Interessant kann auch eine **Bootsfahrt** sein (s. Aktivitäten, Sport) oder im Sommer ein Ausflug mit dem **Dampfschiff** „Skaistis" (alle 2 Std. Mo-Fr 11-17, Sa/So 10-19 Uhr, Fahrzeit 45 Min., 15 Lt., Tel. 8-286-54271) hinüber zum Ostufer des Galves-Sees, an dem in einem alten Park der weiße neoklassizistische **Palast Užutrakis** der Grafen *von Tyszkiewicz* steht. Er wurde 1896 gebaut und bis 1939 von ihnen bewohnt. Er wird zurzeit restauriert. Wer mit dem PKW unterwegs ist, muss die Abzweigung an der Straße von/nach Totoriškes nehmen. Vom Palast aus hat man eine tolle Sicht auf Trakai.

Die Karäer

Die Karäer (Karaiten) waren ursprüglich eine jüdische Sekte, die nur das Alte Testament, nicht aber den Talmud und die rabbinische Tradition anerkannten. Der Name leitet sich von der Bezeichnung *Kara im* ab, die soviel bedeutet wie „die Biblischen", d.h. „Söhne der Schrift" im Gegensatz zu den Anhängern der rabbinischen Lehre.

Gegründet wurde diese Sekte zu Beginn des 8. Jh. n. Chr. von *Anan* aus dem Hause David in Babylonien, wo sie von den mohammedanischen Behörden unterstützt wurde. Sie setzte sich aus verschiedenen Gruppen zusammen, die die Autorität der mündlichen Lehren des Talmud anfochten, und ihre Anhänger nannten sich damals *Ananiten.* Nach dem Tode Anans zerfiel die Sekte wieder und konnte sich in Babylonien nicht mehr behaupten – teils wegen ihrer komplizierten und rigorosen Gesetzgebung, teils wegen überzogener Askese. Einzelne Gruppen wanderten nach Palästina aus, um dort in strenger Askese zu leben.

Seit der zweiten Hälfte des 9. Jh. setzte sich für die Sektierer der heute gebräuchliche Name *Karäer* durch. *Gaon Saadja* verteidigte das rabbinische Judentum und versuchte, die Karäer aus der jüdischen Gemeinschaft auszuschließen. Nach der Mitte des 11. Jh. verlagerte sich das Schwergewicht der Sekte in den byzantinisch-türkischen Raum. Dort kam es im 15./16. Jh. erstmals zu einer Annäherung zwischen Karäern und Rabbaiten (Anhängern der rabbinischen Lehre). Im 14. Jh. gelangten die Karäer auf die Krim, und Ende des 14. Jh. ließ der litauische Großfürst *Vytautas,* dessen Reich sich damals bis ans Schwarze Meer erstreckte, Karäer zusammen mit Tataren von der Halbinsel Krim als Palastwachen an seinen Hof von Trakai holen. Die Karäer waren auch erfahrene Handwerker und weitgereiste Händler mit Sonderrechten. Berühmt waren sie auch als Gemüsezüchter. 1441 erhielten sie sogar das Recht der Selbstverwaltung.

Als während der zaristischen Zeit im 19. Jh. die litauischen Juden unter Beschränkungen zu leiden hatten, konnten sich die Karäer sogar Privilegien sichern und nannten sich nicht mehr Juden, sondern „russische Karäer alttestamentlichen Glaubens".

Bis heute haben sich die Karäer in der Gegend von Trakai, Vilnius und um Panevėžys als eigene Volksgruppe mit eigenen Sitten und Gebräuchen erhalten. Sie sprechen sogar zum Teil eine eigene karäische Sprache, die mit dem Türkischen verwandt ist.

Die Zahl der litauischen Karäer wird von den Behörden mit knapp 200, davon 150 in Trakai, angegeben; sie sind damit die kleinste Volksgruppe in Litauen. Dennoch haben sie ihre eigene kulturelle Vereinigung, die *Karaite Cultural Society,* Raugyklos 25, 2019 Vilnius, Tel. 611539. Weitere Infos in Kapitel „Bevölkerung".

Informationen

- **Touristinformation,** Vytauto 69, Mo 8.30-16 Uhr, Di-Fr 8.30-17.30 Uhr, Sa 9-15 Uhr, Tel./Fax 51934 (auch Vermittlung von Zimmern in Hotels, Pensionen etc., Infos über sportliche Aktivitäten, Tickets für Feste, Radtouren, Führungen etc.); Infos unter www.trakai.lt, trakaitic@is.lt.
- **Informationsbüro des Nationalparks:** s.o.
- **Geldwechsel:** Vytauto 55 (Mo-Fr 8-15 Uhr)
- **Geldautomat:** u.a. Vytauto 52, 69
- **Buchhandlung:** Vytauto 46
- **Ambulanz:** Tel. 55803

Verkehrsmittel

Trakai ist mit öffentlichen Verkehrsmitteln gut zu erreichen; es gibt auch organisierte Exkursionen (vgl. „Informationen" bei Vilnius).

Anfahrt möglich mit dem **Vorortzug** von Vilnius nach Trakai (8 Züge tgl.; 40 Min. Fahrzeit) oder mit dem **Bus** (2,70 Lt) vom Fern-

busbahnhof (30 Verbindungen, tgl. zwischen 7 und 22 Uhr, Fahrzeit 45 Min.). Busstation und Bahnhof liegen 1,5 bzw. 2 km südlich der Burg. Wem der Weg zu lang ist, kann ein **Taxi** neben dem (Bus-)Bahnhof nehmen. Der **Busbahnhof** liegt in der Vytauto 90, Tel. 51333, der **Bahnhof** in der Vilniaus 1, Tel. 51055.

Unterkunft

- **Campingplatz Kempingas Slėnyje;** 5 km nördlich von Trakai an der Straße nach Vievis direkt am Galvė-Seeufer in Totoriškės; Tel./Fax 51387; ganzjährig, populär, westlicher Standard; Taxi ab Busbahnhof ca. 15 Lt.; viermal täglich Bus ab dem Busbahnhof, Anfahrt auch mit Dampfschiff Skaistis. Hier ist auch der Sitz des litauischen Camping-Verbands (s. Kap. „Reisetipps A–Z: Unterkunft"). Übernachtung in Holzhütten, 24 Zimmer (2, 3, 4, 5 Betten ab 60 Lt., Apartment 250 Lt. mit Küche) oder im Zelt (7 Lt.); 30 Stellplätze für Caravans; Ausleihe von Rädern, Booten, Jachten, Zelt. Kaminofen, Sandstrand, Waschmaschine, Heißwasserduschen, Café, Bar, Feuerholz, Sauna, Angellizenzscheine; organisiert auch Ballonflüge für 300 Lt./Std. pro Person.
- **Hotel Trakų,** Ežero 7, Tel./Fax 55503, www.members.hotels.lt/traku, 9 Zimmer (EZ, DZ 220 Lt., Luxus 300 Lt.), alle groß und holzvertäfelt, Sauna, Pool, gutes Restaurant, Sommerterrasse mit Seeblick, Café.
- **Trakų Sporto Bazės Hotel,** Karaimų 73, Tel. 55501/Fax 55387; 45 Zimmer (EZ 144 Lt., DZ 180, Luxus 300 Lt.), früheres Trainingscamp für Litauens Topsportler, mit Sauna, Café etc; Zimmer aber unpersönlich und nicht so modern. Vermietung von Booten, Kanus und Fahrrädern (5 Lt./Std.), Café. Be-

Inselburg (Vorburg)

nutzung der Sportanlagen möglich; es gibt auch einen Schlafsaal. www.sc.trakai.com.

- **Gästehaus Rotusė,** Vytauto 1, Tel./Fax 55148, 7 Zimmer (EZ 25 Lt., DZ 50 Lt.), einfache Zimmer, recht laut.
- **Hotel Salos,** Kranto 5 b, Tel. 54100, Fax 54101, www.salos.lt, 10 Zimmer, 60 Lt. p. P., Restaurant, Nachtclub, Sauna, Pool, Fahrrad- und Bootverleih, populär.
- **Gästehaus,** Vytauto 87, Tel. 55893, traku.vsp@is.lt, 8 Zimmer (80 Lt.), sauber, populär.
- **Akmeninė Užeiga,** im Dorf Bražuolės am Akmenos-See 2 km nordwestlich von Trakai, Erholungskomplex der gehobenen Klasse, Tel. 25186, Fax 5-2121622, www.akmenineuzeiga.lt, traditionelle Holzhäuser mit Schilfrohrdächern, Restaurant, Weinkeller, Sauna, Outdoor-Pool, Jacuzzi, Angeln, Reiten etc., DZ 295 Lt., Suiten ab 680 Lt.
- **Jachtclub,** Žemaitės 3, Tel. 52824, 2 Zimmer, 25 Lt. p.P., einfach, verleiht Jachten.
- **Verubė,** 4 km östlich am Skaistis-See, Tel. 8-298-16533, idyllisch, Häuschen mit Du./WC, 60-150 Lt., Sauna, Vollpension möglich; Reiten, Angeln, Kanu, Jacht, Segelboot, Radtour; im Winter Schlitten, Langlauf, Eisfischen, Schlittschuhlaufen.
- **Pension am Lukos-See,** Šaudyklos 6, Tel. 52811, 5 moderne Zimmer, 25-50 Lt. p.P., schöne Lage, Sauna, Boote, Fahrrad, Strand, Badesee.
- **Weitere Pensionen** in Bernardinų 9 (Tel. 51890) und 15 (Tel. 52255) östlich des Busbahnhofs; Gilusio 9 (Tel. 52167) an der westlichen Uferstr. des gleichnamigen Sees; Trakų 10-11 (Tel. 50104) westlich Vytauto g.; Karaimų 83 (Tel. 51402). 29 (Tel. 55179) und 39 (Tel. 51020), Birutės 16 a (Tel. 63287; eine Querstraße nördlich vom Busbahnhof) sowie am Südufer des Lukos-Sees in der Šaudyklos 5 (Tel. 52626) bzw. Mikulionio 7-1 (Tel. 52641) und 7-2 (Tel. 51328). Buchung auch bei der Touristinformation, auch für viele Pensionen im Umland.

Gastronomie

- **Kibininė,** Karaimų 65 (Karäische Küche), 11-22 Uhr.
- **Nendrė,** Karaimų 46, 11-23 Uhr (mit Blick auf den See), europäische Küche.
- **Trakų** (im gleichnamigen Hotel, s.o.); 12-24 Uhr, sehr gute, aber auch überdurchschnittlich teure europäische Küche, toller Blick auf den Totoriškių-See.
- **Kybynlar,** Karaimų 29, 11-23 Uhr, karäische Küche, 2 Säle, davon einer für Nichtraucher, Folkloreabende.
- **Akmeninė Užeiga** (s.o.)
- **Apvalaus Stalo Klubas** (Runder Tisch-Club), Karaimų 53, 11-23 Uhr, Einrichtung im Stil eines prunkvollen Landhauses, Nobelrestaurant, französische und italienische Küche, toller Blick auf die Burg.
- **Markizas,** Karaimų 25 a, 11-24 Uhr, europäische Küche.
- **Laumė,** Vytauto 17, 11-24 Uhr, europäische Küche.
- **Turistas,** Karaimų 66 a, 8-24 Uhr, Café, Bar.
- **Židinys,** Vytauto 91, 11-24 Uhr, recht einfache Küche, schöner Blick von der Terrasse auf den See (Nähe Busbahnhof).
- **Argo,** Vytauto 89, 11-24 Uhr, kaukasische Küche.
- **Pilies Smuklė,** s. Inselburg
- **Karališkes sodas,** Karaimų 57, 11-20 Uhr, litauische, europäische und karäische Küche, Terrasse mit schönem Burgblick.
- Im Sommer gibt es auch viele **Cafés, Eisstände** und **Imbissstuben** in der Nähe der Inselburg.

Aktivitäten

Organisation und Ausleihmöglichkeiten bei einigen Hotels (s.o.). Außer dem Radverleih (Karaimų 41); Schlittenfahrten im Winter und Reiten (Tel. 55769); Paragliding, Tauchen, Jacht, Radtouren (Tel. 74416). Daneben einige Badestrände und Möglichkeiten von Segeltörns (ab 50 Lt./Std.; Infos Tel. 52824) sowie Bootsverleih, u.a. mittelalterliche Boote (ab 12 Lt./Std.), Windsurfen etc.; Angeln bei Žvejų Namai, Tel. 8-528-25152, 11-22 Uhr, mit Bar und Spielplatz, sehr populär, rechtzeitig buchen. Infos beim Touristinformationsbüro.

Feste

Stadtfestival (Mitte Mai), Festival des Mittelalters (Ende Mai), Städtefest (1. Juni-15. Juli; Spiele, Theater, Opern, Konzerte), Regatta (Ende Juni), Mittelalterliche Tage (6.-8. Juli; Ritterkämpfe, Handwerksvorführungen etc.), Opern- und Ballettsommerfestival (Mitte Juli), Ruderwettbewerbe (Ende Juli/Anfang August), Trakai-Festival (1.-20. August; Konzerte etc.). Infos beim Touristinformationsbüro.

Druskininkai

↗ IV/B3

Das Städtchen mit etwa 22.000 Einwohnern am rechten Ufer des Nemunas liegt im südlichsten Winkel Litauens nahe der Grenze zu Weißrussland und Polen sowie 132 km von Kaunas/ 135 km von Vilnius entfernt. In weiten Wäldern verborgen, ist es ein **Kurort** par excellence: würzig frische Luft, paradiesische Ruhe und eine traumhafte Landschaft mit Wald und Seen. Das Klima soll hier noch gesünder als in Davos sein. Das linke, hohe Nemunas-Ufer schützt die Stadt vor Nordwinden. Er ist der einzige Kurort in Europa, der von Kiefernwäldern dieses Ausmaßes umgeben ist.

Druskininkai eignet sich auch gut als Ausgangspunkt für den **Dzūkija-Nationalpark** (s.u.) und den **Grųtas-Skulpturenpark.** Auch ohne Kuranwendung kann man hier Kraft schöpfen und sich erholen. Was Palanga für Badefreunde ist, das ist Druskininkai für alle, die sich in den Wäldern wohler fühlen als am Strand. Wer etwas für unverfälschte Natur und malerische Landschaft übrig hat, wer gerne radelt, wandert, spazieren geht und auf dem weichen Teppich aus Flechten und Tannennadeln durch die Wälder streift, der ist hier richtig. Es gibt 15 **Wanderrouten** mit einer Länge von 80 km sowie **Routen für Radfahrer und Langläufer** über 55 km, das größte und wohl beste Netz des Landes. Aber auch Pilz- und Beerensammler schätzen diese Gegend sehr.

Geschichte

Druskininkai wurde erstmals 1636 urkundlich erwähnt. Es verdankt seine Existenz den hiesigen salzhaltigen **Mineralquellen.** Der Name des Ortes leitet sich denn auch von *druska* ab, dem litauischen Wort für Salz.

Die Legende berichtet, dass einst der Fürst von Liškiava hier auf die Jagd ging. Zum Dank für seinen waidmännischen Erfolg wollte er den Göttern einen Falken opfern. Der Falke stieg auf und wurde auch alsbald vom Pfeil getroffen, doch das Unglück wollte es, dass er in den Nemunas stürzte und versank. Der Fürst, um sein Opfer zu retten, sprang hinterher und wurde ebenfalls von den Fluten verschlungen. Bitterlich weinte die Fürstin um ihren Gatten, und dort wo ihre Tränen auf den Boden fielen, begannen alsbald salzige Quellen zu sprudeln. Wenig später aber tauchte ihr Gemahl aus den Fluten des Nemunas wieder empor, den Falken in der Hand und ebenso gesund und voller Lebenskraft wie das Heilwasser der salzigen

Quellen (eine andere Legende ist beim Tal von Raigardas erwähnt, s.u.).

Ende 18. Jh. begann sich Druskininkai durch sein Wunder bewirkendes Wasser einen Namen zu machen. Ein gewisser Wasserdoktor namens *Sųrutis* (von *sųrus*, zu deutsch salzig) soll hier als erster mit großem Erfolg Kranke geheilt haben, indem er sie in Zuber steckte, die mit dem Heilwasser gefüllt waren. Kunde davon drang bis an den königlichen Hof, und am 20. Juli 1794 erließ der König des litauisch-polnischen Staates, *Stanislaus August,* ein Dekret, das den kleinen Ort in den Rang einer **Heilstätte** erhob. Wissenschaftler untersuchten 1821-35 die Zusammensetzung des heilkräftigen Wassers, und 1837 wurde Druskininkai vom russischen Zaren *Nikolaus I.* offiziell zum **Kurort** erklärt. 1838 wurde das erste Sanatorium (nur für zaristische Beamte) gebaut. Das Dorf wuchs rasch zu einer kleinen Stadt. Villen, Sanatorien und Kurhäuser entstanden, und die Wohlhabenden kamen hierher zur Kur und um den Sommer zu verbringen, insbesondere nach dem Bau der Eisenbahnlinie von St. Petersburg nach Warschau. Die Stichstrecke von Parėčča (im heutigen Weißrussland) nach Druskininkai wurde allerdings erst 1934 gebaut (seit kurzem ist sie stillgelegt); bis dahin wurden erst Postkutschen, dann Busse eingesetzt. Im Ersten Weltkrieg wurde der Ort fast zur Hälfte zerstört. 1920-39 gehörte er zu Polen. Nach der sowjetischen Annexion fiel er an Weißrussland. Erst nach dem Zweiten Weltkrieg ging der Kurort wieder an Litauen, das zu diesem Zeitpunkt ebenfalls Sowjetrepublik war. Allerdings wurde diese Übergabe damals durch keine staatsrechtlich verbindlichen Verträge abgesichert, und kaum hatte Litauen im März 1990 seine Unabhängigkeit von der Sowjetunion erklärt, da drohte Weißrussland auch schon damit, das Gebiet zurückzufordern. Nach dem Zerfall der Sowjetunion sind diese Forderungen verstummt.

Während der Sowjetzeit wurde das Städtchen zu einem bedeutenden Kurort mit breiten Straßen, Grünanlagen, Kurhäusern und modernen Sanatorien ausgebaut. Bei Bohrungen bis zu einer Tiefe von 328 m wurden acht konzentriertere **Quellen** mit einem Salzgehalt von bis zu 55 Gramm pro Liter erschlossen (für Trinkkuren werden Mineralwasser mit 4-6 g/l Salzgehalt verwendet). Außerdem liefern die **Moore** der Umgebung heilkräftigen Schlamm für Bäder und Packungen. Der überwiegende Teil der Besucher kommt zur Zeit aus Polen und Russland, vermehrt auch aus Deutschland (u.a. Schnieder-Reisen bietet Kurreisen an).

Sehenswertes

Es gibt keine bedeutenden Sehenswürdigkeiten zu beschreiben. Das Besondere an Druskininkai ist seine erholsame Atmosphäre mit **Parkanlagen und viel Grün.** Im Vergleich mit anderen Städten ist die Beschilderung hier ausgezeichnet; jedes Gebäude hat große Hausnummernschilder. Der markanteste Punkt ist die alles überragende neogotische **Kirche der Hl.**

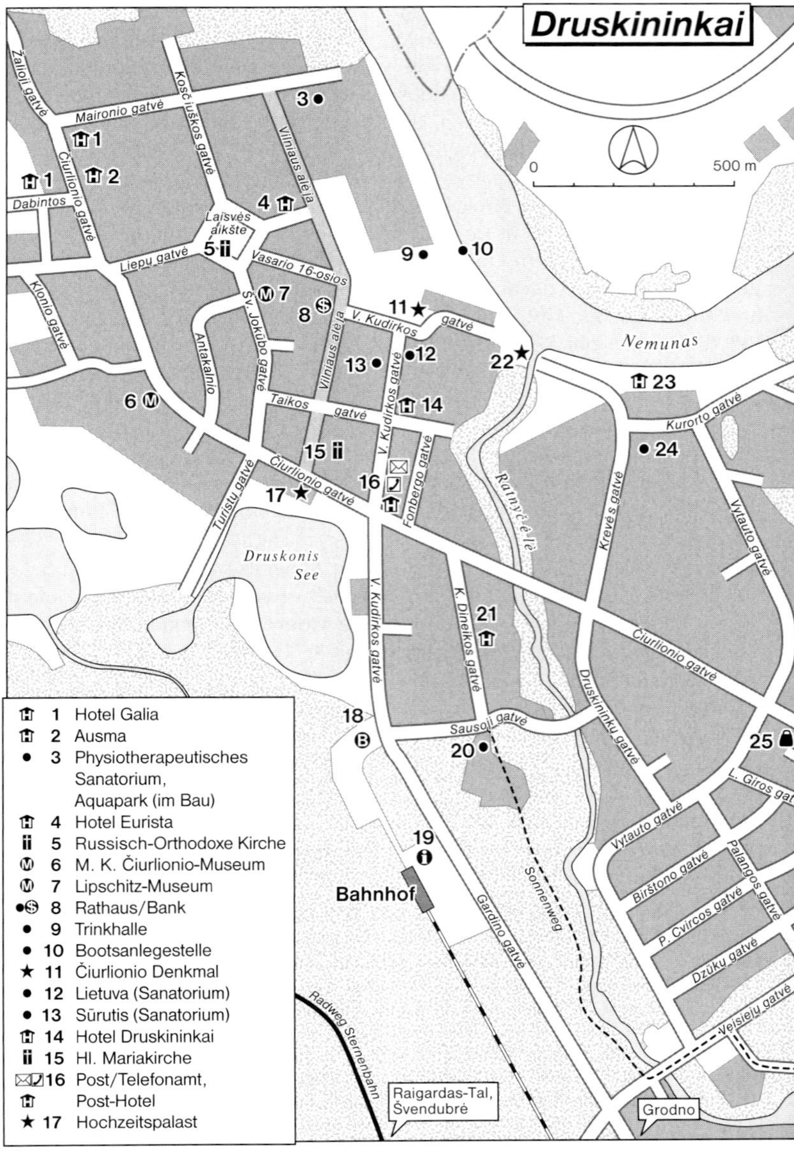
Druskininkai
0
500 m
Nemunas
Druskonis See
Ratnyčėlė
Žalioji gatvė
Maironio gatvė
Kosčiuškos gatvė
Vilniaus alėja
Čiurlionio gatvė
Dabintos
Laisvės aikštė
Liepų gatvė
Vasario 16-osios
Klonio gatvė
Šv. Jokūbo gatvė
Antakalnio
V. Kudirkos gatvė
Taikos gatvė
Fonbergo gatvė
Turistų gatvė
K. Dineikos gatvė
Kurorto gatvė
Krėvės gatvė
Vytauto gatvė
Druskininkų gatvė
Sausoji gatvė
L. Giros gat
Birštono gatvė
Palangos gatvė
P. Cvirkos gatvė
Dzūkų gatvė
Veisiejų gatvė
Gardino gatvė
Sonnenweg
Radweg Sternenbahn
Bahnhof
Raigardas-Tal, Švendubrė
Grodno
1 Hotel Galia
2 Ausma
3 Physiotherapeutisches Sanatorium, Aquapark (im Bau)
4 Hotel Eurista
5 Russisch-Orthodoxe Kirche
6 M. K. Čiurlionio-Museum
7 Lipschitz-Museum
8 Rathaus/Bank
9 Trinkhalle
10 Bootsanlegestelle
11 Čiurlionio Denkmal
12 Lietuva (Sanatorium)
13 Sūrutis (Sanatorium)
14 Hotel Druskininkai
15 Hl. Mariakirche
16 Post/Telefonamt, Post-Hotel
17 Hochzeitspalast

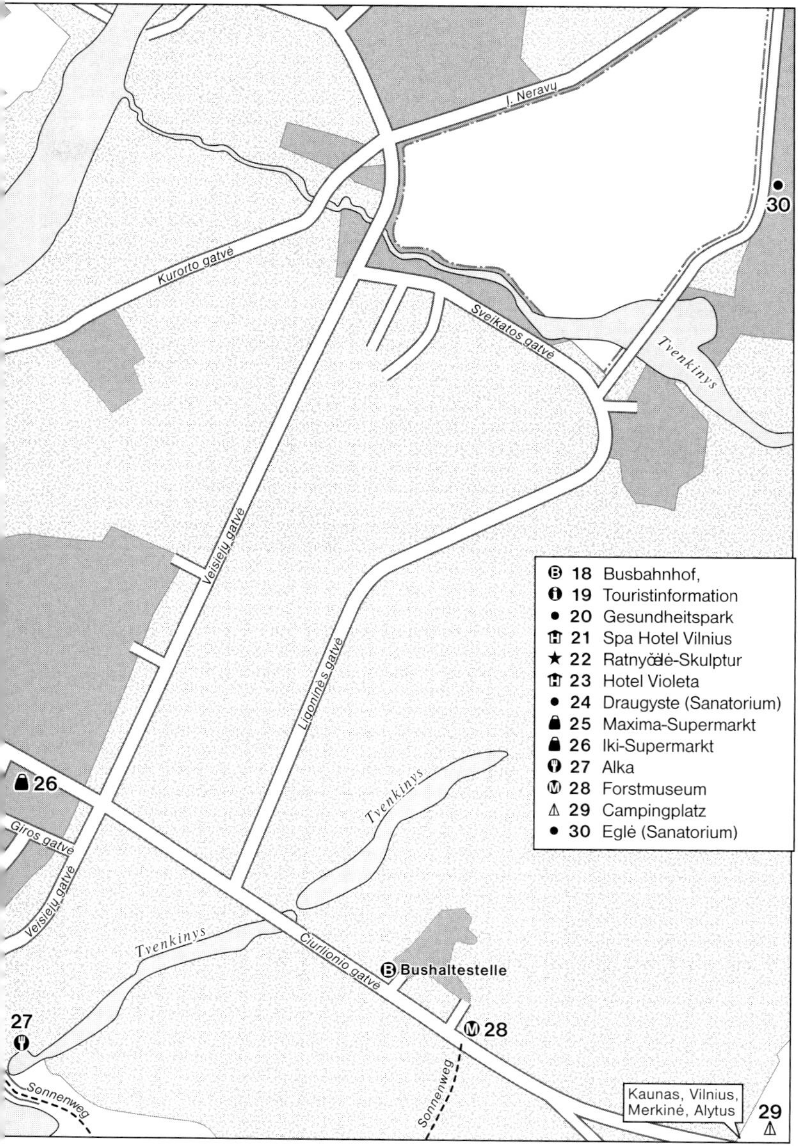
J. Neravų
Kurorto gatvė
Sveikatos gatvė
Tvenkinys
30
Veisiejų gatvė
Ligoninės gatvė
26
Giros gatvė
Veisiejų gatvė
Tvenkinys
Tvenkinys
Čiurlionio gatvė
Bushaltestelle
27
28
Sonnenweg
Sonnenweg
Kaunas, Vilnius, Merkinė, Alytus
29
18 Busbahnhof,
19 Touristinformation
20 Gesundheitspark
21 Spa Hotel Vilnius
22 Ratnyčėlė-Skulptur
23 Hotel Violeta
24 Draugyste (Sanatorium)
25 Maxima-Supermarkt
26 Iki-Supermarkt
27 Alka
28 Forstmuseum
29 Campingplatz
30 Eglė (Sanatorium)

051li-Foto: gs

Sanatorium Pusele

Jungfrau Maria (Ende 19. Jh., u.a. schöne Hinterglasmalerei; hier war der Vater von *M. K. Čiurlionis* Organist). Gegenüber an der Kreuzung Kudirkos/Čiurlionio steht eine neoklassizistische, schlossähnliche **Villa mit Zinnenturm,** die heute als Stadtmuseum dient.

Dahinter liegt der **Druskonis-See,** um den eine Uferpromenade führt (man kann hier Wasserräder und Tretboote ausleihen; baden ist allerdings verboten). Westlich von hier an der Čiurlionio Nr. 35-41 liegt das **M. K. Čiurlionio-Museum.** In dem Komplex aus vier Holzhäusern sind verschiedene Ausstellungen zu sehen. Hier verbrachte der berühmte Komponist und Maler nach dem Zuzug von Varėna seine Kindheit und kehrte später oft hierher zurück; dabei schuf er viele Kompositionen und Gemälde. Im Sommer finden gelegentlich Klassikkonzerte im Garten statt; dort steht auch seine Büste (Tel. 52755, Di-So 12-18 Uhr; geschlossen am letzten Di im Monat). Zu seinem 100. Geburtstag wurde beim Kurpark östlich der Vasario 16-osios ein Denkmal für ihn errichtet.

Am Westende dieser Straße liegt der **Laisvės aikštė** (Freiheitsplatz), in dessen Mitte eine **russisch-orthodoxe Kirche** von 1865 mit sechs Zwiebeltürmen in Blautönen und vielen Ikonen und Gemälden steht. Man erreicht den Platz über die Šv. Jokųbo. Dort in der Nr. 17 ist in dem kleinen gelben Haus das **Gedenkmuseum für** *Jakob Lipschitz* (1891-1973) untergebracht. Hier sind einige Werke des berühmten jüdischen Bildhauers, der in Druskininkai geboren wurde und später emigrierte, sowie eine Ausstellung über die einst große jüdische Gemeinde zu sehen (Tel. 56077, Mai-Okt., Di-Fr und So 10-16 Uhr). Dieser Stadtteil war der alte Kern der Stadt, und man findet hier noch einige alte Holzvillen mit kunstvollen Schnitzereien und filigraner Verzierung.

Östlich von hier bis zum Nemunas erstreckt sich der **Kurpark,** in dem die meisten Sanatorien liegen; deren Eingangsräume sind meist mit Glasmalereien und Mosaiken sowjetischen Stils verziert. Architektonisch interessant sind das **Physiotherapeutische Sanatorium** (mit drei Rundgebäuden und Turm) in der Vilniaus 13 (Tel. 51726) und das runde Sanatorium Sųrutis (auch Pušelė) in der Taikos 10 (Tel. 53335). Neben der Bootsanlegestelle (s.u.) sind einige **Mineralwasserquellen** bzw. -brunnen; probieren kann man das salzhaltige Getränk in einer Trinkhalle (7-9, 11-14, 16-19 Uhr).

Eine Statue für König *Mindaugas* steht gegenüber dem Rathaus an der Vilniaus alėja, der Fußgängerzone und Promeniermeile der Stadt. An der Čiurlionio neben der Brücke über den Fluss Ratnyčėlė steht die gleichnamige **Mädchenskulptur.** Südlich von hier liegen u.a. Kaskadenbäder und der Gesundheitspark (s.u.).

2 km östlich vom Zentrum an der Čiurlionio 116 (erreichbar mehrmals täglich mit Buslinie 3) liegt das **Forstmuseum Girios Aidas** (Echo des Waldes). Es sieht aus wie das Hexenhaus bei Hänsel und Gretel; in drei Stockwerken rings um eine Eiche gebaut gibt es Ausstellungen über die Waldflora/-fauna, eine Umweltschutzbibliothek und einen kleinen Zoo (Mi-So 10-18 Uhr, Tel. 53901); im und ums Museum stehen viele interessante Holzskulpturen.

Aktiv betätigen kann man sich in der schönen Umgebung, in der man Radtouren und ausgedehnte Wanderungen unternehmen kann. Besonders beliebt ist der sogenannte **„Sonnenweg"** *(Saulės takas),* ein etwa 4 km langer Fußweg, der am Ufer der Ratnyčėlė entlang und entsprechend gewunden bis zu einer alten Mühle führt. Man hat an diesem „Gesundheitsweg" Lauben aus Zweigen, sogenannte „Märchenhäuschen" sowie Stege und Bänke gebaut. Der Weg führt weiter zum 20 km entfernten Latas-See. Der 3 km lange Žilvinas-Fußweg führt vom Sanatorium Eglė nach Grųtas (s.u.). Ein beliebter Radweg ist die „Sternenbahn" zum Tal von Raigardas (s.u.). Infos zu weiteren Rad- und Wanderwegen erhält man bei der Touristinformation.

Verkehrsmittel

● **Bahnhof,** Gardino 3, z.Zt. alle Züge eingestellt.

●**Busbahnhof,** Gardino 1, Tel. 51333, Schließfächer, Busse u.a. nach Varena, Vilnius, Kaunas (auch Kautra-Luxusbusse), Merkinė, Liškiava, Švendubrė, Varėna, Alytus sowie nach Warschau und Kaliningrad.
●**Bootsanlegestelle,** von Mai bis Okt. fahren Ausflugsdampfer nach Liškiava, Fahrzeit 1 Std., Abfahrt 14.30, Rückfahrt 17.30 Uhr; 20 Lt., Charter möglich. Infos bei Touristinformation bzw. Reisebüro (s.u.).
●**Taxi,** Tel. 51213, 55555.

Nützliche Adressen

●**Apotheke,** Čiurlionio 65.
●**Bank,** Vilniaus 16, Šv. Jokubo 19.
●**Geldautomat,** Kudirkos 33, Čiurlionio 107, Vilniaus 18.
●**Maxima-Supermarkt,** Čiurlionio 97.
●**IKI-Supermarkt,** Čiurlionio 107, dahinter ist ein **Markt.**
●**Krankenhaus,** Ecke Sveikatos/Ligoninės g. (am Tvenkinys-See), Tel. 45241.
●**Polizei,** Tel. 52439.
●**Markt,** Čiurlionio 133a.

052li-Foto: gs

Beim Forstmuseum

●**Post-/Telefonamt,** Kudirkos 39, Tel. 53444, 7-23 Uhr.
●**Reisebüro** Druskininkų Gelmė (im Hotel Druskininkai), Tel./Fax 53393; Stadtführungen, Bootstouren, Fahrten in den Nationalpark etc.
●**Touristinformation,** Gardino 3 (im Busbahnhof), Tel./Fax 51777, Mo-Fr 10-13/ 13.45-18.45 Uhr; Vermittlung von Zimmern (Hotels, B&B, Sanatorien), Touren zum Dzūkija-Nationalpark, Stadtrundgang, Bootstouren, Infos zu Rad-/Wanderwegen; Nebenstellen im Rathaus Vilniaus al. sowie in der Čiurlionio 65; Tel./Fax 52198, information@druskininkai.lt, www.druskininkai.lt.
●**Verkehrspolizei,** Vytauto g. 41, Tel. 52502.
●**Sommer-Amphitheater,** Žalioji 40.

Aktivitäten

●**Radverleih,** Kudirkos 45, Čiurlionio 142, Vilniaus 12 und bei einigen Sanatorien.
●**Tennis, Pool, Sauna,** im Gesundheitspark, Sausoji 1, Tel. 51848 bzw. in einigen Sanatorien.
●**Tretboote, Wasserräder,** beim Druskonis-See.
●**Aquapark,** größter Wasserpark Europas, beim Physiotherapeutischen Sanatorium, Eröffnung 2006.

Unterkunft

In der Nebensaison (1.10.-1.5.) sind die Preise z.T. niedriger. Auch Erholungsheime und einige der neun Sanatorien bieten unabhängig von einer Kurbehandlung Zimmer an. Die Preise in Sanatorien beinhalten i.d.R. Vollpension (Schonkost). Die Preise variieren stark nach Komfort und Leistungsumfang. Gute Infos hierzu bei der Touristinformation.
●**Hotel Druskininkai,** Kudirkos 43, Tel. 52566/Fax 52217; 46 Zimmer, sauber, Café,

Reisebüro, top renoviert, gutes Preis-Leistungsverhältnis.
- **Hotel Laima,** Draugystes 2, Tel. 52847; im Raigardastal (s.u.) gelegenes, schönes Hotel mit 12 komfortablen Zimmern (40-60 Lt.) und Restaurant; 3 km südlich vom Bahnhof (Ecke Gardino); Sauna.
- **Post-Hotel,** im 3.Stock des Postamts, Tel. 52613, ab 30 Lt., schlicht, Fahrradmitnahme aufs Zimmer möglich, Etagendusche.
- **Ausma,** Čiurlionio 5, Tel. 52199, Fax 51029, 25 Apartments bis zu 4 Personen, 12-20 Lt. p.P., vom 15.6.-15.9. 80-100 Lt. p.P.; sauber, mit Küche, einige mit Balkon, Tischtennis, Billiard; freundliche Vermieter.
- **Hotel Eurista,** Vilniaus 22, Tel. 52318, Fax 55637, eurista@takas.lt; schöne Zimmer in Holzhaus, EZ/DZ ab 90 Lt.
- **Hotel Galia,** Maironio 3, Tel. 52809, Fax 55100, 16 Zimmer (EZ ab 72, DZ ab 120 Lt.), schön ausgestattet, Café; zweites Haus in **Dabintos 5,** Tel. 55696; schön umgebaute Holzvilla, komfortable EZ, DZ ab 140 Lt., Restaurant, Bar.
- **Sanatorium Lietuva,** Kudirkos 45, Tel. 52414, Fax 55490; relativ modernes, ganzjährig geöffnetes Sanatorium mit verschiedensten Anwendungen, eigener Quelle, Sauna, Pool, Sport- und Spielangeboten, Tennis, Radverleih, Bar (EZ ab 164, DZ ab 216 Lt.), sanatorija.lietuva@is.lt.
- **Sanatorium Draugyste,** Krėvės 7, Tel./Fax 52378, www druskonis.lt/sanatorijos, 6 Gebäude, EZ ab 72, DZ ab 68, Apartments ab 92 Lt.; u.a. Sauna, Pool, Tennis, Fitnessraum.
- **Sanatorium Eglė,** Eglės 1, Tel. 60220, Fax 60238 (EZ, DZ ab 80 Lt.), erreichbar mit Stadtbussen; Tennis, Pool, Sauna, Radverleih, sanatoria.egle@is.lt.
- **Spa Hotel Vilnius,** K. Dineikos g. 1, Tel. 51529, Fax 52046 (EZ, DZ), modern, gute Qualität.
- **Camping,** Čiurlionio 142, Tel. 50890, 20 Holzhäuschen (60 Lt.), Zelt 5 Lt., Dusche, Kochgelegenheit; sehr originell gestaltet. Ein Campingplatz ist auch neben dem (stillgelegten) Bahnhof.
- **Hotel Violeta,** Kurorto 4, Tel. 60600, Fax 60602, www.violeta.lt, modernes Hotel mit Blick auf den Nemunas, 20 schöne Zimmer (EZ 160 Lt., DZ ab 185 Lt.), Restaurant, Bar.

Gastronomie

- **Astra,** Vilniaus al. 12, Tel. 53329.
- **Alka,** Veisiejų 13, Tel. 52849; am „Sonnenweg".
- **Bebenčiukas,** Čiurlionio 103, Tel. 53514.
- **Kolonade,** Kurdikos g. 22, Tel. 51222; schönes Ambiente, recht teuer, mit Musikclub.
- **Picerija Sicilija,** Taikos 9 und Čiurlionio 56, relativ teure italienische Küche, gute Pizzas (rund 60 verschiedene).
- **Širdele,** Maironio 16, 11-22 Uhr, gemütliches Café, gute Küche.
- **Picerija Sicilia,** Taikos 9, Tel. 51865, 9-23 Uhr, relativ teure italienische Küche, auch gute Pizzas (rund 60 verschiedene).
- **Dangas Skliautas,** Kurorto 8, Tel. 51819, 10-2 Uhr, gute Bar.
- Es gibt viele weitere Restaurants und Cafés, auch in den o.a. Hotels und Sanatorien.

Feste

- **Čiurlionio-Festival,** Juni bis Sept. (an Wochenenden), Konzerte, Lesungen etc.
- Ende Juli: **Druskininkai-Country-und-Blues-Festival.**
- Im August einwöchiges **Musikfestival.**

Umgebung von Druskininkai

Leipalingis

↗ IV/B3

Der Ort 14 km nordwestlich von Druskininkai wurde 1503 vom Großfürsten *Aleksandras* gegründet. Im gleichen Jahr wurde das Landgut gebaut, das später Fürst *Sapiega* zufiel, und in dem heute ein **Heimatmuseum** untergebracht ist (Alejos 2, 700 m rechts ab vom Dorfplatz, Tel. 8-313-43239). Sehenswert ist auch die Mariä-Himmelfahrtskirche von 1821.

Tal von Raigardas

9 km südlich; es ist am besten auf den Radwegen der „Sternenbahn" zu

erreichen (9, 12 oder 24 km). Gleich südlich der Stadt passiert man den Doppelsee Mergelės akys („Mädchenaugen“). Das Tal ist landschaftlich besonders schön, reich an Pilzen und Beeren und überdies sind seine Wälder und Seen von alten Sagen umwoben.

In alten Zeiten soll hier die prachtvolle und reiche „Paradiesstadt“, das litauische „Sodom“ gestanden haben, deren Bewohner ein ausschweifendes und zügelloses Leben führten und darüber die Götter vergaßen. *Perkūnas,* der oberste Gott des altlitauischen Pantheons, war über dieses Treiben erzürnt, schleuderte seinen Donnerkeil und ließ die Stadt mitsamt ihren Bewohnern unter Blitz und Feuer in der Erde versinken. Der Ausgang nach oben ist den in die Finsternis Verbannten durch einen **„Teufelsstein“** versperrt, ein riesiger Findling, der nahe dem Dorf **Švendubrė** zu sehen ist. Die Tränen der Unglücklichen sollen die salzhaltigen Quellen von Druskininkai speisen. Und an Sonntagen soll man noch heute über den Wiesen des Tales die Glocken des untergegangenen Sündenbabels läuten hören. *M. K. Čiurlionio* ließ sich von diesem Tal zu seinem Triptychon *Raigardas* anregen.

Das malerische Tal ist dadurch entstanden, dass der Nemunas vor 5000 Jahren hier seinen Lauf begradigte und eine seiner weiten Schleifen dadurch trockenlegte, so dass man heute im einstigen Flussbett spazierengehen kann. Es ist das landesweit größte „eingefallene“ Gebiet mit Ausmaßen von 14 km von West nach Ost und 4 km von Nord nach Süd. In dem heutigen Naturschutzgebiet liegen die zwei kleinen Seen Dvarnas bei Pervalka und Nemunykstis bei Švendubrė. Man findet hier sehr verschiedene Landschaftsformen: grüne Wiesen, weiße Sanddünen, malerische Wälder und einen großen Erdrutsch an der einstigen Uferböschung.

Grūtas

↗ V/C3

7 km östlich von Druskininkai liegt der sehr populäre **Skulpturenpark,** in dem 64 Statuen und Denkmäler, die in der Sowjet-Ära stolz Rathaus- und Bahnhofsvorplätze in verschiedenen Städten des Landes zierten, in einem 20 ha großen Waldstück aufgestellt wurden. Sie sind die Erbstücke aufgezwungener sowjetischer Monumentalistik, die hiermit ihre Götzen würdigte. Diese wurden nach der Unabhängigkeit gestürzt und lagerten seither in Hinterhöfen, bis sie der mit Champignonexporten reich gewordene Millionär *V. Malinauskas* aufkaufte und den Park neben seinem prachtvollen Bungalow anlegen ließ. Er, der seinen Vater und andere Familienmitglieder in der sibirischen Gefangenschaft verlor, wollte damit seinen Landsleuten bei der Vergangenheitsbewältigung helfen; außerdem sollen sie der jüngeren Generation (und Touristen) die historische Wahrheit der Okkupation und Greueltaten (vgl. Kapitel „Geschichte“) bewusst machen. Für sein Projekt bekam er Zustimmung bei rund 60 % der Bevölkerung und in der Weltpresse, erntete aber auch harsche Kritik (wie z.B. „geschmackloser Ort

der Heldenverehrung", „Stalin-Park", „Lenins Welt", „historischer Geisterpark"). Im Jahr 2001 bekam er den **Alternativen Nobelpreis** für ein Werk, das nicht reproduziert werden kann oder soll; in dieser Form mit so vielen Skulpturen und ideologisiertem Inhalt ist es auch weltweit einzigartig.

Auf zwei **Rundgängen** aus Beton- und Holzbohlenpfaden über sumpfiges Gelände und Sandwegen mit insgesamt 1,5 km Länge, die beide beim Restaurant beginnen, sieht man streckenweise Fragmente von sibirischen Lagern in Form von Wachtürmen und Stacheldrahtverhauen, berieselt von gedämpfter Musik (was an die schrecklichen Bedingungen erinnern soll).

Interessant ist der erste Rundgang, auf dem sich nach 500 m das Informationszentrum befindet (mit Memorabilia, Medaillen, Gemälden, Fotos etc. über die sowjetische Besatzung, die Propaganda, die Deportationen und den Widerstand; gezeigt werden auch Videofilme z.B. über den **Sturz des** 6 m hohen **Lenindenkmals in Vilnius** und dem Verlust seiner Beine – Bilder, die damals um die Welt gingen). Wie vor den Denkmälern selbst sind hier Schautafeln in englischer, russischer und litauischer Sprache angebracht. Die in Stein oder Bronze gefassten „Helden" können teilweise auch bestiegen werden (was früher undenkbar war; viele Neuvermählte lassen sich wie früher auch vor ihnen ablichten). *Lenin* ist natürlich mehrmals vertreten in verschiedenen Größen (darunter der von Klaipėda mit blauen Augen; und der von Druskininkai, eine von den insgesamt zwei Statuen in der UdSSR, die ihn sitzend zeigt); die anderen sind u.a. *Stalin, Marx, Kapsukas,* der KGB-Gründer *Dserschinski,* aber auch viele litauische Genossen.

Zu sehen sind auch monumentale Skulpturen von Soldaten, Bauern und Arbeitern. Es gibt u.a. Pläne, die Figuren nachts zu beleuchten und Reden der früheren Führer abzuspielen; aufgegeben hat der Gründer jedoch die Idee, von Vilnius hierher Gleise zu verlegen und die Besucher mit alten Viehwaggons ins Lager zu karren, um ihnen die damalige Grausamkeit realitätsnah zeigen zu können; ebenso die Idee, die Waggons entlang der Denkmäler vorbeifahren zu lassen.

Vor dem Eingang steht ein ehemaliger **Viehwaggon für Gefangene;** an einer 50 m langen Plakatwand hängen Artikel internationaler Presse; am Parkplatz ist ein öffentliches WC; nicht weit von hier ist ein Badesee. Hinter dem Parkeingang findet man ein **Restaurant** (natürlich viele Pilzgerichte), einen **Kinderspielplatz** und einen **Mini-Zoo.** Geöffnet täglich 9-20 Uhr (im Winter 9-17 Uhr), Tel. 55111, Fax 47451, www.grutoparkas.lt, Führung auf Englisch 30 Lt.

Anreise: Busse auf der A 4 (z.B. von Vilnius nach Druskininkai) passieren den Ort; dem Fahrer vorher Bescheid sagen. Es gibt auch täglich vier Busse von Druskininkai nach Grūtas; vom dortigen Eglė-Sanatorium führt der 3 km lange Fußweg Žilvinas hierher. An der Abzweigung an der A 4 (mit Bushaltestelle) 500 m zu Fuß durchs Dorf.

Dzūkija-Nationalpark

↗ IV/V

Der **größte Nationalpark Litauens** umfasst 559 km² und wurde 1991 gegründet. Vier Fünftel bedecken Wälder (größtenteils Kiefern); es gibt fast 48 größere und kleinere Seen (die meisten in der Hügellandschaft im Nordwesten des Parks) sowie 30 Flüsse und Bäche. Der Parkboden ist auf zwei Dritteln der Fläche sandig; Festlanddünen mit der dafür typischen Vegetation liegen vor allem bei Zervynos. Die Wälder beeinflussen auch das **Klima,** denn es gibt hier die größten Temperaturschwankungen in Litauen mit sehr heißen Sommern und sehr kalten Wintern. Außerdem ist es sehr windstill.

Es gibt hier viele **Raubvögel,** aber relativ wenig Wild. Besonders geschützt sind 157 Pflanzen- und Tierarten. Bemerkenswert ist auch das **hydrographische System,** denn es gibt hier viele der Struktur nach alte und junge Flüsse, darunter Nemunas, Merkys und Ūla.

Eine Naturrarität ist das **Tal des Skroblus-Baches** mit seiner besonderen geomorphologischen Konstitution. Er entspringt bei Margionys aus fünf tiefen Quellen, denen Heilkräfte zugeschrieben werden. Es ist strengstens verboten, dieses Schutzgebiet ohne Begleitung eines Parkmitarbeiters zu betreten. Außerdem sind hier rund 20 **Landschafts-, Natur- und Ethnokulturschutzgebiete** (u.a. die Dörfer Lynežeris und Musteika). Es gibt über 200 archäologische, historische, architektonische und Naturdenkmäler. Die alte Steinarchitektur sowie alte Fischer- und Handwerkerhäuser findet man vor allem am Nemunas in den Dörfern Liškiava und Merkinė. Im Park liegen über hundert **Weiler** und viele **Einzelgehöfte,** meistens an Flüssen oder Seen.

Die Bewohner, die *Dzūken,* haben ihre Weiler, Flüsse, Wälder etc. mit sehr schönen Namen versehen. Die **Stuben** ihrer Häuser sind durch sonnige Ornamente geschmückt. **Kreuze** und die **Betsäulen** sollen den Geist der Wälder und Häuser bewachen. An vielen Pfaden und Stegen stehen **Bildstöcke,** wo die Vorbeigehenden oft Halt machen.

Da es in dieser Gegend nur sehr wenige feudale Landsitze gab, musste auch kein Frondienst geleistet werden. Die Verbundenheit der Džuken mit ihren Besitztümern, die Anpassung an die besonderen Lebensbedingungen und ihre Beharrlichkeit sind mit einem sehr starken **Bedürfnis nach Zusammenleben** verbunden. Deshalb haben sie auch die alten Bräuche der Feste und Hochzeiten bewahrt. Wegen der **harten Lebensbedingungen** gibt es auch heute noch u.a. das gemeinsames Heuernten. **Pferde** sind für viele noch Fortbewegungsmittel und werden auch für Feld- und Waldarbeiten eingesetzt. Auch alte **Traditionen** wie Heilkräutersammeln, Bienenzucht, Holzschnitzen, Weben, Töpfern, Keramikgießen, Korbflechten, Kerzenziehen, Chorsingen, Volkstänze etc. sind bis heute lebendig; in der ersten Augustwoche finden die **„Tage des Handwerks“** mit vielen Vorführungen statt. Einige der Produkte werden in Gehöften angeboten, ebenso Pilze und Beeren. Besonders zahlreich sind diese in den Wäldern bei Zervynos sowie in dem Gebiet zwischen Marcinkonys und Margionys (dort gibt es auch kleine Sumpfgebiete). Das Gebiet gilt als „Provinz der Sänger und Volkstänzer.“

Liškiava ↗ V/C3

Der Ort liegt 9 km nordöstlich von Druskininkai am linken Nemunas-Ufer auf dem Territorium des Dzųkija-Nationalparks. 1044 erstmals erwähnt, besitzt er ein barockes **Dominikanerkloster** und die spätbarocke Dreieinigkeitskirche (1704-20) mit sieben sehenswerten **Rokoko-Altären,** die als beste Beispiele dieses Stils in Litauen gelten, und wertvollen **Fresken** aus dem 17. Jh., u.a. an der achteckigen Mittelkuppel.

Unweit des Ortes erhebt sich ein **Schüttberg** *(Pilies)* mit Mauerresten des Rundturms der früheren Burg. Man begann im 14. Jh. während der Kriege gegen die Kreuzritter mit dem Bau, aber nach der Schlacht bei Tannenberg wurde sie nicht mehr vollendet. Sie taucht in vielen litauischen Volkserzählungen auf.

Daneben befinden sich die Überreste einer kleinen **Kirche** aus dem 15. Jh. sowie auf dem benachbarten Baznycios-Berg Reste von Bauten aus dem 15.-17. Jh. Im Sommer fahren **Boote** nach Druskininkai (s. dort); ansonsten verkehren auch Busse.

- **Urlaub auf dem Lande,** Tel. 90-52679 (am Seeufer; Segel-, Ruderbootverleih).
- **Erholungsheim „Haus auf dem Hügel“,** Tel./Fax 33-54663, auch Angeln und Jagd.

Merkinė ↗ V/C2

Ca. 29 km nordöstlich von Druskininkai liegt der Ort sehr reizvoll an den Mündungen des Merkys und der Stangė in den Nemunas. Einen besonders schönen Blick darauf und auf einen Teil des Dzūkija-Nationalparks hat man von dem **Schüttberg** bei der Brücke über den Nemunas (an der Straße von Leipalingis her; über eine Treppe erreichbar). Die mächtige Burg fand

255li-Foto: gs

Volkstümliches Liedgut wird gepflegt

Vilnius und Südosten

schon 1377 urkundliche Erwähnung, als die Kreuzritter gegen sie anrannten. Viele litauische Großfürsten wie auch *Zar Peter I.* von Russland besuchten sie, und der 5. König von Polen, *Wasa,* wohnte sogar darin. Auf dem dreieckigen Marktplatz ist in der früheren russisch-orthodoxen Kirche das **Heimatmuseum** untergebracht (ethnographische Ausstellung, Stadtgeschichte etc.). Die Umwandlung nach der Unabhängigkeit geschah relativ problemlos, da die Kirche während der zaristischen Russifizierung im 19. Jh. gebaut wurde, wofür das alte Rathaus vom 16. Jh. weichen musste.

Eine Zweigstelle des Museums mit einer Ausstellung über den Widerstand während der Sowjetzeit liegt nicht weit von hier in der ehemaligen KGB-Zentrale (beide Museen sind Mi-So geöffnet, Tel. 57178). In der Nähe steht die **Kirche Mariä Himmelfahrt,** die 1646 im gotischen Stil erbaut, aber später barock umgestaltet wurde.

Übrigens wurden in Merkinė Reste der **ältesten Siedlung Litauens** gefunden, die rund 10.000 Jahre alt ist und sofort nach dem Abschmelzen der eiszeitlichen Gletscher entstanden sein muss. Merkinė ist die beliebteste Gegend des Dzūkija-Nationalparks, so dass hier ein Informationszentrum steht (s.u.). Der Ort ist berühmt für **schwarze Keramik;** jährlich finden hier Workshops statt.

- **Busse** von Druskininkai nach Vilnius, Kaunas, Alytus etc. halten in der Regel an der Abzweigung 2 km östlich des Stadtzentrums *(Merkinės kryžkele),* wo man ggf. umsteigen muss/kann.

Marcinkonys

↗ V/D3

In dem Dorf im Osten des Nationalparks befinden sich die Parkverwaltung sowie das Museum und Infozentrum des nahegelegenen **Čepkeliai-Naturreservats** (s.u.).

Sehenswert ist die hölzerne Kirche aus dem 18. Jh. und die ethnographische Dzūjika-Galerie, Miškininkų 62, Tel. 44735 (Fotoausstellung, Handarbeiten etc.).

Weitere Dörfer im Nationalpark

Zervynos mit seinen 48 Gehöften (z.T. vom 18./19. Jh.) ist ein denkmalgeschütztes Dorf. Hier beginnen die Flussfahrten auf der ūla (s.u.).

Subartonys, die Heimatstätte des berühmten Dichters des Dainava-Landes *Vincas Krėvė* (mit Gedenkmuseum).

Mančiagirė, in der Nähe des ūla-Flusses sprudelt schwarzer Sand in einer Quelle. Sie war vor vielen Jahren so stark, dass man sie im einige Kilometer entfernten Dorf grollen hörte.

Margionys und **Daršeliai** sind bekannt für Honig und Bienenzucht.

Verkehrsmittel

Durch den Nationalpark führen wichtige Straßen, z.B. von Vilnius nach Polen oder von Kaunas nach Druskininkai. Marcinkonys und Zervynos sind mit der Bahn, diese und andere Orte auch mit Bussen z.B. von Druskininkai zu erreichen.

Im Sommer fährt ein Boot von Druskininkai nach Liškiava (s.o.).

Informationen

- **Parkverwaltung,** Miškininkų 61, Marcinkonys, Tel. 310-44466, Fax 44471, dzukijanp@is.lt
- **Touristinfo-Center,** Merkinė, Tel. 57245 (8-12, 13-17 Uhr, Sa bis 16 Uhr), Vilniaus 2, arrangieren Wander-, Rad-, Bootstouren; Zimmervermittlung; Ausstellung von Camping-, Ruder- und Angelscheinen; Verkauf von Landkarten etc.; Verleih von Zelten, Schlafsäcken, Booten, Kanus etc.; Vogelbeobachtung, Kunsthandwerkskurse; Infos über Feste und sportliche Wettbewerbe. Touren in den Park werden u.a. auch von Reisebüros in Druskininkai durchgeführt.

Unterkunft

- **Gästehaus „Eglis" der Parkverwaltung,** Marcinkonys, 12 Zimmer (EZ 80, DZ 120, Triple 150 Lt.), brandneu, schöne komfortable Zimmer, rechtzeitig buchen, Halbpension möglich; auch die **Infostelle in Merkinė** bietet gelegentlich Zimmer an.
- **Jugendherberge,** Zervynos, Tel. 52720, ab 10 Lt. p.P., 11 Betten in idyllischem Holzhaus; ohne Strom, sanitäre Anlagen, Heizung, dafür mit herrlicher traditioneller Sauna am Fluss; Beeren-/Pilzsuche sowie Kanutrips.
- **B&B, Ferien auf dem Bauernhof,** Vermittlung durch die Touristinformationsbüros in Druskininkai und Merkinė sowie der Parkverwaltung (s.o.).
- **Camping,** Erlaubnis für die Campingplätze bei der Parkverwaltung oder bei den örtlichen Forstämtern *(girininkija)*.
- **Nemunas-Park-Hotel,** in der Nähe von Nemunaitis, 16 km südlich von Alytus, Tel. 46383, Fax 51387, 17 Zimmer (ab 200 Lt.), modern, Restaurant, Bar, Terrasse, Rad-Bootsverleih, Reiten, Angeln, Baden, Heißluftballonzentrum; guter Ausgangspunkt für den Dzųkija-Nationalpark und Umgebung.

Aktivitäten

- **Kanu-/Bootfahren,** ein Paradies bei der Vielzahl der Flüsse. Besonders gut sind die Flüsse Merkys, Grūda und ūla (für letzteren ist eine Erlaubnis erforderlich, s.o.) Auch der Nemunas führt durch den Park (möglich ist eine Fahrt von der Grenze bei Weißrussland bis Kaunas durch Druskininkai und den Nemunas-Schleifen-Regionalpark bei Birštonas).
- **Angeln,** populär bei Fliegenrutenanglern, nur mit Angelschein (s.o).
- **Infos** über die 4 Wander-, 5 Rad- und 4 Autorouten sowie Reiten, Jagen etc. bei den Infostellen (s.o.). Beliebt ist der lokale Triathlon (Laufen, Radfahren, Kanufahrt). Im September gibt es einen Paddelbootmarathon.

Čepkeliai-Naturreservat ↗V/D3

Zwischen dem Dorf **Marcinkonys** (s.o.) und der weißrussischen Grenze liegt dieses 58 km² große Naturschutzgebiet mit dem zweitgrößten Moorgebiet des Landes. Es ist Rückzugsgebiet für rund 150 Vogelarten wie Kraniche, Kampfläufer und Moorhühner. Hier gibt es u.a. auch Elche sowie Falken und andere seltene Vögel. Das Reservat darf nur in Begleitung eines Führers betreten werden (Museum und Infozentrum in Marcinkonys, Tel. 44739, Fax 44428, ceprez@is.lt). Man kann es auch von einem Aussichtsturm ca. 5 km südöstlich von Marcinkonys an der Nationalparkgrenze besichtigen; dort gibt es einen Holzpfad zu einem Sumpfgebiet.

Varėna ↗V/D2

52 km nordöstlich von Druskininkai, etwa auf halber Strecke nach Vilnius, taucht Varėna (7000 Einw.) gleich doppelt auf der Landkarte auf, einmal nördlich, einmal südlich des Merkys-Flusses. Das kleinere **Senoji-Varėna** (Alt-Varėna) nördlich des Flusses soll der Sage zufolge von der Göttin der

Jäger und Fischer *Varėne* gegründet worden sein. Großfürst *Vytautas* hatte hier um 1410 eine Jagdresidenz. Als 1862 die Bahnlinie von Warschau nach St. Petersburg fertiggestellt wurde, baute man an der 5 km weiter südlich vorbeiführenden Strecke einen Ableger des Ortes, der sich inzwischen zur Stadt **Varėna** und zum Verwaltungszentrum des gleichnamigen Bezirks entwickelt hat. Berühmt wurde es durch die größten Artilleriekasernen des russischen Zaren-Imperiums mit einem Schießplatz (1993 zogen hier die letzten Soldaten der Roten Armee ab).

Während der Zeit, als das Gebiet um Vilnius von Polen besetzt war, trennten die beiden Ortsteile nicht nur 5 km und der Fluss, sondern auch noch die Staatsgrenze zwischen Polen und Litauen, die hier entlang dem Merkys-Fluss verlief. In Senoji-Varėna kann man den **Unabhängigkeits-Obelisken** (mit einem Ritter obendrauf), in Varėna die **St.-Michaelskirche** (mit der aufgehenden Sonne über dem Eingang, die auch den Weg zum Bahnhof weist), anschauen.

Verkehrsmittel

- **Busbahnhof,** Savanorių 5, Tel. 51333, Busse u.a. nach Kaunas, Vilnius; Bushaltestelle in Senoji-Varėna direkt nach der Merkys-Brücke.
- **Bahnhof,** Savanorių 3; Tel. 51802, Züge u.a. nach Vilnius und Marcinkonys.

Nützliche Adressen

- **Touristinformation,** im Rathaus, Vytauto 12, Tel. 31981, Fax 51200, www.varena.lt.
- **Post,** Vytauto 21, Tel. 51444.
- **Bank,** Vytauto 8, Tel. 51264.

Unterkunft

- **Motel Senoji-Varėna,** Vytauto 264, direkt an der Kreuzung mit der A 4, Tel. 54500, DZ ab 120 Lt., gutes Restaurant.
- **Hotel Alrimta,** Varėna, Vasario 16-osios 5, Tel. 52572, DZ 80-120 Lt., einfach ausgestattet.
- **B&B,** Urlaub auf dem Lande, Vermittlung durch das Touristikzentrum im Rathaus, Vytauto 12, tania@lsa.lt .

Umgebung von Varėna

Schön sind die **Wälder,** die sich bis zur weißrussischen Grenze erstrecken. Sie gelten als die pilzreichsten Wälder Litauens, und die Litauer sind wie alle ihre baltischen Nachbarn ein Volk von **Pilzsammlern.** Aus dem ganzen Land kommen sie hierher, um Steinpilze zu suchen.

Außerdem wird Varėna von den Litauern auch deshalb hoch geschätzt, weil es der Geburtsort ihres Nationalkomponisten und -malers **Čiurlionis** (1875-1911) ist (s. Exkurs). Sein Geburtshaus ist allerdings weder erhalten geblieben, noch weiß man überhaupt, wo es gestanden hat (im Alter von zwei Jahren zog die Familie mit ihm nach Druskininkai). Dafür hat man die rund 50 km lange Straße A 4 zwischen Senoji-Varėna und Druskininkai zum hundertsten Geburtstag des Künstlers zur **Čiurlionis-Straße** erklärt und mit 22 charakteristisch geschnitzten **Bildaltären** und aus Eiche geschnitzten **Skulpturen** gesäumt, wie man sie an verschiedenen Stellen überall in Litauen findet – aber nur selten so zahlreich und schön. Sie zeigen sowohl Figuren aus den Werken des Künstlers als auch aus der Märchen- und Sagenwelt; z.T. sind sie schön bemalt. Sie stehen in Abständen von etwa 2 km bei Rastplätzen an der rechten Straßenseite (von Senoji-Varėna kommend).

Perloja ↗ V/D2

Bekannt ist der Ort 9 km westlich von Senoji-Varėna für ein Kuriosum in der Geschichte Litauens. 1387 von den Kreuzrittern zerstört; 1710 starben alle Bewohner an der Pest. 1792 erhielt sie das Magdeburger Stadtrecht. Von Nov. 1918 bis Februar 1923 (mit einer kurzen Unterbrechung) gab es die unabhängige **„Republik Perloja"**, da Polen das südliche Litauen um Vilnius besetzte und die Stadt in dem 20 km breiten Niemandsland zwischen polnischem und litauischem Staatsgebiet lag. Ein paar Nachbargemeinden schlossen sich den revolutionären Volkssozialisten an. Die Republik hatte einen Präsidenten, Ministerpräsidenten, Finanz- und Innenminister. Ein kleiner Trupp von etwa 300 Bauern verteidigte die Republik, die sogar eigene Gesetze erließ. Der Staatshaushalts wurde durch Holzverkauf finanziert. Als 1923 der Völkerbund die Grenze festlegte, verschwand der Zwergstaat von der Bildfläche. Die eine Hälfte ging an Polen, die andere an Litauen. Ein kurioses Kapitel ging damit zu Ende. Ab 1939 gehörte es wieder vollständig zu Litauen.

Lazdijai ↗ IV/A2

Die Stadt Lazdijai, 43 km nordwestlich von Druskininkai, 7 km von der polnischen Grenze entfernt, wurde 1560 von König *Sigismund August* angelegt und erhielt 1597 das Magdeburger Stadtrecht. Für den Touristen ist sie meist nur Durchgangsstation auf dem Weg von oder nach Polen. Anschauen kann man sich die **neoromanische Kirche** von 1894.

Verkehrsmittel

- **Busverbindungen** u.a. nach Druskininkai, Kaunas, Suwalki.
- 14 km von Lazdijai in **Šeštokai** liegt der Grenzbahnhof zu Polen (Tel. 44654). Busse u.a. nach Kaunas.

Nützliche Adressen

- Um den Stadtplatz liegen die **Touristinformation,** Vilniaus 1, Tel. 51160, Fax 51531, www.lazdijai.lt., ltic@centras.lt, s.a. Infos über Urlaub auf dem Lande.
- **Hotel** sowjetischen Stils, DZ 96 Lt.
- **Café, Restaurant** und ein **Geldautomat** sind vorhanden. Geldwechsel möglich in der **Bank,** Kauno 6, Tel. 51317.

Umgebung von Lazdijai

Veisiejai ↗ IV/A3

20 km südöstlich von Lazdijai auf einer Halbinsel, von drei Seiten vom wunderschönen See Ančia umgebenes Städtchen. Seit jeher wohnten hier die Jotvingiai (Jatwinger) wie überall im Rayon von Lazdijai. Hinter dem Dorfplatz bei der Kirche stehen Holzskulpturen auf einer Grünfläche. Der 10 ha große **Park** und ein Flügel des Schlossgebäudes vom 18. Jh. sind er-

halten geblieben. 1885-87 wohnte hier *Ludwig Zamenhof* (1859-1917), der **Erfinder der Weltkunstsprache Esperanto,** heute ist hier die Parkverwaltung (s.u., Mo-Fr 8-12, 13-17 Uhr).

Der 8,5 km lange **Ančia-See** (von *antis,* „Ente") schlängelt sich dahin; er ist Teil des **Veisiejai-Regionalparks,** einem schönen Seengebiet mit Wäldern, Sümpfen und Grabhügeln. Infos u.a. zu Baden, Reiten, Vogelbeobachtung, Kanufahrt auf dem Fluss Baltoji Ančia bei der **Parkverwaltung,** Santarvės 3, Tel. 68-56926, Fax 56185, veisiejuparkas@post.omnitel.net.

Rudamina

Der **Burghügel,** 10 km nordwestlich von Lazdijai, ist einer der eindrucksvollsten in der Dzūkija-Region. Man vermutet, dass hier im 18. Jh. eine Burg der Jatwinger stand. Sehenswert sind noch die **Kirche** von 1592 und das **Gutsschloss** aus dem 18. Jh.

Simnas ⇗ IV/A1

Der Ort liegt an den Seen Simnas und Giluitis nördlich von Lazdijai. Sehenswert ist die **Mariä-Himmelfahrtskirche** von 1520 im Renaissance-Stil mit einem Schnitzaltar vom18. Jh. Von Simnas kann man einen Ausflug nach Norden zum **Žuvintas-Naturreservat** oder in den südlich gelegenen **Meteliai-Regionalpark** mit den drei größten Seen Südlitauens (Dusia, Meteliai, Obelija) machen. Infos u.a. zu Angeln, Segeln, Reiten, Vogelbeobachtung bei der Parkverwaltung in Meteliai, Tel./Fax 68-43649, meteliurp@post.omnitel.net.

Žuvintas-Naturreservat

Das 54 km² große Reservat 15 km nördlich von Simnas mit dem Žuvintas-See, mit schwimmenden Torfinseln, Wäldern und dem größten Sumpfgebiet Litauens, wurde 1937 als landesweit erstes gegründet. Zutritt nur mit einem Führer, um bedrohte Tier- und Pflanzenarten zu schützen. Hier haben viele Wasser- und Sumpfvögel ein Rückzugsgebiet gefunden, im Frühjahr und Herbst rasten hier Tausende von Zugvögeln. Ein **Museum** zeigt die Fauna und Flora des Reservats, manchmal finden auch Filmvorführungen darüber statt. Es liegt im Dorf **Aleknoniai,** Tel./Fax 35-49540, zuvintas@alytus.omnitel.net. Die Touristinformation in Alytus (s.u.) organisiert u.a. Boots- und Vogelbeobachtungstouren.

Seirijai ⇗ IV/B2

Sehenswert in dem hübschen Städtchen am See ist die **Hl.-Jungfrau-Maria-Kirche** von 1824. Nachdem *J. Radvila* hier 1510 ein Gut baute, wurde es zu einem Zentrum des Calvinismus (vgl. Biržai). 1687 gehörte es einer zu Brandenburg, dann bis 1815 zu Preußen, bevor es an Russland fiel.

Alytus ⇗ V/C1

Die sechstgrößte Stadt Litauens mit rund 77.000 Einwohnern ist das Verwaltungs- und Industriezentrum Südlitauens und liegt auf beiden Flussseiten des Nemunas. Sie war deshalb über Jahrhunderte strategisch wichtig und stand im Mittelpunkt der Kämpfe zwischen den Litauern und den Kreuzrittern, später den Preußen, Polen und Russen. Daran erinnert noch der **Burghügel** am Zusammenfluss des Nemunas mit dem Fluss Alyputin, auf dem 1340 die Burg Aliten von Fürst *Keštutis* gestanden haben soll. Die Stadt wurde erstmals 1377 urkundlich erwähnt. 1581 erhielt sie die Magdeburger Stadtrechte. Oft gehörten die beiden Stadthälften zu anderen Ländern (z.B. 1795 zu Preußen bzw. zu Russland).

Große Sehenswürdigkeiten gibt es nicht; meist ist die Stadt nur Durchgangsstation. Es ist einfach, sich auch ohne Stadtplan zurechtzufinden. Von Westen kommend, führt die Santaikos in die Stadt; dort gabelt sie sich rechts in die Ulonų (Richtung Druskininkai und Vilnius) und nach links in die Pulko Richtung Stadtzentrum. An dieser liegt rechter Hand der Stadtpark. Am Nordende des Parks liegt der Rathausplatz (Rotušės aikšte) mit der **Touristinformation** (Nr. 14 a), dem **Theater** (Nr. 2, Tel. 25773, mit Café) und einigen **Restaurants.**

Das Rathaus erkennt man an dem hohen Turm mit der Landesflagge. Von hier führt die Jotvingių nach Westen, vorbei am Busbahnhof Richtung Kaunas. Der Stadtpark wird im Osten durch die Dariaus ir Girėno begrenzt; wo diese mit der Pulko weiter nördlich zusammenläuft, beginnt die Vilniaus gatvė. Hier sieht man rechts die Schutzengelkirche (von 1830, barocke Elemente, sehr farbig gestaltet); gleich südlich von ihr in der Savanorių 6 liegt das **Heimatmuseum** (Tel. 51990, Di-Sa 9-18 Uhr; u.a. Geschichte von Alytus und Südlitauen). An der Vilniaus 13 liegt das **Skrydis-Museum** (Tel. 51167, Mo-Do 8-17, Fr 8-11 Uhr; Ausstellung über die „Lituanica", s. Exkurs zu Darius und Girėnas; hier auch Galerie und Café). Die Vilniaus führt weiter auf die rechte Nemunas-Seite. Dort sieht man gleich links in der Panemuninkėlių 6 die St.-Ludwigkirche (von 1524, mehrmals neu errichtet); rechts führt die Merkinės zum o.a. Burghügel. Im Südosten der Stadt in der Ulonų 14 liegt das **Museum zur Nationalgeschichte** (Tel. 21722, Mi-So).

Nützliche Adressen

- **Touristinformation,** Rotušės a. 14 a, Tel. 52010, Fax 51982, www.omnitel.net/alytus. Stadtführungen, Infos (u.a. zum Intern. Folklorefestival in der ersten Juliwoche).
- **Busbahnhof,** Jotvingių 1, Tel. 52333, Busse u.a. nach Kaunas, Vilnius.
- **Bahnhof,** Stoties 12, Tel. 34898, z. Zt. keine Zugverbindungen.
- **Post,** Pulko 12, Tel. 51396.
- **Bank,** Dariaus ir Girėno 13, Tel. 51839.
- **Geldautomat,** Jotvingių 3, Pulko 4.
- **Restaurants,** Rotušės a. 2 a (Tel. 51875, italienische Küche) bzw. Nr. 12 (Tel. 53667, litauische Küche).
- **Einkaufen** im IKI-Supermarkt.
- **Aeroclub,** Miškininkų 3, Tel. 79689, u.a. Segelflüge.

Unterkunft

- **Karolina Motel,** Merkines 62b, Tel. 51091
- **Hotel Dzūkija,** Pulko 14/1, Tel. 51345, ab 80 Lt., Nähe Busbahnhof, saubere, einfache Zimmer, Restaurant.
- **Senas namas,** Užuolankos 24 (hinter Skrydis-Museum), Tel. 54489, Fax 51643, 8 Zimmer (EZ 150, DZ ab 170 Lt.); angenehme Atmosphäre.
- **Motel Linas,** Seiriju 27, Nähe Busbahnhof, Tel./Fax 71449.

257li-Foto: gs

Kaunas und der Südwesten

258li-Foto: gs

259li-Foto: gs

Die Laisvės alėja, Hauptachse und Schlagader des Neuen Zentrums von Kaunas

„Köpfe mit Masken" – ein Brunnen auf dem Rotušės aikštė, dem Rathausplatz

Skulptur des Hl. Florians in Rumšiškės

Kaunas

↗ VII/C1

Die zweitgrößte Stadt Litauens mit rund 373.700 Einwohnern am Zusammenfluss der beiden längsten Flüsse Neris und Nemunas ist ein wichtiges Industrie-, Kultur- und mit 10 Hochschulen auch ein bedeutendes Bildungszentrum. In der Stadt leben rund 88 % Litauer und 8 % Russen. Ein Besuch lohnt sich sehr, denn Kaunas hat nicht nur eine malerische **Altstadt,** ausgedehnte Fußgängerzonen mit schattigen Linden und einer ganzen Reihe sehenswerter Bauwerke, sondern auch zahlreiche Galerien, Ausstellungen und Museen, darunter das weltweit einzigartige **Teufelsmuseum.** In der Umgebung liegen beliebte Erholungsgebiete. Unbedingt einen Besuch lohnt das **Ethnologische Freilichtmuseum** von Rumšiškes östlich der Stadt am „Kaunasser Meer".

260li-Foto: gs

Skulpturen in der Putvinskio gatvė

Geschichte

Bereits im 4./5. Jh. gab es an der strategisch günstigen Stelle zwischen den beiden Flüssen eine Siedlung. Erstmals erwähnt wurde der Ort 1361 in der Chronik des *Wiegand von Marburg* im Zusammenhang mit Vorstößen der Kreuzritter auf die Burg. Kaunas erhielt 1408 das **Magdeburger Stadtrecht,** konnte sich aber erst nach dem Sieg über die Kreuzritter bei **Grunwald** 1410 entfalten. Das Handwerk begann zu blühen, und die Stadt wurde zu einem **Zentrum des Handels** zwischen Russland und Westeuropa. Die vielen **deutschen Siedler** hatten sogar Sitz und Stimme im Magistrat. Kaunas besaß einen Flusshafen und ein Zollamt, und es gab Handelsmessen. 1440-1532 war hier sogar ein **Hansekontor,** wodurch sich ihre Stellung als Handelszentrum weiter festigte. Mehr als 40 Handwerkergilden wurden gegründet, eine Schiffswerft entstand. Italienische Bernardinermönche brachten 1468 ein neues Architekturprinzip mit, man baute die ersten **Häuser aus Ziegeln.** Nach dem Großbrand von 1537 gewährte König *Sigismund* den Händlern Privilegien, so dass Kaunas noch mehr aufblühte, und 1540 wurde der erste Bebauungsplan mit einem rechtwinkligen Straßennetz entworfen. 1566 wurde Kaunas außerdem zu einem Verwaltungszentrum, 1578 baute man eine Papierfabrik, 1648 entstand das erste Jesuiten-Kolleg.

1655-61 war die Stadt von russischen Truppen besetzt und wurde teilweise niedergebrannt. Das Schicksal lastete weiter schwer auf Kaunas. 1670 ereignete sich ein Großbrand, 1701 wurde die Stadt von den Schweden besetzt, 1721 von der Pest heimgesucht, und 1721 bzw. 1732 brachen dann weitere zwei von insgesamt 13 Großbränden in der Geschichte der Stadt aus. 1795 kam sie unter russische Herrschaft. Damals war Kaunas der **westlichste Vorposten des Russischen Reiches.** Gleich südlich des Nemunas, jenseits der **Aleksoto-Brücke** begann Preußen. Diese wurde damals als **„längste Brücke der Welt"** bezeichnet, da man am anderen Ende erst 13 Tage später ankam (was allerdings nur daran lag, dass in Preußen der **julianische** und in Russland der **gregorianische Kalender** galt). Napoleon startete 1812 von einem Hügel bei Kaunas seinen verhängnisvollen Angriff auf das russische Imperium. Seine Armee marschierte auf ihrem **Russlandfeldzug** gleich zweimal plündernd durch die Stadt – einmal auf dem Weg nach Moskau und wenig später geschlagen auf dem Rückzug.

Als Hauptstadt des gleichnamigen Gouvernements ab 1843 ging es dann wieder aufwärts mit **Kowenj,** wie die Stadt damals auf russisch hieß. Sie erhielt ihre Rolle als Handelszentrum zurück, und während sie um 1720 nur 1500 Einwohner hatte, waren es 1870 schon 86.000, u.a. auch wegen dem Eisenbahnanschluss nach Preußen (1861) und Vilnius (1863).

Als strategisch wichtiger Ort an der Westgrenze des Reiches wurde die Stadt auf Befehl des Zaren 1879-87 zur **Grenzfestung** ausgebaut: neun Forts und neun Artilleriestellungen wurden errichtet, die aber zu Beginn des **Ersten Weltkriegs** die Eroberung durch die Deutschen nicht verhindern konnten. Trotz einer Besatzung von 90.000 Mann war die Stadt in zwei, das Neunte Fort in elf Tagen genommen. Anfang 1919, nachdem Vilnius von der Roten Armee besetzt wurde, siedelte die Regierung der erst am 16. Februar 1918 ausgerufenen Republik nach Kaunas über. Nachdem Polen am 9. Oktober 1920 Vilnius besetzte, wurde Kaunas bis zum 10. Oktober 1939 die **provisorische Hauptstadt** Litauens. Diese Aufwertung förderte natürlich das kulturelle und wirtschaftliche Wachstum. 1920 gründete man ein Opern- und Schauspielhaus, 1922 wurde die Vytautas Universität, die erste litauischsprachige Universität gegründet; Museen wurden eingerichtet, der Zoo und der Botanische Garten entstanden. Bis 1941 hatte die Stadt bereits 150.000 Einwohner, und es wurden in dieser Zeit zahlreiche große Verwaltungsgebäude und Villen

0701-foto: gs

wohlhabender Bürger gebaut, viele im Bauhaus- oder Art-Déco-Stil (wie z.B. das heute noch erhaltene Gebäude der Litauischen Bank in der Maironio 25 mit einer Skulpturengruppe). Die Vytautas-Magnus-Universität wurde 1940 geschlossen. Litauische Freischärler verübten teilweise noch vor dem Einmarsch der deutschen Wehrmacht am 24. Juni 1941 (und danach unter deren Augen) ein **Pogrom** gegen Tausende jüdischer Mitbewohner. Die Nazis errichteten ein **jüdisches Ghetto** und räumten es erst im Oktober 1944 vor dem Ansturm der Roten Armee. Von 37.000 Juden überlebten nur 2500. Die meisten wurden im Neunten Fort ermordet, zusammen mit 43.000 anderen Personen. Nach dem Krieg wurde Kaunas wieder Verwaltungszentrum, ein wichtiger Industriestandort sowie ein Zentrum der technischen Ausbildung und Erziehung, so dass sie während der Sowjetzeit eine „geschlossene" Stadt war.

1972 kam es in Kaunas nach der Selbstverbrennung von *Romas Kalanta* zu ersten **Massendemonstrationen** gegen die sowjetische Besatzung. 1989 wurde die **Vytautas-Universität** wiedergegründet, am 16. Februar 1989, dem Jahrestag der litauischen Unabhängigkeit, wurde auf dem Vienybės-Platz das **Freiheitsdenkmal** wieder errichtet.

In Kaunas gibt es zwei Standseilbahnen

Die Altstadt (senamiestis)

Was für Vilnius der Kathedralen-Platz ist, das ist für Kaunas die **Landspitze** zwischen den Flüssen Neris und Nemunas: Hier war es, wo alles begann. Hier fand man Reste menschlicher Siedlungen vom 4./5. Jh.

Schlendert man durch die Altstadt, so lernt man eine sympathische und gemütliche Stadt kennen, die noch viel von ihrer **mittelalterlichen Substanz** erhalten hat, reizvolle Winkel und Gässchen und eine hübsche Fußgängerzone besitzt. Auf einer Fläche von 106 ha ist die Altstadt ein großes architektonisches und historisches Denkmal von europäischem Rang. Hier stehen viele architektonische Meisterstücke verschiedener Epochen und Baustile.

Ein sehr schönes **Panorama** über die Altstadt genießt man von den südlich des Nemunas gelegenen **Aleksotas-Hügeln** (vgl. Exkurs zur Stadtgründung), die man über die 256 m lange **Aleksoto-Brücke** erreicht. 1853 brach hier Zar *Nikolaus II.* mit seinem Wagen auf der Eisdecke ein und musste sich schwimmend ans Ufer retten. Die Brücke wurde mehrmals aufgebaut und wieder zerstört. Die jetzige Brücke von 1948 ist nicht mehr sicher, der meiste Verkehr fließt jetzt über die neue Brücke bei der Čiurlionio gatvė.

Südlich der Aleksotobrücke kann man entweder die 262 Stufen hochgehen oder mit der **Standseilbahn** *(funikulerius)* in 90 Sekunden hochfahren (Mo-Fr 7-12, 13-19 Uhr, Sa 8-12, 13-17 Uhr; Tel. 391086; 0,60 Lt., bei der Schaffnerin zu bezahlen; fährt alle paar Minuten). 1931 von Schweizer Ingenieuren gebaut, ist sie das älteste noch funktionierende Verkehrsmittel Litauens, und auch in Europa ist dieser Typ nur noch sehr selten anzutreffen. Ein technisches Denkmal sind die zwei Original-Waggon-Häuschen mit Holzbänken, die einander in der Mitte der Strecke passieren. Eine **zweite Bahn gleichen Typs** fährt auf den Žaliakalnis-Berg (s.u.). Sie sind neben dem neuen Funikular in Vilnius die einzigen litauischen „Bergbahnen"; erstaunlich in einem Land, in dem die höchsten Berge nicht mal 300 m erreichen. Von der 70 m hohen **Aussichtsplattform** sieht man den Zusammenfluss von Neris und Nemunas, dazwischen eingeschlossen die Altstadt mit ihren roten Dächern und Türmen und die Hänge des Žaliakalnis, des „Grünen Berges".

Rund um die Burg

Die Burg von Kaunas *(Kauno pilis)* war die erste Festung Litauens als wichtiger Teil eines Verteidigungssystems und auch die einzige mit doppelten Mauern. Die einst massive Befestigungsanlage wurde **teilweise rekonstruiert.** Der Rundturm, das Tor und die sie verbindende Mauer zeugen vom historischen Kampf gegen die Ordensritter. Bei der Burganlage finden manchmal historische Spiele und Zeremonien statt. Auf der Ostseite steht eine große **Statue des Donnergottes Perkūnas.** Diese wurde in der zweiten Hälfte des 13. Jh. als viereckige **Steinburg** mit bis zu 13 m hohen und 2 m dicken Mauern und einem

Kaunas
Klaipėda, IX. Fort
Baltijos prosp.
Linkuvos gatvė
Demokratų gatvė
Neries krantinė
Varnių
Utenos
P. Dovydaič
Darbininkų g.
Molėtų
Zanavykų g.
Kalnieč
Neries krantinė
Neris
Linkuvos g.
Tilžės g.
Paneriu g.
Ariogalos
Raudondvario pl.
Jurbarkas
Jurbarko g.
★1
Jonavos g.
P. Kalpoko g.
P. Kalpoko g.
Žemaičių g.
P. Kalpoko g.
Savanorių pr.
Brastos g.
Vilijampolės Br.
Žemaičių g.
Aušros
A. Mackevičiaus g.
Stand-seilbahn
V. Putvinskio g.
Jonavos g.
A. Mackevičiaus g.
Benediktinių g.
A. Mackevičiaus g.
Savanorių pr.
E. Ožeškienės g.
Vienybės aikštė
K. Donelaičio g.
Šv. Gertrūdos
A. Jakšto
Valančiaus
Šv. Gertrūdos g.
M. Daukšos g.
Laisvės al.
Maironio
S. Daukanto g.
A. Mickevičiaus
Laisvės
17
Rotušės a.
Vilniaus g.
Nemuno g.
I. Kanto g.
Kęstučio g.
Gedimino g.
Prieplaukos kr.
Muitinės g.
Kurpių g.
Birštono
Puodžių g.
Karaliaus Mindaugo pr.
Karaliaus Mindaugo pr.
Aleksoto Brücke
Marvelės g.
Miš
Griun
Standseilbahn
Nemunas
Nemunas Inselpark
244
Veiverių g.
H. ir O. Minkovskių
15
Dariaus ir Girėno g.
ALEKSOTAS-HÜGEL
Veiverių g.
H. ir O. Minkovskių
Marijampolė, Druskininkai
0
500 m

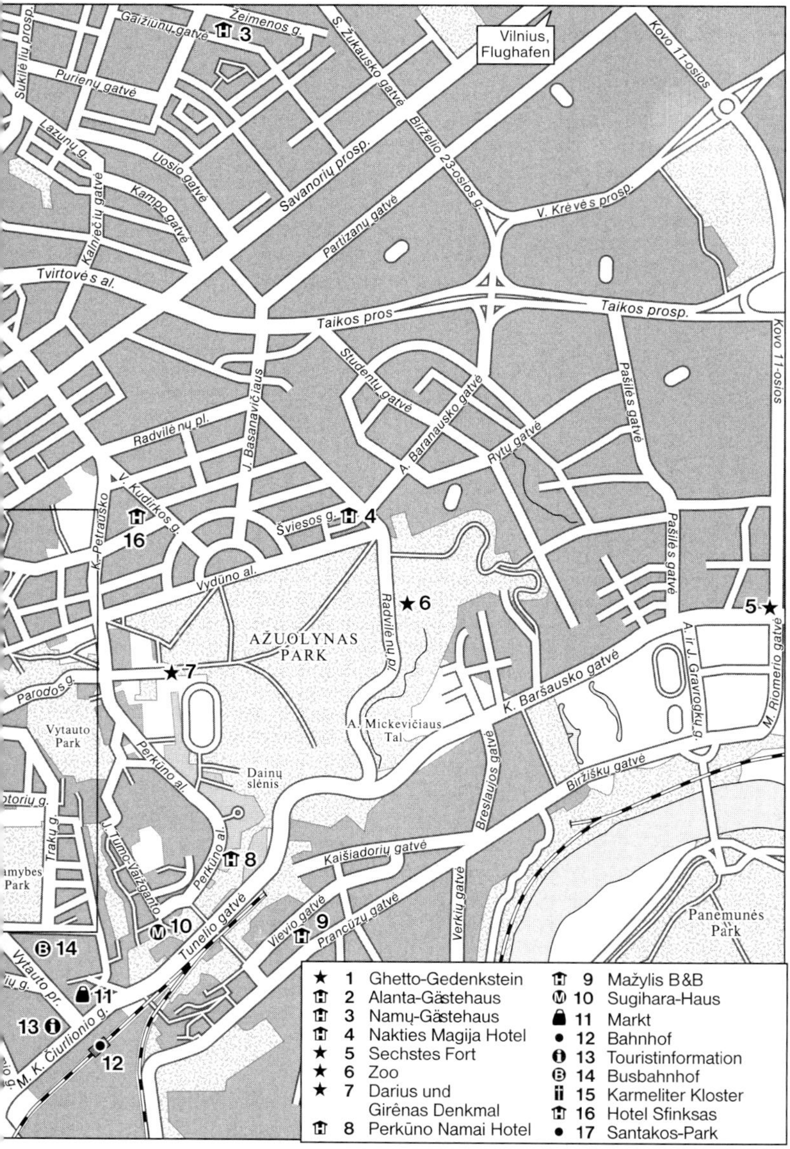
Vilnius, Flughafen
Gaižiūnų gatvė
Žeimenos g.
S. Žukausko gatvė
Kovo 11-osios
Sukilėlių prosp.
Purienų gatvė
Lazunų g.
Uosio gatvė
Savanorių prosp.
Birželio 23-osios g.
Kalniečių gatvė
Kampo gatvė
Partizanų gatvė
V. Krėvės prosp.
Tvirtovės al.
Taikos pros
Taikos prosp.
Studentų gatvė
J. Basanavičiaus
A. Baranausko gatvė
Pašilės gatvė
Radvilėnų pl.
Rytų gatvė
V. Kudirkos g.
K. Petrausko
Šviesos g.
Vydūno al.
Radvilėnų pl.
AŽUOLYNAS PARK
A. ir J. Gravrogkų g.
M. Riomerio gatvė
K. Baršausko gatvė
Parodos g.
Vytauto Park
Perkūno al.
A. Mickevičiaus Tal
Dainų slėnis
Breslaujos gatvė
Biržiškų gatvė
Trakų g.
J. Tumo-Vaižganto
Perkūno al.
Kaišiadorių gatvė
Verkių gatvė
Tunelio gatvė
Vievio gatvė
Prancūzų gatvė
Panemunės Park
Vytauto pr.
M. K. Čiurlionio g.
1 Ghetto-Gedenkstein
2 Alanta-Gästehaus
3 Namų-Gästehaus
4 Nakties Magija Hotel
5 Sechstes Fort
6 Zoo
7 Darius und Girėnas Denkmal
8 Perkūno Namai Hotel
9 Mažylis B&B
10 Sugihara-Haus
11 Markt
12 Bahnhof
13 Touristinformation
14 Busbahnhof
15 Karmeliter Kloster
16 Hotel Sfinksas
17 Santakos-Park

Legende von der Stadtgründung

Zu einer Zeit, als die Litauer noch die Sonne, den Mond und den Donnergott Perkūnas verehrten, da hüteten die *Vaidilutės* genannten Priester-Jungfrauen in den undurchdringlichen Eichenwäldern das Ewige Feuer. Ein solcher heiliger Hain mit einer Feuerstätte befand sich auch südlich des heutigen Kaunas auf dem Hügel über dem Nemunas. Dort hütete die schöne *Aleksota,* Tochter des Fürsten *Erdvila,* die heiligen Flammen. Alle Männer begehrten sie, doch *Aleksota* blieb ihrem Schwur treu und erhörte keinen. Eines Tages allerdings begegnete ihr der Jüngling *Daugerutis,* der mit seinem lieblichen Gesang ihr Herz betörte, und das Schicksal nahm seinen Lauf. Ihre garstige Schwiegermutter, die selbst den Sänger begehrte, verpetzte den Jüngling bei den Göttern. Er wolle eine der geweihten Jungfrauen verführen, behauptete sie, von Eifersucht erfüllt.

Dies erzürnte die Götter natürlich, und zur Strafe wollten sie *Daugerutis* bei lebendigem Leibe verbrennen. Doch *Aleksota* befreite ihn und verbarg ihn bei dem Priester *Auskaras.* Aber – oh Schande – während sie ihren Geliebten versorgte, geschah, was nie geschehen durfte: das Ewige Feuer erlosch! Die Götter – jetzt erst recht in Rage – verdammten nun beide Liebenden zum Tod durch die Flammen.

Aber diesmal sprang der Priester *Auskaras* persönlich ein und verbarg das Liebespaar in einer Höhle, die er eigenhändig unter der Feuerstelle ausgehoben hatte. Dort lebten sie lange zusammen, und es wurde ihnen ein Sohn geboren, den sie *Kaunas* nannten. Der gründete am anderen Ufer der Neris die Stadt, die heute seinen Namen trägt. Und der **Hügel,** auf dem sich alles ereignete, heißt bis heute **Aleksotas.**

Burggraben an der strategisch sehr günstigen Stelle zwischen den beiden Flüssen errichtet (zuvor hatte dort bereits eine noch ältere, aber weniger haltbare Befestigungsanlage aus Holz gestanden). 1362 wurde sie von den Kreuzrittern nach 3-wöchiger Belagerung zerstört, so dass heute nur noch Reste der vorgotischen Mauern erhalten sind. 1366 wurde sie im Stil der litauischen Gotik mit bis zu 9 m hohen und 3,5 m dicken Mauern aus Feldsteinen wieder aufgebaut, welche dann oben durch Backsteinreihen abgeschlossen wurden, so wie heute noch zu sehen.

Einst hatte die Burg vier mächtige Türme, an jeder Ecke einen. Während der Kämpfe gegen die Ritterorden wurde sie 1383 und letztmals 1404 belagert. 1580 wurde eine Geschützbastei hinzugebaut; 1611 fielen die beiden Nordtürme und Mauerteile einem Hochwasser der Neris zum Opfer. Während der Kriege im 17./18. Jh. wurde die Burg fast völlig zerstört und der Verteidigungsgraben zugeschüttet. Mitte des 19. Jh. wurde die Festungsanlage, nachdem sie zeitweise als Gefängnis und Kaserne gedient hatte, aufgegeben und zerfiel.

Südlich der Burg erheben sich in der Papilio gatvė das **Bernardinerkloster** und die turmlose **St.-Georg-Kirche,** die 1471-1504 auf dem Grundstück errichtet wurde, das die Bernardinermönche 1413 als Dank für die Taufe der Kaunasser erhalten hatten. Sie ist ein besonders typisches Beispiel für die **litauische Backsteingotik** mit sehr hohen und schmalen Fenstern. Die

0661i-Foto: gs

Kirche diente sowohl während des Kriegs mit Napoleon als auch danach als Lager. Sie wird zur Zeit renoviert.

Man kann von hier entlang der Neris einen Spaziergang durch den **Santakos-Park auf der Landspitze** zwischen Neris und Nemunas unternehmen. Besonders schön ist das am Abend, wenn die Sonne hinter dem Nemunas versinkt und das Wasser in eine glitzernde Fläche verwandelt. Zurückgehen kann man auf dem gleichen Weg oder entlang dem Nemunas. Beide Wege führen in die Nähe des Rathausplatzes.

Rund um den Rathausplatz

Das Zentrum der Altstadt bildet der viereckige **Rotušės aikštė** (Rathausplatz), der frühere Marktplatz, auf dem wie überall im Mittelalter u.a. Festlichkeiten, Umzüge, aber auch Hinrichtungen stattfanden. Er wurde 1542 auf Veranlassung von *Bona Sforza* (einer Königsgattin und Nachfahrin der berühmten Familien *Medici* und *Sforza*

Die Burg von Kaunas, rechts die St.-Georg-Kirche

aus Florenz) nach dem Großbrand von 1537 als neues Zentrum angelegt. Um den Rathausplatz herum entstanden vom 16.-19. Jh. meist **prächtige Gebäude,** von denen viele noch erhalten sind. Im Sommer kann man hier von Straßencafés dem bunten Treiben zuschauen, manchmal begleitet von Konzerten, Tänzen o.Ä. Die Hausnummern beginnen an der Nordostecke mit der Nr. 1 und verlaufen im Uhrzeigersinn bis zur Nr. 29.

Was hier als Erstes ins Auge fällt, ist das weiße Bauwerk, auch **„Weißer Schwan"** genannt, mit seinem eleganten Turm mitten auf dem Platz. Es ist keine Kirche, wie man vielleicht vermutet, sondern das ehemalige **Rathaus.** Vorherrschend ist der frühklassizistische Stil mit Elementen von Renaissance und Spätbarock. Der 53 m hohe Turm aus fünf Elementen ist mit einem Auerochsen, der als Wetterfahne dient und das Wahrzeichen der Stadt ist, sowie dem Staatswappen (s. Exkurs Staatssymbole) gekrönt. Auf der Südseite im Kellergeschoss ist das **Keramikmuseum** untergebracht (Tel. 203572, Di-So 12-18 Uhr; im Winter 11-17 Uhr; mehrere Räume mit Fundstücken bzw. modernen Ausstellungsstücken).

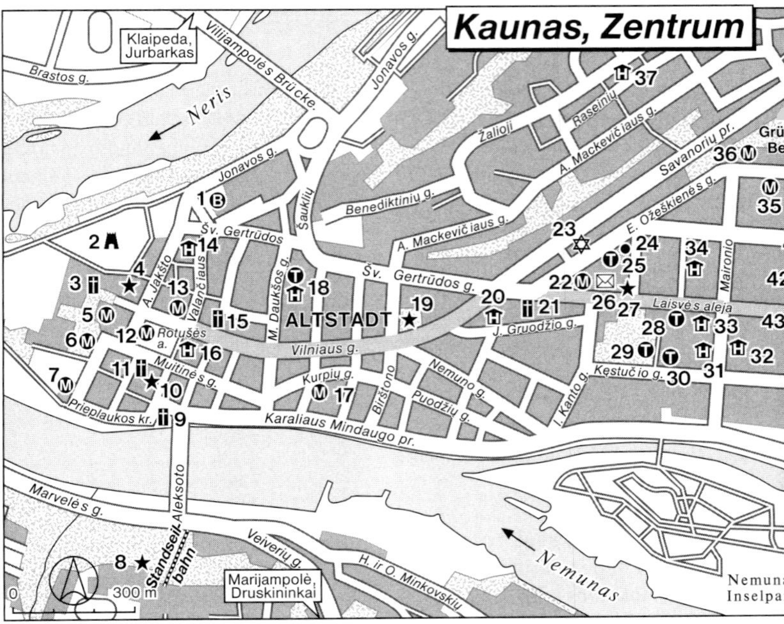

Erbaut 1547-62 im gotischen Stil; davon ist nur noch das Backsteingewölbe im Kellergeschoss (s.o.) erhalten. Ab 1630 zweistöckig mit Läden und Magistratsräumen sowie einem achtgeschossigen Turm. 1655 erheblich zerstört, danach mehrfach umgebaut, zuletzt 1771-80 mit dem heutigen Turm. 1795 als orthodoxe Kirche genutzt, dann als Waffenlager, ab 1837 als provisorische Zarenresidenz. 1861-69 an Privatpersonen vermietet, bevor die Stadtverwaltung bis 1949 hier untergebracht war. 1973 wurde es zum **„Hochzeitspalast“** umfunktioniert. Es sollte als „feierliches“ **Standesamt** die

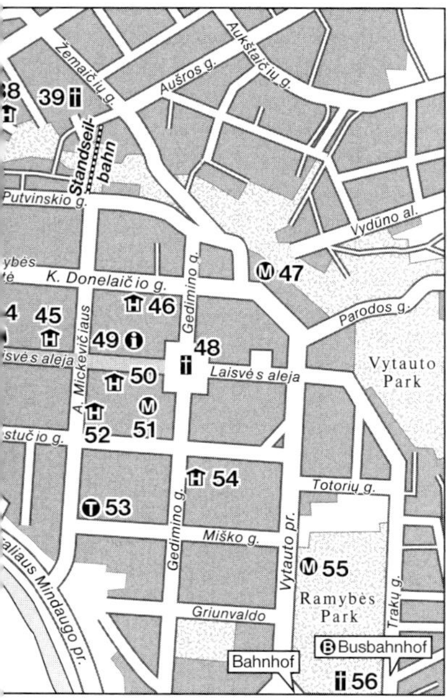

1 Flughafen-Minibus
2 Burg
3 St.-Georg-Kirche und Kloster
4 Masalskis-Palast
5 Kommunikationsmuseum
6 Literaturmuseum/Maironis Denkmal
7 Sportmuseum
8 Aussichtsplattform Aleksotas
9 Vytautas-Kirche
10 Perkūnas-Haus
11 St.-Franziskus-Kirche
12 Weißer Schwan/Keramikmuseum
13 Museum für Medizin und Pharmaziegeschichte
14 Apple Economy Hotel
15 St.-Peter-und-Paul-Kathedrale
16 Minotel
17 Volksmusikinstrumente-Museum
18 Kleines Theater, Kunigaikščių Menė
19 Präsidentenstatuen
20 Santakos Hotel/Karpenko B & B
21 St.-Gertruden-Kirche
22 Zoologisches Museum
23 Synagoge
24 Philharmonie
25 Pantomimentheater
26 Hauptpostamt
27 Vytautas-Statue
28 Puppentheater
29 Musiktheater
30 Jugendkammertheater
31 EM-Apartment
32 Arijus Namai
33 Hotel Kaunas
34 Kaunas Apartments
35 M.K. Čiurlionis-Kunstmuseum
36 Teufelsmuseum
37 Hotel Babilonas
38 Hotel Žaliakalnio
39 Auferstehungskirche
40 Militärmuseum
41 Freiheits-, Unabhängigkeitsdenkmal
42 Hotel Metropolis
43 Schauspielhaus
44 Kaufhaus „Merkurijus“
45 Alegreta B&B
46 Hotel Takioji Neris
47 Gemäldegalerie
48 Hl.-Erzengel-Michael-Kirche, Unabhängigkeitsplatz
49 Touristinformation
50 Hotel Monela
51 Žilinskas Kunstmuseum
52 Hotel Daniela
53 Puppentheater "Nykštukas"
54 Litinterp B&B
55 Museum für Exilanten und Politische Gefangene
56 Orthodoxe Kathedrale/Moschee

067li-Foto: gs

„Weißer Schwan“ (Standesamt)

in dem atheistischen Staat nicht vorhandene Kirche ersetzen. Auch heute dient es noch als Standesamt. Links und rechts am Westeingang sind Tafeln mit den Vornamen der möglichen Nachkommen angebracht.

Einige der an der **Nord- und Ostseite** mit Backsteinen gebauten **gotischen Bürgerhäuser** vom 16./17. Jh. bestanden aus Wohnhaus, Wirtschaftsgebäude und Warenlager. In der Nr. 5 (heute ein Restaurant) war der Sitz der **Händlergilde,** in der Nr. 1 findet man heute die **Fotogalerie** (Tel. 321789, Di-Fr 11-18, Sa/So 11-17 Uhr), schräg gegenüber in der Nr. 29 die **Alte Post** (mit altem Mobiliar). Daneben führt eine Treppe hinunter zu einem sehenswerten **Antiquitätenladen** mit Flohmarkt-Ambiente (10-18, So 10-15 Uhr). In der Nr. 28 gelangt man durch einen Torbogen ins **Museum für Litauische Medizin- und Pharmaziegeschichte** (Tel. 201569, Mi-So 11-18 Uhr, im Winter 11-17 Uhr), untergebracht in einem ursprünglichen Apothekengebäude vom 17. Jh., teilweise auch in 5 Sälen im Kellergewölbe. Ein Faltblatt (auch auf Deutsch) informiert u.a. über eine originalgetreue Apotheke vom Ende des 19. Jh., eine Medikamentenmaschine aus Leipzig und die teilweise makabren Geräte. Sehr lohnenswert.

Vom nahegelegenen Brunnen mit der Skulptur „Köpfe mit Masken“ hat man den besten Blick auf die Gebäude an der **Nordwestecke** des Platzes. Geht man von hier nach **Westen,** trifft man auf eine Hofeinfahrt. Der Eingang zum **Kommunikationsmuseum** liegt links davon neben dem Trinkwasserbrunnen mit Hundefiguren (Nr. 19, Tel. 424920; Mi, Do, Sa, So 10-18 Uhr, Führung u.a. auf Englisch). In den ehemaligen Pferdestallungen der alten

Poststation findet man neben der Entwicklungsgeschichte von Telefon, Radio, Fernsehen und Computer u.a. auch alte Telefone und Briefmarken sowie im Hof Fragmente einer Brauerei aus dem 17. Jh. Auf der anderen Seite der Hofeinfahrt liegt die **Trinitatis (Dreieinigkeits-)Kirche** mit Elementen der Gotik, Renaissance und des Barock (1624-34). Sie ist heute ebenso wie der hinter der Mauer liegende **Masalskis-Palast** von 1634 Teil des Priesterseminars und können nicht besichtigt werden. Sie bildeten früher ein Ensemble, das Papst Pius VI. im Jahr 1920 besuchte. Der Palast ist dank seines Volutengiebels eines der wertvollsten Renaissance-Bauwerke Litauens. Hinter der Hofeinfahrt liegt links der **Erzbischöfliche Palast** mit acht Säulen sowie einem tollen Giebelwappen, rechts Gebäude des Priesterseminars.

An der **Südwestecke** des Platzes steht auf einer Grünfläche das **Maironis-Denkmal,** dahinter ist in einem Palast aus dem 17. Jh., in dem *Maironis* 1910 bis zu seinem Tode wohnte (im Hausgiebel vermerkt), das ihm gewidmete **Litauische Literaturmuseum** untergebracht (Nr. 13, Tel. 206789, Mi-So 10-17 Uhr).

Maironis (1862-1932), mit bürgerlichem Namen *Jonas Mačiulis,* studierte in Kiev Literatur und in St. Petersburg Theologie und wurde Rektor des Theologischen Seminars von Kaunas. Er gilt als Begründer der modernen litauischen Dichtung und war ein glühender Verfechter der nationalen Wiedergeburt Ende 19./Anfang 20. Jh. Seine Werke wurden aufgrund des Verbots der litauischen Sprache bis 1904 in Königsberg gedruckt und nach Litauen geschmuggelt. Auch unter Stalin durfte er nicht publizieren. Sein Grabmal liegt an der Kathedrale (s.u.). Sein Bildnis ziert die 20 Lt.-Note.

Südlich davon liegt in der Muziejaus gatvė Nr. 7 das **Litauische Sportmuseum** (kleine Ausstellung über die nationalen Idole und Sportarten, Mi-So 10-17 Uhr, Winter 9-16 Uhr, Tel. 220691, am letzten Donnerstag im Monat geschlossen).

Wieder zurück auf der **Südseite** des Rathausplatzes liegt an der Nr. 7-9 die spätbarocke **St.-Franziskuskirche** mit prunkvollen Marmorsäulen sowie das frühere **Jesuitenkloster** (meist nur So 9.30-14 Uhr geöffnet).

Mit dem Bau der Kirche wurde 1666 begonnen, aber wegen zahlreicher Brände wurde sie erst 1753 fertiggestellt. 1783 wurde sie dem Franziskanerorden übergeben. Von 1819 bis zu seiner Ausweisung aus Litauen 1923 unterrichtete hier im Kolleg der polnische Dichter *Adam Mickiewicz* (vgl. Tal und Gedenkstein in Kaunas bzw. Museum in Vilnius). 1825 wurde sie zur russisch-orthodoxen Alexander-Nevski-Kirche, 1918 den Jesuiten zurückgegeben. 1962 erneut als Schule zweckentfremdet, ist sie seit 1990 wieder Gotteshaus.

Nach dem Donnergott ist das rechts um die Ecke in der Aleksoto Nr. 6 liegende **Perkūnas-Haus** benannt, an dessen Südseite eine Statue von ihm steht. Aus 16 verschiedenen Ziegelsteinen wurden die Erker, Nischen etc.

261li-Foto: gs

gemauert. Schön ist die Giebelkomposition am Satteldach.

Was die genaue Bauzeit und die ursprüngliche Bestimmung des Bauwerks sowie die Herkunft seines Namens anbetrifft, gehen die Meinungen der Wissenschaftler auseinander. Die einen sind der Ansicht, es sei einst der Haupttempel des Gottes Perkūnas gewesen; auf dem Dach habe sich eine Perkūnas-Statue befunden, und unter dem Gebäude in der Erde habe sein Opferaltar gestanden. Andere hingegen glauben nicht, dass das Gebäude je als Tempel gedient habe, sondern für eine ausländische Handelsorganisation, möglicherweise die Hanse, errichtet worden sei und zwar als schmuckes Kontor und Lagerhaus an der Gasse vom damaligen Marktplatz zur Schiffsanlegestelle. Jedenfalls wurde bei Umbauarbeiten 1818 eine eingemauerte 27 cm lange Bronzestatue gefunden, die der litauische Historiker *Narbutas* als diejenige des altlitauischen Gottes *Perkūnas* identifizierte, wenngleich polnische Wissenschaftler damals der Meinung waren, dass es sich um einen indischen Gott handeln müsse, den Tataren mitgebracht haben. Möglich, dass das Gebäude erst

Gotischer Giebel auf dem Perkūnas-Haus

durch diesen Fund im Nachhinein den Namen Perkūnas-Haus erhielt. 1670-1722 benutzten es die Jesuiten als Kapelle, bis zum Anfang des 19. Jh. stand es leer. Dann zog eine Schule ein, und 1844 das erste Kaunasser Schauspielhaus, bis es 1863 in sich zusammenfiel. 1928 haute man riesige Fenster in die Fassade. 1968 wurde es restauriert.

Wenn dies auch dem Bauwerk seinen heidnisch-exotischen Reiz etwas nehmen mag, so ändert es doch nichts daran, dass es dank seiner außerordentlich reich geschmückten und harmonisch komponierten Ostfassade zu den **schönsten Profanbauten der Backsteingotik** gehört. Es verwundert deshalb nicht, dass das Kunstwerk auch schon als „Spitzenstoff aus roten Backsteinen“ bezeichnet wurde. Vielleicht hat dieser Giebel sogar als Vorlage für die Fassade der St.-Anna-Kirche in Vilnius gedient, zumindest besteht eine Ähnlichkeit. Heute ist hier eine Kunstschule.

Direkt am Fluss Nemunas bei der Aleksoto-Brücke steht die gotische **Vytautaskirche,** die älteste Kirche der Stadt. Sie wurde 1410 auf Befehl von *Vytautas dem Großen* für die in Kaunas lebenden ausländischen Christen von den Franziskanermönchen gegründet und war eines der ersten gotischen Backsteingebäude in Kaunas. Der Turm wurde erst Ende des 15. Jh. angefügt. Aufgrund von Kriegen, Bränden und Überschwemmungen wurde sie oft umgebaut. Während des Napoleonkriegs diente sie als Munitionslager, bevor sie die Soldaten in Brand setzten. 1843-45 war sie russisch-orthodox. Das auch Maria-Himmelfahrts-Kirche genannte katholische Gotteshaus hat einen achteckigen Turm und ist die einzig erhaltene gotische Hallenkirche Litauens. Hier liegt das Grabmal des berühmten Geistlichen und Schriftstellers *Juozas Tumas-Vaižgantas.* Rechts neben der Eingangstür sowie unten an der Flussmauer zeigen **Wasserstandsanzeiger,** welche Höhe der Nemunas vor dem Bau des Wasserkraftwerks erreichte.

265li-Foto: gs

Litauische Bank im Art-déco-Stil

Von hier geht es zurück zum Rathausplatz. Dort, wo an der **Nordostecke** die Vilniaus gatvė den Platz verlässt, steht die dreischiffige **St.-Peter-und-Paul-(Erz-)Kathedrale** mit ihrem 42 m hohen Turm. Sie ist das größte Bauwerk der Altstadt, auch die Basilika des Kardinals der katholischen Kirche Litauens, die einzige Kirche Litauens im gotischen Basilika-Stil und mit einer Länge von 84 m und 28 m Höhe das größte gotische Bauwerk in Litauen. Allerdings ist die recht wuchtig wirkende Kirche oft umgebaut worden, was sich in Renaissance- und Barockelementen niederschlug. Der pompöse barocke Hauptaltar zeigt die Kreuzigungsszene (beeindruckende Skulpturen, Totenschädel etc.). Sehenswert sind auch die links von ihm liegende Sakristei mit Kreuzgewölbe, die rechts von ihm liegende neugotische holzgeschnitzte Kapelle vom 17. Jh., die anderen neun spätbarocken Altäre sowie die Gemälde und Fresken an bzw. über den Hauptsäulen. An der Stelle des heutigen Chors stand die unter Vytautas 1408-13 gebaute einschiffige Peter-und-Paul-Kirche. Erst 1624 erreichte sie die heutigen Ausmaße, fertiggestellt war sie erst 1665. Bis 1775 wurde sie noch mehrmals umgebaut. Der Turm wurde erst im 17./18. Jh. angefügt. Meist ist nur der Eingang an der Südseite geöffnet. Dort liegt weiter rechts das **Grabmal von Maironis** (s.o.).

An der Ostseite findet man die Krypta von *Motiejus Valančius* (1801-75). Der Bischof von Žemaitija war auch berühmt als Schriftsteller, Aufklärer, Historiker und Kämpfer für die litauische Sprache und Kultur. Nachdem die bischöflichen Brauereien bankrott machten, engagierte er sich auch vehement gegen Alkoholkonsum. Er ziert die 2-Lt.-Note. Sein Hofmuseum steht in Nasrėnai.

Vilniaus gatvė

Vom **Rotušės aikštė** verläuft die Vilniaus gatvė rund 900 m nach Osten. Dies ist die Straße, die ab dem 13 Jh. aus der Stadt hinaus nach Vilnius führte. Heute ist sie auf ganzer Länge eine **Fußgängerzone,** voller Le-

081li-Foto: gs

Freiluftrestaurant an der Laisvės alėja

Maironis-Denkmal

ben und gesäumt von Geschäften, Cafés und Galerien. Auch eine Radspur wurde eingerichtet. Auf antik gemachte Telefonzellen und Straßenlaternen passen gut zum Straßenbild. Die Straße spiegelt die Geschichte der architektonischen und historischen Stadtentwicklung wider. Viele Gebäude datieren vom 16. Jh. Schön ist das Haus in der Nr. 22 mit seinem ungewöhnlichen Renaissance-Giebel.

Ein **Abstecher** lohnt sich rechts in die Zamenhofo. In der Nr. 12 führt das Tor mit dem exotisch wirkenden doppelten Holzdach ins **Volksmusikinstrumente-Museum** (Tel. 422295, Mi-So 10-18 Uhr, im Winter 10-17 Uhr; rund 500 Musikinstrumente aus vielen Ländern). Reste zweier Synagogen findet man bei Hausnr. 7 und 9.

In der Vilniaus 31 steht die (noch) nicht renovierte **Garnisonskirche** mit einem Jesus-Mosaik an der Außenfassade. Der „Königliche Krug" unter der Hausnummer 33 war der **Präsidentensitz,** als Kaunas Interimshauptstadt war. Im Garten stehen **Statuen** der damaligen drei Staatspräsidenten *Smetona* (mit Zylinder), *Grinius* (sitzend) und *Stulgiskis* (mit Spazierstock). Von hier führt eine Unterführung auf die andere Seite der Vilniaus.

Tour durch das Neue Zentrum

Dieses beginnt am östlichen Ende der Vilniaus an der großen Kreuzung. Es entstand erst in der Zeit der Zarenherrschaft nach einem 1871 entworfenen Plan und erstreckt sich von hier

263li-Foto: gs

zwischen dem Nemunas und dem Südhang des Žaliakalnis („Grüner Berg“) bis hin zum Bahnhof. Dass hier alle Gebäude aus der Entstehungszeit mit eklektizistischer Architektur maximal **zwei Stockwerke** hoch sind, hängt mit der Verordnung des Zaren zusammen, Kaunas als Festung und Vorposten gegen das im 19. Jh. erstarkte Deutschland auszubauen. Es war daher verboten, höhere Häuser zu errichten.

Hauptachse und Schlagader mit vielen Geschäften, Gastronomiebetrieben, Verwaltungsgebäuden, Hotels, Banken etc. ist seit 1843, als Kaunas Gouvernements-Hauptstadt wurde, die **Laisvės alėja** (Freiheitsallee), ein 1620 m langer und 30 m breiter schnurgerader Boulevard. 1982 als erste **Fußgängerzone** der damaligen Sowjetunion überhaupt eingeweiht, bildet sie zusammen mit der Vilniaus g. die rund 2,5 km lange **Haupteinkaufsstraße** der Stadt (interessant ist die Mischung von eleganten Modeboutiquen o.Ä. und den Gebäuden mit sowjetischer Architektur). Um so vorsichtiger muss man aber bei den **Querstraßen** sein, die sie kreuzen; denn hier dürfen die Autos fahren. Auch ein Radweg wurde markiert. Besonders im Sommer ist es herrlich, unter den schattigen **Lindenalleen** und an hübschen Blumenrabatten entlang zu flanieren. Überall stehen Bänke, Cafés, zum Teil mit Plätzen im Freien, laden zu einer Pause ein.

Bis vor kurzem war es entlang der ganzen Allee offiziell sogar verboten zu rauchen. Während der Zarenzeit hieß sie nach dem Hl. Georg, die deutschen Besatzer nannten sie Kaiser-Wilhelm-Straße, danach hieß sie Freiheitsallee (mit Ausnahme der Zeit von der sowjetischen Besatzung bis zu Stalins Tod).

Spaziert man auf der Laisvės alėja nach Osten, so hat man als exotisch wirkenden Blickfang ständig die blaue, neobyzantinische Erzengel-Michael-Kirche direkt am Unabhängigkeits-

264li-Foto: gs

St.-Gertruden-Kirche

„Müder Fußgänger“ auf der Laisvės alėja

platz *(Nepriklausomybės aikšte)* vor Augen, auf welche die Freiheitsallee als Fluchtpunkt ausgerichtet ist (s.u.). Gleich rechts bei der Nr. 101 führt ein Durchgang zur altgotischen **St.-Gertruden-Kirche,** ein Backsteinbau vom 15. Jh. mit barocken Einflüssen und einem Spitzturm. An der Freiheitsallee liegt linker Hand neben der steinernen Schildkröte das nach dem Museums- und Zoogründer *Tadas Ivanauskas* benannte **Zoologische Museum** mit einer sehr umfangreichen Sammlung von rund 14.000 Tierpräparaten (Laisvės al. 106, Di-So 11-19 Uhr, Tel./Fax 229675, Führungen Tel. 222543).

In der Nr. 102 liegt das **Hauptpostamt.** Zwischen der Nr. 98 und 96 steht die **Statue von Vytautas dem Großen** (1350-1430), die 1990 wiedererrichtet wurde, nachdem sie erstmals 1932 zu seinem 560. Todestag hier eingeweiht wurde. Er triumphiert symbolisch über vier besiegte Soldaten (einen Polen, Tataren, Teutonen und Russen). Der Teutone mit dem abgebrochenen Schwert soll an die Niederlage der Kreuzritter in der Schlacht von Grünwald (1410) erinnern.

Nebenan steht das **Neue Rathaus** von 1939 in dem für die Zwischenkriegszeit typischen Art-decó-Stil. Im unmittelbaren Umkreis befinden sich nördlich davon die **Philharmonie** (Sapiegos 5; hier war in der Interimszeit das Justizministerium), das **Pantomimentheater** in der Ožeskienės 12 und die **Synagoge** von 1871 mit einem der schönsten jüdischen Altäre überhaupt. Dahinter steht ein Ge-

Kaunas und Südwesten

266li-Foto: gs

Mikalojus Konstantinas Čiurlionis

Niemand kann Litauen bereisen, ohne immer wieder auf den Namen *Čiurlionis* zu stoßen. Ein Name, der fast schon zum Inbegriff für litauische Kultur geworden ist, da er sowohl die Musik als auch die Malerei des Landes prägte.

Geboren wurde *Mikalojus Konstantinas Čiurlionis* am 10. September 1875 in dem Städtchen Varėna, wuchs aber in Druskininkai auf. Sein Vater war Organist, und auch seine feinfühlige Mutter förderte vor allem die musische Begabung des Jungen. Geprägt wurde er bereits in seiner Kindheit durch die waldreiche und sagenumwobene Landschaft voller Geheimnisse, die die Fantasie des Kindes ebenso anregte, wie die litauischen Märchen und die seltsame Mischung altlitauischer und christlicher Mythologie, unter derem Einfluss er aufwuchs. Grundlage seines späteren Schaffens waren daher auch ein tiefes Naturempfinden, Mystizismus und das Bestreben, die kosmische Harmonie in der Erhabenheit und Größe der Natur darzustellen.

1889 gelangte er als Vierzehnjähriger an die Musikschule des Fürsten *Oginski* in Plungė, die er bis 1893 besuchte. Mit finanzieller Unterstützung des Fürsten konnte er anschließend 1894-99 am Warschauer Konservatorium studieren, wo er nicht nur seine Arbeit als Komponist fortsetzte, sondern sich auch intensiv mit Naturwissenschaften, Literatur, Psychologie und Philosophie befasste. 1901 ging er an das Leipziger Konservatorium, um seine Studien in Musiktheorie, deutscher Philosophie und experimenteller Psychologie zu vertiefen.

Eine Dozentenstelle an der Musikhochschule in Warschau, wohin er 1902 zurückgekehrt war, lehnte er ab und arbeitete weiter als freischaffender **Komponist.** Nebenbei befasste er sich zunehmend mit der **Malerei** und absolvierte 1904-06 ein Studium an der Kunstakademie. In dem relativ kurzen Zeitraum zwischen 1904 und 1909 entstand der größte Teil seiner Bilder, die sich durch eine sensible Farbgebung auszeichnen und ganz besonders dadurch, dass sie Musik und Malerei zu verknüpfen suchen. Čiurlionis' Bemühungen, „Musik zu malen" und „Bilder zu komponieren" war kunsthistorisch und philosophisch durch die Situation des ausgehenden 19. Jh. vorgezeichnet. Man glaubte, die Geburt eines neuen Zeitalters und den Vorstoß in eine neue Dimension zu erleben.

Čiurlionis wandte die Gesetze der Musik auf die Malerei an und versuchte, seine Bilder durch die Dimension der Zeit zu erweitern, indem er mehrere Ebenen und einander durchdringende Räume verband und in Bilderzyklen einen größeren Zusammenhang schuf.

Čiurlionis folgte seiner Imagination in die Welt des Unsichtbaren, um mit Mitteln des Symbolismus die harmonische Einheit von Natur, Mensch und Kosmos darzustellen. Er wurde zu einem der wichtigsten Vertreter des Symbolismus und des Jugendstils in der Malerei, wenngleich manche Kritiker seinen Bildern durchsichtigen Mystizismus und volkstümelnde Symbolik vorwerfen. Doch gerade hierdurch ist er in Litauen fast schon zu einem **Nationalheiligen** geworden – durch seine volksnahe Bildsprache und sein tiefes Naturempfinden, das gemeinsames Wesensfundament aller Balten ist. Doch wird er ganz sicher nicht zuletzt auch deshalb so sehr verehrt, weil er sich auch im sozialen Bereich und in der noch jungen litauischen Unabhängigkeitsbewegung engagiert hat.

1905 unternahm Čiurlionis eine Reise in den Kaukasus, die sein weiteres Werk prägen sollte.

Nach einer Reise durch Deutschland lebt der Komponist und Maler 1906/1907 zeitweise in Vilnius und beteiligt sich an antizaristischen Aktionen. 1907 organisiert er die erste litauische Kunstausstellung in Vilnius, arbeitet nebenher als Dirigent und vollendet die wichtigsten seiner 250 Kompositionen, darunter das musikalische Poem „Das Meer" und malt seine ersten Sonaten, darunter die „Sonnensonate" und 1908 die „Pyramidensonate". Danach lebt er eine Weile in St.-Petersburg, heiratet die Schriftstellerin *Sofija Kymantaitė* und verbringt seine Flitterwochen in Plungė, dem Ort seiner jugendlichen Musikausbildung. Hier schöpft er neue Ideen, so dass er noch einige Zeit hier verbringt. Aber vor allem mit der Geburt seiner Tochter im Jahr 1910 kommt er in finanzielle Schwierigkeiten. Nicht nur deswegen machen sich tiefe Depressionen und Anzeichen einer schweren psychischen Erkrankung bemerkbar, und Čiurlionis wird in ein Sanatorium in der Nähe von Warschau eingewiesen. Dort stirbt er im Alter von nur 35 Jahren am 10. April 1911 an Lungenentzündung, ohne auch nur einmal in seinem Leben seine Tochter gesehen zu haben. Er liegt auf dem Rasų-Friedhof in Vilnius begraben. Bereits 1913 fand in Vilnius eine Ausstellung seiner Werke statt, kurz darauf auch in Kaunas und St.-Petersburg.

Čiurlionis hat mit seinem Werk die Grundlage einer litauischen Nationalkultur geschaffen. Seine Heimatverbundenheit zeigt sich auch in der Adaption litauischer Volkslieder für Chor und Klavier. Auch die ersten litauischen Symphonien und Kammermusikstücke stammen aus seiner Feder. Ihm zu Ehren sind seither ein Gebirge auf Franz-Josef-Land, ein Gipfel im Pamir und sogar ein Asteroid zwischen Mars und Jupiter benannt worden. Ihm gewidmet ist das Čiurlionis-Kunstmuseum in Kaunas.

denkstein für die etwa 1600-1800 ermordeten Kinder im Neunten Fort (Ožeskienės Nr. 13, Tel. 206880, Mo-Fr 13-16, Sa 9.30-16 Uhr).

Im **Stadtgarten** *(Miesto sodas)* gegenüber der Statue verbrannte sich am 14.5.1972 der 19-jährige Student *Romas Kalanta* aus Protest gegen die Sowjets. Seit 2002 steht oberhalb der Treppenstufen das Memorial „Feld der Opferung", meist geschmückt mit Blumensträußen, sein Name ist in die Bodenplatten eingelassen. Nach seinem Tod gab es die ersten Demonstrationen gegen die Besatzer. Am 16. Februar 1988 zum 70-jährigen Gedenktag der Unabhängigkeit ging von hier die erste **Befreiungsbewegung** aus. Der 14. Mai ist heute der Nationaltag des zivilen Widerstands. Auf dem Platz stehen auch Büsten berühmter Persönlichkeiten.

In der Nähe finden manchmal Rockkonzerte o.Ä. statt. Im südwestlichen Teil des Parks stehen Überreste der alten Verteidigungsmauer und eines Turms. Gegenüber liegt das **Musiktheater** (Laisvės 91). In dem Jugendstil-Gebäude von 1892 konstituierte sich am 15. Mai 1920 das Parlament. Heute werden hier meist Operetten aufgeführt. Daneben liegt das **Jugendkammertheater** (Kestučio 74 a). In der Laisvės Nr. 87 a befindet sich das **Puppentheater,** in der Nr. 71 das **Akademische Schauspielhaus** (die erste Aufführung war am 19. Dezember 1920 das Drama „Johannisnacht" von *Hermann Sudermann,* vgl. Šilutė); die Fassade schmücken Skulpturen im sozialistischen Stil.

Beim Kaufhaus Merkurijus (Laisvės a. 60) wird die Freiheitsallee von der **S. Daukanto gatvė** gekreuzt, einer weiteren Fußgängerzone, die als Querachse in südlicher Richtung über die wie eine Kombination aus Segelflugzeug und Glockenturm aussehende **Lakunas-Jurgis-Kairys-Brücke** zum **Nemunas-Inselpark** auf der Karmelitų-Insel führt, in nördlicher Richtung zum **Vienybės aikštė** (Platz der Einheit). Er ist umgeben von der Vytautas-Universität, der Technischen Hochschule und einem Museumskomplex. Am 16. Februar 1989, dem Tag der Unabhängigkeitserklärung von 1918, wurde hier das **Freiheitsdenkmal** *(Laisvės paminklas)* wieder errichtet (ein Staatssymbol und auf der 20 Lt.-Note abgebildet). Es stand hier bereits 1928, wurde aber 1950 abmontiert und in der Erzengel-Michael-Kirche deponiert. Das Lenin-Denkmal wurde dann im August 1990 gestürzt (man findet es heute in Grūtas).

Eine Ehrengalerie von Büsten bedeutender Persönlichkeiten der litauischen Geschichte und Kultur führt zum **Ewigen Feuer.** Das danebenstehende **Denkmal der Unabhängigkeit,** eine Pyramide aus Feldsteinen, erinnert an alle, die für die Freiheit 1918-20 ihr Leben ließen (es wurde von den Sowjets einmal niedergerissen). Schräg gegenüber wachen zwei steinerne Löwen, die ursprünglich vor dem Astravas-Palast in Biržai standen, über das historisch bedeutende **Militärmuseum von Vytautas dem Großen** (Donelaičio 64, Tel. 320939, Mi-So 11-18 Uhr, im Winter 9-17 Uhr, am letzten Do im Monat geschlossen). Es zeigt eine Sammlung zur Geschichte der Waffen vom Holzbogen bis zu Gewehren und Kanonen, Exponate aus der Geschichte Litauens sowie eine interessante Dokumentation über die beiden litauischen Atlantikflieger *Steponas Darius* und *Stasys Girėnas* (vgl. Exkurs „Darius und Girėnas – die Atlantikflieger“); ihr Denkmal steht im Ąžuolynas-Park, ihr Grab liegt auf dem Karių-Friedhof (s.u.).

Im Untergeschoss befindet sich eine beeindruckende Gedenkstätte für die

080li-Foto: gs

Das Freiheitsdenkmal auf dem Vienybės-Platz

262li-Foto: gs

Gefallenen im Unabhängigkeitskampf 1918-23. Im **Glockenturm** des Museums wurden 35 Glocken installiert, und es finden samstags und sonntags um 16 Uhr Glockenkonzerte statt. Er ist durch einen Wandelgang mit dem Museum verbunden.

Im gleichen, 1936 im neoklassizistischen Stil gebauten Gebäudekomplex (auf der 20-Lt.-Note abgebildet), mit dem Eingang auf der Putvinskio 55, ist das Staatliche **M.K. Čiurlionis-Kunstmuseum** *(Čiurlionio dailės muziejus)* untergebracht, eines der umfangreichsten Kunstmuseen Litauens. Es besitzt eine reichhaltige Kollektion von Zeichnungen und Gemälden des Malers und Komponisten *Čiurlionis* (s. Exkurs). Etwa 360 seiner Bilder sind im zweiten Stockwerk zu sehen, und im Musiksaal der Galerie kann man Aufnahmen von Werken des Künstlers hören. Sehr interessant sind auch die Abteilungen der litauischen Volkskunst mit Webarbeiten und zahlreichen Holzschnitzereien sowie der litauischen Kunst vom 15-20. Jh., Tel. 229475 (Di-So 11-18 Uhr; im Winter 11-17 Uhr, dann auch am letzten Di im Monat geschlossen, Führungen Tel. 229738).

Der Volksheld Litauens: Vytautas der Große

Schräg gegenüber steht am Fuß des „Grünen Berges" das Haus von *Antanas Žmuidzinavičius* (1876-1966) mit einer Sammlung von Werken des impressionistischen Landschaftsmalers (Eingang rechts vom Ticketverkauf). Bekannt ist es jedoch als **Teufelsmuseum** *(Velnių muziejus)* wegen der umfangreichen und weltweit einzigen Sammlung verschiedenster Teufelsdarstellungen (s. Exkurs „Das Teufelsmuseum von Kaunas"); V. Putvinskio g. 64, Tel. 221587, Di-So 11-18 Uhr, im Winter 11-17 Uhr.

Geht man die Putvinskio weiter nach Osten, so kommt man erst zu einer Treppe mit interessanten Skulpturen, danach in der Putvinskio 22 zur Talstation der **Standseilbahn** (Tel. 425882, 7-19 Uhr; s. Aleksotas-Bahn), die beide auf den Žaliakalnis, den **„Grünen Berg"**, hinaufführen. Dort steht die **Kirche der Auferstehung** *(Prisikelimo bažnyčia)* in der Žemaičių 31. Mit dem Bau dieser Backstein-

Das Teufelsmuseum von Kaunas

Im Wort *velnias* (Teufel) steckt der Stamm *vel/ vele,* was „Seele des Verstorbenen" bedeutet. Am Allerseelentag (Vėlinės) besucht man die Gräber der Verstorbenen. Der Teufel war auch ein Gehilfe der Götter, um die materielle Welt zu schaffen, und der Wächter der Weisen und Zauberer (vgl. „Religion"). Es ist deshalb nicht verwunderlich, dass der Teufel schon früh ein beliebtes Objekt der litauischen Volkskunde war. In Märchen und Sagen erscheint er als ein komischer Kauz, als plumpes, unvernünftiges Wesen, das der Mensch mit Hilfe seines Verstandes und seiner Einsicht stets überlisten kann. Der Teufel der litauischen Folklore ist im Gegensatz zum christlichen Teufel nicht die Verkörperung des Bösen. Er ist gar nicht einmal besonders schlecht, sondern lässt sich durch Bitten und Flehen leicht umstimmen. Er hat Verständnis für die Menschen, ja er empfindet sogar Mitleid mit ihnen und bietet ihnen seine Hilfe an, für die er allerdings eine Gegenleistung fordert. Der Mensch indes in seiner Schläue und Verschlagenheit trickst den armen Tölpel gerne aus und versteht es, die Abmachungen stets zu seinen Gunsten zu kehren.

Die weltweit berühmte Teufelssammlung wurde vom Volkskünstler *Antanas Žmuidzinavičius* (1876-1966) gesammelt. Sämtliche Stücke sind Geschenke seiner Freunde aus aller Welt. Der Künstler entwarf auch die Nationalflagge mit (s. Exkurs „Staatssymbole").

Ursprünglich sammelte *Žmuidzinavičius* verschiedenste Gegenstände litauischer Volkskunst, bis ihm der Schriftsteller *Tumas-Vaizgantas* 1906 eine Teufelsfigur schenkte, überreicht mit den Worten aus einem altlitauischen Spruch der Volksmagie: „Da nimm nur, Antanas, und sammle nunmehr dein ganzes Leben lang lauter Teufel." Und schließlich trug ein alter Teufel, das älteste Stück der Kollektion, noch höchstpersönlich zum Entstehen und Gedeihen der Sammlung bei. Er habe mit seinem üppigen Hanfschwanz gewedelt, erzählte *Žmuidzinavičius,* und ihm ein langes Leben, Gesundheit und Reichtum versprochen, wenn er den Teufeln in seinem Hause Obdach gewähre und die Möglichkeit, sich den Menschen zu zeigen. Der Künstler akzeptierte das Angebot des Teufels und trickste ihn – anders als in den Märchen – einmal nicht aus. Im Gegenteil: Zuerst hatte er seine Sammlung auf 13 Exemplare beschränken wollen – ein Teufelsdutzend. Doch der Teufel war ein echter Dickkopf und beharrte darauf, dass Žmuidzinavičius zwanzig Teufelsdutzende sammeln solle. „Dann", so versprach er ihm, „wirst du der glücklichste Mensch im Lande des Bernsteins sein". Und als der Künstler im hohen Alter – immerhin ist er 90 Jahre alt geworden – seine 20 Teufelsdutzend beisammen hatte und sich noch kerngesund und fröhlich fühlte, da pflegte er zu sagen: „Seht ihr, der alte schemaitische Teufel hat sein Wort gehalten."

Doch bei den 20 Teufelsdutzend ist es nicht geblieben, denn selbst nach dem Tode des Künstlers wuchs seine Sammlung noch weiter. Besucher sind so beeindruckt, dass sie sich bemühen, sie durch ein Exemplar aus ihrer Heimat weiter zu bereichern. Es gibt momentan schon mehr als 2000 Teufelsobjekte, darunter auch die von *Hitler* und *Stalin,* über Litauen tanzend.

035li Foto: rh

Teufelsfigur

kirche wurde 1933 begonnen, aber sie wurde nie fertiggestellt. Während der deutschen Besatzung diente sie als Papierlagerhaus, ab 1952 war unter der Sowjetherrschaft eine Radiofabrik darin untergebracht, und erst im Jahre 1988 wurde das Gotteshaus an die Gläubigen zurückgegeben. Der 63 m hohe Turm ist schon von weit her sichtbar.

Nun geht es entweder wieder hinab zur Putvinskio und dann links oder die Žemaičių hinab zur **Gemäldegalerie** in der Donelaičio 16, einer Filiale des M.K. Čiurlionio-Kunstmuseums mit moderner Kunst (Tel. 200231, Di-So 12-18 Uhr; im Winter 11-17 Uhr). Dann an der Gedimino nach links auf den **Nepriklausomybės aikšte** (Unabhängigkeitsplatz), nicht zu verfehlen wegen der wuchtigen, blauen **Hl.-Erzengel-Michael-Kirche** im neobyzantinischen Stil mit fünf silberglänzenden Kuppeln. Aufgrund des russisch-orthodoxen Aussehens wird sie meist nur „soboras" (russisch „sobor": Kathedrale) genannt. Erbaut wurde sie 1891-93 für die Stadtgarnison der Zarenarmee, 1919 kaufte sie die katholische Kirche. Von 1962-1991 war hier das Skulpturen-und Glasmalerei-Museum. Seither wird die Kirche wieder für Gottesdienste genutzt und ist beliebt bei Trauungen.

Die südlich davon stehende Statue „Mann" im Adamskostüm soll den griechischen Siegesgott Nike darstellen. Daneben ist der Eingang zum **Mykolas-Žilinskas-Kunstmuseum** aus Glas und Granit (Tel. 204906, Di-So 12-18 Uhr; Gemälde westeuropäischer Maler vom 16.-20. Jh., ägyptische Kunst, Porzellan etc.; der früher als Exilant in Berlin lebende Kunstmäzen vermachte der Stadt seine Sammlung unter der Auflage des Baus dieses Museums).

Von hier geht es zum südöstlich in der Vytauto 46 gelegenen **Museum für Exilanten und politische Flüchtlinge,** mit einer Ausstellung über den Gulag, den Widerstand der „Waldbrüder" gegen die sowjetischen Besatzer (Mi-Sa 10-16 Uhr, Tel. 323179). Davor steht eine eiserne Skulptur für die ersten litauischen Freiheitskämpfer von 1918-22.

Beide liegen im nördlichen Teil des **Ramybės-Parks** (Park der Ruhe). Offiziell wird er seit 1995 wieder „Alter Stadtfriedhof" genannt, der hier 1847-1960 lag, bevor die Gräber von den Sowjets eingeebnet oder umlokalisiert wurden, um die Leute an Grabbesuchen zu hindern. In der Mitte des Parks steht das gigantische, 9 m hohe **Grab des Unbekannten Soldaten,** im Südteil liegen die **Orthodoxe-Verkündigungs-Kathedrale** (Vytauto 46) und eine kleine weiße Moschee, die der tatarischen Gemeinde als Gotteshaus dient. Ungefähr 400 m südöstlich von hier liegt das **Karmeliterkloster,** in dem *Napoleon* vom 24.-26. Juni 1812 übernachtete.

Andere Sehenswürdigkeiten

Östlich des Neuen Zentrums liegt in der Verlängerung die Laisvės alėja auf einer Anhöhe der **Vytauto-Park.** Noch weiter östlich, hinter dem **Darius-ir-Girėno-Sportkomplex** und dem

0281-Foto: gs

25 m hohen und 3 t schweren **Bronzedenkmal** der Nationalhelden (vgl. Militärmuseum) erstreckt sich der **Ažuolynas,** ein 90 ha großer herrlicher Eichenwald. Die mehrere hundert Jahre alten Eichen haben ihr Überleben der Tatsache zu verdanken, dass sie als heiliger Hain aus vorchristlicher Ära lange Zeit besondere Achtung und Schutz genossen haben. Erst mit dem Beginn der Industriezeit war nichts mehr heilig, und der heidnische Tempel wurde mit Axt und Säge in Kapital verwandelt. Was zu Beginn des 20. Jh. noch davon übrig war, wurde in einen Park umgewandelt und erhalten. Seither hat man wieder über 15.000 Eichen gepflanzt.

Gegenüber dem nordöstlichen Teil des Parks liegt an der Radvilėnų plentas 21 der Eingang zum landesweit einzigen **Zoo** (er leidet unter Geldmangel). Zurzeit werden ca. 250 Tierarten und insgesamt rund 2000 Tiere gehalten, davon 300 wilde (Tel. 332540, April-Sept. 9-19 Uhr, Okt.-März 9-17 Uhr). Anfahrt mit den Buslinien 10, 20, 21, 37 bzw. den Minibuslinien 17 und 24.

Südlich davon, ebenfalls von der Radvilėnų pl. erreichbar, liegt das malerische **Mickevičiaus-Tal,** benannt nach dem o.a. Dichter, für den hier an seinem geliebten Girstupis-Flüsschen

Erzengel-Michael-Kirche

zu seinem 100. Geburtstag ein Gedenkstein errichtet wurde (er verewigte das Tal auch literarisch, indem er hier 1820 die „Ode an die Jugend" schrieb). Von hier ist es nicht mehr weit zur Baršausko, die von 24 verschiedenen Trolley-/Mini-/Stadtbuslinien befahren wird.

Von hier kann man zu den weiter östlich gelegenen Sehenswürdigkeiten weiterfahren (s.u.) oder nach Westen zu dem im Südteil des Parks gelegenen **Tal der Lieder** *(Dainu slėnis)*. Es war 1924 Austragungsort des ersten litauischen **Sängerfestes,** das inzwischen zu einer beliebten Tradition geworden ist. Zu verschiedenen feierlichen Anlässen wird hier ein alter **Opferaltar** errichtet und von Reitern und Mädchen in alter Nationaltracht entzündet (z.B. bei der Sonnwendfeier).

Von hier geht es zurück zum Vytauto-Park, von wo aus man einen Abstecher zum **Sugihara-Haus** in der J. Tumo-Vaižgantas 30 machen kann (Mo-Fr 10-17 und Sa, So 11-16 Uhr; Oktober-April Mo-Fr 11-16 Uhr; Tel. 332881, Fax 423277). Hier wohnte 1939/40 der japanische Konsul *Sugihara,* der noch vor dem Einmarsch der Wehrmacht über 6000 Juden rettete. Ein kleines Museum zeigt die Heldentat, ebenso wie die kleine Ausstellung im Neunten Fort (s.u.). Das hier angesiedelte Studienzentrum arbeitet mit der Vytautas-Universität zusammen. Infos unter www. vdu.lt/sugihara bzw. www.ushmm.org

Von der Baršausko rechts in die Breslaujos g. und weiter in die Verkių oder mit Minibus Nr. 5 bzw. Bus Nr. 38 (Haltestelle Karių kapinės) erreicht man den kleinen **Karių-Friedhof.** Hier liegt links vom Eingang das Grab der Nationalhelden Darius und Girėnas (s. Exkurs).

Am östlichen Ende der Baršausko (s.o.) ist ein großer Kreisverkehr, bei dem fünf Straßen zusammenlaufen. Zwischen dem nach Nordosten führenden Pramonės pr. und der nach Südosten verlaufenden R. Kalantos (der Straße zum Pažaislis-Kloster, s.u.) lag das **Sechste Fort.** Früher stand hier ein russischer Panzer als Denkmal. Nach der Ausrufung der litauischen Unabhängigkeit wurde er im August 1991 entfernt und an seiner Stelle ein Kreuz errichtet. Wenige Tage später war es von frevlerischen Unbekannten umgesägt, worauf man ein weiteres Kreuz, diesmal aus Eisen, errichtete. Dieses erste Kreuz ist Island gewidmet, das als erstes Land Litauen diplomatisch anerkannte. Seither ist bereits ein kleiner Wald von Kreuzen entstanden.

Südlich des sechsten Forts führt eine Brücke über den Nemunas zum **Panemunės-Park.** Er wird auch „Zauberberg" genannt, weil schon viele Tuberkulosepatienten in einem Sanatorium im Süden des Parks geheilt wurden bzw. noch werden. Es gibt einen Strand entlang der Nemunas, das Wasser ist jedoch nicht sehr sauber. Den Süden des Parks erreicht man mit Trolleybus Nr. 1 (Endstation) oder Bus Nr. 29; letzterer fährt auch in den Nordteils des Parks.

Napoleon beobachtete 1812 vor dem Angriff auf das Zarenreich seine Feinde auf dem heutigen **Napoleon-**

Darius und Girėnas – die Atlantikflieger

Steponas Jučevičius-Darašius wurde am 8. Januar 1896 in einem kleinen Dorf im heutigen Bezirk Klaipėda geboren, das damals Rubiškes hieß, später aber zu Ehren seines berühmten Sohnes in Dariške umbenannt wurde. Im Alter von elf Jahren emigrierte er zusammen mit seiner Familie nach Amerika, wo sie sich der Einfachheit halber *Darius* nannten. Der junge Steponas machte eine technische Ausbildung, besuchte anschließend das College und diente in der Armee, u.a. im Ersten Weltkrieg in Frankreich. 1920 kam er nach Litauen und absolvierte die Militärakademie, wo seine Liebe zur Fliegerei entflammte. 1927 wurde er Flugkapitän, und im gleichen Jahr – in dem übrigens auch *Lindbergh* den Atlantik überquerte – kehrte er wieder in die USA zurück, wo er für eine Fluggesellschaft arbeitete und Geld für ein eigenes Flugzeug sparte. In einer Flugschule lernte er den am 4. Okt. 1893 im Dorf Vytogola bei Šilutė geborenen *Stasys Girėnas* kennen, der nach dem Tod seiner Eltern in die USA emigrierte, wo er Flugzeugmechaniker, Postflieger und Taxifahrer war.

Gemeinsam planten die beiden Litauer, mit dem Flugzeug den Atlantik zu überqueren, und einen Langstreckenweltrekord mit 7186 km aufzustellen. Sie sammelten bei der litauischen Exilgemeinde Geld für diese „patriotische Pioniertat" und rüsteten einen Eindecker für den Flug aus. Technisch unzureichend und ohne behördliche Genehmigung starteten sie am 15. Juli 1933 mit ihrer „Lituanica". Nach 6411 km und 35 Std. Flugzeit stürzten sie bei Soldin (dem heutigen polnischen Ort Mysliborz) ab. Am geplanten Ankunftsflughafen (dem heute nach ihnen benannten Sportflughafen) in der damaligen Hauptstadt Kaunas warteten rund 25.000 Menschen; viele brachen bei der traurigen Nachricht in Tränen aus. Die ganze Nation trauerte. Am 19. Juli brachte ein deutsches Flugzeug die sterblichen Überreste nach Kaunas, wo 50.000 Menschen warteten. Rund 60.000 erwiesen ihnen am nächsten Tag die letzte Ehre. Ihre Körper wurden in einer neunmonatigen Prozedur einbalsamiert und in der Kapelle der medizinischen Fakultät der Vytautas-Magnus-Universität aufbewahrt.

1937-1940 waren sie im Mausoleum des alten Stadtfriedhofs untergebracht, aber vor dem Einmarsch der Roten Armee wurden die Leichname in einer Wandnische der medizinischen Fakultät versteckt. Die beiden Flieger und Nationalhelden wurden erst 1964 auf dem Karių-Friedhof von Kaunas beigesetzt. Wrackteile ihres Flugzeugs und eine kleine Dokumentation sind im Militärmuseum in Kaunas zu sehen. Im Geburtshaus von S. Darius bei Judrėnai (s. „Umgebung von Klaipėda") ist ein Gedenkmuseum. Ein solches steht auch in Alytus. Sie und die Lituanica zieren die 10-Lt.-Note. Viele Straßen, Plätze etc. sind nach ihnen mit „Dariaus ir Girėno" benannt. Denkmäler für sie stehen u.a. in Kaunas, New York, Indiana und Chicago. Warum sie abstürzten, ist bis heute ungeklärt. Sicher ist nur, dass sie keine Fallschirme, kein Radio und kein Navigationssystem hatten und dass das Flugzeug überladen war.

hügel *(Piliakalnis)* genau gegenüber der Nemunas-Südschleife. Anfahrt ab der Burg mit Bus Nr. 7 oder 25 (Kauno Pilis-Freda) bis zur Kreuzung Piliakalnio/Jiesios. Wer den Hügel nicht erklimmen möchte, kann ihn auch von der Eisenbahnbrücke am Ende der M.K. Čiurlionio g. sehen.

In einem Gebäude des Sportflughafens *Dariaus ir Girėno* befindet sich das **Luftfahrtmuseum,** Veiverių Nr. 132, Di-Sa 9-17 Uhr, Tel. 390357, Fax 295547, www.lam.lt (u.a. einige alte Flugzeuge, Memorabilia; die Trümmer der Lituanica befinden sich dagegen im Militärmuseum, s.o.). Anfahrt mit den Minibussen Nr. 6, 16, 17, 50, 97 auf der Veiverių Richtung Marijampolė. Fährt man weiter bis zur Bakanausko, steigt dort aus und geht dann nach links zu Fuß weiter, kommt man zum **Botanischen Garten,** mit Teichen und Pfaden ein Ort zum Entspannen (Ž.E. Žilibero 6, Tel. 295300). Anfahrt auch möglich mit Minibus Nr. 68 direkt bis zur Haltestelle „Botanikos sodas".

Der 529 ha große **Kleboniškis-Park** ist ein Paradies für Naturliebhaber, Pilzsammler, Jogger und im Winter für Skilangläufer. Anfahrt von der Burg mit Bus Nr. 13, immer der Neris entlang auf der Jonavos bis zur Autobahn, hinter der er liegt.

Auf der nördlichen Nerisseite kommt man rechts nach der Vilijampolės-Brücke, an der Ecke Ariogalos/Linkuvos, zu einem **Denkmal für das ehemalige Judenghetto** im damaligen Stadtteil Slobodka.

Es wurde hier zwischen Jurbarko, Panerių, Demokratų und dem Flussufer im Sommer 1941 von den Nazis errichtet (alle Juden der Stadt mussten hier wohnen). Im Oktober 1943 wurde es in ein KZ umgewandelt, 1944 vor dem Ansturm der Roten Armee aufgegeben. Die meisten der 37.000 jüdischen Bewohner wurden im Neunten Fort ermordet. Eine Ausstellung über das Ghetto befindet sich im **Neunten Fort,** rund 7 km nördlich des Zentrums neben der Autobahn nach Klaipėda, an der Žemaičių plentas 73.

Es wurde als Grenzfestung gegen Ende des 19. Jh. gebaut. Die Deutschen nahmen es im 1. Weltkrieg nach nur 11 Tagen ein. 1924-40 war es ein litauisches, danach das Gefängnis des sowjetischen Geheimdienstes NKWD. 1941 wurde hier unter dem Decknamen „Fabrik Nr. 1005-B" ein KZ eingerichtet, in dem die Nazis unter Beteiligung der litauischen Hilfspolizei etwa 80.000 Menschen erschossen, darunter 34.500 Juden aus dem Ghetto von Kaunas, dann auch mit dem Zug aus Frankreich, Deutschland usw. verfrachtete Juden, später auch etwa 10.000 russische Kriegsgefangene. Sie wurden in den Gräbern neben dem Fort verscharrt oder verbrannt. Unter Stalin war das Fort ein Gefängnis mit

Denkmal für Darius und Girėnas

069li-Foto: gs

Erschießungsplatz. Heute ist es eine **Museumsgedenkstätte.**

Anfahrt mit Bus Nr. 23 bzw. Minibus Nr. 28/46. Der Weg ist (noch) nicht ausgeschildert. Man geht von der ersten Bushaltestelle nach der Autobahnunterführung ein kurzes Stück zurück bis zum Verkehrsschild am Ortseingang. Dort sieht man die Unterführung, die auf die andere Straßenseite direkt zur Ticketkasse führt. Nur hier kann man die einzelnen Tickets (je 1-2 Lt.) für den aus drei Teilen bestehenden Komplex kaufen (Tel. 377750, Mi-Mo 10-18 Uhr, im Winter Mi-So 10-16 Uhr; Führungen u.a. auf deutsch kosten je nach Trakt 10-40 Lt.; Kamera 20 Lt., Video 40 Lt.).

Das im gleichen Gebäude befindliche **Museum** zeigt eine Ausstellung u.a. über die Verbrechen der Nazis an den Juden bzw. der Sowjets an den Litauern, über den Widerstand der „Waldbrüder" gegen die Besatzer und die Deportationen (während der Sowjetzeit wurden hier nur die Nazi-Verbrechen gezeigt, das Wort „Juden" wurde gar nicht erwähnt). Von hier geht es etwa 200 m hoch zum **Neunten Fort.** Im Erdgeschoss sind Gefängniszellen von 1924-44, eine Nasszelle, eine Dunkelkammer unter dem Namen „Gesundheitssanatoriumszelle", eine Ausstellung über das Ghetto und über die 64 Personen zu sehen, die über den Zwischentrakt flüchten konnten. Im Obergeschoss gibt es Ausstellungen über die Festungsanlagen in Kaunas von 1879-1915, über den 1.Weltkrieg, die Naziverbrechen

070li Foto: gs

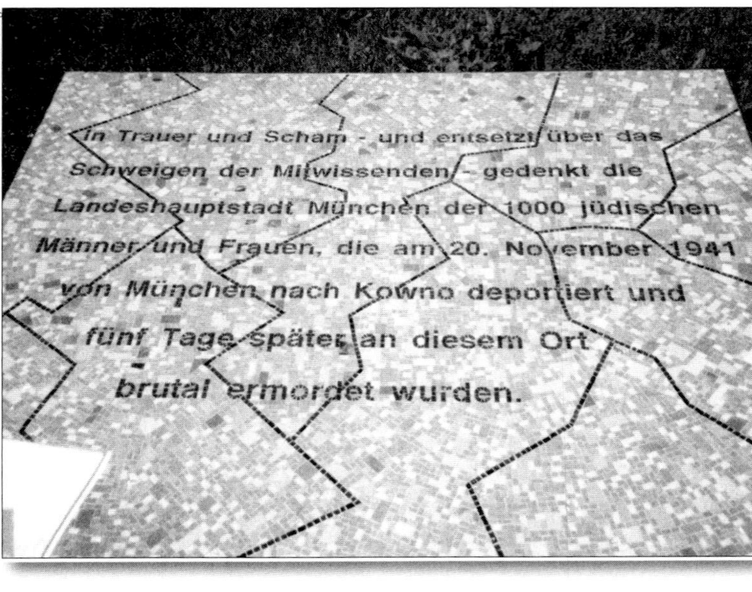

und den Konsul *Sugihara* (vgl. o.a. Museum). Die Tunnelanlagen im Erdgeschoss können nur mit Führung besichtigt werden (man kann sie z.T. aber auch außerhalb des Museums sehen). Dort stehen auf dem Ort der früheren Massengräber eine riesige **Skulpturengruppe** (sie soll an den Kampf, Sieg und Leid des Widerstands erinnern) sowie andere **Gedenksteine** (u.a. auch für die etwa 1000 Juden, die von München hierher transportiert wurden, um ein paar Tage später hier erschossen zu werden). Daneben sind noch Teile der Mauern zu sehen, an denen die Opfer zur Erschießung aufgestellt wurden. Im Gegensatz zu anderen KZ's wurden die Opfer in Litauen meist mit Schüssen getötet (vgl. Exkurs bei Vilnius).

Das Neunte Fort passieren auch Bus Nr. 23 und Minibus 93 auf dem Weg nach **Domeikava.** Dort neben der Kirche stehen **14 Märtyrerskulpturen** als Symbole des tragischen Lebens der Litauer.

Gedenktafel am Neunten Fort

Verkehrsmittel

Eigenes Fahrzeug

Die **Autobahn** A1/E271 verbindet Kaunas mit Vilnius (100 km) und Klaipėda (205 km). Eine Alternative ist die Strecke das Nemunas-Tal abwärts nach Klaipėda. In Nord-Südrichtung führt die **Via Baltica** durch Kaunas. Im Zentrum der Stadt gibt es viele **Einbahnstraßen.** Parktickets bei den Spauda-Kiosks oder bei den Parkwächtern (1 Lt./Std., 7 Lt./Tag).

Am Flughafen

Der Flughafen Karmėlava liegt 12 km nordöstlich der Stadt in Richtung Jonava. Das **Informationsbüro** (7-22 Uhr, Tel. 399307, Fax 399396, www.kaunas-air.lt) reserviert auch Hotelzimmer und bestellt ein Taxi; das ist einfacher und billiger, als selbst um den Preis zu feilschen (max. 20 Lt. bis ins Zentrum). Billiger und umweltfreundlicher ist allemal der **Minibus Nr.120** zur Endstation bei der Burg (1 Lt.). Es gibt einen Duty-Free-Shop, aber keine Agenturen für Autovermietung. Das **Zollamt** und die **Gepäckstelle** sind unter Tel. 399168 zu erreichen. **Geldwechsel** rechts in der Ankunftshalle beim Zollamt (8-16.15 Uhr).

Der **Dariaus-ir-Girėnas-Flughafen** (s. Luftfahrtmuseum) ist nur für Sportflugzeuge zugelassen (Tel. 391548, Fax 295536).

● **Air Lithuania,** Šv. Keštučio 69, Tel. 229706, Fax 228504 (Mo-Fr 8-20 Uhr, Sa 9-18 Uhr, So 9-15 Uhr) bzw. am Flughafen Tel. 399401, ist die einzige Fluggesellschaft, die

Kaunas anfliegt (u.a. Verbindungen via Palanga mit Hamburg), www.al.lt.

Bahn

Der **Bahnhof** befindet sich südöstlich des Zentrums an der M.K. Čiurlionio 16 (Tel. 221093), 400 m vom Busbahnhof entfernt. Eine Geldwechselstelle gibt es nicht, doch vom Bahnhof führt die Vytautas gatvė an mehreren Geldautomaten, Banken und Wechselstuben *(Valiutos keitykla)* vorbei. Das Zentrum ist in etwa 20 Minuten zu Fuß zu erreichen – entlang der Vytauto. Man kann auch einen Trolleybus der Linien 1,5, 7 oder 14 oder einen der vielen (Mini-) Busse nehmen. Wer ein Taxi braucht, sollte eines mit funktionierendem Taxameter nehmen (ca. 5 Lt. bis zur Altstadt). Im Bahnhof gibt es eine Bar, Kiosks und ein Restaurant. Die **Gepäckaufbewahrung** ist 7-11, 12-19 Uhr, die **Ticketschalter** sind 24 Std. geöffnet.

- **Verbindungen** (Fahrtdauer in Klammern), u.a. nach Vilnius (fast 2 Std.), Klaipėda (7 Std.) sowie nach Šeštokai, Jonava, Kažlu Ruda, Kybartai, Marijampole, Šiauliai, Kaliningrad (9 Std. inkl. Wartezeit an der Grenze), Riga (7 Std), Moskau (20-23 Std), Warschau (9 Std.).
- Ein Fahrplanauszug findet sich im Stadtführer **„Kaunas/Klaipėda In Your Pocket“** (s.u.).

Bus

Der **Busbahnhof für Fernbusse** liegt an der Vytauto g. 24-26, ca. 1 km südöstlich vom Unabhängigkeitsplatz. Es gibt Busse praktisch in jeden Ort des Landes und auch in viele europäische Städte (s. „An- und Rückreise/Bus“). Internationale Buchungen unter Tel. 322222; Auskunft unter Tel. 409060. Die **Fahrziele mit Abfahrtszeiten** sind sowohl an den Plattformen als auch auf der großen Tafel im Hauptgebäude angeschrieben. Daneben ist der Informationsschalter (7-20 Uhr). Die **Ticketschalter** sind geöffnet von 5.45 bis 20.45 Uhr (ansonsten beim Fahrer zahlen), **Gepäckaufbewahrung** *(bagažinė)* 5.30-20 Uhr, So 8-20 Uhr in einem Nebengebäude Richtung Park. Es gibt ein gutes **Café** mit Terrasse (9-22 Uhr). Das WC ist hinter dem Hauptgebäude. An der Ecke zur Vytauto ist ein Geldautomat. Hier einige Verbindungen (Fahrtdauer in Klammern):

- **Druskininkai** (2,5-3 Std.)
- **Kaliningrad** (6 Std.)
- **Klaipėda** (3-4 Std.) via Autobahn oder via Jurbarkas
- **Palanga** (3 Std.)
- **Sventoji** (3,5 Std.)
- **Nida** (4 Std.)
- **Vilnius** (2 Std.), 30 Busse (1,5 Std.), viele Minibusse (von Plattform 1)
- **Ignalina** (4 Std.)
- **Marjampolė** (1 Std.)
- **Panevėžys** (2 Std.)
- **Šiauliai** (2,5 Std.)
- **Rumšiškes** (7-mal täglich, Plattform 26)
- **Bištonas, Prienai** (alle 30 Min. von Plattform 21)

Die **Kautra-Luxusbusse** fahren zu den meisten der o.a. Fahrziele (Infos im Busbahnhof bzw. im Büro in der J. Juozapovičiaus 84, Tel. 342440). Verkauf von Tickets **internationaler Busse** (Eurolines) in der Vytauto 38, Tel. 202020 (Mo-Fr 9-18 Uhr, Sa 10-14 Uhr) bzw. im Busbahnhof.

Schiff

Im Sommer verkehren Ausflugsboote auf dem **„Kaunasser Meer“** (s. „Umgebung von Kaunas“). Außerdem fährt ein Schiff über den Nemunas nach **Nida** (6 Std., Sa 7 Uhr, Raudondvario 107, Ticketkauf in Kanto 23, Tel. 320757, Fax 322844, vandenskeliai @is.lt; Rückfahrt nach Kaunas am Sonntag um 13.30 Uhr).

Mietwagen

- **A&A Litinterp** (s. „Unterkunft/B&B“).
- **Budget,** Savanoriu 443 a, Tel. 490440.
- **Autojuta,** Chemijos 8, Tel. 490391.
- Weitere Firmen in „KIYP“ (s.u.).

Taxi

Taxis sind überall zu finden. Stände u.a. am Bahnhof, am Busbahnhof und am Rotušės aikšte. Nur Taxis mit eingeschaltetem Taxameter nehmen, besser telefonisch bestellen. Renommierte Firmen z.B. unter Tel. 331011, 333000. Preis pro km meist 1 Lt.

Städtische Verkehrsmittel

Es gibt 16 **Trolleybus-** sowie 47 **Busrouten.** Tickets für Busse und Trolleybusse, die von 5-23 Uhr fahren, kosten 0,60 Lt. am Kiosk bzw. 0,70 Lt. beim Fahrer. Monatstickets 30 Lt., Tickets für Busse gelten nicht für Trolleybusse und umgekehrt. Sie fahren nicht auf der Laisvės aleja, sondern parallel zu ihr in Ost-Westrichtung auf der Kestučio g. bzw. in West-Ostrichtung auf der Donelaičio gatvė. Das gilt auch für die **Minibusse,** von denen es etwa 60 Routen gibt (1 Lt., nachts 2 Lt.). Zum **Flughafen** fährt Minibus Nr. 120 von dem Platz bei der Burg (dort ist auch die Endstation anderer Minibusse und der Busse Nr.13, 18, 20, 24, 35, 50).

Infos über das Streckennetz unter Tel. 362509, Fax 362732. Bei der Touristinformation erhält man die ausgezeichnete „Kaunas City Traffic Map“ (Übersichtsplan mit Routen). Die zwei Standseilbahnen (Funikulare) sind im Text vermerkt.

Informationen

Touristinformation

- **Regionales Touristinformationszentrum,** Laisvės 36, Tel./Fax 323436, Fax 423678, Mo-Do 9-18 Uhr, Fr 9-17, von Mai-Sept. auch Sa 9-13, 14-18 Uhr, www. kaunas.lt, turizmas@takas.lt. Zimmervermittlung (z.T. mit Discount), Infos über Sehenswürdigkeiten in der Stadt und Region sowie über „Urlaub auf dem Lande“ und Tourismus in ländlichen Gebieten (landesweit).

  Mehrsprachige Stadtführungen und Touren in und um Kaunas, Veranstaltungsprogramme mit Ticketverkauf, Aktivitäten u.v.m., sehr hilfsbereit.
- **Touristinformationszentrum,** im Reisebüro „Mūsų Odiseja“, M.K. Čiurlionio 15, Tel. 408410, Fax 408411, Mo-Fr 9-18 Uhr, www. turinfo.lt. Infos über Hotels, Autovermietung etc.; Führungen und Ausflüge.
- Sehr empfehlenswert ist der Stadtführer **„Kaunas/Klaipėda In Your Pocket“** (KIYP) mit vielen Infos und Stadtplan. Zu kaufen für 8 Lt. bei Hotels, Reisebüros etc. (erscheint einmal jährlich auf Englisch).

Stadtführungen

Neben den Touristinformationsbüros auch vom Stadtführerverband (Tel. 320756), von Litinterp (s.u.), vom Reisebüro Saitas, Donelaičio 26-1, Tel. 323151, Fax 207236, Mo-Fr 8-18, Sa 10-14 Uhr, travel@saitas.lt (Touren zu Fuß und mit Bus, auf Deutsch und Englisch).

Sonstige Informationen

●**Deutscher Lesesaal,** Kreisbibliothek, Radastų 2 (nördl. v. Vytautas-Park), Tel. 324229, Fax 324250, Mo-Fr 10-18, Sa 10-17 Uhr.
●**Komitee für Kulturelles Erbe,** Rotušės a. 29, Tel./Fax 228641.
●**Zollamt,** Jovarų 3, Tel. 304201, Fax 361528.

Nützliche Adressen

Banken/Geldwechsel

●**Geldwechsel** u.a. in Hansa-Bank, Laisvės 79 (auch Reiseschecks und Western Union Transfer); Mo-Fr 8-18 Uhr, Sa 9-15 Uhr.
●**Visa-Geldautomat** in Donelaičio 62, Laisvės 60, 82, 102;
●**MasterCard-Geldautomat** in Laisvės 60, 79, 102, Vilniaus 56, Vytauto 24,32.
●**Weitere Automaten** in den „Bankas Snoras-Häuschen" z.B. am Unabhängigkeitsplatz.

Post/Kommunikation

●**Hauptpostamt,** Laisvės 102, Mo-Fr 7-19/Sa 7-17 Uhr (auch Telefon, Fax, Telegramm, Kopien, Schreibwaren etc.), Tel. 401368, Fax 324341.
●**Senas Paštas,** Valančiaus 1, Mo-Fr 9-13, 14-18 Uhr (neben Kathedrale, altes Mobiliar).
●**Postamt,** Vytauto 21, Tel. 324428, Mo-Fr 9-13, 14-20 Uhr; Sa, So 9-13, 14-18 Uhr.
●**EMS,** Laisvės 102, Tel. 401378, Mo-Fr 7-19, Sa 7-17 Uhr.
●**Internet-Café,** Vilniaus 24, 10-24 Uhr, www. cafenet.ot.lt

Medizinische Hilfe

●**Apotheken**, Vokieçiu Vaistine (dt. Apotheke), Šv. Gertrudos 3, Tel. 228061, Lucerna, Vytauto 2 (24 Std.); Homöopatische Apotheke, Rotušės a. 3.
●**Krankenhaus,** Kaunas Medical Centre (Lit.-dt. Jointventure), Savanorių 284, Tel. 313440 (Mo-Fr 8-18 Uhr, auch Hausbesuche).
●**Zahnarzt,** Savanorių 241-56, Tel. 798811 (8-20 Uhr).

267li-Foto: gs

Reisebüros

- **DELTA Tours,** Laisvės al. 85-4, Tel. 425896, Fax 422571, www.deltatours.lt (bietet alle Arten von touristischem Service, das Team spricht hervorragend deutsch). Dolmetscherservice, Hotelreservierung mit Discounts, Städte-, Studien-, Erholungs-, Pilger-, Radreisen im Baltikum. Mitglied im Dt. Reisebüroverband.
- **Lithuanian Student and Youth Travel,** Ožeškienės 27, Tel. 407140, Fax 407141, Mo-Fr 9-18. Verbilligte Tickets für Studenten und Jugendliche.
- Weitere Reisebüros in „KIYP".

Sonstiges

- **Öffentliche WC,** Vytauto 16, Rotušės a. 27, Laisvės 93 sowie im (Bus-)Bahnhof.
- **Gepäckaufbewahrung,** im (Bus-)Bahnhof
- **Reparatur** von Schuhen und Kleidung, Vilniaus 17; von Uhren, Laisvės 73.
- **Filmentwicklung/Kamerareparatur,** Vilniaus 12, Laisvės 60.
- **Übersetzungen,** Litinterp, s. Unterkunft.
- **Fotokopien,** Laisvės 102, Maironio 13, Daukanto 27.

Sport und Erholung

- Die vielen **Parks** sind ein Paradies für Spaziergänger und Jogger.
- Kontaktadressen für Aerobic (z.B. Savanorių 66, Tel. 426860), Billard, Bowling, Fitnesscenter (z.B. Laisvės 51, Tel. 323587), Saunas, Schwimmbäder (z.B. Partizanų 46, Tel. 314154), Schlittschuhlaufen, Zuschauersport (insbes. Basketball, www.zalgiris.lt) etc. in „KIYP" und bei den Touristinformationsbüros. Den einzigen Golfplatz Litauens findet man in Didžiosios Lapės, Tel. 470237 (auch für Gäste). Reiten u.a. in Marvelės 199, Tel. 380251. Ballonfahrten, Rundflüge, Fallschirmspringen, Segel-Drachenfliegen beim Kaunas Acrobatic Flying Club im Dariaus-ir-Girėnas-Flughafen (s.o.), Infos u.a. unter Tel. 391553, www.aerokaunas.lt. Weitere Sportmöglichkeiten beim Jachtclub (s. Unterkunft) und beim Kaunasser Meer (s. „Umgebung von Kaunas").

Die Talstation der Standseilbahn

Unterkunft

Das Angebot in der mittleren und oberen Kategorie ist recht gut. Reisende mit kleinerem Geldbeutel finden gute Angebote in Pensionen und Apartments. **Vermittlung** durch Reisebüros und Touristinformationsbüros, die für einige Unterkünfte **Sondertarife** haben. Teurere Hotels haben oft günstige Wochenendtarife.

Hotels obere Kategorie

- **Minotel,** Kuzmos 8, Tel. 203759/Fax 230355, www.minotel.lt, 23 Zimmer (EZ ab 160, DZ ab 200, Luxus ab 300 Lt.). Modernes, oft ausgebuchtes Hotel in der Altstadt, gutes Restaurant, Bar.
- **Santakos,** Gruodžio 21, Tel. 302702, Fax 302700, www.santaka.lt, 40 Zimmer (EZ 360, DZ ab 480 Lt.). Vier-Sterne-Hotel („Best Western"), Bar, Restaurant, Sauna, Pool, Nachtclub; sehr empfehlenswert.
- **Perkūno Namai,** Perkūno 61, Tel. 320230, Fax 323678, www.perkuno-namai.lt, 30 Zimmer (EZ ab 320, DZ ab 360 Lt.). Sehr gutes Restaurant, Bar, Luxusausstattung, ruhig. Zimmer mit Balkon verlangen.
- **Daniela,** Mickevičiaus 28, Tel. 321505, Fax 321632, www.danielahotel.lt. 23 Zimmer (EZ, DZ ab 320, Suiten ab 390 Lt.). Moderne Architektur, Restaurant, Bar.
- **Kaunas,** Laisvės 79, Tel. 750850, Fax 750851, www.kaunashotel.lt. 57 Zimmer (EZ, DZ ab 320 Lt.). Gute Lage, schöne Zimmer teilweise mit Stadtblick, Pool, Fitnesszentrum, Restaurant, Sauna.
- **Hermis,** Savanorių 404, Tel. 490300, Fax 490301, www.hermis.net, 13 Zimmer (EZ ab

290, DZ ab 320, Suiten ab 430 Lt.), excellente Zimmer, am Stadtzentrum (Trolleybus 16), Pool, Fitnesscenter, Restaurant, Bar, Nachtclub). Nähe Autobahn.

●**Sfinksas,** Kudirkos 19 a, Aukštaičių 55, Tel. 301982, Fax 301983, www.sfinksas.lt, 12 Zimmer (DZ ab 280 Lt., Suiten ab 380 Lt.), ruhige Lage, schöne Einrichtung, Restaurant, Sauna, Pool, sehr zu empfehlen.

Hotels mittlere Kategorie

●**Alanta,** Alantos 33, Tel. 731142, Fax 733871, www.alanta.lt, 6 Zi. (ab 120 Lt.). Gästehaus in einer Wohngegend, angenehm ruhig, Café. Anfahrt mit Trolleybus 2 u.a.

●**Takioji Neris,** Donelaičio 27, Tel. 306100, Fax 205289, www.takioji.neris.com, 179 Zimmer (EZ ab 120, DZ ab 320 Lt.). Früheres Intouristhotel in guter Lage. Recht gut ausgestattete Zimmer, Restaurant, 5 Bars, Sauna, Pool, Fitnessraum.

●**Babilonas,** Raseinių 25, Tel. 202545, Fax 209156, www.babilonas.lt, 10 Zi. (EZ, DZ ab 190 Lt., Suiten ab 300 Lt.). In einem schmalen Gebäude in einer Wohngegend mit Dorfatmosphäre, modern, gut für Familien (ausziehbare Sofas), Restaurant.

●**Kunigaikščių Menė,** Daukšos 28, Tel. 320800, Fax 320872, www.hotelmene.lt; 8 Zimmer (EZ 180, DZ 250, Suite 350 Lt.). Gästehaus in toller Lage, ruhig, modern, Restaurant in Keller aus dem 16. Jh., zu empfehlen.

●**Nakties Magija** (Magische Nacht), Skroblų 3, Tel. 797923/Fax 795832, www.naktiesmagija.lt, 10 Zimmer (EZ ab 220 Lt., DZ ab 280 Lt.). Ruhig, Restaurant, schönes Flair.

●**Žaliakalnio,** Savanorių 66, Tel. 321412, Fax 733769, www.takiojineris.com (DZ ab 260 Lt.). 29 Zimmer mit Blick, Bar, Restaurant.

Hotels untere Kategorie

●**Metropolis,** Daukanto 21, Tel. 205992, Fax 206269, www.takiojineris.com, 70 Zimmer, (EZ ab 70, DZ ab 100 Lt.). Hotel aus den 1940er Jahren, aber noch recht gut in Schuss. Keine Waschbecken, nur Badewanne.

●**Monela,** Laisvės 35, Tel. 221791, Fax 224480, email@monela.w3.lt, 23 sehr einfache Zimmer, EZ ab 90, DZ ab 120 Lt., Café.

●**Apple Economy Hotel,** Valančiaus 19, Tel./Fax 321404, www.applehotel.lt, 14 schöne moderne Zimmer (DZ ab € 39).

Privatpensionen/B&B

Weitere Übernachtungsmöglichkeiten zu Privatpensionen findet man bei den Touristinformationsbüros.

●**Litinterp,** Gedimino 28/7, Tel. 228718, Fax 425120, www.litinterp.lt, (EZ ab 80, DZ ab 140 Lt.). Vermittelt auch B&B in anderen Städten; Autovermietung, 2 Zimmer über Büro, viele andere in der Stadt.

●**Mažylis,** Dysnos 7, Tel. 743815, Fax 759568, viesbutis.mazylis@ email.lt., 3 Zimmer (EZ ab 90/DZ 140 Lt.). Freundliche Familie, Abholung vom Flughafen, Anfahrt mit Bus 27.

●**Namų,** Gaižiūnų 80, Tel. 337444, Fax 337445, www.home.hotel.lt, 4 Zimmer (ab 100 Lt.). Sehr sauberes Apartment, sehr komfortabel, gastfreundlich, Abholung vom Flughafen oder Anfahrt mit Minibus 27.

●**Alegreta,** Laisvės 46, Tel./Fax 227448, alegreta@takas.lt. Vermittelt B&B und Apartments, meist im Zentrum (EZ ab 70, DZ ab 120 Lt.); auch Autovermietung, Übersetzung.

●**EM-Apartment,** Maironio 13-2, Tel. 208 601, Fax 298170, info@emsalonas.lt. 4 Apt. Freundlich, modern, gut ausgestattet, mit Kochgelegenheit; zentrale Lage, manchmal etwas laut.

●**Karpenko B&B,** Gruodžio 17 (neben dem Hotel Santakos), Tel./Fax 323123, 6 Apt. (120-200 Lt.)

●**Kaunas Apartments,** Vasario 16-osios 4-3, Tel. 8-68701223, www.kaunas-apartments.lt, 5 helle, große Apartments (80-180 Lt.).

●**Arijus Namai,** Maironio 20 a, Tel. 321612, www.arijushouse.uab.info, 3 moderne Apartments im Hinterhof (120-280 Lt.).

Motels

- **Sandija,** Jonavos 45, Tel. 332487, Fax 363392, 17 Zimmer (EZ ab 150, DZ ab 220 Lt.). Nahe der Autobahn Richtung Klaipėda. Sehr gutes Restaurant, große Zimmer und Apartments, schöne Anlage mit Garten. www.sandija.lt
- **Kaunas Žalgiris Jachtclub,** Gimbutienės 35 (Seelage), Tel. 370422, Fax 370415, www.jachtclubas.lt, 30 Zimmer (DZ 50-200 Lt., Triple 75 Lt., Apt. 130 Lt. u.a.). Anfahrt wie zum Pažaislis-Kloster (s.u.), von dort bis zum Jachthafen 800 m durch den Pažaislis-Park; gut zur Erholung; günstig für Radler. Sporthalle, Basketball-, Volleyball-, Tennisplätze; Fahrrad-, Bootsverleih etc., Sauna, Pool, Restaurant.

Gastronomie

Die gastronomische Szene ist ständig in Bewegung. Einen aktuellen und detaillierten Überblick über Restaurants, Pizzerien und „Frühstücksplätze" etc. bietet „KIYP" (vgl. Anmerkungen bei „Gastronomie" in Vilnius). Die meisten liegen in den Fußgängerzonen Vilniaus g. und Laisvės alėja sowie deren unmittelbarer Umgebung, teilweise in engen Gassen und Höfen. Im Sommer gibt es viele **Straßencafés.** Auch die Hotels haben meist gute Restaurants. Hier nur ein kleiner Querschnitt:

Restaurants

- **Pizza Jazz,** 4-mal in Kaunas (u.a. Laisvės 68), 10-24 Uhr. 31 leckere Pizzas.
- **Didžioji Siena,** Kumelių 7, Tel. 220585, 11-23 Uhr, leckere chinesische Gerichte.
- **Miesto Sodas/Siena,** Laisvės 93 (neben Stadtpark), Tel. 424424, 11-24 Uhr, gute Gerichte und Salatbar, populär. Von hier Zu-

268li-Foto: gs

gang zum beliebten Nachtclub Siena im Keller, Mi-Do 21-2, Fr-Sa 21-4 Uhr.

●**Pompėja,** Putvinskio 38, Tel. 422055, 10-24 Uhr. Gute Fisch- und Fleischgerichte (Wildschwein, Reh, Elch), gegrillt auf Lavasteinen, romantisches Ambiente, Livemusik.

●**Žalias Ratas,** Laisvės 36 b (hinter Hotel Takioji Neris in einem traditionellen Bauernhaus), Tel. 200071, 11-24 Uhr, gute litauische Küche in rustikaler Umgebung.

Fast Food und für den kleinen Geldbeutel

●**SFC-Express,** Gedimino 33, Tel. 320920, 10-23 Uhr. Pizza, Hähnchen u.a.

●**Viva Blynai, Viva Koldūnai,** Laisvės 53, Tel. 425237, 10-21 Uhr. Neben den zwei Nationalgerichten (s. „Essen und Trinken") auch Salate und frisch gepresste Fruchtsäfte, Nichtraucherbereich, zu empfehlen.

Cafés

Hier einige der (für uns) typischen Cafés:

●**Kavos Klubas,** Valančiaus 19, Tel. 206796; 9-18, Sa 10-15 Uhr. Nichtraucherbereich, große Auswahl an Kaffee und Tee.

●**Ola,** Laisvės 48, Tel. 200860; 8-21, So 11-19 Uhr; gute Torten etc.

●**Jums,** Laisvės 61, Tel. 203705; 10-22 Uhr; schöne Einrichtung, guter Platz zum Sehen.

Bars, Pubs, Kneipen, Nachtclubs, Discos

●**Siena** (s.o.)

●**Avilys,** Vilniaus 34, Pub mit eigener Brauerei, Tel. 203476, 11-24 Uhr, Honigbier etc.

●**Los Patrankos,** Savanorių 124, Tel. 338228; Di-Do 20-4, Fr,Sa 19-6, So 13-16 Uhr; riesiger Vergnügungspalast auf drei Etagen, mit Disco, Kasino, Bars etc., sehr populär.

●**Skliautas,** Rotušės a. 26 a, Tel. 206843, 10-24 Uhr. Künstlertreffpunkt, Jazzmusik.

●**Senamiesčio Vyninė,** Daukšos 23, Tel. 227656, 11-23 Uhr. Weinbar.

●Seit Jahren beliebt sind auch: **Elfų Sėlsmas,** Laisvės 85 (mit Livemusik); **Fortas,** Irish Bar, Donelaičio 65; **Amerika Pirtyje,** Vytauto 71 (auch Restaurant und Disco); **Laukinis Arklys,** (Bar, Disco), Savanorių 206, **Venera,** Savanorių 64 (manchmal Striptease); **B.O.,** Muitinės 9 (alternativer Szenetreff); **Combo,** Laisvės 46 a (Jazz Club, Disco).

Kultur

Theater und Konzertsäle

Die meisten sind montags geschlossen. Programme findet man in der „Baltic Times", in der Zeitung „Kauno Diena" (www.kaunodiena.lt), unter www.kaunas.lt und bei den Touristinformationsbüros (da auch Ticketverkauf und Infos über andere Theater).

●**Schauspielhaus,** Laisvės 71, Tel. 224064 (Mo-Sa 10-19 Uhr Ticketbox). Überwiegend Stücke litauischer Dramatiker. Kleiner Saal in Keštucio 64.

269li Foto: gs

Auf dem Markt

● **Musiktheater,** Laisvės 91, Tel. 227113 (11-18 Uhr). Opern, Operetten, Ballett.
● **Puppentheater,** Laisvės 87a, Tel. 221691.
● **Pantomimentheater,** Ožeškienės 12, Tel. 423668 (14-18 Uhr). Vorstellungen Do-So 17 Uhr.
● **Philharmonie,** Sapiegos 5, Tel. 222558 (14-18 Uhr), Konzertbeginn 18 Uhr.
● **Jugendkammertheater,** Keštučio 74a, Tel. 228226 (14-18 Uhr). Sehr bekannt und aktiv.
● **Kleines Theater** *(Mažasis teatras)*, Daukšos 34, Tel. 206546.
● **Nykštukas-Puppentheater,** A. Mickevičiaus 8a, Tel. 796982.
● **Kulturhalle,** Vytauto 79, Tel. 324130.

Festivals und Feste

Genaue Daten sind bei der Touristinformation zu erfragen.
● **Jazz Festival** (Ende April) 4-tägig, größtes im Baltikum, prominente Jazzmusiker (www.kaunojazz.lt).
● **Stadtfestival,** Mitte Mai, 3-tägig, Konzerte, Volkstänze, Straßenmarkt etc.
● **Musikfestival in Pažaislis,** (1.7.-31.8.) mit Klassik, Jazz, Theater, im Kloster selbst (s.u.) bzw. in Kirchen etc. in Kaunas (www.pazaislis.lt.)
● **Sängerfeste** (wechselnde Termine)
● **Festival zur Erinnerung an den Einmarsch Napoleons von 1812,** Mitte Juli (Umzüge, historische Kostüme).

Ausstellungen und Galerien

Kunstgalerien sowie deren Ausstellungsprogramme findet man in „KIYP" bzw. den Tageszeitungen.

Kinos

Diese zeigen Originalfilme mit litauischen Untertiteln.
● **Kanklės,** Laisvės alėja 36, Tel. 205890.
● **Romuva,** Laisvės alėja 54, Tel. 324212.
● **Laisvė,** Laisvės alėja 46a, Tel. 205203.
● **Senasis Trestas,** Mickevičiaus 8a, Tel. 200953.
● **Planeta,** Vytauto 6 (Nähe Bahnhof), Tel. 338330, modernstes Kino.

Einkaufen

Man findet eigentlich alles auf der rund 2,5 km langen Fußgängerzone vom Rathausplatz bis zum Unabhängigkeitsplatz.

● **Antiquitäten,** Rotušes 29 (wie ein Flohmarkt).
● **Bücher, Zeitschriften,** Laišvės 81 (auch deutsche), ebenso in Vilniaus 11.
● **Filme,** Vilniaus 12, Laisvės 60, 106
● **Kaufhaus Merkurijus,** Laisvės 60 (Mo-Sa)
● **Kunstartikel,** „Dailė", Daukanto 17, Laisvės 31, Vilniaus 22 und 32.
● **Supermärkte,** *Media* (Laisvės 60, tgl. 7-22 Uhr), *Skalsa* (Laisvės 101), *IKI-Supermarkt* (u.a. in Kovo 11-osios 22, Savanorių 111, Jonavos 3, tgl. 8-22 Uhr), *Maxima-Supermarkt* (Šarkuvos 1a, 8-24 Uhr)
● **Kaffee und Tee,** Vilniaus 29, Laisvės 97 a
● **Lebensmittel,** Vilniaus 13 (tgl. 9-22 Uhr), Laisvės 75 (Bioprodukte), Vilniaus 35 (Süßigkeiten), Daukšos 45/37 (8-22 Uhr)
● **Souvenirs,** Vilniaus 25, Valančiaus 1 und 5, Laisvės 110
● **Blumen,** Laisvės 32 b, 90, 106 bzw. auf Märkten (s.u.)
● Weitere Geschäfte (auch für Musikartikel, Kosmetik, Sportartikel etc.) findet man in „KIYP".

Märkte

● **Aleksoto,** Veiverių 47, verschiedene Waren, Di-So 6-15 Uhr, u.a. Bus Nr. 6 ab Bhf.
● **Markt am Bahnhof,** M.K. Čiurlionio 23 (Lebensmittel, Blumen, etc), 5-18 Uhr.
● **Urmas,** Pramonės 16 (alles Mögliche). Mo-Fr 9-17 Uhr, Sa 9-16 Uhr.
● **Žaliakalnio-Markt,** Zanavykų 25 (Lebensmittel, Blumen), 7-15 Uhr.

Umgebung von Kaunas

Die Hauptsehenswürdigkeiten in der Umgebung von Kaunas sind die beiden **Regionalparks,** die weiter unten ausführlich beschrieben sind.

Veiveriai ⇗ VI/B2

20 km südwestlich von Kaunas liegt bei Veiveriai der **„Hügel der Schmerzen"** mit vielen kunstvollen Kreuzen; hier wurden litauische Unabhängigkeitskämpfer nach dem 1. Weltkrieg begraben. Sehenswert sind auch das Lehrerseminar von 1866 und die **Alte Post,** die bis zum Eisenbahnbau 1860 Reisenden von Berlin nach St.Petersburg als Unterkunft und Pferdestation diente.

Skriaudžiai ⇗ VI/B2

Dann fährt man weiter nach Skriaudžiai mit dem sehenswerten **Bauernhofmuseum,** dem früheren Wohnhaus des berühmten Volksmusikers *Pranas Puskunigis* (Tel. 42222). Um das litauische Musikerbe aufrecht zu erhalten, gründete er 1906 eine berühmte Volksmusikgruppe. Berühmt war er auch als Kanklė-Spieler, einem traditionellen, zitherähnlichen Instrument, von dem einige im Museum zu sehen sind. Die heutigen Gruppen geben auch im Ausland Vorführungen.

Zapyškis ⇗ VI/B1

Etwa 17 km westlich von Kaunas in Richtung Šakiai am südlichen Ufer des Nemunas gelegen. Es stand früher am Flussufer, wurde aber wegen vieler Überschwemmungen abgetragen und hier wieder aufgebaut. Vom **Wasserturm** hat man einen schönen Blick aufs Flusstal und das einzige dort verbliebene Bauwerk, die **St. Johanneskirche** (1578), eines der ältesten und wertvollsten Bauwerke der litauischen Spätgotik. Der schlichte Backsteinbau mit steilem Dach und ohne Turm musste zwar nach Bränden und Überschwemmungen häufig erneuert werden, ist aber äußerlich dennoch in nahezu unveränderter Form erhalten. Die Kirche ist oft Ziel von Architektur- und Bauexperten. Manchmal finden hier **Sakralmusikkonzerte** und kulturelle Veranstaltungen statt.

Karmėlava ⇗ VII/C1

Der Ort, 11 km nordöstlich von Kaunas, wurde vermutlich im 17. Jh. gegründet. Vom imposanten Burghügel Pilis am Ortsrand hat man einen guten Blick auf die Neris. In der Nähe des Orts liegt der Flughafen von Kaunas, Anfahrt mit Minibus 120 (s.o.).

Jonava ⇗ IX/C3

Dieses Industrie- und Bezirkszentrum 26 km nordöstlich von Kaunas an den Ufern der Neris mit guten Bus- und Bahnverbindungen hat touristisch nichts zu bieten.

Im Nachbarort **Skaruliai** steht die architektonisch bedeutende **Kirche der Heiligen Anna** (erbaut 1622), die Elemente der Gotik und der Renaissance vereinigt und wertvolle Schnitzarbeiten aus dem 18. Jh. birgt.

Lohnend ist auch ein Abstecher zum etwa 2 km außerhalb der Stadt in Richtung Ukmergė gelegenen **Ausflugslokal** „Pas Loki" (Zum Bären). Gegenüber erhebt sich der **Schüttberg Lokenelis** mit guter Aussicht.

Verkehrsmittel

- **Bahnhof,** Stoties g., Tel. 53288.
- **Busbahnhof** in Turgaus 3, Tel. 53288.

Unterkunft

- **Hotel Chemikas,** Donelaičio 4, Tel. 54443.
- **Hotel Žėrutis,** Chemikų 8, Tel. 57777.

Nützliche Adressen

- **Iki-Supermarkt** in Chemikų 1 bzw. in Basanavičiaus 6 (9-21).
- **Heimatmuseum,** J. Basanavičiaus 3, Tel. 52335.

Kauno-Marios-Regionalpark

↗ VII/C1

Das **Kaunasser Meer** östlich von Kaunas entstand 1959 durch den Bau des landesweit einzigen Wasserkraftwerks bei Kruonis im Südosten des heute 64 km² großen und 93 km langen **Stausees,** dem größten Litauens. Der Regionalpark wurde 1992 zum Schutz der Flora und Fauna des Ufers und des kulturellen Erbes gegründet. Dazu gehören der größte und baumartenreichste Park des Landes, der 130 ha große **Girionys-Park** (Parkverwaltung im Dorf Girionys, Tel./Fax 547704), das **Gedächtnismuseum** der Dichterin S. Nėris (Tel. 373606, Mi-So 10-18 Uhr, Nėries 7) sowie die Kapelle und das auf einer „Insel" im Stausee aus dem Wasser ragende Gräberfeld von Rumšiškės.

Die Hauptattraktionen sind das **Kloster Pažaislis** am West- und das **Freilichtmuseum von Rumšiškės** am Nordostufer. Diese zwei können an Sonntagen vom 10.5.-20.9. mit einem **Ausflugsschiff** verbunden werden (Abfahrt von der Anlegestelle „prieplauka" um 11 Uhr, Aufenthalt in Rumšiškės 3 Std., Rückfahrt 16 Uhr, 12 Lt., Tel. 726939, www.laivai.visiems.lt). Der Stausee und dessen Umgebung ist ein beliebtes **Naherholungsgebiet.** Es gibt Radwege, einen Paddelboot- und Pferdeverleih, Campingplätze und

079li Foto: gs

Klosteranlage von Pažaislis

einen Naturpfad für Wanderer. Hier kann man z.B. auch angeln, segeln oder schwimmen (wird aber nicht unbedingt empfohlen). Weitere Sport- und Unterkunftsmöglichkeiten gibt es beim Jachtklub (s. Unterkunft Kaunas).

Anreise

Anfahrt mit **Trolleybus** Nr. 4, 5, 9, 12 oder Minibus Nr. 18, 27, 33, 35 bis zur Endstation kurz vor der Eisenbahnbrücke (in der Nähe ist das gute Fleisch- und Fischrestaurant „Priesvarstyklių", Masiulio 18 e, Tel. 452433, 11-23 Uhr, zu erkennen an der Dampflok im Garten). Einige **Minibusse** fahren nicht die gleiche Strecke zurück; ggf. fragen; einige fahren weiter fast bis zum Stausee. Vorbei am Strand und der Anlegestelle geht es links zum Kloster.

Mit dem PKW vom Sechsten Fort (s.o.) südöstlich in die Kalantos, am Kreisverkehr südlich in die Masiulio, immer geradeaus unter der Eisenbahnbrücke hindurch zum Stausee (6 km vom Bahnhof). Der Weg zum Kloster und zum Jachthafen (weitere 800 m) ist ausgeschildert.

Pažaislis-Kloster ↗ VII/C1

Am Westufer des Stausees auf einer malerischen, mit Kiefern bewaldeten Halbinsel liegt die **Klosteranlage** von Pažaislis, die als eines der schönsten Barockensembles in Litauen gilt, ein **Meisterstück des Hochbarock** und einer der formvollendetsten Sakralbauten Nordosteuropas. Der Eingang ist beim Torbogen mit dem Hausschild (Kauno jūros 31). Di-So 11-17 Uhr (Winter bis 16 Uhr), Tel. 456485, Führung Tel. 756485 (Dauer 2 Std., Anmeldung nötig). Im Sommer finden in der Kirche oder auf der Kirchtreppe einige **Konzerte** des Musikfestivals statt (s. Kaunas).

Gegründet wurde das Kloster um 1664, mit dem Bau der Kirche begann man 1667. Ihr Stifter war der wohlhabende Adlige und Kanzler Litauens *Kristupas Žigmantas Pacas,* dessen Familienangehöriger *Kazimieras* die Peter-und-Paul-Kirche in Vilnius gestiftet hat. Auch die Bildhauer, Stukkateure und Maler sind zum Teil die gleichen, die das Gotteshaus in Vilnius ausgeschmückt haben (s. dort). Das Kloster wurde für den als besonders streng bekannten Orden der **Kamaldulenser** erbaut, den *Pacas* während seiner Jugendjahre in Italien kennen gelernt hatte, und der 1662 in Litauen gegründet wurde. Die Mönche dieses Ordens sind die einzigen, die auch heute manchmal noch zu frommer Andacht in besonderen **Eremitenhäuschen** beten. Zehn solcher Häuschen gab es in Pažaislis – zwei davon sind noch erhalten. Weltweit hat der Orden nur noch 8 Klöster mit rund 200 Mönchen.

1696 war die Kirche, 1712 waren die anderen Gebäude fertiggestellt. In der Zarenzeit, als die katholische Kirche zugunsten der orthodoxen zurückgedrängt wurde, nahmen 1831 die altgläubigen Orthodoxen das Kloster in Besitz und bauten es bis 1845 erheblich um. Ein Teil der Fresken wurden übermalt, einige Altäre und Skulpturen zerstört. Nach dem Ende der

Zarenherrschaft folgte 1920-40 und wieder ab 1990 der *„Orden der Schwestern* des *Heiligen Kasimir"*, des litauischen Nationalheiligen (siehe „Vilnius"). Als die Sowjets 1940 Litauen besetzten, wurden die Mönche und Nonnen vertrieben, und im Kloster wurden erst ein Archiv und dann ein „Irrenhaus" eingerichtet. 1966 wurde es zu einem Kunstmuseum umgestaltete. Seit 1990 ist es wieder für Gottesdienste geöffnet.

Beeindruckend von außen sind die malerische Lage von Pažaislis, der romantisch verwilderte Klostergarten mit seinem Turm und die sechseckige Kirche mit ihrer ebenfalls sechseckigen, 53 m hohen Kuppel und den zwei rechteckigen Portaltürmen. Sehenswert im **Hof** sind der Schildkrötenbrunnen, eines der zwei Eremitenhäuschen (s.o.) und rechts vom Kircheneingang das Grab von *A.F. Lvov* (1798-1870), dem Komponisten der russischen Nationalhymne. Die Klostergebäude haben zwei Innenhöfe. Sehr beeindruckend ist die Kirche mit ihrem prunkvollen **florentinischen Design.** Rosa und schwarzer Marmor ziert den sehr hohen Kirchenraum mit seinen vier Kapellen und dem runden Presbyterium, die alle mit Stukkaturen geschmückt sind. Wunderschöne Fresken runden den tollen Eindruck ab.

Rumšiškės

↗ VII/D1

Die Ortschaft Rumšiškės wurde schon 1385 in einer Ordenschronik erwähnt und ist doch ganz neu. Wie das? Als 1959 der Nemunas aufgestaut wurde und das „Kaunasser Meer" entstand, versank das alte Rumšiškės zusammen mit einer ganzen Reihe weiterer Ortschaften in seinen 20 m hohen Fluten. An seinem Ufer wurde das neue Rumšiškės für seine 1600 Bewohner erbaut. Lediglich die alte **Holzkapelle St. Nikolai** aus dem 18. Jh. wurde zerlegt und mitgenommen. Das alte **Gräberfeld** aus dem 14.-16. Jh., das sich auf einer Anhöhe befand, liegt jetzt auf einer Insel im See. Die alte Kirche steht jetzt am gegenüberliegenden Ufer.

270li Foto: gs

In Rumšiškės

Ethnographisches Freilichtmuseum

Bekannt ist das Dorf wegen seines Freilichtmuseums mit **140 Originalgebäuden.** Es wurde 1974 nach achtjähriger Aufbauarbeit für Besucher eröffnet. Auf einer Fläche von 176 ha ist praktisch ganz Litauen vom Ende des 17. bis Anfang des 20. Jh. dargestellt. Ein Muss für jeden, der sich für die frühere Bau- und Lebensweise der verschiedenen Regionen interessiert. Das Museum bietet sich auch dem an, der wenig Zeit hat, das Land zu bereisen, oder der sich schon für Reisen auf dem Land einstimmen bzw. sich einen Überblick verschaffen möchte. Es kann mit Führung (auch auf Deutsch) besichtigt werden (Tel. 8-256-47392, Fax 51589). Von Ostern bis Allerheiligen (ansonsten nur nach Voranmeldung) geöffnet von Di-So 10-18 Uhr (das Gelände selbst ist oft bis 20 Uhr zugänglich). An der Kasse gibt es ein sehr gutes Faltblatt in deutscher Sprache (mit Route und Plan). Hier ist auch die Touristinformation (Tel./Fax 47569, S. Nėries 4-6, turinfo@takas.lt).

In der hügeligen und abwechslungsreichen Wald- und Wiesenlandschaft hat man traditionelle Bauwerke aus allen **vier ethnographischen Regionen** Litauens (Aukštaitija, Žemaitija, Dzūkija und Suvalkija) zusammengetragen. Jede Region hat ihr eigenes Dörfchen. Es sind keine nachgebauten Modelle, sondern alte Holzbauwerke, die bewohnt und benutzt worden sind. Man hat sie an ihrem ursprünglichen Standort zerlegt und originalgetreu hier wieder aufgebaut, oft einschließlich der

0371i Foto: gs

Möbel, der Arbeits- und Hausgeräte und der kompletten Ausstattung.

Hier findet man Bauernhäuser vom wohlhabenden Gutshof bis zur Tagelöhnerkate, Stallungen, Scheunen, Schuppen, Vorratshäuser (Kleten), Badehäuschen, Rauchhütten, Brotbackofen, Kammern zum Pilzetrocknen, Werkstätten, Kapellen, aber auch alte Bienenstöcke aus ausgehöhlten Baumstämmen, Hundehütten, Taubenschläge, Ziehbrunnen u.v.m. Am Wegrand stehen **Windmühlen** (u.a. eine Ölmühle), Mühlsteine, Opfersteine (s. „Religion"), Kreuze, Kapellenständer u.v.m. Um die Häuser wurden Gärten und Zäune angelegt, wie man sie in den Dörfern hatte, mit den typischen Nutzpflanzen und Blumen. Auch die Felder werden nach lokalen Eigenarten bestellt. Daneben erstrecken sich Wiesen und Weiden, auf denen Kühe, Pferde und Schafe grasen. Es gibt hier ein **Pferdegestüt.** Man kann Reiten lernen oder sich in einer Kutsche (im Winter mit einem Schlitten) spazierenfahren lassen.

Den schon in der Bronzezeit gebauten Typ eines **„Numas"-Wohnhauses** vom 17. Jh. findet man im Žemaitija-Dorf; es ist das landesweit einzige erhaltene Gebäude dieses Stils. Nicht weit davon wird ein Gehöft aus Klein-Litauen (Memelland) gebaut.

Um das Leben der früheren Stadtbewohner zu zeigen, wurde ein **Städtchen** (Miestelis) vom 17.-19. Jh. originalgetreu errichtet (Schulhaus, Spital, Töpferei, Dorfschenke usw.). In einem Schuppen ist die landesweit einzige **Kutschenausstellung** zu sehen. Mitten auf dem Marktplatz steht die originelle Skulptur des Feuerwehrpatrons, des Hl.-Florians.

In der Nähe des Dzūkija-Dorfes auf einer Waldwiese stehen **Mahnmäler** für die Deportationen während der Sowjetzeit (s. „Geschichte"). Gerade inmitten einer solch idyllischen Landschaft macht der Anblick des traurigen Schicksals besonders nachdenklich. Neben einem hier aufgestellten Original-Güterwaggon für den Transport nach Sibirien (mit einer Fotoausstellung) wurde eine **Erdhütte** (Jurte) nachgebaut, in der 40 Frauen, ältere Leute und Kinder oft jahrelang bei Innentemperaturen von -2° C leben mussten. Überlebende erzählen hier von ihrem Schicksal. Daneben steht ein Eichenholzdenkmal für die Verbannten.

Man kann sich getrost einen ganzen Tag lang Zeit nehmen. Ein einfacher Rundgang ohne größere Abstecher ist schon etwa 6 km lang. Notfalls kann man auch mit dem Auto durch die Anlage fahren und bei den einzelnen Dörfern anhalten. Doch das schönere Erlebnis hat man natürlich bei einem Spaziergang (ggf. Sonnenschutz und Getränke mitnehmen). Man kann auch picknicken oder in einem Wirtshaus aus dem 19. Jh. im Žemaitija-Dorf auf gutbäuerliche Art essen. Ganz in dessen Nähe hat man einen guten Blick auf den Stausee.

Gehöft im Freilichtmuseum von Rumšiškes

Im Sommer finden fast an jedem Wochenende Volkstänze, Folklorekonzerte und andere **Vorführungen** statt (z.B. im Scheunentheater), ebenso an bestimmten Feiertagen oder an Festen wie z.B. der Faschingsaustreibung. Oft werden kunsthandwerkliche Traditionen (Weben, Töpfern u.a.) vorgeführt. Gelegentlich gibt es einen Markt, auf dem man volkstümliche Handarbeiten kaufen kann.

Anreise

Im Sommer möglich mit einem **Ausflugsschiff** (s.o.). Ansonsten täglich fünf **Minibusse** (Nr. 118) vom Busbahnhof in Kaunas (Plattform 26); auch möglich mit Minibussen nach Jieznas (Nr. 82 u.a.) und Pravieniškės (Nr. 88 u.a.). Von der Bushaltestelle sind es noch 500 m zu Fuß. Der letzte Bus nach Kaunas fährt gegen 19 Uhr zurück. Man kann auch einen der Busse nach Vilnius nehmen und den Fahrer bitten, dass er einen bei der Abzweigung aussteigen lässt; von dort sind es etwa 1,5 km zu Fuß. Für die Rückfahrt kann man auf der Nordseite der Autobahn (leicht zu überqueren!) einen der aus Vilnius kommenden Busse an der überdachten Bushaltestelle anhalten. Der nächstliegende **Bahnhof** ist Pravieniškės (5 km entfernt). Mit dem eigenen Fahrzeug an der Ausfahrt bei km 79 (von Vilnius) abbiegen; von Kaunas sind es 20 km.

Unterkunft

- Pensionen **Kaleinikovas,** Marių 74, Tel. 27-206231 (60 Lt.), **Stasiukynas,** Rumšos 33, Tel. 256-47631 (50 Lt.) oder **Paspona,** Ortsmitte, Tel. 47339.

Nemunas-Schleifen-Regionalpark

↗ VII/C3

Der Park südlich von Kaunas wurde zum Schutz des Ökosystems der einzigartigen 59 km langen drei Nemunas-(Memel-)Schleifen sowie des Waldes bei Punia und der vielen Kulturdenkmäler errichtet. Im Herzen des Parks liegt der international renommierte Kurort Birštonas mit der Parkverwaltung in der Tylioji 1 (Tel./Fax 55610, Mo-Do 8-12 und 13-17 Uhr; Fr 8-15.45 Uhr, Infos u.a. zu Campingplätzen, Wandern, Radfahren, Reiten, Vogelbeobachtung).

Prienai

↗ VII/C3

31 km südlich von Kaunas. Neben der Brücke über den Nemunas steht ein **Denkmal des Großfürsten Kestutis.** Die Bilder des heimischen Künstlers *Silvanavičiaus* sowie schöne Altargemälde sind in der hölzernen Kirche von 1750 zu sehen (Kestučio 9).

Birštonas

↗ VII/C3

Der Ort liegt 38 km südlich von Kaunas, via Prienai in einer weiten Flussschleife am rechten Nemunas-Ufer. Der kleinere Stadtteil am linken Ufer ist nur per Boot zu erreichen. Der **Kurort** mit 3800 Einwohnern ist mit jährlich 15.000 Kurgästen in den zwei ganzjährig geöffneten **Sanatorien** der meistbesuchte nach Druskininkai. Seine neun heilkräftigen **Mineralquellen** sind seit alters her bekannt. Dank der

071li Foto: gs

Skulpturenpark in Birštonas

geschützten Lage und vieler dichter Wälder, die die Winde abhalten, ist das Klima sehr mild. Schön sind die vielen Parks mit Spazierwegen und die liebevoll restaurierten Holzvillen.

Erstmals schriftlich erwähnt wurde der Ort „Birston" mit seinen salzhaltigen Quellen und seiner Holzburg auf dem Hügel in Berichten des Deutschen Ordens von 1382. Der spätere Großfürst *Vytautas* hatte hier einen Jagdsitz, die wildreiche Gegend (u.a. Auerochsen, Bisone) war ein beliebtes **Jagdrevier.** Ideal war die natürliche Engstelle in der Flussschleife, an der das Wild für den Adel zusammengetrieben wurde. Die Burg wurde von den Kreuzrittern erobert, aber schon 1410 wieder verlassen. Danach verfiel sie. 1518 bekam der Ort die Stadtrechte. 1846 wurde Birštonas Kurort, das erste Sanatorium wurde 1855 gebaut. Ende 19. Jh. gab es etwa 60 Heilbäder.

Rundgang

Es ist sehr einfach, sich in dem etwas verträumten Städtchen zurechtzufinden. Der **Busbahnhof** (Tel. 56333) liegt an der Kreuzung Vaižganto/Jaunimo/Dariaus ir Girėno. In der Nähe liegen die Verwaltung des Regionalparks (s.o.) und das Touristinformationsbüro.

Hinter dem Busbahnhof liegt der **Skulpturenpark.** An der Ecke Vaižganto/Vytauto nach rechts. Inmitten schöner Holzvillen steht an der Ecke Vytauto/Muziejus das **Heimatmuseum** (Tel. 65605, Mi-So 10-17 Uhr). Die Vytauto geht hinter der **Bank** (Tel. 65590) in die Birutės über. In der Nr. 19 liegt links das **Olympische Ruderzentrum** (Tel. 56465), rechts in der Nr. 8 das **Religionsmuseum** (Tel. 65699) direkt vor der **neugotischen Backsteinkirche** (1909), die dem *Hl. Antonius von Padua* geweiht ist. Daneben liegt ein kleiner Park mit Holzfiguren sowie einem Teich mit Wassermühle.

Von hier führt ein Weg zum Tulpė-Sanatorium und zur **Deichpromenade** (sie führt von hier 2 km stromauf zum o.a. „Tiergarten"). Etwas südlich sieht man das große **Vytautas-Denkmal** am Fuß des Vytautas-Hügels. Diesen erklimmt man von der dem Großfürst gewidmeten Eichensäule über 171 Stufen. An der Stelle der ehemaligen Burg ist heute eine **Aussichtsplattform** mit schönem Blick auf die Flussgegend. Für den Rückweg kann man auch den Waldweg auf der anderen Hügelseite nehmen. Nicht weit vom Denkmal kann man in dem gelben **Brunnenhäuschen** das salzige Mineralwasser kosten. Daneben liegen andere Gebäude des Tulpė-Sanatoriums, weiter links die Mineralwasser-Abfüllanlage (auch Fruchtwein etc.) und das Versmė-Sanatorium (Sruogos 25, Tel. 65662; www.birstonas.online.lt/versme) mit dessen Trinkbrunnen. Von hier führt ein Weg zur Dariaus ir Girėno g. und zurück zum Busbahnhof.

Verkehrsmittel

- Halbstündliche **Minibus-Verbindung** mit Prienai und Kaunas; **Busse** u.a. nach Vilnius und Klaipėda.

Nützliche Adressen

- **Touristinformationsbüro,** Jaunimo 3, Tel. 65740, Fax 65640, www.birstonas.lt, Mo-Fr 8-19 Uhr, Sa 10-19 Uhr, So 10-17 Uhr (u.a. Verleih von Rädern, Schlafsäcken, Zelten, Skiern und Tennisschlägern).
- **Post,** Nemuno 11, Tel. 56362; **Bank** (s.o.).

Unterkunft

- Übernachtung im **Versmė** (s.o., schöne Zimmer, nicht nur für Patienten), im **Ruderzentrum** (s.o., Schlafsäle) oder im **Gästehaus Birštonas,** Lelijų 5, Tel. 56394.

Gastronomie

- **Restaurants** z.B. im *Seklytele,* Prienų 7 (nördlich der Stadt mit Hanglage, Tel. 65800; gute Küche) und z.B. in Dariaus ir Girėno 32 und Jaunimo 4.

Aktivitäten

- **Ruder-, Tretbootverleih,** Birutės 19, Tel. 56465;
- **Radfahren, Reiten, Segeln, Ski, Schlittenfahren** beim *Seklytele* (s.o.).

Feste

- Ende März dreitägiges internationales **Jazzfestival** (im Kulturzentrum, Jaunimo 4, Tel. 65550), nur alle 2 Jahre, gerade Jahreszahlen; am 4. April-Wochenende internationaler **Ruderwettbewerb;** am 2. Juni-Wochenende 4-tägiges **Stadtfestival** (Umzüge, Konzerte, Tänze, Kunstgewerbemarkt, internationaler Heißluftballonwettbewerb, Air Show, Motorbootrennen).

Stakliškes

↗ VII/D3

Auf dem Weg von Birštonas nach Punia empfiehlt sich ein Abstecher nach Stakliškes, das außerhalb des Regionalparks liegt, 15 km östlich von Birštonas. Die schöne **Hl. Dreifaltigkeitskirche** von 1776 stammt aus dem Spätbarock. Berühmt ist auch die **Spirituosenfabrik,** die u.a. litauisches Met produziert. 1549 erhielt Barbora Radvilaitė (vgl. Biržai) die Stadt als Geschenk ihres Ehemanns, dem König. Es gibt heilkräftige Mineralquellen (das Sanatorium wurde 1857 vom Blitz getroffen und brannte ab; es wurde nicht mehr aufgebaut).

Punia

Südlich von Birštonas und ebenfalls am Nemunas liegt der kleine, idyllische Ort, etwa 12 km südlich der

072li Foto: gs

Kreuzung der Strecke Prienai – Trakai. Hier besonders in der Flussschleife des Nemunas gibt es herrliche Wälder, in denen fast alle heimischen Baumarten anzutreffen sind. Der **Wald von Punia** ist noch weitgehend in seinem ursprünglichen Zustand, urwaldhaft und reich an Tieren und Pilzen.

Bekannt wurde der Ort jedoch durch den berühmten **Burghügel Margis,** auf dem die legendäre **Burg Pilėnai** des Fürsten *Margiris* gestanden haben soll. Die Ordenschroniken berichten, dass die Kreuzritter im Sommer 1336 die Burg belagerten. Tag um Tag stürmten sie die Festung, doch die Litauer verteidigten sich heldenhaft. Sie waren zu allem entschlossen, um nicht in die Hände der Christen zu fallen, so berichtet die Chronik: „Sie setzten all ihr Hab und Gut in Brand, töteten zunächst ihr Vieh und verbrannten es, dann töteten sie ihre Frauen und Kinder und warfen die Leichen ins Feuer, und schließlich töteten sie sich einer nach dem anderen selbst." Auch der Fürst war unter den Opfern. **Ein litauisches Massada.** Dass hier eine Burg gestanden hat, die im 14. Jh. abgebrannt ist, haben Archäologen nachgewiesen. Ob es diese Burg war, ist allerdings nicht sicher.

Von der Kirche am Ende der Stichstraße führt ein 200 m langer Pfad zur Anhöhe. Eindrucksvoll ist auch der Blick vom 282 m hohen Burgberg über den Nemunas und den Wald von Punia, in dem die höchste Fichte Litauens in den Himmel ragt.

Alte Bürgerhäuser in Kėdainiai

Kėdainiai

↗ VIII/A1

Kėdainiai (36.000 Einw.) liegt 54 km nördlich von Kaunas nahe der Via Baltica. Die am Westufer des Flusses Nevėžis gelegene, 87 ha große **Altstadt** mit Häusern vom 15.-19. Jh. im Stil der Gotik, Renaissance, Barock und Klassizismus wurde liebevoll restauriert und ist recht verträumt.

Die Stadt wurde erstmals 1372 in der **Livländischen Chronik** von *Hermann Wartberg* erwähnt und erhielt später die **Magdeburger Stadtrechte.** Im 17./18. Jh.war sie neben Biržai ein Zentrum und Zufluchtsort der Reformisten, die von der hier seit 1614 ansässigen Fürstenfamilie *Radvila* Unterstützung erhielten, als sie von den Jesuiten in der Gegenreformation verfolgt wurden. 1655 unterzeichnete *Radvila* mit dem schwedischen König den Vertrag von Kėdainiai, da er die Loslösung Litauens vom polnisch-litauischen Reich wollte. Die Stadt war auch bekannt für ihre **religiöse und kulturelle Toleranz,** so dass sich hier u.a. auch viele Schotten, Polen, Deutsche und Juden ansiedelten. Hier hatten viele christliche Glaubensrichtungen ihre Gebetshäuser, es gab auch drei Synagogen. Es war eine blühende Stadt mit reformierten Schulen, einer Papierfabrik, einer Druckerei, 10 Handwerkergilden und sechs Marktplätzen, von denen noch vier existieren. Der Glanz verfiel durch die Schwedenkriege, den Russlandkrieg, Brände und die Pest.

Rundgang

Man findet sich auch ohne Stadtplan leicht zurecht. Das **Stadtzentrum** liegt 1 km nördlich vom **Busbahnhof** (Basanavičiaus Nr. 93) rund um das **Rathaus** (Basanavičiaus Nr. 36); dorthin fahren auch Busse und Minibusse, allerdings mit einem kleinen Umweg.

Auf halbem Weg (Basanavičiaus Nr. 46a) sieht man linkerhand auf einem Hügel die von außen und innen recht schlichte **Evangelische Lutherkirche** von 1664 mit alten Wandmalereien vom 17. Jh.; der Glockenturm wurde 1713 erbaut. Während der Sowjetzeit diente sie als Lagerhalle für Leder. Auf dem Kirchhof wurden im 1. und 2. Weltkrieg deutsche Soldaten beerdigt.

073li Foto: gs

Neben dem Rathaus liegt die **orthodoxe Kirche** von 1893 im byzantinischen Stil mit schönen Ikonen und Wandmalereien (Gedimino 2). Gegenüber mündet die **Didžioji gatvė** ein, die älteste und längste Straße der Altstadt, die nach rund 500 m am Nevėžis endet. Im Karmeliterkloster in der Nr. 19 befindet sich heute das **Regionalmuseum** in 16 Räumen mit rund 30.000 Exponaten, darunter einige der Radvila-Familie sowie archäologische Fundstücke, Jagdtrophäen und riesige Holzkreuze (Tel. 51330, Di-Sa 10-17 Uhr, muziejus@kedainiai.omnitel.net).

St. Josephkirche

Durch den Torbogen der Nr. 19 kommt man zur **hölzernen St. Josephkirche** (1704-66) in der Radvilų 10, ein Meisterstück einer Stabkirche im Volksbarockstil mit zwei Türmchen sowie einem getrennt stehenden Glockenturm; die Kirche war während der Sowjetzeit ein Lagerraum für Elektrogeräte.

Zurück zur Dižioji, an der Senoji nach rechts. Die Gebäude Nr. 4 und 2 sind die **Rektorenhäuser** von 1660 mit ihren für litauische Bürgerhäuser typischen geschwungenen Giebeln. Gegenüber in der Nr. 1 liegt die **Evangelische Reformistenkirche** mit vier runden Ecktürmchen und einem hohen Portal, auch Calvinistenkirche genannt. Sie wurde 1651-53 im Renaissance-Stil gebaut und war während der Sowjetzeit eine Basketballhalle. Erhalten blieben die Kanzel aus Eiche, der hölzerne Thron der Radvilas mit zwei korinthischen Säulen auf einer Plattform sowie Eichenreliefs in den Seitennischen.

In der Kirchengruft im Kellergeschoss stehen sechs **Sarkophage der Radvila-Familie,** das landesweit bedeutendste Adelsgrab (Mo-Fr 9-17 Uhr, Tel. 51330; ggf. Anmeldung bei Touristinformation, s.u.). Der Glockenturm stammt vom 18. Jh.

An der Kreuzung mit der Radvilų nach links; das Haus Nr. 5 von 1661 gehörte dem Bürgermeister *Andersen.* Es liegt am **Großen Marktplatz** *(Didžioji rinka),* der von anderen schönen Bauten gesäumt wird. Das Haus der schottischen Kaufleute vom 17. Jh. trägt die Nr. 4.

Im **Alten Rathaus** in der Didžioji gatvė 1, ein Gebäude von 1624-54 im Renaissance-Stil, das 1770 abbrannte und 1983 wiederaufgebaut wurde, sind heute eine **Kunstgalerie** (Tel. 54551, Di-Sa 10-17 Uhr) und die **Touristinformation.** Hier finden gelegentlich auch Konzerte statt; im Hinterhof ist ein kleiner Skulpturenpark und eine jüdische Sonnenuhr vom 17. Jh. Im Keller waren früher ein Archiv und das Gefängnis, im Erdgeschoss Geschäfte und die erste Apotheke der Stadt, im ersten Stock das Magistrat und das Gericht.

Das Gebäude Didžioji Nr. 6 war das Haus der Glasmacher. Von hier führt eine Brücke über den Nevėžys, wo sich linkerhand die **St. Georgkirche** von 1403, rekonstruiert im 18. Jh, erhebt; sie war ursprünglich spätgotisch und wurde später barockisiert. Das Eckhaus Didžioji-Senoji Nr.20/7 ist ein Werkstattgebäude von 1624-61.

Hier Senoji nach rechts, gelangt man zum **Alten Marktplatz** *(Senoji rinka).* An dessen Nordseite stehen zwei **Synagogen** vom 17.-19. Jh., die zu Gemeinschaftszentren restauriert werden sollen. Auf dem Weg zurück zur Didžioji zweigt rechts die Smilgos ab, wo man in der Nr. 13 die Reste einer weiteren Synagoge findet; dort ist eine Gedenktafel an *Gaon* (s. Vilnius) angebracht. Der Rundgang führt über die Didžioji zurück zum Rathaus.

Hinter dem Bahnhof steht ein verwahrlostes **Minarett,** das der russische General *Graf von Totleben* 1880-87 zur Erinnerung an den Russisch-Türkischen Krieg errichten ließ.

Paberžė

Im nördlichen Nachbardorf Paberžė steht die hölzerne **Kirche der Hl. Jungfrau Maria** von 1787 im Stil der Volksarchitektur, in der das **Museum für den Aufstand von 1863** sowie Memorabilia des Vaters Stanislav untergebracht sind (tgl. 9-17 Uhr, Tel. 46232). Umgeben ist sie von einem Park mit Holzskulpturen.

Verkehrsmittel

- **Busbahnhof,** Basanavičiaus 93, Tel. 53333, Busse u.a. nach Kaunas, Šiauliai.
- **Bahnhof,** Dariaus ir Girėno 93, Tel. 52333, sporadische Zugverbindungen.
- **Taxis,** Tel. 50005, 60005, 61111.

Nützliche Adressen

- **Touristinformation** (s.o.), Mo-Fr 8-12 und 13-17 Uhr, Sa 8-15.45 Uhr, Tel./Fax 60363, www.kedainiai.info, kedainiaitic@centras.lt.
- **Post,** Basanavičiaus 59, Tel. 53444;
- **Bank,** Didžioji 28, Tel. 53264, Ravilų 11, Tel. 56385.
- **Geldautomat,** Liepų 1, Gegučių 13.
- **Internet-Café,** Josvainiū 4, 10-19 Uhr.

Unterkunft

- **Hotels:** *Basanavičiaus 99,* Tel. 65012, ksim @hotmail.com; Apartments in einem Schulhaus, sauber, Küche, EZ 30, DZ 45 Lt., zu empfehlen. *Lifosa,* Šetos 112, im Norden der Stadt, Tel. 68348, Fax 57575; 13 einfache, saubere Zimmer (EZ 50-110, DZ 170-200, Triple 220 Lt.). Der Eingang ist auf der rechten Gebäudeseite, fest klopfen.

Gastronomie

- **Po Siauiniu Stogu,** Jazminų 1, Tel. 8-685-11693, gute litauische Küche in schöner Holzhütte, 10-23 Uhr.
- **Medžiotojų užeiga,** Basanavičiaus 91 b, Tel. 60002, einfache, billige Kantinengerichte, 11-24 Uhr;
- **Kavinė Skaitykla,** Didžiojirinka, Tel. 61285, am Fluss Nevežys, 11-24 Uhr.
- **Labūnava,** Didžioji 25, Tel. 53345, Café-Bar.

Feste

- Anfang August **Eiscrem-Festival** (Konzerte, Feuerwerk), im Sommer **Gurken-Fiesta** (die Stadt gilt als die Gurkenhauptstadt).

Marijampolė

↗ VI/A3

Das **Sūduva-Gebiet** liegt im Südwesten des Landes und wird auch **Suvalkija** genannt. Marijampolė mit 51.000 Einwohnern ist das **Verwaltungs-, Industrie- und Kulturzentrum** der Region. Von Polen über die Via Baltica (Grenzübergang Kalvarija) oder per Bahn kommend, ist sie die erste litauische Stadt und deshalb ein bedeutendes Handelszentrum. Für Touristen ist Marijampolė meist nur Durchgangs-/Übernachtungsstation.

Die **Via Baltica** (A 5) durchschneidet die Stadt, und zwar als Kauno gatvė nördlich und als Vytauto südlich des Platzes Basanavičiaus aikšte. Von hier führt die Gedimino g. Richtung Osten zum sehenswerten **Bahnhof** von 1926 (Jugendstil) mit originellem Turm. Ein kleines Stück südlicher führt die Bažnyčios g. nach Westen zum **Marktplatz,** um den die zweitürmige **Basilika** (1824, klassizistisch, schöne

Der Bahnhof von Marijampolė

271li Foto: gs

Gemälde), das **Mariannenkloster** und das **Theater** (P. Armino 2, Tel. 54330) liegen. Das **Heimatmuseum** ist auf verschiedene Gebäude verteilt (Hauptmuseum in Vytauto 29, Tel. 54575).

Verkehrsmittel

- **Busverbindungen** vom Busbahnhof neben dem Bahnhof, (Tel. 51333) u.a. nach Polen und Deutschland.
- **Bahnverbindungen** vom Bahnhof, Stoties 2 (Tel. 52344), nach Kaunas, Šeštokai und Warschau.

Unterkunft

- **Hotel Kazlos,** Basanavičiaus 8, Tel. 53970, Fax 52616, 42 Zimmer, Restaurant.
- **Motel Mariresta,** Stoties 51, Tel. 71488, Fax 72576, 9 Zimmer, ab 70 Lt., Bar, nördlich dem Bahnhof links.
- **Motel Žilina,** Giros 42, Tel. 55749, modern, ab 120 Lt.
- **Hotel Arvi,** Kudirkos 24, Tel. 97778, Fax 51576, www.arvi.lt, freundlich, ab 230 Lt., am Bahnhof 500 m südlich, dann rechts. 2005 schließt das Hotel Arvi und übernimmt das Hotel Kazlos, das einen neuen Namen erhält.
- **Hotel Sūdavija,** Sodo 1 a, Tel. 52995, Fax 52926, www.sudavija.lt, 10 moderne Zimmer (EZ 150, DZ 200 Lt.), schöner Garten, ruhig.

Nützliche Adressen

- **Touristinformationen,** im *Reisebüro Jotva,* Kudirkos 41, Tel. 51106, Fax 56825, info@jotva.lt, www.marijampole.lt (Mo-Fr 9-18, Sa 9-13 Uhr).
- **Infos zur Nemunas Euroregion,** Vytauto 28, Tel. 51147, Fax 91240, www.nemunaseuroreg.lt.
- **Post,** Basanavičiaus 9, in der Nr. 15 steht ein **Geldautomat.**
- **Pizza Jazz** (im Hotel Arvi); **Cafés** u.a. in der Gedimino g.
- **Fallschirmspringen,** *Aeroclub,* Vytauto 44, Tel. 51953.
- Gute **Einkaufsmöglichkeiten** im Iki-Supermarkt (Vilkaviškio 22, 9-21 Uhr).

Umgebung von Marijampolė

Die Orte östlich von Marijampolė sind im Kapitel „Vilnius und der Südosten" beschrieben.

Kalvarija

Im ersten Ort hinter der polnischen Grenze an der Via Baltica sind die Kirche von 1840, die Altstadt und die alte Poststation von 1840 sehenswert. Touristinformation im Rathaus, Laisvės 2, Tel./Fax 343-23894, www.kalvarija.lt.

Gižai

10 km nordwestlich von Marijampolė liegt das Dorf Gižai mit einer

Holzkirche (1774) und der neugotischen Hl.-Antonius-von-Padua-Kirche (1850).

Vilkaviškis

13 km weiter kommt man nach Vilkaviškis. Sie ist eine der 6 Bischofsstädte. Der heute katholische Dom war bis 1946 eine russisch-orthodoxe Kirche. Hier erklärte Napoleon am 21.Juni 1812 in einer Deklaration Russland als Feind und gab somit die quasi-offizielle Kriegserklärung ab. Im 2. Weltkrieg wurde die Stadt zu 90 % zerstört.

- **Touristinformation,** im Rathaus, S. Nėries 1, Tel. 60063, Fax 60066, www.vilkaviskis.lt.
- **Übernachtung** im Hotel *Širvintos,* J. Basanavičiaus 5, Tel. 51345, oder im Hotel *Viktorija,* Statybininkų 11, Tel. 51426, Camping möglich.

Paežeriai

Das Dorf Paežeriai, Geburtsort des Schriftstellers *Vincas Kudirkas* (1858-99), liegt nordöstlich von Vilkaviškis und 16 km östlich von Marijampolė. Kudirkas ist auch der Verfasser der Nationalhymne. Ein **Gedenkmuseum** ist in der Klete des elterlichen Wohnhauses untergebracht.

Ein Abstecher lohnt sich zum 3 km nördlich der Straße nach Kybartai gelegenen restaurierten **Gutsschloss von Paežeriai** im klassizistischen Stil. Das im 18. Jh. von dem deutschen Architekten *M. Knackfuss* entworfene Schloss liegt südlich des gleichnamigen Sees. Die Innenausstattung stammt aus dem 19. Jh.; sehenswert sind auch die Bildergalerie und die Stuckdecken.

Vištytis

Vištytis am gleichnamigen **See** ist ein Erholungsort direkt an der Grenze zum Kaliningrader Gebiet. In der Vytauto 8 (Tel. 42-43532, Fax 54731, viktorija_v@post.omnitel.net) befindet sich die Verwaltung des **Vištytis-Regionalparks** (Infos über Bootsverleih, Camping u.a.). Sehenswert sind u.a. der **Suvalkai-Hügel** und die schöne hügelige Landschaft.

Kazlų Rūda ↗ VI, A2

Auf der Fahrt nach Kaunas kann man beim Dorf **Ažuolų Būda** (Eichenfabrik) einen Abstecher ins 5 km entfernte Kazlų Rūda mit dem schönen **Waldmuseum** (Tel. 25195) machen.

- **Touristinformation,** im Rathaus, Atgimimo 12, Tel./ Fax 343-95276, www. kazluruda.lt.
- **Übernachtung** möglich im *Hotel Eglė,* Gedimino 1, Tel. 26381.

Šakiai ↗ XV, C3

Im Norden der Sūdūva-Region liegt der **Nemunas,** der zwischen Kaunas und Jurbarkas nicht überquert werden kann (die Strecke nördlich des Flusses ist im nächsten Abschnitt beschrieben). Auf dem Weg nach Jurbarkas kommt man durch Šakiai mit einer schönen Parkanlage des ehemaligen Landgutes.

- **Touristinformation,** im Rathaus, Bažnyčios 4, Tel. 60759, Fax 60234, www.sakiai.lt.

Gelgaudiškis ↗ XV, C3

Das Städtchen Gelgaudiškis nördlich von Šakiai ist nach der prominenten Adelsfamilie benannt. Deren im 19. Jh. erbauter klassizistischer Gutspalast ist noch gut erhalten, daneben liegt der seit dem 16. Jh. bekannte Park.

Von Kaunas durch das Nemunas-Tal

↗ VI/XV

Der Fluss Nemunas (**Memel**) stand im 13. Jh. im Mittelpunkt des Kampfes zwischen den Kreuzrittern und den Litauern, und danach wurde er zu einer wichtigen **Handelsstraße.** Die 86 km lange Fahrt am nördlichen Ufer auf der Straße 141 **von Kaunas nach Jurbarkas** führt vorbei an vielen historischen Orten mit z.T. noch gut erhaltenen **Schlössern,** die von Adligen im 17. Jh. meist im Renaissancestil erbaut wurden. Die **Holzburgen** der Litauer und der Kreuzritter sind zwar nicht mehr erhalten, aber die Burghügel reflektieren beeindruckend die Geschichte jener Zeit. Von ihnen hat man gute Ausblicke auf das Flusstal.

Auch (**Mini-)Busse** befahren diese Strecke, und man kann die Tour als **Tagestrip** von Kaunas unternehmen. Die Sehenswürdigkeiten sind vom Bus aus aber schlecht oder gar nicht zu sehen, so dass man unterwegs aussteigen und auf den nächsten der relativ wenigen (Mini-)Busse warten muss (am besten gleich vor der Abfahrt am Busbahnhof die Fahrpläne geben lassen). Eine Radstrecke entlang des Flusses ist in Planung.

Unterwegs kommt man durch den **Panemuniai-Regionalpark** (s.u.). Die Touristinformation in Jurbarkas organisiert Ausflüge auf dem Stück von Seredžius nach Jurbarkas. Die Zeit scheint in diesem grünen Land stehengeblieben zu sein, viele **Alleen** säumen die Straße.

Raudondvaris

↗ VI/B1

9 km stromab von Kaunas sieht man nahe der Mündung des Nevėžis zwischen Bäumen die roten Ziegelmauern des **Schlosses Raudondvaris** („Rotes Schloss") hervorleuchten. Es wurde 1615, also bereits lange nach den Angriffen der Kreuzritter, auf dem Platz einer früheren Burg als Lustschloss im Renaissance-Stil erbaut. Sein runder Burgturm, die schmalen Fenster und Schießscharten waren deshalb nur Kulisse. Einem Beschuss hätten die dünnen Mäuerchen schon damals nicht standgehalten.

Das Schloss wurde oft umgebaut. Im 17. Jh. war es im Besitz der Adelsfamilie Radvila. Anfang des 19. Jh. hatte Graf *Tiszkiewicz* hier seine Bildersammlung und Bibliothek. Die Bilder wurden im Ersten Weltkrieg in den Westen verkauft, die Bibliothek ging an die Universität von Kaunas. 1885 bekam das Schloss neugotische Züge.

Während des Ersten Weltkriegs hat der Schriftsteller *Arnold Zweig* als Schreiber des Oberkommandos Ost hier gearbeitet und das Schloss in seinem Roman „Einsetzung eines Königs" verewigt. Im Zweiten Weltkrieg wurde es schwer beschädigt.

In dem renovierten Bau ist u.a. eine Ausstellung über den Grafen sowie über den Komponisten *J. Naujalis* zu sehen. Für letzteren wurde in der Stadt ein beeindruckendes Denkmal aufgestellt. Sehenswert ist auch die Paštuva-Kirche mit einer schönen Sakristei.

Unterkunft

- Pension **Germanas,** Valančiaus 7a, Tel. 27-549958 (35 Lt. p.P.).

Vilkija

Auf dem Weg nach Vilkija führt eine 2 km lange Stichstraße zum populären Kurort **Kulautuva** (19 km von Kaunas).

Vilkija (von lit. *vilkas* = Wolf) liegt 27 km von Kaunas entfernt und wurde erstmals 1430 in einem Brief von *Vytautas* an den Magister des Kreuzritterordens erwähnt. Hier hatte der Großfürst ein Schloss. Die Handelsstraße von Vilnius nach Königsberg, auf dem Weg von Danzig nach Moskau, führte durch den Ort, der 1450 als **erste litauische Zollstation** erwähnt wurde, ein wichtiger Umschlagplatz zwischen Litauen, Polen und Russland.

Von der neugotischen zweitürmigen St. Georgskirche (1908) am Hang hat man einen schönen Blick. Nicht weit von hier liegt der **Jauciaikiai-Hügel,** der an die im 14. Jh. hier befindliche Burg und die Kämpfe mit den Kreuzrittern erinnert; Ausstellung im **Heimatmuseum** (Tel. 556400).

Seredžius

Die Stadt liegt 42 km von Kaunas am Zusammenfluss von Nemunas und Dubysa und ist einer der **sagenumwobensten Orte** Litauens. Die Holzburg von Piešvė auf dem Burghügel Palemonas (abgeleitet vom römischen Patriziergeschlecht Palemon, von dem die Litauer angeblich abstammen sollen) erwehrte sich 1293-1363 den Angriffen der Kreuzritter. Sie verlor aber nach 1410 ihre Bedeutung. Vom Burghügel hat man einen tollen Blick auf das Tal der Dubysa und ihrer Mündung. Es wird vermutet, dass auch hier in der Nähe die **Kreuzritterburgen Marienburg** (1336) und **Dubysos** (1406) standen. Von diesen sind nur zwei kleine Hügel mit dem Namen Palocėlis (Kleiner Palast) übriggeblieben.

Im 16. und 17. Jh. war die Stadt ein wichtiges Handels- und Handwerkszentrum. 1829 wurde sie überschwemmt, so dass sie an einer der oberen Nemunas-Terrassen wieder aufgebaut wurde, darunter eine alte Wohnsiedlung und die **Kirche des Hl. Johannes des Täufers.** Die Bushaltestelle liegt am Fuß des Burghügels.

Kurz hinter der Stadt liegt rechts das **Gutsschlösschen Belvederis,** das man auch über einen langen Treppenpfad erreichen kann. Es ist aber nicht von innen zu besichtigen.

Panemuniai-Regionalpark

Der Park wurde zum Schutz des Nemunas-Tals von Seredžius bis Jurbarkas mit seinen Schlössern, Burghügeln und Gutshöfen sowie seiner Fauna und Flora errichtet. Die Parkverwaltung ist in Jurbarkas (Dariaus ir Girėno 98, Tel. 48-75730, Fax 72956, p.r.parkas@jurbarkas.omnitel.net, Infos u.a.

über 4 Wanderrouten, Segelboote). Ausflüge von Jurbarkas bis hierher und das große Folklore- und Sportfestival Mitte/Ende Mai auf den Burghügeln organisiert die Touristinformation in Jurbarkas.

Veliuona

↗XV/D3

Folgt man von Seredžius weiter dem Nemunas abwärts, so gelangt man etwa 54 km westlich von Kaunas zu dem geschichtsträchtigen Städtchen Veliuona mit seinen **drei Burghügeln,** die man über Holztreppen besteigen kann. Bereits im 13. Jh. stand hier auf einem Schüttberg die **Burg Junigeda,** die von den Ordensrittern immer wieder angegriffen wurde. Da sie aber nie eingenommen werden konnte, errichteten die Ritter dann im Jahre 1337 kurzerhand westlich von Veliuona an der Mündung der Gysta in den Nemunas auf dem Pilaičiai-Hügel ihre eigene Burg – die **Bayerburg.** Die Litauer aber, nicht faul, zerstörten die Bayerburg wenig später gleich wieder, indem sie am Fuß der Burg riesige Feuer legten und die Ritter mit Pfeilen und Katapultsteinen beschossen, so dass diese die Feuer nicht löschen konnten. Wie die Legende behauptet, soll dabei der Großfürst *Gediminas* durch die Kugeln der Kreuzritter gefallen sein, die hier erstmals in Litauen Feuerwaffen einsetzten. Historiker bezweifeln dies allerdings, da der Sturm auf die Burg 1337 stattfand, während *Gediminas* bis 1341 noch lebte.

Das hinderte aber die Litauer nicht daran, den Hügel als **Grab des Gediminas** zu bezeichnen und ihrem Nationalhelden dort 1922 ein Denkmal zu setzen. *Vytautas* der Große, ließ 1412 auf dem **Piliesberg** eine **neue Burg** westlich davon, durch einen breiten Graben getrennt, aus Stein errichten. Sie diente aber nach der Niederlage der Ritter im Jahr 1410 nicht mehr strategischen Zwecken, sondern als Pfalz.

Im Jahr 1500 erhielt die Stadt das **Magdeburger Stadtrecht.** Hier lebten viele Handwerker und Händler aus ganz Europa. *Vytautas* wurde auf dem nach ihm benannten Platz ein **Denkmal** errichtet.

Sehenswert sind auch die **Renaissance-Kirche Mariä Himmelfahrt** (1636-44) mit wertvollen Kunstschätzen und einem tollen Barockaltar sowie das **klassizistische Gut Veliuona** vom 19. Jh., das in einem großen Park mit seltenen Bäumen liegt und heute ein kleines **Heimatmuseum** beherbergt (Mi-So, Tel. 48-42652).

Raudonė

↗XV/D2

10 km westlich von Veliuona erreicht man Raudonė. Von der Durchgangsstraße aus sieht man einen dicken Zinnenturm über die Baumwipfel ragen. Die **Schlossburg** liegt auf einer Terrasse oberhalb des Flusslaufes und ist über ein 500 m langes steiles Sträßchen zu erreichen.

Sie heißt wie das Schloss Raudondvaris nach dem roten Ziegelstein „die Rote“ und ist ebenfalls gegen Ende des 16. Jh. als reiner Repräsentationsbau **(Lustschloss)** im Stil der Renaissance errichtet worden. Bauherr war der Holzhändler *Krispin Kirschenstein,* der die Hänge entlang des Nemunas abholzen ließ, um anschließend das Geld in diesen Prunkbau zu investieren. An der gleichen Stelle hatte bereits zur Zeit der Ordensritter und des Großfürsten Vytenis (1294-1316) eine **Festung** gestanden, die zur Kette der Burgen entlang dem Nemunas gehörte. Danach war hier ein Königliches Gut, um das sich dann ein Dorf ansiedelte.

1968 wurde die zuvor gotisch, dann klassizistisch und neugotisch umgebaute Burg restauriert (nachdem die Wehrmacht 1944 den Turm gesprengt hatte). Heute dient sie als Schule. Vom 33 m hohen spätgotischen Zinnenturm hat man eine tolle **Aussicht.**

Im **Park,** einem der besterhaltenen Schlossparks überhaupt, stehen die uralte, sagenumwobene **Vytautas-Eiche,** allerdings in sehr altersschwachem Zustand, eine **Linde mit neun Stämmen** sowie andere seltene Bäume, unter denen der Großfürst getafelt haben soll.

Unterkunft

- Pension **Balsevičius,** Kastonų 5 (200 m von der Burg), Tel. 248-45367, EZ 40 Lt.

Schloss Panemunė ↗ XV/C2

Etwa 6 km weiter, beim Dorf Vytenai, liegt hoch über dem Nemunas-Tal das Schloss Panemunė, das sich der ungarische Händler Eperjes 1604-10 als Repräsentationsbau errichten ließ. 1753 wurde es im klassizistischen Stil umgebaut, nachdem es ursprünglich im Renaissancestil mit spätgotischen Elementen erbaut wurde. Die Schlossbesitzer, die Brüder *Gelgaudas* (vgl. Kisinai), nahmen am Aufstand von 1831 teil, so dass das Schloss zuerst verwüstet, dann von der zaristischen Verwaltung enteignet wurde. Es verwahrloste und wurde in der zweiten Hälfte des 19. Jh. teilweise abgerissen.

Übrig geblieben sind lediglich die beiden runden Wehrtürme, das südliche und westliche Gebäude sowie Reste des östlichen Schlossgebäudes. 1960 begann man schließlich, die Gebäude wieder herzurichten. Ein Park mit Teich umgibt das Schloss. Es ist mit dem Hinweis „Pilis II“ ausgeschildert.

In der nächsten Ortschaft Skirsnemunė stand 1313-28 die **Burg Christmemel** des Deutschen Ordens.

Jurbarkas ↗ XIV/B3

Die Stadt hat touristisch nicht viel zu bieten, dafür aber historisch. Es war ein von Litauern und den Kreuzrittern heftig umkämpfter Ort. Letztere bauten 1259 auf dem von ihnen eroberten Burghügel Bišpiliukais die **Georgenburg** (von der der heutige Stadtname stammt). Fast zur gleichen Zeit errichteten die Litauer ein Schloss auf dem **Schüttberg von Bišpilis.** Die Kämpfe dauerten bis zur Schlacht von Grünwald im Jahr 1410, wonach sich die Ritter zurückzogen. Danach begann die Stadt zu wachsen und wurde ein Handelszentrum, aufgrund der Grenzziehung mit dem Kreuzritterorden sogar eine **Grenzstadt** mit Zollstation. Ende des 16. Jh. erhielt sie Handelsprivilegien, und 1611 das **Magdeburger Stadtrecht.**

Im Zentrum der 15.000 Einwohner zählenden Verwaltungsstadt fließt der Fluss Imsrė in die Mituva, und diese kurz darauf in den Nemunas. Es ist sehr einfach, sich in der Stadt zurecht zu finden.

Die Straße 141 von Kaunas nach Klaipėda führt in Ost-West-Richtung als **Dariaus ir Girėno gatvė.** An dieser liegen alle wichtigen „Institutionen": in der Nr. 98 das Hotel und die Regionalpark-Verwaltung (s.o.), in der Nr. 94 die Touristinformation (s.u.) und das Kulturhaus, in der Nr. 81b ein Buchgeschäft, in der Nr. 72 die Post und das Telefonamt (Tel. 51444), der Supermarkt Maxima in der Nr. 66 sowie Banken in Nr. 31, 87, 98 bzw. Restaurants u.Ä. in Nr. 21, 94, 96.

Hinter der Brücke über die Imsrė liegt an der Nr. 15 der **Busbahnhof.** Von hier führt die Vyduno g. nach Süden über den Nemunas nach Šakiai, über die erste Brücke seit Fahrtbeginn ab Kaunas überhaupt.

Auf dem Weg zu ihr liegen links die neugotische, zweitürmige **Hl. Dreifaltigkeitskirche** (1902, mit den berühmten Peter-und-Paul-Skulpturen von *V. Grybas,* s.u.) und der **Markt.** Von der Brücke aus sieht man flussabwärts hinter der Flussmündung den **Bišpiliukais-Burghügel.**

Die Vyduno g. führt in Nordrichtung nach Tauragė, vorbei am **Stadtpark** mit der russisch-orthodoxen Kirche und dem Heimatmuseum (Nr. 24), dem Vincas Grybas-Museum (Nr. 31) und dem Schauspieler K. Glinskis-Museum (Nr. 33, alle drei von Di-Sa). Am Nordrand des Stadtparks liegt am anderen Ufer der Imsrė der **Burghügel Bišpilis.**

Westlich vom Busbahnhof führt die Muitinės g. aus der Stadt hinaus, am Hippodrom vorbei zum 10 km entfernten **Smalininkai** am Fluss Šventoji. Bei der Brücke war die ehemalige **Grenze des Memellandes** von 1422-1919 (s.u.), worauf Schautafeln hinweisen.

Die Weiterfahrt ist im Kapitel „Klaipėda und die Ostseeküste" beschrieben.

Verkehrsmittel

- **Busbahnhof** (s.o.), Tel. 53333, (Mini-) Busse u.a. nach Kaunas, Klaipėda, Vilnius, Tauragė.

Nützliche Adressen

- **Touristinformation** (s.o.), Tel./Fax 70201, www.1omnitel.net/jurtic (Infos u.a. zu Pensionen, Urlaub auf dem Lande, Ausflüge ins Nemunastal). Wandertouren auch unter Tel./ Fax 53830. Regionalparkverwaltung (s.o.).
- **Rundflüge,** Segelfliegen etc., *Aeroclub,* Kauno 25, Tel. 511226.
- Supermarkt **Maxima** (s.o.); 24-Std.-Geschäft, Kauno 72.

Unterkunft

- **Hotel Jurbarkas,** Dariaus ir Girėno 98, direkt am Fluss, Tel. 51345/Fax 54779; modernes Hotel mit einfach ausgestatteten Zimmern; Bar, Restaurant, Geldwechsel (zur Recherche-Zeit geschlossen).
- Pension **Koryznos,** Liepų 19, Tel. 55534, DZ 80 Lt., freundlich, sauber.

Von Kaunas nach Klaipėda auf der A 1

Schneller, aber nicht so interessant wie durchs Nemunas-Tal, ist die Fahrt von Kaunas nach Westen auf der Autobahn A 1. Das erste Stück bis zur Abzweigung nach Panevėžys ist Teil der Via Baltica.

22 km nordwestlich von Kaunas, an der Einmündung der Straße 229 von Kėdainiai, wurde 1990 zum 580. Jahrestag der Schlacht bei Grunwald der Žalgiris-Park mit einigen Holzkreuzen und Bäumen angelegt.

Raseiniai

↗ XV/D1

In Raseiniai sind das Ensemble des Dominikanerklosters (17./18. Jh) in der Bažnyčios 11, die Mariä-Himmelfahrtkirche (1782) und das Žemaitis-Denkmal sehenswert.

Für Natur- und Sportfreunde ist der **Dubysa-Regionalpark** nördlich und östlich von Raseiniai interessant. Er wurde zum Schutz des Flusses Dubysa und seiner Umgebung eingerichtet (der 120 km lange Fluss fliesst auch durch die Regionalparks Kurtuvėnai und Panemuniai, s. dort). Es gibt zwei **Naturreservate** (Pasandravys, Lyduvenai) und das **Kulturreservat Betygala** (Burghügel der Žemaiten-Burg von 1253; Hl.-Nikolaus-Kirche mit schönen Gips-und Holzfiguren). Die **Parkverwaltung** ist in Raseiniai (Vilniaus 99a, Tel./Fax 54834, drpd@raseiniai.omnitel.net, Infos u.a. über Campingplätze, Pensionen, Bootsausflüge, Kanutrips, Segelboote, Radfahren, Skilanglauf; Kanuverleih unter Tel. 50686).

Bijotai

113 km westlich von Kaunas unmittelbar südlich der Autobahn nach Klaipėda (Ausfahrt 7 km westlich der Kreuzung A 1/A 12) findet man eine weitere der eigenwilligen und sehr charakteristischen Kuriositäten Litauens: die **Baubliai** (Rohrdommel). Diese originellen pilzförmigen Bauwerke schuf der Dichter und Volkskundler *Dionizas Poška* (1757-1830),

272li Foto: gs

Warnung vor Wildwechsel

der ab 1790 in Bijotai lebte und hier Volkssagen und verschiedenerlei Kuriositäten sammelte. Als Litauer eng mit Bäumen im Allgemeinen und mit Eichen im Besonderen verbunden, kam er auf die Idee, den Stamm einer **tausendjährigen Eiche** auszuhöhlen, um darin einen Arbeits- und Ausstellungsraum zu schaffen. Der Stamm mit einem Umfang von gut 12 m erhielt eine Tür, ein Fenster und ein Strohdach und wurde 1812 zum ersten Museum Litauens. Die Wände des eigenartigen Bauwerks hat *Poška* mit seinen Versen geschmückt. Später fügte er noch einen weiteren Baublys hinzu, und 1971 wurden sie beide durch ein Glasdach gegen Wind und Wetter geschützt.

Die **Strecke westlich von Bijotai** ist im Kapitel „Klaipėda und die Ostseeküste" beschrieben.

273li Foto: gs

Klaipėda und Ostseeküste

279li Foto: gs

281li Foto: gs

Am Kurischen Haff

Eines der schönsten Gebäude in Klaipėda – das Hauptpostamt mit Glockenturm

Kurenwimpel in Nida

Klaipėda

↗X/A1

Klaipėda **(Memel)** ist mit rund 190.600 Einwohnern (davon 63 % Litauer und 29 % Russen) die drittgrößte Stadt Litauens und der einzige große und eisfreie **Seehafen** des Landes. Die Stadt liegt gegenüber der Nordspitze der Kurischen Nehrung an der Mündung des Flusses Danė (Dange). Alle Vororte mitgerechnet, erstreckt sie sich bei 2-3 km Breite über mehr als 20 km entlang der Haffküste.

Das **Geschäftszentrum** liegt nördlich der Danė. Die reizvolle **Altstadt** findet man unmittelbar am linken (südlichen) Ufer der Flussmündung. Weiter nach Süden hin schließt sich der einstige Vorort **Smeltė** (Schmelz) an, der sich zu einem Industrieviertel entwickelt hat. Dort liegen auch der Fischereihafen (die Heimatbasis der Fischfangflotte), ein riesiger Cargo-Hafen und der internationale Fährhafen mit dem Kreuzfahrtschiffterminal. Die Kais haben eine Gesamtlänge von 12 km.

Danach folgen kilometerweit neue Wohngebiete, die sich in Richtung Priekulė erstrecken. Ebenfalls zu Klaipėda gehört **Smiltynė** (Sandkrug) an der Spitze der Kurischen Nehrung, ein Naherholungsgebiet, rund 500 m entfernt auf der anderen Haffseite und mit Fähren verbunden. Dort finden sich das Delfinarium und Aquarium. **Hauptader** ist die von Nord nach Süd verlaufende Manto gatvė, die südlich des Flusses für etwa 500 m zur Tiltų gatvė und dann zum Taikos prospektas wird.

Für den **Tourismus** hat Klaipėda mehrfache Bedeutung. Einmal ist die **Altstadt** mit ihren für Litauen ungewöhnlichen Fachwerkbauten einen Stadtbummel wert, und es gibt auch einige lohnende **Museen.**

Nach Norden hin sowie 20 km weiter landeinwärts erstrecken sich einige schöne Kiefernwälder. Gute **Bademöglichkeiten** findet man in erster Linie an den Stränden von Smiltynė, aber auch nördlich von Klaipėda in Melnragė und Giruliai.

Und die Hafenstadt ist schließlich auch das **Tor zur Kurischen Nehrung** mit ihrer einzigartigen Natur und ihren traumhaften Badeorten. Viele Gründe, warum Klaipėda in keinem Routenplan fehlen sollte.

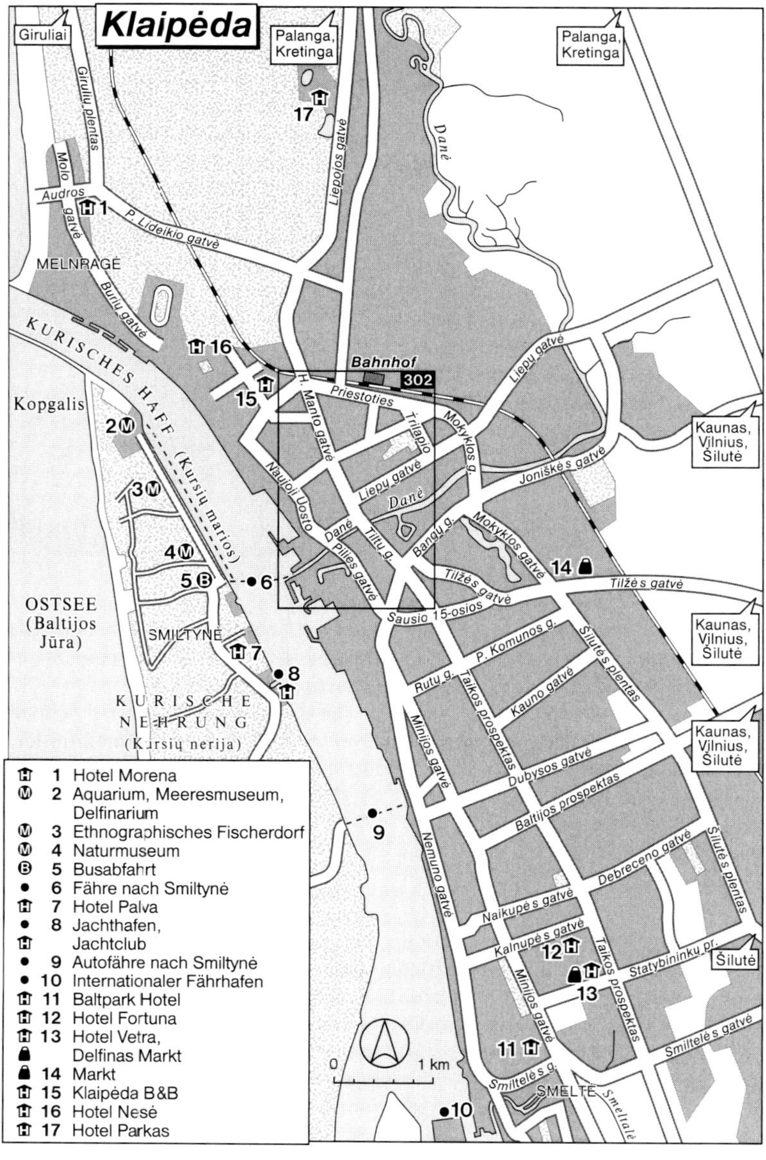
Klaipėda
Giruliai
Palanga, Kretinga
Palanga, Kretinga
Girulių plentas
Molo
Audros gatvė
P. Lideikio gatvė
Liepojos gatvė
Danė
MELNRAGĖ
Burių gatvė
KURISCHES HAFF (Kuršių marios)
Kopgalis
Bahnhof
302
H. Manto gatvė
Priestoties
Trilapio
Mokyklos g.
Liepų gatvė
Joniškės gatvė
Naujoji Uosto
Danė
Tiltų g.
Pilies gatvė
Bangų g.
Mokyklos gatvė
Tilžės gatvė
Tilžės gatvė
Sausio 15-osios
Kaunas, Vilnius, Šilutė
Kaunas, Vilnius, Šilutė
Kaunas, Vilnius, Šilutė
OSTSEE (Baltijos Jūra)
SMILTYNĖ
KURISCHE NEHRUNG (Kuršių nerija)
P. Komunos g.
Rutų g.
Taikos prospektas
Kauno gatvė
Šilutės plentas
Minijos gatvė
Dubysos gatvė
Baltijos prospektas
Nemuno gatvė
Debreceno gatvė
Šilutės plentas
Naikupės gatvė
Kalnupės gatvė
Statybininkų pr.
Šilutė
Minijos gatvė
Taikos prospektas
Smiltelės gatvė
Smiltelės g.
SMELTĖ
Smeltalė
0 1 km
1 Hotel Morena
2 Aquarium, Meeresmuseum, Delfinarium
3 Ethnographisches Fischerdorf
4 Naturmuseum
5 Busabfahrt
6 Fähre nach Smiltynė
7 Hotel Palva
8 Jachthafen, Jachtclub
9 Autofähre nach Smiltynė
10 Internationaler Fährhafen
11 Baltpark Hotel
12 Hotel Fortuna
13 Hotel Vetra, Delfinas Markt
14 Markt
15 Klaipėda B&B
16 Hotel Nesė
17 Hotel Parkas

Geschichte von Klaipėda und des Memellandes (Klein-Litauen)

Es wird allgemein vermutet, dass der Name Klaipėda aus der Verschmelzung von zwei Wörtern entstanden ist. *Klaips* bedeutet Brot und *eda* essen. Der Name tauchte erstmals 1420 auf.

Schon zu Beginn unserer Zeitrechnung war die Gegend um den natürlichen Hafen an der Danė-Mündung und nahe dem Haff-Ausgang vom baltischen Aisčiai-Stamm besiedelt. Auf den Inseln der Mündung entstand eine **Burg** mit dem Namen *Cleypeda,* die ab dem 9. Jh. zusammen mit der Ortschaft immer wieder von Wikingern angegriffen wurde.

Im 13. Jh. war der **Fluss Memel** die Grenzlinie der Interessengebiete des Deutschen Ordens nördlich und des Livländischen (Schwertbrüder-)Ordens südlich davon, die den Wasserweg und die Meerenge beim Kurischen Haff für die Missionierung zu sichern und ihre Gebiete zu vereinigen suchten, wobei ihnen die Burg im Wege war. Daraufhin er- oberte der Orden der Schwertbrüder das Gebiet um Klaipėda.

1252 baute er an der Stelle der eroberten Burg eine **Palisadenburg** und nannte sie und die Stadt **Memele** (der Name beruht vermutlich auf einem Irrtum, da sie den Fluss Dangė für die Memel hielten). Die Burg wurde 1254

275li-Foto: gs

Das Museum der Geschichte Klein-Litauens

durch eine Steinburg ersetzt und kurz darauf erfolglos von litauischen Stämmen angegriffen.

Die Stadt entwickelte sich schnell und erhielt 1254 das **Dortmunder,** 1258 das **Lübecker Stadtrecht.** Im gleichen Jahr wurde die erste Missionskirche gebaut, weitere folgten bis 1290, noch lange vor der Christianisierung Litauens. 1260-74 organisierte *Herkas Mantas* die erfolglosen Pruzzen-Aufstände. Burg und Stadt hatten **große strategische Bedeutung** als Verbindungsort zwischen Königsberg und Riga. Entsprechend erbittert wurde er von den Kuren, Žemaiten und später auch Aukštaiten angegriffen und mehrfach eingenommen, erstmalig 1323, als sich Žemaiten und Auk-

Štaiten unter Führung des Großfürsten *Gediminas* vereinigten und Stadt und Burg einnahmen. Sie wurde jedoch wieder zurückerobert. 1328 vereinigten sich die beiden Kreuzritterorden, und die Stadt mit Burg wurde an den **Deutschen Orden** übergeben.

Die bisherige Grenzlinie am Fluss Memel verlagerte sich deshalb auch ein Stück nach Norden. Das Gebiet von der Memel bis dorthin hieß fortan **Memelland** und wurde später ein Teil von **Ostpreußen.** Der etwa 30-40 km breite Landstreifen erstreckte sich von Nimmersatt (Nemirseta; heute Stadtteil von Palanga) bis nach Schmalleningen (Smalininkai). Hier siedelten sich später u.a. deutsche und polnische Bauern an, und es bildete sich ein Schmelztiegel vieler Nationen. Es wurde auch als **Klein-Litauen** bezeichnet (einen hervorragenden Überblick vermittelt das gleichnamige Museum).

Trotz der Niederlage der Kreuzritter 1410 bei Grünwald blieb das Memelland nach den Friedensverträgen von Thorn (1411) und Melnosee (1422) beim Deutschen Orden, doch die Angriffe des litauischen Großfürstentums, endeten erst, als sich dessen Interesse mehr nach Polen verlagerte.

Die **Grenze** zwischen **Preußen** und **Litauen** wurde zur **dauerhaftesten** in Europa, von 1422-1919 blieb sie unverändert (der Stadtname Memel blieb bis 1923 erhalten).

Nachdem Memel 1525 durch die Auflösung des Ritterstaates preußisch wurde, begann die Stadt zu wachsen, Handwerk und Handel entwickelten sich, aber die Stadt hatte gegen die Konkurrenz von Riga und die der **Hansestädte** Danzig und Königsberg anzukämpfen. Danziger Kaufleute luden sogar Anfang des 16. Jh. große Steine von Schiffen ab und blockierten damit die Hafeneinfahrt. Bis zum 17. Jh. durften aus strategischen Gründen keine Häuser aus Stein errichtet werden, damit man bei einem Angriff die Stadt in Brand setzen und die Gegner keinen Schutz finden konnten. Doch das hatte auch Nachteile, denn der erste von vielen **Großbränden** brach 1540 aus. Im 30-jährigen Krieg fiel 1629 das Memelland für sechs Jahre an die Schweden, die es völlig zerstörten. Wiederaufgebaut fiel Klaipėda 1678 einem erneuten Großbrand zum Opfer. 1701 wurde Memel Teil des Königreichs Preußen. Die **Pest** raffte 1709-10 3000 Menschen dahin, Hungersnöte folgten. 1757-62 fiel Memel unter die Zarenherrschaft unter dem berühmten Feldherrn *Suvorov.*

Als *Napoleon* Berlin erobert hatte, wurde Memel 1807-1808 sogar zur **provisorischen Hauptstadt Preußens** und der Residenz von König *Friedrich Wilhelm III* und seiner Gattin *Luise.* Sie residierten im späteren „Alten Rathaus" in der Alexanderstraße (heute Danės g.). Zar *Alexander I.,* der sie schon 1802 in Berlin besucht hatte, war hier im April 1807 drei Tage zu Gast. Der König erließ hier u.a. den Befehl zur Abschaffung der Leibeigenschaft in Preußen. Die legendäre Königin *Luise* unternahm hier ein vergebliches Friedensangebot an Napoleon. Danach folgten einige ruhigere Jahrzehnte. Handel und Wirtschaft blüh-

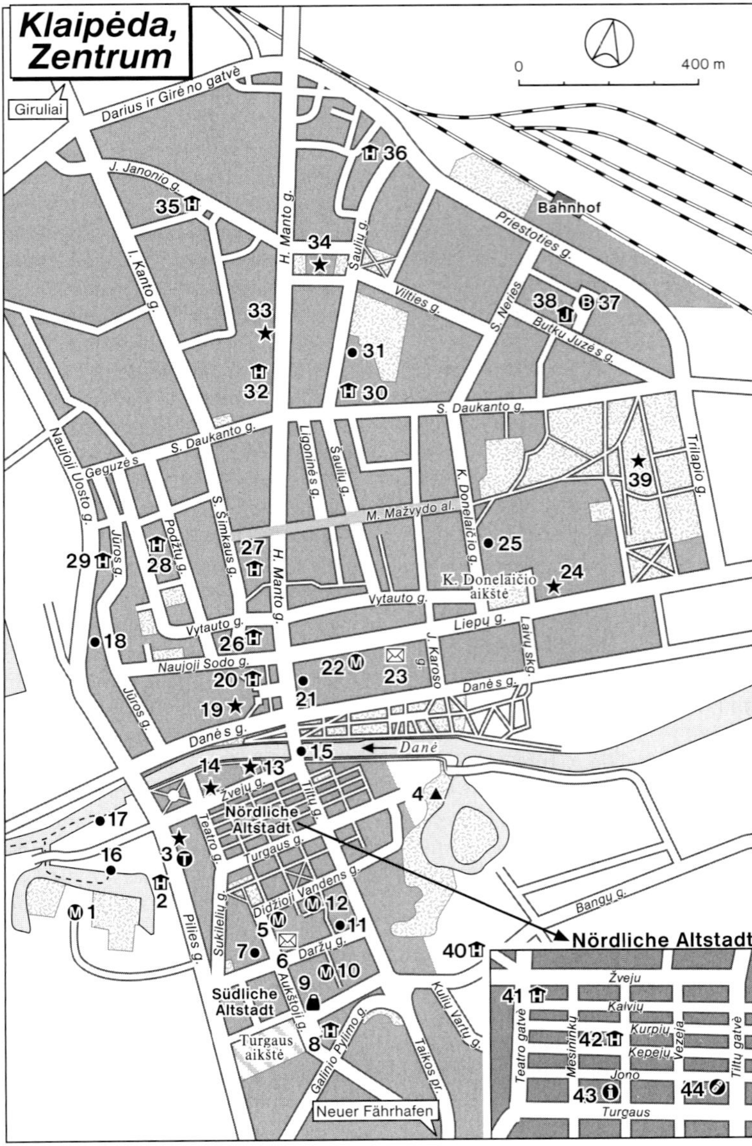
Klaipėda, Zentrum
0
400 m
Giruliai
Darius ir Girėno gatvė
J. Janonio g.
H. Manto g.
Šaulių g.
Priestoties g.
Bahnhof
I. Kanto g.
Vilties g.
S. Neries
Butkų Juzės g.
S. Daukanto g.
Geguzės
Naujoji Uosto g.
Ligoninės g.
K. Donelaičio g.
Trilapio g.
M. Mažvydo al.
S. Šimkaus g.
Podžtų g.
Jūros g.
K. Donelaičio aikštė
Vytauto g.
Liepų g.
Laivų skg.
Naujoji Sodo g.
J. Karoso g.
Danės g.
Danė
Žvejų g.
Tiltų g.
Nördliche Altstadt
Teatro g.
Turgaus g.
Didžioji Vandens g.
Bangų g.
Sukilelių g.
Daržų g.
Pilies g.
Aukštoji g.
Südliche Altstadt
Turgaus aikštė
Galinio Pylimo g.
Kulių Vartų g.
Taikos pr.
Neuer Fährhafen
Žveju
Kalvių
Kurpių
Mėsininkų
Vežėjų
Kepejų
Jono
Teatro gatvė
Tiltų gatvė
Turgaus
1 2 3 4 5 6 7 8 9 10 11 12 13 14 15 16 17 18 19 20 21 22 23 24 25 26 27 28 29 30 31 32 33 34 35 36 37 38 39 40 41 42 43 44

Ⓜ 1 Burgmuseum
Ⓗ 2 Astra
Ⓣ 3 Schauspielhaus
★ Simon-Dach-Brunnen
▲ 4 Johannes-Hügel
Ⓜ 5 Ausstellungspalast
✉ 6 Alte Post
• 7 Musikzentrum
Ⓗ 8 Kopų Lūgnė
9 Markthalle
Ⓜ 10 Schmiedekunstmuseum
• 11 Zentrum für Ethnokultur
Ⓜ 12 Museum der Geschichte Klein-Litauens
★ 13 Altes Hochhaus/Bronzepoller
★ 14 Alte Speicher
• 15 Börsenbrücke
• 16 Privatfähre nach Smiltynė
• 17 Fähre nach Smiltynė (Alter Hafen)
• 18 Simon Dach-Haus
★ 19 Altes Rathaus
Ⓗ 20 Klaipêda
• 21 Musiktheater/Philharmonie
Ⓜ 22 Uhrenmuseum
✉ 23 Hauptpostamt
★ 24 Gemäldegalerie
• 25 Konzertsaal (Konservatorium)
Ⓗ 26 Victorija
Ⓗ 27 Prusija
Ⓗ 28 Litinterp (B&B)
Ⓗ 29 Hotel Večekrug
Ⓗ 30 Radisson SAS
• 31 Konzertsaal des Musikzentrums
Ⓗ 32 Hotel Navalis
★ 33 Alte Bibliothek
★ 34 Mažvydas-Denkmal
Ⓗ 35 Magnisima
Ⓗ 36 Hotel Promenada
Ⓑ 37 Busbahnhof
Ⓙ 38 Jugendherberge
★ 39 Mažvydas-Skulpturenpark
Ⓗ 40 Hotel Aribė
Ⓗ 41 Hotel Europa Palace
Ⓗ 42 Preliudija-Guesthouse
ⓘ 43 Touristinformation
44 Grüne Apotheke

ten auf. Das Jahr 1854 brachte zunächst einen enormen **Aufschwung,** weil durch Ausbruch des Krimkriegs der gesamte russische Handel über den Hafen von Memel lief (unter den vermögenden Kaufleuten war auch *Heinrich Schliemann,* der spätere Entdecker Trojas). Im gleichen Jahr ereignete sich aber eine Brandkatastrophe, die fast die gesamte Stadt vernichtete. Von 1871-1919 gehörte Memel zum deutschen Kaiserreich. Es erfolgte der Versuch der **Germanisierung der litauischen Bewohner,** der jedoch auf Widerstand stieß. 1875 erfolgte der Bau der **Eisenbahnlinie nach Tilsit,** die Stadt florierte durch Schiffbau und Holzhandel.

Im **Frieden von Versailles** wurde das Gebiet nördlich des Nemunas (Memel) 1919 zunächst zum Völkerbundsmandat, dann am 15.1.1920 zur treuhänderischen Verwaltung an Frankreich übergeben. Nachdem die Region Vilnius 1920 von Polen annektiert wurde, beanspruchte Litauen verschärft das Memelgebiet. Im Januar 1923 besetzten litauische Freischärler die Stadt und das Memelland, in Šilutė forderten sie am 19. Januar den Anschluss Klein-Litauens an Litauen. Die 200 französischen Soldaten ergaben sich widerstandslos. In der am 8.5.1924 unterzeichneten **Memelkonvention** übertrugen die Hauptmächte der Alliierten ihre Rechte aus dem Versailler Vertrag an Litauen, wodurch das Memelgebiet **Autonomiestatus** unter litauischer Oberhoheit erlangte. Der Landtag bestand jedoch überwiegend aus antilitauischen Abgeordneten. Die überwiegende Mehrheit der Memelländer fühlte sich immer noch dem Deutschen Reich und Kulturkreis angehörig und wählte überwiegend auch deutsche Parteien (diese erhielten 1938 sogar 87 % der Stimmen, obwohl nur rund die Hälfte Litauer waren). Am 23. März 1939 erzwang das Deutsche Reich die Rückgabe des Memellandes, die letzte Rückeroberung vor Ausbruch des Zweiten Weltkriegs (ansonsten hätte die Wehrmacht ganz Litauen besetzt). Litauen wurde nur eine **Freihafenzone** in Memel **für 99 Jahre** zugestanden. Am gleichen Tag traf dann der „Führer" in Memel ein und proklamierte vom Balkon des Theaters den **Anschluss des Memellandes.** Als deutsches Staatsgebiet blieb das Memelland deshalb vom „Heim ins Reich-Programm" verschont. Fünf Monate später begann der **Zweite Weltkrieg,** und am 28. Januar 1945 besetzte die Rote Armee zusammen mit der 16. Litauischen Division nach monatelangem Artilleriebeschuss die Stadt, die zu zwei Dritteln in Schutt lag. Von etwa 40.000 Einwohnern vor Kriegsausbruch flüchteten die meisten nach Westen, und als die Russen die Stadt eroberten, fanden sie nur noch **28 Überlebende.** 1948 wurde das Memelland der litauischen SSR angegliedert. Die hier gebliebenen **Memelländer** wurden zwangseingebürgert; die meisten wanderten 1956 nach Aufnahme diplomatischer Beziehungen mit der Sowjetunion nach Deutschland aus. Die Stadt florierte als Industrie- und Hafenstadt und war für ausländische Touristen gesperrt. Das frühere Memelland wurde auf die Verwaltungsbezirke Klaipėda und Tauragė aufgeteilt.

276li Foto: gs

In Klaipėda stehen die nördlichsten Fachwerkbauten Europas

Am 20. Oktober 1988 wurde auf dem Theater die litauische Flagge gehisst, das Lenindenkmal wurde am 21. August 1991 geschleift (es ist heute in Grūtas zu sehen).

Altstadt (Senamiestis)

Die rund 60 ha große **Altstadt**, das eigentliche historische Zentrum, erstreckt sich südlich der Danė, gleich bei der einstigen Burg, und ist 1410 nach einem streng rechteckigen Muster angelegt worden. Verlaufen ist unmöglich. Die Anordnung der Straßen und Gebäude hat sich seit Mitte des 17. Jh. nicht verändert. Ihr Gesicht wird geprägt durch die **700 Jahre deutscher Besiedlung** und ihre Funktion als Hafen und Handelszentrum. So findet man hier alte **Speicher** und, was sonst für Litauen sehr ungewöhnlich ist – **Fachwerkbauten,** die nördlichsten in Europa.

Allerdings ist das Fachwerk hier vergleichsweise schlicht und bleibt in den meisten Fällen dem Besucher verborgen, da es aus Gründen des Brandschutzes mit Putz überzogen wurde. Denn mehrmals haben hier verheerende Brände gewütet, zuletzt 1854, so dass nur die Fachwerkhäuser in der Aukštoji 3 und Sukilėlių 18 und einige andere Häuser vom 17.-19. Jh. erhalten sind. Die einstigen Kirchen wurden im 2. Weltkrieg zerstört und abgerissen. Die Stadtmauer wurde schon im 18. Jh. geschleift. Wenngleich sie sich nicht mit denen von Vilnius oder Kaunas messen kann, so hat die Altstadt von Klaipėda doch auch einige sehenswerte Bauwerke und Besonderheiten zu bieten. Die gesamte Altstadt wurde 1969 zum **Kulturdenkmal** erklärt, und seither bemüht man sich intensiv und mit Erfolg, alles zu restaurieren, um das traditionelle Gesicht der Stadt zu bewahren. Die **Straßennamen** lassen leicht darauf schließen, welche Betriebe hier früher angesiedelt waren, z.B. Kepėjų g. (Bäcker-), Kurpių g. (Schuster-), Kalvių g. (Schmiede), Šaltkalvių g. (Schlosser-) und Žvejų g. (Fischerstraße). Die Touristinformation und einige Museen verkaufen Kopien eines alten deutschen Stadtplans (2 Lt.). Die Altstadt pulsiert Tag und Nacht. Es gibt einige Museen und Galerien, das Theater, viele Gastronomiebetriebe, Bars, sowie Nachtklubs und Einkaufsmöglichkeiten.

Rundgang

Der Rundgang beginnt an der **Börsenbrücke** *(Biržos tiltas)* zwischen Manto und Tiltų. Daneben steht eine Infosäule mit Dächlein, Windrose, Ba-

274li Foto: gs

Der Windjammer Meridianas

rometer, Thermometer, Stadtplan und Uhr, eine kleineres Modell von der einst 5 m hohen meteorologischen Säule von 1899 (damals noch mit einem Automaten mit Werbeschildern), die 2003 zum 750-jährigen Stadtjubiläum wiedererrichtet wurde. Am Kai liegt der herrliche **Windjammer Meridianas,** früher ein finnisches Ausbildungsschiff für Matrosen, heute ein Restaurant und Symbol der Stadt.

Südlich der Brücke, vorbei an ausgegrabenen Fundamenten, geht es westlich in die Žvejų g. Rechts steht das 1923 gebaute, erste, 9-stöckige Hochhaus der Stadt, das wie die meisten Gebäude der Altstadt wegen des sumpfigen Grundes auf Holzpfählen errichtet werden musste (heute ist eine Bank darin untergebracht). An der Flusspromenade befinden sich fünf **Bronzepoller,** darunter einer zur Erinnerung an *Gintaras Paulonis* (s. Smiltynė). Entlang dem Danė-Ufer haben sich einige **alte Speicher** erhalten, die teilweise bereits restauriert und zu Geschäften, Cafés, Restaurants etc. umfunktioniert wurden.

Auf der anderen Seite der Pilies g. (Burgstraße) erstreckte sich der **alte Markt.** Hier sind auch einige alte Speicher erhalten geblieben, und gleich bei der Anlegestelle der Fähre nach Smiltynė findet man noch Spuren aus der deutschen Zeit in Gestalt einer ausgebleichten Aufschrift an der verwitterten Backsteinfassade des ehemaligen **Raiffeisen-Lagerhauses.**

Von der **Memelburg** sind heute nur noch die Ruinen des Burgfundamentes, Fragmente des Walls und des Rundturms, Reste der Bastion, der Wassergraben und der Ravaline der Burgzitadelle zu sehen. Sie liegt westlich des Theaterplatzes nahe der Danė-Mündung. Unter einem Erdwall wurde zur 750-Jahr-Feier das **Burgmuseum** eingerichtet (Mi-So 10-18 Uhr, Tel. 410525; Geschichte der Burg, Waffen, Kleidung u.a.). Sehr sehenswert, der Eingang liegt weiter südlich an der Pilies gatvė bei der Einfahrt zum Werftgelände.

Vom Wassergraben, der einen Zufluss zur Danė hat, fahren im Sommer **private Fährschiffe** nach Smiltynė (s.u.). Die erste Steinburg wurde 1254 errichtet (s. Geschichtsteil). Während der nächsten Jahrhunderte wurde sie oft erobert, teilweise zerstört und deshalb auch oft umgebaut. Im 16. Jh. baute man als Schutz gegen die aufkommende Artillerie die heute noch teilweise gut erhaltenen Erdwälle. Im 18.Jh. wurde sie zum **stärksten Fort Preußens** ausgebaut. Trotzdem wurde sie vom russischen Heer 1757 eingenommen. Nach dem Rückzug der Russen wurde sie 1866 abgerissen, zumal damals auch das Fort Kopgalis gebaut wurde. Der Wiederaufbau der Burg ist geplant.

Nur wenige Schritte von der Burg liegt der **Theaterplatz** *(Teatro aikšte),* das Herz der Stadt und der frühere Marktplatz. Hier finden viele Feste und Feierlichkeiten statt, hier ist auch der Souvenirmarkt. Neben dem Alten Theater steht das Schauspielhaus von 1982. In Anlehnung an das Weimarer Theater wurde 1819 an der Stelle eines früheren Provisoriums ein Theater im Stil des Klassizismus erbaut. Hier dirigierte der junge *Richard Wagner* eine Saison lang, und die Königsberger Oper war oft zu Gast. Beim Großbrand 1854 wurde es zerstört, 1857 wieder aufgebaut, 1893 von der Stadt gekauft und der Giebel mit dem Stadtwappen versehen. Auf dem Balkon proklamierte *Hitler* 1939 den Anschluss Memels ans Großdeutsche Reich.

Seit 1989 steht an seinem alten Platz vor dem Theater wieder das berühmte Standbild des **„Ännchen von Tharau"** *(Taravos Anika)*. Das ursprünglich 1912 enthüllte „Ännchen" hat den Krieg nicht überstanden, aber der „Ännchen-von-Tharau-Gesellschaft" ist es gelungen, eine Kopie der Skulptur ausfindig zu machen und so eine originalgetreue Nachbildung zu schaffen, die auf dem **Simon-Dach-Brunnen** wieder aufgestellt worden ist.

Und auch der Brunnen selbst entspricht dem alten Bild: den Steinsockel ziert das Medaillon des in Memel geborenen Dichters *Simon Dach* (1605-59), und zu Füßen der anmutigen Mädchengestalt ist die erste Zeile des berühmten Liedes vom „Ännchen von Tharau" eingemeißelt. Er hat 1636 das Liebesgedicht zur Hochzeit der Pfarrerstochter *Anna Neander* aus Tharau (dem heutigen Vladimirovo im Kaliningrader Gebiet) mit Pfarrer *Johannes Pertatius* geschrieben. *Dach,* damals Lehrer an der Domschule in Königsberg, verliebte sich beim ersten Anblick hoffnungslos in sie, was er auch in dem Poem zum Ausdruck bringt. Vertont hat es ein anderes Mitglied des „Königsberger Zirkels", der Domorganist *Johann Albert.* Aber erst nachdem es *Johann G. Herder* 1778 vom ostpreußischen Plattdeutsch ins Hochdeutsche übersetzte und *Philipp F. Silcher* es neu vertonte, wurde es ein Volkslied. Man kann es zu bestimmten Zeiten während des Glockenspiels des Hauptpostamts hören (s.u.).

Vom Theaterplatz führt u.a. die Jono gatvė (Johannisstraße) nach Osten. Parallel dazu verlaufen die breite Turgaus gatvė (Marktstraße) und die Tomo gatvė (Thomasstraße). Von hier führt die Sukilėlių nach Süden. Das

038li Foto: gs

Theater mit Ännchen von Tharau und Simon-Dach-Brunnen

060li Foto: gs

Haus mit der Nr. 18 ist ein schönes Fachwerkhaus (eines von zweien, die den Großbrand von 1854 überstanden haben; heute ein Restaurant). Nach links in die Daržų, am Musikzentrum (Hausnr. 18) vorbei. Das Eckhaus Daržų/Aukštoji 13 ist die **Alte Post** (sehenswert ist das alte Mobiliar). Von hier lohnt sich ein Abstecher nach Süden zum **Marktplatz** Turgaus aikštė. Links davon ist die **Markthalle,** wo sich bis 1938 die Synagoge befand.

Dahinter führt die Seitenstraße Šaltkalvių zum **Schmiedekunstmuseum** (Hausnr. 2, Tel. 410526, Di-Sa 10-18 Uhr; September-April Mi-So; u.a. mit einer alten Schmiede, sowie schmiedeeisernen Grabkreuzen vom alten Friedhof, der heute ein Skulpurenpark ist, s.u.). Richtung Norden zur Daržų, nach rechts (das Haus Nr. 3 hat ein schönes Fachwerk) und gleich wieder links in die Vežejų g. zum **Zentrum für Ethnokultur** (Hausnr. 4) mit schönem Fachwerk. Dann links in die Bažnyčių und nach links in den Hof mit dem **„Haus der Künstler"** (Vežejų10) und der Galerie Klaipėda (Bažnyčių 4), beide prachtvolle Fach-

Im Hof des Schmiedekunst-Museums

werkbauten. Durch das Tor an der Südseite des Hofs zurück zur Daržų, nach rechts und zurück zur Alten Post.

Den ältesten **Fachwerkbau** findet man an der Aukštoji gatvė 3 (Hohe Straße). Es ist ein 16 m hoher, weiterer Speicher von 1819 (auch „Elefantenspeicher" genannt) und wird für Ausstellungen genutzt. Er ist Teil des **Ausstellungspalastes** *(Parodų rumai)*, eines Komplexes aus sechs Gebäuden, von denen vier Baudenkmäler sind (Tel. 314443, Mi-So 11-19 Uhr, im Winter 10-18 Uhr). Eines davon, die **Baroti-Galerie** im Hinterhof, lohnt allein schon wegen dem Gebäudestil (Tel. 313580, Mo-Fr 11-18 Uhr, Sa 11-17 Uhr).

Die **Aukštoji gatvė** insgesamt ist schön restauriert worden und zeigt hübsche Wohnhäuser alten Stils.

Das **Museum der Geschichte Klein-Litauens** (vgl. Geschichtsteil) ist in der Didžioji vandens (Große Wasserstr.) Nr. 6. Es beherbergt etwa 56.000 Exponate, darunter archäologische Funde, Trachten, alte Münzen und Landkarten etc. Das Museum war ein aus holländischen Ziegeln gemauertes Kaufmannshaus, von dem noch das Mansardendach mit schönen Barockfenstern und das Tor mit Torgewölbe erhalten sind (Tel. 410524, Mi-So 10-18 Uhr, Infos unter www.mlimuziejus.lt).

Von hier zum Ausgangspunkt an der Brücke kann man durch die vielen Gassen bummeln. In der Turgaus 5 liegt das Touristinformationsbüro. Entgehen lassen sollte sich man aber nicht das älteste Gebäude der Stadt an der Ecke Turgaus/Tiltų 8/10: Die 1677 von *Jakob Jung* gegründete **Grüne Apotheke** ist restauriert worden und zeigt eine kleine Ausstellung mit altem Apothekenzubehör.

In der östlichen Verlängerung der Turgaus kommt man zum **Johannes-Hügel** an einem Wassergraben mit Resten einer Bastionsfestung vom 17. Jh. Hier stand auch die Johanneskirche, die im Weltkrieg zerstört und von den Sowjets abgerissen wurde.

Neues Zentrum

Das Neue Zentrum liegt am rechten (nördlichen) Danė-Ufer. Bereits 1770 wurde parallel zur Danė die Liepų gatvė (Lindenstraße) angelegt, die schönste Straße im 19. Jh., an der die reichen Kaufleute ihre Villen errichteten. Quer dazu baute man zu Beginn des 19. Jh. die **Manto gatvė** nach Norden in Richtung Palanga. Seither entwickelte sich dieser Stadtteil zunehmend zum neuen Zentrum Klaipėdas. Zu deutschen Zeiten hieß er „Friedrichstadt". Heute präsentiert sich eine eklektizistische Mischung von Baustilen. **Haupteinkaufs- und Flaniermeile** ist die Manto gatvė.

Rundgang

Kommt man von der Altstadt über die **Börsenbrücke** (die Börse und der Industrie- und Handelspalast standen früher gleich links von der Brücke), passiert man wieder den Windjammer Meridianas (s.o.).

Rechts am Danės-Platz steht die **Arche,** ein rund 8 m hohes und 150 t schweres **Granitdenkmal für das vereinte Litauen.** Die kleine, rötliche Säule stellt Klein-Litauen dar, das 1923 an Litauen (die große, graue Säule), angeschlossen wurde. Eingemeißelt ist das Zitat der Schriftstellerin *Eva Simonaitytė* (s. Priekulė) „Wir sind ein Volk, ein Land, ein Litauen". Der quasi abgebrochene Teil der oberen Säule symbolisiert das Königsberger Gebiet, das heute zu Russland gehört.

Geradeaus sieht man das **Musiktheater** mit der **Philharmonie,** links **Atgimimo aikštė** und das 12-stöckige Hotel „Klaipėda". Daneben steht das **Alte Rathaus** mit dem Stadtwappen im Giebel. Hier hatten 1807/08 Königin *Luise* und König *Friedrich Wilhelm III.* von Preußen ihre zwischenzeitliche Residenz (s.o.). Das klassizistische Gebäude hatte früher einen Turm. Zwischen den beiden Weltkriegen tagte hier der Landtag des autonomen Memelgebiets. Heute ist es die Kreisverwaltung.

An der Kreuzung rechts beginnt die **Liepų- (Linden-) Straße,** eine der schönsten Straßen mit viel Vorkriegszeit-Charakter. Eine Gedenktafel am Gebäude Nr. 5 erinnert daran. Am Haus Nr. 7 sieht man schöne Skulpturen an der Fassade der Bibliothek des Heimatmuseums, das 1924 hier eröffnet wurde (Hausnr. 7). Die Gegenstände sind heute im Museum für die Geschichte Klein-Litauens zu sehen (s.o.). Gegenüber erstrahlt das Haus Nr. 10 mit prachtvoll restaurierter Fassade. Im neoklassizistischen Gebäude Nr. 12 ist das **Uhrenmuseum** unterge-

277li Foto: gs

bracht (Tel. 410415, Di-Sa 12-18 Uhr, So 12-17 Uhr). Es ist das einzige in Litauen (280 Exponate vom 16.-20. Jh. aus vielen Ländern, darunter eine Äquatoruhr vom 18. Jh. und eine Atomuhr). Eine Sonnenuhr zeigt im Hof die Zeit an; hier finden manchmal Konzerte statt.

Daneben (Nr. 16) steht das 1893 errichtete **Hauptpostamt,** ein Ziegelbau im Stil der wilhelminischen Neugotik. Es hieß früher „Wilhelminische Post" oder auch das „Kaiserliche Postamt" und ist eines der schönsten Gebäude der Stadt. Die Schalterhalle hat bunte Glasfenster, die Wände sind mit Brieftauben bemalt (Mo-Fr 8-19, Sa 9-16 Uhr). Das in Thüringen hergestellte **Glockenspiel** im 44 m hohen Turm stimmt die „Hymne von Klaipėda/ Memel" an: das „Ännchen von Tharau". Das Glockenspiel mit 48 Glocken ist sehr gut im Hof des Uhrenmuseums zu hören. Es wird an Samstagen, Sonntagen und Feiertagen zwischen 12 und 12.30 Uhr gespielt, ebenso zum Ostseefestival und zum Geburtstag der Stadt (siehe „Festivals und Feste", außerdem nach Anmeldung unter Tel. 213225). An den Astronomen *Friedrich Wilhelm Argelander,* der 1799 hier geboren wurde und aufwuchs, erinnert eine Gedenktafel.

Auf der linken Straßenseite nach der Einmündung der Donelaičio liegt der gleichnamige Platz mit dem Denkmal des ersten litauischen Dichters *Donelaitis.* In der Hausnr. 33 findet man den aus drei Gebäuden bestehenden Komplex der **Gemäldegalerie** *(Paveikslų galerija)* mit Werken litauischer, russischer und ausländischer Künstler (Tel. 410412, Di-Sa 12-18, So 12-17 Uhr).

Das alte Rathaus

Vom Ostende der Liepų gatvė nach Norden fast bis zum Busbahnhof erstreckt sich eine Grünanlage: der einstige Stadtfriedhof, der 1977 eingeebnet und zum **Mažvydas-Skulpturenpark** umgewandelt wurde mit rund 100 Skulpturen. Er ist beliebt bei Spaziergängern und Joggern; dort findet man auch ein gutes Restaurant (s.u.). Die russisch-orthodoxe Kirche im Südteil des Parks war früher die Friedhofskapelle. Im Park steht auch ein Denkmal für die Aufständischen von 1923 sowie ein Obelisk, ein Originalgrenzpfahl von der früheren Grenzmarkierung zwischen Litauen und Deutschland bei Nimerseta (s. Geschichtsteil). Vom ehemaligen Friedhof sieht man nur noch ein paar Grabsteine an der Nordostseite. Einige der Grabkreuze sind jetzt im Schmiedekunstmuseum (s.o.) zu besichtigen.

Ebenfalls zum Gedenken an *Martynas Mažvydas* wurde 1997 auf dem Lietuvininkų-Platz ein **Denkmal** errichtet (vgl. „Sprache"). Der Name des Platzes rührt von der Bezeichnung der Bewohner Klein-Litauens. Nicht weit von hier steht in der Manto 25 die neoklassizistische **Alte Bibliothek** von 1900 mit Säulenportal. Von hier kann man die Manto hinabbummeln oder mit einem der vielen Busse zur Börsenbrücke fahren.

Smiltynė (Sandkrug)

Smiltynė war schon zur Zeit der Kreuzritterzüge aufgrund einer Taverne bekannt. Es ist ein Stadtteil von Klaipėda, aber auch Teil des **Nationalparks Kurische Nehrung** (s. eigenes Kapitel). Nach Smiltynė gelangt man mit **Fähren.** Es gibt wenige Übernachtungsmöglichkeiten (s.u.).

Das „Smiltynė-Hotel“ 200 m südlich vom Fährhafen ist kein Hotel, sondern ein Sportlererholungsheim (Smiltynės 13; es war früher das berühmte „Kurhaus Sandkrug“, gebaut 1901). Wer auf die Fähre warten muss, kann sich an den vielen Kiosken oder im Restaurant Nerija 100 m südlich davon (10-2 Uhr) verköstigen. Auf der rund 1,5 km langen, schönen **Uferpromenade** von der Anlegestelle bis zur Nordspitze passiert man ein **Museum** und ein **ethnographisches Fischerdorf** (s.u.). Im Sommer fahren hier Pferdekutschen für 25 Lt. und ein Touristenzüglein. Am einfachsten ist jedoch eine Fahrt mit einem der privaten Fährschiffe von der Burgruine in Klaipėda direkt zum Meeresmuseum.

Meeresmuseum, Delfinarium und **Aquarium** befinden sich an der Nordspitze der **Kurischen Nehrung** (auch „Süderspitze“ genannt). Dort baute Preußen 1866-71 zum Schutz des Hafens von Klaipėda das *Fort Kopgalis,* eine zweistöckige runde Kaserne umgeben von Erdwällen und Gräben. 1895 wurde es aufgegeben, da es kriegstechnisch überholt war. Im Zweiten Weltkrieg war es ein Munitionslager der Deutschen, wurde aber vor dem Einmarsch der Roten Armee in die Luft gesprengt. In seinen renovierten Überresten hat man das Museum eingerichtet. Auch das Anfang des 19. Jh. errichtete Fischerdorf, später Urlaubsort mit schönen Villen und einem Kurhaus, wurde nach dem Ende des 2. Weltkriegs aufgegeben.

Das **Meeresmuseum** ist eine für Litauen einzigartige Einrichtung. Wenn es nicht gar zu stürmisch oder regnerisch ist, sollte man sich einen Besuch dort nicht entgehen lassen. In den Museumsräumen ist eine Sammlung von über 16.000 farbenprächtigen und skurril geformten Muscheln und Korallen zu bewundern. Im **Aquarium** werden nicht nur die Süßwasserfische Litauens und die Fische der Ostsee gezeigt, sondern auch die Bewohner tropischer Meere, Seehunde, Seelöwen, Ostseerobben und verschiedene Arten von Pinguinen. Im **Delfinarium** mit 1000 Sitzplätzen finden je nach Jahreszeit zwei bzw. drei Schwarzmeerdelfin- und Seelöwenshows statt (genaue Uhrzeiten bitte vor Ort erfragen).

In den ehemaligen vier **Pulverkasematten** des Forts hat man außerdem die Möglichkeit, sich über die Geschichte der Schifffahrt zu informieren und Schiffsmodelle aus verschiedenen Epochen kennen zu lernen – vom Einbaum bis zu modernen Schiffen. Neben der Seelöwentribüne ist das zerstörte **neufundländische Ruderboot** von *Gintaras Paulonis* zu besichtigen, der als erster Litauer die Ostsee in drei Wochen überquerte. Auf dem Rückweg von Schweden, im September

278li Foto: gs

Mit der Fähre von Klaipėda nach Smyltynė

1994, soll er in dem gleichen Sturm, in dem auch die Fähre „Estonia" mit 852 Passagieren unterging, gekentert sein. Sein Boot und seine Leiche wurden später am Strand von Nida angespült. Geöffnet Mai/Sept. Mi-So 10.30-18 Uhr; Juni-Aug. Di-So 10.30-18.30 Uhr; Okt.-April Sa, So 10.30-17 Uhr (Tel./ Fax 490750, Führung möglich; www. juru.muziejus.lt).

600 m südlich des Meeresmuseums liegt das **ethnographische Fischerdorf,** das einen interessanten Einblick in die Lebens- und Wohnverhältnisse der kurischen Fischer bietet. Man sieht dort ein typisches Fischergehöft vom 17. Jh. Daneben im sog. **„Garten der Alten Fischerboote"** stehen vier Schiffe und Kähne auf Betonklötzen. Einen Einblick in die einzigartige Landschaft und die Pflanzen- und Tierwelt der Kurischen Nehrung bietet das **Naturmuseum des Nationalparks Kurische Nehrung,** rund 200 m vom Fährhafen in der Smiltynės 11 (Tel. 402256, Fax 402257, www.nerija.lt, Mai-Okt. Di-So 11-18 Uhr). Hier im roten Ziegelhaus ist auch das **Infozentrum des Nationalparks Kurische Nehrung,** zu dem Smiltynė gehört (Tel. 391179; Mai-Juni Mi-So, Juli-Aug. Di-So 10-18 Uhr; Filme, Vorträge, Führungen, Vogelbeobachtungen, Ausflüge). In den Holzhäu-

sern Nr. 9 (grün), 10 (braun), und 12 (gelb) zeigen Ausstellungen die geologische Entwicklung und die geographischen Eigenschaften der Kurischen Nehrung sowie ihre Flora und Fauna; ausführliche Beschreibung beim Nationalpark. Dessen Hauptverwaltung ist in der Smiltynė 18, einige Hundert Meter weiter südlich (Tel./Fax 391113, www.nerija.lt, sehr informativ).

Auf der Westseite der hier nur rund 1 km breiten Nehrung findet man einen herrlichen **Sandstrand,** der sich unverbaut und nahezu endlos nach Süden erstreckt, aber an heißen Sommerwochenenden total überlaufen ist, und zu dem ausgeschilderte Pfade (vom Fährhafen zuerst geradeaus) durch schöne Kiefernwälder führen. Die Pfade sollte man zum Schutz der Böden und Dünen nicht verlassen.

Bestimmte Sektionen des Strandes sind nur den Damen zugänglich (Schild *Moterų pliažas),* andere nur den Herren *(Vyrų pliažas).* Nur an diesen darf nackt gebadet werden, nicht jedoch am „gemischten" Strand *(bendras pliažas).* Man sollte also den richtigen Pfad wählen: geradeaus zum gemischten Strand (700 m), links zum Männer- (900 m) und rechts zum Damenstrand (1 km).

Verkehrsmittel

Eigenes Fahrzeug

Eine sehr gute **Autobahn** führt von Klaipėda nach Kaunas (219 km) und Vilnius (312 km). In gutem Zustand ist auch die **Küstenstraße,** die (allerdings nicht entlang der Küste) in Richtung Norden nach Palanga (25 km) und weiter nach Lettland führt, in südlicher Richtung nach Šilute (53 km).

Zum Flughafen

Der nächste Flughafen liegt 33 km nördlich bei **Palanga** (nähere Infos s. dort). Air Lithuania betreibt einen kostenlosen Shuttle-Bus Klaipėda – Palanga (Anmeldung nötig). Information und Buchungen: Air Lithuania, Daukento 20, Tel. 310311, Fax 310488, ebenso bei diversen Reisebüros. Ein Taxi kostet rund 75 Lt.; billiger und umweltfreundlicher ist allemal eine Busfahrt nach Palanga, von dort weiter mit einem Taxi (5 Lt.).

Bahn

Der Bahnhof befindet sich an der Priestoties 5a, rund 1,5 km nördlich vom Fluss Danė; er hat einen außergewöhnlichen Uhrenturm. Informationsschalter in der Haupthalle (24 Std., außer 12-13 Uhr, Tel. 296290, Fax 313679).

Falls der Eingang geschlossen sein sollte, geht man links zwischen Alt- und Neubau zu den Gleisen und von hinten her in die Halle. Bei der Gepäckaufbewahrung (5.30-23.30 Uhr) kann man auch Fahrräder für mehrere Tage abgeben (2 Lt./Tag). Es gibt auch Schließfächer (3 Lt./12 Std.) und drei Reiseagenturen. Fahrt ins Zentrum mit Bus Nr. 1, 8, 8a oder 11.

- **Zugverbindungen** u.a. nach Kaunas (6 Std.), Vilnius (5-7 Std.), Šiauliai (3 Std.), Kretinga (30 Min.), Šilute (75 Min.) und Pagėgiai. Fahrpläne in der Haupthalle.

Bus

Der Busbahnhof liegt an der Butkų Juzės 9, rund 150 m östlich des Bahnhofs. Die Abfahrtszeiten sind sowohl in der Haupthalle als auch an den einzelnen Plattformen angeschrieben, ggf. am Informationsschalter (7-20 Uhr) fragen (Tel. 411547; international Tel. 313310; telefonisch reservierte Tickets müssen spätestens zwei Stunden vor Abfahrt abgeholt werden). Der Busbahnhof ist von 3.30 Uhr bis 24 Uhr geöffnet (Gepäckaufbewahrung 3.30-11.30 und 12.30-20 Uhr), das Restaurant 7-19 Uhr. Buchladen, Kioske, aber kein Geldwechsel. Fahrt ins Zentrum s. Bahn. Hier einige Verbindungen mit Fahrtdauer:

• **Vilnius** (5 Std.), **Kaunas** (3 Std.), **Palanga** (½ Std.), auch Minibusse (Abfahrt außerhalb des Busbahnhofs), **Kretinga** (1 Std.), auch Minibusse, **Šilute** (1 Std.), weiter nach Jurbarkas, **Šiauliai** (3 Std.), **Panevežys** (4 Std.), **Liepaja** (3-4 Std.), **Riga** (6-7 Std.).

Vom Fähranleger **Smiltynė** (s.u.) fahren die (Mikro-) Busse nach und via Nida ab (s. Verkehrsverbindungen Kurische Nehrung). Es gibt auch einige Direktbusse vom Busbahnhof (s.o.) nach Nida.

Schiff

Internationale Fährverbindungen gibt es u.a. nach Kiel und Mukran (siehe Kapitel „An- und Rückreise/Fähre". Der **internationale Fährhafen** liegt rund 8 km südlich der Innenstadt („Tarptautinė perkėla" bzw. „Harbour Kylis"). Anfahrt mit Bus 18 (selten) bzw. Mikrobus 8 A (alle 30 Minuten). Perkelós 10, Tel. 395050, Fax 395052. Wechselstube, Tel. 399389, Geldautomat; kein Restaurant, Café oder Imbiss. An der Kanaleinmündung steht ein Denkmal (s. Dreverna).

Fähren zur Kurischen Nehrung

Nach Smiltynė gehen Fähren von drei verschiedenen Häfen. 24 Std. Infoservice (Tel. 311117, www.keltas.lt). Bei schlechtem Wetter u.U. keine Fahrt, im Winter weniger Fahrten.

• **Alter Hafen,** Žvejų 8, Tel. 314257; die (Mikro-)Busverbindungen nach Nida und Kaliningrad sind auf den Fährenfahrplan abgestimmt. Fahrzeit 7 Min.; 5 Uhr-2.15 Uhr; ca. alle 30 Min., im Winter alle 60 Min.; max. 10 PKW (1.6.-1.9. keine PKW erlaubt von 9.30-19.30 Uhr, falls zu viele Passagiere). Tickets 1,80 Lt. (gilt für Hin- und Rückfahrt), Fahrrad 4 Lt., PKW 40 Lt.
• **Hafen am Burggraben** (südlich vom Alten Hafen), im Sommer fahren private Fährschiffe zur gleichen Anlegestelle (3 Lt.) und bei Bedarf weiter zum Meeresmuseum (5 Lt.).
• **Neuer Hafen,** Nemuno 8, Tel. 345780; in Smiltynė 3 km südlich der o.a. Anlegestelle (bei Stetoil-Tankstelle abbiegen), keine Busverbindungen (3 km südlich des Zentrums; den Schildern „Neringa" folgen; Anfahrt mit Bus 1); empfohlen für PKW (max.32); 6.30-21.30 Uhr, Fr-So bis 22.30 Uhr; ca. alle 45 Min., PKW 32 Lt., Motorrad 10 Lt.

Mietwagen

• **Litinterp,** s. Unterkunft
• **Hertz,** im Hotel Klaipėda, Tel. 310737, Fax 492811, www.hertz.lt.
• **Eurorenta,** im Hotel Viktorija, Tel. 382121, Fax 402222, www.eurorenta.lt.
• **Unirenta,** Tomo 6, Tel. 312613, Fax 313100, www.unirenta.lt.

Taxis

Nehmen Sie immer ein Taxi mit eingeschaltetem Taxameter, was bei telefonischer Bestellung immer gewährleistet ist. Von Altstadt bis Bahnhof ca. 5 Lt.; nachts Zuschlag. Zu empfehlen ist „Autopunkto Taksi", Tel. 311211.

Städtische Verkehrsmittel

- **Tickets** 0,60 Lt., Minibus 1 Lt., nachts 2 Lt.
- Die Hauptachse Manto, Tiltų g. und Taikos prospektas entlang fahren die (Mini-)Busse 1, 8, 8 a und 11. Achtung: Es gibt keine Bushaltestellen in der Altstadt auf der Tiltų g. (deshalb rechtzeitig aussteigen).

Informationen

- **Touristinformation,** Turgaus 5-7, Tel. 412186, Fax 412185, tic@one.lt, www.klaipeda.lt, Mo-Fr 8.30-18.30 Uhr, vom 1.6.-31.8 Sa 9-15 Uhr; u.a. Zimmervermittlung, Tourprogramme, Kartenverkauf, Fahrradverleih. Sehr hilfsbereit.
- Sehr empfehlenswert ist der **Stadtführer** „Kaunas/Klaipėda In Your Pocket" (KIYP), erhältlich für 8 Lt. an bestimmten Kiosken, in Hotels, Buchgeschäften etc. Nur englische Ausgabe, erscheint jährlich; mit Infos und Stadtplänen von Klaipėda und Palanga. Gut als Ergänzung ist das Heft „Exploring Klaipėda".
- **Stadtführungen,** bei der Stadtführergilde (Tel. 213973), bei der Touristinformation und bei einigen Reisebüros.

Sonstige Informationen

- **Simon Dach-Haus,** Jūros 7, Tel. 311481, Fax 313020, sdh@klaipeda.omnitel.net; Mo-Fr 11-17 Uhr (deutsches Kulturzentrum, Bücherei, Sprachkurse, Café).
- **Komitee für kulturelles Erbe,** Tomo 2, Tel. 218854
- **Zollamt,** Nėries 4, Tel. 390100, Fax 390110
- **Hotline für Ausländer,** Tel. 396014, Fax 396015; Büro in Liepų 11 (Mo-Fr 8-17 Uhr), www.klaipeda.lt.
- **Verwaltung des Pajūris-Regionalparks** (s.u.), Vilties 6, Tel. 411323, Fax 412483.

Nützliche Adressen

Reisebüros

- **Dorlita-Reisebüro,** Tomo 10 a/1, Tel. 411346, Fax 310110 (sehr freundlich, Hotelvermittlung mit Rabatten, Touristinformation auch auf deutsch, Autovermietung, Touren in Klaipėda und Umgebung bzw. nach Kaliningrad, dorlita@tinklai.net (Vertretung von Schnieder-Reisen).
- **Baltic Clipper,** Turgaus 2, Tel. 312312, Fax 312057, Flugtickets etc.
- **Lithuanian Student and Youth Travel,** Janonio 16, Tel. 314672, Fax 314669, www.jaunimas.lt, verbilligte Tickets für Studenten und Leute unter 26.

Banken/Geldwechsel

- 24 Std. Geldwechsel bei der **Hansa-Bank,** Manto 4 (auch Reiseschecks); Hotel Klaipėda 8-13, 15-21.30 Uhr
- **24-Std.-Geldautomaten für Visa:** Manto 4, Daržų 13, Taikos 22, Turgaus 9 und 15
- **24-Std.-Geldautomaten für MasterCard:** Taikos 22, Turgaus 9, 15, Manto 4 und 84, Liepų 16, Daukanto 10, Daržų 13, Naujoji sodo 1, Perkėlos 10 (Intern. Fährhafen).
- **Western Union-Geldtransfer,** Manto 4, Tel. 410479.
- **Wechselstuben** gibt es überall in der Stadt

Medizinische Hilfe

- **Rot-Kreuz-Krankenhaus,** Nėries 3, Tel. 410695.
- **Deutsche Apotheke** (Vokiečių Vaistinė), Tilty 14, Tel. 314703.
- **Zahnarzt,** Daukanto 22, Tel. 410898.
- **Optiker,** Manto 30, Tel. 310072.

Post und Kommunikation

- **Hauptpostamt,** Liepų 16, Tel. 315022, Fax 315045 (Mo-Fr 8-19, Sa 9-16 Uhr), auch Telegramme, Fax.
- **EMS,** Priestočio 7, Tel. 315031.
- **Internet-Café,** Atgimimo aikštė 11; Manto 2 (www.takas.lt); z.T. in Büchereien.

Sonstiges

- **Fahrradreparatur,** Šilutes pl.27.
- **Filmentwicklung,** Manto 3, Tomo 5.
- **Fotokopien,** Žvejų 9.
- **Reinigung/Waschsalon,** Pilies 6, Daukanto 22 a, Taikos 61, Minijos 64.
- **Schuhreparatur,** Tiltų 17.
- **Übersetzung,** Šimkaus 21-4, Tel. 411814, www.litinterp.lt.
- **Bewachte Parkplätze,** Hotel Klaipėda (10 Lt. für Nichtgäste) und vor dem Alten Hafen (6 Lt.)
- **Weitere Dienstleistungsanbieter** findet man in „KIYP".

Sport und Erholung

Kontaktadressen zu Aerobic, Billard, Bowling, Fitnesscenter, Fliegen, Schwimmbäder, Reiten, Tennis, Tischtennis, Fallschirmspringen, Sauna, Tauchen, Yoga etc. in „KIYP" und der Touristinformation.

- **Infos für Radfahrer** beim Lit. Radfahrerverband (s. „Verkehrsmittel/Fahrrad"); Radtouren u.a. bei Dorlita-Reisebüro. Radverleih bei der Touristinformation; an der Kretingos 32 ist eine Radrennbahn.
- **Bootsverleih** (Ruder,- Paddelboote, Waterbikes) auf der Danė Nähe Börsenbrücke bzw. beim Jachtclub, Smiltynė 25, Tel. 391131. Wasserscooter am Strand von Smiltynė.
- **Strände** in Smiltynė (s.o.), Melnragė und Giruliai (s.u.).
- **Vergnügungspark,** Manto 83 (im Stadtpark; mit Riesenrad usw.).
- **Wanderpfad** Klaipėda – Palanga, Infos Tel. 398835, Fax 398832.

Unterkunft

Das Angebot ist überschaulich und es findet sich für jeden Geldbeutel etwas. Im **Sommer** empfiehlt sich eine **rechtzeitige Reservierung.** Die Touristinformation und einige Reisebüros vermitteln auch Zimmer, z.T. mit Discount. Einige der besseren Hotels haben günstige Wochenendtarife.

Hotels obere Kategorie

- **Klaipėda,** Naujoji Sodo 1, Tel. 404372, Fax 404373, www.klaipedahotel.lt. 210 gut ausgestattete Zimmer (EZ ab 280, DZ ab 300 Lt.), Restaurant, drei Bars, Nachtclub, Reisebüro, Kiosk mit ausländischen Zeitungen, Friseur, Massage, Sauna etc. Bei Reisegruppen populär.
- **Navalis,** Manto 23, Tel. 404200, Fax 404202, www.navalis.lt, Restaurant, 28 Zimmer (EZ ab 380, DZ ab 414 Lt.), Pool, Sauna, neues Business-Hotel mit modernem Design (viel Glas), gute Lage.
- **Radisson SAS,** Šaulių 28, Tel./Fax 490815, www.radissonsas.com; 75 Zimmer (EZ ab 350, DZ ab 385 Lt., Apartments ab 810 Lt.), ruhig gelegen, anspruchsvolle Ausstattung, guter Service. Reichhaltiges Frühstücksbuffet, gutes Restaurant (mit Nichtraucherbereich).
- **Europa Palace,** Žvejų 21/1, Tel. 404444, Fax 404445, www.hoteleuropa.lt. Gute Altstadtlage, in einem renovierten Haus (hier war 1839 das Hotel „Zum Weißen Schwan", 1889 das „Hotel de Russie"), 50 moderne Zimmer (EZ 320 Lt., DZ ab 400 Lt.); gutes Restaurant, Bar.

Hotels mittlere Kategorie

- **Večekrug,** Jūros 23, Tel. 301002, Fax 312262, www.vecekrug.lt, 23 Zimmer (EZ ab 200 Lt., DZ ab 240 Lt.), brandneu, beheizter Fußboden, Restaurant, Bar, erstaunlich ruhig trotz Lage am Hafen und Hauptstraße, bewachter Parkplatz, Pool, Dachterrasse.
- **Promenada,** Šauliu 41, Tel. 403020, Fax 403021, www.promenada.lt, 22 Zimmer (EZ/ DZ ab 180, Suiten ab 230 Lt.), reizvolles Hotel in ruhiger Lage.
- **Baltpark,** Minijos 119, Tel. 482020, www.baltpark.com, 56 moderne, einfach ausgestattete Zimmer (EZ ab 153, Suiten ab 223 Lt.).
- **Kopų Lūgnė,** Galinio Pylimo 16, Tel./Fax 411884, lugne@pajuris.lt, 26 Zimmer (DZ ab 150, Suiten ab 230 Lt.), recht gut, hat aber schon bessere Zeiten gesehen, Pool, Sauna.
- **Magnisima,** Janonio 11, Tel./Fax 310901, über einem Casino, 10 einfache Zimmer (100-150 Lt.)
- **Preliudija Guesthouse,** Kepėjų 7, Tel. 31077, www.preliudija.com, 6 Zimmer (EZ,

DZ ab 160 Lt.), Frühstück 15 Lt., renoviertes Gebäude von 1856, recht gut ausgestattet.

- **Prusija,** Šimkaus 6, Tel. 412081, Fax 412078, 10 Zimmer (EZ ab 140/DZ 180), gemütliches, renoviertes Familienhotel, verwinkelte Holztreppen, saubere Zimmer; nettes Restaurant, im Sommer Biergarten.
- **Parkas,** Liepojos 3, Tel. 385283, Fax 385280, www.hotelparkas.com, 26 Zimmer (EZ 120, DZ ab 120, Triple 180, Suite 260 Lt.); bietet sich an, wenn andere Hotels voll sind. Am Stadtwald nördlich des Zentrums (Minibus), Zimmer recht praktisch eingerichtet, Sauna, Bar, Restaurant, Pool.
- **Astra,** Pilies 2, Tel. 313849, Fax 216420, hotelastra@takas.lt, 14 Zimmer (EZ ab 180, DZ 200, Suite 360 Lt.); Restaurant, Sauna; schöne, geräumige Zimmer, aber nach vorne laut (Hauptverkehrsstraße), nach hinten oft Fischgestank vom Hafen. Bäder sind renovierungsbedürftig.
- **Nesė,** Sportininkų 46, Tel. 410077, Fax 410088, www.nese.lt. 14 Zimmer (EZ ab 120, DZ ab 200, Suite ab 300 Lt.); sehr komfortabel und populär, Sauna, Fitnessraum, Restaurant (amerikanische Küche).
- **Aribė,** Bangų 17a, Tel. 490940, Fax 490942, www.aribe.lt, 15 Zimmer (EZ ab 120, DZ ab 180, Suite ab 260 Lt.), neues Hotel, modern ausgestattet, oft voll.
- **Palva,** Smiltynės 19 (an der Haffseite der Kurischen Nehrung, zwischen Fähranleger und dem Jachthafen), Tel. 391155, info@palva.lt ; EZ ab 100, DZ ab 130 Lt., schöne, saubere Zimmer. Sehr ruhig. Bar, Café.
- **Vetra,** Taikos 80a, Tel. 348002, Fax 346063, www.infogidas.lt/vetra, 17 Zimmer (EZ/DZ 150-360 Lt.), freundlich, akzeptables Hotel, Sauna, Restaurant, Bar, Reisebüro, 5 km südlich des Zentrums.

Hotels untere Kategorie

- **Viktorija,** Šimkaus 2, Tel. 412190, Fax 412187, admin@hotel-victoria.lt, 25 schlichte Zimmer (EZ 45, DZ 68, Triple 90, Suite 115 Lt.), Etagendusche, -WC, man darf das Fahrrad mit aufs Zimmer nehmen, Gepäckaufbewahrung 1-2 Lt.
- **Fortuna,** Poilsio 64, Tel. 348028, Fax 360174, 8 Zimmer (EZ 90, DZ 140-160, Luxus 190 Lt.), südlich des Zentrums, ruhig gelegen im Obergeschoss eines Reihenhauses, oft voll, Café, Abholservice.
- **Jachtclub,** Smiltynės 25 (beim Jachthafen), Tel. 391131, Etagendusche, einfache 3-Bettzimmer (20 Lt. p.P.).

Hotels in der Umgebung

Einige der besseren Hotels und die einstigen Ferienheime findet man in den Seebädern **Melnragė** (4 km nördlich) und **Giruliai** (8 km nördlich). Allerdings ist zur Saison vieles ausgebucht, so dass man früh reservieren sollte. Melnragė ist mit Minibus Nr. 4 oder 6 zu erreichen, Giruliai mit dem Minibus Nr. 4. Im Hafen von Melnragė liegt der gestrandete deutsche Frachter „Rudolf Breitscheid". Der Strand hier ist nicht so sauber wie in Giruliai (s. auch „Umgebung von Klaipėda").

- **Morena,** Melnragė, Audros 8a, Tel. 351314, Fax 401905, www.morenahotel.lt, 20 schöne, holzverkleidete Zimmer; Bar; EZ 120, DZ 180, Luxus 220 Lt.; empfehlenswert. 3 Minuten zum Strand, Sauna, Restaurant.
- **Pajūris,** Giruliai (↗ XII/A3), Šlaito 18, Tel. 490154, Fax 490142, www.pajuris.lt. Schön im Kiefernwald 800 m vom Strand gelegenes einstiges Sanatorium in einem neuen Backsteinbau; sauber und modern; Pool, Heilbäder, Massage, Sauna; zwei Bars, Balkon; 49 Zimmer, EZ 100, DZ 140-190, Triple 220 Lt.; empfehlenswert. Camping möglich (s.u.).

Herberge

- **Travellers' Guesthouse** (Jugendherberge), Butkų Juzės 7-4 (neben Busbahnhof), Tel. 211879, 8-685-33104, www.lithuanianhostels.com, 3 Zimmer, davon 1 DZ (insg. 10 Betten). Für Jugendherbergsmitglieder 32 Lt., sonst 42 Lt. Guter Treffpunkt und Infoquelle, Fahrradausleihe (30 Lt./Tag), Ausflüge, Internetzugang.

Pensionen, Privatzimmer

- **Litinterp B&B,** Puodžių 17, Tel. 410644, Fax 411815, www.litinterp.lt, Mo-Fr 9-18, Sa 10-16 Uhr; arrangieren auch Privatzimmer mit oder ohne Familienanschluss in Klaipėda,

Nida und Palanga; 15 Zimmer (EZ ab 70, DZ ab 140, Apartment ab 200 Lt.). Auch Autovermietung und Übersetzungen.

- **Klaipėda Bed and Breakfast,** Viršutinė 18, Tel. 213363, www.homestead.com/bandb_kl, 5 Zimmer (25-70 Lt. p.P.).
- **Privatzimmer** sind auch bei o.a. Reisebüros oder bei der Touristinformation zu erfragen.

Camping

- neben Hotel Pajūris (s.o.) gratis, unbewacht, kein WC, im Sommer oft voll.
- **Žuvėdra,** zwischen Giruliai und Karklė an der Ostseestraße, Tel./Fax 385828, www.techas.lt/zuvedra. Holzhütten 15-25 Lt. p.P.
- **Campingplatz beim SOS-Kinderdorf,** Karklė, Tel. 385828.

Gastronomie

Die Szene ist ständig in Bewegung, so dass man auf den jährlich aktualisierten und detaillierten Stadtführer „KIYP" zurückgreifen sollte (eingeteilt in Restaurants und Cafés verschiedener Länder). Hier nur einige Empfehlungen. Außerdem haben einige Hotels gute Restaurants.

Restaurants

- **Kurpiai,** Kurpių 1, Tel. 410555; sehenswert eingerichtetes Theater-Restaurant mit einfacher aber guter Küche, gedämpfter Musik und Tanz; tägl. Jazz, Bar, populär (12-2 Uhr).
- **Luja,** H. Manto 20, Tel. 412444; vornehmes Restaurant mit Show und bestem Service; u.a. Fischgerichte; teuer, 12-24 Uhr.
- **Metų Laikai,** Donelaičio 6 a; Holzhaus mitten im Skulpturenpark, Tel. 410373, 11-24 Uhr; *der* Platz für Romantiker, gutes Essen, manchmal Piano-Livemusik (europ. Küche).
- **Luiza,** Podžių 4, Tel. 219882, 12-24 Uhr, im Sommer im gemütlichen Innenhof, gute Küche, Jazzmusik.
- **Hämmerli,** Galinė 16, Tel. 311209, 9-22 Uhr, Schweizer Küche.
- **Jola,** Mažvydo 9, gedrängt voll beim Mittagessen, abends gemütliches und verrauchtes Kellerrestaurant. Im Erdgeschoss Café Sukūriai, 9-24 Uhr.
- **AniKės Teatras,** Sukilelių 8/10, Tel. 341471, 11-24 Uhr, exzellente dt.-lit. Speisen (u.a. mit Käse überbackene Schweinsohren), rustikale Ausstattung, gute Bar mit billigem Bier, beliebt.
- **Bambola-Pizzeria,** Manto 1, Tel. 312213, 11-23 Uhr, gute Pizzen, populär, auch Takeaway.
- **Boogie Woogie,** Manto 5, Tel. 411844; 11-2, So 12-24 Uhr; gute europäische Küche, manchmal Jazz-Musik live, angenehme Atmosphäre, sehr beliebt.

Fast Food

- **Čili,** Taikos 28 und Manto 11, sehr leckere Pizzas, Cocktails, litauische Gerichte, Tel. 222222.
- **Formulė,** Šimkaus 9, Tel. 312431, 7-22 Uhr, gute Sandwiches.

Cafés

- **Galerija Péda,** Turgaus 10, Tel 410710, 10-19 Uhr, Café und Galerie, sehr gemütliche Atmosphäre, manchmal Live-Pianomusik; ein guter Ort zum Entspannen (oft rauchfrei).
- **Senamiestis,** Bažnycių 4, Tel. 251844, 11-24 Uhr, Café und Cocktailbar, interessanter Innenhof, abgeteilte Sitzecken, gemütliche Sofas, empfehlenswert.
- **Kavos Namai,** Tiltų 26, 8.30-18.30 Uhr, Mini-Café in Hinterhofpassage mit vorzüglichen Kaffeespezialitäten aus aller Welt, ebenso Tee.
- **Taravos Anikė,** Sukilelių 6; Café am Theaterplatz, wo man im Sommer draußen direkt vor dem „Ännchen von Tharau" sitzt; 12-22, So 14-22 Uhr, Tel. 314469; es gibt Lammschaschlik sowie chinesische und vietnamesische Gerichte.

Kneipen, Pubs, Bars, Nachtclubs, Discos

Klaipėda hat ein ausgeprägtes Nachtleben. Bald an jeder Ecke gibt es Orte, wo man seinen Durst löschen kann. Hier eine kleine Auswahl:

- **Skandalas,** Kanto 44, Tel. 411585, 12-1 Uhr, populärster Pub mit guter Küche, Live-Jazz, recht teuer.
- **Juodojo Katino Smuklė,** Mažvydo 1, Tel. 210155, 10-24 Uhr, gemütlicher Treff sowohl für Studenten als auch für Leute um die 30;

phantastischer Kaffee; Filiale in Žvejų 21, Tel. 411167
- **Būrų Užeiga** („Preußenlaube"), Kepejų 17, Tel. 411319, 11-23 Uhr; Café, Restaurant, Bar und Kneipe, gute litauische und internationale Küche, sehr beliebt.
- **Žvejų,** Kurpių 8, Tel. 214940, die älteste Kneipe der Stadt, schließt schon um 22 Uhr.
- **Kurpiai** (s. Restaurants)
- **Dada,** Janonio 27, Tel. 399579; Mi 22-3 Uhr, Do bis 4, Fr/Sa bis 6 Uhr; Rockcafé, Disco, populär.
- **Casino,** Turgaus 1, Manto 13, Janonio 11.
- **Kalifornia,** Laukininkų 17, Tel. 229735, 20-7 Uhr, der Renner bei jungem Publikum.

Kultur

Theater und Konzertsäle

Das **Veranstaltungsprogramm** findet man in den Tageszeitungen „Klaipėda", „Vakarų Ekspresas" und „Vokiečių Žinios" (Deutsche Nachrichten) bzw. bei der Touristinformation.
- **Schauspielhaus,** Teatro aikštė 2, Tel. 314453; Kasse Di-So 11-14 und 16-18 Uhr.
- **Musiktheater,** Danės krantinė 19, Tel. 397404, Kasse Di-So 11-14/15-18 Uhr, Vorstellungen 18 oder 19 Uhr, www.muzikinisteatras.lt.
- **Philharmonie,** Danės krantinė 19, Tel. 410576, Kasse Di-So 11-14/16-19 Uhr
- **Konzertsaal im Konservatorium,** Donelaičio 4, Tel. 410154, Orgel-und Kammermusik (Jugendstilgebäude mit Freskos).
- **Musikzentrum,** Daržų 18, Tel. 410565.
- **Konzertsaal des Musikzentrums,** Šaulių 36, Tel. 410561.
- **Zentrum für Ethnokultur,** Vežejų 4, Tel. 312113.
- **Sommer-Konzertbühne,** Manto 83, Tel. 411913.

Festivals und Feste

Weitere Feste sind bei der Touristinformation erfragbar.
- Anfang Juni: dreitägiges **Jazzfestival**
- Ende Juni: **internationales Folklore- und Sängerfest**
- Letztes Wochenende im Juli: **Ostseefestival** und **Glockenspiel-Musikfestival** (Karneval, Neptunparade, Konzerte, Ausstellungen, Feuerwerk etc.), gefolgt vom **Geburtstag der Stadt** (1. August) und **Meeresfestival**
- August: **Musikalischer August am Meer** (u.a. in Klaipėda, Palanga und Juodkrantė), jeden Sa/So Konzerte.

Galerien

- Auflistung von Galerien in „KIYP".

Kinos

- **Jūratė ir Kastytis,** Taikos 105, Tel. 342857.
- **Žemaitija,** Manto 31, Tel. 314090.

Einkaufen

Die Haupteinkaufsstraßen sind die Manto und Tiltū gatvė. Einen guten Einkaufsführer gibt es in KIYP.
- **Bücher, Zeitschriften** (fremdsprachige), Manto 9, 21, 46; Turgaus a. 2; Taikos 97; Hotels Klaipėda, Europa Palace, Radisson SAS.
- **Blumen,** Manto 3 bzw. 27 a, Turgaus a. 4.
- **Kaufhaus,** Turgaus 12.
- **Kunsthandwerk,** „Dailė", Turgaus 5/7; „Žematija", Aukštoji 5.
- **Souvenirs,** Šukilelių 4, Tomo 10, Turgaus 2.
- **Supermarkt,** IKI (Mažvydo 7, Kretingos 83, Taikos 115, Vingio 14, Laukininkų 19, Debreceno 54, Taikos 28, Klaipėdos 60, alle tgl. 8-22 Uhr; alle haben sehr gute Backwaren).
- **Einkaufszentrum,** Hyper Maxima, Taikos 61, Tel. 469012 (tgl. 8-24 Uhr); neben dem Parkplatz ist ein Bauernmarkt.
- **24 Std.-Geschäfte,** Taikos 28, Manto 9.
- **Kaffee und Tee,** Kavos Namai (s. Café).

Märkte

- **Delfinas Markt,** Taikos pr. 80; Lebensmittel, Blumen, Importwaren etc. Tgl. ab 8 Uhr; viele Busse passieren den Markt.
- **Markt Stebuklu laukas** („Feld der Wunder"), Tilžes 51, Kleidung, Schuhe u.v.m.
- **Souvenirmarkt,** Teatro aikštė (Nähe Teatro), vor allem Bernstein.
- **Zentraler Markt,** Turgaus aikštė, tägl. 8-18 Uhr; Obst, Gemüse, Fisch etc., z.T. in Markthalle, stimmugsvoll.

Umgebung von Klaipėda

Giruliai

↗ XII/A3

Giruliai, 7 km nördlich von Klaipėda, wurde dank seiner günstigen Lage bereits 1863 zum **Kurort.** Hier bauten Kaufleute von Klaipėda ihre Sommervillen. Außer dem schönen **Badestrand** gibt es hier aber auch gute **Wanderwege** durch den herrlichen alten Kiefernwald. Besonders beliebt ist ein Spaziergang in Richtung Melnragė. Es gibt auch einen **Campingplatz** und ein Hotel (siehe „Unterkunft Klaipėda", dort auch Hinweise zu Melnragė und zu den Verkehrsverbindungen).

Pajūris-Regionalpark

↗ XII/A3

Der Park wurde zum Schutz der **Küste zwischen Klaipėda und Nemirseta** gegründet. Von den 5700 ha entfallen rund 3000 auf die Ostsee.

Geschützt sind die Dünen, Wälder, Seen, Kulturgut sowie die Flora und Fauna (u.a. Seehunde, ca. 150 Vogelarten). Das Verwaltungsbüro in Klaipėda (Vilties 6, Tel. 411323, Fax 412483, parkas @hgf.ku.lt) gibt Infos beispielsweise zu Campingplätzen, Stränden (u.a. bei Karklė und Nemirseta, Wanderpfaden, Radfahren, Reiten, Segeln, Vogelbeobachtung (u.a. vom Beobachtungsturm beim Plazė-See und am „Dutch Cap-Hügel").

Rundfahrt durchs Hinterland

Eine Rundfahrt von Klaipėda Richtung Osten ist etwas für diejenigen, die einen Blick in den kurländischen Südwesten der Žemaitija werfen möchten. Sie führt teilweise durch das frühere **Memel-Land** (siehe auch Geschichtsteil von Klaipėda).

Gargždai

↗ X/B1

Die Stadt am rechten Ufer der Minija, 17 km von Klaipėda, ist eine Siedlung der Žemaiten, die bereits 1253 urkundlich erwähnt wurde. 1792 erhielt sie das **Magdeburger Stadtrecht.**

●**Touristinformation,** Klaipėdos 15, Tel./Fax 46473416, www.klaipeda-r.lt; IKI-Supermarkt, Klaipėdos 60.

282li Foto: gs

Holzfigur im Wald von Dreverna am Kurischen Haff

Klaipėda und Ostseeküste

Vėžaičiai

Hier kommt man durch das alte Tor des früheren Gutshofes Volmer. Der Gutsherr, zugleich Burgherr von Gardinas (Grodno), baute 1784 die hölzerne **Kirche** zu Ehren des *Hl. Kasimir,* des Schutzpatrons von Litauen.

Endriejavas und Ablinga ↗ XI/C1

Das kleine Städtchen Endriejavas unweit des **Kapstai-Sees** wurde im Zweiten Weltkrieg fast völlig zerstört. Übernachtung im *Motel Trevenos* neben der Tankstelle.

Im nahegelegenen Dorf Ablinga erinnert ein mächtiges Monument aus Eichenstämmen an die 42 Einwohner, die von den Nazis aus Vergeltung ermordet wurden.

Judrėnai und Rubiškės ↗ XI/D1

Ein paar Kilometer südlich in Judrėnai steht eine der ältesten erhaltenen Holzkirchen aus dem Jahr 1780.

Im 3 km nordöstlich gelegenen Dorf Rubiškės wurde im wiederaufgebauten Geburtshaus von *S. Darius* (s. Exkurs „Darius und Girėnas – die Atlantikflieger") ein Gedenkmuseum, eine Filiale des Litauischen Luftfahrtmuseums, eingerichtet (Tel./Fax 46-442967, 8-698-81025).

Veiviržėnai ↗ XI/C1

König *Wladislaus IV.* verpflichtete 1639 einen Gutsbesitzer gegen ein Privileg, eine Kirche zu bauen. Unter dem Altar der ehemaligen Kirche von Veiviržėnai sprudelt eine wundertätige **Quelle,** über der ein Lourdes gebaut wurde. Erhalten sind auch noch einige Gebäude aus dem 17. und 18. Jh., z.B. die Kirche von 1769.

Švėkšna ↗ XI/C2

In dem schönen Städtchen erwähnenswert sind die neogotische Kirche, das Schloss im Park (rund 100 m westlich vom Marktplatz) und das Heimatmuseum (Tel. 441-62209). Das Gutsschloss am Stadtrand ist verwahrlost.

- **Übernachtung** im **Hotel Vilkėnų malūnas** (Vilkenas Mühle), Tel. 41-48371/Fax 52082, 11 komfortable Zimmer in einer ehemaligen Mühle am See aus dem Jahre 1843, noch in Betrieb (EZ 120, DZ 150 Lt.), gemütlich, Pool, Badehaus, Bar, Restaurant, Verleih von Ruder-, Tretbooten, Organisation von Ausflügen, Jagd und Angeln, Tennisplätze, Sauna.

Skomantai ↗ XI/C2

Hinter dem Dorf und der Anhöhe gleich hinter dem Flusstal führt links ein 500 m langer Waldweg ab zu einer der eindrucksvollsten **Schüttburgen** Litauens. Der 22 m hohe Hügel, trug vom 1.-13. Jh. eine stolze Burg. Heute steht hier eine **Holzskulptur:** *Žemaitis* mit der Keule, um seine Heimat vor den Kreuzrittern zu schützen. Ganz in der Nähe verlief übrigens die Grenze zwischen Klein-Litauen (Memelland) und Litauen. Ein **Gedenkstein** erinnert an die Angliederung von 1923.

Vanagai ↗ X/B2

Auf dem Friedhof 2 km nördlich der evangelischen Kirche von 1908 liegen Gräber von Persönlichkeiten, die sich für das preußische Litauen einsetzten.

Die neogotische Kirche in Švėkšna

Agluonėnai (Aglonehnen) ⇗X/B1

Schön gestaltetes, typisch memelländisches Streudorf am Agluona-Bach. Am Ortsrand ist eine **ethnographische Ausstellung,** die eine Mühle, einen Ziehbrunnen, eine Dampfmaschine, Werkzeuge und Geräte aus dem Memelland zeigt. In der Scheune werden Theaterstücke aufgeführt (Di-So 15-19 Uhr; von der Bushaltestelle in der Dorfmitte den Schildern folgen).

Außerhalb des Dorfs am Waldrand liegt der **Erholungskomplex** Karčema (Restaurant, Bar, russische Sauna, Pool, Volleyball-, Spielplatz etc.). Camping und Übernachtung in Hütte möglich (85 Lt. p.P., Tel. 26-442277). Sehenswert sind die vielen Mühlräder, der Hügel mit dem Thron des *Mindaugas* und das Herrenhaus im Fachwerkstil.

283li Foto: gs

Kisinai ⇗X/B1

Auf dem Friedhof des Dorfes Kisinai, ein paar Kilometer östlich von Klaipėda, liegt neben dem Herausgeber der ersten litauischsprachigen Zeitung (1832), *Ferdinand Kelkis,* auch einer der Führer des Aufstands gegen die russisch-zaristische Unterdrückung von 1831, *Antanas Gelgaudas,* eine Art litauischer Robin Hood, begraben.

Im Osten des Kurischen Haffs ⇗X

Eine Rundfahrt südlich von Klaipėda führt durch den westlichen Teil des **Memellands.** Dieses weist hier deutliche Spuren einer einzigartigen Kultursymbiose aus deutschen und litauischen Elementen auf, die im Gegensatz zu früher heute bewusst gepflegt und erforscht werden. Hier in **Preußisch-Litauen (Klein-Litauen)** ist auch die litauische Schriftsprache besonders gepflegt worden. Heute leben hier noch etwa 400 Deutsche (s. Geschichtsteil von Klaipėda). Der nur hier gesprochene ethnische **Dialekt Lietuvinkai** stirbt langsam aus.

Die Verbindungen im **öffentlichen Personenverkehr** sind hier sehr dürftig. Deshalb bietet sich eine Tour oder eine Fahrt mit dem eigenen/gemieteten Fahrzeug an. „Schnieder-Reisen" (s. „Informationen") u.a. bieten ab dem Flughafen Palanga einen Mietwagen an; ebenso Radtouren rund ums Haff. Es gibt auch **Bootsausflüge** von

Nida in den Nemunas-Delta-Regionalpark. Infos über **Radtouren,** z.B. Šilutė – Rusnė – Kintai – Ventė – Mingė – Šilutė, bei der Touristinformation in Šilutė (s.u.).

Priėkule (Prökuls)

↗ X/B2

Die typisch preußisch-litauische Kleinstadt (2200 Einwohner) am rechten Ufer der Minja liegt 21 km von Klaipėda entfernt, erreichbar mit Bus und Zug. Bereits 1587 wurde hier, gleich nach der Reformation Ostpreußens, eine evangelisch-lutherische Kirche gebaut, 1896 wurde sie erneuert, 1954 abgerissen. An die Kirche erinnern ein Gedenkstein und die Fundamente. Daneben liegt ein kleiner **Park** mit einem Gedenkstein an die Geschichte des erstmals 1540 erwähnten Städtchens, das sich um das Wirtshaus Prekol bildete. An die Schriftstellerin *Eva Simonaitytė* (1897-1978) erinnert ein Gedenkmuseum in ihrem Häuschen (Vingio 11, Tel. 542471, Di-Sa) sowie ein Gedenkstein bei der Abzweigung zum 4 km entfernten Dreverna (Drawöhnen). Nördlich von diesem typischen Fischerdorf stößt man auf den 24 km langen und 30 m breiten **Klaipėda-Kanal** (früher Kaiser-Wilhelm-Kanal), der 1863-1873 gegraben wurde, da die Holzflöße von den Haffwellen oft auseinandergerissen wurden. Fertiggestellt wurde er von französischen Kriegsgefangenen des deutsch-französichen Kriegs 1870/71. (Bei der Brücke ist eine Infotafel.) Für die dabei ums Leben Gekommenen

284li Foto: gs

wurde ein **Denkmal** an der Kanaleinmündung beim jetzigen Internationalen Fährhafen errichtet (s. „Klaipėda"). Heute dient der Kanal als Frischwasserspeicher von Klaipėda.

Von Dreverna führt eine Schotterpiste am Haff entlang über Švencelė nach Kintai; bei schlechtem Straßenzustand empfiehlt sich die Rückfahrt nach Priėkule und von dort weiter auf der Straße 141 Richtung Šilutė bis Vilkyciai oder Saugos, von wo Landstraßen nach Kintai führen.

Kintai (Kinten) ⇗ X/B3

Kintai, 43 km südlich von Klaipėda und 16 km nordwestlich von Šilutė, ist ein malerisches Fischerdorf und Kurort mit ca. 1000 Einwohnern, erstmals erwähnt um 1540. Ein Fichtenwald schützt den Ort vor den Seewinden. Die im Jahr 1705 erbaute **Kirche** aus hierher transportierten Mauerresten der alten Windenburg (Ventė) wurde restauriert und dient jetzt als Kammermusiksaal.

In der ebenfalls 1705 gebauten Schule im wilhelminischen Stil (direkt hinter der Bushaltestelle) ist ein **Museum für den Schriftsteller Vydūnas** (*Wilhelm Storosta,* 1868-1953) untergebracht, der hier 1888-1892 unterrichtete (Di-So 10-17 Uhr, Tel. 441-47379). Später zog er nach Tilsit, dem heutigen Sowetsk. *Vydūnas* ziert als charismatischer Führer der Nationalbewegung die 200-Litas-Note. 1953 wurde er in Detmold begraben, 1991 nach Bitėnai (s. Rambynas-Berg) umgebettet. Die Ausstellung zeigt außer seinem Klassenzimmer viele Erinnerungsstücke, u.a. seine Harfe. Im Obergeschoss sind Wechselausstellungen.

Gleich hinter Kintai beginnt der Nemunas-Delta-Regionalpark. Die auf dem Parkterritorium liegenden Dörfer Minija und Ventė sind über Stichstraßen von Kintai aus erreichbar, das Dorf Rusnė kann auf dem Landweg nur über Šilutė erreicht werden.

286li Foto: gs

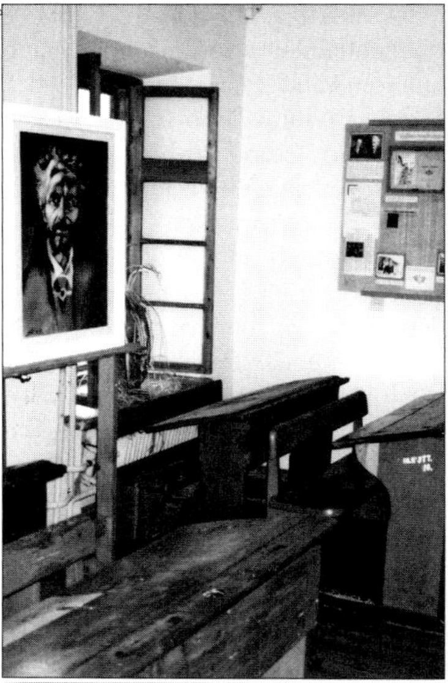

Das Denkmal für Eva Simonaitytė in Priėkule

Im Gedenkmuseum für den Schriftsteller Vydūnas in Kintai

Unterkunft

- **Hotel Kintai,** moderne Anlage in der Nähe der Abzweigung nach Minija, Tel./Fax 8-44147339, www.kintai.lt, 7 Zimmer (80-140 Lt.), Café, Sauna, organisiert Jagd-, Boots-, Eisfischen- und Angelausflüge, (Tret-) Bootverleih, Fischfarm, sehr populär.

Nemunas-Delta-Regionalpark

↗ X/B3

Der 120 km² große Park wurde zum Schutz der besonderen Fauna und Flora sowie der ethnographischen Dörfer und Gehöfte gegründet (die Dörfer Rusnė, Minija und Ventė liegen auf dem Parkterritorium). Neben Vogelliebhabern und Anglern kommen aber auch Naturliebhaber und Ruhesuchende auf ihre Kosten. Bei den Infostellen in Šilutė und Rusnė erhält man Infos u.a. über Campingplätze (Genehmigung erforderlich), „Urlaub auf dem Land"-Pensionen (20-50 Lt.), Segeln, Boottrips, Bootsverleih (u.a. in Minija, Ventė und Rusnė), Radwege, Fahrradverleih (Tel. 41-58154), Reiten, Angeln (Lizenzausgabe 10 Lt./Tag), Wanderrouten und Vogelbeobachtung (organisierte Ausflüge von Mitte Sept.-Ende Okt. und März-Mitte Mai).

Der Nemunas teilt sich bei Rusnė. Nach links fließt der 9 km lange **Skirvytė** und bildet die Grenze zum Kaliningrader Gebiet, nach rechts fließt der 13 km lange **Atmata.** Dazwischen fließt der 9 km lange **Pakalnė.**

Das beste Verkehrsmittel ist das **Boot.** Es gibt wenige Straßen und Wege, es müssen deshalb große Umwege in Kauf genommen werden (z.B. Pakalnė – Kintai 45 km, mit Boot nur 8 km). Viele Straßen und Wege sind im Frühjahr wegen **Überschwemmung** nicht befahrbar. Weite Teile des Parks, vor allem die Delta-Insel, liegen nämlich nur 0,5-1,5 m über dem normalen Flusspegel (streckenweise sogar **unter dem Meeresspiegel** des Kurischen Haffs). Das **Hochwasser** ist oft doppelt und dreifach so hoch und übersteigt die vielen Deiche. Auf der 43 km² großen Delta-Insel führt eine **Ringstraße** (Pflaster- und Schotterpiste) u.a. zu den Dörfern **Pamarys** und **Pakalnė.** Beim Leuchtturm **Uostadvaris** von 1873 (8 km von Rusnė am Atmata-Ufer) liegt die **erste litauische Pumpstation** von 1907 mit Dampfantrieb, die das über die Dämme hereintretende Wasser in die Fluss zurückpumpte. Heute geschützt als technisches Denkmal, abgelöst durch eine moderne Pumpstation; gleichzeitig **Hydrotechnisches Museum,** Besichtigung auf Anfrage, Tel. 58151, Mi-So). Bei gutem Wetter kann man die Dünen der Kurischen Nehrung sehen. Hier ist auch ein **Vogelbeobachtungsturm** (andere stehen in Naikupė, Rusnė und bei Kintai).

Das oft sumpfige Naturschutzgebiet mit Schilfwiesen und Feldern ist ein **Vogelparadies.** Hier findet man 270 von den in Litauen vorkommenden 330 Vogelarten, darunter viele Sumpf-

Der Leuchtturm von Ventė mit Vogelnetzen der Vogelwarte

und Wasservögel sowie Störche. Es gibt annähernd 3000 **Storchennester** von Weißstörchen, aber nur 7 von Schwarzstörchen (besonders viele findet man bei Ventė). Es gibt auch sog. Kormoraninseln.

Es ist auch ein **Anglerparadies,** da es viele fischreiche Bäche, Kanäle, Seen und Flüsse gibt, unter ihnen die **Minija,** die nach ihrer 180 km langen Strecke ins Nemunas-Delta mündet (wegen vieler Stromschnellen bei Kajakfahrern beliebt).

Minija (Minge)

↗X/B3

Minija (ca. 100 Einwohner) liegt 22 km von Šilutė am gleichnamigen Fluss, nahe der Mündung in den Nemunas. Die Stichstraße endet an dem von der EU finanzierten, neu erbauten Jachthafen, in dem auch Ausflugsboote anlegen. Die Fischerhäuser aus dem 19. Jh., z.T. mit Schilfdächern, sind Architekturdenkmäler und liegen zu beiden Seiten des Minija, der „Hauptstraße ohne Brücken". Das Dorf wird aufgrund des Bootsverkehrs – leicht übertrieben – als **„Venedig Litauens"** bezeichnet.

Von Minija führt ein **Radweg** um den See **Krokų Lanka,** dem größten des Regionalparks (4 km lang; 3,3 km breit).

Unterkunft

- Übernachtung in einem originellen **Bauernhof,** B&B, Tel. 861-650640. Es gibt einen Bootsverleih (Tel. 41-47422).

285li Foto: gs

Ventė (Windenburg) ↗X/A3

Die Route geht wieder zurück in Richtung Kintai, biegt aber an der Kreuzung links nach Ventė ab. Der Ort, 10 km südlich von Kintai, 25 km von Šilutė, liegt auf der **Windenburger Ecke** (Ventės ragas), einer Landzunge, die sich ins Haff hinaus erstreckt und von Sandbänken und Untiefen umgeben ist. Sie sieht je nach Wetterlage verschlafen oder wild aus und ist Teil des Nemunas-Delta-Regionalparks.

Das alte Fischerdorf hat ca. 150 Einwohner. Hier entstand bereits 1360 als wichtiger Brückenkopf gegen die Litauer eine **Burg** unter dem Ordensmarschall von Königsberg. Von dieser Burg aus fuhren die Kreuzritter den Nemunas aufwärts. Irgendwann im Laufe des 16. Jh. wurde die Festung schließlich durch die Stürme und Wellen des Haffs zerstört und aufgegeben. Die Kirche wurde zwar wieder aufgebaut, fiel aber 1702 erneut einem Sturm zum Opfer. Danach baute man mit den Steinen die Kirche in Kintai. Auf der Stelle der Burg wurde 1863 ein **Leuchtturm** errichtet, von dem man einen guten Blick auf die Kurische Nehrung hat.

Die gesamte Landzunge ist ein unberührtes **Naturschutzgebiet** mit einer **Vogelwarte,** die an einem UNESCO-Projekt zur Erforschung des Vogelzugs mitwirkt. Sie wurde 1929 gegründet und 1960 mit großen Fangnetzen bespannt. Einen spektakulären Anblick bieten die etwa 200 Vogelarten, die zu Hunderttausenden im Herbst und Frühling die Station auf einer der größten Nord-Südrouten überfliegen. Aber auch zu anderen Jahreszeiten lohnt ein Besuch. 1998 wurde hier der einmillionste Vogel beringt, jährlich kommen rund 50.000 hinzu. Die Ornithologen sind gerne zu Auskünften und kleinen Führungen bereit. Anmeldung unter Tel. 54480 oder 44516, kkod@silute.omnitel.net. Es gibt auch ein kleines **Museum** mit ausgestopften Vögeln (Mo-Fr 8-12 und 13-17 Uhr).

Unterkunft

- **Ventė Turismo Centras,** 3 km vor Ventė, Tel. 441-68534, Fax 37-200991, remil@takas.lt, 5 Zimmer z.T. mit Haffblick (ab 80 Lt.), hat schon bessere Zeiten gesehen, Restaurant, kleiner Jachthafen, Bootsverleih.
- **Campingplatz Ventainė,** 1 km vor Ventė, Tel. 441-68525, Fax 47422, www.ventaine.lt, sehr gepflegt, 130 Zelt- u. Wohnwagenplätze (WC, Dusche), auch 16 schöne Zi., Café, Sauna, Billard, Tennis, Fahrrad-, Motorboot-, Waterbike-, Bootsverleih, Organisation von Jagd-, Eisfischen- und Angelausflügen.

Rusnė (Ruß) ↗X/B3

Rusnė, 9 km südwestlich von Šilutė, hat 2500 Einwohner und ist ein alter, 1448 erstmalig urkundlich erwähnter Fischerort mit Stadtrechten; er liegt im Osten der 43 km² großen **Flussinsel** im Delta des Nemunas, der sich hier teilt. Hier liegt auch die einzige Brücke vom Festland auf die Insel. Rusnė war eine Flößerstadt, wo früher die Flöße auf dem Weg nach Memel neu vertaut wurden. Der alte Hafen wird heute von der Wasserschutzpolizei genutzt. Ende des 20. Jh. lebten hier die ersten deutschen Siedler. Trotz der Dämme ist der Ort bei Eisbruch gelegentlich nur mit Amphibienfahrzeugen oder Hubschraubern zu erreichen. Im Herbst und Winter wehen hier starke Weststürme.

Hier scheint die Zeit stehengeblieben zu sein. Schöne alte, liebevoll gepflegte **Fischerhäuser** und Bauerngehöfte aus dem 19. Jh. findet man vor allem in dem eingemeindeten Dörfchen **Skirvytėlė** (1,5 km, gut ausgeschildert). Es gibt dort ein **Ethnographisches Gehöft-Museum** (Tel. 41-58169). Die Bauweise der Gebäude ist ausschließlich in der Küstenregion zu finden. Die massiven Holzhäuser sind mit Brettern verschalt, ihre Dächer oft mit Dachpfannen oder Schilf gedeckt, verziert u.a. mit Reitersymbolen. Gezeigt wird das Leben der Fischer und Bauern, die Beschilderung ist auch auf Deutsch.

Ein architektonisches Denkmal ist die **Žvejų-Straße.** Der **Leuchtturm** wurde 1873 gebaut, bereits 1809 die evangelisch-lutherische **Kirche,** die den Marktplatz prägt.

Rusnė ist Ausgangspunkt für Ausflüge auf der **Rusnė-Deltainsel,** die ebenso wie die Stadt zum Nemunas-Delta-Regionalpark gehört. Dessen **Touristenzentrum** liegt in der Pakalnės 40a, westlich von Rusnė, und ist gut ausgeschildert (Tel. 41-58154; tgl. 9-17 Uhr, im Winter nur Mo-Fr).

Unterkunft

- **Svečių Namai Rusnėje,** Skirvytėlės g. 9 (Tel. 58142), Vermietung von Fahrrädern und Ruderbooten.

Šilutė (Heydekrug)

↗ X/B3

Die Stadt 53 km südlich von Klaipėda mit rund 23.000 Einwohnern liegt am Ufer des Flusses Šyša, auf dem Bootsausflüge zum Nemunas reizvoll sind.

Dieser Ort ist aus einer um 1511 gegründeten Wirtschaft hervorgegangen, um die sich Händler, Bauern, Handwerker und Fischer ansiedelten. Der Ort hieß Heydekrug *(Šilokarčema).* Durch den Zusammenschluss mit den Dörfern Verdaine (Werden), Žibai (Szibben) und Cintjoniškiai (Zintjunischken) entstand 1910 dann die Stadt **Heydekrug.** Im Januar 1923 forderten hier Freischärler erfolgreich den Anschluss von Klein-Litauen an Litauen, worauf die Stadt in Šilutė umbenannt wurde. Von 1939-44 hatte sie aber wieder ihren ursprünglichen Namen. Der D-Zug Berlin – Königsberg hatte hier einen Stopp, der Wochenmarkt war weithin bekannt.

An der **Hauptstraße** Lietuvininkų gatvė (sie erstreckt sich westlich des Bahnhofs bis zum Fluss Šyša) liegen viele Geschäfte, einige Restaurants und Cafés, die Post (Nr. 23, Tel. 52444), die Bank mit Geldautomat (Nr. 55,Tel. 51507) und die Sehenswürdigkeiten, darunter die 1926 erbaute evangelisch-lutherische **Kirche** mit ihrem 50 m hohen Turm. Die **Fresken** zeigen Bach, Luther, Melanchthon und andere Persönlichkeiten. Das mit der Erschaffung der Welt beginnende, chronologisch aufgebaute Fresko dürfte wohl in Gestaltung und Konzeption einmalig sein.

Das **Heimatmuseum** an der Lietuvininkų g. 36 zeigt Stücke aus der reichen Altertumssammlung des einstigen Gutsbesitzers *Scheu* (tgl. 9-13 und 14-17 Uhr, Tel. 622079). Es bietet neben Steinzeitexponaten einen Einblick in das Leben der Menschen in Klein-Litauen (Memelland) und Westlitauen. In der Scheune sieht man u.a. alte landwirtschaftliche Geräte. Das Denkmal für *Scheu* steht vor dem Gebäude Lietuvivinku 4, in dem eine Ausstellung über ihn sowie ein Informationszentrum des Museums untergebracht sind (Tel. 62207, Fax 62209, muziejus@silute.omnitel.net).

Sehenswert sind auch das Feuerwehrhaus von 1911, das Palais des Landguts von 1816 sowie das Denkmal des Heimatschriftstellers *Hermann Sudermann* (1857-1928), das 1996 neben der Kirche wiedererrichtet wurde. In seinem Geburtshaus in **Macikai** (Matzicken), 3 km nordöstlich von Šilutė, ist heute sein **Gedenkmuseum** (Di-Sa 10-17 Uhr, Tel. 56559). Unter seinen Werken sind „Die Reise nach Tilsit" und „Litauische Geschichten" wohl die bekanntesten.

Im Nachbarort **Macikai** war auch ein Nazilager für Juden und Zwangsarbeiter, woran ein Museum (Ecke Vilties/Zuderman) und eine Gedenkstätte auf dem Friedhof erinnern.

Sehr schön ist die **Umgebung** der Stadt mit Mooren, Wäldern, Heide und Feldern. Für **Spaziergänge** bietet sich der Weg entlang dem Flüsschen Šyša in Richtung Verdaine (Werden) an. Es gibt auch sehr viele **Radwege** um Šilutė.

Verkehrsmittel

- **Bahnhof,** Gelenžinkelio 4, Tel. 53460, Züge nach Klaipėda.
- **Busbahnhof,** schräg gegenüber, Tel. 51263, u.a. viele Busse nach Klaipėda, Tauragė, Jurbarkas; täglich in die Dörfer Ventė (1x), Rusnė (4x), Kintai (3x), Švėkšna (8x), Žemaičių Naumiestis (4x).
- **Taxi,** Tel. 54445.

Nützliche Adressen

- **Touristinformation,** Lietuvininkų 10/2, Tel. 77795, Fax 77785, www.siluteinfo.lt.
- **Hauptverwaltung des Nemunas-Delta-Regionalparks,** Lietuvininkų 10, Tel./Fax 77795, ndrp@silute.omnitel.net (tgl. 9-17 Uhr, im Winter Mo-Fr).

Unterkunft

- **Pensionen,** z.B. in Vyduno 3 (Tel. 53674) oder Pension Heydekrug (mit Apartment, Sauna). Herberge, Lietuvininkų 72, Tel./Fax 51804, 30 Betten, 30 Lt. p.P., sehr einfach; geöffnet Mitte Juni-Mitte August.
- **Hotel Nemunas,** Lietuvininkų 70; hübsches Hotel mit Restaurant und Café, Tel. 52345, Fax 62480; 24 Zimmer (EZ ab 95 Lt., DZ ab 150 Lt.), sauber, einfach, beliebt bei deutschen Reisegruppen.

Silberplattierte Armbrustfibel, gegossen 9./10. Jh. n. Chr.

Östlich von Šilutė

Eine Rundfahrt führt auf dem Hinweg den schmalen Zipfel des früheren **Memellandes** entlang, nördlich des die Grenze zum Kaliningrader Gebiet bildenden Nemunas, bis zur östlichen Grenzstadt **Smalininkai.** Alleen säumen viele Straßen. Der Rückweg geht über **Tauragė.**

Juknaičiai (Jugnaten) ⇗ XI/C3

Der Ort 8 km südöstlich von Šilutė hat sich in der einstigen Sowjetunion einen Namen als „Vorzeige-Kolchose" gemacht. davon zeugen noch architektonisch interessante Bauten wie das Altersheim, der einem Glockenturm ähnliche Wasserturm, die Eingangshalle der Schule mit Fresken und Keramiken, das Hotel, das mit seinem hochgezogenen Giebel an einen Fischerkahn erinnert, Orangerie, Gemäldegalerie, Skulpturenpark usw.

- **Übernachtung** im Hotel-Sanatorium *Juknaičiai,* Beržų 3, Tel. 58863, Fax 52758 (EZ ab 70, DZ ab 100, Luxus 120 Lt.), gemütliche Zimmer, „Salzzimmer" (für medizinische Behandlungen), Sauna, Bar, Pool mit Kaskaden, Restaurant, Wintergarten etc.

Rambynas-Berg (Rambyno Kalnas)

Der wohl berühmteste Berg Litauens erhebt sich etwa 40 km südöstlich von Šilutė, südlich von **Lumpėnai** am Ufer des Nemunas. Von Kaunas kommend nach Lumpėnai in Richtung Bitėnai abbiegen; bei der ersten Kreuzung geradeaus und 3 km weiter bis zum Rambynas fahren. Der Weg ist ausgeschildert. Ein Ausflug lohnt sich schon wegen der schönen **Aussicht** auf den Nemunas und das Kaliningrader Gebiet und besonders, wenn man das Gefühl auskosten möchte, an einer **heidnisch-mystischen Stelle** zu stehen. Schon in grauer Vorzeit befand sich auf seinem Gipfel ein Legenden umwobener **Opferplatz** von heidnischen Litauern, unter ihnen der Stamm der *Skalven,* und ein **heiliger Stein,** den der Riese **Rambynas** für *Perkūnas* und dessen Gattin *Laima* aufgestellt haben soll.

Der Berg und der heilige Hain daneben wurden 1276 in den Schriften über die Kreuzritterzüge nach Litauen erwähnt, da hier auch die **Burg Ramigė** gestanden haben soll, die von Kreuzrittern zerstört wurde. Noch weit nach der Christianisierung, im Jahr 1595, wurde er in den „Ergänzungen zur Landkarte des großen Preußens" als „Heiliger Berg" bezeichnet. Noch bis zu Beginn des 19. Jh. sollen die Litauer hier nach uralten Bräuchen **heidnische Rituale** abgehalten haben. Opfer auf dem heiligen Stein sollten

Glück, Gesundheit und Fruchtbarkeit gewährleisten.

Die **Legende** berichtet, dass 1811 ein Müller den heiligen Stein schließlich zu profanen Mühlsteinen verarbeiten wollte. Da alle Litauer sich weigerten, das Heiligtum zu zerstören, holte er schließlich ausländische Arbeiter. Die ersten beiden sollen sich schwer verletzt haben, ehe es dem dritten dann gelang, den Stein zu spalten. Doch wenige Tage später starb er eines rätselhaften Todes, und der Müller wurde von seinem Mühlrad zerquetscht, weshalb die Leute vom Zorn der Götter sprachen.

Seit dem Ende des 19. Jh. begannen die Bewohner der Umgebung – nun unter dem Deckmantel des christlichen St.-Johannis-Festes –, ihre vorchristlichen Rituale der **Sonnwendfeier** wieder aufzunehmen: die Suche nach der zauberkräftigen „Farnblüte" (s. Exkurs). Das **Gästebuch** der Rambynas-Feste, das auf Anregung des Wiederbegründers des Fests, *Martynas Jankus,* angelegt wurde und das „Ewige Buch des Rambynas" genannt wird, ist das dickste Buch Litauens und enthält Eintragungen von Ehrengästen aus vielen Ländern. Der fast 30 kg schwere Wälzer wird in der Nationalbibliothek in Vilnius aufbewahrt.

Der Berg mitsamt seiner Umgebung ist jetzt **Naturschutzgebiet.** Teile des Berges wurden 1835 und 1878 von Hochwassern des Nemunas unterspült und stürzten in die Fluten. Er soll früher breiter und mehr als doppelt so hoch als die heutigen 46 m gewesen sein. In **Bitėnai** gibt es ein Gedenkmuseum für *M. Jankus.* Er und *Vydūnas* (s. Kintai) sind beide hier begraben, nachdem sie im Exil in Deutschland starben.

● **Rambynas-Regionalpark,** Tel. 41-42810, Fax 75925.

Smalininkai (Schmalleningen) ⇗ XIV/B3

Das Städtchen, 10 km westlich von Jurbarkas (s. Kapitel „Kaunas und der Südwesten"), war von 1422-1919 die östliche **Grenzstadt des Memellandes,** worauf Schautafeln am ehemaligen Grenzposten hinweisen. Vom preußischen Erbe ist nicht mehr viel zu sehen, ebensowenig von der Schmalspurbahn, die von hier nach Tilsit verkehrte. Übernachtung im Gästehaus Smalininkai, Tel. 56415.

Viešvilė-Naturreservat ⇗ XIV/A2

Von Smalininkai führt die Tour nördlich nach Tauragė. Auf halber Strecke passiert man bei Eičiai das Viešvilė Naturreservat. Das fast unberührte, 32 km² große Wald- und Sumpfgebiet **Laukesa** darf nur mit Führer und Genehmigung betreten werden (Tel. 46-41445, Fax 41414). Hier findet man u.a. Kraniche, Spechte, Otter und seltene Pflanzen.

Tauragė (Tauroggen) ⇗ XIV/A1

Tauragė wurde 1507 erstmalig erwähnt aufgrund einer Kirchengründung, ab 1567 war es Zollstation, von 1687-1795 preußisch. Berühmt wurde die Stadt am 30. Dezember 1812 durch die in einer Mühle im nahegelegenen Požerūnai (Poscherun) abgeschlossene „Konvention von Tauroggen". **General Yorck,** Befehlshaber der mit Frankreich verbündeten preußischen Armee, schloss hier gegen den Willen des preußischen Königs während Napoleons erfolglosem Russlandfeldzug ein **Waffenstillstandsabkommen** mit den ihm gegenüberstehenden russischen Truppen, die in Tauroggen ihr Quartier hatten, und nötigte damit seinen König, eine preußisch-russische Koalition gegen Frankreich einzugehen. Danach verließen 2000 preußische Soldaten die Armee Napoleons. Diese Tat war der Anfang der Erhebung Preußens und danach auch ganz Europas gegen Napoleon. An der Stelle der historischen Mühle steht heute ein **Gedenkstein in Form eines Buches.**

In Tauragė nicht zu verfehlen ist die Mitte des 19. Jh. mit 6 m hohen Mauern und 4 runden Ecktürmen im Stil einer neugotischen Burg erbaute festungsähnliche **Zollstation mit dem Gefängnis,** in der heute eine Schule und das **Heimatmuseum** „Santaka" untergebracht sind (Darius ir Girėnas 5, Tel. 54143, Mo-Fr). Neben einer ethnographischen Ausstellung ist auch eine Kopie des Briefes von dem französischen Schriftsteller *Honoré de Balzac* an seine spätere Frau, einer ukrainischen Gräfin, zu sehen, den dieser 1843 hier im Postamt schrieb. Sehenswert sind noch die **alte Zollstation** von 1567 (Stoties 16) und das kleine **Widerstands-Museum** im ehemaligen KGB-Haus, das an die Opfer der Sowjet-Okkupation erinnern soll (Presidento 38, Tel. 53059, Mo-Fr). In der etwa 30.000 Einwohner zählenden **Verwaltungsstadt** sind die Hauptachsen die Vytauto gatvė (Nr. 60, Bank, Tel. 53774; Touristinformation, Tel. 61404, Fax 62034, www.taurage.lt, Nr. 70, Hotel Tauragė, Tel. 51345, DZ ab 100 Lt.) und die sich mit ihr kreuzende Darius ir Girėno gatvė (Nr. 16, Postamt, Tel. 51444; Nr. 38, Busbahnhof, Tel. 51333, u.a. Busse nach Vilnius, Klaipėda, Jurbarkas).

Pagramantis-Regionalpark

Der nördlich von Tauragė liegende Park bietet eine schöne Landschaft mit dem **Plynoji-Sumpf** und den Flüssen **Akmena** und **Jūra** (letzterer ist ein Paradies für Kanuten wegen seiner vielen Stromschnellen); es gibt u.a. auch viele (Grab-)Hügel. Infos im Dorf Pagramantis (Tel. 46-44768, Fax 51002).

Žemaičių Naumiestis ⇗XI/C3

Auf dem Rückweg erreicht man 14 km östlich von Šilutė den Ort Žemaičių Naumiestis. Sehenswert ist die Holzkirche des Hl. Nikolaus von 1790.

- **Übernachtung** im *Seehotel Laigabų,* Darbininkų 29 a, schöne Lage am See und Wald; Tel. 41-59690, Fax 59661; 18 Zimmer (EZ ab 100, DZ ab 150 Lt.), Halbpension möglich, beliebt bei Reisegruppen; Pool, Sauna, Restaurant; Vermietung von Fahrrädern, Booten, Angelausrüstung.

Degučiai ⇗XI/D3

Südlich von Žemaičių Naumiestis in Degučiai ist die originelle **dreieckige Kirche** (1757) mit geschnitzten Altären sehenswert. Es existiert noch die **alte Poststation** aus der Zarenzeit.

Sonnwendfeier und die magische „Farnblüte“

Seit grauester Vorzeit war in Litauen – wie überall im Baltikum und anderen slawischen Ländern – die Sommersonnwende ein großes Fest und Anlass für verschiedene heidnische Riten und Bräuche. Erstmals urkundlich erwähnt wurde sie während der Christianisierung 1387. Ende des 19. Jh. führte man unter dem Namen des christlichen **Johannis-Festes** in der Nacht vom 23. auf den 24. Juni, der kürzesten Nacht des Jahres, viele der alten Bräuche weiter. Sie haben bis heute überdauert und erfreuen sich sogar wieder wachsender Beliebtheit. Man glaubte, dass in dieser Nacht Pflanzen und Wasser besondere Kräfte bekommen, mit denen sie Krankheiten heilen und die Fruchtbarkeit des Bodens erhöhen können. Im Bauernkalender markierte sie das Ende des Frühlingssäens und der Beginn der Sommerernte. Während der Sowjetzeit bekam das Fest einen politischen Anstrich. In Vilnius wurde eine „Fackel der Unabhängigkeit“ entzündet, und mit ihr dann die Sonnwendfeuer an vielen Orten des Landes angezündet. Heute wird das Fest mit Ritualen, Tänzen und Gesängen von der Dämmerung bis zum Morgengrauen begangen. Man darf nicht einschlafen, sonst hat man angeblich kein Glück bis zur nächsten Sonnwendfeier. Ein richtiges Volksfest, teilweise sogar mit Feuerwerk; man isst u.a. besondere Kuchen und trinkt u.a. spezielles Bier. Die Frauen tragen traditionelle Kostüme und haben Blumenkränze auf dem Kopf, die Männer Eichenblattkränze. Zu Hause werden die Fenster und Türen mit Blumengirlanden und Eichenblättern geschmückt. Die Leute fahren meist aufs Land, zu offenen Plätzen an Seen, Hügeln und Wäldern. Besonders gefeiert wird auf dem Rambynas-Berg und in Kernavė, in Vilnius zwischen den Baltasis- und Žaliasis-Brücken.

Da sich am Sonnwendtag auch Hexen und Zauberer versammeln und in der folgenden Nacht über Felder und Gehöfte fliegen, um allerlei Unheil zu stiften, werden auf den Bergen die auch bei uns bekannten **Sonnwendfeuer** entzündet, die die ganze Nacht hindurch brennen, um das Böse fernzuhalten. Man springt über diese Feuer und dann wieder zurück.

Zugleich aber ist die Sommersonnwende der Tag der Vereinigung der Gegensätze und der inneren Läuterung. In Litauen wird die Sonnwendfeier auch das **Fest von Rasa und Joninės** genannt. *Joninės* ist die litauische Form von Johannes und ein verbreiteter Vorname. Es steht hier in schillernder Vielfalt sowohl für das Christentum (als Heiliger Johannes) und das Männliche als auch für Feuer und für Körper und Verlangen. *Rasa* hingegen ist ein ebenfalls beliebter weiblicher Vorname aus vorchristlicher Zeit. Er leitet sich ab vom Verb *rastis* (erscheinen) und bedeutet „der Tau“. In diesem Zusammenhang steht Rasa also für das Heidnische und das Weibliche, für Wasser und für die Seele und

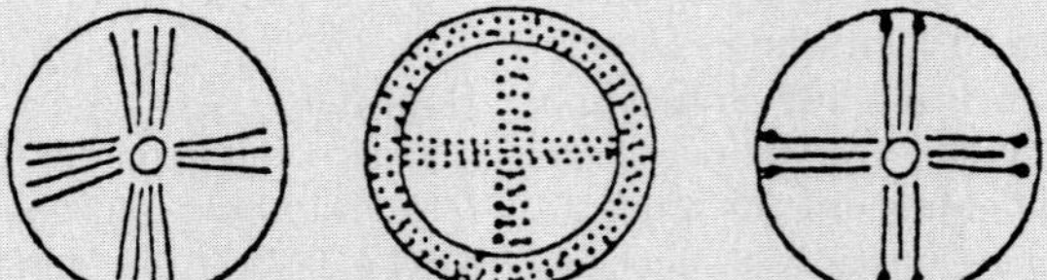

Sonnenmotive von bronzezeitlichen Urnendeckeln

die Reinheit. In Rasa und Joninės sind diese Gegensatzpaare zusammengefasst, die sich während dieser magischen Nacht vermählen und vereinigen sollen. Um die Vereinigung von Feuer (Leidenschaft, Körper) und Wasser (Reinigung, Seele) symbolisch darzustellen, lässt man Blumengirlanden mit einer brennenden Kerze auf dem Wasser schwimmen.

Um Mitternacht – dem Augenblick der Vereinigung – schlägt die magische Stunde, der Augenblick, in dem die zauberkräftige **Farnblüte** sich öffnet. Da die naturverbundenen Balten seit grauer Vorzeit wussten, dass Pflanzen aus Samen keimen und Samen aus Blüten reifen, war es für sie klar, dass auch der Farn irgendwann blühen muss. Weil man ihn aber nie in Blüte sah, ging man davon aus, dass er im geheimnisvollsten Moment des Jahres erblüht: in der Mittsommernacht um Mitternacht. Und wer die Blüte findet und bricht, erhält durch sie magische Kräfte. Er versteht die Sprache der Tiere, er kann Gedanken lesen, er weiß, wo Schätze vergraben liegen, und er kann den Tod vorhersehen.

Daher ziehen die Menschen wie seit Urzeiten in der Johannisnacht hinaus in den Wald, um die Blüte des Farnkrauts zu finden. Mit dem Zweig einer Bergesche ziehen sie einen magischen Kreis um sich, der die Hexen und bösen Geister fernhalten soll, die ebenfalls auf der Jagd nach der Farnblüte sind. Dann knien sie vor dem Farnkraut nieder und beten. Die Mächte der Finsternis versuchen, die Betenden zu erschrecken und abzulenken, damit sie den Moment verpassen, in dem die Blüte sich öffnet. Denn diese öffnet sich nur für einen Augenblick, und wenn man in seiner Aufmerksamkeit nachlässt, dann kommen die Hexen und Zauberer einem zuvor. Deshalb darf man sich durch nichts ablenken lassen – ganz gleich, was geschieht, ganz gleich, welch unheimliche Laute man hört.

Denn all das Unheimliche, das einen im nächtlichen Wald umgibt, ist eine Verkörperung der eigenen Sünden, und man muss sich zunächst selbst bezwingen und läutern, ehe man sehen kann, wie die magische Blüte sich öffnet – zart und leuchtend, rot oder in den Farben des Regenbogens: die Vereinigung von Feuer und Wasser.

Im Morgengrauen zieht man sich nackt aus und „badet“ im Tau (Rasa), der in dieser Nacht eine magische und reinigende Kraft hat und den Körper jung und gesund erhält. Bei Sonnenaufgang wird eine Strohpuppe verbrannt, altes Geschirr wird zerschlagen, und Mädchen schneiden sich die Zöpfe ab. Ein neues Leben beginnt. Vor der Christianisierung suchten sich die heidnischen Priester und Priesterinnen Sexualpartner für diese Nacht. Die Auserwählung wurde als große Ehre betrachtet. Heute ist es für viele junge Leute eine Nacht, in der sie sich näher kennenlernen können.

Ebenfalls mit der Mittsommernacht verbunden sind vielfältige Bräuche der **Weissagung** und der Deutung von **Omen,** um zu erfahren, was die Zukunft bringen wird. Infos unter www.etno.lt

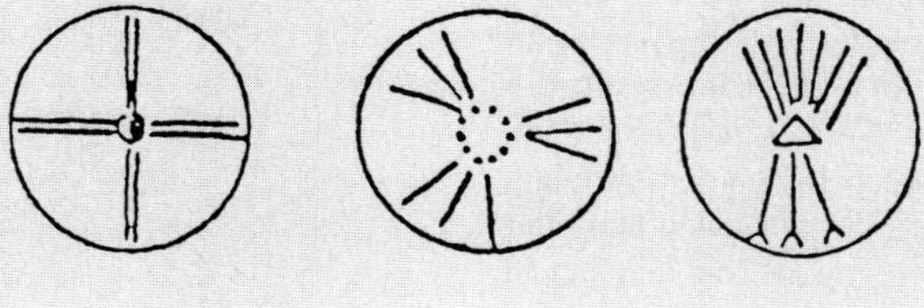

Kurische Nehrung ⇗X

Fragt man einen Litauer, was man in seinem Heimatland unbedingt sehen sollte, so wird er die Kurische Nehrung nennen. *Wilhelm von Humboldt* schrieb 1809: „Die Kurische Nehrung ist so merkwürdig, dass man sie gesehen haben muss, wenn einem nicht ein wunderbares Bild in der Seele fehlen soll." Und wer diese eigenartige Mischung aus Südeuropa, Nordafrika und Skandinavien selbst erlebt hat, der wird ihm begeistert zustimmen.

Diese schmale und rund 98 km (52 km auf litauischer Seite, 46 km auf dem Kaliningrader Gebiet) lange **Landzunge** aus purem Sand ist zweifellos eine der eigenartigsten und faszinierendsten Landschaften Europas. In beiden Landesteilen ist sie als **Nationalpark** geschützt, seit dem Jahr 2000 ist sie auch **UNESCO-Welterbe.**

Ihre westliche Küste wird von der **Ostsee,** die östliche vom **Kurischen Haff** umspült. Die schmalste Stelle misst fast 400 m (bei Lesnoj auf der russischen Seite), die breiteste 3,8 km am Bulvikis-Horn zwischen Nida und Preila. Seit Generationen schon hat sie zahlreiche Maler, Schriftsteller und andere Künstler beeindruckt, unter ihnen *Carl Zuckmayer* und *Thomas Mann.* Das Wechselspiel des Lichts, der Form und der Farben der Landschaft; der Kontrast des Wassers, der Dünen und Wälder sowie zwischen der Brandung der Ostsee und dem stillen Haff; der Sonnenuntergang, der die Dünen erst orange, dann rot färben lässt: wer wird

Die Sage von der schönen Riesin Neringa

In alter, alter Zeit, so berichtet die Sage, lebte am Ostseestrand eine schöne Jungfrau mit goldblonden Zöpfen – die Riesin *Neringa.* Sie liebte die Fischer und half ihnen auf jede nur erdenkliche Weise. Und wenn der Sturm ihre Boote zu versenken drohte, half sie ihnen, sicher die Ufer der damaligen vielen kleinen Inseln zu erreichen.

Dies erboste den Meeresgott Bangputis („Wellenbläser") und er ließ es das ganze Jahr hindurch stürmen. Da beschloss sie, einen langen Wall zu bauen, um das Meer nahe der Küste vor Sturm und Wellen zu schützen. In ihrer Schürze schleppte sie gewaltige Mengen Sand heran und schüttete einen hundert Kilometer langen Damm auf, der das heutige Haff vom offenen Meer abtrennte. So schuf sie den Fischern ein sicheres Gewässer, damit sie nicht mehr auf die gefährliche Ostsee hinausfahren mussten. Zwölf Tage lang tobte der Meeresgott gegen den Wall an. Doch als er nichts ausrichten konnte, da verstummten Sturm und Wellen. Und die Fischer entlang der Küste gaben dem schützenden Sandwall aus Dankbarkeit den Namen der Riesin: Neringa.

Eine andere Legende besagt, dass Bangputis deshalb erzürnte, weil Neringa ohne seine Erlaubnis den Burgherren von Ventė heiraten wollte, worauf er zwar dessen Burg zerstörte, aber die Hochzeit nicht verhindern konnte.

hier nicht inspiriert? *Heinz Rühmann* drehte hier den Spielfilm „Quax in Afrika". Hier kann man durch eine **Sandwüste** streifen, wie sie die Sahara nicht malerischer bietet, und kann über 60 m hohe **Dünen** erklimmen, die höchsten Europas in der längsten Dünenlandschaft des Kontinents. Im Sommer flimmert über ihnen das Sonnenlicht (die Nehrung hat die meisten Sonnenstunden Litauens), schneebedeckt (meist Dez.-Februar) wirken sie wie eine unschuldige Weihnachtslandschaft.

Wenig weiter schon findet man **Buchten** mit grünen Kiefern, goldenem Sand und kristallklarem Wasser. Und wenn man dann durch die **Wälder** streift, Pilze sammelt und dabei womöglich einem Elch begegnet, fühlt man sich von der Mittelmeerregion mit einem Schlag nach Schweden oder Finnland versetzt.

In den verträumten **Fischer- und Feriendörfern,** alle an der geschützten Haffseite gelegen, leuchten zwischen dem Grün der Bäume **malerische Holzhäuschen** hervor. Zweiteilige Balkenhäuser, senkrecht mit Brettern verkleidet, meist in blauer, weißer oder bräunlicher Farbe gestrichen (die Farben symbolisieren das Meer, dessen Schaumkrone und die Erde) mit weißen Sprossenfenstern. Sie besitzen zwei Enden, eins für die Familie selbst, eins für Gäste, getrennt durch einen zwei Meter breiten Flur. Die früheren Haustüren hatten zwei Teile, so dass man vom oberen herauskriechen konnte, falls über Nacht Flugsand den unteren barrikadiert hatte. Die zwei sich kreuzenden **Gesimsbretter** am Giebel enden in geschnitzten Pferden, Vögeln oder Blumen, die als Symbole des Leidens Krankheit, Unheil oder Feuer anziehen und somit von den Bewohnern fernhalten sollten. Die traditionelle Dachbedeckung sind rote Dachpfannen oder Schilf. Fast alle stehen unter **Denkmalschutz.**

Die mit Lattenzäunen umgebenen Vorgärten mit farbenprächtigen Blumen bieten schöne Fotomotive. Manchmal hängen hier Fischernetze zum Trocknen, und es wird **geräucherter Fisch** nach traditionell kurischem Rezept verkauft. Des öfteren sieht man Holzstäbe mit **Kurenwimpeln** an der Spitze, an denen manchmal eine Windfahne befestigt ist. Sie mussten ursprünglich nach der preußischen Fischereiverordnung von 1844 am Kahnmast befestigt werden. Diese Tradition ist bis heute ein in Europa **einmaliges kulturelles Phänomen.** Die auf der Nehrung vorgeschriebenen schwarz-weiß gefärbten Blechtafeln von 60 x 30 cm Größe hatten ein rotes und weißes Fähnchen, um die Herkunft des Bootes und den Status des Eigentümers bestimmen zu können. Später schmückten die Fischer ihre Wimpel mit selbst geschnitzten und bemalten Holzbrettern in der vorgeschriebenen Größe von 115 x 45 cm. Diese kleinen Kunstwerke sind heute das **Symbol der Nehrung** und dienen teilweise als Straßenschilder. In verkleinerter Form sind sie als Souvenir erwerbbar. Von der Kultur der Kuren zeugen heute auch noch die alten **Kurenkähne und Kurenbretter;** nicht

287li Foto: gs

Mit dem Kurenkahn unterwegs auf der Ostsee, entlang der Kurischen Nehrung

mehr ausgeübt wird das Krähenfangen (Details s. Nida).

Idyllische Schilfbuchten säumen die **Haffküste** und an der Ostseeküste zieht sich ein endlos scheinender, goldig feiner **Sandstrand** hin – unverbaut und so ursprünglich, wie Wind und Wellen ihn geschaffen haben. Ideal für Strandspaziergänge, auf denen man vor allem nach Frühlings- und Herbststürmen mit etwas Glück **Bernstein** findet; ideal auch für Sonnenanbeter und Badefreunde, da er nie überlaufen ist.

Die **Ostsee** ist relativ flach und kalt, die Wellen können recht rauh sein. Auf der Haffseite kann man **Bootsausflüge** (u.a. mit einem Kurenkahn) z.B. zum Nemunas-Delta-Regionalpark unternehmen. Lohnend sind auch Angeltrips, im Winter Eisangeln (s. „Sport und Erholung"). Andere Aktivitäten sind bei den einzelnen Orten vermerkt. Zwischen Nida und Pervalka existiert ein **Radweg.** Die Nehrung ist auch ein Paradies für Naturliebhaber sowie für alle, die Ruhe und Erholung suchen, die gerne spazierengehen (z.B. entlang den Haffpromenaden) oder gern wandern. Allerdings gibt es **Reservate,** deren Zutritt nur mit Genehmigung erlaubt ist, so dass man sich einer organisierten Wanderreise anschließen kann (z.B. bei Schnieder-Reisen oder bei Veranstaltern mit Öko-Trips) oder zumindest eine Karte des Nationalparks mitführen sollte. Hilfreich und interessant ist der Nachdruck des Buchs „Kurische Nehrung“ von 1932 im Rautenberg-Verlag.

Unterkunft

Die **Übernachtungspreise** variieren je nach Neben- und Hauptsaison sowie nach Auslastung (ggf. handeln). Frühstück ist i.d.R. inklusive. Im Sommer (Juni-Aug.) sollte man bestimmte Unterkünfte **im Voraus buchen** (Preis genau festlegen), oder zumindest frühzeitig anreisen; ansonsten helfen die Touristinformationen, die u.a. mit einer Auflistung der Pensionen helfen können. Hilfreich sind auch Reisebüros, Bed-&-Breakfast-Agenturen wie z.B. Litinterp (u.a. in Klaipėda) und der Führer „Kaunas/Klaipėda in Your Pocket“ (auch mit Infos zu Restaurants etc. auf der Nehrung). Die meisten Hotels und Pensionen sind ebenso wie die Restaurants und Cafés nur in der Hauptsaison geöffnet. In Nida gibt es einen **Campingplatz.**

Geschichte der Nehrung

Besiedlung

Die **ersten menschlichen Spuren** datieren von 8000 v. Chr., die ersten „Siedlungen“ von 3500 v. Chr. Hier lebten größtenteils Jäger, Sammler und Fischer. Ab dem 12./13. Jh. ließ sich der Stamm der **Kuren** nieder. Nach den Kreuzzügen wurde die Nehrung Teil des **Memellandes.** Die Ausführungen bei „Geschichte von Klaipėda“ gelten sinngemäß. Bis 1944 wurde neben Deutsch auch noch der **kurische Dialekt** gesprochen. Während der fast 50 Jahre langen Sowjetzeit war die Nehrung **militärisches Sperrgebiet,** Nida war Erholungsort der „Elite-Apparatschiks“ (1968 durfte der französische Philosoph *Jean Paul Sartre* die Nehrung mit einer Genehmigung von *Chruschschtov* besuchen). Es durften nur bestimmte Wege und Badestellen benutzt werden, ein Segen für die Natur und Tierwelt (s. u.). Kombinate errichteten Ferienheime für ihre Angestellten. Nach dem Zerfall der Sowjetunion und der Unabhängigkeit Litauens war die Nehrung wieder zweigeteilt, und der litauische Teil wurde ein magischer Anziehungspunkt für deutsche **„Heimweh“-Touristen“.** Die Erholungsheime wurden danach in Hotels umgewandelt. Im Tourismusgewerbe wird heute meist wieder Deutsch gesprochen.

Entstehung

Nach der letzten Eiszeit vor etwa 13.000 Jahren blieb am Rande der heutigen Ostsee (dem damaligen Eismeer Litorina) eine Kette von Endmoränenhügeln zurück, die als Inseln aus dem ansteigenden Wasser ragten. Im Laufe der Jahrtausende spülte eine nordwärts gerichtete Meeresströmung Sand von der Küste Samlands weg und lagerte ihn zwischen diesen Inseln ab, bis sich allmählich die Kanäle dazwischen auffüllten und eine lange **Landzunge** entstand. Und der hauptsächlich von Westen her wehende Wind türmte den von den Wellen angespülten Sand zu immer höheren Bergen auf, so dass über 60 m hohe **Dünen** entstanden. Seit damals wandert die Nehrung langsam nach Osten.

Die Landzunge hätte das **Haff** längst völlig vom offenen Meer abgeschlossen, wenn nicht die hier mündenden Flüsse – besonders der Nemunas – durch ihre Strömung einen schmalen Ausgang freihalten würden. Da das Haff ständig von den Flüssen aufgefüllt wird und nur wenig Meerwasser eindringt, ist das Wasser im Haff **fast salzfrei** und durch die vielen Nährstoffe aus den Flüssen zudem relativ **fischreich.** Mit einer Fläche von 1600 km² (davon über 400 km² auf litauischem Gebiet) ist das Haff das größte Binnengewässer Litauens; die **Süßwasserlagune** ist rund dreimal so groß wie der Bodensee.

Mit der Ostsee ist es durch die 500 m breite **Passage** bei Klaipėda verbunden; im **Kaliningrader Gebiet** ist es bis zu 35 km breit.

Versandung – Erosion

Ursprünglich war die Nehrung fast ganz von **Mischwäldern** aus Birken, Eichen, Linden und Fichten sowie Gestrüpp und Gras bewachsen, die den Sandmassen Schutz und Halt boten. Kleine Reste dieses ursprünglichen Waldes sind heute nur noch bei Nida und Juodkrantė erhalten. Für die heidnischen Stämme war der Wald heilig (vgl. „Natur“). Nicht jedoch für die Eroberer, die Holz für ihre Burgen und Schiffe brauchten und die ab dem 15. Jh. den Wald nach und nach **ab-**

055li Foto: gs

holzten, darunter die Kreuzritter, die Preußen, aber vor allem die Schweden und Russen während des Siebenjährigen Kriegs (1756-63).

Ende des 18. Jh. waren bereits weite Flächen abgeholzt und in den ursprünglichen wüstenähnlichen Zustand zurückverwandelt worden. Stürme, Waldbrände und die Erosion der dünnen Humusschicht erledigten den Rest. Das empfindliche ökologische System geriet aus dem Gleichgewicht, und der Wind türmte den bloßgelegten Sand zu riesigen **Wanderdünen** auf. Unaufhaltsam wälzten sich diese wandernden Berge jährlich bis zu 20 m haffwärts und begruben zwischen dem 16. und dem 19. Jh. **vierzehn Fischerdörfer** unter ihren Sandmassen – Karwaiten, Neu-Pilkoppen und viele andere, an die manchmal ein auf der heutigen Düne errichtetes Kreuz erinnert. Teilweise wurde ein Dorf mehrmals neu aufgebaut, wobei man die bedrohten Häuser zerlegte und mitnahm. Doch auch die neuen Dörfer wurden meist bald wieder vom Sand eingeholt.

Erst zu Beginn des 19. Jh. begann man mit Versuchen, die alten Fehler wiedergutzumachen, um die alles verschlingenden Dünen aufzuhalten. Professor *Titius,* Rektor der Universität Wittenberg, erarbeitete einen Plan zur Wiederaufforstung und zur Schaffung einer Schutzdüne an der Seeseite, die dem Sand seinen weiteren Weg zu den Wanderdünen abschneiden sollte. Als einer der ersten nahmen 1825 der Niddener Postmeister *Gottlieb David Kuwert,* aber vor allem sein Sohn *Georg David* diese gigantische Aufgabe am Urbo kalnas hinter dem Postamt in Angriff. Mit Hilfe einer künstlich angelegten Vordüne, Strauchzäunen und Bepflanzung mit Strandhafer **befestigte** er den Flugsand. Dann bepflanzte er eine große Fläche zwischen den Vordünen und den Wanderdünen mit **Kiefern** und rettete so seinen Heimatort vor den Sandmassen. In anderen Orten der Nehrung folgten andere seinem Beispiel und zu Beginn des 20. Jh. war die Vordüne vollständig geschlossen, und der Sand kam allmählich zur Ruhe. Die heutige Landschaft ist größtenteils durch die Aufforstungen aus der 2. Hälfte des 19. Jh. geprägt.

Doch seither hat die Situation sich umgekehrt: jetzt sind die **Dünen,** die einst die Dörfer bedrohten, **gefährdet.** Denn die heftigen Weststürme reißen noch immer gewaltige Mengen Sand davon und wehen ihn ins Haff. Andererseits sind die einstigen Wanderdünen jetzt durch die Vordünen und die Bepflanzung an der Westseite von ihrem Nachschub abgeschnitten. Die Dünenfläche ist deshalb seit 1990 um 10 ha **geschrumpft,** die Dünen sind jetzt niedriger. So ist die **Parnidder Düne** von Nida in den letzten 30 Jahren um rund 10 m abgetragen wor-

Typisches Holzhaus mit Giebelverzierung

den, und in hundert Jahren wird sie vielleicht ganz verschwunden sein. Daher suchen Naturschützer und Wissenschaftler heute wieder nach Möglichkeiten, diese Dünen zu erhalten. Es laufen einige **Wiederaufbau-, Forschungs- und Aufklärungsprojekte.** Letztere sind auch dringend notwendig, da die Zahl der Touristen ständig zunimmt, und da alte Gebräuche wie Beeren- und Pilzsammeln in den Wäldern nur schwer zu unterbinden sind.

Nationalpark Kurische Nehrung ⇗X

Es ist ein sehr empfindliches Gleichgewicht, das die einzigartige Landschaft mit den Dünen, dem auf Sand wachsenden Wald und der biologischen Vielfalt möglich macht und erhält. Deshalb ist es außerordentlich wichtig, dass dieses durch **umsichtiges und verantwortliches Handeln** gewahrt bleibt. Die Humusdecke der Halbinsel ist dünn und verletzlich. Aus diesem Grund wurde 1991 zum Schutz und Erhalt des Naturerbes sowie der mehr als 150 ethnisch-kulturellen und historischen Kulturdenkmäler der Nationalpark Kurische Nehrung geschaffen (das Infozentrum, die Hauptverwaltung und das Naturmuseum sind in Smiltynė, s.u.). Er umfasst die gesamte Nehrung einschließlich aller Ortschaften (auch Smiltynė; es ist aber praktischerweise bei Klaipėda erwähnt).

Die **Parkeintrittsgebühren** (Motorrad 7 Lt., PKW 15 Lt., Minibus 20 Lt., Wohnwagen 100 Lt.; keine Gebühr für Personen und Fahrräder) werden bei der Anreise von Klaipėda erst 8 km südlich von Smiltynė beim Kontrollposten in **Alksnynė** (Tel. 53135; er steht neben dem Einzelgehöft von 1898) kassiert, bei Einreise vom Kaliningrader Gebiet gleich hinter dem **Grenzposten.** Das Ticket gilt 24 Std. (Verlassen und Wiedereinfahrt beliebig oft, auch am anderen Kontrollposten möglich; deshalb Ticket aufbewahren).

Von den 26.474 ha Parkfläche auf litauischer Seite entfallen 4200 aufs Haff, 12.500 auf die Ostsee und 9774 auf die Nehrung (u.a. 70 % Wald, 25 % Sandflächen). Es gibt u.a. zwei streng geschützte Naturreservate (19 %), vier Landschaftsschutzgebiete (58 %) sowie kulturelle Schutzzonen und Erholungszonen (18 %).

Fauna und Flora

Hier gibt es 37 der 65 in Litauen vorkommenden Säugetiere, davon zehn seltene und vier geschützte (u.a. Flussotter und Seehunde). Schätzungen sprechen von 30 Elchen, 210 Rothirschen und Rehen, 120 Wildschweinen, 100 Füchsen und vielen Nagetieren (u.a. Hasen, Eichhörnchen, Biber, Marder, Dachse). Außerdem findet man 40 Fisch-, 470 Schmetterlings-, rund 300 Käfer- und viele Insektenarten. Von den über 200 Vogelarten brüten hier mehr als 100, darunter 54 geschützte Arten wie der Seeadler. Nördlich von Juodkrantė ist die mit rund 1500 Nestern landesweit größte Kolonie von grauen Kormoranen beheimatet. Während des Vogelzugs im

Frühling und Herbst überfliegen rund 15 Mio. Vögel die Nehrung.

Die meisten Bäume wurden angepflanzt, darunter die dominanten (Berg-)Kiefern, aber auch Fichten, Birken, und Erlen. Es gibt etwa 350 Pilz- sowie 960 Pflanzenarten, darunter 190 sehr seltene und 31 geschützte.

Aufenthaltsbestimmungen

Besucher sind gehalten, ihre **Fahrzeuge** nur auf Parkplätzen abzustellen (bei nicht vorschriftsmäßig geparkten Fahrzeugen wird meist eine Reifensperre montiert), nur die zugelassenen Wege zu befahren und die Tempolimits (innerorts 40 km/h, ansonsten 60 bzw. 70 km/h) zu beachten (manchmal Radarkontrollen; gelegentlich überqueren Wildschweine, sehr selten Elche die Fahrbahn). Die Straße ist relativ schmal, auf Radfahrer sollte man immer gefasst sein.

Es ist auch streng **verboten,** Lärm zu machen, ohne Erlaubnisschein zu jagen sowie Vögel zu verscheuchen oder ihre Nester zu zerstören. Denn nur eine intakte Vegetation kann alles erhalten.

Deshalb: kein Feuer machen, Bäume, Sträucher und Waldwerk nicht beschädigen, bis auf den Campingplatz in Nida nicht zelten, nichts abpflücken, die Wald- und Dünenpfade nicht verlassen, keinen Abfall zurücklassen und keine Strandburgen in den Dünen bauen. Sonst könnte es sein, dass es dort bald keine Dünen und keinen Strand mehr gibt! Für o.a. Vergehen werden drakonische Strafen verhängt (bis 300 Lt.).

Neringa

↗X

Neringa (s. auch Exkurs „Die Sage von der schönen Riesin Neringa") ist ein durch die Verwaltungsreform 1961 geschaffenes, künstliches Gebilde. Damals wurde fast der gesamte litauische Teil der Nehrung mit den Orten Juodkrantė, Pervalka, Preila und Nida zusammengefasst und **zur Stadt ernannt.** Smiltynė, das sich bis 5 km südlich des Fährhafens erstreckt, ist Stadtteil von Klaipėda (s. dort). Neringa umfasst 95 km² und hat eine rund 45 km lange „Hauptstraße", aber nur 2800 Einwohner – ein **Kuriosum.**

Verkehrsverbindungen

Von Klaipėda gibt es mehrere **Fährverbindungen** (s.o.). Beim Fähranleger der Personenfähre in Smiltynė ist ein **Busbahnhof.** Abgestimmt auf den Fährenfahrplan fahren hier Mikrobusse nach Nida und einige Busse nach Kaliningrad (s. Klaipėda/Verkehrsverbindungen). Die Luxusbusse (z.B. Kaunas – Nida, 4 Std.) nehmen meist die südlich davon gelegene Autofähre, (kein Zustieg in Smiltynė möglich). Die Kilometer-Steine neben der Straße stammen noch von der Alten Poststraße, die früher Memel und Königsberg verband und die auch heute fast durchgehend als Smiltynės plentas die gesamte Nehrung entlangführt.

- **Mikrobusse** Smiltynė-Nida (7 Lt., 50 Min.) via Juodkrantė (3 Lt., 20 Min.); fahren etwa alle 30 Min.von 6-23 Uhr, von Sept.-Mai stdl. von 7-20 Uhr. Einige fahren fahrplangemäß nach Pervalka (5 Lt.) und Preila (6,50 Lt.) (ansonsten die jeweils letzten 2 km zu Fuß gehen). Sie halten i.d.R. nur an den Bushaltestellen.

Der **Grenzübertritt** von Nida auf den russischen Teil der Nehrung ist nur mit einem russischen Visum möglich, das man sich vor Reiseantritt bei der Botschaft besorgen muss.

Die **einzige Tankstelle** auf der Nehrung befindet sich zwischen der südlichen Abzweigung nach Nida (Taikos gatvė) und dem litauischen Grenzposten nach Kaliningrad (24 Std. geöffnet, Tel. 52161). Der **russische Grenzposten** ist 2,5 km weiter südlich.

Taxis verlangen oft 50 Lt. pro Person für die Strecke Smiltynė-Nida. Ggf. auf 8-10 Lt. p.P. in einem Sammeltaxi herunterhandeln (Eintrittsgebühr in den Nationalpark nicht inklusive).

Im Sommer fährt sonntags um 13.30 Uhr ein **Schiff** vom Hafen in Nida nach Kaunas (Infos s. Kaunas; Ticketkauf in Nida, Taikos 4, Tel. 52345).

Juodkrantė (Schwarzort) ↗X/A2

18 km von Smiltynė liegt der zweitgrößte Ort der Nehrung mit 720 Einwohnern, langgestreckt an der geschützten Haffseite entlang der Hauptstraße L. Rėzos, eingebettet in das Dünental der großen **Parabol-Dünen.** Sie ist eine der ältesten Siedlungen der Nehrung (erstmals 1429 erwähnt) und hat sogar die Zeit der Wanderdünen unbeschadet überstanden, da Reste des ursprünglichen Waldes mit bis zu 50 m hohen Kiefern den Ort von drei Seiten her schützen. Daher stammt auch sein Name, da sich der „schwarze" Wald deutlich von den weißen Dünen abhob (der litauische Name bedeutet aber „Schwarzküste").

Juodkrantė lebte von der Fischerei und Bernsteinsuche. Bei der Bootsanlegestelle etwa 1 km nördlich des Ortes (Promenadenweg) sind noch Überreste des alten **Bernsteinhafens** zu sehen, der bei der Suche nach dem „baltischen Gold" ausgehoben wurde (s. Exkurs „Bernstein – das baltische Gold"). Daran erinnert auch noch die künstliche Bernsteinbucht, an die der ausgewaschene Sand geworfen wurde. Nördlich davon liegt die größte **Graukormoran-Siedlung** des Landes.

288li Foto: gs

Wegweiser zum Hexenberg von Juodkrantė

Vor dem Zweiten Weltkrieg war Schwarzort ein weltberühmter **mondäner Kurort** mit 15 Hotels und Gasthöfen. An ihn erinnern noch einige schöne **Holzvillen** von 1900-20 sowie das Kurhaus von 1868, die ebenso wie die 15 alten **Fischerhäuser** entlang der Rėzos g. unter Denkmalschutz stehen. Diese bieten mit ihren verzierten Giebeln und den Kurenwimpeln reizvolle Fotomotive. Juodkrantė ist dank seines herrlichen alten Waldes mit vielen Wanderwegen und der salzhaltigen Meereswinde ein beliebter **Luftkurort** und hat überdies eine sehr ruhige und erholsame Atmosphäre, obwohl nach dem Ausbau des kleinen **Jachthafens** auch hier der Tourismus verstärkt Einzug gehalten und Nida etwas den Rang abgelaufen hat. Dieser liegt im nördlichen (Haupt-) Teil des Orts, in dem man auch das alte Villenviertel, die meisten öffentlichen Einrichtungen und einige Läden, Lokale und Hotels findet. Vor dem Hotel „Vila Flora" steht das **Denkmal** für *Liudvikas Rėza* (Ludwig Rhesa).

Der Rektor der Königsberger Universität, Dichter und Folkloreforscher (1776-1840) war Herausgeber und Übersetzer des **Poems Metai** („Jahreszeiten"; von 1818) des Schriftstellers *K. Donelaitis*, vieler Fabeln und der ersten poetischen Volksliedersammlung (Dainos) mit 85 Liedern auf litauisch und deutsch (1825).

Die 2,4 km lange **Haffpromenade,** an der 1997 ein **Skulpturenpark** mit 31 Figuren des Bildhauersymposiums „Erde und Wasser" angelegt wurde, erstreckt sich nördlich des Jachthafens

Der Bernsteinschatz von Juodkrantė

1854 wurden während der Vertiefung der Fahrrinne große Schichten von Bernstein entdeckt. Zwei Kaufleute aus Klaipėda (Memel) gründeten die Firma „Stantien und Becker", erhielten 1860 eine Lizenz, und förderten bis 1890 rund 2250 Tonnen Bernstein aus drei riesigen Klötzen, von denen der größte auf einer Sandbank rund 600 m vor dem Haff lag. Hier arbeiteten bis zu 600 Leute mit Dampfbaggern, Schuten und Booten. Dabei fand man außer Rohbernstein überraschenderweise auch Bernsteinknöpfe, -broschen, -perlen, und -schmuck, deren Herkunft unbekannt war. Erst 1880 gelang es dem Geologen *R. Klebs,* alle 434 gefundenen Stücke wieder aufzutreiben und zeitlich einzuordnen (die meisten stammten aus dem Neolithikum 4000-3500 v. Chr.). Daraufhin ging die sensationelle Meldung vom Fund eines prähistorischen Bernsteinschatzes um die ganze Welt. Zu den wertvollsten Bestandteilen des Schatzes gehörten die kunstvoll geschnitzten Menschen- und Tierfiguren, die von den damals an der Ostseeküste lebenden Baltenstämmen zu Amuletten verarbeitet wurden. Man vermutet deshalb, dass hier ein heidnischer Opferplatz war. Der größte Teil des Schatzes wurde im Preußischen Museum von Königsberg ausgestellt, einige Stücke gerieten in Privatsammlungen. Im Verlauf des Zweiten Weltkriegs ging ein großer Teil des Schatzes verloren. Doch bereits zu Beginn des 20. Jh. hatte *Klebs* den Schatz vermessen, beschrieben und gezeichnet. Außerdem gab es Gipsabdrücke im Kriegsmuseum von Kaunas. So ist es möglich, dass heute wieder Kopien des Bernsteinschatzes in den Bernsteinmuseen von Palanga, Vilnius und Nida zu sehen sind. 22 Originalstücke werden heute im Geologiemuseum von Göttingen ausgestellt.

bis zum kleineren Südteil des Orts mit der **neogotischen Backsteinkirche** von 1885 (seit 1989 finden wieder ökumenische Gottesdienste statt; es gibt auch Klassikkonzerte). Davor steht eine Christusstatue; auf der anderen Staßenseite liegt die Ausstellungshalle des **Kunstmuseums** (Rėzos 3, Tel. 53323, Mai-Sept. 11-18 Uhr, außer Mo). Etwa auf halber Strecke zwischen dem gegenüberliegenden Hotel Ažuolynas und dem Jachthafen führt bei der Rėzos 46 eine Abzweigung zum **Hexenberg** *(Raganų Kalnas)* mit dem Schild *Muziejus*.

Skulptur an der Uferpromenade in Juodkrantė

Hier ist ein **Märchenpfad** als Rundparcours mit etwa 1,5 km Länge angelegt worden, der einen Spaziergang lohnt. Den Pfad säumen rund 100 Hexen und Teufel und allerhand sonstige bizarre Eichenfiguren, die von litauischen Holzschnitzern und Volkskünstlern 1979-81 nach Motiven litauischer Volksmärchen und Sagen geschaffen worden sind. 1988 wurde der Pfad um 12 Bildhauerskulpturen erweitert. Bei Symposien werden die Skulpturen renoviert und neue geschaffen. Sie sind nicht nur zum Angucken da, sondern auf einigen davon dürfen die Kinder sogar herumklettern. Schon der Eingang ist eine Sehenswürdigkeit, und es lohnt sich auch ein Besuch in einem der vielen Souvenirgeschäfte. Bei Dunkelheit ist der Besuch nichts für

040li-Foto: gs

schwache Nerven. Geradezu mystisch wird hier der Johannistag am 23./24. Juni (s. Exkurs) gefeiert, wohl der ideale Platz einer „Walpurgisnacht".

Von der Rėzos gatvė führen einige **Wanderwege** rund 1,6 km durch einen der ältesten Wälder der Nehrung zum Ostseestrand.

Nützliche Adressen

- **Touristinformation** im Hotel Ąžuolynas (s.o.), Tel./Fax 53490, Di-Sa 9-17 Uhr, im Winter Mo-Fr 9-17 Uhr, auch Zimmervermittlung.
- **Bank,** (auch Cashservice und Reiseschecks, Geldwechsel), Rėzos 54, Tel. 53245.
- **Öffentliches WC,** Kalno 3, Rėzos 6 a.
- **Telefon,** Kalno 3 (tgl. 8-24 Uhr).
- **Bushaltestellen,** bei Rėzos 56 und gegenüber Rėzos 6 a (Hexenberg).
- **Post,** Kalno 5, Tel. 53222, Mo-Fr 8.30-17 Uhr.
- **Grenzpolizei,** Žaliasis Kelias 2, Tel. 53182.
- **Erste Hilfe,** Kalno 26, Tel. 53282.
- **Apotheke,** im Hotel Ąžuolynas.
- **Buchgeschäft,** Rėzos 13, Tel. 53357, gute deutschsprachige Literatur über das Memelland etc., alte Postkarten.

Unterkunft

- **Ąžuolynas** (Eichenwald), Rezos 54, Tel. 53310/Fax 53316, hotelazuolynas@takes.lt; Hotelkomplex mit 74 modern ausgestatteten Zimmern (EZ ab 111, DZ ab 141 Lt.); sehr angenehme Atmosphäre, Restaurant, Café, Bar, Sauna, Pool, Fahrradverleih, Tennis; große Wasserrutsche, Basketball, Billard, viele deutsche Reisegruppen.
- **Santauta,** Kalno 26, Tel. 53167/Fax 53349; 41 kleine, einfache Zimmer (EZ ab 20, DZ ab 45, Triple ab 70 Lt.), Sauna, Pool, Bowling, Tennis, Bar, Restaurant, Tischtennis, Billard.
- **Smilga,** Kalno 18, Tel. 53238; 20 Zimmer (ab 35 Lt. pro Person, je nach Auslastung), altes Gebäude mit altem Mobiliar, etwas trostlos.
- **Eglių Slenis** („Tannental"), Ievos Kalno 28, Tel./Fax 53170; 34 Zimmer (EZ ab 120, DZ ab 220, Luxus ab 300 Lt.), das beste Hotel am Ort, schöne, moderne Apartments mit Balkon und Küche, guter Service, Café, Bar, egliuslenis@audejas.lt.
- **Vila Flora,** Kalno 7 a, Tel. 53024, Fax 53421, vilaflora@takas-.lt, 17 Zimmer (EZ ab 160, DZ ab 240 Lt.), neu erbaut im alten Villenstil, beliebt, modern, guter Service; Bar und gutes Restaurant (mit prima Frühstück).
- **Kuršių Kiemas** (Kurischer Hof), Miško 11, Tel. 53004, Fax 53114, 20 Zimmer (EZ ab 75, DZ ab 180 Lt.), renoviertes „Hotel Bachmann" von 1895, in Waldnähe, Fitnessraum.
- **Kurenas,** Rėzos 10, Tel. 53101, 7 Zimmer (EZ ab 150, DZ ab 250 Lt.), modern, sehr sauber, mit Café.
- **Užmaris,** Žaliasis Kelias 8, Tel. 53337/Fax 26-227462; liegt direkt am Meer, 3 km vom Zentrum, hinter dem Parkplatz abbiegen; einfache DZ je nach Saison 150-200 Lt./ Apartments 350-600 Lt., Sauna, Pool.
- **Juodas Kalnas,** Ievos Kalno 22, Tel. 53425, 6 Zimmer (EZ 60/DZ 90/Triple 130 Lt.), schöne neue Zimmer, aber Etagenbad, Sauna.
- Es gibt auch mehrere **Pensionen,** die 20-40 Lt. pro Person verlangen, u.a. in der Kalno 14, 24, 28 sowie **Apartments** ab 150 Lt. (u.a. in Kalno 5a, Tel. 53287/Ievos Kalno 14-2, Tel. 53295/Ievos Kalno 16-12, Tel. 52803/ Rėzos 34-5, Tel. 53369). Informationen bei der Touristinformation (s. u.) oder im Ort fragen.

Gastronomie

Neben den Restaurants und Cafés in den o.a. Hotels gibt es auf der Rėzos g. einige gemütliche und billige Lokale (z.B. in Nr. 6 a, 30, 42, 48) und Räucherfischbuden (z.B. in Nr. 1, 16, 20, 22, 26, 28, 36, 44), dem Haupterwerbszweig neben dem Tourismus. Bei den meisten kann man draußen sitzen, viele haben nur während der Saison geöffnet.

Aktivitäten

- Gute **Anlaufstellen** sind die Hotels. **Bootsverleih** auch in Rėzos 6, Reiten unter Tel. 53194.

Feste

- **Fischerfest,** Mitte Juni, Konzerte, Fischerspiele u.a.

- **Festival der Kammermusik,** Ende Juli bis Mitte August (in der Kirche).
- **Musikalischer August an der See,** an Wochenenden.

Südlich von Juodkrantė

Kurz hinter Juodkrantė, wo die Straße vom Haff weg und bergauf führt, kann man einen **Abstecher** zu einem Aussichtspunkt bei den 45 m hohen **Reiherbergen** (Garniai-Hügeln) unternehmen, wo eine Kolonie der Stelzvögel beheimatet ist. Gleich danach, kurz vor km 23, findet man einen schönen Rastplatz, von dem aus man zum **Avinas** (Schafsberg) hinaufsteigen kann. Der ist zwar bloß 40 m hoch, bietet aber dennoch einen wunderschönen Blick über das Haff, die Nehrung und auf die Ostsee. Südlich von hier erstreckt sich die 9 km lange Kette der „Toten Dünen", das streng geschützte **Naglis-Naturreservat,** das sich fast bis Pervalka hinzieht. Es kann erst vom Parkplatz bei Km 31 aus über einen Bretterfußweg besichtigt werden, der auf den 53 m hohen Naglių kopa (Neegelschen Berg) führt, unter dem das Dorf **Neegeln** (Naglių) liegt. Von hier hat man einen faszinierenden Blick aufs Haff. Das Dorf wurde zwar noch zwei Mal an anderer Stelle wiederaufgebaut, aber immer wieder vom Sand begraben, bis es schließlich aufgegeben wurde. Von hier sieht man auch das **Kupsten-Terrain,** wo Wind und Regen bizarre Formen in den Dünensand modelliert haben. 2 km nach dem Parkplatz (bei Km-Stein 35) zweigen **Stichstraßen** nach rechts zum Ostseestrand (ca. 1,5 km) sowie nach links zum Haff ab. Hier beginnt auch der rund 20 km lange **Radweg** nach Nida (gut beschildert, auch mit Infos zu Sehenswürdigkeiten; relativ flach, führt oft durch Waldgebiete; hat Rastplätze; **Infoblatt** bei den Touristinformationen). Nach 2 km, auf der Stichstraße nach links, erreicht man Pervalka.

Pervalka (Perwelk) ↗ X/A3

Dieser verträumte Ort mit rund 40 Einwohnern und 11 denkmalgeschützten **Fischerhäusern,** der 1836-44 von Bewohnern der vom Sand verschütteten Dörfern Neegeln und Karweiten gegründet wurde, liegt direkt am Haff. Auf dem etwas nach Osten ins Haff hineinragenden **Landvorsprung** hoffte man vor den Wanderdünen sicher zu sein, die weiter nördlich und südlich unaufhaltsam ein Dorf nach dem anderen unter sich begruben. Nördlich des Orts ragt hinter der Agila-Bucht eine Landzunge, der sog. *Pferdehaken* ins Haff, auf dem der **Pferdeleuchtturm** von 1900 steht. Man erreicht ihn per Boot oder zu Fuß am Haffufer entlang. Weiter nördlich liegt das o.a. **Naglis-Naturreservat,** das allerdings nicht betreten werden darf.

Nützliche Adressen

- **Infos** bei der Touristinformation in Nida.
- **Boots-/Wasserradverleih:** Pervalkos 13, 21.

Unterkunft

Es gibt einige **Erholungs- und Ferienhäuser,** alle an der Pervalkos gatvė.

- **Baltija,** Pervalkos 12, Tel. 55250; Sauna.
- **Baldininkas,** Pervalkos 29: Sauna, Radverleih, Tischtennis, Tel. 55266.

●**Nemunas,** Pervalkos 13, Tel. 55282, Billard, Tischtennis.

Südlich von Pervalka

Der **Radweg nach Nida** führt teilweise an der Haffküste entlang. Neben Kiefern stehen auch viele Birken und Erlen, mit Glück sieht man auch Rotwild. **Autofahrer** müssen die Stichstraße zurück zur Alten Poststraße nehmen.

Von dort etwa einen Kilometer weiter südlich führt ein Weg links auf den 53 m hohen **Skirpstas** (Kirbste-Berg) hinauf. Auf der Kuppe der einstigen Düne, mit Blick weit über die Nehrung und das Meer, steht eine **Holzskulptur** mit dem Portrait von *Ludwig Rhesa* und der Inschrift eines seiner Gedichte (s. Juodkrantė). Er wurde 1776 in dem weiter südlich gelegenen Ort Karvaičiai (Karwaiten) geboren. Dieser wurde 1797 aufgegeben und an die Bucht verlegt, aber auch dort von den Sandmassen eingeholt.

Preila (Preil) ↗X/A3

Der 1843 von Bewohnern der versandeten Dörfer Neegeln und Karwaiten gegründete Ort liegt ebenfalls 2 km abseits der Poststraße an der Haffküste und 4 km südlich von Pervalka.

Strand bei Nida

074li Foto: gs

Er ist ebenso wie Pervalka bisher ein sehr ruhiger und angenehmer **Ferienort** mit rund 200 Einwohnern und ideal für einen erholsamen und naturnahen Urlaub. Die 19 denkmalgeschützten **Fischerhäuser** mit Schilf- oder Strohdächern wurden 1910-30 erbaut. Ein 2 km langer Weg führt zum Ostseestrand.

Nützliche Adressen

- **Apotheke,** Preilos 57, Tel. 51113.
- **Post,** Preilos 57, Tel. 52236.

Unterkunft

- Übernachtung in einigen **Ferienhäusern,** z.B. in *Preilos 23-3,* Tel. 55298, 4 Zimmer, ab 150 Lt. oder in **Preila,** Preilos 39, Tel./Fax 52328, 65-90 Lt. p.P. (Sauna, Tischtennis, Billard, Boots- und Wasserradverleih).

Südlich von Preila

Zwischen Preila und Nida erstreckt sich ein Waldgebiet, das **Elchbruch** genannt wird und in dem auch heute noch einige wenige Elche leben sollen.

Südlich von Preila liegt die mit 67 m höchste Düne der Nehrung **(Vecekrugo Kalnas).** Der Anstieg ist etwas steil, wird aber von der tollen Aussicht auf die Buchten und Landzungen am Haff belohnt. Auf dem Radweg biegt bei der Bulvikis-Düne kurz vor Nida ein Kiesweg zum **Bulvikis-Horn** ab, der breitesten Stelle der Nehrung mit 3,8 km (es nimmt aber durch den Haffstrom ständig ab). Von hier sieht man bei gutem Wetter die andere Haffseite (8 km entfernt). Autofahrer müssen zur Alten Poststraße zurück, von dort sind es noch 9 km bis Nida.

Nida (Nidden)

↗ X/A3

Der bekannteste Ort der Nehrung und ihr Verwaltungszentrum liegt rund 48 km von Smiltynė bzw. 3 km von der Kaliningrader Grenze entfernt. **Drei Zufahrtsstraßen** führen zum Zentrum, von denen die *Kuverto* und *Taikos* zu empfehlen sind.

Nida, das ist der Inbegriff der Kurischen Nehrung, ihr Herzstück und sicher ihr schönster und beliebtester **Ferienort,** zudem noch **Kurort, Fischerort** und **Hafen.** 3 km südwestlich von Nida, südlich der „Gleiter-Düne" im heutigen **Grobštas-Naturreservat** und Grenzgebiet, stand die vermutlich **älteste Siedlung** der Nehrung. Sie wurde erstmals 1385 unter dem Namen *Noyden* in Berichten des Deutschen Ordens erwähnt. Der **Gasthof Nida,** 1429 und 1437 erwähnt, stand weiter östlich, um den sich dann das Dorf Nida entwickelte. Es versandete 1675 und wurde 500 m weiter nördlich bei der Parnidder Düne wiederaufgebaut, wo es 1732 das gleiche Schicksal ereilte. Den neuen Ort verlegte man dann an die Haffküste, wo er mit den Dörfern Škruzdynė („Ameisenhaufen") und Purvynė („Schlamm") verschmolz (eine 2 km lange Straße verbindet noch heute die Stadtteile). Der Versandung kam man durch Dünenbepflanzung zuvor (s.o.). Ende des 19. Jh. wurde Nida **Künstlerdomizil,** 1933 dann Kurort mit damals 5 Hotels.

Herrlich ist die Lage Nidas am stillen Wasser des Haffs: im Norden und Westen von sattgrünen Wäldern ein-

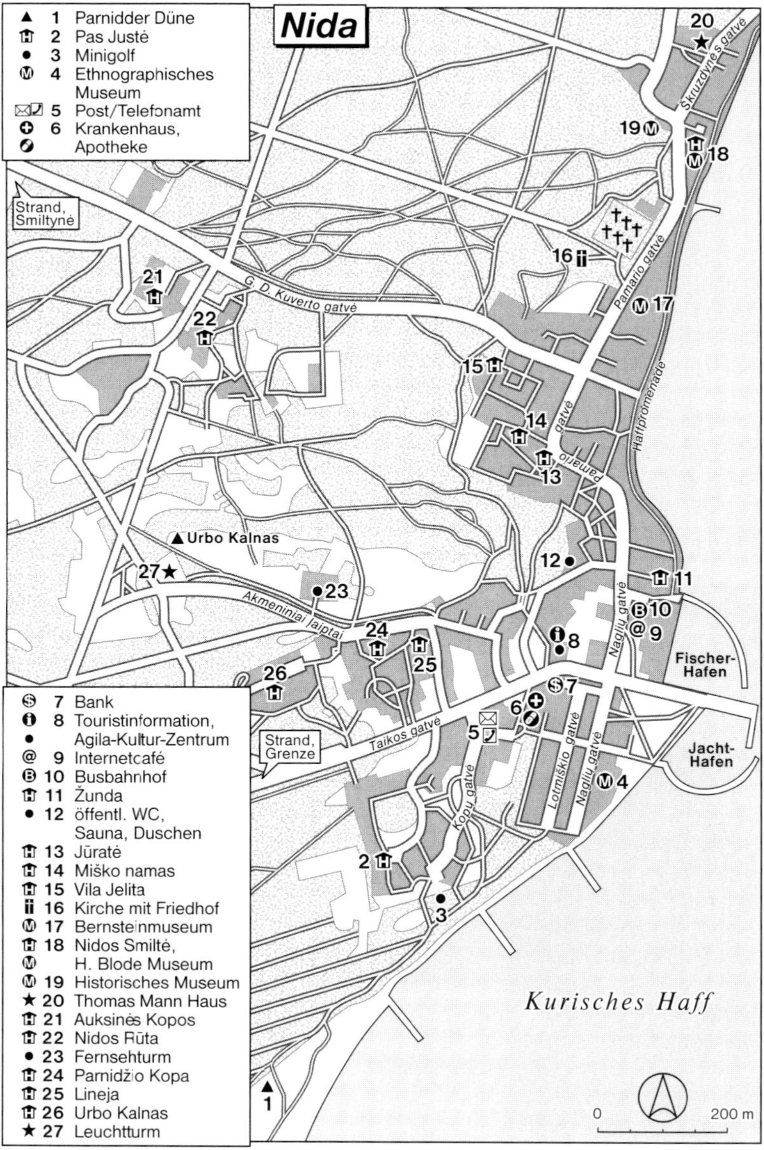
Nida
▲ 1 Parnidder Düne
2 Pas Justė
● 3 Minigolf
4 Ethnographisches Museum
5 Post/Telefonamt
6 Krankenhaus, Apotheke
7 Bank
8 Touristinformation, Agila-Kultur-Zentrum
@ 9 Internetcafé
10 Busbahnhof
11 Žunda
● 12 öffentl. WC, Sauna, Duschen
13 Jūratė
14 Miško namas
15 Vila Jelita
16 Kirche mit Friedhof
17 Bernsteinmuseum
18 Nidos Smiltė, H. Blode Museum
19 Historisches Museum
★ 20 Thomas Mann Haus
21 Auksinės Kopos
22 Nidos Rūta
● 23 Fernsehturm
24 Parnidžio Kopa
25 Lineja
26 Urbo Kalnas
★ 27 Leuchtturm
Strand, Smiltynė
Strand, Grenze
G. D. Kuverto gatvė
Škruzdynės gatvė
Pamario gatvė
Pamario gatvė
Haffpromenade
Urbo Kalnas
Akmeniniai laiptai
Taikos gatvė
Naglių gatvė
Lotmiškio gatvė
Naglių gatvė
Kopų gatvė
Fischer-Hafen
Jacht-Hafen
Kurisches Haff
0
200 m

gesäumt, im Osten von der silbrig glitzernden Fläche des Haffs und im Süden von den leuchtend weißen Sanddünen, die sich turmhoch über die Wipfel der Bäume erheben. Die nahe Ostsee lädt zum Baden ein, an der **Haffpromenade** lässt es sich entspannt bummeln und radfahren. Nida hat viel von seinem Charme bewahrt, der schon früher viele Künstler und Erholungssuchende anzog. Auf die etwa 1800 Einwohner kommt in der Saison ein Vielfaches an Feriengästen, was der Gemütlichkeit aber keinen Abbruch tut. Im Sommer geben manchmal kleine Musikkapellen abendliche Konzerte am Haff. Souvenirhändler, Straßencafés, Räucherfischbuden sowie die vielen flanierenden Gäste halten den Ort lebendig.

Sehenswertes

Das **Zentrum** liegt westlich des Hafens beim Rathausplatz und der Touristinformation. Viele der schönen alten **Fischerhäuser,** von denen 52 denkmalgeschützt sind, findet man südlich davon in den Sträßchen Lotmiškio und Naglių, einige mit bezaubernden Vorgärten, einige auch mit (Garten-)Restaurants und Pensionen. Das Räucherfischlokal in der Naglių 6 zieren Giebelbretter von zwei Schwänen mit Sonnenblumen.

In der Nr. 4 ist das **ethnographische Museum** untergebracht (Di-Sa 11-17 Uhr, vom 1.6.-1.9. Di-So 10-18 Uhr, Tel. 52372, Fax 52601, neringosmuz@is.lt). In diesem Fischergehöft sind original ausgestattete Räume zu sehen,

289li Foto: gs

die mit ihren Arbeitsgeräten, Hausrat und Mobiliar einen anschaulichen Einblick in das Leben der Nehrungsfischer vom 19. Jh. bieten. Im Garten stehen vier alte schwarze **Kurenkähne.** Die meist 8-10 m langen und 3 m breiten *Kurenai* aus dickem Eichenholz ohne Kiel, aber einem Seitenschwert zur Stabilisierung, waren aufgrund ihres geringen Tiefgangs ideal für den Fischfang auf dem oft nur 3 m tiefen Haff; sie waren seit dem 12. Jh. bekannt und wurden bis 1956 eingesetzt. Heute existieren drei Nachbildungen aus dem 19. Jh. Eine davon liegt im Sommer am Pier und wird für Touristenfahrten genutzt (Tel. 52768). An den Mastspitzen dieser Kähne befestigte man ab 1844 **Kurenwimpel.**

An die Südsee erinnert das daneben liegende Restaurant *Eserinė,* das im passenden ethnographischen Stil erbaut ist, mit Reetdach, viel Holz, rustikaler Ausstattung und Innenhof. Es bietet einen herrlichen Ausblick auf die Front der schneeweißen Dünen.

Man sollte sich einen Spaziergang auf die **Parnidder Düne** (Parnidžio-Kopa) mit 52 m Höhe auf keinen Fall entgehen lassen (Zugang in der Verlängerung der Naglių gatvė). Durch lichten Kiefernwald und über eine parkartige Fläche geht es den schneeweißen Sandbergen entgegen und dann über 170 Treppenstufen höher und höher hinauf. Ein unwirklich schönes Panorama bildet der Steilabbruch dieser hohen Dünenwand zwischen grünen Bäumen, mittelmeerblauem Himmel und dem Wasser des Haffs.

Die fast 14 m hohe **Sonnenuhr** (mit alten baltischen Kalenderinschriften) auf dem Gipfel ist bei einem Orkan 1999 teilweise abgesplittert (man erreicht die Düne auch auf einem Asphaltweg, der bei dem bewachten Parkplatz links von der Taikos gatvė abgeht und bis zum Parkplatz in der Nähe der Sonnenuhr führt).

Hier beginnt das **Parnidis-Landschaftsschutzgebiet,** an das das weiter südlich bis zur 2 km entfernten Kaliningrader Grenze liegende 9 km² große **Grobštas-Naturreservat** anschließt, dessen Zutritt verboten ist (unter dem Sand dieser zwei Gebiete liegen übrigens die ursprünglichen Siedlungen von Nida, 1675 und 1732 verschüttet). Hier sieht man eine der höchsten Dünen Europas in den Himmel ragen, die **Sklandytojų (Gleiter-) Düne** mit zurzeit 65 m Höhe. Sie war bei Drachenfliegern sehr beliebt, liegt aber heute im Grenzgebiet, betreten verboten).

Dies ist das Gebiet, das auch den Namen **Litauische Sahara** trägt, und wer schon einmal in der Sahara war, weiß, dass dieser Vergleich gar nicht übertrieben ist. Dort liegt auch das **Tal des Schweigens,** auch Tal des Todes genannt, weil hier im Mittelalter der Pestfriedhof lag und während des deutsch-französischen Kriegs 1870/71 viele französische Kriegsgefangene wegen der harten Lebensbedingungen bei der Dünenbepflanzung ihr Leben ließen.

Die Haffpromenade in Nida

Am Fuß der Dünentreppe kann man am Haffufer ein Stück in Richtung Süden gehen, wo man mit dem Blick auf die legendäre **Sandwand beim Grobštas-Horn** belohnt wird. Ein faszinierendes Naturerlebnis, nur Sand und Himmel. Hier beginnt das **Naturreservat,** das man nicht betreten darf. Man sollte es sowohl aufgrund der drakonischen Strafen auf litauischer Seite und möglicher stundenlanger Verhöre von russischen Grenzbeamten als auch zum Schutz der Natur nicht darauf ankommen lassen weiterzugehen. Wind und Sandmassen haben hier **großartig-skurrile Landschaften** modelliert, die nicht nur Maler und Fotografen faszinieren. Fantastische Schluchten und Steilabbrüche haben die Stürme in den Sand gefräst, feine Wellenmuster geschaffen und bizarre Sandinseln herausmodelliert.

Das **Wahrzeichen Nidas** ist der rotweiß geringelte, 29 m hohe **Leuchtturm** auf dem Urbo kalnas (Bärenberg). Er wurde 1874 auf der 51 m hohen Düne, die übrigens als erste Düne der Nehrung wiederaufgeforstet wurde, eingeweiht. Nach Zerstörungen im Zweiten Weltkrieg wurde er 1945 wieder aufgebaut. Von hier hat man einen tollen **Ausblick** auf die gesamte Breite der Nehrung (der noch besser ist, wenn einem der Leuchtturmwärter erlaubt, den Turm zu besteigen). Auf der anderen Seite der Taikos g. kurz vor der Bergkuppe führt ein Waldweg nach links (500 m Richtung Parnidis-Düne) zum **Gedächtnisstein für die Segelfliegerschule,** die 1933-39 hier operierte; später war hier das Sommerlager der litauischen Segelflieger. Auf dem Fundament des ehemaligen Hangars steht heute ein Bogen. In der Nähe liegt der **Campingplatz.**

Strand

Der Badestrand des Ortes liegt an der Ostseeküste und ist unterteilt in Textilstrand (rechts) und FKK (links), dazwischen der Frauenstrand (Erläuterungen beim Strand in Smiltynė). 2002 erhielt der Strand zum ersten Mal den Status der „Blauen Flagge" für sauberen Wasserzustand. Es gibt einige Umkleidekabinen, die Wassertemperatur beträgt im Juli/August max. 22° C. Alle Wege von Nida nach Westen führen zum Strand, die meisten durch den kühlen Kiefernwald. Der kürzeste mit rund 20 Min. Gehzeit ist der **Fußweg** entlang der Taikos g., gesäumt von einigen Räucherfischbuden. Es gibt im Sommer den **Shuttle-Bus** „Centras-Paplūdimys" zu jedem gewünschten Strandabschnitt bei genügend Passagieren (Abfahrt vor der Bank, Taikos 5; Fahrpreis 1 Lt.). **Parkplätze** gibt es an der Alten Poststraße, von der drei ausgeschilderte Zugangswege zum Strand führen und auf denen u.a. Eis, Getränke und Würstchen verkauft werden.

Künstlerviertel

Nida hat schon immer auch Künstler angezogen, die hier ihre Motive und Inspirationen fanden, und ist daher

„Onkel Toms Hütte":
das Thomas-Mann-Haus in Nida

nicht nur als Badeort berühmt, sondern hat sich auch einen Namen als **Malerwinkel** gemacht. U.a. malten hier *Lovis Corinth, Max Pechstein, Ernst Ludwig Kirchner* und andere Mitglieder der „Brücke". Meist muss man auch heute nicht weit gehen, um irgendwo zwischen Kiefern oder Dünen eine Staffelei zu sehen. Vor allem Ende 19./Anfang 20. Jh. traf sich hier die **Kolonie deutscher Expressionisten,** unterstützt durch den Kunstmäzen *Hermann Blode,* der die Maler in seinem Hotel in der Skruzdynės 2 (dem heutigen *Nidos Smiltė-Hotel,* wo eine Gedenktafel für ihn angebracht ist) freies Quartier gewährte, oder dafür Bilder bekam. Man erreicht es über die belebte Pamario g. oder über die gemütliche Haffpromenade, die beim Hafen beginnt (von ihm hat man einen schönen Ausblick auf die Dünenlandschaft um Nida).

Thomas-Mann-Haus

Die heutige millionenschwere Gemäldesammlung ist auf viele Museen der Welt verteilt. Replika vieler dieser Gemälde sowie Fotos vieler hier abgestiegener Künstler, Schriftsteller, Schauspieler etc. kann man in einer kleinen **Ausstellung** im Hotel sehen (8-19 Uhr). Auch der Nobelpreisträger *Thomas Mann* übernachtete hier 1929, und war von der Landschaft und Atmosphäre so angetan, dass er sich in der Nähe auf dem „Schwiegermutterberg" in bester Lage ein Sommerhaus bauen ließ – mit „Rivierablick", wie es heißt. Erst wenn man von dem am Hang erbauten Haus zwischen den Kiefern hindurch über Laubbäume und Ziegeldächer auf das Haff und seinen Strand blickt, versteht man, was damit gemeint ist. Der Nobelpreisträger verbrachte hier die Sommer der Jahre 1930-32 und arbeitete dabei unter anderem an dem Roman „Joseph und seine Brüder". Viele nannten das Haus „Onkel Tom's Hütte".

Das Thomas-Mann-Haus *(Tomo Mano namelis)* im typischen Stil der Nehrung mit Reetdach ist restauriert worden und birgt jetzt ein kleines **Gedenkmuseum** (Skruzdynės 17, Tel./Fax 52260). Es ist auch Sitz des Thomas-Mann-Kulturzentrums (Seminare, Konzerte etc., Di-Sa 11-17, im Sommer Di-So 10-18 Uhr), hat die Funktion eines internationalen Begegnungszentrums und organisiert das jährlich stattfindende **Thomas-Mann-Festival** (s.u.), bei dem Kulturinteressierte auf seinen Spuren wandeln können.

Historisches Museum

Weiter südlich liegt das Historische Museum (Pamario 53 , Tel. 51162, Di-So 10-17 Uhr, vom 1.6.-15.9. Di-So 11-19 Uhr). Zu sehen sind u.a. Fischfanggeräte (auch für Eisangeln), Kurenwimpel, Kurenkähne und alte Fotos. Besonders erwähnenswert ist die **Ausstellung über das Krähenfangen,** das bis 1943 meist von Kindern und älteren Leuten im Frühjahr und Herbst praktiziert wurde. Die Tiere wurden erst totgebissen, gekocht, dann gesalzen oder geräuchert verspeist. In der Bibliothek im gleichen Gebäude stehen u.a. die Werke von Thomas Mann.

Auf einer Anhöhe noch weiter südlich steht die **neogotische evangelisch-lutherische Kirche** von 1888, in der sonntags katholische Gottesdienste, manchmal auch Konzerte stattfinden. Um die Kirche finanzieren zu können, schrieb der Pfarrer 6000 Bittbriefe an Gemeinden des Deutschen Reiches. 1962 wurden Kanzel und Kirchengestühl als Saunaholz verheizt, 1966 wurde sie als Heimatmuseum

Jūratė und Kastytis – wo der Bernstein herkommt

An der Küste des Baltischen Meeres (Ostsee) lebte einst der starke und schöne Fischerjüngling *Kastytis,* der weit draußen seine Netze auslegte. Dort sah ihn eines Tages *Jūratė,* die Tochter des Meeresgottes, und sie verliebte sich in ihn, obwohl sie dem Wassergott *Patrimpas* versprochen war. Es gelang ihr, den Jüngling mit ihren Reizen zu verzaubern und zu sich ins Meer zu locken. Dort brachte sie ihn in ihren Palast auf dem Meeresgrund, und die beiden feierten Hochzeit. Doch als der Göttervater *Perkūnas* davon erfuhr, da erzürnte er, denn es war den Töchtern der Götter versagt, sich mit Sterblichen zu vermählen. Wutentbrannt schleuderte er seinen Donnerkeil ins Meer und zertrümmerte *Jūratės* Bernstein-Palast. Und seit jener Zeit spülen die Wellen immer wieder Trümmer des Palastes an den Strand, und die klaren Bernsteinstücke mit glatter Oberfläche gelten als die Tränen *Jūratės,* die ihrem geliebten *Kastytis* nachweint. Dieser wurde zur Strafe an einen Felsen auf dem Meeresboden geschmiedet.

und Konzertsaal genutzt, 1989 wieder der Kirchengemeinde zurückgegeben. Daneben liegt ein kleiner **Friedhof** aus dem Jahr 1732.

Ungewöhnlich sind die aus einem Brett geschnitzten **Grabkreuze** *(Krikštai)*, die man nur um das Kurische Haff herum findet. Diese Tradition reicht bis ins Heidentum zurück. Wie Waldgeister stehen sie zwischen den Bäumen. Und wenn man die schlicht aufgepinselten, teils längst verblassten Inschriften zu entziffern versucht, so entdeckt man viele deutsche Namen, darunter auch jenen des Gastwirts Blode (s.o.). Vom 16.-17. Jh. wurden sie für Männer mit Pferdeköpfen, für Frauen mit Vögeln verziert, ab Ende 17. Jh. für Männer auch mit Vögeln, für Frauen mit Blumen. Diese Symbole waren Sinnbilder des Leidens, wie man sie auch an den Giebelbrettern der Fischerhäuser findet (s.o.). **Kröten** dagegen wurden als **heilige Tiere** verehrt. Die Kurenbretter wurden am **Fußende** des Grabes aufgestellt, damit sich die Verstorbenen am „Tag der Auferstehung" gemäß ihres heidnischen Glaubens daran aufrichten konnten. Die der Männer waren aus Eiche oder Birke, die der Frauen aus Linde gefertigt. Größe, Verzierung und Farbe waren von Alter und Geschlecht abhängig. *Lovis Corinth* verewigte den Friedhof in einem seiner Bilder. Auch an neuen Gräbern werden z.T. Kurenbretter aufgestellt.

Das Grab des Dünenbepflanzers *Gottlieb D. Kuvert,* gleichzeitig Denkmal für seinen Sohn *Georg David,* liegt mitsamt der Gräber vieler Förster und Dünenwärter auf dem **Miskininkų-Friedhof,** nordöstlich der Kreuzung Kuverto-Smiltynės pl. (Alte Poststraße).

Bernsteinmuseum

Fast gegenüber der Kirche liegt das Bernsteinmuseum *(Gintaro Galerija)* in der Pamario 20 (Tel. 52573, vom 1.5. bis 15.10. von 10-19 Uhr, www.ambergallery.lt). Hier erfährt man alles Wissenswerte über das baltische Gold; Ausstellung einer Kopie des Bernsteinschatzes von Juodkrantė (s. Exkurs „Der Bernsteinschatz von Juodkrantė"); im Künstlerhaus daneben Ausstellung berühmter Bernsteinjuweliere und -meister sowie Verkaufsgalerie. Im Garten stehen interessante Skulpturen. Es gibt auch Filialen in der Skruzdynės 17 a und Naglių 14 a sowie in Vilnius.

Verkehrsmittel

- **Taxi,** Tel. 52708.
- **Busbahnhof,** Naglių 18e, Tel. 52472, von 6.45-13/14-20 Uhr (Mikrobusse nach Smiltynė; Busse u.a. nach Kaliningrad, Kaunas, Vilnius).

Nützliche Adressen

- **Touristinformation,** Taikos 4, Tel. 52345, Fax 52538, www.neringainfo.lt, Mo-Fr 8-12, 13-17 Uhr, Juni-August: Mo-Fr 9-20, Sa 10-16, So 10-15 Uhr. u.a. Zimmervermittlung (5 Lt. Gebühr), Karten, Exkursionen, auch Tickets für Schiffe nach Kaunas.
- **Postamt,** Taikos 15, Tel. 52647, Mo-Fr 9-12/13-17.30 Uhr; hier auch Gästehaus Palvė (s.o.).
- **Telefonamt,** Taikos 13, Tel. 52007, 9-22 Uhr; Okt.-April 9-17.45 Uhr; auch Telegramm und Fax.

- **Bankas Snoras-Kiosk,** Naglių 27, (Geldautomat im Sommer 24 Std.).
- **Bank,** Taikos 5 (Mo-Fr 8-16 Uhr), Tel. 52241, Geldwechsel, Reiseschecks, Western Union-Geldtransfer, Cash-service für Mastercard und Visacard.
- **Krankenhaus und Apotheke,** Taikos 11, Tel. 51203 bzw. 52138.
- **(Verkehrs-)Polizei,** Taikos 5, Tel. 52885.
- **Grenzpolizei,** Tel. 52100.
- **Zollamt,** Tel. 52161.
- **Hafenbüro,** Tel. 51101.
- **Umweltschutzbüro,** Taikos 2, Tel. 51232.
- **Öffentliches WC,** hinter Naglių 29, dort auch Duschen (7 Lt.) und Sauna (13 Lt/Std.); 10-20 Uhr.
- **Wäscherei,** Pamario 5, 8-22 Uhr.

Unterkunft

Neben den **Hotels** gibt es rund 50 **Ferienhäuser** und **Pensionen,** einige davon im traditionellen Fischerhausstil neu errichtet, einige nur im Sommer geöffnet. Eine Liste bzw. eine detaillierte Broschüre ist bei der Touristinformation erhältlich. Gegen eine Gebühr von 5 Lt. vermittelt sie Privatzimmer (i.d.R. 30-80 Lt. p.P.) und Apartments (i.d.R. 150-300 Lt.). Für den **kleinen Geldbeutel** haben die Hotels *Nidos Smiltė* und *Pušynas* sehr schlichte Räume (20-40 Lt.p.P.). Die Preise sind in der **Nebensaison** erheblich niedriger.

Hotels

- **Auksinės Kopos** (Goldene Dünen), Kuverto 17, Tel. 52387/Fax 52947, 96 Zimmer (EZ ab 115, DZ ab 140, Luxus ab 220 Lt.), 300 m nach Nida, 800 m zum Strand, im Kiefernwald, Restaurant, Bar, Sauna, Türkisches Bad, Schwimmbad (öffentlich!), Minigolf, Billard, Radverleih, Reiten, Wassersport; gut für Familien, abends oft Livemusik. Recht laut.
- **Jūratė,** Pamario 3, Tel. 52300/Fax 51118; Ferienheim mit 10 sehr verschiedenen Häusern, 220 einfache Zimmer (100-255 Lt.); das Haupthaus war von *Königin Luise* bewohnt und steht unter Denkmalschutz; Restaurant, Bar, Café, Sauna, Fitnesstudio, Radverleih. Gute Lage, wird nach und nach renoviert.
- **Nidos Rūta,** Kuverto 15, Tel. 52367, Fax 52819; einstiges Ferienheim der Nomenklatura, drei Gebäude, je 600 m zum Strand und nach Nida, 100 Zimmer (EZ 160 Lt., DZ ab 320 Lt.); Zimmerqualität verschieden, Restaurant, Fitnessraum, Billard, Bar, Pool, Sauna, Tennis, Radverleih, Wassersport. Ideal für Leute, die oft zum Strand gehen. Meist recht laut.
- **Urbo Kalnas,** Taikos 32, Tel. 52428/Fax 52953; 900 m zum Strand, 300 m nach Nida; in sehr schöner Lage auf der Düne beim Leuchtturm mit herrlichem Ausblick; ganzjährig geöffnet; 126 Zimmer (EZ ab 85, DZ ab 210 Lt.), Halb- und Vollpension möglich; Pool, Sauna, Bar, Radverleih.
- **Lineja,** Taikos 18 (etwas versteckt im Wohnviertel, Zugang nach Taikos 10), Tel. 52390, Fax 52718, www.pajuris.lt; 36 saubere, einfache Zimmer, etwas düster, (200-300 Lt.), Balkon, Restaurant, Bar, Sauna, Bowling, Billard, Radverleih, Fitnessraum.
- **Parnidžio Kopa,** Taikos 26 (Zugang nach Taikos 10), Tel./Fax 52794, www.kds.lt; 13 Zimmer (EZ 240, DZ 480, Apartment 1000-1200 Lt.), sehr modern, Fitnessraum, Pool, Sauna, Billard, Café.
- **Litorino,** Smiltynės 19, in Ostseenähe, Tel. 52528, Fax 51102, www.litorina-aubingiai.lt; oft ausgebucht von der High Society, 19 Zimmer (DZ ab 200 Lt., Apartment 450 Lt.), sehr modern, Restaurant, Fitnessraum, Sauna, Tennis, Billard.
- **Nidos Smiltė** („Niddener Sand"), Skruzdynės 2, Tel. 52221, Fax 52762, www.is.lt/smilte; früheres *Hermann-Blode-Künstlerhotel* (s.o.); 91 Zimmer (125-230 Lt.), zweckmäßig eingerichtet, hell, etwas klein; Restaurant, Bar, Sauna, Radverleih; 15 Min. zum Zentrum.
- **Nidos Pušynas** („Niddener Kiefernwald"), Purvynės 3 (in der Nähe vom Thomas Mann-Haus), gleiche Kontaktadresse wie Nidos Smiltė; Komplex aus den traditionellen Fischerhäusern „Heimat" (6 Zimmer), „Waldesruh" (7 Zimmer) und „Haffstrand" (9 Zimmer); EZ 125, DZ 190 Lt., modern eingerichtet, schöne Lage und Atmosphäre, beliebt bei deutschen Touristen, 25 Min. zum Zentrum, Restaurant, Radverleih.

●**Zunda,** Naglių 20 (Rezeption im Restaurant davor), Tel. 52835, 14 Zimmer (80-120 Lt.), an Haffpromenade; etwas hellhörig, aber für den Preis und die Lage schwer zu schlagen.

Gästehäuser, Pensionen

●**Pas Justė,** Kopų 15-4, Tel. 52354, Fax 52225, 11 schöne Zimmer, 250-300 Lt., angenehme Atmosphäre.
●**Palvė,** Taikos 15, Tel. 52824, Gästehaus der Telekom (über dem Postamt), modern eingerichtet mit Miniküche, 28 Zimmer (180-200 Lt.), Sauna, Billard.
●**Miško namas** (Villa Waldhaus), Pamario 11, Tel./Fax 52290, www.miskonamas.com, 6 Zimmer (145-290 Lt.); bezauberndes Holzhaus, romantische Atmosphäre, modern eingerichtet, mit Balkon, getrennte Eingänge, eigene Küche, Fahrradverleih.
●**Vila Jelita,** Kuverto 7-4 (in Seitenstraße), Tel. 52276, Fax 52287, neu erbaut im Fischerhausstil, 6 Zi. (200 Lt.), Küche.

Campingplatz

●**Kempingas Nidoje,** Taikos 45a (Richtung Strand, dann links ab; ist ausgeschildert), Tel. 8-682-41150, Fax 23643916, www.kempingas.lt . 15 Lt. p.P., 50 Lt. für PKW. Viele Freizeitmöglichkeiten (Tennis, Kino etc.), Verleih von Zelten, Schlafsäcken etc.

Gastronomie

Neben den Hotelrestaurants wartet Nida mit guten Lokalen auf, die meisten in traditionellen Fischerhäusern und deren Vorgärten entlang der Naglių gatvė. Die Bedienung kann recht langsam sein. Spezialität des Ortes ist **Räucherfisch** *(rųkyta žuvis),* fast überall zu kaufen.
●**Seklyčia,** Lotmiškio 1, Tel. 52945, tägl. 9-24, winziges, aber urgemütliches Café-Restaurant in einem kleinen Holzhaus mit Terrasse; Nationalspezialitäten, riesige Auswahl, auch gutes Weinsortiment; herrlicher Dünenblick, sehr populär.
●**Užeiga Senas Žvejas** (Alte Fischerkneipe), vor der Tankstelle am Grenzübergang zum Kaliningradgebiet; zünftige Grillbar, in der man das Fleisch an Halbmeterspießen und frischgeräucherte Aale bekommt.
●**Faksas,** im Wald in der Taikos gatvė 32a, ein Stück nach dem Lineja-Hotel rechts. Urige Atmosphäre, Räucherfisch, Tel. 51140.
●**Prūsų Rūmai,** Nagliū 29 a, Tel. 52317, 9-24 Uhr; rustikale Ausstattung, Fisch und Hähnchen sind hier Spezialität, gute Küche.
●**Vizitas/Kolibris,** Naglių 14a, gutes Café, nebenan guter Räucherfisch, 10-24 Uhr, Tel. 52557.
●**Po Vyšniom,** Naglių 10, gutes Gartenlokal mit litauischer Küche, 9-23 Uhr, Tel. 52306.
●**Agila Kulturzentrum,** Taikos 4; kleines Café, litauische und italienische Gerichte.
●**Bangomūša,** Naglių 5, Café, 9-24 Uhr, Tel. 52517.
●**Feliksas,** Taikos 14 (Hafengebäude), 24 Std., gute internationale Küche, manchmal Live-Musik.
●**Kuršis,** Naglių 29, Tel. 52804, 8-24 Uhr, kleines Cafe mit guten, billigen Gerichten.
●**Sena Sodyba,** Naglių 6, Tel. 52782, 9-23 Uhr, angenehme Atmosphäre unter Bäumen, gute Fisch-und Fleischgerichte.
●**Eserinė,** Naglių 2 (s.o.), Tel. 52757, 10-24 Uhr, kreative Küche, beliebt (s.o.).
●**Valgykla** (Kantine), Pamario 1, einfache und billige Gerichte.
●Weitere Lokale, Bars, Cafés etc. findet man in „KIYP".

Aktivitäten

●Bei einigen der o.a. Hotels und an verschiedenen Plätzen im Zentrum kann man **Fahrräder** ausleihen.
●**Reiten,** beim Forstamt (Nidos Girininkija, Purvynes 27, Tel. 52302).
●**Rollschuhverleih,** beim Hafen.
●**Pferdekutschenfahrten,** beim Hafen.
●**Kegeln,** Hotel Linėja.
●**Minigolf, Tischtennis, Billard, Fitnessraum,** bei Neringa-Sportschule, Lotmiškio 2, Tel. 52828; Ruder-/Tretbootverleih, Jachtclub.
●**Motor-, Segelbootverleih, Wasserski,** beim Hafen.
●**Bootsausflüge** (u.a. mit Kurenkähnen zum Nemunasdelta) im Juli/August, Infos beim Hafenbüro bzw. unter Tel. 23425, 52333.

●**Freibad,** beim Hotel Auksinės Kopos (10 Lt.).
●**Karaoke,** Naglių 18e, kleine Bar, Tel. 51346, bzw. neben Hotel Jūratė.

Feste

●**Ende Mai,** Musikfestival (Eröffnung der Sommersaison).
●**22.-24.Juni,** Intern. Kunstfestspiele (u.a. Theater, Konzerte, Folklore-, Handwerksvorführungen).
●**Mitte Juli,** Thomas-Mann-Festival, einwöchig, Konzerte, Lesungen, Filme, Ausstellungen u.a., Infos Tel./Fax 52260, www.thomas-mann-festival.de, mann@nida.omnitel.net; es gibt Sonderreisen deutscher Reiseveranstalter.
●**Ende Juli-Mitte August,** Kammermusikfestival.
●**Musikalischer August,** an Wochenenden (Opern u.a.).
●**Mitte August,** Fest des prähistorischen und mittelalterlichen Handwerks (Konzerte, Ausstellungen u.a.).
●**Ende August,** Fest zum Saisonende; „Nacht des altertümlichen Feuers".
●**15. November,** Stadtgründungsfest, Konzerte u.a.
●**Weitere kulturelle Veranstaltungen** (Filme, Ausstellungen, Chor-, Theater-, Folkloregruppen etc.) im *Agila-Kulturzentrum,* Taikos 4 (Tel. 52345, Fax 52015; agilainfo@is.lt). Wer sich für die umfangreichen Werke des Künstlers *Eduardas Jonusas* interessiert, kann ihn in seiner Werkstatt besuchen (Tel. 52351, keine offizielle Adresse, bei Touristinformation fragen).

Einkaufen

●**Lebensmittel,** rund um den Busbahnhof gibt es einige kleine Supermärkte.
●**Souvenirs,** Naglių 16 (Holzhäuschen) bzw. Markt neben dem Agila-Kulturzentrum.

Palanga (Polangen) ↗ XII/A2

Der **Bernstein-, Kur- und Badeort** mit rund 19.000 Einwohnern und einem Vielfachen an Feriengästen im Sommer (Anfang Juni bis Mitte Sept.) liegt etwa 25 km nördlich von Klaipėda und ist der **größte Ferienort** des Landes.

Scheinbar endlos erstreckt sich der rund 10 km lange **Strand** mit feinem weißem Sand (auch Seidensand genannt), gesäumt zunächst von einem Dünenwall, den man auf Bohlenwegen durchquert, dann von den **Küstenwäldern,** deren harziger Kiefernduft sich mit dem Salzgeruch der Ostsee mischt (die Ausführungen zum Naturschutz im Kapitel „Nationalpark Kurische Nehrung" gelten sinngemäß). Der Strand auf Höhe des Botanischen Gartens erhielt 2004 die „Blaue Flagge" für gute Wasserqualität.

Die Stadt selbst bietet einen wunderbaren Park, Alleen, zahlreiche Cafés, Bars, Restaurants, Sport- und Kultureinrichtungen, Sanatorien und Europas größtes **Bernsteinmuseum.**

Bei den großen Besucherzahlen darf man natürlich nicht erwarten, dass es hier so ruhig und beschaulich zugeht wie auf der Nehrung. In der **Hauptsaison,** besonders an Wochenenden, ist der Strand oft gedrängt voll, die Hotels, Pensionen und Fremdenzimmer sind meist ausgebucht und die Cafés, Bars und Restaurants sind überlastet. Es gibt dann auch viele Veranstaltungen wie **Konzerte** oder **Festivals.** Wer Strandurlaub mit Abwechslung liebt, ist hier richtig. Bis spät in die Nacht ist auf der **Flanier-, Gastronomie- und Vergnügungsmeile Basanavičiaus** etwas los: Souvenirstände, Straßenverkäufer, Kinderattraktionen (u.a. eine Wasserrutschbahn), Spielautomaten u.v.m.; abends eine Disco unter freiem Himmel, überall dröhnen (Live-)Musik und Karaoke, hier geht die Post ab (Hartgesottene können hier sogar in einem Hotel und zwei Pensionen übernachten). Auch die **Vytauto** ist recht belebt; in den anderen Straßen ist es fast so ruhig wie in Nida.

Ähnlich wie Neringa auf der Kurischen Nehrung ist Palanga durch die Verwaltungsreform zu einer riesigen **Flächenstadt** geworden. Sie erstreckt sich von Nemirseta (Nimmersatt), 6 km südlich von Palanga, rund 24 km (einschließlich Šventoji, das extra aufgeführt ist) und einer Breite von bis zu 4 km bis Lettland; das bedeutet, dass von den 99 Küstenkilometern Litauens etwa 74 km allein auf die „Stadtgebiete" von Neringa und Palanga entfallen.

Palanga ist aber nicht nur Seebad im Sommer, sondern auch **Ganzjahreskurort** für Badekuren und Schlammbadtherapien. In einer Tiefe von 500 m ist man auf Mineralquellen gestoßen, es gibt Salzthermen, und die Moore der Umgebung liefern das Material für heilsame Packungen und Bäder in den Sanatorien. Aufgrund der jodhaltigen Luft ist es auch **Luftkurort.**

Palanga gehört mit seinem endlosen Strand, den vielen **Wander- und Fahrradwegen,** den Wäldern und dem großen Park sicher zu den **schönsten Kur- und Badeorten Europas.** Es gibt Radwege nach Vydmantai (4 km) und Šventoji (12 km). Für Erholungssuchende besonders zu empfehlen ist die **Nachsaison** im September. Dann ist es meist noch angenehm warm, das Wetter ist stabiler als im Sommer, und die Menschenmassen sind weg.

Geschichte

Das Gebiet um Palanga war bereits im 3./2. Jh. v.Chr. vom baltischen Stamm der **Kuren** besiedelt. In Gräberfeldern und Grabhügeln fand man u.a. Gefäße, Bronzeschmuck und Spuren des Bernsteinhandels, darunter auch römische Münzen vom 3./4. Jh. Andere Gräber aus dem 8.-13. Jh. enthielten u.a. Silberschmuck, Schwerter und arabische Geldstücke, Beweis für die Bedeutung Palangas als wichtiges Handelszentrum des **Kurenlands Meguva.** Am Fuß des Birutė-Hügels, einer 22 m hohen Düne im heutigen Botanischen Garten, fand man Überreste einer Siedlung von Kuren und dänischen Händlern (Wikingern) sowie ein **astronomisches Observatorium,** ein Kreuz von Steinen (Stonehenge in England ähnlich). Die Himmelsrichtungen waren mit Holzpfählen bezeichnet, man ermittelte hier auch die Kalenderfeste (ein Modell steht heute im Museum der Geschichte Klein-Litauens in Klaipėda).

Auf dem Hügel befand sich vom 10.-13. Jh. eine kleine **Palisadenburg** sowie ein heidnisches Heiligtum, in dem der Hohepriester zusammen mit den *Vaidilutės* (jungfräulichen Priesterinnen) das **Ewige Feuer** hütete.

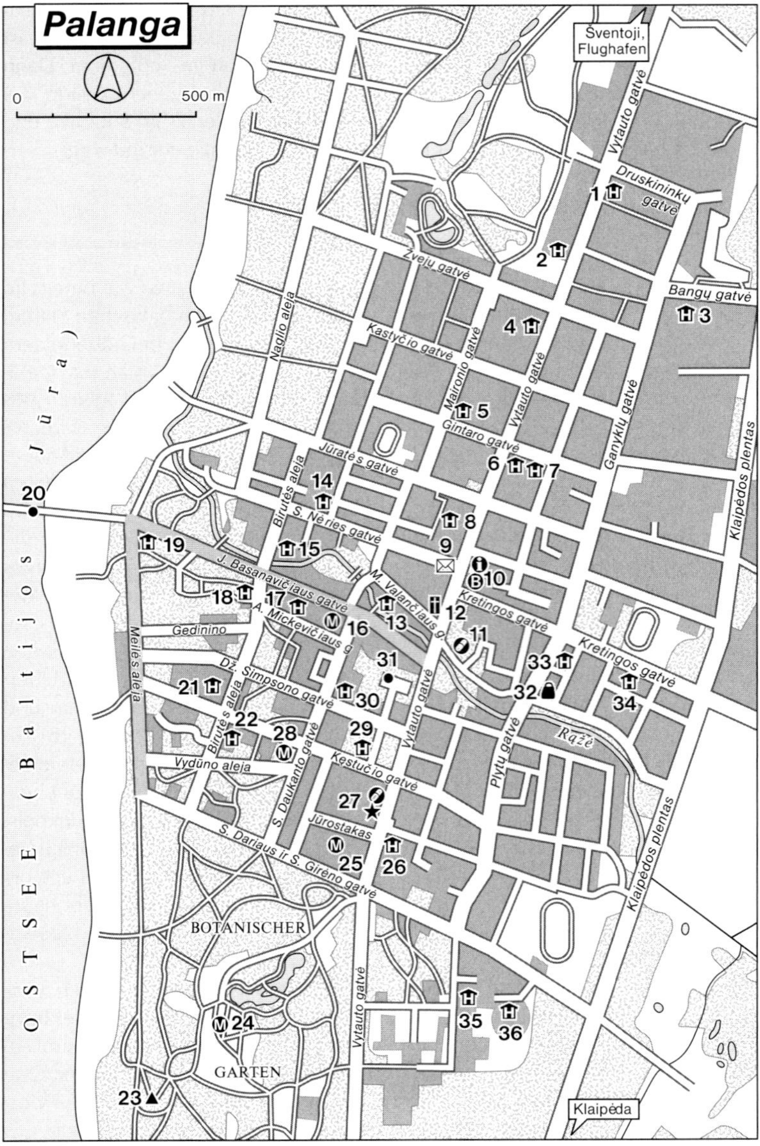
Palanga
0
500 m
Šventoji, Flughafen
Klaipėda
OSTSEE (Baltijos Jūra)
BOTANISCHER
GARTEN
Vytauto gatvė
Druskininkų gatvė
Žvejų gatvė
Bangų gatvė
Naglio aleja
Kastyčio gatvė
Maironio gatvė
Ganyklų gatvė
Gintaro gatvė
Jūratės gatvė
Birutės aleja
S. Nėries gatvė
Klaipėdos plentas
J. Basanavičiaus gatvė
M. Valančiaus g.
Kretingos gatvė
A. Mickevičiaus g.
Gedinino
Meilės aleja
Dž. Simpsono gatvė
Plytų gatvė
Rąžė
Kęstučio gatvė
Vydūno aleja
S. Daukanto gatvė
Jūrostakas
S. Dariaus ir S. Girėno gatvė
1
2
3
4
5
6
7
8
9
10
11
12
13
14
15
16
17
18
19
20
21
22
23
24
25
26
27
28
29
30
31
32
33
34
35
36

- 1 Du Broliai I
- 2 Jūros Vilionė
- 3 Baltija (Buchungsbüro)
- 4 Žaliasis namas, Rolando Viešbutis
- 5 Šilkas
- 6 Tauras
- 7 Žydroji Liepsna
- 8 Aitvaras
- 9 Post/Telefonamt
- 10 Busbahnhof, Touristinformation
- 11 Deutsche Apotheke
- 12 Kirche
- 13 Mėguva
- 14 Privatpension
- 15 Gästehaus
- 16 Widerstandsmuseum
- 17 Kastytis
- 18 Rima
- 19 Šachmatinė
- 20 Pier mit Landungsbrücke
- 21 Baltija Žilvinas/Žilvinelis
- 22 Vandenis
- 23 Birutė Hügel
- 24 Bernsteinmuseum
- 25 Dr. J. Sliūpas Museum
- 26 Vila Ramybė
- 27 Palanga-Apotheke
- 28 A. Mončys-Hausmuseum
- 29 Vila Šilelis
- 30 Alka
- 31 Konzerthalle
- 32 Supermarkt
- 33 Gamanta
- 34 Du Broliai II
- 35 Joldija
- 36 Baltija Vyturys

Die „Litauische Chronik" berichtet, dass Großfürst *Kestutis* (1345-82) sich in die schönste der *Vaidilutės* verliebt haben soll, die den Göttern jedoch ewige Jungfernschaft gelobt hatte und ihn daher nicht erhören wollte. Da entführte der Fürst sie kurzerhand in seine Residenz in Trakai und heiratete sie. Sie gebar ihm 1350 den späteren Großfürsten *Vytautas.* Nachdem *Kestutis* ermordet worden war, soll sie wieder zu ihrem Heiligtum zurückgekehrt sein. Ihr Name war *Birute,* und nach ihr wurde der Hügel benannt, auf oder neben dem sie auch begraben worden sein soll. Sie gilt als **Symbol der Treue und Liebe** zu ihrem Land.

Erstmals erwähnt wurde Palanga schon 1253 in der Chronik des Schwertbrüderordens. Ähnlich wie Memel (Klaipėda) befand sich auch Palanga während der **Zeit der Kreuzritter** (13.-15. Jh.) in einer wenig beneidenswerten Lage. Im Norden saßen die Ritter des Schwertbrüder-Ordens, im Süden die des Deutschen Ordens, die beide bemüht waren, ihre Territorien entlang der Küste auszudehnen. Mehrmals wurde der Ort von den Rittern besetzt, aber jedes Mal von den Litauern wieder zurückerobert. Da Klaipėda sich in der Hand der Deutschen befand, waren Palanga und das nahe-gelegene Šventoji die einzigen litauischen Häfen. Nach dem **Frieden von Melnosee** (1422) wurde Palanga endgültig Litauen zuerkannt, **Nemirseta** war nördlichster Punkt des **Memellandes.** Danach wurde der Landstrich auch von Žemaiten besiedelt. Spätere Versuche, den Hafen auszubauen, scheiterten am Widerstand der Nachbarhäfen Klaipėda und Liepaja.

1639 erhielt die Stadt das **Privileg des freien Handels** mit Riga, Königsberg und Danzig. 1685 richteten die Schweden (wie schon zuvor 1589 die Engländer) eine eigene Handelsvertretung ein, um von Memel und Riga unabhängig zu sein, und die Stadt erlebte eine kurze Blütezeit als Hafenstadt. Doch schon 1701 wurde sie im **Schwedenkrieg** verwüstet, und der Hafen wurde zerstört, weil die Konkurrenz, die Handelsherren von Riga, darum gebeten hatten.

Palanga versank für ein Jahrhundert in einen Dornröschenschlaf, bis zu Beginn des 19. Jh. in den Kreisen des Adels Kuraufenthalte und **Badeorte** in Mode kamen. 1824 kaufte Graf *Tiskiewicz* den gesamten Ort. 1847 wurde ein Park angelegt, die Stadt entwickelte sich langsam zum **Kurort.** 1890 ließ er eine Landungsbrücke und einen Hafen bauen, der allerdings bald wieder versandete. 1897 ließ er sich auch ein **Schloss** errichten, in dem heute das Bernsteinmuseum untergebracht ist. Immer mehr Adlige und wohlhabende Bürger aus dem Zarenreich und Polen wurden durch den herrlichen Strand und die Wälder angelockt und bauten hier ihre Villen und Sommerresidenzen. Neue Kurhäuser und Sanatorien entstanden. Deutsche Kriegsschiffe zerstörten 1915 große Teile der Stadt. Viele wieder errichtete Gebäude fielen 1938 einem Großbrand zum Opfer. Die Grafenfamilie emigrierte 1940. Nach dem Zweiten Weltkrieg bis zur Unabhängigkeit Litauens wurde Palanga jeden Sommer von Hunderttausenden Gästen aus allen Teilen der einstigen Sowjetunion besucht. Jetzt kommen viele Litauer.

Rundgang

Nach Palanga locken das Meer, die Sonne und der endlos lange **Badestrand.** Ein **Spaziergang** durch die Stadt lohnt sich, auch wenn es hier nicht viele Baudenkmäler zu besichtigen gibt – oder gerade deshalb. Es ist ein gepflegtes Städtchen mit viel Grün, mit einer verkehrsberuhigten Innenstadt, mit hübschen alten Villen und Kurbauten.

Ausgangspunkt ist die genau im Stadtzentrum stehende neogotische **Maria-Himmelfahrts-Kirche** (1907) mit dem nicht zu übersehenden Kirchturm. Das Kircheninnere ist geschmückt mit Schnitzereien und Marmorskulpturen (Vytauto 51; tgl. 8-19 Uhr). Nördlich der Kirche liegen das Geschäftszentrum sowie die meisten öffentlichen Einrichtungen. Die **Vytauto** verläuft parallel zum etwa 700 m weiter westlich gelegenen Strand und führt zum Hotelkomplex im nördlichen Stadtteil Vanagupė und zum Flughafen, nach Süden zur Hauptsehenswürdigkeit, dem Bernsteinmuseum. Auf dem Weg dorthin passiert man den kleinen **Souvenirmarkt** bei der Brücke über das Flüsschen Ražė und der Einmündung der Basanavičiaus. Weiter südlich an der Vytauto 33 liegt die 1827 eröffnete **Apotheke „Palangos Vaistinė"** mit Originalmo-

Die Maria-Himmelfahrts-Kirche in Palanga

biliar (9-20 Uhr, Sa/So 9-18 Uhr). Hier war 1944-51 zwischenzeitlich das städtische Hauptquartier des KGB. Etwas zurückversetzt an der Nr. 23 a liegt das **Dr. Jonas Sliupas-Museum** (Tel. 54559, 12-19 Uhr, im Winter nur Mi-So; Ausstellung über die Geschichte Palangas sowie über den Unabhängigkeitskämpfer, Sprachwissenschaftler und ehemaligen Bürgermeister, der hier 1933-39 wohnte).

Hinter der Kreuzung mit der Dariaus ir Girėno liegt der 110 ha große **Botanische Garten,** der größte seiner Art in Litauen, ein Ort der Erholung und Ruhe. Er wurde 1843 angelegt, 1897-1907 vom französischen Gartenarchitekten *Edouard André* erweitert und zum Schlosspark umgebaut. Die ersten Pflanzen kamen aus den Botanischen Gärten von Berlin und Paris. 1960 entstand daraus der Botanische Garten, nachdem zu den Schwanenteichen, Springbrunnen und Blumenrabatten u.a. noch ein Rosengarten und einige Gewächshäuser für subtropische Pflanzen hinzugefügt wurden. Heute blühen hier rund 370 einheimische und rund 250 importierte Pflanzenarten.

Südwestlich des Haupteingangs steht die landesweit bekannte **Märchenplastik der Natternkönigin Eglė** (eine zweite steht vor dem Alka-Hotel). Sie symbolisiert die Liebe der Fischerstochter *Eglė* („Tanne“) zu *Žilvinas* („Uferweide“), einem verzauberten Prinzen in Form einer Schlange. Sie lebten glücklich mit ihren 4 Kindern. Doch Eglės 12 Brüder wollten sie von diesem Fluch ihres Mannes befreien und ermordeten ihn. *Eglė* verwandelte sich daraufhin in eine Tanne, und ihre 4 Kinder *Ažuolas* (Eiche), *Beržas* (Birke), *Uosis* (Erle) und *Drebule* (Espe) in ewig lebende Bäume (vgl. „Natur“).

In der Parkmitte steht eine **Christus-Statue** (eine Replika, da das Original von den Sowjets zerstört wurde) vor dem **Schloss des Grafen Tiskiewicz,** 1897-1902 im Stil der Neorenaissance gebaut. Es beherbergt seit 1963 **Europas größtes Bernsteinmuseum,** das man sich nicht entgehen lassen sollte (Tel. 53501, Di-Sa 10-20 Uhr, So 10-19 Uhr, www.pgm.lt). Hier erfährt man auch einiges über Entstehung und Verbreitung von Bernstein und über seine Gewinnung (Verarbeitung, Morphologie etc.). Das Museum ging 1963 aus einer kleinen Ausstellung von 32 Stücken hervor, die der Graf in seinem Billardzimmer gezeigt hatte. Heute umfasst es über 26.000 Exponate, von denen aber nur 4500 in 15 thematisch geordneten Räumen ausgestellt sind, darunter kiloschwere Bernsteinbrocken, über tausend prähistorische Schmuckstücke aus Bernstein und 15.000 Inklusen (mit Vergrößerungsgläsern. Zu sehen sind u.a. auch eine **Kopie des Bernsteinschatzes** von Juodkrantė sowie eine Bernsteinwerkstatt.

In der Kapelle ist eine Ausstellung mit Fotos und persönlichen Gegenständen des Grafengeschlechts *Tiszkiewicz* zu sehen. Auf der Terrasse finden im Sommer **klassische Musikabende** (Nachtserenaden) statt. Südwestlich davon liegt der geschichtsträchtige **Birutė-Hügel** (s.o.), auf dem eine achteckige Kapelle von 1869 mit schönen Silberikonen steht. Am Fuß steht die Holzskulptur mit der Inschrift „Für Dich, Birutė" sowie neben der Grotte ein Denkmal der Jungfrau Maria, gestiftet von *Vilius Orvydas* (s. Salantai). Unweit davon steht eine kleine Infotafel. Optionen: entweder am Strand oder den Dünen an der Meilės alėja entlang; Kunstinteressierte können noch einen Abstecher machen zur Daukanto 16 ins **Hausmuseum** von *A. Mončys,* einem berühmten Bildhauer, Schnitzer und Maler (Tel.

041li Foto: gs

49366, Di 12-17, Mi-So 14-21 Uhr; im Winter Do-So 12-17 Uhr; www.muziejaj.lt).

Alle Wege führen zwangsläufig zur „Touristenmeile" **Basanavičiaus gatvė.** Kurz vor Sonnenuntergang haben (fast) alle nur ein Ziel: Man spaziert auf die **Landungsbrücke** hinaus, die die „Verlängerung" der Basanavičiaus gatvė ist. Errichten ließ den ursprünglich 630 m langen hölzernen Landungssteg der bekannte Graf *Tiskiewicz,* der mit seinem Dampfer „Phoenix" gerne hier anlegte. Das Ende des Stegs zeigte nach Norden, um die anlegenden Schiffe vor den mächtigen Wellen zu schützen. Durch die heftigen Winterstürme 1923, 1968 und 1993 wurde der größte Teil der Brücke weggerissen, aber 1997 mit Beton, Stahl und Holzdielen wieder aufgebaut. Tausende von Leuten tummeln sich hier abends auf der Brücke, um den **Sonnenuntergang** zu sehen. Sie ist vor allem auch als Rendezvous-Platz beliebt, so dass sie von den Einheimischen auch **„Liebes-Avenue"** genannt wird. Am Beginn des Landungsstegs steht ein Springbrunnen mit Jųratė und Kastytis (s. Exkurs „Jųratė und Kastytis – wo der Bernstein herkommt"). Zwischen den vielen Lokalen sieht man auch einige schöne **Holzvillen.** In der Nr. 21 können Interessierte einen Blick ins **Widerstandsmuseum** werfen (Mi, Sa, So 15-17 Uhr), bevor man wieder zur Kirche zurückkehrt.

Egle-Figur im Botanischen Garten

Verkehrsmittel

Eigenes Fahrzeug

- Palanga ist durch eine gut ausgebaute Straße mit Klaipėda verbunden (ca. 25 km) und über die **Autobahn** auch von Vilnius und Kaunas aus rasch zu erreichen. Die *Klaipėdos plentas* ist die Umgehungsstraße zwischen Klaipėda und Šventoji.
- Wer mit dem Auto in die Stadt will, muss vom 1.6.-31.8. eine **Gebühr** bezahlen (20 Lt., Wochenendticket 40 Lt.; man erhält eine „leidimas", erhältlich an der Kretingos 56 gegenüber der Statoil-Tankstelle, Ecke Klaipėdos pl.).

Dort bzw. bei der Touristinformation gibt es einen **Stadtplan für Autofahrer** (Details über Parkplätze, Halteverbote etc.) Es empfiehlt sich aber sowieso, sein Auto auf einem der bewachten Parkplätze abzustellen, um Palanga als Erholungsort so gut wie **autofrei** zu halten. Die meisten Straßen sind ja ohnehin gesperrt. Wer außerhalb der vorgezeichneten Stellen parkt, riskiert eine Wegfahrsperre und ein sehr hohes Bußgeld.

Am Flughafen

- Palanga hat den einzigen Flughafen an der Küste. Er liegt etwa 6 km nördlich der Stadt an der Hauptstraße (Liepojos pl. 1, Tel./Fax 52020, www.palanga-airport.lt, 7-21.30. Café 8-20 Uhr, im Winter 8-18 Uhr; Geldwechsel (7.30-21 Uhr, Sa bis 18 Uhr); gleiche Zeiten für die kostenlose Gepäckaufbewahrung im Hauptservicecenter in der Ankunftshalle.
- **Stadtbusse** der Linie Nr. 3 fahren zwischen 6 und 22 Uhr vom Busbahnhof etwa stündlich zum Flughafen. Es gibt auch einen **Shuttle-Bus** der Air Lithuania vom Flughafen nach Klaipėda (rechtzeitig buchen; kostenlos). Taxis verlangen meist 25 Lt. nach Palanga, 75 Lt. nach Klaipėda (telefonische Reservierung am Info-Schalter im Obergeschoss ist billiger und sicherer).
- **Air Lithuania,** Büro im Flughafen, Tel. 52234.
- **Lithuanian Airlines** hat ein Büro an der Vytauto 94 A, Tel./Fax 53231.

Bahn

Die nächsten Bahnhöfe liegen in **Kretinga** sowie in **Klaipėda;** Verbindungen s. dort. Verkauf von Fahrkarten Vytauto 74, Tel. 48265.

Bus

- Der **Busbahnhof** liegt im Zentrum an der Kretingos 1 (Tel. 53333) geöffnet 6.30-22.30 Uhr. Gepäckaufbewahrung 8-13, 14-20 Uhr. Mindestens einmal stündlich gibt es eine Verbindung von und nach **Klaipėda.** Die Fahrt dauert ca. 45 Min. (per Mikrobus 30 Min.). Weiterhin gibt es Verbindungen u.a. nach: **Kretinga** (20 Min., u.a. Minibusse) – mindestens halbstündlich, **Kaunas** (3½ Std., auch Kautra-Luxusbusse), **Šiauliai** (2½ Std.), **Vilnius** (6 Std.), **Liepaja/Lettland** (2 Std.), **Riga/Lettland** (5½ Std.). Nach **Vilnius** verkehrt auch ein Express-Minibus in 3½ Std. (Tel. 31314). Von Klaipėda (via Kretinga) gibt es mehr Verbindungen nach **Darbenai, Skuodas, Salantai** und andere Orte in der Umgebung als von Palanga aus.

Öffentlicher Stadtverkehr

- Bus 3 fährt Richtung Flughafen, passiert den Hotelkomplex Vanagupė; weiter nach Šventoji (Abfahrt vom Busbahnhof), 6-22 Uhr, ca. stdl., Fahrplan bei Touristinformation.

Taxi

- Tel. 51777, 52425, 54103, 53333 u.a.; **Taxistand** in der Nähe des Busbahnhofs.

Nützliche Adressen

- **Touristinformation,** Kretingos 1 (im Busbahnhof-Gebäude), Tel./Fax 48822, palangaturinfo@is.lt; 9-18.30, Sa/So 9-15 Uhr (1.9.-31.5. Mo-Fr 9-18 Uhr); u.a. auch Zimmervermittlung, Exkursionen. Auch Infos unter www.palangatic.lt, sehr hilfreich.
- **Bank,** u.a. Vytauto 96, Jūratės 15 (Reiseschecks, Western-Union).
- **Geldautomaten,** Vytauto 53, 61, 106; Jųratės 15 u.a.
- **Deutsche Apotheke,** Vytauto 86, Tel. 51470, 10-21 Uhr.
- **Internet-Cafés,** Vytauto 94a (Tel. 49525, 8-23 Uhr, und Vytauto 97 (Tel. 53411).
- **Post/Telefonamt,** Tel. 53444, Mo-Fr 9-18.30, Sa 9-16 Uhr; Telefonate 7-22 Uhr; Fax und Telegramm Tel. 48225; Western-Union-Geldtransfer; EMS-Expresspost Tel. 217103.
- **Verkehrspolizei,** Tel. 57127 bzw. 53333.

Unterkunft

Bestimmte Unterkünfte sollte man in der Saison (Mitte Juni bis Ende August) **rechtzeitig buchen.** Es gibt eine breite Palette von luxuriös bis schlicht. Relativ billig sind die meisten Privatzimmer und die (noch) unrenovierten Erholungsheime. An den Einfallstraßen von Klaipėda und Kretinga sowie am Busbahnhof stehen **private Zimmervermieter** mit Schildern *(kambariai, nuomo jami).* Hilfreich bei der Zimmervermittlung für die fast 90 Hotels, Erholungsheime und Pensionen ist die **Touristinformation.** Auch Reisebüros z.B. in Klaipėda und Bed&Breakfast-Agenturen wie *Litinterp* (s. Klaipėda) vermitteln Zimmer. Weitere Übernachtungsmöglichkeiten findet man auch im „Kaunas/Klaipėda In Your Pocket"-Stadtführer (KIYP). In der **Nebensaison** sind die Preise viel günstiger, viele Hotels sind aber geschlossen. Die Preise sind i.d.R. inkl. Frühstück.

Obere Kategorie

- **Baltija Hotelbuchungsbüro,** Ganyklų 30, Tel. 48332, Fax 49226; www.baltijahotel.lt, ein ganzer Komplex von Betonklötzen und kleineren Villen, einstige Erholungsanlage der kommunistischen Nomenklatura mit Sauna, Pool und den Häusern „Auska", „Žilvinas", „Žilvinelis" und „Baltija-Vyturys".
- **Auska,** Vytauto 11, Tel. 49083, Fax 49087, 8 Apartments (800 Lt.), 5-Sterne-Hotel, 50 m vom Strand, Restaurant, Bar, Tennis, Sauna, Pool mit Salzwasser, Park, für gehobene Ansprüche (u.a. Breschnew stieg hier immer ab).
- **Šachmatinė,** Basanavičiaus 45, Tel./Fax 51655, 11 Zimmer (140-600 Lt.), direkt am Strand und Pier und inmitten des Touristenrummels, luxuriös, guter Service, Disco, Pizzeria, Sauna, Pool.

●**Du Broliai,** Vytauto 160, Tel.40040 bzw. Kretingos 36, Tel. 48047, Fax 52889 (DZ 300-1200 Lt.); sehr elegante Zimmer, Bar, Restaurant, Pianobar, Wintergarten, Pool, Sauna, Fitnessraum, www.travel.lt/dubroliai
●**Žydroji Liepsna** („Blaue Flamme"), Gintaro 36, Tel. 52441, Fax 48250, zydroji_liepsna@is.lt; 34 Zimmer (85-450 Lt.), auch ideal für Familien, sehr gut ausgestattete Zimmer, Sauna, Restaurant, Bar, Kegelbahn, exzellent und preiswert.
●**Rolando Viešbutis,** Vytauto 97, Tel./Fax 53411, 7 DZ (200-350 Lt.), große, schöne Zimmer, direkt an Hauptverkehrsstraße, Sauna, Pool.
●**Tauras,** Vytauto 116, Tel./Fax 49111, www.feliksas.lt, 20 Zimmer (125-280 Lt.), populäres Hotel mit modernen Möbeln, Balkon, Café, Restaurant, Sauna, Bowling.
●**Žaliasis namas,** Vytauto 97, Tel./Fax 51231, 9 Zimmer (EZ 250, DZ 400 Lt., Suiten 600 Lt.); modern, Pool, Sauna, Restaurant.
●**Vila Šilelis,** Kestučio 2a, Tel. 54592, geschmackvolle Zimmer, verschiedene Kategorien (ab 200 Lt.), populär.

Mittlere Kategorie

●**Vandenis,** Birutės 47, Tel. 52987, Fax 53584, 26 Zimmer (220-260 Lt.), 200 m zum Strand, Nähe Park, recht einfache Zimmer, älteres Mobiliar, aber angenehme Atmosphäre, ruhig, Bar, Restaurant, Sauna, Billard.
●**Rima,** Birutės 36, Tel. 53591, Fax 53700, 10 Zimmer (EZ ab 70, DZ ab 130, Luxus 300 Lt.), neben Kiefernwald, Villa mit verschiedener Ausstattung und Preisniveau; gutes Preis-Leistungs-Verhältnis.
●**Šilkas,** Maironio 12, Tel. 57519, Fax 52706, 15 Zimmer (EZ ab 100, DZ ab 160 Lt.), recht schöne Zimmer mit Balkonen, ruhig.
●**Jūros Vilionė,** Vytauto 107b, Tel. 51695, 7 Zimmer (EZ 60, DZ ab 105, Luxus 200 Lt.), recht laut, ältere Einrichtung.
●**Gamanta,** Plytų 7, Tel. 48885, Fax 51729, www.gamanta.lt, 15 Zi. (EZ 180/DZ 200/ Luxus 400 Lt.), Sauna, Pool, Restaurant.
●**Hotel Baltija-Žilvinas,** Kestucio 26, Tel. 49146/Fax 49197; ruhige Lage, 200 m zum Strand, 400 m zum Stadtzentrum; 34 Zimmer (DZ 190-480 Lt.), große komfortable Apartments, bewachter Parkplatz, Tennis, Sauna, Pool, Restaurant, Bar, gut für Familien. Zum Komplex gehören auch die Holzhäuser in der Gedimino 2, 4, 5 und 6.
●**Hotel Baltija-Žilvinelis,** Lage wie „Zilvinas"; kleineres Hotel mit 6 DZ, z.T. mit Balkon; Aufenthaltsräume mit Satelliten-TV.
●**Hotel Baltija-Vyturys,** Dariaus ir Girėno 20, Tel. 49147, Fax 49148, 157 Zimmer (EZ 78, DZ ab 90 Lt.); ruhige Lage; 1 km zum Strand bzw. zum Zentrum; Bar, Restaurant, Parkplatz, Massage und Kureinrichtungen, Tennis, Sauna, Pool, Reha-Zentrum.
●**Kastytis,** Mickeviciaus g. 8, Tel. 53507; gut für Familien (alle Zimmer mit Wohn- sowie Schlafraum), Bar, 6 Zimmer (ab 150 Lt.).
●**Mėguva,** Valančiaus 1, Tel. 48839, Fax 52819, meguva@is.lt (im Zentrum gleich bei der Kirche und ca. 800 m vom Strand entfernt); Restaurant, 2 Bars, 25 einfache, aber saubere Zimmer, ab 40 Lt. p.P., gute Lage im Zentrum, ruhig.
●**Vila Ramybė,** Vytauto 54, Tel./Fax 54124, www.vilaramybe.lt, 12 Zimmer (DZ 100-300 Lt.), schönes, gemütliches Holzhaus; kann aber wegen des Restaurants (gute Küche), der überdachten Veranda und der Bar recht laut sein.

Untere Kategorie

●**Aitvaras,** Biliūno 8, modernisierte Zimmer mit Balkon, Tel. 51497, ab 70 Lt.
●**Joldija,** Dariaus ir Girėno 12, Tel. 53057, 20 Lt. pro Person in 2-, 3-, 4 Bettzimmern eines typischen Ferienheims, 1,5 km vom Strand, Etagendusche.
●**Gästehaus,** Birutės 23, Tel. 53982, saubere, schlichte Zimmer mit WC und Waschbecken, Etagendusche, 2-3 Betten, 20 Lt. p.P.
●**Alka,** Daukanto 21 (zu erkennen an der Eglė-Statue davor), Tel. 56277, 50 Zimmer mit 2-3 Betten (25-30 Lt. p.P.); früheres Erholungsheim, schlichte Ausstattung, an welcher der Zahn der Zeit nagt; aber nicht schlecht für den kleinen Geldbeutel; Bowling, Billard.
●**Privatpension,** Nėries 24, Tel. 57076 (Mai-Sept.); gelbes Holzhaus, freundliche Gastgeber, einfache Zimmer (10 Lt. p.P.), sauber, Kochgelegenheit, sanitäre Anlagen außerhalb.

Camping

- **Campingplatz,** Vytauto 8 (4 km südlich), Tel./Fax 53533, Hütten mit Platz für 2-4 Personen (10-15 Lt. p.P.), Heißwasserdusche, auch Zeltplatz; Saison: 15.5.-15.9.; mit Bus Nr. 1 zu erreichen (Haltestelle Kempingas).
- **Užkanavės,** Tel. 51676, 2 km südlich an der Straße nach Klaipėda, 1 km von Bushaltestelle; gute sanitäre Einrichtungen, empfehlenswert.
- **Nemirseta,** Tel. 52377, 5 km südlich nahe der Hauptstraße, Duschen, empfehlenswert.
- **Senasis Kempingas,** Vytauto 180, Tel. 8-287-07545, Zeltverleih, Dusche.
- **Weitere Campingplätze** sowie Details sind bei der Touristinformation erfragbar.

Gastronomie

Die **Basanavičiaus** ist die Gastronomiemeile. Man stolpert fast von einem Lokal ins andere. Jeder findet hier sein Fleckchen, wo er sich wohl fühlen kann. Es geht dort meist **sehr laut** zu. Viele Lokale sind nur im Sommer geöffnet. Neue sprießen aus dem Boden, alte schließen oder ändern ihre Namen. Die unten angeführten existieren schon längere Zeit und zählen zu den besten und populärsten. Weitere sind in „KIYP" zu finden. Frühstücksbuffets in Hotels stehen oft auch Nichtgästen offen, sind aber meist teuer. Auch die meisten **Hotels** haben Restaurants oder Cafés.

- **Čili,** Basanavičiaus 45, Tel. 51655, So-Do 8-24 Uhr, Fr/Sa 8-5 Uhr, u.a. leckere Pizzas.
- **1925,** Basanavičiaus 4, in tollem Holzhaus, Tel. 52526, 10-24 Uhr, deftige Landesgerichte, manchmal Live-Musik.
- **Senas Tiltas/Jųros Tiltas/Meilutė,** Basanavičiaus 38, 9-24 Uhr, drei kleine Restaurants unter einem Dach, billige litauische Gerichte.
- **Judex Bistro,** Basanavičiaus 48, 9-2 Uhr, tagsüber billige Kantine, Wochenende Disco.
- **Du Broliai** („Zwei Brüder"), Kretingos 36 bzw. Vytauto 160, Tel. 54028 bzw. 52889; tägl. 10-23 Uhr; Fisch- und Fleischgerichte, sehr zu empfehlen, teuer.
- **Žvaigždė,** Daukanto 6, Tel. 54198, 11-24 Uhr, gutes ukrainisches Essen, schöner Innenhof mit Veranda und Pool.
- **Jimmy's,** Basanavičiaus 19, Tel. 54178, 12-24 Uhr (nur im Sommer), etwas zurückversetzt, aber leicht zu erkennen am hölzernen Indianer, gutes Essen, sehr beliebt.
- **Monika,** Basanavičiaus 12, Tel. 52560, 10-24 Uhr, gute litauische und italienische Küche, gemütlich.
- **Molinis Asotis,** Basanavičiaus 8, 11-2 Uhr, Tel. 53455, Terrasse direkt am Fluss, im Winter am Kamin, gute internationale Küche.

Kneipen, Pubs, Bars, Nachtclubs, Discos

Im Sommer ist die ganze Basanavičiaus spät abends eine Tanzfläche. Überall dröhnt laute Musik, z.T. von Live-Bands.

- **Šachmatinė,** gute Disco und Kellerbar im gleichnamigen Hotel (21-5 Uhr). Tel. 48296. Hier kommt jeder auf seine Kosten.
- **Vila Ramybė,** Vytauto 54, Tel./Fax 54124 (9-24 Uhr), Café, Jazzbar im gleichnamigen Hotelgebäude aus 1926 mit sehr großer Terrasse, gemütlich, gute Auswahl an Weinen.
- **Kurhauzo Diskoteka,** Vytauto 45, 23-6 Uhr, Treffpunkt der Jugend.
- **Elnio Ragas,** Basanavičiaus 25, Tel. 53505, 11-2 Uhr, beliebte Bar mit Veranda, auch gute Wildgerichte.
- **Anapilis Muzikos Klubas,** Basanavičiaus 39, Tel. 51951, 11-24 Uhr, nur im Sommer, herrlich im Wäldchen gelegenes Holzhaus, der Ort zum Entspannen, Künstlertreff.
- **Casino Planet,** Daukanto 35, Tel. 53032 (im Hotel Palangos Vėtra).

Kultur

- **Veranstaltungskalender** bei Touristinformation bzw. in der Zeitung *Vakarinė Palanga* (erscheint Do und Sa; vakpalanga@is.lt). Auf Straßenplakate achten.
- **Konzerthalle,** Vytauto 43, Tel. 52323 (Tickets 11-20 Uhr); Konzerte, Opern, Balletts.
- **Kino,** Vytauto 82.

Festivals, Konzerte und Feste

- **21./22. April,** St.Georgstag, Frühlingsfest mit Folklore im Botanischen Garten.

●**1. Samstag im Juni/letzter Samstag im August:** Zur Eröffnung und zum Ende der Sommersaison steigen große Feste; Karneval, Straßenmarkt, Konzerte, Strandparties, Liederfestival, Feuerwerk, Theater, Beachvolleyball, Skulpturenfest.
●**Juni bis August,** Festival „Hauptstadt des Sommers" (Konzerte, Musikparaden, Strandveranstaltungen, Ausstellungen, Feuerwerk).
●**Ende Juli bis Anfang August:** Nachtserenaden (Klassikkonzerte vor dem Bernsteinmuseum).
●**Letztes Oktober-Wochenende:** Festival des Herbstbeginns (Konzerte u.a.).

Aktivitäten

●**Strand,** viele baden, obwohl er nicht so sicher sein soll. Der Damenstrand (vgl. Bestimmungen beim Strand in Smiltynė) liegt ca. 700 m nördlich der Landungsbrücke. Badeverbot 23-7 Uhr.
●**Surfen,** 6 km nördlich Richtung Šventoji, Infos unter Tel. 8-285-11895.
●**Surfbretter, Wasserski, Jetski, Boote,** Leihe möglich an der Seenotstation, Žvejų 2, Tel. 53834.
●**Tretboote und Trampolin,** beim Pier.
●**(Strand-)Volleyball,** beim Pier und bei Basanavičiaus 39.
●**Schwimmen,** ganzjährig beheiztes Frei- und Hallenbad, Vanagupės 5 (Tel. 51451, 9-20 Uhr/Sa, So 9-21 Uhr)
●**Minigolf,** Basanavičiaus 37a, Tel. 51079.
●**Reiten,** Dobilas Reitclub, Tel. 54209; Gintarinė Pasaga, Klaipedos 32.
●**Tennis,** Gėlių 1, Tel. 52828
●**Fahrradverleih,** u.a. Vytauto 67, 116; Dariaus ir Girėno 1, Daukanto 4.
●**Pferdekutsche,** Tel.54209.
●**Bowling,** Vytauto 98 (Tel. 53288, auch Billard), Vytauto 116; Gintaro 36, Daukanto 21, Žvejų 32.
●**Wasserrutsche** (für Kinder), Basanavičiaus 5a.
●**Elektro-, Wassermobile,** Basanavičiaus 22.
●**Inline-Skater-Verleih,** an vielen Plätzen.
●**Vergnügungspark,** zwischen Jųratės 11 und 13.

Einkaufen

●**Buchhandlung,** Vytauto 84.
●**Einkaufszentrum,** Vytauto 96, Mo-Fr 10-20, Sa 10-16 Uhr.
●**Filme,** Vytauto 65, tgl. 8-24 Uhr.
●**Fisch,** Virbališkes 6, 7.30-19.30 Uhr; Räucherfisch gibt es an vielen Ständen.
●**Kunstartikel,** „Dailė", Basanavičiaus 12.
●**Souvenirmarkt,** Vytauto gatvė (bei der Kirche), Bernstein u.v.m.
●**Souvenirs,** Vytauto 170, Kestučio 26.
●**Supermarkt,** Plytų 9, tgl. 8-22 Uhr; IKI-Supermarkt, Taikos 68a.

Šventoji

↗ XII/A1

13 km nördlich von Palanga liegt „Die Heilige", ein **Kurort** mit Ferienheimkomplexen, auf Massentourismus ausgerichtet und längst nicht so reizvoll und exklusiv wie das von ihm verwaltete Palanga, obwohl der **Strand** ähnlich schön ist. Das Städtchen mit 2000 Einwohnern liegt südlich des gleichnamigen Flusses, der hier mit vielen Windungen schlängelnd in die Ostsee mündet. Am alten **Hafen** legen noch Fischerboote und kleinere Jachten an.

Sehenswert ist die **alte Hängebrücke,** an der jedoch mittlerweile der Zahn der Zeit nagt. In der Nähe in einem Moor fand man Spuren einer **jungsteinzeitlichen Fischer- und Sammlersiedlung der Narva-Kultur,** eine der ältesten archäologischen Stätten im Baltikum. Man fand u.a. 5000 Jahre alte Netze, einen Einbaum, geschnitzte Holzgötzen und einen Zeremonialstock mit Elchkopf (heute im Nationalmuseum in Vilnius zu besichtigen).

Von hier sind es nur rund 12 km bis zur **lettischen Grenze;** dazwischen liegt das umstrittene Ölterminal Butingė, von dem Raffinerieprodukte aus Mažeikiai verschifft werden.

Täglich fahren viele Minibusse nach Palanga sowie Busse in andere Städte, u.a. auch ein Kautra-Expressbus nach Kaunas. Es gibt einen **Campingplatz** (Tel. 45422).

Kretinga

↗ XII/A2

Das 13 km östlich von Palanga im Tal der oberen Danė gelegene Kretinga (20.000 Einwohner) lohnt einen Besuch. Erstmalig wurde 1253 eine **Burg Kretinga** erwähnt, die dem Livländischen Orden von den Žemaiten abgenommen wurde. Seither war die Stadt im Besitz litauischer Fürsten wie Katkevičius, Sapiega und Masalskis, die hier ein Schloss hatten (s.u.). 1607 erhielt sie das **Magdeburger Stadtrecht.**

Einen Eindruck von der wechselvollen Geschichte erhält man am **Rathausplatz,** auf dem sich auch ein Unabhängigkeitsdenkmal befindet. Im Nordteil steht das architektonisch interessante Ensemble von Kirche und Kloster: Die **Kirche Mariä Verkündigung** wurde 1617 geweiht und weist Stilmerkmale von der Renaissance bis zum Barock auf. Sehenswert sind insbesondere die aus Holz geschnitzte Renaissancekanzel, die Bänke mit aufgemalten Mönchsportraits, die geschnitzten Türen von Sakristei und Vorraum sowie die Fresken mit Szenen des Alten und Neuen Testaments. Vor dem Eingang steht das Denkmal für den Mönch, Dichter und ersten litauischen Biologen *Jurgis Pabreza* (1771-1849).

Hinter der Kirche ist eine **heilige Grotte** mit einer Quelle, der Heilkräfte zugeschrieben werden. Um die Kirche ist ein **Kreuzweg** angelegt. Im Glockenturm steht die Statue eines Franziskanermönchs. 1610-1617 wurde das **Franziskanerkloster** erbaut. Es fällt durch den Stufengiebel auf und hat Elemente von Renaissance und Barock. Die schönsten Räume sind das Refektorium und die Bibliothek. Es beherbergt heute eine Zweigstelle der Katholischen Fakultät der Universität Kaunas.

Nach Norden führt die Vilniaus gatvė durch einen Flusspark zum **Schloss.** Der von Graf *Subow* (ein Günstling der Zarin) erbaute und von Graf *Tiškevičius* umgebaute Adelssitz in der Vilniaus 20 beherbergt heute neben einer Fachschule das **Heimatmuseum** mit rund 36.000 Exponaten (Bernsteinfunde, Masken, Tongefäßen, Möbel u.v.m.) sowie einer Ausstellung über den Bischof Valančiaus (s. Nasrėnai) und einer Gemäldegalerie (Tel. 53505, Fax 57782, Mi-So 10-18, Di 12-18 Uhr). An den Palast ist die **Orangerie** (Wintergarten) in einem Glaskuppelbau als Anbau angegliedert, wo viele exotische Pflanzen, ein Wasserfall, künstliche Quellen und Bächlein zu sehen sind. Dort ist auch das Caférestaurant *Pas Grafa* (Zum Grafen), geöffnet Di-So 12-23 Uhr (Tel. 51366; tolles Ambiente, gute Küche, Aufführungen von Konzerten und kulturellen Veranstaltungen). Im Park liegt neben dem Teich der **Stein der Liebe,** durch dessen Berühren romantische Wünsche erfüllt werden sollen.

Verkehrsmittel

- **Busbahnhof,** Šventosios 1 (300 m westlich vom Rathausplatz), Tel. 51333; Busse u.a. nach Salantai, Skuodas, Plungė, Palanga, Klaipėda.
- Am Rathausplatz fahren **Minibusse** u.a. nach Palanga, Klaipėda, Darbenai, Salantai.
- **Bahnhof,** Stoties 1 (gegenüber Busbahnhof), Tel. 51197; Züge u.a. nach Klaipėda, Šiauliai, Kaunas, Vilnius.

Nützliche Adressen

- **Touristinformation,** im Schloss, Vilniaus 20, Tel. 77612, Fax 53505, www.kretinga.lt.
- **Post,** Rotušes 10, Tel. 51444.
- **Bank,** Rotušes 10 a, Tel. 54481.

Unterkunft

- **Vienkiemis Padvarų Kiemas,** am See im Norden der Stadt, Tel. 78425, Fax 77597, 7 Zimmer (80-120 Lt.), sauber, modern, ruhig; Sauna, Café; Angel- und Segeltouren, Radverleih.
- **Gelmė,** Žemaičių 3 (gleich südlich vom Rathausplatz), Tel. 76931, 5 DZ (60-100 Lt.).

Umgebung von Kretinga

Kretingalė (Deutsch-Krottingen) ↗XII/A3

In diesem 15 km nördlich von Klaipėda liegenden Ort wurde 1652 die erste hölzerne evangelische Kirche gebaut, die allerdings nach 80 Jahren zusammenfiel und dann wieder als Steinbau errichtet wurde. Der Turm mit den Glocken stammt aus dem Jahr 1875.

Nasrėnai ↗XII/B2

In Nasrėnai nordöstlich von Kretinga ist die Klete (ein Wohn- und Vorratsschuppen) des Elternhauses des berühmten Bischofs *Valančiaus* (s. Kathedrale in Kaunas) erhalten. Nebenan in seinem wiederaufgebauten Geburtshaus ist sein **Gedenkmuseum** untergebracht (Di-Sa 9-17 Uhr). Davor steht ein Gedenkstein sowie eine Skulptur seiner bekanntesten Literaturgestalt, des Schneiders *Palangos Juzė.*

Salantai ↗XIII/C1

Salantai (2200 Einwohner) liegt 30 km nordöstlich von Kretinga. Sehenswert ist die zweitürmige neogotische **Mariä-Himmelfahrtskirche** von 1910 mit drei Altären und einer holzgeschnitzten Kanzel. Die Verwaltung des **Salantai-Regionalparks** in der Laivių 3, Tel. 58-58761 gibt Infos u.a. zu kulturellen Stätten, Radfahren, Angeln und Wassersport auf der Minija.

Orvydų sodyba ↗XIII/C1

5 km weiter, beim Dörfchen **Gargždele,** trug die Familie *Orvydas* eine eigenartige Sammlung zusammen, bekannt als **Absurditätenmuseum** bzw. **Orvydas Garten** *(Orvydų sodyba).* Dieses Museum, das die tiefe Religiosität der Litauer zeigt, sollte auch, wie der Berg der Kreuze bei Šiauliau, von den Sowjets vernichtet werden. Auch hier sind sie jedoch gescheitert. In den 1960er Jahren mussten auf Befehl Moskaus nämlich die **Grabsteine** auf allen Friedhöfen **beseitigt** werden. Der Steinmetz *Kazys Orvydas* erlaubte den Einwohnern dann, die meist von ihm

gefertigten Grabsteine und -denkmäler bei ihm im Garten aufzustellen. Der Garten vergrößerte sich zusehends, weil sich dies auch in den Nachbargemeinden herumsprach. Die Sowjets ließen dann die Steinkreuze auf 24 Lastwagen abtransportieren, Vermummte verprügelten die Familie; aber als sich danach wieder neue Exemplare anhäuften, zerstörten sie teilweise den Garten und errichteten eine Zaunblockade. 1980 besichtigte der spätere Sowjetpräsident *Gorbatchow* den Ort, worauf die Schikanen aufhörten. Der Steinmetzsohn Vilius verwandelte das „Grabstein-Asyl" in ein **surrealistisches Labyrinth** aus Bretterverschlägen, Hütten, Grotten, Pfaden, Torbögen etc.; dazwischen findet man skurrile Holzschnitzereien (darunter rund 100 Jesus- und Mariafiguren), Findlingspyramiden, Skulpturen, Kreuze und sogar eine alte Rakete und ein Panzer. Die von den Sowjets nicht zerstörten Grabsteine sind mit blauer Tinte gekennzeichnet. Das Durcheinander macht den Reiz aus, andere empfinden den Garten als mystisch und magisch. Auf jeden Fall ist er aufgrund seiner Bedeutung als **Kunstwerk** und **Kultstätte** sehenswert. Das Museum wird von Familienmitgliedern fortgeführt (Di-So 10-18 Uhr, Tel. 58-58719). *Vilius* wurde noch vor seinem Tod Mönch; Vater und Sohn sind auf dem Dorffriedhof beerdigt. Das Buch *Orvydas* mit Bildern und Texten informiert detailliert über deren Lebenswerk.

Anfahrt: Die wenigen Busse von Klaipėda/Kretinga nach Skuodas fahren über Salantai und Mosėdis. Nach der Ortsdurchfahrt von Salantai kommt man zu einer Kreuzung mit einer Tankstelle (links nach Skuodas 23 km, geradeaus nach Plateliai 12 km, rechts nach Plungė 26 km). Hier aussteigen und Richtung Plungė zu Fuß 2 km zum Dorf Gargždele; dort sieht man den 1 km entfernten Hain. Von dem Wegweiser, einem Eichenkreuz, führt eine 600 m lange **Stichstraße** zum Museum. Die (seltenen) Busse von Plungė nach Skuodas halten dort auf Wunsch (sie halten auch an der Kreuzung bei Salantai).

Mosėdis

↗ XIII/C1

Der Ort 12 km nördlich von Salantai, 500 m östlich der Straße nach Skuodas, ist bekannt durch das **Museum einzigartiger Steine** (*Akmenų muziejus*, Salantų 2, Tel. 8-216-86291, tgl. 8-18 Uhr; im Winter Mo-Fr 8-12 und 13-17 Uhr). Wie auf der schönen Schwäbischen Alb, so scheinen die Steine in diesem Teil Litauens regelrecht zu „wachsen". Und wenn man sie noch so gründlich absammelt – im nächsten Frühjahr sind wieder neue da. **„Teufelssamen"** werden sie daher von den Bauern auch genannt. Während der Kaltzeiten der letzten Eiszeit rückten die **Gletscher** von Skandinavien vor und bedeckten das gesamte Gebiet des heutigen Baltikums. Durch ihre Bewegung und vor allem durch ihre Ablagerungen prägten sie das Gesicht dieser Region. Sie transportierten riesige, meist vom Eis abgeschliffene Felsblöcke mit einem Gewicht bis zu 1600 Tonnen, die nach dem Abschmelzen des Eises als **Find-**

linge liegengeblieben sind. Einer der bekanntesten ist der *Puntukas* bei Anykščiai, besonders viele kann man hier in Mosėdis sehen.

Angefangen hat die Geschichte damit, dass der Dorfarzt verschiedene Arten dieser zahlreichen „Teufelssteine" sammelte. Später legte er im Tal einen eigenen Park für die Steine an, und inzwischen sind hier über 5000 Findlinge und andere Steine zusammengetragen. Die **102 verschiedenen Arten** sind nach Größe (bis zu 2 m hoch und 10 t schwer) und Herkunftsort (alle heimischen sowie u.a. auch aus Lettland, Estland, Finnland, Schweden und vom Grund der Ostsee) sortiert und in **Steinalleen** angelegt. Um sie herum wachsen die für das Gebiet der Steinart typischen Pflanzen; man findet Teiche mit Wasserrosen, traditionelle Holzpfähle, Schnitzereien u.a.

Die Pfade beginnen bei der alten **Wassermühle,** in der eine **Ausstellung** über die Gletscher informiert. Das Dorfbild dominiert die zweitürmige barocke **Erzengel-Michael-Kirche** von 1783. Unweit davon am Ufer des Flusses Bartuva stand auf dem Schüttberg die alte Burg. Auf dem Dorfplatz liegen drei **Findlinge,** einer mit Inschriften im žemaitischen Dialekt, die anderen mit politischer Kritik.

● **Busverbindung** siehe Salantai. Haltestelle neben dem Museum.

Skuodas

Das Städtchen liegt 3 km von der lettischen Grenze. Bis auf die evangelische Kirche von 1821, die katholische von 1844 und die russisch-orthodoxe von 1887 hat es nichts zu bieten.

● **Busbahnhof,** Vilniaus 34 (Tel. 51333).
● **Übernachtung,** *Hotel Apuole,* Dariaus ir Girėno 3, Tel. 51345 bzw. 8-1673223 (ab 60 Lt.).
● **Stadtmuseum,** Šawlių 3 ,Tel. 73638.

Lenkimai

Die Backsteinkirche aus den Jahren 1837-48 wurde mit gotischen und klassizistischen Elementen versehen.

Senoji Įpiltis ↗ XII/B1

Das Dorf liegt neben einem der berühmtesten Schüttberge Litauens, auf dem Reste einer **Holzburg** aus dem 10.-13. Jh. (1253 erstmals erwähnt) gefunden wurden: ein Burgtor, Überreste der Palisaden und ein interessanter Tunnel aus Eichenstämmen). Rund 300 m östlich dieser Burg befindet sich ein 4 x 2 m großer **Findling,** der schon halb in der Erde versunken ist. Unter ihm sprudelt eine Quelle hervor, die Heilkräfte besitzen soll, weshalb der Stein auch von den heidnischen Vorfahren verehrt wurde.

Darbėnai ↗ XII/B1

Sehenswert in dem Ort nördlich von Kretinga sind der hölzerne Glockenturm der Kirche (Anfang 19. Jh.) und außerhalb des Dorfes die Wassermühle von 1820.

305li Foto: gs

Im Norden und Osten

293li Foto: gs

294li Foto: gs

Das Freilichtmuseum von Telšiai, im Herzen der Žemaitija

Verkäufer von religiösen Andenken am Berg der Kreuze bei Šiauliai

Im Pašiliai-Wisent-Reservat in der Umgebung von Panevėžys

Im Herzen der Žemaitija

Die Žemaitija ist die nordwestliche Region Litauens (auch Niederlitauen, Samogitia und Schemaiten genannt). Sehr verbreitet ist hier die Tradition, Kreuze, Kapellpfähle und Bildstöcke am Straßenrand oder an Kreuzungen aufzustellen (s. „Land und Leute: Religion"). Man findet sie oft alle paar Hundert Meter. Infos über die Hügel und Seen der Žemaitija, Ferienheime, Reiten, Radrouten etc. erhält man u.a. bei der Verwaltung des **Varniai-Regionalparks** in Ožtakiai, südlich von Telšiai (Tel. 94-47296, Fax 47415); Infos über Urlaub auf dem Lande in der Touristinformation in Telšiai.

Plungė

↗ XIII/D2

Plungė (24.000 Einwohner) liegt 50 km östlich von Palanga. Der Fluss Babrungas teilt die Stadt in zwei Teile; am linken, südlichen liegt das Zentrum. Für Touristen bedeutender ist der Rechte. Hier erstreckt sich der 50 ha große **Park,** der im Norden durch die Bahnlinie und im Osten durch den (Bus-)Bahnhof begrenzt wird (auch ohne Stadtplan findet man sich zurecht). In der Mitte des Parks vom 18. Jh., in dem 7 Teiche miteinander verbunden sind, liegt das **Oginski-Schloss,** das 1879 von dem deutschen Architekten *K. Lorenz* erbaut worden ist und damals zu den prachtvollsten des Landes gehörte. In dem Renaissancebau war bis 1902 die landesweit erste **Musikschule** untergebracht, die auch der Maler und Komponist *M.K. Čiurlionis* von 1889-93 besuchte, und an den ein Zimmer im heute darin befindlichen **Žemaitija-Kunstmuseum** erinnert (Mi-So 10-17 Uhr, Tel. 52492; auch ethnographische Ausstellung).

100 m südwestlich davon ist die **Perkūnas-Eiche** zu sehen, die 25 m hoch ist und einen Durchmesser von 1,75 m aufweist. Vom Schloss die Treppen nach unten, dann sieht man links die frühere **Orangerie,** die an den Vecchio-Palast in Florenz erinnert. Auf der anderen Flussseite steht die zweitürmige **Kirche des Hl. Johannes des Täufers** (1902-33), am Westende der Vytauto gatvė. Das Holzhäuschen rechts daneben (Hausnr. 26) ist durch *Čiurlionis* berühmt geworden, der 1909 hier seine Flitterwochen verbrachte (das Haus ist ein Nachbau). Hier ist eine Gedenktafel angebracht. Zurück zum (Bus-)Bahnhof durch den Park, oder die Vytauto nach Osten, dann die Dariaus ir Girėno nach links.

Die Stadt ist auch ein Ausgangspunkt zum **Žemaitija-Nationalpark** (s.u.).

Verkehrsmittel

- **Bahnhof,** Stoties 2, Tel. 52297; Züge u.a. nach Klaipėda und Vilnius.
- **Busbahnhof,** Dariaus ir Girėno 29, Tel. 52333; Busse u.a. nach Klaipėda, Palanga, Skuodas, Plateliai, Žemaičių Kalvarija.
- **Taxi,** Tel. 55555.

Blick auf das Oginski-Schloss

Nützliche Adressen

- **Bank,** Vytauto 3, Tel. 57651.
- **Post,** Dariaus ir Girėno 2, Tel. 52222.

Unterkunft

- **Beržas Hotel,** M nijos 2, Tel./Fax 56840, ab 80 Lt., sehr gut, freundlich.
- **Motel,** Vaižganto 112 (südliche Verlängerung der Dariaus ir Girėno), Tel. 8-1871861.

Žemaitija-Nationalpark

XIII/D1

Der Nationalpark umfasst 20.000 ha, davon 9158 ha Wald. Zweck des Parks war und ist, das Seensystem und die Natur zu erhalten und die kulturellen Werte der Parkgemeinden mit rund 3000 Einwohnern zu schützen. Bis auf den Plateliai-See ist es touristisch gesehen hier noch relativ ruhig.

30 **Landschafts-, Natur- und Kulturschutzgebiete** nehmen ungefähr die Hälfte der Parkfläche ein. Im **Plokštinė-Reservat** im Osten ist der Zutritt nur in Ausnahmefällen und nur in Begleitung eines wissenschaftlichen Parkmitarbeiters erlaubt, um die Flora und Fauna (Elche, Hirsche, Fischotter etc.) zu schützen. Im Park gibt es 170 Vogelarten, darunter auch die seltenen Wanderfalken und Polartaucher.

Es gibt auch viele geschützte **Mythologie- und Ethnographie-Denkmäler** sowie malerische **Grab- und Hainhügel,** darunter ein Stein mit dem Fußabdruck des Teufels beim Mikytai-

043li Foto: gs

Burgberg (15 km nördlich von Plateliai). Beim Dorf Plokštinė südöstlich vom Plateliai-See liegt ein **Militärmuseum.** Der Besuch sollte auf jedem Besuchsprogramm stehen, da 1962-1987 drei russische **Atomraketen** mit dem Ziel Deutschland hier unterirdisch stationiert waren. Um zu den 27 m tiefen Einbuchtungen zu gelangen, muss man sich durch dunkle und enge Schächte zwängen. Die **Abschussrampen** waren gut getarnt. Heute sind die Betonkuppeln von außen sichtbar. Die Gegend hier ist heute nicht mehr radioaktiv belastet. Besichtigung nur mit Führung möglich (Tel. 49361 bzw. bei der Parkverwaltung); Übernachtung s.o.

● **Parkverwaltung** und **Touristinformation,** Plateliai, Didžioji 10, Tel. 49231, Fax 49337, info@plunge.omnitel.net; Führungen unter Tel. 49240, es gibt einen zweistündige **Diashow.** Verkauf von **Karten,** Ausstellung von **Angellizenzen** und **Camping-Erlaubnisscheinen** (es gibt 5 offizielle Campingplätze). **Zimmervermittlung** in Ferienheimen und Urlaub auf dem Lande; empfohlen wird das Gästehaus Mikašauskienė, Ežero 33, Tel. 8-448-49117, herrliche Lage an einem Teich, auch freistehende Hütten, 80-250 Lt., Küche, Sauna, Kaminfeuer, Billard, sehr freundlich.

Organisierte Touren (Vogelbeobachtung, Biotopwanderung, Fahrradtour, Besuch der Dörfer und Holzschnitzer, Organisation von traditionellen Volkstänzen, Besuch des Militärmuseums, s.u.).

Infos über **Reiten, Windsurfen, Wasserräder, Segel-, Tret-, Ruderboote** und **Fahrradverleih.**

Feste

- Anfang Juni: **Sommerfest** mit Volks-, Kunst- und žemaitischem Handwerkerfestival.
- 22./23. Juni: **Sonnwendefest** (mit Suche von Farnkrautblüten, s. Exkurs)
- Juli: **Regatta** und Schwimmwettbewerbe über eine Strecke von 3 km.

Plateliai ↗ XIII/D1

Der Ort, 10 km nördlich von Plungė am Westufer des Plateliai-Sees, liegt im Zentrum des Žemaitija-Nationalparks in einer romantischen Hügellandschaft, die vor etwa 13.000 Jahren durch die Gletscher und Endmoränen der letzten Eiszeit modelliert wurde. Damals ist auch der kristallklare, 12 km² große **Plateliai-See** entstanden, der größte See der Region Žemaitija (in ihn münden 17 Flüsse, er ist bis zu 46 m tief). Die **Burginsel,** eine der 7 Inseln, auf der einst die Burg von Königin Bonas stand, war im 16./17. Jh. mit einer 300 m langen Eichenbrücke mit dem Festland verbunden. Heute ist davon nichts mehr zu sehen.

Es werden hier **archäologische Ausgrabungen** vorgenommen. Gefunden wurden u.a. Reste eines alten Boots (zu besichtigen im Meeresmuseum in Klaipėda). Man vermutet, dass es hier auch ein heidnisches Observatorium gab. Über jede Insel des Sees werden Sagen und wahre Geschichten erzählt. So auch die Legende über die unbeschreibliche Liebe von *Kestutis* und *Birutė* und sagenähnliche Geschichten über die mächtige Königin *Bonn,* die Frau des Großfürsten Litauens und des Königs von Polen *Žygimantas* (Sigismund) des Alten und ihren verborgenen Schatz.

Es gibt täglich drei Busse von Plungė nach Plateliai. Man erreicht es über die F 164 von Plungė Richtung Mažeikiai, dann nach links abbiegen. Da-

295li Foto: gs

nach passiert man die Stichstraße nach Plokštinės (s.u.) und das Dorf **Beržoras** (sehenswert ist die Stanislaus-Kirche von 1746 und der Friedhof). Die Gegend hier wird aufgrund der Wälder und einiger Hügel auch **„Litauische Alpen"** genannt.

Im **Dorf Plateliai** (800 Einw.) steht im schönen Schlosspark eine **„Hexenesche"**, mit 7,20 m Durchmesser und 32 m Höhe die landesweit größte. Sehenswert ist auf dem Dorfplatz ein 1928 errichtetes **Unabhängigkeitsdenkmal** zum 10. Jahrestag sowie die **St.-Peter-und-Paul-Kirche** von 1714 mit einem Kirchtürmlein.

- **Bank/Post,** Didžioji 5.
- **Jagdzentrum,** Tel. 49276; **Reiten,** Tel. 49161.
- **Jachtclub,** Tel. 49131, Tret-, Ruderbootverleih (der See ist auch tauglich für Jachten und Segelboote).
- **Übernachtung** in einfachen Holzhütten in Plateliai im „Šaltinėlis" (Tel. 49315; 15-20 Lt. p.P.) und im Dorf Paplateliai im „Linelis" (Tel. 49222; 25 Lt. p.P.); in Plokštinės in einer Herberge der früheren Kaserne (Tel. 49422, 13 Lt. p.P.). Übernachtungsmöglichkeiten vermittelt auch die Parkverwaltung (s.u.).

Žemaičių Kalvarija ⇗ XIII/D1

Der Ort 25 km nordöstlich von Plungė war einst ein unbedeutendes Dorf mit dem Namen **Gardai,** erstmals 1253 in den Akten des Köngs *Mindaugas* erwähnt, bis die Bischöfe, denen der Ort gehörte, ihn den Dominikanern für den Bau eines Klosters im Jahr 1637 anboten. Wie auch in anderen Ländern damals üblich, errichteten sie bis 1642 **den ersten litauischen Kreuzweg** mit **19 Kapellen** mit Darstellungen des Leidensweges Christi auf sieben Hügeln, so dass das Dörflein zum **„zemaitischen Kalvarienberg"** wurde – und genau das bedeutet der heutige Name. Zu Zeiten des staatlich verordneten Atheismus (1964-89) wurde der Ort allerdings nach dem Bach, an dem er liegt, Varduva genannt, um christliche Anklänge zu vermeiden. Der gesamte Leidensweg ist wie bei Jesus Christus etwa 7 km lang, beginnt und endet bei der neubarocken **Kirche der Heimsuchung Marias,** die 1896 geweiht wurde, nachdem sie 1632 gebaut und 1780-85 in ihrer jetzigen Form mit

Das Unabhängigkeitsdenkmal in Plateliai

zwei Türmen umgebaut wurde. 1988 erhielt sie den Rang einer „kleinen Basilika" von Papst *Johannes Paul II.*, der 1993 den Wallfahrtsort besuchte.

Hier steht auch die wundertätige, um 1650 entstandene **Madonnenstatue,** die von einem Dominikanermönch von Rom mitgebracht worden war. Sie ist von Votivtafeln in Form von Körperteilen umgeben. Jährlich vom 2.-9. Juli kommen Tausende von Pilgern zum größten und in Litauen einzigartigen **Kirchenfest** Westlitauens, um dem Besuch von Maria bei Elisabeth, der Mutter Johannes des Täufers, zu gedenken. Es gibt u.a. Prozessionen und Chorgesänge. Das Dorf liegt auf dem Territorium des Nationalparks, hat aber eine eigene Touristinformation (Alsedžių 3, Tel. 43200).

Telšiai

Die Stadt auf 7 Hügeln (35.000 Einwohner), 29 km östlich von Plungė, erstreckt sich rund um den Mastis-See und am Fluss Durbinis. Sie ist **Bezirkshauptstadt** der Žemaitija-Region und gehört zu den sehenswerteren der Provinzstädte.

Die **Altstadt** hat ihren natürlich entstandenen sternförmigen Grundriss beibehalten. Es dominieren hier Backsteingebäude vom Anfang des 20. Jh., aber es gibt auch noch Gebäude aus dem 17. und 18. Jh., darunter das Bernhardinerkloster und das alte Schulhaus.

Im Zentrum der Stadt erhebt sich der **Bischofsdom,** errichtet 1761-91 im Barockstil (Eingang auf der Rückseite, 9-12 und 17-19.30 Uhr). Die Altäre sind im Übergangsstil von der Renaissance zum Klassizismus. Der Dom ist dem Hl. Antonius von Padua geweiht. Der **Bischofspalast** ist erst 1929 entstanden. Das 1740 eingerichtete, aber 1863-1927 bzw. 1946-89 geschlossene **Priesterseminar** zeugt von der Bedeutung der Stadt als eines der religiösen Zentren des Landes, was auch im Stadtwappen ersichtlich ist. Originell ist der **Glockenturm mit Haube** auf dem Marktplatz vor dem Rathaus.

296li Foto: gs

Der Bischofsdom in Telšiai

Zu den lohnendsten Zielen gehören das **Freilichtmuseum** mit žemaitischen Bauernhäusern vom Ende des 19. Jh. mit Windmühle und Schmiede im Stadtpark am Südwestufer des Sees (Parko 8a, Tel. 53833, Mai-Sept. von Mi-So 9-17 Uhr; hier finden auch Konzerte und Folklorefeste statt) sowie das **Heimatmuseum** *(Alka)* an der Muziejaus gatvė 31 (Tel. 70282, Mi-So 9-17 Uhr), das über die Geschichte der Region Žemaitija informiert (alte Möbel, Trachten, Holzkreuze, Gemälde, u.a. von Rubens).

Verkehrsmittel

- **Bahnhof,** Stoties 35, Tel. 53297; Züge u.a. nach Klaipėda, Vilnius.
- **Busbahnhof,** Respublikos 48, Tel. 53333; Busse u.a. nach Šiauliai, Mažeikiai.
- **Taxi,** Tel. 53430.

Nützliche Adressen

- **Touristinformation,** Žemaitės 14, Tel./Fax 52229, www.telsiai.lt, sehr hilfreich.
- **Post,** Sedos 1, Tel. 52506.
- **Bank,** Sedos 6, Tel. 51471.
- **Geldautomaten,** Sedos 35, Birutės 5a.

Unterkunft

- **Hotel Telšiai,** Kestučio 21, Tel. 53292 (ab 30 Lt.), schlicht und sauber.
- **Hotel Roneta,** Tel. 53597, Respublikos 59, 40-250 Lt., Sauna, Minipool.

Umgebung von Telšiai

Luokė

In dem Örtchen 22 km südöstlich von Telšiai ist die **Holzkirche** im Volksarchitekturstil sehenswert. 3 km entfernt liegt die sagenumwobene **Satrija-Burg.**

Mažeikiai

Ihren Aufschwung nahm die Stadt rund 10 km von der lettischen Grenze 1868, als hier die Schienen der Eisenbahnlinie Liepaja - Romnai verlegt wurden. Seit 1980 wird sie aufgrund der großen Raffinerie „Stadt der Erdölarbeiter" genannt.

- **Busbahnhof,** Respublikos 17, Tel. 32360 (u.a. Busse nach Plungė, Šiauliai).
- **Bahnhof,** Stoties 1, Tel. 32433 (u.a. Züge nach Riga, Vilnius).
- **Touristinformation,** Ventos 8 a, Tel./Fax 95351.
- **Bank,** Laisvės 17.
- **Übernachtung** im **Hotel Vasgena,** Laisvės 13, Tel. 34480 oder im **Hotel J. Buinausko,** Laisvės 7, Tel. 32345 (ab 40 Lt.).

Tirkšliai

Der Ort liegt 6 km südwestlich von Mažeikiai. Sehenswert ist die **Kirche,** in deren Glockenturm viele Herzsymbole eingelassen wurden.

Venta-Regionalpark

Der 130 km lange Fluss Venta fließt von der Žemaitija nach Lettland, gesäumt von vielen Felsen, gespeist von vielen Nebenflüssen (z.B. des Virytė). Beide sind gut für Kanufahrten. Infos bei der Verwaltung in Viekšniai, Dariaus ir Girėno 2, Tel. 95-36400.

Kamanos-Naturreservat

Nordöstlich von Viekšniai liegt ein 36 km² großes Naturschutzgebiet, das umfangreiche Mischwälder und eines der größten **Moore** Litauens (23 km²) umfasst. Hier nisten Vögel, wie Kraniche, Schwarzstörche, Kampfläufer, Regenpfeifer und der eurasische Brachvogel; es gibt u.a. auch Adler, Falken, Biber, Bisamratten und Fischotter. Auch verschiedene Pflanzen kommen hier vor. Zudem gilt das Moor als ein wertvolles „Naturarchiv", da viele Tiere und Pflanzen aus der Epoche seit der letzten Eiszeit darin konserviert worden sind. Zutritt nur mit behördlicher Genehmigung und mit Führer. Infos in Akmene, Tel./Fax 55285, kamanu.rezervatas@is.lt.

Šiauliai (Schaulen) ↗ XVII/C1

Die mit rund 147.000 Einwohnern viertgrößte Stadt Litauens , umgeben von den Seen Talšos, Rėkyvos und Ginkųnai, ist ein **industrielles und kulturelles Zentrum** und ein wichtiger Verkehrsknotenpunkt. Aufgrund vieler Plünderungen, Brände und Kriege besitzt Šiauliai nur wenige alte Gebäude und Architekturdenkmäler. Dafür hat es viele **originelle Museen.** Fast alle Sehenswürdigkeiten sind zu Fuß zu erreichen. Die Stadt ist auch Ausgangspunkt für den **„Berg der Kreuze".**

Geschichte

Über die frühe Geschichte der Stadt weiß man nicht viel. Doch ihr Name wird mit der berühmten **Schlacht bei Saulė** (Sonne) in Verbindung gebracht, bei der die litauischen Žemaiten am 22. September 1236 einem fast 3000 Mann starken Heer unter Führung des livländischen Schwertbrüderordens eine vernichtende Niederlage bereiteten. Der Orden, der selbst nur mit 55 Rittern beteiligt war, hatte den Feldzug auf den Winter verschieben wollen, da Ordensmeister *Volquin* sehr wohl wusste, dass Sümpfe und Flüsse vor der Zeit des Frostes für die Ritter eine besondere Gefahr darstellten und dass die landeskundigen Einheimischen ihnen in dieser Zeit überlegen waren. Doch die mit ihnen gekommenen rund **500 deutschen Kreuzzugsteilnehmer,** die nur ein halbes Jahr in Litauen verbringen wollten, um hier anstatt in Palästina durch die „Heidenmission" Ablass von ihren Sünden zu erlangen, drängten auf den Kampf. Die Ordensritter gaben dem Drängen nach und schlossen sich an. Zusammen mit rund 1500 kriegsdienstpflichtigen Esten, Kuren und Letten waren die Ritter bereits einige Zeit plündernd und sengend durch das Land der Žemaiten gezogen. Übrigens haben zu jener Zeit und auch schon früher die Žemaiten ihrerseits – im Winter, wenn die Feldarbeit ruhte und die Sümpfe gefroren waren – die Kuren, Liven und Letten in ähnlicher Weise überfallen, um Frauen, Kinder und Vieh zu rauben. Die žemaitischen Streitkräfte unter Prinz *Vykintas* überraschten das Heer der Ritter und ihrer Hilfstruppen auf dem Rückweg in morastigem Gelände. Der Ordensmeister und alle seiner Mitstreiter fielen im Kampf oder auf dem Rückzug vom nördlich von Meškuičiai gelegenen Dorf **Jauniųnai,** wo zum Gedenken am 750. Jahrestag ein Eichenwäldchen gepflanzt wurde *(Memorialinis botanikos parkas).*

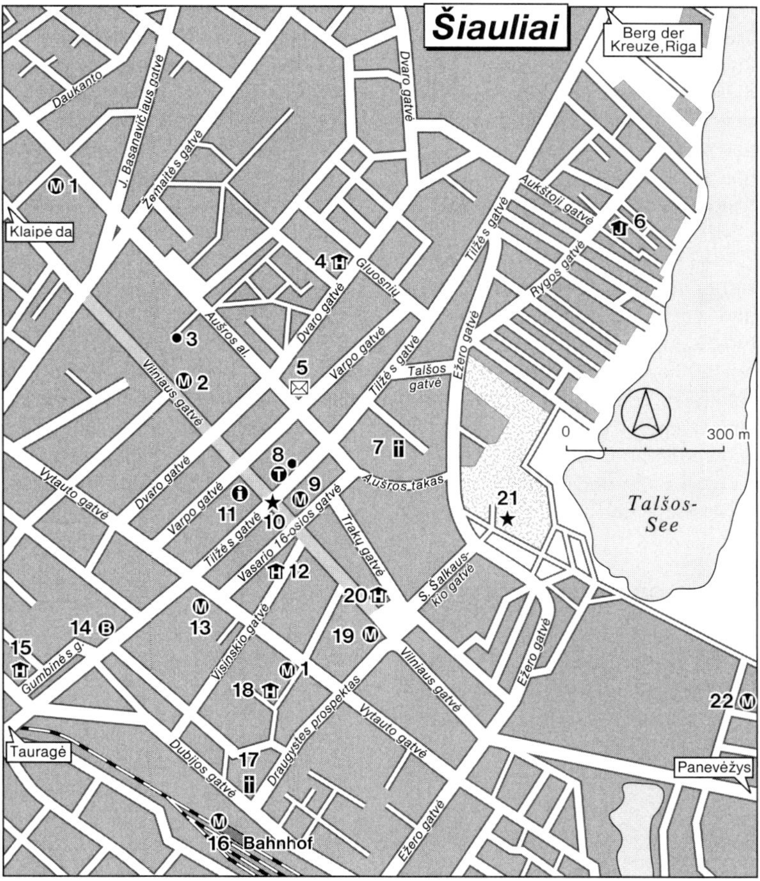

- Ⓜ 1 Aušra-Museen
- Ⓜ 2 Radio- und TV-Museum
- ● 3 Philharmonie
- 🏨 4 Hotel Saulininkas
- ✉ 5 Post
- 6 Jugendherberge
- 7 Peter- und Pauls-Kathedrale
- 8 Dramatheater,
- ● Kino
- Ⓜ 9 Museum der Fotografie
- ★ 10 Uhrentürmchen
- ⓘ 11 Touristinformation
- 🏨 12 Hotel Šaulys
- Ⓜ 13 Wasserversorgungsmuseum
- Ⓑ 14 Busbahnhof
- 🏨 15 Hotel Aronija
- Ⓜ 16 Eisenbahnmuseum
- 17 St.-Georg-Kirche
- 🏨 18 Turnė
- Ⓜ 19 Fahrradmuseum
- 🏨 20 Hotel Šiauliai
- ★ 21 Sonnenuhrplatz
- Ⓜ 22 Katzenmuseum

Danach begann *Mindaugas* mit der Erweiterung seines Großfürstentums und der Festigung des Staates. Nach dieser schweren Niederlage erhoben sich auch andere Baltenstämme gegen die Ritter, und der Orden war daher gezwungen, sich 1237 dem in Ostpreußen ansässigen Deutschen Orden anzuschließen.

1589 erhielt die Stadt **Selbstverwaltung** nach dem **Magdeburger Recht** und entwickelte sich zum Verwaltungszentrum eines königlichen Guts mit 6000 Bauernhöfen. Danach litt Šiauliai mehrmals unter Großfeuern; hinzu kamen Plünderungen durch die Schweden und Pestepidemien. 1812 wurde es von der Armee *Napoleons* geplündert und 1872 durch einen Brand fast völlig vernichtet, da nahezu alle Gebäude aus Holz bestanden.

Wichtig für die weitere Entwicklung der Stadt waren der Aufbau der Textilindustrie durch schlesische Weber Ende des 18. Jh., der Bau der Straße Petersburg, Königsberg im Jahre 1839 und der Bahnlinie von Liepaja 1871, die auch andere Industriezweige nach Šiauliai brachten. Die Stadt wurde zu einem Handelszentrum. Im Ersten und Zweiten **Weltkrieg** wurden 65 bzw. 85 % der Gebäude beschädigt oder zerstört. Während der Sowjetherrschaft wurde es zu einem **Industriezentrum** und war aufgrund der Hochtechnologieprodukte für militärische Güter bis 1987 für Ausländer gesperrt. Der frühere sowjetische Militärflughafen Žokniai wurde 1995 zu einer **Freihandelszone** und verhalf der Stadt zu neuem wirtschaftlichen Aufschwung.

Sehenswertes

Die Tilžės gatvė ist die Hauptachse von Nord nach Süd. Ein **Uhrentürmchen** steht am Centrinė-Platz, wo sie sich mit der Ost-Westachse **Vilniaus gatvė** schneidet (beliebter Rendezvous-Platz).

Letztere ist streckenweise auch **Fußgängerzone** und **Flaniermeile,** die mit ihrer Allee, Blumenrabatten, Wandmalereien, Springbrunnen, dem Amphitheater, Geschäften, Cafés und

297li Foto: gs

St.-Peter-und-Paul-Kathedrale

einigen älteren Gebäuden an die Laisvės-Allee von Kaunas erinnert. Hier findet man mehrere **Museen** (s.u.) und das **Drama-Theater.** Einige Plastiken und auffällige Ladenschilder, die auf mittelalterliche Traditionen zurückgehen, schmücken die Straße.

Nahe der Kreuzung mit der Žemaitės erinnert der **Berg der Aufständischen** *(Sukilėlių kalnas)* an die Anführer des Aufstands von 1863 gegen die Zarenherrschaft, die hier öffentlich gehängt wurden; für sie wurde ein Obelisk, später noch eine Skulpturengruppe errichtet. An der Aušros 3 steht der oktagonale 70 m hohe Turm der **St.-Peter-und-Paul-Kathedrale.** Der zweithöchste Turm des Landes wurde gegen Ende des 19. Jh. erbaut und dient als Eingangsportal. Die Kirche entstand 1595-1625 als Renaissance-Basilika, finanziert von reichen Bauern. Sie ist das einzige Gebäude und architektonische Denkmal der alten Stadt, das alle Brände und Kriege überstand.

An der Südwand zeigt eine für Litauen einzigartige **Sonnenuhr** die genaue Zeit. Die Kirche hat mit ihren zahlreichen Erkern und Schießscharten Wehrcharakter.

Am Talšos-See findet man die angeblich größte **Sonnenuhr** der Welt. Ihren „Zeiger" bildet eine 21 m hohe, klassizistische Säule, auf deren Spitze die vergoldete Skulptur eines Bogenschützen steht. Sie wurde zum 750. Jahrestag der Schlacht bei Saulė errichtet. Der **Schütze** ist das **Wahrzeichen** der Stadt, da ihr Name von Šaulys (Schütze) oder von Saulė (Sonne) abgeleitet ist. Als Zifferblatt dient der halbkreisförmige, einem Amphitheater ähnliche Sonnenuhrplatz, in den Metallziffern eingelassen wurden. Die katholische **St.-Georg-Kirche** war früher russisch-orthodox.

Einige der vielen **Museen** sind aufgrund der in Šiauliai ansässigen Industrie, z.B. dem Fahrradwerk und Werk für Fernsehgeräte, entstanden (s.u.).

Verkehrsmittel

- **Taxi,** Bahnhof, Busstation und Ecke Vilniaus/Žemaitės gatvė, Tel. 521000.

298li Foto: gs

Die angeblich größte Sonnenuhr der Welt

Eigenes Fahrzeug

●Hier kreuzen sich die Fernstraßen Riga – Kaliningrad sowie Panevėžys – Palanga (das 21 km lange Teilstück von Šiauliai nach Westen ist als Autobahn ausgebaut).

Bahn

●Der **Bahnhof** (Tel. 430652) liegt an der Dubijos gatvė 44 (Gepäckschließfächer). Hier ist auch das **Eisenbahnmuseum** (s.u.). Verbindungen u.a. nach **Riga** (2½ Std.), **Vilnius** (4 Std.), **Kaunas** (3½ Std.), **Klaipėda** (3½ Std.), **Kaliningrad** (7 Std.), **Tallinn** (10 Std.).

Bus

Der Busbahnhof (Tel. 525058) ist an der Tilžės gatvė 109. Es gibt eine Gepäckaufbewahrung (6-19, So 7-19 Uhr). Wichtige Verbindungen:

●**Kaunas** (140 km, 2½ Std), **Vilnius** (220 km, 3½ Std; schnellste Route via Panevėžys), **Klaipėda** (160 km, 2½ Std,) **Palanga** (150 km, 2½ Std), **Riga** (130 km, 2 ½-3 Std), **Tallinn** (450 km, 9 Std), **Kaliningrad** (245 km, 5 Std), **Panevėžys** (80 km, 1½ Std.), **Mažeikiai** (80 km, 1½ Std.), **Berg der Kreuze** (s. dort).

Nützliche Adressen

●**Touristinformation,** Vilniaus 213, Tel. 523110 , Fax 523111, www.siauliai.lt; Mo-Sa 9-18 Uhr, Zimmervermittlung (u.a. Urlaub auf dem Lande, Pensionen), Touren etc.

●**Geldautomat MasterCard,** Tilžes 22, 109.

●**Geldautomat VisaCard,** Ecke Tilžes/ Vilniaus, Vilniaus 166, 189, 225 u.a.

●**Bank,** Vilniaus 225, Tilžes 149, 170.

●**Geldwechsel,** viele Wechselstuben (insbesondere auf der Vilniaus gatvė).

●**Hauptpostamt,** Aušros al. 42, Tel. 523740.

●**UPS-Expresspost,** Varpo 22a, Tel. 524900.

●**Internet-Café,** Vytauto 111, Tel. 431961 (10-22 Uhr).

●**Apotheke,** Aušros 66, Varpo 27, Vilniaus 32.

●**Krankenhaus,** V. Kudirkas 99, Tel. 31534.

●**Wäscherei,** Aušros 66a.

●**Verkehrspolizei,** Tel. 432562, Aušros 19.

Unterkunft

Hotels

●**Šiauliai,** Draugystės pr. 25, Tel. 437333, Fax 438339, 14 Stockwerke an der Fußgängerzone, 157 zweckmäßige Zimmer (EZ 70 Lt., DZ 100-130 Lt.), gutes Preis-Leistungs-Verhältnis, Restaurant, Café, Sauna.

●**Saulininkas,** S. Lukauskio 5 a, Tel. 436555, Fax 421848, 10 Zimmer (EZ 180, DZ 220 Lt.).

●**Aronija,** Gumbinės 10 (100 m vom Busbahnhof), Tel./Fax 423672; von außen wie ein Traumschloss, 7 innen sehr moderne geräumige Zimmer (85-200 Lt.), Restaurant.

●**Salduvė,** Donelaičio 70 (in Querstraße von Tilžes g. nach 200 m), Tel. 553593, Fax 553 590, 48 Zimmer (EZ 40/DZ 40-120 Lt.; außerhalb in Waldnähe; mit Bus Nr. 6 erreichbar), altes Sowjethotel, recht gut in Schuss.

●**Turnė,** Rųdes 9, Tel. 500150, Fax 429238, www.turne.lt, 23 Zimmer (EZ 140, DZ 160-280 Lt.), sauber, modern, mit Restaurant.

●**Šaulys,** Vasario-16-osios 40, Tel. 520812, Fax 520911, www.saulys.lt ; 36 Zimmer (EZ ab 120, DZ ab 200 Lt.), Restaurant.

●**Motel Medžiotojų Užeiga,** Dubijos 20 (500 m westlich vom Busbahnhof), Tel. 393856, aitra@takas.lt , 5 DZ (80-150 Lt.).

Jugendherberge

●Rygos gatvė 36, Tel. 427845, 17 Zimmer (EZ/DZ/3- und 4-Bett-Zimmer); Dusche, Küche, Übernachtung 20 Lt; Frühstück extra; organisiert Exkursionen; Fahrradverleih.

Gastronomie

●**Norna,** Tilžės 126 c, Tel. 425594, 11-24 Uhr, preiswerte litauische Küche.

●**Edenas,** Tilžės 121, Tel. 524973, 11-24 Uhr, gute billige Gerichte, Nichtraucherrestaurant.

Ladeneingang in der Vilniaus gatvė

- **Salingas,** Tilžes 168, Tel. 520922, 11-23 Uhr, teure asiatische Küche.
- **Bella Italia,** Vilniaus 167, gute Pizzeria.
- **Granto,** Višinskio 41 (Ecke Vilniaus), Tel. 427902, 8-24 Uhr. Pub mit Terrasse, auch vegetarische Gerichte.
- **Café Vizija,** Aušros 15 (neben Philharmonie), angenehme Atmosphäre.
- **Club Juonė Pastuogė,** Aušros 31 a, Tel. 434506, Country-Musik, Jazz, litauische Küche, schöner Innenhof, im Winter Kaminfeuer.
- **Little Johnny,** Tilžes 139; gute Pizzen.
- **Disco Max,** Aušros al. 31, Tel. 429996; ab 22 Uhr, immer voll.

Aktivitäten

- **Jachtclub,** Rėkyva, Poilsio 14, Tel./Fax 434531.
- **Bootsverleih,** Zyro 34, Tel. 428657.
- **Tennis,** Gardeno 8, Tel. 462776 (mit Sauna).
- **Aeroclub,** Žemaitės 43, Tel. 462556 (u.a. Rundflüge).

Einkaufen

- **Bücher,** Vilniaus 118, 213; ausländische Literatur in Mickevičiaus 52.
- **Filme,** Vilniaus 70, 123, 237, 259.
- **Blumen,** Vilniaus 7, 72, 138, 172.
- **Supermarkt,** Vilniaus 117, 124, 204.
- **Fotogeschäft,** Tilžės 149 (Ecke Vilniaus).
- **Kaufhaus,** Vilniaus 206.
- **Kunsthandwerk,** „Dailė", Vilniaus 136.
- **Markt,** Turgaus gatvė.
- **Souvenirs,** Vilniaus 134, Vilniaus 146, 193.
- **Schwarze Keramik,** Familie Mataitis im Dorf Gruzdžiai (7 km von Šiauliai).

Kultur

Theater und Konzertsäle

- **Drama Theater,** Tilžės 155, Tel. 523207, Fax 523208.
- **Philharmonie,** Aušros 15, Tel. 524458.
- **Kulturzentrum,** Aušros 31, Tel./Fax 524163.

299li Foto: gs

Kino

- **Kino und Kulturzentrum Saulė,** Tilžės 140, Tel./Fax 524983. Weitere Kinos in Tilžės 136 und 172.

Festivals und Feste

- **Internationales Kirchenmusikfestival** über die Osterfeiertage.
- **Anfang Juni,** Internationales Country-Musikfestival.
- **21./22. Juni,** Festival der litauischen Country-Musik zum Johannistag (Country Joninės).
- **Mitte Juli,** internationales Folklorefestival.
- **Mitte September,** Šiauliai-Tage (beim Saldųva-Burghügel im Osten der Stadt), Musik, Tanz, Handwerksmarkt u.v.m.

Museen, Ausstellungen, Galerien

- **Aušra Museum,** Aušros al. 47, Tel. 524391; Außenstelle: Vytauto 89, Tel. 524392; eines der größten historischen und ethnographischen Museen Litauens (mehr als 700.000 Exponate), Di-Fr 11-19, Sa 11-16 Uhr.
- **Fahrradmuseum,** Vilniaus 139, Tel. 524395; Di-Fr 10-18, Sa 11-16 Uhr.
- **Katzenmuseum,** Žuvininkų 18, Tel. 438203; Mi-So 11-17 Uhr; ein Museum von Kindern für Kinder mit lauter Katzenbildern, -figuren und -futterverpackungen, in einer Schule.
- **Museum der Fotografie,** Vilniaus 140, Tel. 524396; Di-Fr 10-18, Sa 11-16 Uhr.
- **Radio- und Fernsehmuseum,** Vilniaus 174; Tel. 524399, Di-Sa 10-18 Uhr.
- **Kunstgalerie,** Vilniaus 245, Tel. 524385; Di-Sa 10-18 Uhr.
- **Eisenbahnmuseum,** Dubijos 44 (Dampflok), Tel. 394684; Mo-Do 13-16, Fr 13-15 Uhr.
- **Feuerwehrmuseum,** Basanavičiaus 89, Tel. 545480; Mo-Fr 7.30-16.30 Uhr.
- **Wasserversorgungsmuseum,** Vytauto 103, Tel. 525571, Mo-Fr 8-12, 13-17 Uhr (im Erdgeschoss eines Wasserturms); Filiale in Žemaitės 83, Tel. 425611, Di-Sa 11-19 Uhr.
- **Žaliųkiai-Windmühle,** Architektų 73 (2 km südwestlich des Bahnhofs), Tel. 524391, Mai-Sept. Mi-So 11-18 Uhr, Außenstelle des Aušra-Museums mit ethnographischer Ausstellung in einer Windmühle; jeden Mai findet hier eine Messe über alte Gewerbe statt.

Umgebung von Šiauliai

Berg der Kreuze (Kryžių kalnas) ↗XVII/D1

Etwa 10 km nördlich nahe der Straße Richtung Riga, vor der Ortschaft Meškuičiai findet sich die **Hauptattraktion** von Šiauliai und eine der Sehenswürdigkeiten, die jeder Litauer unter den ersten aufführen wird, da sie auch den litauischen Geist widerspiegelt und bei Besuchern einen tiefen Eindruck hinterlässt. Auf und neben einem rund 9 m hohen Hügel, dessen Form an einen Sattel erinnert, sieht man ein **weltweit einzigartiges Meer von Kreuzen,** Zehntausende oder Hunderttausende, dicht an dicht, in allen Größen und Formen; einige davon sind geschnitzte Kunstwerke, viele sind bei anderen Kreuzen eingehängt und bilden Kreuzgirlanden, viele liegen aufgestapelt am Fuß großer Kreuze. Einige sind Gedenkkreuze, verziert mit Blumen, Fotos und mit einer kleinen Nachricht für die Verstorbenen versehen. Dazwischen stehen auch einige Koplytstulpis-Stelen und Rųpintojėlis-Figuren (s. „Religion und Kultur").

Der **Wallfahrtsort** steht als Symbol des Leidens und Gedenkens, aber auch der Liebe und Hoffnung. Am Parkplatz vor dem Hügel kann man selbst Kreuze kaufen. Wenn man ein Kreuz am Hügel zurücklässt, sollen laut einer Legende die Wünsche in Erfüllung gehen, weshalb auch bei freudigen Anlässen wie Hochzeit der Ort besucht wird.

Der einstige **Burghügel** Jurgaičiai, dessen Burg 1348 von Kreuzrittern

045li Foto: gs

Das Papstkreuz vor dem Berg der Kreuze

zerstört worden sein soll, ist seit alters her von Legenden umwoben und ein besonderer Ort der Volksfrömmigkeit. Der Hügel war vermutlich eine **Gebets- und Opferstätte,** und man geht davon aus, dass die Kreuze als Dank- oder Bittopfer aufgestellt worden sind. Historisch richtiger ist wahrscheinlich, dass die Bewohner der Umgebung nach der Niederschlagung der Aufstände gegen den Zarismus (1831/1863) damit begannen, hier Kreuze für ihre bei dem Aufstand ums Leben gekommenen Angehörigen zu errichten, von denen sie nicht wussten, wo sie begraben lagen. Die Litauer legen traditionell großen **Wert auf die Grabpflege** und das Andenken an ihre Toten, da sich sonst, dem Volksglauben nach, die Geister der Toten an ihnen rächen könnten. Erstmals schriftlich erwähnt wurden die Kreuze in Chroniken von 1850. Ende des 19. Jh. gab es 150 Kreuze, 1940 etwa 400. Danach kamen auch Kreuze für die Opfer des Stalinismus hinzu, als Tausende von Litauern nach Sibirien deportiert wurden und dort starben. Die Überlebenden, die nach Stalins Tod 1953 in ihre Heimat zurückkehren durften, stellten dann für die im Gulag Gestorbenen Kreuze auf; ebenso ehemalige politische Gefangene und viele Gläubige.

Dass diese Gedenkstätte den sowjetischen Machthabern ein Dorn im Auge war, ist offensichtlich. 1961 und 1975 haben Bulldozer die Kreuze **plattgewalzt.** Doch Glaube und Freiheitsliebe der Litauer war nicht zu bezwingen. Am nächsten Tag waren die Kreuze wieder aufgerichtet, und je mehr die atheistischen Machthaber sich bemühten, den Glauben zu unterdrücken und die Gedenkstätte zu vernichten, desto hartnäckiger wehrten sich die gläubigen Litauer. Der Hügel wurde zu einem **Symbol** für den neu erstarkenden katholischen Glauben und die eng damit verbundene nationale Identität der Litauer, ein Kristallisationspunkt für den Widerstand gegen das Sowjetregime und für die Unabhängigkeit des Landes. 1990 gab es dann schon rund 40.000 Kreuze auf rund 4600 m^2. Nach der Unabhängigkeit besuchten auch viele Emigranten und deren Angehörige den Ort.

Inzwischen dehnt sich die Flut der Kreuze rings um den Hügel in die Ebene aus. Geht man auf den schmalen Pfaden durch den Wald von Kreuzen, so ist man tief beeindruckt - nicht nur von der Unmenge an Kreuzen, sondern auch von der Atmosphäre des Ortes und von der Kraft des Glaubens und dem Freiheitswillen dieses kleinen Volkes, der hier zum Ausdruck kommt. Und das eigentümliche **Geräusch** von den vielen Rosenkränzen und kleinen Kreuzen, die im Wind gegen die großen schlagen, wird man gewiss nicht so schnell vergessen.

Zu **Ostern** wird der Kreuzhügel zu einer wahren Pilgerstätte. Anlässlich des Papstbesuches im September 1993 wurde ein großes Kreuz direkt vor dem Hügel aufgestellt. Er hielt auch eine Messe bei dem heute noch vorhandenen Altarpavillon; zum Gedenken daran findet jährlich ein Gottesdienst und ein Kirchenfest in Šiauliai statt. Der Hügel ist seither auch einer der **meistbesuchten touristischen Orte.** Es gibt viele Verkaufsstände mit religiösen Gegenständen.

● **Anreise:** In Šiauliai fahren vom Busbahnhof **Busse** in Richtung Joniškis, Meškuičiai und Riga ab. Nehmen Sie keinen Bus, der über Pakruojis geht und sagen Sie dem Fahrer, wo Sie hin wollen. Von der Haltestelle im Dorf Domantai sind es noch etwa 1,5 km zu Fuß. Das Straßenschild zeigt zwar 2 km, aber es dauert nur ca. 20 Minuten zu Fuß. Insgesamt 25 Busse passieren täglich. Ein **Taxi** kostet etwa 25 Lt. (einfache Fahrt). Wer anschließend weiter nach **Norden** will, braucht nicht nach Šiauliai zurück, sondern kann dort auf einen Bus warten. Das gilt auch für Fahrten vom Norden her.

Žagarė

Das Dorf liegt an der lettischen Grenze, beiderseits des Flusses Švietė. Das heutige Straßenbild stammt vom 16. Jh. Erhalten sind noch einige Gebäude aus dem 17. und 18. Jh. sowie die alte Kirche (1528) und die St.-Peter-und-Paul-Kirche (1636). Der klassizistische **Gutshof mit Schloss** vom 18./19. Jh. wird von einem 63 ha großen Park umgeben. Hier befindet sich neben den denkmalgeschützten Pferdestallungen ein **berühmtes Gestüt** mit einer **Reitschule** (Tel. 98-56346). Jedes Jahr finden hier Reiterspiele und Pferderennen statt. Sehenswert ist auch die **Windmühle von 1801.** Rund um Žagarė lebte der heute ausgestorbene Baltenstamm der Žiemgaliai, von dem u.a. noch einige **Burghügel** erhalten sind. Infos hierzu sowie zu Umgebung und Aktivitäten (Wanderpfade, Boottrips etc.) gibt es bei der Verwaltung des **Žagarė-Regionalparks** (Šiaukių 28, Tel./Fax 96-56777).

Kurtuvenai-Regionalpark ↗ XVI/B2

In der schönen Landschaft südwestlich von Šiauliai liegen mehr als 30 Seen und 20 Flüsse, ideal um sich zu erholen, zu baden oder anders sportlich zu betätigen. Es gibt 14 Radwege (z.B. nach Šiauliai via **Bubiai,** wo man am linken Dubysa-Ufer einen imposanten Burghügel erblickt, auf dem 1358 die Burg niedergebrannt wurde); Radleihe möglich. Bei einem Gestüt (Tel. 370022) kann man reiten, auf dem See Bijotė kann man segeln; man kann Vögel beobachten etc.

Infos bei der **Parkverwaltung in Kurtuvenai,** Parko 2, Tel. 21-370334, Fax 370336, www.kurtuva.lt (hier ist auch die Hauptverwaltung der Regionalparks). Im gleichen Gebäude, einem renovierten Gutshof, gibt es vier schöne Zimmer (EZ 40, DZ 60-100 Lt.); im Park gibt es Campingplätze. Das Städtchen selbst hat eine majestätische zweitürmige **Barockkirche.** Jährlich findet hier zum Fest des Hl. Johann ein **internationales Theaterfestival** statt.

Kelmė

↗ XVI/B3

Der 12.000 Einwohner zählende Ort liegt 42 km südwestlich von Šiauliai. Die erste Kirche wurde Anfang des 15. Jh. unter *Vytautas* gebaut. Die 1615 errichtete evangelisch-reformierte Kirche ist heute ein architektonisches Denkmal. Im gut erhaltenen Palais des Gutshofs aus dem 16.-18. Jh. ist jetzt das **Heimatmuseum** eingerichtet (Tel. 51995; Dvaro 5, Mo-Sa). Es weist Stilmerkmale des Barock und der Renaissance auf.

Nützliche Adressen

- **Busbahnhof,** Babio 3, Tel. 51333.
- **Post,** Vytauto Didžioji 86, Tel. 52697.
- **Bank,** Birutės 4, Tel. 53872.

Unterkunft

- **Hotel Kelit,** Vytauto Didžjoji 55, Tel. 52471, einfache, saubere Zimmer (EZ ab 50/DZ ab 80 Lt.).
- **Pensionen** in Kalnų 6 (Tel. 51962) und in Nemakscių 3a (Tel./Fax 51963).

Tytuvenai

Tytuvenai (3200 Einwohner) liegt ca. 50 km südlich von Šiauliai (65 km, falls man die bessere Straße über Kelmė wählt), landschaftlich schön am Fuß der žemaitischen Höhen inmitten von Wald und zwischen den Seen Gilius und Bridvaišis, an dessen Ufern **Zeltplätze** angelegt sind. In der Miskininkų 6 ist ein **Forstmuseum** (Tel. 56651). Am Ufer des Bridvaišis-Sees steht ein **Ensemble,** das aufgrund der harmonischen Synthese von Barock, Renaissance, Gotik und Rokoko **einzigartig** in dieser Form in Nordeuropa ist und zu den schönsten Kirchengebäuden des Landes zählt. Die dreischiffige, 1614-39 als Renaissancebau mit gotischen Spitzbogenfenstern gebaute **Kirche der Hl. Jungfrau Maria** wurde in der 2. Hälfte des 18. Jh. barockisiert, u.a. mit dem Hauptaltar und zwei vierstöckigen Türmen. Die Nebenaltäre, Orgeln und andere Kunstwerke sind im Rokoko-Stil. Das angrenzende **Bernhardiner-Kloster** entstand 1614-18; es musste nach dem Aufstand von 1863 geschlossen werden. Um 1775 wurde ein fast quadratischer Arkadengang um eine Kapelle gebaut; von ihm sind einige Fresken gut erhalten. Das Ensemble ist **einer der 5 Plätze auf der Welt,** der vom Papst als Erscheinungsort der Hl. Jungfrau Maria anerkannt wurde. Papst *Johannes Paul II.* besuchte es 1996.

Informationen

- Infos auch zum Wallfahrtsort **Šiluva** und zur Umgebung erhält man bei der **Verwal-**

tung des Tytuvenai-Regionalparks, Miskininkų 3, Tel. 97-56651, Fax 51383, tytur@pikuolis.omnitel.net. In der schönen Natur kann man sich gut erholen, wandern und baden. Es gibt auch einen Bootsverleih, Langlaufloipen, einen Öko-Pfad (mit Aussichtstürmen und Bretterpfaden durchs Moor) sowie einen 2 km langen Pfad aus großen Steinen (zu Fuß oder mit dem Rad). Hier entspringt der 108 km lange Fluss Šušvė, beliebt bei Kanufahrern.

Unterkunft

●**Hotel Samana,** Taikos 2, Tel. 56772, Fax 53445; umgeben von See und Wäldern, 13 komfortable Zimmer (EZ ab 80 Lt., DZ ab 160 Lt.). Sauna, Geldwechsel, Fitnesscenter, Bar, Restaurant; schlecht beschildert, schwer zu finden (vorher anrufen!)

Šiluva

Der Ort 9 km südlich von Tytuvėnai ist bekannt durch die großen **Ablassmessen,** die die katholische Kirche hier alljährlich Anfang Oktober abhält und die früher bis zu 100.000 Wallfahrer anzog. Anlass für diese Messen ist eine Marienerscheinung bei Hirtenjungen im Jahr 1607, an deren Stelle 1625 eine **Kapelle** erbaut wurde. Die jetzige achteckige, 1924 im Jugendstil errichtete Kapelle ist bereits die fünfte. Sehenswert ist auch die 1760-75 erbaute spätbarocke **Mariä-Geburts-Kirche,** die 1968 von Papst Paul VI zur „Kleinen Basilika der Geburt der Jungfrau Maria“ erklärt wurde; hier hielt der Papst 1993 eine Messe.

Šeduva

Der Ort 40 km südöstlich von Šiauliai in Richtung Panevėžys ist in weitem Umkreis bekannt für das in einer alten Mühle untergebrachte **Ausflugslokal Uzuoveja** (bekannt auch als „Teufelsmühle“, Vytauto 89, neben der Kreuzung A 9/F 144; Übernachtung s.u.). Das Städtchen, heute ein Architekturdenkmal, Anfang des 16. Jh. erstmals erwähnt, entwickelte sich aus dem Gutshof des Großfürsten. Im 18. und 19. Jh. brannte es mehr als zehnmal nieder. An die alte Zeit erinnert noch die architektonisch bemerkenswerte **Kirche** mit barocken Zügen (1643). In dem im neugotischen Stil erbauten **Schloss Raudondvaris** aus dem 19. Jh. lebte bis 1940 die deutsch-baltische Adelsfamilie *von Ropp.* Heute ist darin

300li Foto: gs

Im wunderschönen Park des Gutshofs von Burbiškis aus dem 17. Jh.

eine Landwirtschaftsschule untergebracht; daneben ist ein Hotel (s.u.). Das Schloss liegt an einem Teich 2 km östlich an der Straße nach Panevėžys, Stichstraße nach rechts (200 m).

1990 wurde in Šeduva das **Museum der Kulturgeschichte von Daugyvenė** gegründet (Aušros al. 10, Tel. 53569). Es zeigt die Ortsentwicklung vom 2. Jh. bis zur Gegenwart auf und umfasst vier Abteilungen:

Das **Heimatmuseum** in Šeduva (Veriskių 7, Tel. 56110, Di-Sa 10-17 Uhr) zeigt archäologische Funde sowie Ausstellungen zu Volkskunst und Stadtgeschichte.

Ein sehenswertes **Freilichtmuseum** (Kleboniškiai, Di-So 10-17 Uhr, Tel. 44292) liegt knapp 5 km nordöstlich im malerischen Tal der Daugyvenė und zeigt auf einer Fläche von 18 ha Bauernhäuser aus dem 19. und frühen 20. Jh., die großteils noch bewohnt sind. Dort ist auch ein **historisches und kulturelles Museum** in einer alten Windmühle (1.4.-31.10., Di-So 9-17 Uhr).Ein **Komplex von 12 Objekten** bei dem in Richtung Pakalniskiai gelegenen Dorf **Raginėnai** (das sogar einer ganzen Kultur ihren Namen gab) bildet die archäologische Abteilung. Erhalten sind vorgeschichtliche Siedlungen, Hügelgräber, Grabsteine, heilige Steine und mythologische Stätten. Der wichtigste unter ihnen ist der **Raginenu-Hügel,** der auch Raganu (Hexen-Berg) genannt wird und im Daugyvenės-Tal liegt. Neben ihm liegt ein **Hügelgrab** aus dem 2. oder 3. Jh., ein anderes mit 93 Grabstätten bis zu 2 m hoch in einem Kiefernwald. In alten Sagen liest man, dass die Opferpriesterinnen beim Daukoniu-Opferaltarstein das heilige Feuer angefacht haben.

Ebenfalls bei **Pakalniskiai** im malerischen Tal der Daugyvenė liegt, von einem wunderschönen Park mit Skulpturen und Teichen umgeben, der **Gutshof von Burbiškis** (17. Jh.) mit einer Ausstellung zur Gutsgeschichte (9-17 Uhr) und einem Gästehaus (s.u.). Die Hofgebäude sind so gestaltet, dass sie einen großen geschlossenen Hof bilden und deshalb an eine Festung erinnern (auch Reiten, Pferdekutschfahrten und Angeln).

Verkehrsmittel

- **Züge** von **Radviliškis** u.a. nach Šiauliai (Bahnhof, Tel. 56495).
- **Busse** von Seduva u.a. nach Kaunas, Klaipėda, Panevėžys, Vilnius, Šiauliai. Von der 15 km entfernten Stadt **Radviliškis** gibt es eine halbstdl. Busverbindung von und nach Šeduva.

Unterkunft

- **Uzuoveja,** s.o., neben der Windmühle, Tel./Fax 8-422-563000, www.visalietuva.lt/seduvosmalunas, bewachter Parkplatz, 10 saubere, schöne Zimmer (EZ 70, DZ 120 Lt.), Pool, Sauna, Reiten.
- **Prie Ezero,** s.o., Tel. 422-44410 bzw. 685-49621, www.hotelpe.lt, deutschsprachig, EZ ab 120, DZ ab 160 Lt., Restaurant in umgebauter Wassermühle, rustikale Atmosphäre, Sauna, Reiten, Pferdekutschfahrten.
- **Gutshof von Burbiškis,** s.o., Tel./Fax 422-51747 bzw. 8-292-44292, 11 schlichte Zimmer mit Etagendusche, 35 Lt. p.P.

Festivals und Feste

- **Mai,** Tulpenfestival in Burbiškis (ca. 400 verschiedene Tulpensorten).
- **Juli,** Bierfestival in Kleboniškiai (mit Handarbeitsmarkt); Camping möglich.

Panevėžys

↗ XVIII/A2

Panevėžys ist ein Bezirkszentrum am Fluss Nevėžis, mit 130.000 Einwohnern die fünftgrößte Stadt, eine moderne Industriestadt und ein wichtiger Straßenknotenpunkt an der Via Baltica.

Panevėžys ist eine junge Stadt. Hervorgegangen ist sie aus den zu beiden Seiten des Flusses Nevėžis gelegenen Dörfern Alt-Panevėžys, Neu-Panevėžys und Mikolajavas, die alle im 16. Jh. entstanden und sich gegen Ende des 19. Jh. zu einer Kleinstadt zusammenschlossen. Bis Mitte des 19. Jh. bestand fast die ganze Stadt ausschließlich aus Holzgebäuden. Wie in Šiauliai, so führte auch hier der Bau der Eisenbahnstrecke von Daugavpils nach Memel zum Aufschwung von Industrie und Stadtentwicklung. 1927 wurde Panevėžys zum **Bischofssitz.** Wie Šiauliai hatte sie schwer zu leiden: im Ersten Weltkrieg brannte praktisch die ganze Stadt ab und im Zweiten Weltkrieg wurde sie von den Nazis beim Rückzug zerstört. Danach baute man sie nach den Prinzipien sowjetischer Planwirtschaft als moderne, aber lieblose Einheitsstadt wieder auf.

Bekannt ist Panevėžys als **Theater- und Kunststadt;** für die meisten ist sie nur Durchgangsstation. Zentrum der Stadt, ca. 100 m westlich vom Busbahnhof, ist der **Freiheitsplatz** (Laisvės aikšte). Hier liegen u.a. einige Geschäfte und Cafés, ein Hotel, das Dramatheater, das Rathaus und die Touristinformation (hier erhält man gratis einen Stadtplan, echte Sehenswürdigkeiten besitzt die Stadt nicht). Einige Straßen münden in den Platz, davon

Senvagė-Teich

046li Foto: gs

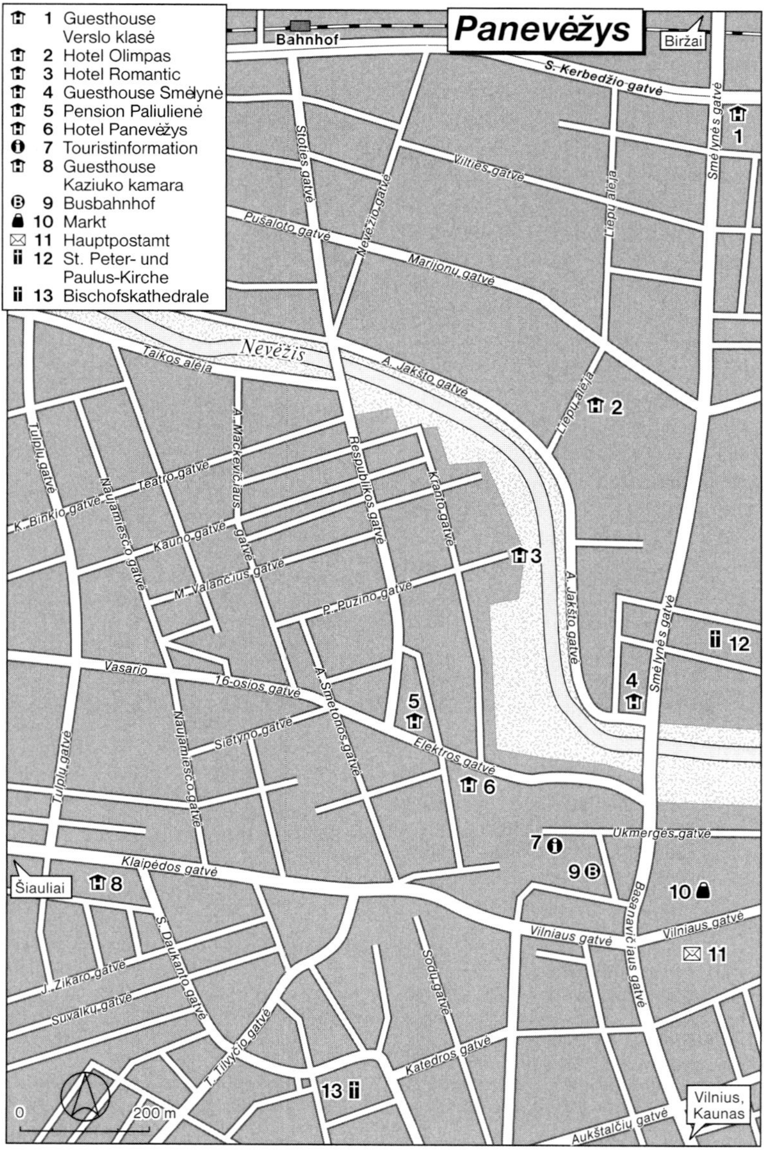
Panevėžys
1 Guesthouse Verslo klasė
2 Hotel Olimpas
3 Hotel Romantic
4 Guesthouse Smėlynė
5 Pension Paliulienė
6 Hotel Panevėžys
7 Touristinformation
8 Guesthouse Kaziuko kamara
9 Busbahnhof
10 Markt
11 Hauptpostamt
12 St. Peter- und Paulus-Kirche
13 Bischofskathedrale
Bahnhof
Biržai
S. Kerbedžio gatvė
Smėlynės gatvė
Stoties gatvė
Vilties gatvė
Liepų alėja
Nevėžio gatvė
Pušaloto gatvė
Marijonų gatvė
Nevėžis
Taikos alėja
A. Jakšto gatvė
Tulpių gatvė
A. Mackevičiaus gatvė
Respublikos gatvė
Kranto gatvė
Teatro gatvė
K. Binkio gatvė
Naujamiesčio gatvė
Kauno gatvė
M. Valančiaus gatvė
P. Puzino gatvė
Vasario 16-osios gatvė
A. Smetonos gatvė
Sietyno gatvė
Elektros gatvė
Ukmergės gatvė
Klaipėdos gatvė
Šiauliai
Basanavičiaus gatvė
Vilniaus gatvė
S. Daukanto gatvė
Sodų gatvė
J. Zikaro gatvė
Suvalkų gatvė
T. Tilvyčio gatvė
Katedros gatvė
Aukštaičių gatvė
Vilnius, Kaunas
0
200 m

nordwestlich die Vasario-16-osios g., von der die Kanto und parallel dazu die Respublikos abgehen; letztere führt dann als Stoties gatvė zum Bahnhof. Nördlich des Freiheitsplatzes, gleich hinter der Elektros gatvė, hat man einen schönen Blick hinab aufs alte Flussbett (Senvagė), das zu einem großen **Teich mit Fontäne und Inselchen** aufgestaut wurde. Entlang des neuen Flussbetts wurden **Uferpromenaden** angelegt und einige Skulpturen aufgestellt. Von hier oben sieht man die ziegelrote zweitürmige **St.-Peter- und Paulskirche** von 1804 im Barockstil (Smelynės 10). Südlich des Platzes liegt in der Katedros 7 die **bischöfliche Kathedrale des Königs der Christenheit** (1908-29; von Maironis geweiht, s. Kaunas), und in der Sodų 3 die klassizistische **Dreieinigkeitskirche** von 1803, die älteste Kirche der Stadt, verbunden mit dem **Kloster der Piaristen** vom 18. Jh.

Verkehrsmittel

- **Taxi,** Tel. 511111, 515151, 511112.

Eigenes Fahrzeug

Panevėžys liegt an der **Via Baltica** (E 67); 7 km südlich der Stadt kreuzt sie sich mit der Autobahn A 2 von Vilnius.

Bahn

Der **Bahnhof** (Tel. 463615), Kerbedžio 9, ist am Nordende der Stoties gatvė (ins Zentrum Buslinie 7 bis Bushaltestelle Ukmergė). Die Stadt liegt an der Strecke Šiauliai-Daugavpils. In jeder Richtung fahren täglich mehrere Züge. Ebenso Züge u.a. nach Riga, Mažeikiai. Wer nach Vilnius will, muss in Radviliškis umsteigen. Nach Anykščiai fährt eine Schmalspureisenbahn (s. dort).

Bus

Der **Busbahnhof** (Tel. 463333) liegt im Zentrum am Savanorių aikštė 5. Sehr häufige Verbindungen gibt es nach Vilnius (2-2½ Std.), Kaunas (1½-2 Std.) und Šiauliai (1 Std.); nicht so häufig z.B. nach Klaipėda oder Biržai. Es gibt auch Busse in deutsche Städte (s. „An- und Rückreise"). Ebenso nach Bauska (2½ Std.), Riga (4 Std.) und Tallinn (8 Std.).

Nützliche Adressen

- **Touristinformation,** Laisvės aikštė 11, Tel. 508081, Fax 508080, pantic@takas.lt, www.panevezys.sav.lt; Mo-Fr 9-16, Sa 9-14 Uhr; Infos über die nähere Umgebung; Zimmervermittlung von Pensionen und Urlaub auf dem Lande, Aktivitäten etc.
- **Banken/Geldwechsel,** Laisvės 15 (Tel. 430521), Laisvės 18 (Tel. 505649), Ukmergės 20 (Tel. 505400).
- **Geldautomaten,** Laisvės 18 und 26, Respublikos 56, Basanavičiaus 3.
- **Apotheken,** Laisvės 16, Ukmergės 7, Vilniaus 25.
- **Internet-Café,** Respublikos 30, Tel. 468833, 10-22 Uhr.
- **Hauptpost,** Respublikos 60, Tel. 464445.
- **Verkehrspolizei,** Tel. 463715.

Unterkunft

- **Panevėžys,** Laisvės 11, Tel. 501601, Fax 495563, www.hotelpanevezys.lt, 103 Zimmer (120-380 Lt.); im 11-stöckigen ehemaligen Intouristhotel; Sauna, 3 Bars.
- **Hotel Romantic,** Kranto 24, Tel. 584860, Fax 581162, www.hotel.romantic.lt, komfortable, große Zimmer (EZ ab 190, DZ ab 320 Lt.), Restaurant, Nachtclub, Fitnessraum, Sauna.
- **Guesthouse Smėlynė,** Smėlynės 3, Tel. 507790, Fax 581094, www.smelyne.lt, 8 Zimmer (180-220 Lt.).
- **Guesthouse Verslo klasė,** Smėlynės 104, Tel. 582032, Fax 582983, www.versloklase.visiems.lt, 7 Zimmer (160-190 Lt.).
- **Guesthouse Kaziuko kamara,** Klaipėdos 67, Tel. 508656, Fax 420423, kazys@elekta.lt, 5 Zimmer (80-150 Lt.).

●**Pension Paliulienė,** Respublikos 2, Tel. 468911, respublikos21@masiulis.lt, 3 Zimmer (60-100 Lt.).
●**Motel Prie Paistrio,** in Paistrys, nördlich von Panevėžys, Tel./Fax 8-45-554487, moderne Zimmer (EZ ab 80, DZ ab 120 Lt.), Frühstück 36 Lt. extra.
●**Motel der Flugschule V. Lapėnas,** in Paistrys, Tel./Fax 8-45-554332, www.aviaistra.lt, Café, EZ ab 120, DZ ab 140 Lt., kleines Museum von ausrangierten Flugzeugen.

Gastronomie

●**Bufetas,** im Busbahnhof, 7-19 Uhr, Fast-Food, mit Bar.
●**Nendrė Vėjvje,** Respublikos 6, Tel. 424542, Dach und Inneres in Schilf; Fast-Food-Café.
●**Puntukas,** Respublikos 2, Tel. 424542, 11-24 Uhr; Bar, internationale Küche, Tische aus Aquarien, Wasserfall, angenehmes Flair.
●**Malųnas,** Ramygalos 121 a, Tel. 430901, in einer alten Windmühle nahe der Autobahnzufahrt; europäische Küche, recht teuer.
●**Teatro,** Café neben Dramatheater, Laisvės 5, Tel. 465413, populär.
●**Galerija XX,** Laisvės 7, Tel. 430873, Café-Bar in einer Galerie.
●**Garsas,** Respublikos 30, Tel. 468833, Unterhaltungskomplex (2 Kinos, Nachtclub, Bar, Internet-Café) mit Kulturzentrum.
●**Žara,** Dariaus ir Girėno 4, Tel. 429209; gute europäische Gerichte und litauische Spezialitäten; tägl. 11-24, Mo 11-17 Uhr

Aktivitäten

●**Aeroclub,** Stetiškių 74, Tel. 37981, Rundflüge, Segelfliegen, Fallschirmspringen u.a.
●**Bowling,** Kniaudiškių 6, Tel. 515387.
●**Radfahren,** in der Stadt und in den Vorstädten gibt es 90 km Radwege; Infos in Jakšto 1, Tel. 46721, Fax 462931.

Kultur

Theater

●**Dramatheater,** Laisvės 5, Tel. 468691/ Fax 64980. Es hatte lange einen republikweiten und sogar internationalen Ruf, und auch heute bemüht man sich, diesem Ruf weiter gerecht zu werden; in der Algirdo 54 ist das „Studienzentrum des Erbes von J. Miltinis".
●**Jugendtheater,** Vasario 16-osios 19, Tel. 468935.
●**Musiktheater,** Nepriklausomybės 8, Tel. 468941.
●**Puppentheater,** Respublikos 30, Tel. 460533; für Kinder; im Sommer ist die Gruppe nach guter alter Theatersitte mit dem Pferdewagen unterwegs; es heißt deshalb auch das Kutschentheater *(Vežimo teatras)*.

Museen, Ausstellungen, Galerien

●**Fotogalerie,** Vasario-16-osios g. 11; Mi-Sa 11-19, So 11-18 Uhr, Tel. 467551.
●**Kunstgalerie,** Respublikos 3, Tel. 468933; Mi.-So. 11-19 Uhr; etwa 25 Ausstellungen jährlich; Keramiksymposien.
●**Landeskundemuseum,** Vasario-16-osios g. 23, Tel. 461973; Di.-Sa. 11-18 Uhr; u.a. archäologische Funde, 5000 Schmetterlinge.
●**Altes Skulpturenmuseum,** Kranto 21, Do-So 11-17 Uhr; sehr interessante Holzskulpturen im ältesten Gebäude der Stadt von 1614.

Einkaufen

●**Bücher,** Respublikos 21; Vilniaus 14.
●**Jagd- und Angelbedarf,** Smėlynės 2a.
●**Markt,** Ukmergės 26 (östlich vom Busbahnhof).
●**Souvenirs,** Respublikos 28, Savanorių 12.
●**Supermarkt IKI,** Kerbedžio 12 a; 9-21 Uhr; 500 m vom Bahnhof, Ukmergės 18.
●**24-Std.-Shop,** Beržu 34, Tel. 572021.
●**Blumen,** Respublikos 17, 19.

Umgebung von Panevėžys

Smilgiai

Ca. 25 km westlich in Richtung Šiauliai liegt Smilgiai. Der Ort hat ein **ethnographisches Museum,** das über Alltagsleben und Kultur der hiesigen Bauern im 19. Jh. informiert (Tel. 8-25-

461973). Die Kapelle wurde 1764 gebaut. Die 1858 erbaute Kirche birgt einen meisterhaften **Barockaltar und Schnitzereien.** Der hölzerne, 5-stöckige Glockenturm im Stil der Volksarchitektur ist sehenswert.

Pakruojis

Das Ensemble eines **Gutshofes** vom 18./19. Jh. in Pakruojis, 24 km nördlich von Smilgiai, mit einem 6 ha großen Park, ist recht gut erhalten; die verschiedenen Stile sind harmonisch aufeinander abgestimmt. Das Schlösschen wird heute für Kunstausstellungen und Konzerte genutzt.

Upytė ↗ XVIII/A2

Upytė liegt ca. 13 km südwestlich von Panevėžys. 1254 wurde die Burg erwähnt, von der nur noch der Burghügel, der **Čičinskas-Berg,** erhalten ist. Ein **Flachsmuseum** ist in einer alten Windmühle 2 km außerhalb im Dorf **Stultiškių** untergebracht (öfters geschlossen; Tel. 8-45555 5503). Anfahrt: Bus nach Eriškiai.

Krekenava-Regionalpark

Der 12.000 ha große Park wurde zum Schutz der Natur, Fauna und Flora sowie der archäologischen Denkmäler gegründet. Hier im alten Flussbett des Nevėžis gibt es Rotwild, Adler und seltene Pflanzen. Infos hierzu sowie zu Kanutrips etc. bei der Parkverwaltung in Petriškiai bei **Krekenava,** Tel./Fax 5-593648, krparka@panevezys.com.

Zum Park gehören u.a. der Burghügel von Upytė (s.o.), die Kirche in Krekenava (viele Kunstgegenstände) und das **Pašiliai-Wisent-Reservat** in Girelė (Tel./Fax 5-593138 bzw. 589108). Bis zum 17. Jh. gab es viele Wisente in Litauen; ihr Bestand nahm im 19. Jh. drastisch ab, der letzte wurde 1919 erlegt. 1969 brachte man zwei Wisente von Moskau hierher; heute leben hier rund 35, davon 20 in freier Wildbahn.

- **Übernachtung** z.B. in der Pension *Samara* nördlich von Krekenava, Tel. 8-25-557672, p.P. 25 Lt. mit Sauna, schönes Holzhaus.

Raguvėlė und Raguva ↗ XVIII/B2,B3

Ca. 20 km östlich von Panevėžys liegt das Örtchen Raguvėlė. Das klassizistische **Schloss Komarai mit Gutshof** ist noch sehr gut erhalten. Das Gut wurde Ende des 18. und Anfang des 19. Jh. erbaut. Es umfasst 22 Gebäude und einen Park.

Sehenswert sind auch die 1796 erbaute **Holzkirche** mit einem Glockenturm aus Stein, die **Grabkapelle** der Familie und ein **Brauereigebäude** im neogotischen Stil.

Im nahen **Raguva** ist in einem alten Vorratshäuschen (Klete) ein kleines **Museum** mit heimatkundlichen Ausstellungen zu sehen.

- **Busverbindung** nach Panevėžys und Anykščiai.
- **Schmalspureisenbahn:** s. Anykščiai.

Pumpėnai ↗ XXI/C3

Ca. 25 km nördlich von Panevėžys direkt an der Straße steht eine alte **Windmühle** aus roten Ziegelsteinen.

Die alte Windmühle von Pumpėnai

Biržai

↗ XXI/D1

70 km nördlich von Panevėžys liegt Biržai in einer sehr reizvollen Landschaft mit Karstseen und Wäldern nahe der lettischen Grenze, 20 km östlich der Via Baltica. Die Grenze des **Biržai-Regionalparks** verläuft mitten durch die Stadt (zum Park gehören alle Sehenswürdigkeiten im Nordteil der Stadt). Biržai mit 16.000 Einwohnern liegt am Zusammenfluss von Apaščia undAgluona, die im 16. Jh. zum Schutz der Stadt und Burg gestaut wurden, so dass der 340 ha große **Širvena-See** entstand.

Geschichte

Die Gegend um Biržai war bereits 4000 v.Chr. besiedelt. Eng verbunden mit der Geschichte des Ortes, der 1455 erstmalig erwähnt wurde, ist das einst mächtige Geschlecht der *Radvila* (Radziwill). Zu noch größerer Macht waren die nicht zum Hofadel gehörenden, aber sehr reichen und einflussreichen Radvilas durch die schöne *Barbora Radvilaitė* (1520-51) gelangt, die dem damaligen litauischen Großfürsten *Žygimantas Augustas (Sigismund August II.*; 1520-72) den Kopf so sehr verdrehte, dass er sie 1547 gegen den Widerstand des Hofes und des litauisch-polnischen Adels zu seiner Frau machte. Sie verstand es meisterlich, als Brautpreis ihre Familie mit Ländereien, Besitztümern und Privilegien zu versorgen, dass diese bald zu den reichsten und mächtigsten des Landes gehörte; z.B. durch das Erheben eines **Wegzolls** in Biržai für alle Händler auf der wichtigen Handelsroute von Vilnius nach Riga und Moskau (Zuwiderhandlungen wurden streng bestraft). Nach dem Tod seines Vaters *Žygimantas* (1506-44) wurde Sigismund König von Polen. Als er 1551 die Krönung seiner Frau gegen den Willen des Königshauses durchsetzte, wurde sie in der folgenden Nacht **vergiftet** (sie ist in der Kathedrale von Vilnius beigesetzt).

Als Anhänger der Reformation ließ ihr Neffe Perkųnas 1573 eine evangelische Kirche errichten. Biržai wurde neben Kedainiai eine **Hochburg der Protestanten.** 1586-89 ließ er nach italienischem Vorbild zum Schutz der nördlichen Landesgrenze eine sternförmige **Burg** mit breiten Wassergräben bauen, die einzige Residenzfestung

301li Foto: gs

mit Bastei in Litauen (im Stil der späten Renaissance).

1589 erhielt Biržai das **Magdeburger Stadtrecht** und das Recht auf Selbstverwaltung. Während der Kriege mit Schweden (1600-29 bzw. 1655-60) war die Festung die meiste Zeit ein strategisch wichtiger Posten. Sie wurde erstmals 1625 vom schwedischen König *Gustav Adolf* erobert. 1637 begann man, die zerstörte Burg zu restaurieren, aber vor der Fertigstellung wurde sie 1655-59 wieder von den Schweden zerstört. 1662-71 wurde sie wieder aufgebaut und wesentlich verstärkt; sie erhielt auch einen Palais, verziert mit Renaissance-Elementen. 1701 trafen sich hier *Peter der Große* und *August der Starke,* Kurfürst von Sachsen und König von Polen, um einen Pakt gegen Schweden zu schließen. 1704 wurde die Burg wieder von den Schweden erobert und in die Luft gejagt; auch die Stadt wurde zerstört. 1811 ging Biržai in den Besitz des damals mächtigen Grafengeschlechts *Tiszkiewicz* über, was ihr zu neuem Aufschwung verhalf. 1944 wurde die Stadt zu 70 % zerstört.

Sehenswertes

Die Stadt ist auch ohne Stadtplan leicht zu Fuß zu erkunden. Von Westen kommend mündet die Kestučio nach Überquerung der Agluona in die von Nord nach Süd verlaufende **Hauptstraße Vytauto.** Genau gegenüber liegt die Touristinformation (s.u.). Am Nordende der Vytauto befindet sich der Busbahnhof. Dazwischen liegt linker Hand die neobarocke **Kirche des Hl. Johannes des Täufers** von 1861 mit schönem Inneren; dahinter am Seeufer ist das **Heimatmuseum Sėla,** das in dem im Renaissance- und Frühbarockstil rekonstruierten **Radvila-Burgpalais** untergebracht ist (Radvilos 3, Tel. 50397, Mi-So 10-18 Uhr); Ausstellung u.a. über Stadtgeschichte, Bierbrauerei, Natur, Volkskunst (u.a. Musikinstrumente), Kirchengeschichte (mit der ältesten Bibel Litauens von 1563); im Foyer finden Konzerte und Kunstausstellungen statt; auch die Stadtbücherei hat hier ihren Sitz. Um den Palast sieht man die **Burgbrücke** und die **Burgwälle.**

Vom Busbahnhof führt die Reformatų als Verlängerung der Vytauto zur neogotischen **Reformationskirche** (1874) am Seeufer; die Basanavičiaus führt nach Osten. Nach Überquerung der Apaščia geht man die Malųno links ab bis zum See, wo die mit 525 m **längste Fußgängerbrücke Litauens** zum anderen Ufer führt. Dort steht der 1849-62 von der Grafenfamilie Tiszkiewicz errichtete klassizistische **Astravas-Palast.** Schön ist auch die Parkanlage mit 6 Teichen und einem Rosarium. Bewacht wird der Palasteingang von zwei steinernen Löwen, deren Vorgänger heute vor dem Militärmuseum in Kaunas stehen. In der schön ausgestatteten Palasthalle finden gelegentlich Ausstellungen und Konzerte statt.

Biržai ist auch die **„Bierhauptstadt Litauens"** (s. „Essen und Trinken"; Bierliebhaber betonen auch gern die erste Silbe des Stadtnamens). Die ers-

te Brauerei gab es im 17. Jh. Nach der Zerstörung der Stadt 1704 durch die Schweden bauten die Bürger als erstes die Brauerei wieder auf (hier steht heute noch die Biržai-Brauerei). Damals gab es in der Stadt 43 Kneipen. Im Zweiten Weltkrieg wurden bierseelige russische Soldaten von deutschen Truppen überrannt. Das Theaterstück „Zaldokyne" über einen fiktiven Biržaier Bierbrauer ist sehr populär; in ihm werden die Eigenschaften des Biers wie folgt beschrieben: Nach zwei Gläsern Gesang, nach vier Gläsern Handstand; Schlägerei nach dem sechsten, bittere Tränen nach dem siebten und tödliche Stille nach dem achten Glas. Es gibt heute sieben Brauereien. Die Touristinformation organisiert Brauereibesichtigungen. Jährlich findet ein **Bierfestival** statt (u.a. mit Bierkrugwerfen).

Astravas-Palast in Biržai

Verkehrsmittel

- **Bahn:** keine Personenzüge
- **Bus:** viele Busse nach Vilnius, Kaunas, Klaipėda, Šiauliai etc. Wer von Riga kommt, muss zuerst nach Pasvalys (30 km südlich von Biržai). Express-Mikrobusse nach Vilnius.
- **Busbahnhof,** Basanavičiaus 1, Tel. 51333.

Nützliche Adressen

- **Touristinformation,** Vytauto 27, Tel./Fax 33496, Mo-Fr 8-17 Uhr (auch Stadtführungen), tic@birzai.lt, www.birzai.lt.
- **Post,** Vytauto 23, Tel. 51444.
- **Telefonamt,** Rotušės 12, Tel. 51234.
- **Bank/Geldautomat,** Rotušės 8.
- **Markt,** neben dem Busbahnhof.
- **Aeroclub,** Tel. 31984 (u.a. Rundflüge).

Unterkunft

- **Hotel Tyla,** Tylos 2, Tel. 31191, Fax 32570; EZ 120, DZ 160 Lt.; Sauna, Pool, Boots- und Angelverleih; liegt am See Kilučių im Süden der Stadt.

Gastronomie

- **Restaurant/Cafeteria,** Vytauto 29; 12-22 Uhr bzw. 8-19 Uhr; billige, einfache Küche.
- **Pizza Parlor,** Rotušės 28, Tel. 51842, 11-23 Uhr; gute Pizzen, auch zum Mitnehmen.
- **Stumbras,** Rotušės 22, Tel. 51557, 11-22 Uhr; englischer Pub mit guter Küche.
- **Aibė,** Vilniaus 47, Tel. 52165; Bar.

Feste

- **März:** Theaterfestival.
- **April:** Volksmusikfestival.
- **Ende Juni/Anfang Juli:** Flugshow.
- **Juli:** Regatta und Schwimmwettbewerb auf dem Širvėna-See.
- Weitere **Infos** beim **Kulturhaus,** Basanavičiaus 4, Tel. 52513.

Umgebung von Biržai

Biržai-Regionalpark ↗XXI/D1

Der Park wurde zum Schutz der Ökosysteme, der geologischen Struktur und des Kulturerbes eingerichtet; er umschließt **17 Seen und 13 Landschaftsschutzgebiete,** auch die Orte Pasvalys und Likėnai (s.u.) sowie den Nordteil der Stadt Biržai. Infos zu Fahrtrouten, Rad-/Wanderwegen etc. erteilt die **Parkverwaltung** in Biržai, Ramunių 2, Tel./Fax 34264, reg.parkas @is.lt. Sie veranstaltet u.a. Touren und Führungen zu einigen der landesweit einzigartigen etwa 3000 **Karstlöcher.** Aufgrund des hohen Gipsgehalts des Untergrunds bildeten sich durch Auswaschungen des Grundwassers im Laufe der Zeit Höhlen, unterirdische Gänge, Flüsse und Seen; die Löcher, teilweise groß wie Krater, entstanden durch das Zusammenstürzen der Höhlen, begleitet von Grollen und kleineren lokalen „Erdbeben". Einige der Höhlen sind begehbar, z.B. die berühmte **„Kuhhöhle"** (hier brach einmal eine Kuh ein), mit 46 m Länge die größte des Landes, mit einem „Dom" und einem 1,5 m tiefen See. Man findet sie kurz vor Biržai in der Nähe des Dorfs Karajimiškis; den Schildern „Karvės Ola" folgen. Hier in der Nähe, wo die Flüsse Tatula und Apašía zusammenfließen, kann man in den vielen kleinen Seen, die zwischen Karstlöchern liegen, **baden.** Eine im Baltikum einzigartige Landschaft.

302li Foto: gs

Likėnai ⇗ XXI/D1

8 km westlich von Biržai findet sich dieser **Kurort,** bekannt für seine Schlammbäder und schwefelhaltigen Mineralwasserquellen mit heilender Wirkung. „Likėnai Health Resort" (Tel. 59156/Fax 51190) mit Heilbädern, Sauna, Pool.

Pasvalys ⇗ XXI/C2

Im **Tal der Kreuze** (nördlich der Stadt an der Straße nach Biržai) wurden 1989 als Erinnerung an die Menschenkette von Vilnius nach Tallinn (s. „Geschichte") einige Kapellpfähle aufgestellt. Sehenswert ist auch die **Balsiai-Wassermühle** von 1764 am Lėvuo-Fluss. In der Umgebung gibt es Karstlöcher (s. Biržai-Regionalpark), durch die der Šilas-See verschwand. Im **Heimatmuseum** in der Avižonio 6 sieht man eine geologische und historische Ausstellung und Handwerksgegenstände (Di-Sa 9-17 Uhr). Im gleichen Gebäude ist die **Touristinformation,** Tel./Fax 451-34096, pakm@post.omnitel.net (u.a. Zimmervermittlung, Führungen), www.pasvalys.lt.

- **Übernachtung:** *Hotel Pas Rima,* Avižonio 3, Tel. 50345, Fax 50367, EZ/DZ ab 40 Lt.

Im Heimatmuseum von Pasvalys

Rokiškis

Die Stadt mit 17.000 Einwohnern, 93 km nordöstlich von Panevėžys und 27 km vor der Grenze zu Lettland, hat einige Architekturdenkmäler zu bieten. Herz der Stadt ist der 400 m lange **Unabhängigkeitsplatz** (Nepriklausomybės aikštė), der frühere Marktplatz. Zur 500-Jahrfeier (1999) wurde in der Mitte ein Torbogen mit Brunnen errichtet; in der Nähe steht das 1931 errichtete Unabhängigkeitsdenkmal.

Der Marktplatz ist der landesweit einzig erhalten gebliebene Platz dieser Art aus der klassizistischen Zeit. Erbaut wurde er ebenso wie das östlich gelegene **Schloss** im Jahr 1701 durch den polnisch-litauischen Grafen *Tiesenhausen.* Man erreicht es über eine 400 m lange Esplanade und dann durch das Tor des 1791 angelegten Schlossparks. Das Palais war zentrales Gebäude eines Guts, das schon 1499 urkundlich erwähnt wurde. 1845 umfasste es 20.600 ha und 18.600 leibeigene Bauern. 1905 wurde das einstöckige klassizistische Gebäude im Neobarockstilstil aufgestockt.

Heute ist in den mit Eichenholz prachtvoll ausgestatteten Räumen das **Heimatmuseum** (50.000 Exponate u.a. zu Geschichte, Volkskunst, Schnitzereien von *L. Šepka)* untergebracht (Mi-So 10-18 Uhr, Tyzenhauzu aleja 5, Tel. 52261, Führung möglich). In einigen der 15 gut erhaltenenen **Gutsgebäude** (Gästekanzlei, Dienerhaus, Molkerei, Küche, Orangerie u.a.) im Park sieht man Stücke der Volksarchitektur, Arbeitsgeräte etc.

047li Foto: gs

Am westlichen Ende des Unabhängigkeitsplatzes steht die landesweit schönste neogotische Kirche, die dreischiffige **Kirche des Apostels Matthäus,** eine neogotische Backsteinkirche mit einem 60 m hohen Turm, die 1864-85 erbaut wurde. Auffällig ist der durchbrochene Stufengiebel des Hauptbaus, der an Rathäuser Norddeutschlands erinnert. Im Inneren sind wertvolle Kunstarbeiten aus verschiedenen Ländern Westeuropas zu sehen. Die **Krypta** mit dem Familiengrab der Stifterfamilie *Tiesenhausen* sowie einige Katakomben können besichtigt werden (Tel. 52835). An der Südseite steht die sechseckige **Johannes-Kapelle** mit einer Kuppel.

Apostel-Matthäus-Kirche in Rokiškis

Verkehrsmittel

- **Bahnhof,** Stoties 4, Tel. 52978, u.a. Züge nach Panevėžys, Lettland.
- **Busbahnhof,** Panevėžio 1, Tel. 51078, u.a. Busse nach Biržai, Kaunas.
- Direkt hinter dem Busbahnhof fahren etwa halbstündlich **Busse** (Nr. 1, 2) zum Unabhängigkeitsplatz (1,5 km) und zum Bahnhof.

Nützliche Adressen

- **Post,** Respublikos 92.
- **Verwaltung des Sartai-Regionalparks** (s. Dusetos), Sakališkio 2, Tel. 52367, Fax 52371, sartureg@post.omnitel.net.

Unterkunft

- **Hotel Rokiškis,** Nepriklausomybės a. 25, Tel. 52345, schlichte Zimmer (EZ ab 40, DZ ab 60 Lt.), Fahrräder können mit ins Haus genommen werden.

Gastronomie

- **Restaurant,** Pagunda, an Straße nach Panevėžys, gute Küche.

Anykščiai

↗ XIX/D3

Der Ort ca. 60 km südöstlich von Panevėžys ist das „Weimar Litauens" oder zumindest der **Pilgerort litauischer Literaten,** da viele von hier stammen oder sich hier aufgehalten haben. Davon zeugen Museen, Denkmäler und Gräber. Anykščiai ist eine der am meisten durch Brand zerstörten Städte Litauens, im Laufe von 400 Jahren brannte es fast 20-mal. Als Fürstenhof war der Ort seit 1440 bekannt, das **Magdeburger Stadtrecht** erhielt er 1576.

Die Kleinstadt mit 13.000 Einwohnern liegt am Zusammenfluss der

Šventoji und Anykšta in einer landschaftlich schönen Gegend, die ebenso wie die Kulturgüter durch die Gründung des **Anykščiai-Regionalparks** geschützt sind. Es gibt auch ein **Jagdrevier,** wo Elche gejagt werden dürfen (Infos beim Forstamt, Tel. 51877).

Kommt man über die F 120 über **Kavarskas** (wo das mit 21 m Höhe größte Betonkreuz Litauens steht) nach Anykščiai, erblickt man noch vor der Brücke am Westufer, gegenüber vom Busbahnhof auf einem Hügel, das **Gehöft Groß-Anykštėnai,** in dem *Antanas Vienuolis-Žukauskas* (1882-1957) von 1925 an lebte. Nach dem Pharmaziestudium betrieb er hier eine Apotheke. Im Erdgeschoss ist eine Literaturausstellung über ihn zu sehen; die Einrichtung im 1. Stock ist wie zu seinen Lebzeiten so belassen worden. Gemäß seinem Testament liegt er in seinem Apfelgarten begraben.

Das Holzhäuschen mit Strohdach daneben, das unter einem Glaspavillon vor Regen und Sturm geschützt wird, ist eine **Klete,** ein traditionelles litauisches Vorratshäuschen, in dem früher auch Jungverheiratete und Gäste untergebracht wurden. Dass diese Klete heute unter Glas steht, verdankt sie einer weiteren Größe der litauischen Literatur, dem Dichter und Bischof *Antanas Baranauskas* (1835-1902), der während seiner Studienzeit in Petersburg die Sommer 1858/59 hier in seinem Elterngehöft (von dem nur noch die Klete erhalten ist) verbrachte und dabei sein berühmtes Gedicht „Der Hain von Anykščiai" schrieb – ein Poem voller Naturlyrik, das bis heute zahlreiche litauische Dichter beeinflusst hat und das Wesen der Naturverbundenheit meisterlich zum Ausdruck bringt. Von jeher sind den Litauern Wälder heilig (s. „Naturschutz").

Der o.g. *Antanas Vienuolis-Žukauskas* – ein Großneffe von *Baranauskas* – hat 1927 in der Klete das erste Literaturmuseum des Landes eingerichtet. Heute ist ein kleines **Gedächtnismuseum** für beide darin zu sehen (A. Vienuolio 4, Tel. 51554; Mi-So 9-18, im Winter 9-17 Uhr). Ausgestellt sind auch Waffen der Rebellen von 1863. Daneben liegt die **Steinbilder-Ausstellung** von *S. Petraška,* gemacht aus Steinstaub.

Hinter der Brücke über die Šventoji sieht man am Ostufer links ein **Denkmal** für *A. Vienuolis-Žukauskas,* rechts auf einem Hügel das für A. Baranauskas vor der neugotischen **Kirche des Apostels Matthäus** (1899-1909 erbaut), die sich mit ihren beiden spitzzackigen, 79 m hohen Türmen am Hauptplatz erhebt (schöne Holzaltäre, Kreuzweg im Hof).

Die Hauptstraße ab der Brücke heißt erst Baranausko, dann Biliųno. Von dieser führt gegenüber dem Rathaus die Liudiškių rechts ab zum 1 km entfernten und 14 m hohen **Granitdenkmal von J. Biliųnas** (s.u.) in Form eines **Leuchtturms** auf dem Liudiškės-Hügel, unter dem sein Grab liegt. Ein Relief zeigt sein Portrait. Von hier hat man einen guten Blick auf die Stadt und das Šventoji-Tal. Südlich der Baranausko/Biliųno verläuft parallel die Dariaus ir Girėno. Südlich der Kirche liegt das Haus der Schriftstellerin *Bronė Buivydaitė* (1895-1984) mit einer Gedenkausstellung (Vilniaus 21, Tel. 54432).

Diese Straße führt weiter zur Hauptattraktion des Ortes, dem **Hain von Anykščiai,** der südlich der Stadt an den Ufern der Šventoji rauscht. In dem 1800 ha großen **Landschaftsschutzgebiet** kann man auf einem Spaziergang der litauischen Naturverbundenheit näherkommen und so die Kultur besser verstehen lernen. Der Weg ist gesäumt von den traditionellen **Eichenpfählen** mit einer Haube. Zehn Flüsschen durchqueren auf ihrem Weg in die Šventoji den Kiefernwald.

Rund 4 km südwestlich vom Stadtzentrum am östlichen Šventoji-Ufer stößt man bei einer Lichtung auf den **Findling „Puntukas",** der mit den beachtlichen Maßen von 6,90 x 6,70 x 5,70 m und einem Gewicht von 265 t zwar noch nicht der allergrößte Felsbrocken des Landes ist (der liegt bei Puokė), dafür aber ganz sicher der meistbesuchte. In heidnischen Zeiten wurde er vermutlich als **Heiligtum** verehrt und nach der Christianisierung demzufolge als Teufelsstein verdammt. Tatsächlich wurde der Granitblock während der Eiszeit vor 13.000 Jahren von Gletschern aus Finnland „mitgebracht" (vgl. *Mosedis).* Um ihn ranken sich **Legenden.** So soll der Teufel versucht haben, mit dem Stein aus der Hölle die Kirche zu zerstören; als aber ein Hahn krähte, ließ er den Stein an seiner heutigen Stelle fallen. Er ist ein beliebter Ort für Hochzeitsfotos, nachdem der Bildhauer *Pundzius* die Portraits der Atlantikflieger *Darius* und *Girenas* in diesem Stein verewigte.

In der Nähe stehen die **„Heiligen Eichen"**, die von *Baranauskas* in seinen Werken beschrieben wurden. Westlich von hier im **Pašventupys-Wald** liegt der **Findling „Der Bruder von Puntukas"** (4x1,90 m). Der Donnergott Perkųnas soll aus Zorn zwei Brüder in diese zwei große Steine verwandelt haben.

Der 968 ha große **Rubikių-See** östlich der Stadt hat 16 Inseln (Bootstrips, -verleih, Wasserräder, Camping). Südlich davon liegt der gut erhaltene **Gutshof Burbiškis** mit einem 5 ha großen Park.

Der Abschnitt der **Schmalspureisenbahn** zwischen Anykščiai und Rubikiai (10 km) führt durch eine schöne Landschaft, die an die Schweiz erinnert. Diese Zugverbindung ist zurzeit aus Geldmangel eingestellt, ebenso wie die 58 km lange Strecke von Anykščiai nach Panevėžys (Infos unter Tel. 5-463527). Sie sind die einzig erhaltenen Strecken des 1939 noch fast 500 km langen Streckennetzes mit den 750 mm breiten Gleisen. Diese Strecke wurde 1901 gebaut und erst mit Dampf-, dann mit Dieselloks betrieben. Der denkmalgeschützte Zug fährt nur 25-30 km/h, ein Ausflug in die Vergangenheit.

Verkehrsmittel

- **Taxi,** Tel. 54150.
- **Busbahnhof,** A. Vienuolio 1, Tel. 51333; u.a. nach Ukmergė, Kaunas, Vilnius.
- **Bahnhof,** Vilties 2 (vom Busbahnhof nördlich die Gegužės hoch); schön restauriertes 100-jähriges Bahnhofshäuschen aus Holz,

gegenüber ein kleines **Eisenbahnmuseum;** von hier fährt eine Schmalspureisenbahn (s.o.) nach Panevėžys; Infos zum Fahrplan Tel. 8-685-36473, siaurukas@omni.lt, www.ngr.lt.

Nützliche Adressen

- **Touristinformation,** Gegužės 1, Tel./Fax 59177, www.anyksciai.lt, anyksciai.turizmas@is.lt; Mo-Fr 8-17, Sa 8-16 Uhr (in der Nebensaison nicht immer auf), u.a. Zimmervermittlung in Pensionen, Urlaub auf dem Lande, Camping, Sportmöglichkeiten.
- **Anykščiai-Regionalpark-Verwaltung,** Biliūno 55, Tel. 52741, Fax 53630, regioninis parkas.anyksciai@is.lt; Infos u.a. zu Camping, Reiten, Rad-/Wanderwegen, Wassersport, Bootsverleih.
- **Post,** Biliūno 35, Tel. 52326.
- **Bank,** Biliūno 4, Tel. 52678.
- **Geldautomat,** Baranausko 8, Liudiškiū 14.
- **Kulturpalast,** Baranausko 2, Tel. 52096.
- **Apotheke,** Biliūno 7, Tel. 51252.
- **Ambulanz,** Kudirkos 2, Tel. 58388 bzw. 03.
- **Krankenhaus,** Tel. 59438.
- **Polizei,** Tel. 58140.

Unterkunft

- **Puntukas,** Baranausko 8, Tel. 51345, Fax 51808, EZ 40, DZ 70 Lt., sauber und empfehlenswert, gutes Restaurant, Bar.
- **Ferienhaus Anykščiu Šilelis,** Vilniaus 80, Tel. 51672/Fax 51178; an_silelis@post.omnitel.net, komfortable DZ und Triples, Heilbad, Sanatorium; DZ ab 50, Apartment 120 Lt.; Café; am Weg zum Hain.
- **Hostel der Landwirtschaftsschule,** im Dorf Ažupiečiū, Tel. 52731, Sauna, Pool.

Gastronomie

- **Puntukas,** Baranausko 12, Tel. 51249.
- **Nykštys,** Barenausko 10, Tel. 51774.
- **Žiburys,** Statybininkų 5, Café, Tel. 53690.
- **Anykščiū Vynas,** Dariaus ir Girėno 8, Tel. 50233, Fax 50250, www.anyksciu-vynas.lt, kleines Café zum Probieren der hier in der Spirituosenfabrik hergestellten Honig-, Beeren- und Kräuterliköre.
- **Erdvė,** Baranausko 3a, Tel. 54300, 9-22 Uhr, gutes, Restaurant, drei Etagen, Billard.

Aktivitäten

- **Wassersport,** auf dem Rubikiū-See (s.o.) und Nevėza-See (u.a. Wasserski, Motorboot).
- **Kanu-Trip** auf dem Šventoji u.a. nach Dusetos, Infos Tel. 39-54346.
- **Schwimmbad,** im Hostel, s.o.
- **Skifahren,** am Kalita-Hügel.

Umgebung von Anykščiai

Niūronys

↗ XIX/D3

Das Örtchen liegt 6 km nördlich an der Šventoji; Abzweigung 1 km östlich von Anykščiai. Unterwegs passiert man den **Burghügel von Šeimyniškėliai** (Voruta). Im Dorf stand im 13. Jh. eine Burg von König Mindaugas. Hier wurde *Jonas Biliūnas* (1879-1907), ein weiterer Klassiker der litauischen Literatur, geboren, an den ein kleines **Museum** erinnert (Tel. 51722; Mi-Sa 9-18, im Winter 9-17 Uhr). Sein Geburtshaus ist 1932 umgebaut worden. Daneben sind Holzskulpturen seiner Literaturhelden zu sehen. Er ist in Anykščiai begraben (s.o.).

In der ehemaligen Volksschule und sechs anderen Gebäuden ist ein **Pferdemuseum** (Tel. 51722, Di-Sa 8-17 Uhr) untergebracht, das alte Geschirre, Kutschen und von Pferden gezogene landwirtschaftliche Geräte zeigt (u.a. Mahl- und Pflugvorführungen). **Kutschfahrten** durch den Ramuldava-Wald (4 Std., 10 Lt. p.P.) oder **Reiten** möglich, im Winter Pferdeschlittenfahrten. Außerdem gibt es im Juni traditionelle **Reiterfestspiele** und ein **Sommerfest.**

- Es fahren nur wenige **Busse** von/nach Anykščiai.

Troškūnai ↗ XIX/C3

Sehenswert in dem etwa 20 km westlich von Anykščiai gelegenen Ort ist das wertvolle **Architekturensemble** mit der Kirche von 1789, dem 1696 gegründeten Bernhardinerkloster und dem Glockenturmensemble vom 18./19. Jh. im Stil des Barock und Klassizismus.

Ukmergė ↗ IX/D2

Die Stadt mit 35.000 Einwohnern liegt etwa 70 km nordöstlich von Kaunas an den Ufern der Šventoji. Erstmals 1225 als Burg erwähnt, hieß sie bis zum Ersten Weltkrieg Vilkmergė (Wolfsbraut). Heute ist sie für Touristen meist nur Durchgangsstation auf den Wegen nach Vilnius (72 km), Panevėžys (62 km), Utena (63 km) oder Moletai (44 km). Ansehen kann man sich das 17 m hohe Unabhängigkeitsdenkmal, die Peter-und-Paul-Kirche von 1896, den Glockenturm von 1835, die russisch-orthodoxe Kirche von 1869 sowie die klassizistische Pferdepost von 1835.

Verkehrsmittel

- **Busbahnhof,** nördlich der Stadt an der Straße nach Utena (viele Verbindungen, wichtiger Knotenpunkt).

Nützliche Adressen

- **Bank/Geldautomat,** Kauno 16.

Unterkunft

- **Hotel Ukmergė,** Kauno 5, Tel. 51345/Fax 51197; 22 komfortable Zimmer (EZ ab 80 Lt./DZ ab 120 Lt.), Bar, Restaurant.

077li Foto: gs

Utena

↗ XXII/A1

Die Stadt (37.000 Einwohner), 60 km nordöstlich von Ukmergė, ist seit 1261 bekannt und hat touristisch nicht viel zu bieten. Die Hauptstraße Basanavičiaus gatvė verläuft von Ost nach West; an der Nr. 52 genau im Zentrum liegt der Busbahnhof. 700 m westlich an der Nr. 36 liegt die klassizistische **Alte Poststation,** heute eine Kunstgalerie (gebaut 1835). Zar *Nikolaus I.* und sein Sohn *Alexander* machten hier Halt, *Honoré de Balzac* wechselte 1843 hier die Pferde.

Vom Busbahnhof etwa 1 km östlich liegt an der Kreuzung mit der Dariaus ir Girėno eine kleine, dreieckige Grünfläche. Hier lag ein Soldatenfriedhof deutscher Soldaten vom Ersten und Zweiten Weltkrieg, die Grabsteine wurden während der Sowjetzeit entfernt. Vom Busbahnhof 100 m südlich, an der Ecke Kauno/Vilniaus liegt die Touristinformation am Utenio aikšte.

Im **Heimatmuseum** gegenüber sind u.a. eine ethnographische und eine Kunstausstellung zu sehen (Tel. 55393, Di-Fr 10-18, Sa 10-16 Uhr). Südöstlich von hier an der Vytauto 4 liegt die **Christi-Himmelfahrtskirche** von 1882-84. Außerhalb der Stadt beim Kloviniai-Damm und zwei Bade- und Angelseen liegt der **Hochzeitshügel.** Hier stehen Holzskulpturen und Kapellpfähle mit Szenen alter Hochzeitszeremonien; sie sind ein Anlaufpunkt für Neuvermählte. Im südlich gelegenen Dorf **Narkųnai** liegt der Burghügel der früheren Utenis-Burg.

Alte Poststation in Utena

Verkehrsmittel

- **Busbahnhof,** Basanavičiaus 52, Tel. 51703; Busse u.a. nach Kaunas, Tauragnai, Zarasai, Ignalina, Visaginas.
- **Taxi,** Tel. 55553, 50555.

Nützliche Adressen

- **Touristinformation,** Utenio a. 5, Tel./Fax 54346, www.utenainfo.lt; Mo-Fr 8.30-17 Uhr, Sa 9-16 Uhr; Zimmervermittlung u.a. von „Urlaub auf dem Lande" (10-50 Lt. p.P.), meist beim Dorf Sudeikiai; Infos u.a. über Camping, Radtouren, Brauereibesichtigung, Angelscheine.
- **Bank,** Utenio a. 15, Baranausko 19.
- **Geldautomaten,** Maironio 12, Basanavičiaus 61.
- **Post,** Basanavičiaus 59, Tel. 55270.
- **Internet-Café** in der Stadtbücherei, Maironio.
- **Kaufhaus Universal,** gegenüber Busbahnhof; IKI-Supermarkt, Aušros 79.

Unterkunft

- Gästehaus **Utenos Trikotažas,** Basanavičiaus 101, Tel. 57776, EZ/DZ 190 Lt. oder im „Business College", Maironio 18, Tel. 56758, 80-100 Lt.

Gastronomie

- **Restaurants,** Aušros 37a (mit Terrasse); Maironio 8.
- **Cafés,** Kauno 8; Basanavičiaus 102-7.

Aktivitäten

- **Aeroclub,** Maironio 4, Tel./Fax 51801, u.a. Rundflüge.
- **Baden,** u.a. im Vyzuonelis-See (südwestlich vom Busbahnhof).
- **Reiten/Kutschfahrten,** Užpalių 103, Tel. 72749 (im Dorf Užpaliai).

Fest

- **Intern. Volksmusik- und Tanzfestival,** Anfang Juli (alle ungerade Jahre), einwöchig.

Sirutėnai ↗ XXII/B1

5 km nördlich von Utena an der Straße nach Sudeikiai. Berühmt ist der Ort für sein **Glockenmuseum** (Altanka), in dem etwa 300 Glocken aller Größen und Formen zu sehen sind. Das in einem roten, runden Turm untergebrachte Museum beherbergt die Sammlung des Bildhauers *Simonėlis.* Nachdem Moskau um 1960 anordnete, religiöse Stätten zweckzuentfremden und Kreuze und andere „antikommunistische" Gegenstände zu zerstören, begann er, Kirchen- und andere Glocken aus dem ganzen Land zusammenzutragen.

Heute statten viele Frischvermählte diesem Museum einen Besuch ab. Es hat keine offiziellen Öffnungszeiten. Selbst falls der Künstler nicht hier sein sollte, lohnt sich wegen seiner **Sammlung von Steinstatuen** und anderen sowjetischen Memorabilien gegenüber dem Turm trotzdem ein Besuch (Tel. 47434).

Im Land der Seen ↗ XXII/XXIII

Das Land der Seen mit über 1000 größeren und kleineren Seen inmitten vieler Wälder liegt im Nordosten des Landes. Größere Städte mit sehenswerten Altstädten oder berühmten Baudenkmälern gibt es nicht. In der schönen Landschaft und Natur kann man sich erholen oder Aktivurlaub machen (z.B. Wandern, Angeln, Radfahren, Bootfahren). Herzstück der Region ist der **Aukštaitija-Nationalpark.**

Molėtai ↗ XXII/A3

Molėtai liegt am Westrand der Seenplatte des **Labanoras-Regionalparks,** 62 km nördlich von Vilnius. Die Stadt mit 7000 Einwohnern ist von vier Seen umgeben. Die Hauptstraße ist die Vilniaus; dort liegt die barocke **Peter-und-Paul-Kirche** von 1880 unweit des Busbahnhofs. Sie kreuzt sich mit der Inturkės; in der Nr. 4 findet man die Touristinformation und das Heimatmuseum (Mo-Fr, Tel. 51138).

Verkehrsmittel

- **Busbahnhof,** Vilniaus 2, Tel. 51333 (Verbindungen u.a. nach Utena und Vilnius).
- **Taxi,** Tel. 52111.

Nützliche Adressen

- **Touristinformation,** Inturkės 4, Tel./Fax 51187 (8-12, 13-17 Uhr, Sa bis 15 Uhr) u.a. Zimmervermittlung, Urlaub auf dem Lande, Pensionen; turizmas@moletai.lt, www.moletai.lt.
- **Banken,** Cvirkos 16, Tel. 51802; Vilniaus 47, Tel. 51434.
- **Post und Telefonamt,** Vilniaus 43, Tel. 51444 (7.30-17, Sa 9-13 Uhr).

Unterkunft

- **Skrudžių Ragas,** Vilniaus 66c (gegenüber Supermarkt), Tel. 53513, ab 80 Lt., modern ausgestattet, zu empfehlen.

Gastronomie

- **Restaurant,** Vilniaus 41, Tel. 51190.
- **Lelija Café,** Vilniaus 48a, 8-21 Uhr.

Umgebung von Molėtai

Observatorium ↗ XXII/A3

10 km außerhalb in Richtung Utena (dann am Schild rechts 4 km) liegt

beim Dorf Kulionys das **astronomische Observatorium** der Akademie der Wissenschaften der Universität Vilnius. Es gibt zweistündige Führungen auf Englisch und Nachtbesichtigungen; beide nur nach Voranmeldung (beste Sicht August/September). Es gibt drei Parabolspiegel - zwei mit einem Durchmesser von 63 cm und einen mit 165 cm.

Im Hauptgebäude sind 15 Zimmer zum **Übernachten** (Tel. 45447). Daneben, u.a. im Untergeschoss eines 45 m hohen Turms in Form einer Raketenabschussrampe (der einen kosmischen Baum darstellen soll), gibt es ein kleines **„ethnokosmologisches" Museum** (Mi-So 10-18 Uhr, Tel. 45424, 45423). Dieses wohl weltweit einzigartige Museum zeigt die wissenschaftliche und kulturelle Auseinandersetzung des Menschen mit dem Universum. Es werden auch Ausstellungen über das Sonnensystem, die vielen Kalendersysteme und das Außerirdische gezeigt. Sehr sehenswert! Von oben hat man einen guten Blick aufs Umland. Besichtigungen sind nur mit Füh- rung möglich (i.d.R. um 10, 13, 16, 17 Uhr; 90-minütig, auf Englisch, Litauisch und Russisch; Voranmeldung nötig).

Seengebiete

Zwischen Molėtai und Švenčionėliai liegt die Seenplatte des **Labanoras-Regionalparks.** Besonders schön ist der Baltieji-Lakajai-See, 11 km östlich von Molėtai. Im Dorf kann ein **Fischermuseum** besichtigt werden. Infos zu Boottrips, -verleih, Camping, Rad-/Wanderwegen, Kulturdenkmälern und zur Natur gibt es im Infobüro des Regionalparks in Švenčionėliai, Žeimenos 49, Tel. 31357, Fax 32869, svencuredija@post.omnitel.net.

In der Nähe liegt auch der **Sirvėta-Regionalpark;** im Infobüro in Šventa, Tel. 17-47424, erhält man Infos über die Natur, Dorfarchitektur und die 70 km langen Rad- und Wanderwege bzw. Autorouten.

Dubingiai

20 km südlich von Molėtai liegt Dubingiai in einer besonders schönen Gegend am Ufer des **Asveja-Sees,** dem mit 22 km eigentlich längsten See Litauens; er besteht aber aus dem westlichen Dubingiai-See und dem östlichen Biliškių-See, die ein 200 m langer und 10 m breiter Fluss verbindet. Er gehört ebenso wie der Fluss Dubinga und die sie umgebende Gegend zum **Asveja-Regionalpark;** Parkverwaltung Tel./Fax 83-47222, asveja@mail.lt. Vom **Dubingiai-Hügel** hat man einen schönen Blick. Hier ist auch die schöne *Barbora Radvilaitė* (siehe Biržai) aufgewachsen. *Vytautas der Große* baute 1413 auf der Seeinsel eine Burg, die jedoch Ende des 18. Jh. zerfiel.

Zarasai

Der Ort liegt an der Grenze zu Lettland. Der Bezirk Zarasai umfasst über 300 Seen und wird auch als **„Litauische Schweiz"** bezeichnet. Hier entspringt der Fluss **Šventoji,** einer

der für Kanufahrer interessantesten Flüsse des Landes, da er in seinem Oberlauf durch zahlreiche Seen und abwechslungsreiche Landschaft führt. Zum Schutz der Natur wurde der **Gražutė-Regionalpark** eingerichtet. Die Stadt ist von den Seen Zarasai, Griežtas und Zarasaitis umgeben. Auf dem erstgenannten gibt es vier Inseln, auf denen im Sommer ein Festival stattfindet. Sehenswert ist die **Mariä Himmelfahrtskirche** im Mischstil (1842-62).

Verkehrsmittel

- **Bahnhof,** Turmantas, Tel. 58335.
- **Busbahnhof,** Savanorių 7 (u.a. nach Vilnius, Utena).

Skulpturengruppe in Visaginas

Nützliche Adressen

- **Touristinformation,** Sėlių a. 22, Tel./Fax 51230 (u.a. Zimmervermittlung, Urlaub auf dem Lande); info@zarasai.lt.
- **Infozentrum des Gražutė-Regionalparks,** Smėlynės 11, Tel. 53266, Fax 54536, grazutes.parkas@takas.lt; Infos u.a. zu Wassersport an der Antalieptė-Lagune (s.o.).
- **Banken,** Dariaus ir Girėno 29/12, Tel. 52542.
- **Aeroclub,** Žemaitės 15, Tel. 52250, u.a. Rundflüge, Fallschirmspringen.

Unterkunft

- **Ferien auf dem Bauernhof,** u.a. in Vytauto 13, Tel. 51659.
- **Hotel Zaraso Vilnis,** D. Bukonto 7, Tel. 53407, nettes Hotel (EZ ab 40/DZ ab 80 Lt.)

Gastronomie

- **Cafés, Bars,** Vilniaus 16; Vytauto 54.

Umgebung von Zarasai

Dusetos

In Dusetos, 34 km nordöstlich von Utena, wird am ersten Samstag/Sonntag im Februar das berühmte **Pferderennen** auf dem Eis des gefrorenen Sartai-Sees veranstaltet, des längsten Sees Litauens, der bei Bedarf nachgeeist wird. Auf dem 1,6 km langen Parcours ziehen etwa 70 Pferde ihre Jockeys auf dem Wägelchen übers Eis. Es ist Teil des populären **Winterfestivals** mit rund 10.000 Besuchern (Volkstänze, Konzerte, Handwerksmessen u.a.). Es fand erstmals 1795 statt, seit 1905 alljährlich. Infos unter Tel. 70-56135 und beim Büro des **Sartai-Regionalparks** in Rokiškis (s.o.); dort auch Infos über Segeln, Rad-/Wanderwege etc.

Antalieptė

Das Städtchen, 10 km südlich von Dusetos am Ufer der Šventoji, ist wegen seines **Klosters** berühmt, das die Karmeliter 1730 gründeten.

In der Umgebung liegen die **Vencavu-Windmühle** als Überbleibsel des damaligen Landguts und die **Wassermühle** von 1855. Durch das Aufstauen des Šventoji-Flusses

1959, zum Bau eines Wasserkraftwerks, bildete sich der **Antalieptė-Stausee,** der über 20 Seen miteinander verband und in dem heute viele Inseln aus dem Wasser ragen (vgl. Gražutė-Regionalpark bei Zarasai).

Stelmužė

11 km nördlich von Zarasai an der Grenze zu Lettland liegt Stelmužė in einer reizvollen Landschaft mit Hügeln und Seen. Berühmt ist der Ort für die **älteste Eiche Litauens** – und Eichen sind in Litauen hochgeschätzte Bäume. Das Alter dieses Methusalems wird auf ca. 2000 Jahre geschätzt, sein Stammumfang beträgt stolze 11 m, seine Höhe 23 m! Allerdings beginnt der Eichen-Großvater nun doch immer mehr an Altersschwäche zu leiden, so dass er gestützt werden muss.

Sehenswert ist auch die 1650 erbaute **Holzkirche,** die ohne Benutzung von Sägen und Nägeln gebaut und ein Architekturdenkmal ist. Die Eiche und die Kirche liegen im gleichen Park. Etwas abseits liegt der aus Feldsteinen gemauerte sog. **„Sklaventurm"** (vergų bokštas).

Dūkštas ⇗ XXIII/D1

Der Ort 27 km südlich von Zarasai ist von Seen, Hügeln, Sümpfen und prähistorischen Siedlungen umringt und hat eine im Jahre 1601 erbaute Kirche. Außerdem befindet sich hier ein Landgut im klassischen Stil aus dem 18./19. Jh. mit Knechtshaus, Vorratskammer, Ställen und einem Park aus dem 19. Jh.

Visaginas

Die Stadt mit 34.000 Einwohnern im Bezirk Ignalina, ca. 25 km südöstlich von Zarasai, ist durch **Atomkraftwerke** vom Typ Tschernobyl, den größten der Welt überhaupt, bekannt geworden. Um den Bau zu verhindern, wurde das Gebiet um Ignalina zum Aukštaitija-Nationalpark (s.u.) erklärt. Aufgrund vieler Proteste wurden dann von sechs ursprünglich vorgesehenen Kraftwerken nur zwei gebaut. Im Rahmen des EU-Beitritts nahm man einen Reaktor am 1.1.2005 vom Netz, der zweite wird 2009 abgeschaltet. Das AKW ist das einzige des Landes. Der Westen hat bisher 100 Mio. $ für die Sicherheit ausgegeben; das AKW gilt jetzt nach westlichen Standards als sicher. Experten der „Internationalen Atomenergieagentur" überwachen die Anlage. Busse fahren die Mitarbeiter zu der 14 km östlich der Stadt gelegenen Anlage. Vom Baden im nahegelegenen **Drukšiai-See** wird natürlich abgeraten! Es gibt ein Infozentrum, Tel. 29911, www.lac.lt. Führungen sind seit dem 11. September 2001 nur noch selten.

Visaginas hat aufgrund der Plattenbauten und der breiten Straßen wenig Atmosphäre. Über die Geschichte der erst 1975 gegründeten Stadt und des AKW informiert das **Heimatmuseum,** Sedulnosa 14/3, Tel. 31142.

Der russische Bevölkerungsanteil beträgt rund 85 %, so dass man hier vorwiegend Russisch spricht.

- **Bahnhof,** Pasmalvio 1 (1,5 km westlich der Stadt, es verkehren Stadtbusse), Tel. 31057; tgl. 6 Züge nach Turmantas und Vilnius via Ignalina. Hier fahren auch Busse nach Ignalina (3 x tgl.) sowie Minibusse nach Vilnius ab (wenn voll). Diese fahren in Vilnius neben dem Bahnhof, hinter dem Mc Donalds ab.
- **Aukštaitija-Hotel,** Veteranų 9, Tel. 31959, Fax 31346, 130 Zimmer (für Ausländer ab 190 Lt., weit überteuert, 3 Klassen-Preissystem), Sauna, Restaurant.
- **Restaurants,** Vieltis 1, Parko 11.
- **Post und Bank,** Parko 7.
- Mitte August findet hier das **Visagno Country Music Festival** statt.

Ignalina

↗ XXIII/D3

Die zwischen sieben Seen gelegene Stadt mit 7200 Einwohnern liegt an der Bahnlinie Warschau – St. Petersburg, der sie ihre Existenz verdankt. Bis zum Bau der Bahnstrecke im Jahre 1862 gab es hier nur einen Bauernhof. Damals war Palūšė das Zentrum der Region. Erstmals erwähnt wurde Ignalina im Jahre 1810. 1920-39 gehörte es ebenso wie alle östlich der Bahnlinie von der lettischen Grenze bis Švenčionėliai liegenden Orte (und das Gebiet rund um Vilnius) zu Polen.

Die Region ist zu einem Drittel mit Wäldern, über 200 Seen und 20 Flüssen bedeckt; mit rund 30 Fischarten ein **Angelparadies,** aber auch ein Jäger-Mekka (es gibt hier 15 Jagdvereine, die Reviere umfassen 76.900 ha; gejagt werden u.a. Elche). Hier liegen auch viele **archäologische und kulturelle Denkmäler.**

Ignalina ist Ausgangspunkt zum **Aukštaitija-Nationalpark,** der den Westteil der Stadt tangiert. Außerdem ist es das **Wintersportzentrum** Litauens, insbesondere für Ski und Biathlon. Der Name stammt von der Volkssage der Liebhaber *Ignas* und *Lina;* sie sind in einer 5 m hohen Holzskulptur am See Paplovinys verbildlicht. Eine 19 m große **Holzskulptur** beim Bahnhof soll an die Verbannten während der Sowjetzeit erinnern.

Verkehrsmittel

- **Bahnverbindungen,** 6 x tgl. von Vilnius via Ignalina nach Turmantas (2 Std.) und Visaginas (fast 3 Std.).

• **Bahnhof,** Geležinkelio 8, Tel. 52975.
• **Busverbindungen** führen u.a. nach Palūšė (9 x), Visaginas (3 x), Kaunas, Druskininkai und Daugavpils in Lettland
• **Busbahnhof,** Geležinkelio 8, Tel. 52333.
• **Taxi,** am Bahnhof.

Nützliche Adressen

• **Touristinformation,** Taikos 11, Tel. 52597, Fax 53148, tic@ignalina.lt, www.ignalina.lt; Zimmervermittlung (u.a. „Urlaub auf dem Lande" für die Region Ignalina und den Aukštaitija-Nationalpark), Angelscheine, Touren, Karten etc.
• **Bank,** Vasario 16-osios 10 (Geldwechsel); Geležinkelio 8; Ateities 9, Tel. 53948.
• **Postamt,** Laisvės 64, Tel. 52102.
• **Telefonamt,** Laisvės 6a, Tel. 52252.
• **Ethnokulturelles Zentrum,** Taikos 11 (Ausstellungen, Verkauf).
• **Kino,** Ateities 23.
• **Kulturhaus,** Ateities 43 (samstags und im Sommer auch sonntags Konzerte oder Disco, Café).
• **Lebensmittelgeschäft,** neben Bahnhof, 7-22 Uhr, gute Auswahl.
• **Polizei,** Vasario 16-osios 11, Tel. 52398.
• **Apotheke,** Laisvės 60, Tel. 52252.

Unterkunft

• **Hotel Gavaitis,** Atgimimo 37, Tel. 52345, einfaches Hotel mit 60 Betten; die Zimmer sind klein; einige mit TV. Bad und Dusche auf der Etage (20-40 Lt.).
• **Jugendherberge,** Mokyklos 4, Tel. 52118, 53476 (DZ, Dusche, TV-Raum, Übernachtung 20 Lt; Reservierung wird empfohlen); insg. 68 Betten.
• **Pensionen** und **„Urlaub auf dem Lande"** s. Touristinformation.

Gastronomie

• **Restaurant Dringis,** Laisvės 68, Tel. 54300
• **Café Žuvėdra,** Mokyklos 11, weitere Cafés: Atgimimo 30, imKulturhaus, Laisvės 62, Ligoninės 1.
• **Valgykla** (=Kantine), am Busbahnhof, sehr preisgünstig.
• **Bars,** Laisvės 75, Turistų 11 und 21.

Aktivitäten

• **Strand** mit Wasserrutsche, Gavys-See.
• **Wintersportzentrum,** Sporto 3 (2 km östlich am Žaliasis-See), Tel. 54193, Fax 54102; u.a. Langlauf, Skilift, -hügel, -schanze, Eisangeln; im Sommer 7,5 km Parcours für Radfahren, Jogging, Wandern; Tennis, Basketball, Volleyball, Angeln u.a.; Verleih von Schlafsack, Zelt, Rad, Ski, Schlitten, Schlittschuhen u.a. möglich; Sauna, Pool, Fitnessraum; Windsurfen, Bootsverleih, Kanu, Wasserräder.

Übernachtung in einfachen EZ, DZ, Triple (18-40 Lt. p.P.), in Sommerhütten 13 Lt. p.P. , DZ 200 Lt., frühe Reservierung empfohlen.

Umgebung von Ignalina

Mielagėnai

25 km südöstlich von Ignalina findet sich eine 1779 erbaute Kirche im klassischen Stil, schön restauriert.

Švenčionys

Der Ort 27 km südlich von Ignalina soll sich an der Stelle eines vorchristlichen Heiligtums befinden, worauf der Name der Stadt (*šventas* = heilig) hinweist. In einer 1883 gegründeten **Kräuterfabrik** werden bis zum heutigen Tag Heilmittel aus Pflanzen hergestellt.

• **Busbahnhof,** Stoties 11, Tel. 51333, u.a. Busse nach Ignalina, Vilnius.
• **Bahnhof,** im Nachbarort Švenčionėliai, Priestačio 22, Tel. 31474; Züge nach Vilnius und Turmantai, lettische Grenze).
• **Touristinformation,** Laisvės aikšte 1, Tel./ Fax 51047, www.svencionys.lt .
• **Infos zu Wanderungen** auch unter Tel. 51423, Fax 51244. Kanu-, Segelbootverleih, Tel. 44433.
• **Hotel Eglė,** Vilniaus 6, Tel. 51345, Fax 51872, DZ ab 70 Lt.
• **Restaurant Beržuvis,** Vilniaus 8, Tel. 51010.

Aukštaitija-Nationalpark

↗ XXIII

Der Park ist die Hauptattraktion im Nordosten, weil er eine ganze Menge an schöner und abwechslungsreicher Landschaft und an Freizeitmöglichkeiten zu bieten hat. Wer **Natur** und **Erholung** sucht, ist hier richtig. Neben der landschaftlich einzigartigen Kurischen Nehrung und dem Kurort Druskininkai gilt er als der **schönste Naturpark Litauens.**

Um den Bau des Atomkraftwerks in Visaginas (s.o.) zu verhindern, wurde das Gebiet 1974 zum ersten Nationalpark Litauens überhaupt erklärt (bis 1989 blieb er der einzige). Das Parksymbol ist eine Wasserlilie. Es gelten die Bestimmungen im Kapitel „Naturschutz".

Der Aukštaitija-Nationalpark ist 302 km² groß und umfasst das **litauische „Bergland"** (*aukštaitija* bedeutet „Hochland") mit 126 Seen, die größtenteils durch die 34 Flüsse und Bäche miteinander verbunden sind, ausgedehnten Wäldern und Urwäldern, Mooren und bis zu 200 m hohen „Bergen" bei Tauragnai (die höchsten Gipfel liegen etwas außerhalb des Parks bei Ignalina und erreichen sogar „stolze" 289 m.) Die durchschnittliche Höhe des Parks beträgt 150-155 m. Ursprüngliche Sumpflandschaften, unwegsame Wälder, Seenketten für Wasserwanderer und sehr seltene Vogel- und Pflanzenarten sind hier zu bewundern. Landschaft und Bodenformen sind sehr abwechslungsreich, so dass man auf relativ kleinem Raum eine sehr artenreiche **Tier- und Pflanzenwelt** antrifft. Geprägt wurde das Gesicht dieser Landschaft durch die Gletscher der letzten Eiszeit, die hier ihre Moränenhügel hinterlassen haben. Dazwischen hat sich dann das Schmelzwasser zu Seen und Teichen gesammelt. Der Winter hier ist länger und kälter als im übrigen Litauen, der Sommer dafür auch wärmer.

Der Nationalpark ist in **drei Zonen** eingeteilt: die Wirtschafts-, Erholungs- und Landschafts- und Naturschutzzonen. Außerdem gibt es zwei **Reservate** (rund 2 % der Parkfläche), die nur mit besonderer Erlaubnis der Parkverwaltung betreten werden dürfen, und zwar der **Ažvinčiai-„Urwald"** und das **Balčio-Reservat** (inkl. dem Trainiškis-

049li Foto: gs

Tierreservat und den Baltys- und Gruodiškas-Seen). Und zuletzt gibt es noch **ethnokulturelle Schutzgebiete** (u.a. das Šakarva-Gräberfeld und ethnographische Dörfer).

In den **Erholungszonen** sind vielfältige Freizeitanlagen geschaffen worden. Hier gibt es herrliche Wander- und Radwege, Campingplätze, angelegte Rastplätze mit Feuerstellen, Routen für Wasserwanderer auf den vernetzten Seen, die Feriensiedlung von Palūšė usw. Die zahlreichen Fische machen die Gewässer zum Anglerparadies (die Angelscheine bekommt man in der Nationalparkverwaltung, s.u.). Dort erhält man auch Infos zu vielen anderen Aktivitäten und man kann die Ausrüstung (auch für Wintersport) leihen. Der Eintritt in den Nationalpark kostet 2 Lt.

Innerhalb des Parks darf nur auf den offiziellen **Campingplätzen** (Karte bei der Parkverwaltung) gezeltet werden. Sie sind auch für Wasserwanderer leicht zu finden. Ausgestattet sind sie mit Feuerstellen, Brennholz, Trinkwasser u.a.

Da sich der Park über drei Verwaltungsbezirke erstreckt, sind die jeweiligen Touristinformationen auch für die Unterkünfte in deren Gebiet zuständig; jedes hat eine Auflistung von „Urlaub auf dem Lande"-Unterkünften und Pensionen (z.B. Ignalina für Palųšė, Utena für Tauragnai und Švenčionys für Kaltanėnai). Sie sind jedoch gegenseitig behilflich, ebenso wie die Parkverwaltung selbst. Die Übernachtungspreise reichen von 10 Lt. p.P. bis zu 150 Lt. in Apartments; viele Unterkünfte bieten eine breite Palette an Freizeitmöglichkeiten. Möglich ist auch die Übernachtung auf einem Hausboot (Tel. 8-298-32207) und im Feriendorf in Palųšė bzw. in der Wassermühle in Ginučiai.

Gedenkkreuz im Nationalpark

Anreise

Vom Bahnhof **Ignalina** verkehren mehrmals täglich Busse zum 4 km entfernten Palųšė (1 Lt.; ein Taxi sollte nicht mehr als 5 Lt. kosten). Zwischen den beiden Orten verläuft 3 km parallel zur Straße ein Radweg. Die Busse von **Utena** nach Ignalina fahren über Palųšė; die nach Švenčionys über Kaltanėnai; es gibt auch sporadisch Busse von Utena nach Tauragnai.

Information

- **Touristinformation / Nationalparkverwaltung:** Tel. 8-38652891/Fax 53135, bzw. **Infozentrum** unter Tel. 47478, Mo-Do 9-17, Fr 9-19, Sa 9-15 Uhr, anp@is.lt, www.tourism/lt/nature/parks/aukst_k.html. Hier erhält man auch eine ausführliche Karte des Nationalparks und der Campingplätze, Vermittlung von Unterkünften im Feriendorf (s.u.), von Campingplätzen, „Urlaub auf dem Lande" und Pensionen im gesamten Parkgebiet; Verleih von Campingausrüstung, Fahrrädern, Ruder-, Paddelbooten, Kanus, Surfbrettern, Wintersportausrüstung etc.; Organisation von Reit-, Jagd- und Angeltouren; Exkursionen (auch mehrtägig mit Boot und Zelten).
- **Führungen, Ökotrips, Vogelbeobachtung** (u.a. beim Asėkas-See); Ausstellung von Angelscheinen, Pferdeverleih etc.; Infos zu Kanu-/Segelbootverleih auch unter Tel. 17-44433 (Kaltanėnai) bzw. 702057 (Vilnius).

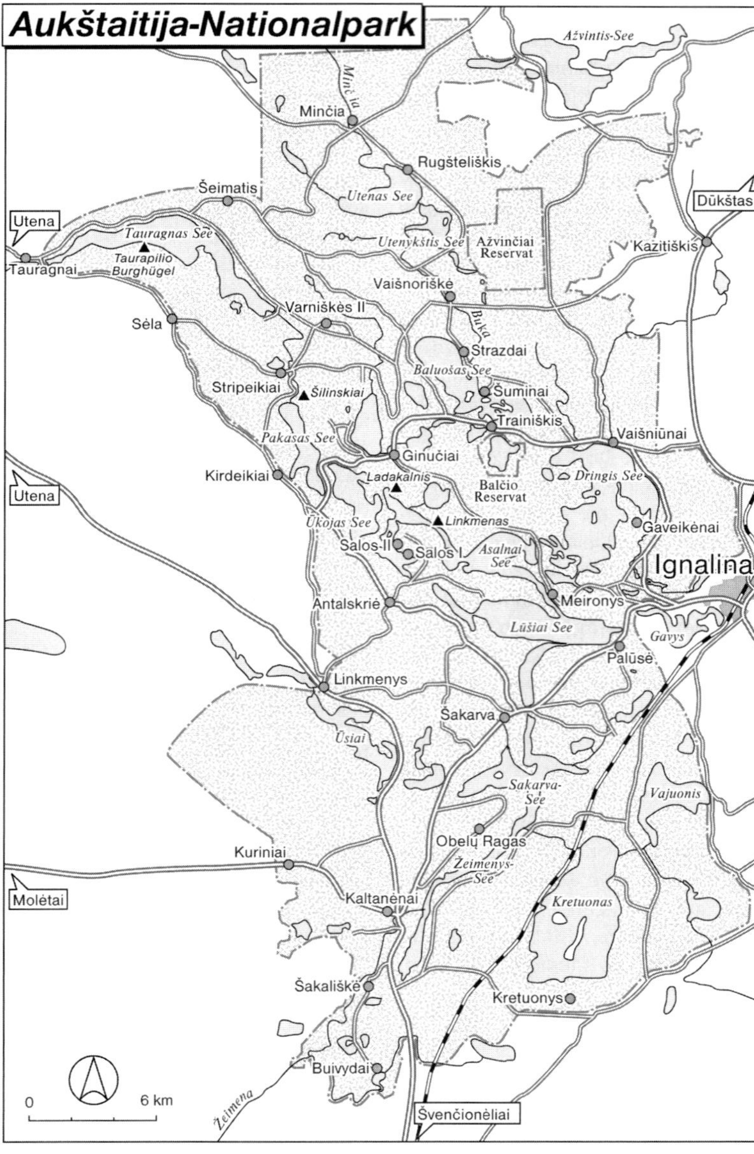
Aukštaitija-Nationalpark
Ažvintis-See
Minčia
Minčia
Rugšteliškis
Šeimatis
Utenas See
Dūkštas
Utena
Tauragnas See
Taurapilio Burghügel
Tauragnai
Utenykštis See
Ažvinčiai Reservat
Kazitiškis
Vaišnoriškė
Varniškės II
Sėla
Būka
Strazdai
Baluošas See
Stripeikiai
Šilinskiai
Šuminai
Trainiškis
Vaišniūnai
Pakasas See
Ginučiai
Kirdeikiai
Ladakalnis
Dringis See
Balčio Reservat
Utena
Linkmenas
Ūkojas See
Gaveikėnai
Salos II
Salos I
Asalnai See
Ignalina
Antalskriė
Meironys
Lūšiai See
Gavys
Palūsė
Linkmenys
Šakarva
Ūsiai
Sakarva-See
Vajuonis
Obelų Ragas
Kuriniai
Žeimenys-See
Molėtai
Kaltanėnai
Kretuonas
Šakališkė
Kretuonys
Buivydai
0
6 km
Žeimena
Švenčionėliai

Seltene Pflanzenarten im Nationalpark

- **Blattloser Widerbart,** eine Pflanze, die erst seit dem 19. Jh. bekannt ist und im Park erst 1984 entdeckt wurde. Sie ist eine der seltensten Pflanzen Litauens und entfaltet sich nicht jedes Jahr.
- **Korn-Rade** war vor 30 Jahren ein häufiges Unkraut, das kaum zu besiegen war. Inzwischen ist diese Pflanze in weiten Gebieten ganz verschwunden. Sie blüht nur alle 3-4 Jahre einmal.
- **Moor-Steinbrech** kommt im Park an zwei Stellen vor und ist auf ursprüngliche Moorböden angewiesen. Er blüht gegen Ende des Sommers.
- **Virginischer Rautenfarn,** eine Art, die sehr schwer zu erhalten ist, da jedes Jahr nur wenige Pflanzen Samen entwickeln.
- **Wasser-Lobelie.** Wie die Zwergbirke ein Relikt der eiszeitlichen Tundra. Sie kommt in Litauen nur noch an vier Stellen vor und ist für ihr Überleben auf sehr sauberes Wasser angewiesen.
- **Zwergbirke.** In Litauen gibt es nur fünf Stellen, an denen diese Bäumchen sich als Relikt der Eiszeit erhalten haben. Sie gedeihen zwischen Torfmoos und Kiefern und werden maximal 1 m hoch.

Flora

(nach Informationen von V. Lunetskene und Br. Schablevitschjus)

Der Nationalpark umfasst nur etwa 0,45 % der Fläche Litauens, und doch findet man hier rund 59 % der Pflanzenarten, die in Litauen gedeihen. Die Pflanzenwelt des Parks ist deshalb so reichhaltig, weil auch die Landschaft reich ist – mit Flusstälern, Seeufern, Hügeln, natürlichen Wiesen, Sümpfen und Wäldern. Die verschiedenen Arten von Wäldern umfassen etwa 70 % der Parkfläche, Seen und Wasserläufe machen etwa 15 % aus, so dass der Nationalpark oft auch **„Park der Seen"** genannt wird. Innerhalb der Parkgrenzen findet man sämtliche in Litauen vorkommenden Bodenarten. Und entsprechend diesen unterschiedlichen Biotopen ist auch die Flora in den einzelnen Teilen des Parks sehr verschieden, so dass man auf vergleichsweise kleinem Raum einen Querschnitt durch ganz Litauen hat.

Bisher sind im Aukštaitija-Nationalpark 738 Pflanzenarten gefunden worden, davon 175 seltene Pflanzen und 45 Arten, die zu den vom Aussterben bedrohten Pflanzen zählen (eine genaue Liste dieser Pflanzen erhält man in der Nationalparkverwaltung). Es gibt rund 200 Pilzarten. Den Biotopen nach gliedern sich die Pflanzengesellschaften des Parks in drei Hauptgruppen: Wälder, Sumpf- und Wassergesellschaften.

Die Wäldergesellschaft untergliedert sich je nach vorherrschender Baumart in weitere Untergruppen. In den **Kiefernwäldern** beispielsweise überwiegt sehr nährstoffarmer Sandboden. Hier wachsen meist Erika, Preiselbeeren und Heidelbeeren. An seltenen Pflanzen findet man hier den Nordischen Drachenkopf, Moosglöckchen und Fingerküchenschelle. Die **Tannenwälder** haben nährstoffreichere Humusböden, auf denen man etwa 40 verschiedene Pflanzenarten findet. Seltene Arten sind hier der Großblütige Fingerhut, Blattloser Widerbart und Frauenschuh. Auch in den **Birkenwäldern** ist das Pflanzenleben mit über 40 Arten recht reichhaltig. Sehr mannigfaltig sind die **Schwarzerlengesellschaften** in den Sumpfniederungen und an Fluss- und Seeufern. Auf der sehr fruchtbaren Schwarzerde dieses Biotops gedeihen über 50 Arten, darunter sehr seltene wie der Litauische Schwaden *(Glycesia lituanica)*. Eine besondere Stellung nehmen der **Fichten-** und **Eichenwald** ein, die nur eine kleine Fläche des Parks umfassen.

Die **Sumpfgesellschaften** umfassen etwa 2000 ha des Parks (7 %) mit drei verschiedenen Arten von Mooren. Die Pflanzenwelt dieser Biotope ist nicht sehr reichhaltig, da die Böden nährstoffarm und hauptsächlich von Moosen bedeckt sind. Zu den seltenen Pflanzen dieser Gesellschaften gehören: Korallenwurz, Moor-Steinbrech, Kleinblütiges Einblatt, Sumpf-Weichwurz, Kleines Zweiblatt, Sumpfglanzkraut, Gemeiner Moorbärlapp, Mittlerer Sonnentau und Zwerg-Birke.

Die **Wasserpflanzen-Gesellschaft** entlang den Flüssen und Seen umfasst rund 70 Pflanzenarten. Die selteneren darunter sind: Wasser-Lobelie, Zwergteichrose, Binsen-Schneide, Schmalblättriger Merk, Großes Nixkraut und andere.

Fauna

Fast alle Tierarten Litauens findet man hier. Darunter sind etwa **50 Säugetierarten,** wie beispielsweise Elche, Hirsche, Rehe, Wildschweine, Füchse, Wölfe sowie auch Marder, Nerze, Otter, Biber, Biberratten, Hasen und Fledermäuse. Außerdem gibt es hier **193 Vogelarten,** von denen 135 hier brüten, unter ihnen auch viele seltene. Für Raubvögel (u.a. Adler), Eulen und Enten wurden künstliche Nistplätze angelegt. Unter den 16 Spezies von **Reptilien** und **Weichtieren** sind Eidechsen und Frösche sehr oft, Grasschlangen und Vipern dagegen äußerst selten anzutreffen. In den Gewässern tummeln sich **28 Fischarten,** unter ihnen viele Hechte und Barsche. Ebenso trifft man hier auf etwa **500 Käfer-** und rund **60 Schmetterlingsarten.**

Die Dörfer im Nationalpark

Es gibt 84 Siedlungen unterschiedlicher Geschichte, Alter, Bebauungsart und Größe. Die ersten Siedler waren Fischer und Jäger, von denen später auch viele Ackerbau und Viehzucht betrieben oder in der Forstwirtschaft tätig waren, da es wenig fruchtbaren Boden gab. Es gibt viele Sagen und Legenden über die alten Dörfer und Grabhügel, die verzauberten Seen, die Drachen und die Teufel. Die Geschichten über die Bäume und Steine, Dörfer und Leute sind oft mit Sprüchen, Redensarten und den geliebten Kosenamen und Liedern verschönt. Die Dörfer Linkmenys, Stripeikiai und Gaveikėnai wurden schon im 14. Jh. in Schriften erwähnt. Einige haben sich im Laufe der Zeit sehr verändert, aber die fünf ethnographisch geschützten Dörfer Stradzdai, Šuminai, Vaišnoriškė, Salos II und Varniškės II haben noch ihren ursprünglichen Charakter und ihre volkstümliche Architektur erhalten. Es sind Streudörfer, die anfangs nur ein Gehöft hatten und sich später

303li Foto: gs

ausweiteten. Die Dörfer Ginučiai, Vaišniųniai, Meironys, Gaveikėnai u.a. sind Straßendörfer, in denen die Gebäude entlang einer einzigen Straße liegen. Im Parkgebiet liegen auch sechs restaurierte Wassermühlen.

Palūšė ist Ausgangspunkt für die **Rundfahrten,** in denen alle touristisch bedeutenden Orte beschrieben sind (mit Ausnahme von Meironys, das von Palūšė leicht zu Fuß zu erreichen ist, und Kretuonys, das abseits der Rundfahrten liegt).

Palūšė ↗ XXIII/C3

Palūšė (zu deutsch „beim Luchs") liegt 4 km westlich von Ignalina am Lūšiai- („Wilde Katze") See. Das erstmalig 1681 erwähnte Dorf ist mit 150 Einwohnern das größte im Park. Hier findet man viele Unterkunfts- und Betätigungsmöglichkeiten und es bietet sich deshalb als Ausgangspunkt für Ausflüge an. Hier gibt es nicht nur einen **Campingplatz** und ein Lebensmittelgeschäft (eines der wenigen im Nationalpark), sondern auch ein **Feriendorf** mit hübschen 2-stöckigen Holzhäuschen für 1-4 Personen (insgesamt 350 Betten ohne Bad/Dusche, nur von Mai bis September) in einer reizvollen Waldgegend. Außerdem gibt es hier Zimmer in zwei Häusern. Das Preisniveau rangiert von 20-160 Lt.; Details zu Ausstattung und Ermäßigungen erhält man bei der Rezeption bzw. Parkverwaltung (s.o.); dort auch Reservierung. Die Zimmer sind sauber, Bettwäsche kann ausge-

Heimische Fauna

048li Foto: gs

liehen werden. Es besteht Kochgelegenheit. Hungrige finden gute und preiswerte Gerichte im Restaurant „Aukštaitija užeiga“ (8-24 Uhr, mit Bar). Es gibt (Tisch-) Tennis, Billard und Sauna.

Man findet hier auch **Wanderwege** und Möglichkeiten zum **Baden** und zum **Bootfahren** auf dem See. Hier ist für Männer, die in den Seen des Parks ein nächtliches Bad nehmen wollen, Vorsicht geboten: Die Sage berichtet von Wassernixen, die um Mitternacht erscheinen und alle Männer, die nach dieser Zeit ins Wasser steigen wollen, einfangen und solange kitzeln, bis sie daran sterben ...

Sehenswert ist die **St. Joseph-Holzkirche** (1747-1757) im Volksarchitekturstil, nur wenige Schritte vom Feriendorf entfernt. Sie ist ohne einen einzigen Nagel errichtet worden und birgt drei Rokoko-Altäre sowie Bilder aus dem 17. und 18. Jh. Der achteckige **Glockenturm** (1750) mit einer Arkade steht daneben. Besonders wertvoll sind die Bronzeglocken von 1752 und 1772. Sie ist für viele die schönste Holzkirche des Landes und war deshalb nicht ohne Grund auf der (ausgelaufenen) 1-Lt.-Note verewigt. In der Nähe steht eine Holzskulptur für den in Palūšė geborenen *Mikas Petrauskas,* dem Komponisten der ersten litauischen Oper „Birutė“.

Die Parkverwaltung gibt auch Auskunft über eine **Grabhügel-Ausstellung** (Pilkapio exspozija; Skelett einer

Frau vom 6. Jh. mit Schmuck), die i.d.R. aber nur für organisierte Gruppen geöffnet wird. Bei Palūšė beginnt ein 5 km langer Erholungspfad (im Winter eine Langlaufloipe) und ein 3,5 km langer Botanischer Rundgang (Richtung Meironys).

Meironys ⇗ XXIII/C3

Schräg gegenüber am anderen Ufer des Sees Lūšiai liegt das im 16. Jh. erwähnte Fischerdorf, umrahmt von drei Seen. Ein paar Schritte den Hang hinunter zum Ufer, gelangt man zu einer Reihe traditioneller **Holzskulpturen** und einer **Statuette** mit Motiven litauischer Sagen.

Kleine Rundfahrt ab Palūšė

Die Entfernungen sind beträchtlich, so dass man auf ein Fahrzeug angewiesen ist, es sei denn, man legt mehrere Etappen mit Übernachtungen ein (Wander-/Boots-, Kanutouren s.u.). Die meisten Straßen sind asphaltiert. Aus Umweltschutzgründen ist zwar ein Fahrrad dem Auto vorzuziehen; man sollte jedoch ein geländegängiges, gutes Rad haben, da es viele einzelne Gehöfte gibt, deren freilaufende Wachhunde manchmal aggressiv sind. Da hilft nur schnelles Treten ... (Radverleih bei der Parkverwaltung, dort auch Radwanderkarte erhältlich mit verschiedenen Rundfahrten). Die „Kleine Rundfahrt" kann mit der „Großen Rundfahrt" ergänzt werden, da sie aneinander anknüpfen.

Ferienhäuser in Palūšė

Šakarva

liegt 4 km südwestlich von Palūšė an einem schmalen, aber tiefen Arm des Lūšiai-Sees (auch Wanderweg von Palūšė). Hier kann man einen Abstecher nach Süden einlegen zum Gräberfeld Šakarvos, einem ethnokulturellen Schutzgebiet. Auf einer Fläche von 72 ha liegen 37 Gräber vom 8.-12. Jh. zwischen dem Šakarva-See und dem Žeimenys-See (letzterer ist 12 km lang, 1 km breit und hat 19 Inseln; ein Wanderweg führt entlang des Sees). Wo der Fluss Žeimena diesem See entspringt, liegt in einer malerischen Schleife der Ort Kaltanėnai.

Kaltanėnai ⇗ XXIII/C3

Hübsch ist der **Marktplatz** des alten Dorfes, der unter Denkmalschutz steht. Die **Kirche** und das **Kloster** wurden im 17. Jh. gegründet. Beim ehemaligen Landgut ist eine mehr als **100-jährige Scheune** erhalten geblieben. In der Nähe findet man eine unter Denkmalschutz stehende Eiche. Zurück nach Šakarva und Richtung Nordwesten nach Antalksnė. Eine Stichstraße führt rechts ab zu den Dörfern Salos I und II.

Salos I und II

Die Orte liegen auf einer Halbinsel, umgeben von den Seen Asalnykštis, Linkmenas, Alksnaitis und Alksnas. An letzterem liegt die Bucht **Mergakempis** (Mädchenecke). Der Name geht auf Napoleons Zeiten zurück: Aus

Angst vor seinen marodierenden Truppen versuchten junge Mädchen aus Antalksnė den See mit Scheunentoren zu überqueren, wobei sie ertranken. Salos II ist aufgrund der besonderen Architektur als ethnokulturelles Dorf geschützt (zwei Gebäude datieren noch vom 19. Jh.). Von hier erreicht man über eine Brücke den Berg **Ladakalnis** (s.u.). Zurück nach Antalksnė und weiter nach Kirdeikiai. Danach rechts ab; am Nordende des Pakasas-Sees liegt etwas versteckt der 200 m hohe **Šilinskiai-Hügel,** die höchste Erhebung im Park. Von hier hat man einen schönen Ausblick.

Stripeikiai

Etwa 10 km südöstlich von Tauragnai zweigt ein kleiner Fahrweg in nordöstlicher Richtung ab, der wieder in den Park hinein und nach Stripeikiai führt. Den gleichen Ort erreicht man auch, indem man von Ginučiai (s.u.) etwa einen Kilometer nach Nordosten fährt und dann nach links einem abenteuerlichen kleinen Sträßchen durch faszinierende Wälder nach Nordwesten folgt (insgesamt 5 km). Hier findet man eine weitere **Wassermühle,** die unlängst restauriert worden ist.

Zu den interessantesten Sehenswürdigkeiten des Parks – und für uns sogar ganz Litauens – gehört das hiesige **Imkereimuseum,** das in traditionellen Holzhäusern untergebracht und sehr liebevoll gestaltet ist. Es soll das einzige dieser Art in Europa sein. Es informiert anhand von Darstellungen, alten Werkzeugen und Geräten über die Imkerei von ihren ersten Anfängen, als die Menschen noch auf die Bäume stiegen, um wilden Honig zu erbeuten, über die ersten „Hausbienen" in ausgehöhlten Baumstämmen und Strohkörben bis zur heutigen Imkerei. Die Museumsführer tragen traditionelle Volkstrachten. Im Freigelände stehen **Holzskulpturen** des heidnischen Bienen- und Imkergottes *Babila* sowie der Bienengöttin *Austėja,* bewacht vom Oberpriester *Lizdeika* und der Priesterin *Birutė* (vgl. Palanga). Geöffnet vom 1. Mai-15. Okt., tgl. 10-19 Uhr; auch Honigkostproben/-verkauf.

Von hier ab gibt es nun zwei Möglichkeiten: man kann entweder die Kleine Rundfahrt fortsetzen, oder hier die große Rundfahrt in den Nordteil des Parks beginnen (s.u.). In beiden Fällen kann man einen kleinen Abstecher machen ins naheliegende Dorf Varniškės II.

Varniškės II

Es ist als einziges der vier gleichnamigen Dörfer ethnokulturell geschützt. Einige Gebäude vom 19. Jh. (u.a. eine Schmiede) sind noch erhalten. Hier stehen sehr alte Bäume, von denen der älteste Eichen- und Lindenbaum als Naturdenkmäler geschützt sind. Von hier führt eine Straße nach Ginučiai.

Ginučiai ↗ XXIII/C2

Erstmals im 16. Jh. erwähnt, liegt am Sravinaitis-See. Hier gibt es ein Lebensmittelgeschäft sowie eine alte **Wassermühle** aus dem 19. Jh., die zu einer **Touristenherberge** umgebaut

307li Foto: gs

Korbflechter

wurde (15 Betten, Küche, Tel. 52891, DZ 40, Triple 40-60 Lt.) in einem Nebentrakt ist ein **Brotmuseum** eingerichtet worden. 20 m daneben liegt eine Pension (Tel. 54946, 3 DZ, 40-60 Lt., Küche) und weitere 30 m eine weitere Pension (Tel. 52949, 6 Zimmer, 25 Lt. p.P., Sauna, Angel-, Radverleih). Alle drei Unterkünfte verleihen auch Boote.

Etwa 2 km südlich des Ortes inmitten von malerischen Seen erhebt sich der 155 m hohe berühmte **Ladakalnis** (Eisberg), von dem aus man einen wunderschönen Ausblick genießt. Sechs Seen auf einmal kann man zwischen den dunklen Wäldern blinken sehen. Die Bezeichnung „Ledakalnis" soll auf den Namen der baltischen Fruchtbarkeitsgöttin Leda oder Lada zurückgehen (er wird deshalb auch Ladakalnis genannt). Weiter südlich liegt ein Hügel, auf dem die 1373 von den Kreuzrittern zerstörte **Burg Linkmena** gestanden hat. Auch von dort hat man einen reizvollen Ausblick. Von Ginučiai kann man auch einen Trip rund um den Ūkojas-See machen, – zwischen dem Ūkojas-See und dem Alksnas-See kommt man an dem einzigartigen **Šiliniškiai-Kamm** vorbei, einem Naturdenkmal, welches durch die Gletscherwanderung in der Eiszeit entstanden ist.

Trainiškis

Wenige Kilometer östlich von Ginučiai gelangt man am Südufer des Baluošas-Sees in dieses Dörfchen. Am Ufer des Sees steht eine 1000-jährige **Eiche,** die einen Stammumfang von 6 m hat und 25 m hoch ist. Südlich von hier liegt das gleichnamige **Tierreservat** sowie das **Balčio-Reservat** (Zutritt nur mit Genehmigung, s.o.). Danach passiert man den Dringis-See (den größten See des Parks mit 724 ha und 5 Inseln) und am Nordufer das im 16. Jh. als Flößerdorf bekannte Streudorf Vaisniųniai. Südlich von hier an einer Stichstraße liegt

Gaveikėnai

Erstmals 1377 erwähnt. Hier kann man eine **Wassermühle** und das **Auguliai-Museum** besichtigen. Von hier ist es nicht mehr weit bis Palųšė.

Große Rundfahrt ab Palūšė

Sie ist die Fortsetzung der Kleinen Rundfahrt ab Stripeikiai in den Nordteil des Parks, und schließt sich dieser wieder an der Kreuzung südlich von Šuminai an. Wer die Orte Ginučiai und Trainiškis nicht missen möchte, kann von dort einen Abstecher machen.

Tauragnai

↗ XXII/B2

Tauragnai liegt an der Nordwestecke des gleichnamigen Sees, der mit 60,50 m der tiefste See Litauens ist. Er ist 10 km lang. In der Nähe fand man einige Hügelgräber vom 5./6. Jh. Im Dorf kann ein **Heimatmuseum** besucht werden (Tel. 32321). Der Dorfname bedeutet „Büffelhorn" und rührt von der Legende her, dass zwei Büffel einem Fürsten den Platz seiner zukünftigen Burg zugewiesen haben. Der Burghügel Taurapilis („Büffelburg") ist heute noch am Südufer des Tauragnas-Sees zu sehen.

Šeimatis

↗ XXIII/C2

Kurz vor der Ortseinfahrt liegt der „Mokas", ein **Findling** mit 3 m Höhe und 3 m Länge. Einst soll dieser Felsblock ein Weiser gewesen sein, der den Menschen gute Ratschläge gegeben hat, bis er merkte, dass diese sich dadurch das Selberdenken ganz abgewöhnt hatten. Da wurde er traurig und verwandelte sich in einen Felsblock.

Minčia

Minčia liegt in einem 9000 ha großen Forst mit Schüttburgen vom 9.-12. Jh. Im Dorf steht eine Wassermühle.

Vaišnoriškė

Bei einer Wegegabelung am Bach Buka liegt dieses traditionelle Dörfchen, das seit alters her von der **Imkerei** lebt und für seinen Lindenblütenhonig berühmt ist (Symbol hierfür ist der riesige Lindenbaum in der Dorfmitte). 1756 stand hier eine Taverne, um die sich 1798-1830 ein Gehöft mit 12 Gebäuden ansiedelte. Die Häuser und Ställe wurden 1902-1913 originalgetreu wiederaufgebaut. Das Dorf ist ethnographisch geschützt.

Nordöstlich des Ortes erstreckt sich das **Ažvinčiai-„Urwaldreservat"** auf einer Fläche von 4600 ha, mit uralten Fichten und Kiefern, unwegsamen Mooren und unberührten Urwaldbeständen. Hier liegt das Herzstück des Nationalparks, das nur mit einer speziellen **Genehmigung** der Parkverwaltung betreten werden darf.

Strazdai

Liegt am Nordufer des Baluošas-Sees. 1783 erstmalig erwähnt; es war bekannt für sein **Scheunentheater.** Vom Dorf des 19. Jh. sind noch fünf Gebäude erhalten und ethnographisch geschützt. An die alten Zeiten erinnert noch eine seltene **Rauchkate** (sie diente bis ins 19. Jh. als Behausung für die armen Bürger).

Šuminai

Ein kleiner Waldweg führt zu dieser kleinen Siedlung (vor der Brücke über den Buka wiederum in spitzem Winkel nach links abbiegen). Die ganze Siedlung besteht aus ein paar Häusern, die zwischen Wald und Wasser sehr schön auf einer Landzunge am Baluošas-See liegen. Das Dorf wurde erstmalig 1784 erwähnt. Aus dem 19. Jh. stehen noch 4 Kornspeicher, 3 Scheunen und das Badehaus, aus Fichtenstämmen erbaut und mit Stroh gedeckt. In diesem ethnographisch geschützten Dorf wurde der Film über *Tadas Blinda,* den litauischen Robin Hood gedreht. Eine 300-jährige Kiefer steht in der Dorfmitte. Im Herbst ist das Dorf aufgrund der Ahornblätterfärbung sehr schön. Alle Bewohner haben übrigens den Familiennamen *Šuminai.*

Im **Baluošas-See** liegen übrigens sieben Inseln und auf der größten davon, Ilgasalė, gibt es einen weiteren kleinen, 18 m tiefen See, in welchem wiederum ... – nein, eine weitere Insel auf der Insel gibt es nicht. Dieser kleine See ist übrigens das **Symbol des Seenlandes.**

Kanufahren/Bootstour

Ein beliebter Ausgangspunkt ist Palūšė, wo man auch Kanus und Ruderboote mieten kann. Von hier sind ein- oder mehrtägige Touren ohne Landtransporte möglich. Im Folgenden wird eine Fahrt ab Tauragnai beschrieben (die Sehenswürdigkeiten sind auf den o.a. Rundfahrten beschrieben). Es gibt noch viele andere Routen von unterschiedlicher Länge.

Empfehlenswert ist die Nationalpark-Karte, die man kostenlos bei der Parkverwaltung (s.o.) erhält. Die Übergänge von einem See zum nächsten sind im Schilf nicht immer klar erkennbar und Seitenbuchten können verwirren.

Route

Ausgangspunkt ist Tauragnai an der Nordwestecke des Parks und am Westende des **Tauragnas-Sees** (s.o.). Etwa 10 km lang zieht sich der See zunächst nach Osten und dann nach Süden durch Wald und Moorgebiete.

Dem Ufer folgt ein Fußpfad. Am südöstlichen Ende des Sees kann man diesen Pfad benutzen, um das Boot ca. 2,5 km bis zum **Pakasas-See** zu transportieren. Unterwegs kommt man durch **Stripeikiai** (s.o.). Am Nordostufer des 3,3 km langen Pakasas-Sees findet man einen **Campingplatz** für Wasserwanderer.

Vom Südende des Sees gelangt man in östlicher Richtung durch das Flüsschen Žvėrinčius in den 3 km langen **Ukojas-See** mit seinem grünlichen Wasser. Am Ostufer dieses Sees erhebt sich der Aussichtsberg Ledakalnis (s.o.).

Durch den Fluss **Alksnelė** und unter einer Straßenbrücke hindurch kommt man nach Osten in den kleineren **Alksnaitis-See.** Rechter Hand – nach Süden hin – geht es in den **See Alksnas** (s.o.).

Nach Norden hin öffnet sich der Alksnaitis in den **Linkmenas-See,** von dessen Westufer man Gelegenheit hat, den Aussichtsberg **Ledakalnis** zu besteigen. Weiter nach Osten gabelt sich der Weg.

Wählt man die nördliche Route, kommt man in den **Asekas-See,** dessen Westufer von altem Eichenwald gesäumt ist. Im 16. Jh. waren weite Teile des heutigen Parks von Eichenwäldern bedeckt; heute sind nur wenige Reste erhalten. In diesem Waldgebiet findet man viele seltene Pflanzen. Der direkte Weg vom Ende des Ukojas-Sees bis zur Nordseite des Asekas ist etwa 3 km lang – mit Exkursionen in den Alksnas und Linkmenas etwa doppelt soviel.

Auf dem Fluss **Almaja** (ca. 3 km; zunächst nach NW, dann W) erreicht man den 2 km langen **Almajas-See,** an dessen Ostufer mehrere Campingplätze liegen.

Von dort kehrt man zum Seeausgang in den Almaja zurück und paddelt genau in Richtung Ost bis zur **Mühle** in **Ginučiai** (s.o.), von wo man das Boot auf dem Weg bis in den nahen **Sravinaitis-See** tragen muss. Über den Sravinaitis geht es knapp 1 km nach Osten und dann nach Norden schwenkend und durch eine kurze Fließstrecke in den kleinen **Baluošykštis-See.**

Von dessen Nordostende folgt ein weiterer Landtransport von etwa 100 m in den großen **Baluošas-See** (s.o.).

Vom Südostende des Baluošas fährt man nach einem weiteren Landtransport von ca. 1 km in die nordwestliche Bucht des **Dringis-Sees** (mehrere Campingplätze, s.o.).

Aus der Bucht heraus und dann direkt nach Süden erreicht man nach etwa 6 km das Flüsschen **Dumblinė** (wenn man der buchtenreichen Uferlinie an der Westseite folgt, kann der Weg auch doppelt so lang sein). Das 700 m lange Flüsschen Dumbline führt in den **Dringikštis-See,** auf dem man nach rechts biegt und dann wieder nach Süden 1 km weiter durch das 600 m lange Flüsschen **Dringikskaja** bei dem Dorf Meironys in den **Asalnai-See** gelangt.

Hier liegt die **Siedlung Puziniškiai** mit schönen Ausblicken. An dieser Stelle biegt man nach rechts ab und findet wenig weiter am Nordostufer mehrere Campingplätze. Ein weiterer

304li Foto: gs

Campingplatz liegt etwa 3 km weiter am jenseitigen (nordwestlichen) Ufer in einem ausgedehnten Waldgebiet.

Vom Asalnai-See aus könnte man weiter in westlicher Richtung wieder über die Gimžines und Alksnas-Seen in den Alksnaitis-See gelangen und damit den Kreis schließen. Die Route verläuft jedoch zurück nach **Meironys** (s.o.) und weiter in südöstlicher Richtung in den knapp 400 ha großen **Lūšiai-See.** Am östlichen Ende des Sees liegt **Palūšė** (s.o.). Hier kann man die Bootsfahrt beenden und auf der Straße zurück nach Tauragnai gelangen.

Man kann aber auch von Palūšė am Südufer des Sees entlang wieder nach Westen paddeln und dann nach Süden in den knapp 3 km langen **Šakarva-See** einbiegen.

An seinem Südende gelangt man unter der Straßenbrücke hindurch in den schmalen, 12 km langen **Žeimenys-See,** an dessen Ufer mehrere Campingplätze liegen (einer am Südufer des nach Westen abzweigenden Arms; zwei einander gegenüberliegend ca. 4 km nach dem Seeanfang und ein vierter ganz am südlichen Ende des Sees).

Von Palūšė bis zum letzten Campingplatz sind es etwa 18 km.

Etwa 2,5 km vor dem Ende des Sees und 1 km südlich des Dorfes Ožkiniai verlässt am Westufer das Flüsschen **Žeimena** den See und mündet schließlich etwa 80 km weiter in die Neris. Über diesen Fluss und den Nemunas könnte man bis in die Ostsee paddeln.

Etappen (ab Tauragnai bis zum jeweils nächsten Campingplatz)

- am NO-Ufer des Pakasas: ca. 14 km
- am O-Ufer des Almajas: ca. 15 km (ohne Abstecher nach Linkmenas)
- am NW-Ufer des Dringis: ca. 11-18 km (je nach Route auf dem Baluošas)
- am NW-Ufer des Asalnai: ca. 14 km (11 km zu den Plätzen am NO-Ufer)
- bei Palūšė: ca. 8 km (vom Platz am NW-Ufer des Asalnai)
- am S-Ende des Žeimenys: ca. 18 km

Wanderrouten

Der 5 km lange Erholungspfad bei Palūšė (s.o.) eignet sich als Einstieg. Bei mehrtägigen Wanderungen ist die Mitnahme eines Zeltes unumgänglich, da die Übernachtungsmöglichkeiten außer den 17 Campingplätzen beschränkt sind. Eine schöne Route führt von Palūšė nach Stripeikiai (20 km) nördlich am Lūšiai-See entlang bis Meironys, dann am nördlichen Ufer des Asalnai-Sees entlang bis Puziniškis, hinüber zu den alten Dörfern Salos I und II, dann auf den Ledakalnis-Berg, bevor es über Ginučiai nach Stripeikiai geht. Von hier nach Osten bis Vaišnoriškė bis zum Buka-Fluss (12 km). Über die Dörfer Strazdai und Suminai nach Vaišniunai und zurück nach Palūšė (14 km). Ein schöner Wanderweg führt auch um den Tauragnas-See herum mit einem Abstecher nach Stripeikiai. Weitere Wanderrouten erfährt man bei der Parkverwaltung.

292li Foto: gs

Anhang

057li Foto: gs

059li Foto: gs

Der Klaipėda-Kanal

Vytautas-Statue in Birštonas

Tor des Basilius-Klosters in Vilnius

Literaturhinweise

Landeskunde/Geschichte

- **Die Balten, Geschichte eines Volkes im Ostseeraum,** Ullstein-TB (Ur- und Frühgeschichte des Baltikums)
- **Der Deutsche Ritterorden,** Econ-Verlag (umfassende Darstellung der 800-jährigen Geschichte des Ordens)
- **Alexander von Humbolds Reise durch das Baltikum nach Russland und Sibirien,** Edition Erdmann (abenteuerlicher Reisebericht des großen Forschers)
- **Weltumsegler und Wissenschaftler, Adam Johann Krusenstern 1770-1846.** Verlag Gernsbach Katz
- **Leben für Litauen** (Litauens Weg in die Unabhängigkeit 1988-91, geschildert von der ehem. Präsidentin Kazimiera Prunskienė), Ullstein-Verlag
- **Judenmord in Litauen,** W. Benz / M.Neiss, Metropol-Verlag, 1999
- **Barock in Litauen,** Arūnas Sverdiolas, Baltos Lankos, Vilnius 1996
- **Nida Nidden Neringa: Erinnerung und Gegenwart,** Archbald Bajoret, Amžius, Vilnius 1995 (Tagebuch mit deutschem Text zu Zeichnungen)
- **Kurische Nehrung,** Henning Sietz, Temmen-Verlag (u.a. Geschichte, Fauna, Flora)
- **Kurische Nehrung,** Reprint im Rautenberg-Verlag (1932, noch aktuelle Wanderrouten)
- **Die Lage der Deutschen im Königsberger Gebiet 1945-1948,** Gerhild Luschnat, Peter Lang Verlag 1998
- **Königsberg, die ostpreußische Hauptstadt in Geschichte und Gegenwart,** Westkreuz-Verlag 1990
- **Königsberg und Umgebung,** Juri Iwanov, Laumann-Verlag 1994 (Wanderungen durch die Reste der Stadt)

Romane und Erzählungen

- **Schnaps mit Sakuska,** Baltisches Lesebuch, Arche-Verlag (Erzählungen und Geschichten) bzw. dtv 11577
- **Das Schwert von Livland. Der Schwertbrüder von Livlant Geschicht,** Verlag Weilburg (historischer Roman über die Epoche der deutschen Eroberungen im Baltikum)
- **Der Hain von Anykščiai,** Fink-Verlag (Erzählung des litauischen Schriftstellers Antanas Baranauškas, mit einem Portrait und 32 Holzschnitten)
- **Kant und Königsberg bis heute,** Verlag Rautenberg (aktueller Reisebericht und historischer Rückblick)
- **Hund ist auch Mensch,** Eduardas Jonusas, Melina-Verlag, 2000
- **Litauische Claviere,** Johannes Bobrowski, Reclam 1993, Erzählung über das Memelland und die Johannisnacht im Jahr 1936
- **Friedenstaube,** R. Gavelis, Athena-Verlag 2001, sieben Wilnaer Geschichten
- **Baltische Erzählungen,** Siegfried von Vegesack, rororo 1983
- **Die Kurische Nehrung,** Husum Verlag (ostpreußische Dichter erzählen)
- **Weihnachtsgeschichten aus Ostpreußen,** Husum-Verlag.
- **Königsberg. Ein Lesebuch,** Husum Verlag
- **Du meine Stadt am Silberstrom,** Eva Reimann, Husum Verlag (Königsberger Geschichten)

Märchen

- **Märchen aus dem Baltikum,** Verlag Diedrichs (Märchensammlung aus dem gesamten Baltikum)
- **Litauische Volksmärchen,** Verlag Diedrichs (77 Märchen aus Litauen)
- **Baltische Märchen,** Maly Milos, Dausien Verlag

Sprechführer

- **Litauisch – Wort für Wort,** Kauderwelsch Bd. 54, REISE KNOW-HOW Verlag, Bielefeld (praxisorientierter Sprechführer mit Kurzgrammatik und Wörterlisten, als **Kauderwelsch digital Litauisch** auch auf CD-ROM erhältlich)
- **AusspracheTrainer Litauisch,** REISE KNOW-HOW Verlag, Bielefeld. Audio-CD, ca. 60 Min. Laufzeit, die wichtigsten Sätze und Redewen-

dungen des Kauderwelsch-Bandes zum Hören und Nachsprechen

- **Russisch – Wort für Wort,** Kauderwelsch Bd. 7. Ebenfalls als **Kauderwelsch digital Russisch** auf CD-ROM sowie als **AusspracheTrainer Russisch** auf Audio-CD

Kochbücher

- **Barbara Bielensteins Baltisches Kochbüchlein,** Verlag Neuthor
- **Lithuanian Traditional Foods,** Baltos lankos, 1998 (auf Englisch)

Bildbände

- **Die Kurische Nehrung in 144 Bildern,** Verlag Rautenberg, 1978
- **Litauen – Bildband,** Verlag Kraft (sehr schöne und aktuell recherchierte Bilderreise)
- **Die Kurische Nehrung,** Husum Verlag 1996, empfehlenswert
- **Senoji Klaipėda,** Jasonas Publishing, Vilnius 1995 (großer Bildband mit Postkarten von Alt-Klaipėda)
- **Kaliningrad. Stadt und Menschen,** KINFA-Verlag 1998 (zu beziehen beim „Königsberger Express", vgl. „Medien")
- **Baltikum (incl. Litauen und Königsberg),** HB-Verlag 1993
- **Königsberg in 144 Bildern,** Verlag Rautenberg 1983
- **Ruinen von Königsberg,** Ronny Kabus, Husum Verlag
- **Königsberg in Preußen,** Martin Schmidtke, Husum Verlag

Landkarten

Für die Anreise

- **Polen** im Maßstab 1: 850.000 und **Nordpolen** im Maßstab 1:350.000, aus dem world mapping project, erschienen im Reise Know-How Verlag, Bielefeld

Für das gesamte Baltikum

- **Baltikum und Region Kaliningrad,** die Übersichtskarte aus dem world mapping project, Reise Know-How Verlag, Bielefeld, im Maßstab 1:600.000.

Für Litauen und Kaliningrad

- **Litauen und Region Kaliningrad,** world mapping project, Reise Know-How Verlag, im Maßstab 1:325.000. Sie besteht (wie die anderen Karten aus der Reihe) aus reiß- und wasserfestem Papier und enthält GPS-Koordinaten und Höhenschichten. Außerdem sind die wichtigsten Sehenswürdigkeiten eingezeichnet, ein Register verzeichnet alle Orte.

Buch- und Kartenversand

Die folgenden Firmen haben sich auf Bücher, Karten etc. über das Baltikum spezialisiert. Über sie sind die meisten zum Thema Baltikum und Ostpreußen/Königsberg erschienenen Titel zu beziehen. Auf Anfrage bekommt man auch ein Gesamtverzeichnis.

- **Mare Balticum,** Huhnsgasse 39-41, 50676 Köln, Tel./Fax 0221-214996
- **Harro von Hirschheydt,** Neue Wiesen 6, 30900 Wedemark-Elze, Tel. 05130-36758, Fax 36799
- **Edition Baltika,** Postfach 3402, 64720 Michelstadt, Tel. 06061-4079, Fax 73259
- **Ostpreußen-Antiquariat,** Staufenweg 12, 71131 Jettingen, Tel. 07452-873421, Fax 790096
- **Baltica,** Postfach 530432, 22534 Hamburg, Fax 040-8003334
- **Verlag Gerhard Rautenberg,** Blinke 8, Postfach 1909, 26789 Leer, Tel. 0491-929701 (u.a. Stadtpläne mit alten deutschen Straßennamen ostpreußischer Städte)
- **Arndt-Buchdienst,** Postfach 3603, 24035 Kiel, Tel. 04384-59700, Fax 597040, auch Kurenwimpel, Videos, Geschenkartikel u.v.m.

Ortsnamen

Deutsch-Litauisch

Daubern	Daubarai
Dawillen	Dovilai
Dittauen	Dituva
Drawöhnen	Dreverna
Dumpen	Dumpiai
Försterei	Giruliai
Gaidellen	Gaideliai
Heydekrug	Šilutė
Jugnaten	Juknaičiai
Karlsberg	Rimkai
Kawohlen	Kavoliai
Kinten	Kintai
Koadjuthen	Katyčiai
Kowno	Kaunas
Kugeleit	Kugeliai
Kukoreiten	Kukorai
Lankuppen	Lankupiai
Löbardten	Lėbartai
Matzicken	Macikai
Mädewald	Usėnai
Meischlauken	Meišlaukiai
Mellneraggen	Melneragė
Memel	Klaipėda
Nidden	Nida
Nimmersatt	Nimirseta
Polangen	Palanga
Pszieszen	Pašyšiai
Perwelk	Pervalka
Plicken	Plikiai
Preil	Preila
Ruß	Rusnė
Sakuten	Sakučiai
Sandkrug	Smiltynė
Saugen	Saugos
Schmelz	Smeltė
Schwarzort	Juodkrantė
Stonischken	Stoniškiai
Süderspitze	Kopgalis
Szameitkehmen	Žameitkiemis
Tauerlauken	Tauralaukis
Trakseden	Traksėdžiai
Uszlöknen	Užlėkniai
Werden	Verdainė
Wilkieten	Vilkyčiai
Wilna	Vilnius
Windenburg	Ventė

Litauisch-Deutsch

Daubarai	Daubern
Dituva	Dittauen
Dovilai	Dawillen
Dreverna	Drawöhnen
Dumpiai	Dumpen
Gaideliai	Gaidellen
Giruliai	Försterei
Juknaičiai	Jugnaten
Juodkrantė	Schwarzort
Katyčiai	Koadjuthen
Kaunas	Kowno
Kavoliai	Kawohlen
Kintai	Kinten
Klaipėda	Memel
Kopgalis	Süderspitze
Kugeliai	Kugeleit
Kukorai	Kukoreiten
Lankupiai	Lankuppen
Lėbartai	Löbardten
Macikai	Matzicken
Meišlaukiai	Meischlauken
Melneragė	Mellneraggen
Nida	Nidden
Nimirseta	Nimmersatt
Pašyšiai	Pszieszen
Pervalka	Perwelk
Plikiai	Plicken
Palanga	Polangen
Preila	Preil
Rimkai	Karlsberg
Rusnė	Ruß
Sakučiai	Sakuten
Saugos	Saugen
Šilutė	Heydekrug
Smeltė	Schmelz
Smiltynė	Sandkrug
Stoniškiai	Stonischken
Tauralaukis	Tauerlauken
Traksėdžiai	Trakseden
Usėnai	Mädewald
Užlėkniai	Uszlöknen
Ventė	Windenburg
Verdainė	Werden
Vilkyčiai	Wilkieten
Vilnius	Wilna
Žameitkiemis	Szameitkehmen

Kleine Sprachhilfe

Zum litauischen **Alphabet** zählen 12 Selbstlaute (Vokale) und 21 Mitlaute (Konsonanten). Es werden lateinische Buchstaben benutzt, die teilweise Sonderzeichen tragen. Kompliziert wird das Ganze durch sieben Konjugationen, also unterschiedliche Wortendungen (auch für Eigennamen), so dass auch gewohnte Namen je nach Stellung im Satz anders lauten. Die Grammatik des Litauischen ist somit recht kompliziert. Charakteristisch sind der Reichtum an Suffixen (Wortstammergänzungen) und Diminutiven (Verkleinerungsformen) sowie der freie Wortakzent (Betonung auf langer Silbe). Vgl. auch Kapitel „Sprache".

Aussprache

In der litauischen Sprache gibt es eine Reihe von Buchstaben, die sich durch **Sonderzeichen** von den Buchstaben in unserem Alphabet unterscheiden und die anders ausgesprochen werden. Wenn man die Buchstaben falsch nach deutschem Muster ausspricht, wird man zwar in vielen Fällen auch noch verstanden, es gibt aber auch Fälle, in denen etwa ein lang oder kurz gesprochener Selbstlaut bedeutungsunterscheidend sein kann.

Hier können nur die wichtigsten Ausspracheregeln knapp aufgelistet werden, um bei der Benutzung des folgenden Sprachführers behilflich zu sein. Auf die Betonungszeichen wird in diesem Buch ganz verzichtet. Auch werden nur die am häufigsten vorkommenden Sonderzeichen verwendet. Ausführlichere Hinweise zu diesem Thema findet man im Sprechführer der Kauderwelsch-Reihe: **Litauisch – Wort für Wort** (s. Literaturhinweise).

Allgemein

- Immer lang ist das „u" mit dem Häkchen (**ų**) sowie **ė**, **ū**, **y** und **o**.
- Immer kurz sind **i** und **u**.
- Ein **i** nach einem Mitlaut und vor **a**, **o** oder **u** wird zu **j**.
- **a** und **e** können lang oder kurz sein, es hängt von der Betonung ab.

Selbstlaute (Vokale)

a	kurz wie in K**a**sten oder lang wie in T**a**g
e	kurz wie **ä** in k**ä**mmen oder lang wie **ä**
in	g**ä**hnen
ė	wie in **E**mil
i	kurz wie in T**i**ck
y	wie **i**
o	wie in M**o**rgen (in Fremdwörtern kurz wie in M**o**st)
u	kurz wie in K**u**nst
ų	lang wie in M**u**t
ū	lang wie in M**u**t

Mitlaute (Konsonanten)

ch	wie in ko**ch**en
c	wie **z** in Kon**z**ert
č	wie **tsch** in Da**tsch**e
r	rollendes **r**
š	wie **sch** in Ta**sch**e
v	wie **w** in **W**ald
z	stimmhaftes **s** wie in **s**ummen
ž	stimmhaftes **sch** wie in **G**elee

Doppellaute (Diphtonge)

ei	wie in engl. safe
ie	**ije** wie in Geranie
uo	**u** und offenes **o** wie in W**o**lle

Deutsch	Litauisch
Allgemeines	**Bendrasis Skyrius**
Ja	Taip
Nein	Ne
Ja, ich bin	Taip, aš esu
Nein, ich bin nicht	Ne, aš nesu
Ja, ich habe	Taip, aš turiu
Nein, ich habe nicht	Ne, aš neturiu
Ich kann	Aš galiu
Ich kann nicht	Aš negaliu
Wieviel(e)?	Kiek?
Wie weit?	Kaip toli?
Wie lang?	Kaip ilgai?
Ich möchte	Aš noriu
Ich möchte nicht	Aš nenoriu
Bitte	Prašau
Danke	Ačiū
Sonntag	sekmadienis
Montag	pirmadienis
Dienstag	antradienis
Mittwoch	trečiadienis
Donnerstag	ketvirtadienis
Freitag	penktadienis
Samstag	šeštadienis
Wie spät ist es?	Kiek valandū
Anredeformen	**Kraipinai**
Herr	Pone
Dame	Ponia
Damen und Herren	Ponios ir ponai
Herr Braun	Pone Braunai
Frau Braun	Ponia Braun
Fräulein Braun	Panele Braun
Doktor	Daktare
Professor	Profesoriau
Name	Vardas
Entschuldigungen	**Atsipašymas**
Entschuldigung	Atsiprašau
Macht nichts	Nieko tokio
Fragen/Bitten	**Klausimas**
Darf ich Sie etwas fragen?	Ar galima paklausti?
Darf ich eintreten?	Ar galima jeiti?
Treten Sie bitte ein	Prašom jeiti
Was kann ich für Sie tun?	Kuo galiu padėti?
Könnten Sie mir einen Gefallen tun?	Gal malonėtumetė padeti?
Würden Sie mir bitte sagen/zeigen	Prašom pasakyti/parodyti
Begegnungen	**Susitikimai**
Guten Morgen	Labas rytas
Guten Tag	Laba diena
Guten Abend	Labas vakaras
Gute Nacht	Labanakt
Auf Wiedersehen	Iki pasimatymo
Darf ich mich vorstellen?	Leiskite prisistatyti
Ich komme von/aus	Aš esu iš...
Besuchen Sie mich!	Aplankykite mane!
Würden Sie mir bitte helfen?	Gal galėtumėte man padėti?
Würden Sie mich bitte nach...bringen?	Gal nuvežtumėte mane i...?
Einen Augenblick bitte!	Truputeli palaukite!
Gerne!	Mielai!
Selbstverständlich	Žinoma
Sprache	**Kalba**
Sprechen Sie Deutsch/Englisch?	Ar kalbate vokiškai/angliškai?
Spricht hier jemand Deutsch?	Ar čia kas nors kalba vokiškai?
Ich spreche kein Russisch	Aš nemoku kalbėti rusiškai
Verstehen Sie mich?	Ar mane suprantate?
Ich habe nicht verstanden	Aš nelabai supratau
Wir brauchen einen Dolmetscher	Mums reikia vertėjo
Stadt	**Mieste**
Reiseführer (Buch)	turisto vadovas
Bezirk	rajonas
Vorort	priemiestis
Straße (Str.)	gatve (g.)
Landstraße	kelias
Hauptstraße	prospektas (prosp.)
Schnellstraße	plentas/autostrada

Deutsch	Litauisch
Platz	aikštė (a.)
Fluss	upė
Brücke	tiltas
Womit kommt man nach?	Kuo nuvažiuoti i...
Bus- (Straßenbahn-, Trolleybus-) haltestelle	autobuso (tramvajaus, troleibuso) stotelė
Taxistand	taksi stotelė
Route	maršrutas
nahe	arti
fern; weit weg	toli
vorwärts	pirmyn
geradeaus	tiesiai
nach links/rechts	i dešine/i kair
Wo ist die nächste Tankstelle?	Kur yra artimiausia deglinė?
Parkplatz	automobilių stovėjimo aikštelė
Wie komme ich bitte nach	Gal galėtumetė man pasakyti kaip nuvykti i
- zum Hotel?	- viešbuty?
- ins Zentrum?	- centra?
-zum Flughafen?	- aerousta?
- zum Postamt?	- pašta?
- zur Y-Straße?	- Y gatve?
- zum Bahnhof?	- geležinkelio stoti?
- Informationsbüro?	- informacijos biuras?
- Buchungsbüro?	- kasos?
- Toilette?	- tualetas?
Einkaufen	**Prekyba**
Wo kann ich Souvenirs kaufen?	Kur aš galėčiau nusipirkti?
Wann öffnen (schließen) die Geschäfte?	Kada atidaromos (uždaromos) parduotuvės?
Lebensmittelgeschäft	maisto prekės
Kaufhaus	universalinė parduotuvė
Buchhandlung	knygynas
Bäckerei	duonos parduotuvė
Apotheke	vaistinė
Optiker	optika
Friseur	kirpykla
Postamt	paštas
Telefon	telefonas
Telegraphenamt	telegrafas
Markt	turgus
Ich möchte gerne	Aš norėčiau
Wieviel kostet es?	Kiek kainuoja?
billig	pigus
teuer	brangus

Essen	**Valgymas**
Restaurant	restoranas
Café	kavinė
Imbissstube	bufetas
Landesspezialitäten	nacionaliniai patiekalai
Hauptmahlzeit	mėsos patiekalai
Suppe	sriuba
Fisch	žuvis
Gemüse	daržovės
Obst	vaisiai
Nachtisch	desertas
Getränke	gėrimai
Saft	sultys
Wein	vynas
Eiskrem	ledai
Speisekarte	valgiaraštis
Wasser	vanduo
Zucker	cukrus
Salz	druska
Die Rechnung bitte!	Prašom saskaita!

Medizinische Hilfe	**Medicinos pagalba**
Ambulanz	greitoji pagalba
Erste Hilfe Station	medicinos punktas
Krankenhaus	ligoninė
Zahnarzt	dantų gydytojas
Rufen Sie bitte einen Arzt (Krankenwagen)	Prašom, pakviesti gydytoja (greitaja pagalba)
Gibt es hier in der Nähe einen Arzt?	Ar čia yra kur nors gydytojas?

Zoll/Geldwechsel	**Muitinė Valiutos keitimas**
Welche Artikel sind zollpflichtig?	Už kokius daiktus reikia mokėti muita?
Wie steht der Wechselkurs?	Koks yra keitimo kursas?

Anhang

HILFE!

Dieses Reisehandbuch ist gespickt mit unzähligen Adressen, Preisen, Tipps und Infos. Nur vor Ort kann überprüft werden, was noch stimmt, was sich verändert hat, ob Preise gestiegen oder gefallen sind, ob ein Hotel, ein Restaurant immer noch empfehlenswert ist oder nicht mehr, ob ein Ziel noch oder jetzt erreichbar ist, ob es eine lohnende Alternative gibt usw.

Unsere Autoren sind zwar stetig unterwegs und versuchen, alle zwei Jahre eine komplette Aktualisierung zu erstellen, aber auf die Mithilfe von Reisenden können sie nicht verzichten.

Darum: Schreiben Sie uns, was sich geändert hat, was besser sein könnte, was gestrichen bzw. ergänzt werden soll. Nur so bleibt dieses Buch immer aktuell und zuverlässig. Wenn sich die Infos direkt auf das Buch beziehen, würde die Seitenangabe uns die Arbeit sehr erleichtern. Gut verwertbare Informationen belohnt der Verlag mit einem Sprechführer Ihrer Wahl aus der über 170 Bände umfassenden Reihe „Kauderwelsch" (siehe unten).

Bitte schreiben Sie an:

REISE KNOW-HOW Verlag Peter Rump GmbH, Postfach 140666, D-33626 Bielefeld, oder per e-mail an: info@reise-know-how.de

Danke!

Kauderwelsch-Sprechführer – sprechen und verstehen rund um den Globus

Afrikaans • Albanisch • Amerikanisch - *American Slang, More American Slang,* Amerikanisch oder Britisch? • Amharisch • Arabisch - Hocharabisch, für Ägypten, Algerien, Golfstaaten, Irak, Jemen, Marokko, • Palästina & Syrien, Sudan, Tunesien • Armenisch • *Bairisch* • Balinesisch • Baskisch • Bengali • *Berlinerisch* • Brasilianisch • Bulgarisch • Burmesisch • Cebuano • Chinesisch - Hochchinesisch, kulinarisch • Dänisch • Deutsch - *Allemand, Almanca, Duits, German, Nemjetzkii, Tedesco* • *Elsässisch* • Englisch - *British Slang, Australian Slang, Canadian Slang, Neuseeland Slang,* für Australien, für Indien • Färöisch • Esperanto • Estnisch • Finnisch • Französisch - kulinarisch, für den Senegal, für Tunesien, *Französisch Slang, Franko-Kanadisch* • Galicisch • Georgisch • Griechisch • Guarani • Gujarati • Hausa • Hebräisch • Hieroglyphisch • Hindi • Indonesisch • Irisch-Gälisch • Isländisch • Italienisch - *Italienisch Slang,* für Opernfans, kulinarisch • Japanisch • Javanisch • Jiddisch • Kantonesisch • Kasachisch • Katalanisch • Khmer • Kirgisisch • Kisuaheli • Kinyarwanda • *Kölsch* • Koreanisch • Kreol für Trinidad & Tobago • Kroatisch • Kurdisch • Laotisch • Lettisch • Lëtzebuergesch • Lingala • Litauisch • Madagassisch • Mazedonisch • Malaiisch • Mallorquinisch • Maltesisch • Mandinka • Marathi • Modernes Latein • Mongolisch • Nepali • Niederländisch - *Niederländisch Slang,* Flämisch • Norwegisch • Paschto • Patois • Persisch • Pidgin-English • *Plattdüütsch* • Polnisch • Portugiesisch • Punjabi • Quechua • *Ruhrdeutsch* • Rumänisch • Russisch • *Sächsisch* • *Schwäbisch* • Schwedisch • *Schwiizertüütsch* • *Scots* • Serbisch • Singhalesisch • Sizilianisch • Slowakisch • Slowenisch • Spanisch - *Spanisch Slang,* für Lateinamerika, für Argentinien, Chile, Costa Rica, Cuba, Dominikanische Republik, Ecuador, Guatemala, Honduras, Mexiko, Nicaragua, Panama, Peru, Venezuela, kulinarisch • Tadschikisch • Tagalog • Tamil • Tatarisch • Thai • Tibetisch • Tschechisch • Türkisch • Twi • Ukrainisch • Ungarisch • Urdu • Usbekisch • Vietnamesisch • Walisisch • Weißrussisch • *Wienerisch* • Wolof • Xhosa

Reisen ins Baltikum
Kurische Nehrung, Königsberger Gebiet
Flüge
Hotelvermittlungen
Rundreisen
Rad- und Wandertouren
Sonderzugfahrten
DNV-Touristik GmbH
Heubergstraße 21 • 70806 Kornwestheim
Tel. 07154/131830 • Fax 07154/131833
info@dnv-tours.de • www.dnv-tours.de
DNV
TOURS

EBDEN REISEN
Das Baltikum-Reisebüro
Reise-Angebote nach
LITAUEN
in unserem umfangreichen
Katalog „Baltikum-Reisen“
inkl. Estland und Lettland
Urlaub auf der Kurischen Nehrung!
Rund-, Studien- und
Städtereisen, individueller
Reisebaukasten mit Flug,
Fähren und Hotels.
Katalog anfordern:
Frankfurter Str. 54
35440 Linden
Tel 06403 - 74117
Fax 06403 - 72953
info@ebden-reisen.de
Und online immer aktuell:
www.ebden-reisen.de

Entfernungstabelle

	Alytus	Anykšciai	Birzai	Druskininkai	Ignalina	Joniškis	Jurbarkas	Kaunas	Klaipėda	Lazdijai	Marijampolė	Mazeikiai	Molėtai	Nida	Palanga	Panevėzys	Prienai	Radviliškis	Rokiškis	Skuodas	Šiauliai	Šilalė	Šilutė	Švencionys	Tauragė	Telšiai	Trakai	Utena	Varėna	Vilnius
Anykšciai	180																													
Birzai	247	97																												
Druskininkai	57	240	304																											
Ignalina	229	96	161	237																										
Joniškis	281	109	98	342	231																									
Jurbarkas	150	194	95	183	258	155																								
Kaunas	69	109	185	128	172	187	86																							
Klaipėda	294	331	279	344	403	201	149	212																						
Lazdijai	46	110	293	55	255	288	134	101	306																					
Marijampolė	64	116	224	99	229	244	94	57	231	44																				
Mazeikiai	292	232	185	349	305	102	197	229	122	331	291																			
Molėtai	186	48	145	191	56	189	203	117	325	209	174	259																		
Nida	345	382	330	395	454	252	200	263	48	357	282	173	376																	
Palanga	319	318	270	371	411	189	176	239	27	319	258	110	352	78																
Panevėzys	181	59	66	245	160	90	159	109	240	230	169	160	99	291	228															
Prienai	32	141	218	89	205	248	125	33	252	77	42	262	150	303	268	149														
Radviliškis	333	135	122	257	223	76	121	127	194	228	183	104	162	245	182	63	162													
Rokiškis	200	60	65	287	112	165	130	165	328	305	222	244	92	379	316	89	160	144												
Skuodas	325	301	241	415	369	157	184	256	78	318	278	55	308	129	60	209	289	154	278											
Šiauliai	225	151	109	279	245	39	116	142	161	234	210	81	192	212	149	83	188	22	146	132										
Šilalė	225	206	213	267	283	143	75	139	87	209	165	111	227	138	108	186	179	129	276	89	104									
Šilutė	251	260	267	280	337	197	97	181	56	239	183	165	281	107	78	240	214	183	329	143	158	54								
Švencionys	193	106	175	213	24	273	263	177	396	231	223	328	61	447	384	168	179	231	136	369	254	274	358							
Tauragė	209	244	213	231	306	145	48	135	117	182	136	146	252	168	146	183	166	120	272	117	104	30	60	312						
Telšiai	257	237	180	316	355	107	133	188	87	269	227	47	248	138	83	149	221	86	241	64	72	66	119	302	97					
Trakai	78	137	228	127	135	266	165	79	291	138	112	308	89	342	318	162	68	222	185	335	221	218	260	111	214	267				
Utena	201	41	110	224	51	182	218	132	329	242	189	258	34	380	300	97	165	160	63	301	173	230	284	65	254	278	122			
Varėna	49	226	282	58	189	334	199	117	325	84	128	346	143	376	342	216	79	276	239	373	259	256	298	165	247	305	49	176		
Vilnius	105	110	201	129	108	253	188	102	312	147	139	293	62	361	336	135	95	195	158	360	214	239	273	84	239	285	27	95	81	
Zarasai	249	89	130	291	54	285	266	180	385	290	237	306	82	436	373	150	213	199	58	351	224	278	332	83	302	291	170	48	224	143

Postleitzahlen	Region und Bezirk	Vorwahl für Städte
5464	Naujoji Akmenė	8-425
4580	Alytus	8-315
4930	Anykščiai	8-381
4490	Birštonas	8-319
5280	Biržai	8-450
4690	Druskininkai	8-313
4061	Elektrenai	8-528
4740	Ignalina	8-386
5000	Jonava	8-349
5150	Joniškis	8-426
4430	Jurbarkas	8-447
4230	Kaišiadorys	8-346
3030	Kaunas	8-37
5030	Kėdainiai	8-347
5470	Kelmė	8-427
5800	Klaipėda	8-46
5700	Kretinga	8-445
4880	Kupiškis	8-456
4560	Lazdijai	8-318
4520	Marijampolė	8-343
5500	Mažeikiai	8-443
4150	Molėtai	8-383
5870	Neringa (Nida u.a.)	8-469
5220	Pakruojis	8-421
5720	Palanga	8-460
5300	Panevėžys	8-45
5250	Pasvalys	8-451
5640	Plungė/Plateliai	8-448
4340	Prienai	8-319
5120	Radviliškis	8-422
4400	Raseiniai	8-428
4820	Rokiškis	8-458
5670	Skuodas	8-440
4460	Šakiai	8-345
4090	Šalčininkai	8-380
5400	Šiauliai	8-41
5920	Šilalė	8-449
5730	Šilutė	8-441
4100	Širvintos	8-382
4730	Švenčionys	8-387
5900	Tauragė	8-446
5610	Telšiai	8-444
4050	Trakai	8-528
4120	Ukmergė	8-340
4910	Utena	8-389
4640	Varėna	8-310
4270	Vilkaviškis	8-342
2000	Vilnius	8-5
4740	Visaginas	8-386
4780	Zarasai	8-385

Know-How auf einen Blick

Spaniens Mittelmeerk.
Spiekeroog
Sri Lanka
St. Lucia, St. Vin., Gren.
Südafrika
Südnorwegen, Lofoten
Südwestfrankreich
Sydney
Sylt
Syrien

Taiwan
Tansania, Sansibar
Teneriffa
Thailand
Thailand - Tauch- und Strandführer
Thailands Süden
Thüringer Wald
Tokyo
Toscana
Transsib
Trinidad und Tobago
Tschechien
Tunesien
Tunesiens Küste
Türkei, Hotelführer

Uganda, Ruanda
Umbrien
USA/Canada
USA, Gastschüler
USA, NO, S, SW, W
USA - Südwesten, Natur u. Wandern
USA SW, Kalifornien, Baja California
Usedom

Venedig
Venezuela
Ver. Arab. Emirate
Vietnam

Wales
Warschau
Westafrika - Sahel
Westafrika - Küste
Wien
Wo es keinen Arzt gibt

Yukatan

Zypern

Edition RKH

Abenteuer Anden
Burma - Land der Pagoden
Durchgedreht
Finca auf Mallorca
Geschichten/Mallorca
Goldene Insel
Mallorca, Leib u. Seele
Mallorquinische Reise
Please wait to be seated!
Salzkarawane, Die
Südwärts Lateinamerika
Taiga Tour
Traumstr. Panamerikana
Unlimited Mileage

Praxis

(Auswahl, vollständiges Programm siehe Homepage.)

Aktiv Algarve
Aktiv Andalusien
Aktiv Dalmatien
Aktiv frz. Atlantikküste
Aktiv Gardasee
Aktiv Gran Canaria
Aktiv Istrien
Aktiv Katalonien
Aktiv Marokko
Aktiv Polen
Aktiv Slowenien
Als Frau allein unterwegs
Australien: Reisen/Jobben
Australien: Outback/Bush
Auto durch Südamerika
Ayurveda erleben
Bordbuch Südeuropa
Clever buchen/fliegen
Clever kuren
Drogen in Reiseländern
Fernreisen, Fahrzeug
Fliegen ohne Angst
Fun u. Sport im Schnee
Geolog. Erscheinungen
Gesund. Dtl. Heilthermen
GPS f. Auto, Motorrad
GPS Outdoor
Inline-Skaten Bodensee
Inline Skating
Islam erleben
Kanu-Handbuch
Konfuzianismus erleben
Kreuzfahrt-Handbuch
Küstensegeln
Maya-Kultur erleben
Mountain Biking
Mushing/Hundeschlitten
Orientierung mit Kompass und GPS
Paragliding-Handbuch
Reisefotografie
Reisefotografie digital
Respektvoll reisen
Richtig Kartenlesen
Safari-Handbuch Afrika
Selbstdiagnose unterwegs
Shoppingguide USA
Sicherheit/Bärengeb.
Spaniens Fiestas
Sprachen lernen
Tango in Buenos Aires
Transsib - Moskau-Peking
Trekking-Handbuch
Trekking/Amerika
Trekking/Asien Afrika
Tropenreisen
Unterkunft/Mietwagen
Verreisen mit Hund
Wandern im Watt
Was kriecht u. krabbelt in den Tropen
Wein-Reiseführer Italien
Wein-Reiseführer Toskana
Wildnis-Ausrüst., Küche
Wohnmobil-Ausrüstung
Wohnmobil-Reisen
Wüstenfahren

KulturSchock

Ägypten
Argentinien
Australien
Brasilien
China, VR/Taiwan
Cuba
Familenmanagement
Finnland
Golf-Emirate, Oman
Indien
Iran
Islam
Japan
Jemen
Kambodscha
Kaukasus
Laos
Leben in fremd. Kulturen
Marokko
Mexiko
Pakistan
Polen
Russland
Spanien
Thailand
Türkei
USA
Vietnam

Wo man unsere Reiseliteratur bekommt:
Jede Buchhandlung Deutschlands, der Schweiz, Österreichs und der Benelux-Staaten kann unsere Bücher beziehen. Wer sie dort nicht findet, kann alle Bücher über unsere **Internet-Shops** bestellen.
Auf den Homepages gibt es **Informationen** zu allen Titeln:

www.reise-know-how.de oder **www.reisebuch.de**

Kurische Nehrung

Register

A
Ablinga 322
Adressierung 56
Agluonėnai 323
Airlines 14
Akmena-See 212
Aktivurlaub 59
Algirdas 128
Alkohol 40, 71
Alksnaitis-See 429
Almaja 430
Almajas-See 430
Alphabet, litauisches 66, 437
Alytus 232
Angeln 61, 416
Ännchen von Tharau, Klaipėda 307
Anreise 14
Antaliepté 415
Anykščiai 406
Apotheken 49
Ärzte 46
Asalnai-See 430
Asekas-See 429
Asveja-Regionalpark 413
Aukštadvaris-Regionalpark 201
Aukštaitija, Region 99
Aukštaitija-Nationalpark 418
Ausfuhr 94
Aussprache 437
Auto 24, 59, 79
Autobahnen 80
Automobilclubs 25
Autoreisezug 16
Autovermietungen 84

B
B&B 77
Baden 64
Badestrände 64
Bahn 19, 86
Bahntickets 21
Balčio-Reservat 418
Ballonflüge 62
Baltikum-Tourismus-Zentrale 50
Baluošykštis-See 430
Banken 43
Basketball 61
Bauernhöfe 78
Behinderte 49
Benzin 26
Berg der Kreuze 390
Bergsteigen 63
Bernstein 32
Bernsteinmuseum, Europas größtes 365
Bernsteinmuseum, Nida 357
Bernsteinmuseum, Vilnius 160
Bernsteinschatz 345
Bernsteinschmuck 29
Bernsteinzimmer 35
Beschilderung 55
Bevölkerung 108
Bier 39
Bijotai 294
Biržai 401
Biržai-Regionalpark 401, 404
Birštonas 280
Bodenschätze 100
Bootstour 429
Botschaften 29
Brautpaare 130
Brazauskas, Algirdas 129
Briefkästen 55
Burbiškis, Gutshof von 395
Buchung 15
Bungee-Jumping 62
Bus 22, 91
Busnetz 89
Bustickets 23

C
Campen, wildes 79
Camping 78
Caravan 79
Čepkeliai-Naturreservat 229
Charakterzüge, litauische 99
Čiurlionis, M.K. 230, 254

D
Darbėnai 375
Darius und Girėnas 262
Daršeliai 228
Datum 70
Degučiai 333
Demonstrationen 126
Deutscher Orden 116
Devisen 94
Dialekte 66, 98
Diebstahl 59
Dieveniškės-Regionalpark 202
Diplomatische Vertretungen 29
Dringis-See 430
Druskininkai 216
Dubingiai 413
Dubysa-Regionalpark 294
Dūkštas 415
Dūkštos 205
Dumblinė 430
Dusetos 415
Dzūkija, Region 100
Dzūkija-Nationalpark 226

E
Einfuhr 94
Einkaufen 29
Einreisebestimmungen 31
Eisangeln 61
Eisenbahn 19, 86
Eiserner Wolf, Legende 137
Eišiškės 201
Elche 106
Elektrizität 36
Emigration 125
Endriejavas 322
Energiewirtschaft 133
Entfernungstabelle 442
Erholung 59
Erholungsheime 76
Essen 36
EU 129
Euro 129, 130
Europa-Park, Vilnius 204
Europos centras 204

F
Fähre 16
Fahrkarten 88

Anhang

Fahrrad 27, 84
Fahrzeugpapiere 24
Fahrzeugschein 24
Fauna 104
Fauna, Aukštaitija-Nationalpark 422
Faxdienste 55
Feiertage 41
Ferienhäuser 77
Fernsehen 53
Feste 41
Festivals 41
Film 43
Flagge 128
Fliegen 62
Flora 104
Flora, Aukštaitija-Nationalpark 421
Flug 14
Fluggesellschaften 14
Flughafen Vilnius 187
Flug-Know-How 16
Flüsse 100
Foto 43
Fremdenverkehrsbüros 50
Führerschein 24
Fußball 62

G
Galvė-See 212
Gargždai 321
Gästehäuser 76
Gastronomie 36
Gaveikėnai 427
Gediminas 117, 119, 137, 141
Geld 43
Geldkarten 44
Geldwechsel 43
Gelgaudiškis 288
Geographie 98
Gepäck 16, 56
Geschichte 115
Gesundheit 46
Getränke 39
Gewichte 52
Ghetto, jüdisches 168
Gižai 287
Ginučiai 426
Giruliai 321
Golf 62
Gražutė-Regionalpark 414
Grenzübergänge 28
Grūtas 224
Gutshof von Burbiškis 395

H
Haff 323
Handy 68, 69
Hanse 119
Hansestädte 301
Haustiere 95
Herbergen 76
Hitler-Stalin-Pakt 123
Hochland von Medininkų 98
Hochland von Švenčionių 98
Höchstgeschwindigkeit 26, 81
Hochzeitspaläste 130
Holzhütten 79
Hotelkategorien 75
Hotels 74

I
Ignalina 416
Impfungen 46
Industrie 132
Informationen 50, 51
Inselburg Trakai 211
Internet 51
Internetcafés 52

J
Jacht 19
Jagen 62
Jašiūnai 201
Jerusalem des Nordens 168
Jonava 274
Juden 168
Judrėnai 322
Jugendherbergen 76
Jugnaten 331
Juknaičiai 331
Juodkrantė 344
Jurbarkas 292

K
Kajaks 64
Kalvarija 287
Kamanos-Naturreservat 383
Kanufahren 429
Kanus 64
Karäer 213
Karmėlava 274
Karten 54
Kasimir, der Nationalheilige 146
Kaunas 236
Kauno-Marios-Regionalpark 275
Kazlū Rūda 288
Kėdainiai 283
Kelmė 393
Kenessa, Gebetshaus 211
Kernavė 205
Kino 73
Kintai 325
Kinten 328
Klaipėda 298
Klaipėda-Kanal 329
Kleidung 56, 71
Klettern 63
Klima 57
Konsulate 29
Kontaktgruppen 51
Krankenversicherung 46
Kreditkarten 44
Krekenava-Regionalpark 400
Kretinga 372
Kretingalė 373
Kreuzfahrtschiffe 19
Kreuzritter 116
Kriminalität 27, 59
Küche, litauische 38
Kulte 112
Kultur 72
Kunsthandwerk 29
Kurenbretter 337
Kurenkähne 337, 353
Kurenwimpel 337, 353
Kurierdienste 55
Kurische Nehrung 100, 336
Kurische Nehrung, Nationalpark 342
Kurisches Haff 323
Kurorte 65
Kurtuvenai-Regionalpark 392

L
Land der Seen 412
Landkarten 54, 435
Lazdijai 231
Legende von der Stadtgründung, Kaunas 242
Leipalingis 223
Lenkimai 375
Likėnai 405
Linienbusse 22
Linkmenas-See 429
Liškiava 227
Litauisch 66, 126, 437
Litauische Küche 38
Litauischer Tourismus-Fond 50
Literaturhinweise 434
Luokė 383
Lūšiai-See 431

M
Mažeikiai 383
Mančiagirė 228
Margionys 228
Marijampolė 286
Maße 52
Mažvydas, Martynas 66
Medien 53
Medikamente 49
Medininkai 202
Medininkų, Hochland von 98
Medizinische Versorgung 46
Meer, Kaunasser 275
Meironys 425
Memel 100, 289, 300
Memelgebiet 123
Menschenkette 126
Mentalität 71
Merkinė 227
Merkys 100
Mielagėnai 417
Mietwagen 83
Mindaugas 151, 206
Minčia 428
Minigolf 62
Minija 100, 327
Mitfahrzentrale 28
Mittelpunkt Europas 204
Mobiltelefone 69
Molėtai 412
Mosėdis 374
Motels 76
Motorrad 79
Motorsport 63
Museen 73
Musik 73

N
Nachtleben 73
Narva-Kultur 371
Nasrėnai 373
Nationalgericht 38
Nationalhymne 129
Nationalpark Kurische Nehrung 342
Nationalpark Aukštaitija 418
Nationalpark Dzūkija 226
Nationalpark Trakai 212
Nationalpark Žemaitija 379
Nationalparks 103
Natur 100
Naturreservat Čepkeliai 229
Naturreservat Kamanos 383
Naturreservate 103
Naturschutz 101
Naumiestis 333
Nemunas 100, 289
Nemunas-Delta-Regionalpark 326
Nemunas-Schleifen-Regionalpark 280
Nemunas-Tal 289
Neringa, die schöne Riesin 336, 343
Neris 100, 136
Nehrung, Kurische 100, 336
Nevėžis 100
Nida 350
Nidden 350
Niūronys 409
Notfall 60
Notruf 60
Notrufnummern 25

O
Öffnungszeiten 54
Ordensritter 116
Orientierung 54
Orientierungssport 63
Ortsnamen 436
Orvydų sodyba 373
Osterbräuche, litauische 42

P
Pažaislis-Kloster 276
Paežeriai 288
Pagramantis-Regionalpark 333
Paintball 63
Pajūris-Regionalpark 321
Pajūris-Tiefland 98
Pakalniskiai 395
Pakasas-See 429
Pakruojis 400
Palanga 360
Palūšė 423
Panemuniai-Regionalpark 290
Paneriai 186
Panevėžys 396
Pannenhilfe 25
Parken 83
Parkplätze, unbewachte 59
Parnidder Düne 353
Pasvalys 405
Pavilniai-Regionalpark 186
Pensionen 77
Perloja 231
Personalausweis 24
Pervalka 348
Pferde 63
Pflanzenwelt 104
Pilze 62, 105
Pirčiupiai 201
Plateliai 380
Plateliai-See 380
Plungė 378
Polangen 360
Polen 117
Politik, aktuelle 129
Polizeiruf 68
Polnisches Problem 109
Post 55
Postleitzahlen 443
Preila 349
Presse 53
Priėkule 324
Prienai 280
Privatzimmer 77
Prökuls 324

Pumpėnai 400
Punia 282

R
Radfahren 84
Radio 53
Radtouren 86
Radwege 85
Raguva 400
Raguvėlė 400
Rambynas-Berg 331
Raseiniai 294
Rastplätze 79
Raudondvaris 289
Raudonė 291
Regionalpark Aukštadvaris 201
Regionalpark Asveja 413
Regionalpark Biržai 404
Regionalpark Dieveniškės 202
Regionalpark Gražutė 414
Regionalpark Kauno-Marios 275
Regionalpark Krekenava 400
Regionalpark Kurtuvenai 392
Regionalpark Nemunas-Delta 324
Regionalpark Nemunas-Schleifen 280
Regionalpark Pagramantis 333
Regionalpark Pajūris 321
Regionalpark Panemuniai 290
Regionalpark Pavilniai 186
Regionalpark Venta 383
Regionalparks 103
Regionen Litauens 98
Reinigungen 57
Reisegepäck 56
Reisekosten 45
Reisepass 24
Reiseschecks 44
Reiseveranstalter 50
Reisezeit 57
Reiten 63
Religion 113
Religiöse Volkskunst 114
Republik Perloja 231
Republik Užupis 177
Restaurants 36
Rokiškis 405
Rubiškės 322
Rudamina 232
Rufnummern 68
Rumšiškės 277
Rusnė 328
Russisch 66
Russisches Reich 120

S
Šakarva 425
Šakarva-See 431
Šakiai 288
Salantai 373
Šalčininkai 201
Salos I, II 425
Sandkrug 312
Sauna 63
Schaulen 384
Scheidung 130
Schloss Panemunė 292
Schloss Raudondvaris 394
Schmalleningen 332
Schutzbriefe 24
Schwarzort 344
Šeduva 394
Seen, die 101
Šeimatis 428
Seirijai 232
Senoji Įpiltis 375
Seredžius 290
Šiauliai 384
Sicherheit 27, 59
Sicherheitstipps 60
Šiluva 394
Simnas 231
Simonaitytė, Eva 310
Sirutėnai 412
Širvena-See 401
Skating 64
Skomantai 322
Skriaudžiai 274
Skuodas 375
Smalininkai 332
Smilgiai 399
Smiltynė 312
Sommerzeit 70
Sonnwendfeier 334
Souvenirs 29
Sowjetzeit 125
Sport 59
Sprache 66
Sprachhilfe, Kleine 437
Sprachhilfen 67
Sprachkurse 67
Sprechführer 68, 434
Sravinaitis-See 430
Staat 131
Staatliche Philharmonie, Vilnius 173
Staatliches Litauisches Tourismusbüro 50
Staatsflagge 128
Staatssymbole 128
Stadtmagazine 191
Stadtpläne 54
Stakliškes 282
Stelmužė 415
Störche 106
Straßen 80
Straßenkarte 55
Strazdai 428
Stripeikiai 426
Subartonys 228
Sudervė 205
Šuminai 428
Supermärkte 31
Suvalkija 100, 286
Švėkšna 322
Švenčionių, Hochland von 98
Švenčionys 417
Šventoji 100, 371

T
Tal von Raigardas 223
Tanken 26, 83
Tauchschulen 65
Tauragė 332
Tauragnai 428
Tauragnas-Sees 429
Tauroggen 332
Taxifahrer 55
Taxis 91
Telefonieren 68
Telegramme 56
Telšiai 382

Temperaturen 57
Teufelsmuseum, Kaunas 258
Thomas-Mann-Haus 355
Tickets 15, 21, 89
Tiere, Mitnahme von 95
Tierwelt 104
Tirkšliai 383
Toiletten, öffentliche 70
Trainiškis 427
Trakai 208
Trampen 28, 93
Transitvisum 20, 24
Trinken 36
Trinkgelder 45
Trolleybusse 91
Troškūnai 410
Tytuvenai 393

U
Überlandbusse 89
Uhrzeit 70
Ukmergė 410
Ukojas-See 429
Umgangsformen 71
Umweltschutz 106
Unabhängigkeit 113, 122
UNESCO-Weltkulturgut 136
Unfallhilfe 25
Universität, Kaunas 238
Universität, Vilnius 159
Unterhaltung 72
Unterkunft 73
Upytė 400
Urlaub auf dem Lande 77
Utena 411
Užupis 177

V
Vaišnoriškė 428
Vanagai 322
Varėna 229
Varniškės II 426
Vėžaičiai 322
Vegetation 104
Veisiejai 231
Veiveriai 274
Veiviržėnai 322
Veliuona 291
Venta 100
Venta-Regionalpark 383
Ventė 328
Veranstaltungskalender 72
Verkehrsbestimmungen 26
Verkehrsinformationen 80
Verkehrsmittel 79
Verkehrsschilder 81
Verkehrsvorschriften 80
Verkehrszeichen 55
Verkiai 202
Versicherungen 24, 94
Verwaltung 131
Via Baltica 27, 286
Viešvilė-Naturreservat 332
Vignettenpflicht 26
Vilkaviškis 288
Vilkija 290
Vilnia 136
Vilnius 136
Vilnius in your pocket 191
Visaginas 415
Vištytis 288
Visum 20
Vogelarten 105
Vogelbeobachtung 64
Vogelparadies 325
Vorwahlnummern 68, 443
Vytautas 128

W
Währung 43, 129
Waldbrüder 125
Wälder 104
Wandern 64
Wanderrouten, Aukštaitija-Nationalpark 431
Wappen 128
Waschsalons 57
Wassersport 64
Wassertemperatur 58
Wechselkurse 44
Wechselstuben 43
Weihnachtsfest 42
Wellness 65
Wetter 57
Windenburg 327
Wintersport 65
Wirtschaft 131
Wisente 106
Wohnmobile 79
Wolf 106

Z
Žagarė 392
Žalgiris 118
Zapyškis 274
Zarasai 413
Žeimena 431
Žeimenys-See 431
Zeitschriften 53
Zeitungen 53
Zeitverschiebung 70
Žemaičių Kalvarija 381
Žemaičių-Hochland 98
Žemaitija 98, 378
Žemaitija-Nationalpark 379
Zervynos 228
Zollbestimmungen 94
Zug 13, 86
Žuvintas-Naturreservat 232

Der Autor

Schon als Teenager packte **Günther Schäfer** (Jg. 1958) die Reiselust. Mit dem Zug erkundete er mehrmals Europa, doch schon bald begann er, auch Länder außerhalb der europäischen Grenzen zu bereisen.

Nach einem mehrjährigen Aufenthalt in Japan, wo der studierte Steuerrechtler als Englischlehrer und Universitätsdozent für Deutsch tätig war, richtete sich sein Interesse immer mehr auf die Staaten der ehemaligen Sowjetunion bzw. auf die Baltischen Länder. Besonders fasziniert war er von der nahezu unberührten Natur Litauens sowie der Gastfreundschaft und Herzlichkeit seiner Bevölkerung. Die vielfältigen Eindrücke und Erfahrungen, die er auf seinen Reisen durch dieses „Baltische Kleinod" sammeln konnte, bilden die Grundlage für diesen Reiseführer.

Günther Schäfer arbeitet heute als freiberuflicher Dozent.

228li Foto: gs

Die Karten auf den folgenden Seiten sind Ausschnitte aus der Litauen-Karte des **wolrd mapping project** von Reise Know-How (s. S. 450)

Zeichenerklärung

- Schnellstraße
- Fernstraße
- Nebenstraße
- Sonstige Straße
- Eisenbahn
- Nationalpark
- Kloster
- Höhle
- Sehenswürdigkeit
- Grenzübergang
- Aussichtspunkt
- Int. Flughafen
- Nat. Flughafen

0 5 km

1 : 300 000

200 m

100 m

Kartenatlas

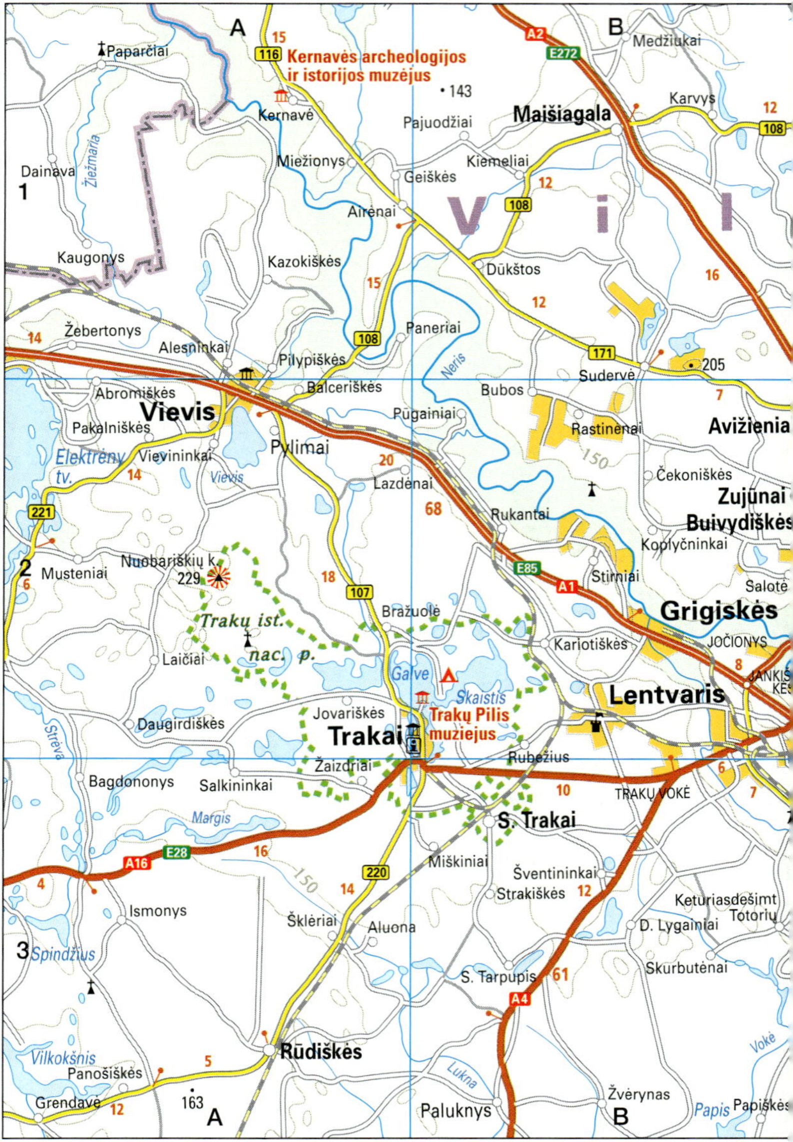

A
B
1
2
3
Paparčiai
Kernavės archeologijos ir istorijos muziejus
Kernavė
Medžiukai
Karvys
Maišiagala
Pajuodžiai
Dainava
Žiežmaria
Miežionys
Geiškės
Kiemeliai
Airėnai
V i l
Kaugonys
Kazokiškės
Dūkštos
Žebertonys
Alesninkai
Paneriai
Pilypiškės
Neris
Sudervė
Abromiškės
Balceriškės
Bubos
Vievis
Pūgainiai
Avižienia
Pakalniškės
Rastinėnai
Elektrėny tv.
Vievininkai
Pylimai
Vievis
Čekoniškės
Lazdėnai
Zujūnai
Buivydiškės
Rukantai
Koplyčninkai
Musteniai
Nuobariškių k.
Trakų ist. nac. p.
Stirniai
Salotė
Bražuolė
Grigiškės
Kariotiškės
Jočionys
Laičiai
Galve
Skaistis
Lentvaris
Trakų Pilis muziejus
Jovariškės
Daugirdiškės
Trakai
Strėva
Rubežius
Žaizdriai
Bagdononys
Salkininkai
Trakų Vokė
S. Trakai
Margis
Miškiniai
Šventininkai
Strakiškės
Keturiasdešimt Totorių
Ismonys
Šklėriai
Aluona
D. Lygainiai
Spindžius
S. Tarpupis
Skurbutėnai
Rūdiškės
Vokė
Vilkokšnis
Panošiškės
Lukna
Grendavė
Paluknys
Žvėrynas
Papis
Papiškės
A2
E272
A1
E85
A16
E28
A4
116
108
171
221
107
220
143
205
229
163
150

Kartenatlas

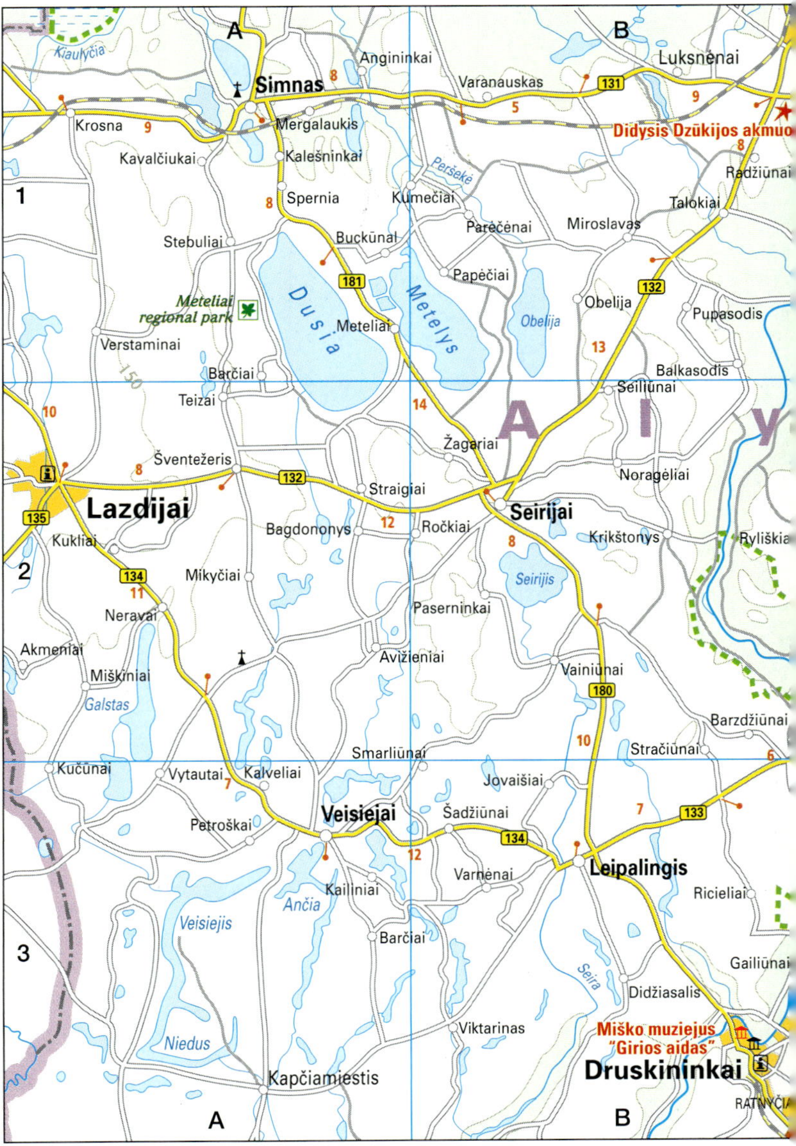
A
B
Simnas
Angininkai
Varanauskas
Luksnėnai
131
Krosna
Mergalaukis
Didysis Dzūkijos akmuo
Kavalčiukai
Kalešninkai
Peršekė
Radžiūnai
Spernia
Kumečiai
Talokiai
Stebuliai
Buckūnai
Parėčėnai
Miroslavas
Papėčiai
181
132
Meteliai regional park
Dusia
Metelys
Obelija
Pupasodis
Meteliai
Verstaminai
Balkasodis
Barčiai
Seiliūnai
Teizai
Žagariai
Šventežeris
Noragėliai
Lazdijai
Straigiai
135
Seirijai
Bagdononys
Ročkiai
Kukliai
Krikštonys
Ryliškiai
134
Mikyčiai
Seirijis
Neravai
Paserninkai
Akmeniai
Avižieniai
Vainiūnai
Miškiniai
180
Galstas
Barzdžiūnai
Smarliūnai
Stračiūnai
Kučiūnai
Vytautai
Kalveliai
Jovaišiai
Veisiejai
Šadžiūnai
133
Petroškai
Leipalingis
Varnėnai
Kailiniai
Ricieliai
Ančia
Veisiejis
Barčiai
Gailiūnai
Seira
Didžiasalis
Niedus
Viktarinas
Miško muziejus "Girios aidas"
Druskininkai
Kapčiamiestis
RATNYČIA
1
2
3

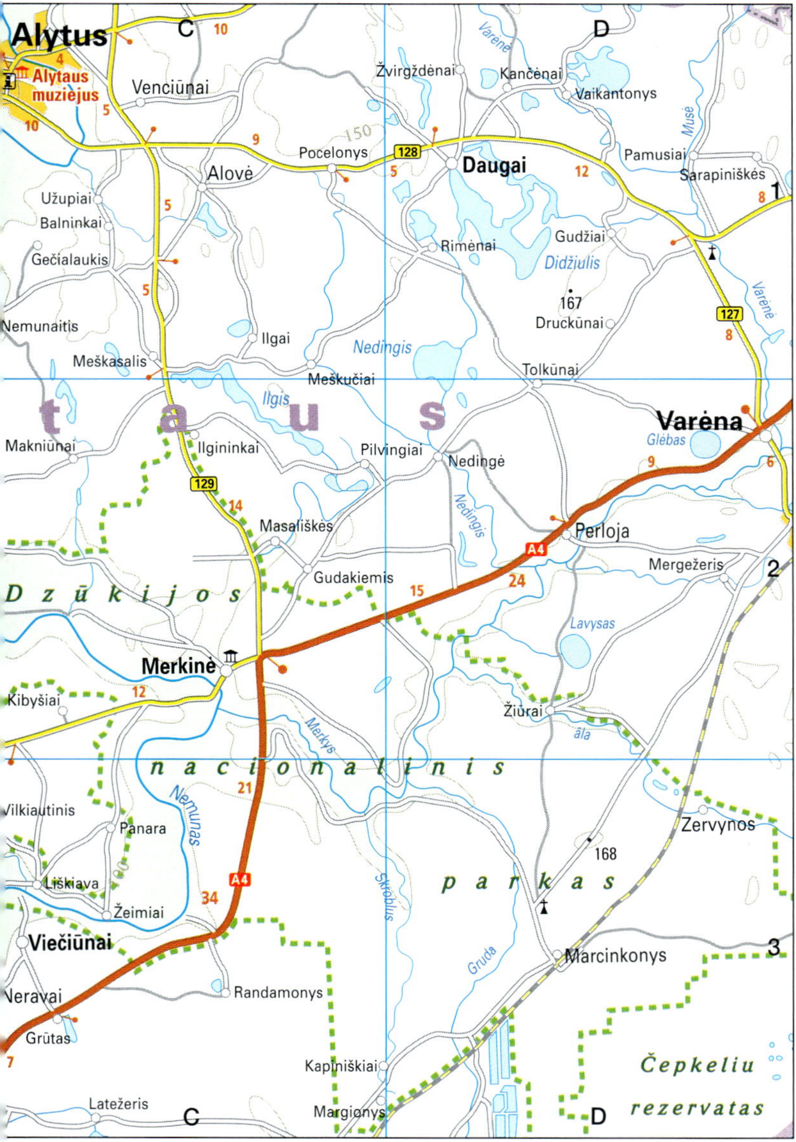
Alytus
Alytaus muziejus
Venciūnai
Žvirgždėnai
Kančėnai
Vaikantonys
Varėnė
Musė
Pocelonys
128
Daugai
Pamusiai
Sarapiniškės
Alovė
Užupiai
Balninkai
Gečialaukis
Rimėnai
Gudžiai
Didžiulis
167
Druckūnai
127
Varėnė
Nemunaitis
Ilgai
Nedingis
Meškasalis
Meškučiai
Tolkūnai
Ilgis
t a u s
Varėna
Glėbas
Makniūnai
Ilgininkai
Pilvingiai
Nedingė
129
Nedingis
Masališkės
Perloja
A4
Mergežeris
Gudakiemis
Dzūkijos
Lavysas
Merkinė
Kibyšiai
Merkys
Žiūrai
Ūla
nacionalinis
Nemunas
Vilkiautinis
Panara
Zervynos
168
A4
Skroblus
parkas
Liškiava
Žeimiai
Viečiūnai
Marcinkonys
Gruda
Neravai
Randamonys
Grūtas
Kapiniškiai
Čepkeliu
rezervatas
Latežeris
Margionys
C
D
1
2
3
150

Užliedžiai
Kulautuva
Raudondvaris
Raudondvario Rūmai-pilis
Altoniškiai
Zapyškis
Kluoniškiai
Dievogala
Kačerginė
Kauno pilis
Novaraistis
Noreikiškės
Ringaudai
Lžūa
Braziūkai
Ežerėlis
Naugardiškė
Seniava
Jonučiai
Teleičiai
Garliava
Višakio Rūda
Pažėrai
Juragiai
Rinkūnai
Marijampolės
Mauručiai
Ilgakiemis
Jūrė I
Veiveriai
Čiurliai
Jūrė
Skriaudžiai
Kazlų Rūda
Juodbūdis
Via Baltica
Rutkiškės
Gudeliai
Gražučiai
Ąžuolų Būda
Leskava
Kupriai
Bebruliškė
Čiudiškia
Subačiškės
Kvietiškis
Klebiškis
Gavaltuva
Plutiškės
Purviniškė
Šilavotas
Sasnava
Tursučiai
Ingavangis
Šešupė
Sasna
Jiesia
Jiestrakis
Nova
Nemunas
Pilvė
Smilgiai
Tautkaičiai
Puskelniai
Žemaitkiemis
Baraginė
Vartai
Marijampolė
Opšrūtai II
Igliauka
N. Ūta
Kunigiškiai
Trakiškiai
Paprūdžiai
Traobiškiai
Igliškėliai
Šventragis
Patašinė

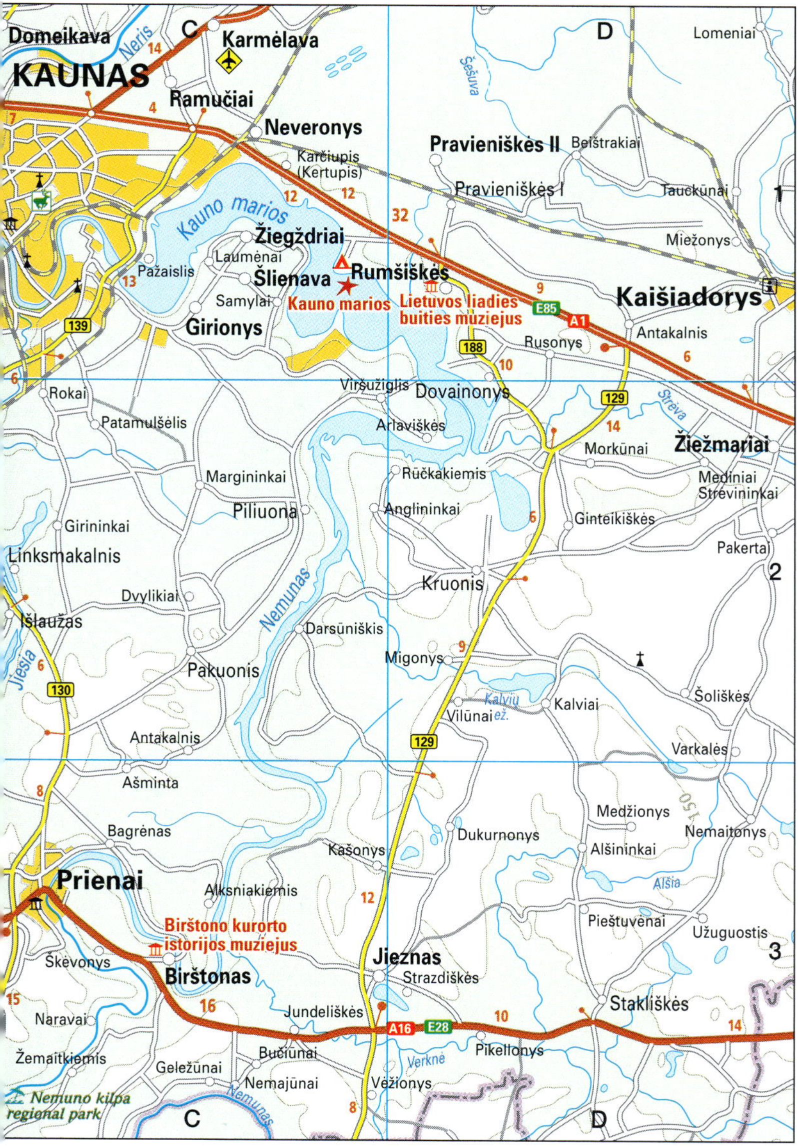
Domeikava
KAUNAS
Neris
Karmėlava
Ramučiai
Neveronys
Karčiupis (Kertupis)
Kauno marios
Pažaislis
Laumėnai
Žiegždriai
Šlienava
Samylai
Girionys
Rumšiškės
Kauno marios
Lietuvos liadies buities muziejus
Pravieniškės II
Beištrakiai
Pravieniškės I
Tauckūnai
Miežonys
Lomeniai
Šešuva
Kaišiadorys
Antakalnis
Rusonys
Dovainonys
Viršužiglis
Arlaviškės
Strėva
Žiežmariai
Morkūnai
Mediniai
Strevininkai
Rokai
Patamulšėlis
Margininkai
Piliuona
Rūčkakiemis
Anglininkai
Ginteikiškės
Pakertai
Girininkai
Linksmakalnis
Dvylikiai
Kruonis
Išlaužas
Nemunas
Darsūniškis
Migonys
Pakuonis
Jiesia
Kalvių ež.
Vilūnai
Kalviai
Šoliškės
Antakalnis
Varkalės
Ašminta
Medžionys
Bagrėnas
Dukurnonys
Nemaitonys
Kašonys
Alšininkai
Prienai
Alksniakiemis
Alšia
Birštono kurorto istorijos muziejus
Pieštuvėnai
Užuguostis
Škėvonys
Birštonas
Jieznas
Strazdiškės
Stakliškės
Naravai
Jundeliškės
Pikeliónys
Bučiūnai
Žemaitkiemis
Geležūnai
Verknė
Nemajūnai
Vėžionys
Nemunas
Nemuno kilpa regional park
C
D
1
2
3
A1
E85
A16
E28
139
188
129
130
150

Lietuvos centras
A
Beržai
Vincgalys
Vainotiškiai
Akademija
144
Jaugila
Kruostas
7
Kalnaberžė
B
A8
63
E67
Okainiai
18
Valučiai
Dotnuva
Rūdžiai
Medininkai
Sirutiškis
Tiskūnai
Ažuolaičiai
Aušra
Lančiūnava
1
11
9
Stasinė
Via Baltika
Lipliūnai
Smilgaitis
Smilga
Vilainiai
Sangailai
Aristava
Aukštieji Kapliai
Kėdainiai
Angiriai
Šėta
Taučiūnai
Keleriškiai
Paobelys
Sviliai
8
3
10
Pelėdnagiai
Užkapiai
Josvainiai
50
Juškonys
Juodkaimiai
Medekšiai
Beinaičiai
6
8
Vainikai
Barupė
Nociūnai
Mimaliai
Kunioniai
Šušvė
2
Labūnava
Pėdžiai
Žeimiai
229
Kuigaliai
Lankesa
Mėkla
Kampai II
6
12
14
Saviečiai
144
Urka
Vaivadiškiai
24
Panevėžiukas
Naujasodis
Ručiūnai
7
Zacyšiai
Pagynė
Vandžiogala
Kulva
10
A8
Kaniūkai
Ragožiai
E67
Gynia
Preišiogalėlė
Babtai
12
K
a
u
n
o
Piepaliai
5
Boniškiai
Čičinai
D.Ibėnai
Gailiušiai
3
Šveicarija
Valerava
Sitkūnai
Batėgala
13
A1
222
A6
Nevėžis
E85
E262
Muniškiai
18
34
Biliūnai
D. Lapės
Išorai
13
A
Voškoniai
B
Kalnėnai

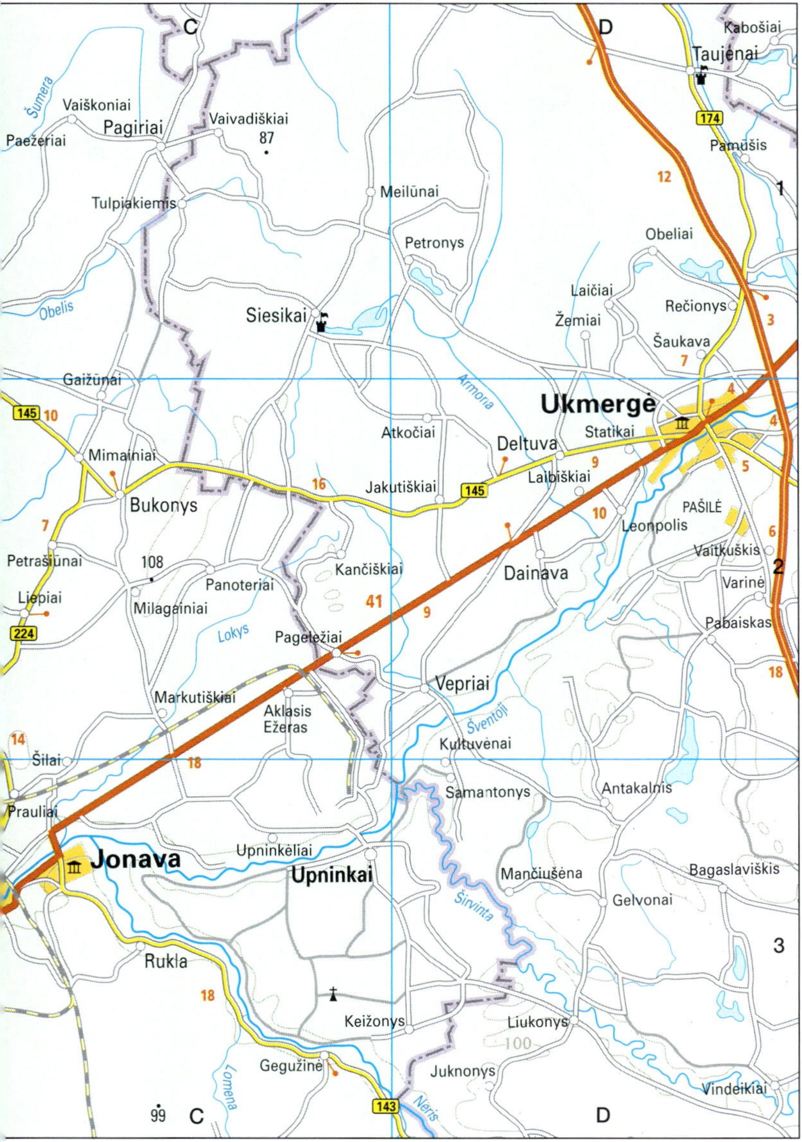

C
D
Kabošiai
Taujėnai
174
Šumera
Vaiškoniai
Vaivadiškiai
87
Pagiriai
Paežeriai
Pamūšis
12
1
Meilūnai
Tulpiakiemis
Obeliai
Petronys
Laičiai
Rečionys
Obelis
Siesikai
Žemiai
3
Šaukava
7
Gaižūnai
Armona
4
Ukmergė
145
10
Atkočiai
Statikai
4
Deltuva
Mimainiai
9
5
Laibiškiai
16
Jakutiškiai
145
Bukonys
7
10
PAŠILĖ
Leonpolis
6
Vaitkuškis
Petrašiūnai
108
Kančiškiai
2
Dainava
Varinė
Panoteriai
Liepiai
41
Milagainiai
9
Pabaiskas
224
Lokys
Pageležiai
18
Vepriai
Markutiškiai
Aklasis
Ežeras
Šventoji
14
Kultuvėnai
Šilai
18
Samantonys
Antakalnis
Prauliai
Upninkėliai
Jonava
Upninkai
Mančiušėna
Bagaslaviškis
Gelvonai
Širvinta
3
Rukla
18
Keižonys
Liukonys
100
Gegužinė
Lomena
Juknonys
Vindeikiai
99
C
143
Neris
D

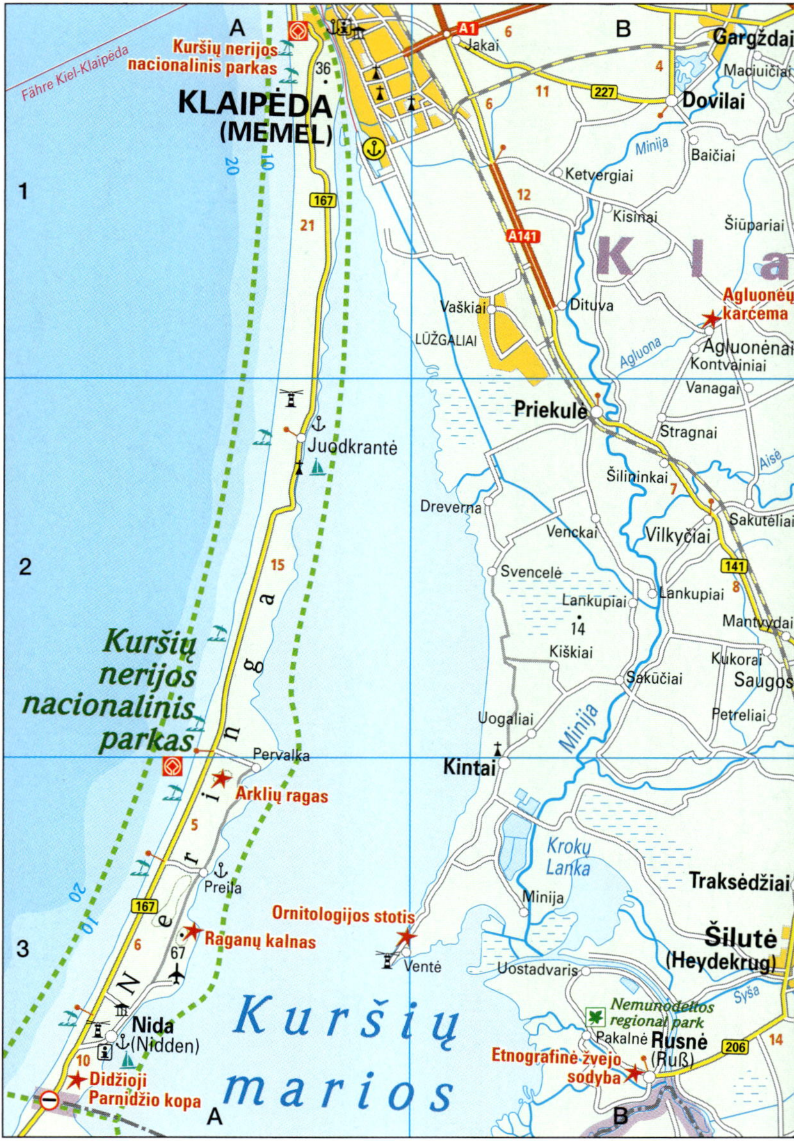
Fähre Kiel-Klaipėda
Kuršių nerijos nacionalinis parkas
KLAIPĖDA (MEMEL)
Jakai
Gargždai
Maciuičiai
Dovilai
Baičiai
Minija
Ketvergiai
Kisinai
Šiūpariai
Kla
Agluonėų karčema
Dituva
Vaškiai
LŪŽGALIAI
Agluona
Agluonėnai
Kontvainiai
Vanagai
Priekulė
Stragnai
Juodkrantė
Šilininkai
Aisė
Dreverna
Sakutėliai
Venckai
Vilkyčiai
Svencelė
Lankupiai
Lankupiai
Mantvydai
Kuršių nerijos nacionalinis parkas
Kiškiai
Kukorai
Saugos
Sakūčiai
Uogaliai
Petreliai
Neringa
Pervalka
Kintai
Arklių ragas
Krokų Lanka
Preila
Traksėdžiai
Minija
Ornitologijos stotis
Raganų kalnas
Šilutė (Heydekrug)
Ventė
Uostadvaris
Nemunodeltos regional park
Syša
Nida (Nidden)
Kuršių marios
Pakalnė
Rusnė (Ruß)
Etnografinė žvejo sodyba
Didžioji Parnidžio kopa
A1
A141
167
227
141
206
A
B
1
2
3

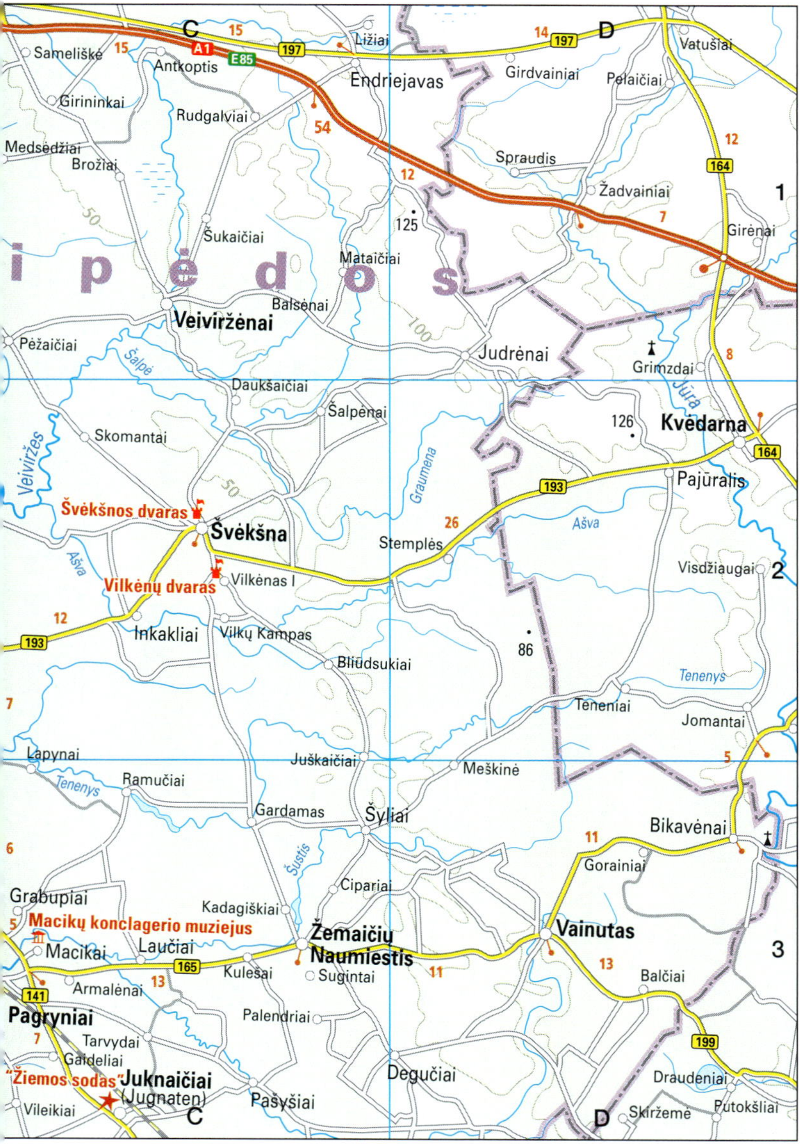

Kartenatlas

A
B
1
2
3
Pape
Rucava
N. Įpiltis
Senoji Įpiltis
Šventoja
Šventoji
Plokščiai
Nida
Juodupėnai
Laukžemė
Nausėdai
Grūšlaukė
Leliūnai
BŪTINGĖ
(BŪTNCIEMS)
Kumpikai
ŠVENTOJI
(SVENTĀJA)
Darbėnai
Pasertupis
Vaineikiai
Lazdininkai
Nasrėnai
Tarvydai
Akmena
Šukė
Kūlupėnai
Tūbausiai
Rūdaičiai
Martynaičiai
Palanga
Kurmaičiai
Kiauleikiai
Kartena
Klibiai
Gintaro muziejus
Kretingsodis
Vydmantai
Padvariai
Rubuliai
Kretinga
Budriai
NEMIRSETA
Girkaliai
Dupulčiai
Raguviškiai
Valėnai
Žutautai
Kretingalė
Jokūbavas
Baubliai
Karklė
Dane
Kalotė
Plikiai
Fähre Klaipėda-Riga
Eketė
GIRULIAI
Aukštkiemiai
Smilgynai
Žvelsa
Lapiai
Mazūriškiai
Kvietiniai
MELNRAGĖ
Ginduliai
Rudaičiai
A11
A13
E272
218
216
168
166

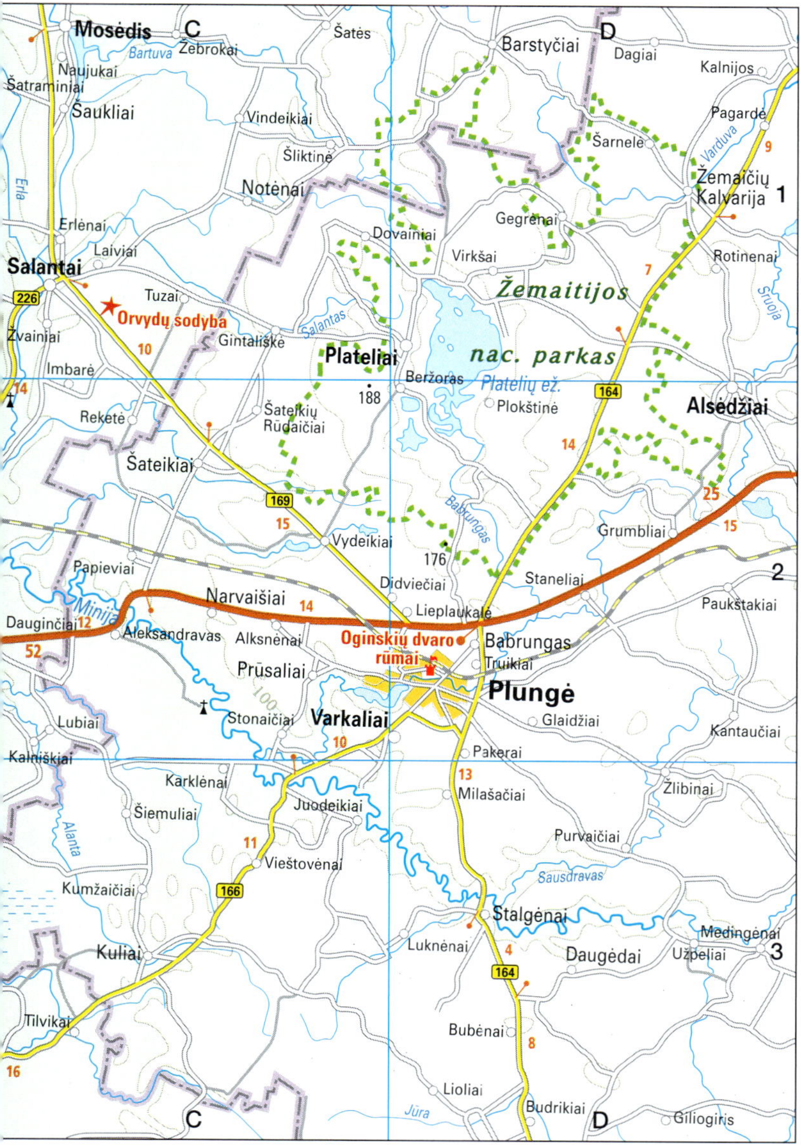
Mosėdis
C
Žebrokai
Bartuva
Šatės
Barstyčiai
D
Dagiai
Kalnijos
Naujukai
Šatraminiai
Šaukliai
Vindeikiai
Pagardė
Varduva
9
Šliktinė
Šarnelė
Erla
Notėnai
Žemaičių
Kalvarija
1
Gegrėnai
Erlėnai
Dovainiai
Laiviai
Virkšai
Rotinėnai
Salantai
7
226
Žemaitijos
Tuzai
Sruoja
Orvydų sodyba
Žvainiai
Salantas
Gintališkė
10
Plateliai
nac. parkas
Imbarė
Beržoras
188
Platelių ež.
164
14
Šateikių
Rūdaičiai
Plokštinė
Alsėdžiai
Reketė
14
Šateikiai
25
169
15
Babrungas
15
Grumbliai
Vydeikiai
176
Papieviai
Staneliai
2
Didviečiai
Narvaišiai
Minija
14
Paukštakiai
Dauginčiai
12
Lieplaukalė
Aleksandravas
Alksnėnai
Oginskių dvaro
rūmai
Babrungas
52
Truikiai
Prūsaliai
100
Plungė
Stonaičiai
Varkaliai
Glaidžiai
Lubiai
10
Kantaučiai
Kalniškiai
Pakerai
13
Karklėnai
Žlibinai
Milašačiai
Juodeikiai
Šiemuliai
Purvaičiai
Alanta
11
Vieštovėnai
Sausdravas
Kumžaičiai
166
Stalgėnai
Medingėnai
Luknėnai
3
4
Kuliai
Daugėdai
Užpeliai
164
Tilvikai
Bubėnai
8
16
Lioliai
Jūra
C
Budrikiai
D
Giliogiris

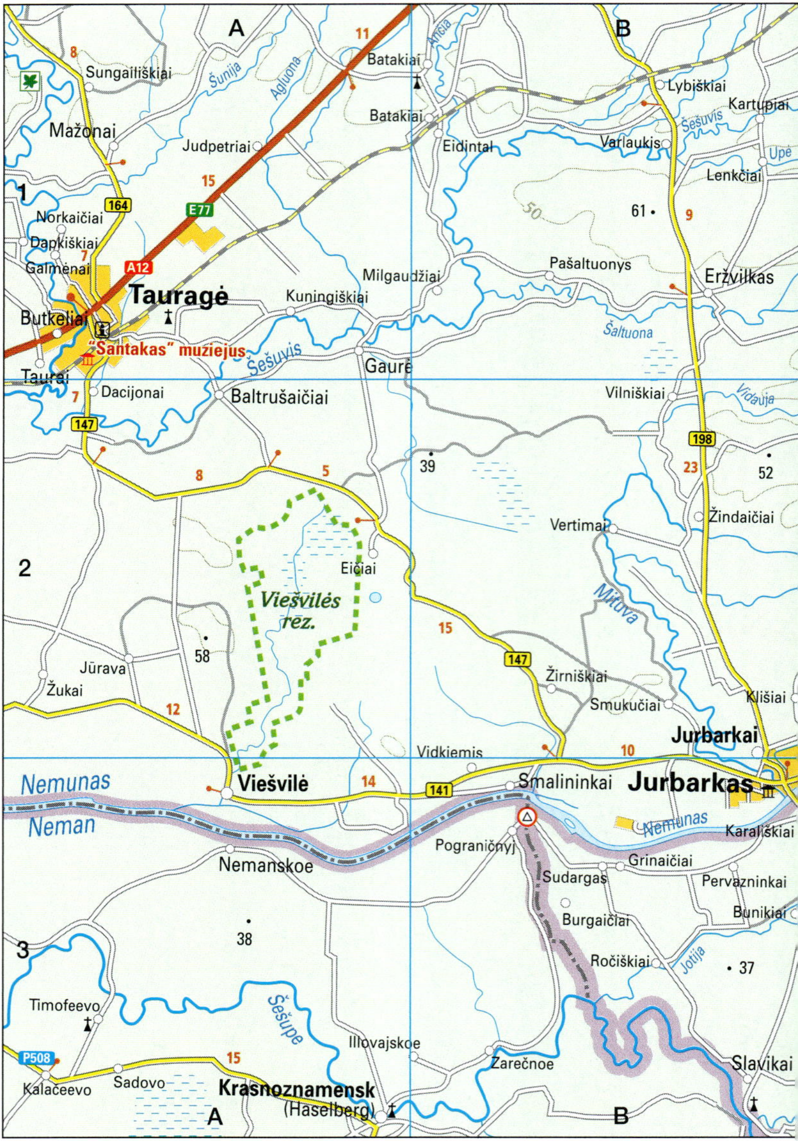
A
B
1
2
3
Sungailiškiai
Mažonai
Judpetriai
Batakiai
Lybiškiai
Kartupiai
Eidintai
Varlaukis
Lenkčiai
Norkaičiai
Dapkiškiai
Galmėnai
Tauragė
Butkeliai
"Santakas" muziejus
Taurai
Dacijonai
Baltrušaičiai
Kuningiškiai
Milgaudžiai
Pašaltuonys
Eržvilkas
Gaurė
Vilniškiai
Vertimai
Žindaičiai
Eičiai
Viešvilės rez.
Jūrava
Žukai
Žirniškiai
Smukučiai
Klišiai
Jurbarkai
Vidkiemis
Viešvilė
Smalininkai
Jurbarkas
Nemunas
Neman
Pograničnyj
Karališkiai
Nemanskoe
Grinaičiai
Sudargas
Pervazninkai
Burgaičiai
Bunikiai
Ročiškiai
Timofeevo
Illovajskoe
Zarečnoe
Slavikai
Kalačeevo
Sadovo
Krasnoznamensk
(Haselberg)
Šunija
Agluona
Ančia
Šešuvis
Upė
Šaltuona
Vidauja
Mituva
Jotija
Šešupe
E77
A12
164
147
141
198
P508
61
39
52
58
38
37
50

C
D
1
2
3
Raseiniai
Taubučiai
Lenkeliai
Norgėlai
Gabšiai
Šarkiai
Šaltuona
Alsa
A1
E85
196
146
141
137
30
5
4
8
18
11
2
9
14
22
17
10
Gervinė
Kalnujai
Paupys
Girkalnis
Šlyna
Rutkiškiai
Pašaltuonys III
Bebirva
Bliūdžiai
Ražaitėliai
Pramedžiava
Mituva
Vadžgirys
Griaužai
Paskynai
Šimkaičiai
75
Pavidaujys I
Paalsys I
Baltraitiškė
Griciai
Pauliai
Stakiai
Tamošiai
Girdžiai
Antvardė
Snietala
Dainiai I
Dainiai II
50
Jakaičiai
Imsrė
Vencloviškiai
Raudonėnai
Raudonės pilis
Raudonė
Šilinė
Pilis I
Rotuliai
Skirsnemunė
Panemunės pilis
Branduoliškiai
Veliuona
Gelgaudiškis
Kiduliai
Skaistakaimis
Voniškiai
Plokščiai
Kubiliai
Kaimelis
Daukantiškiai
Judriai
Žygėnai
Jotija
Valenčiūnai
Voveriai
Prūseliai
Bizieriai
Orija
Sutkai
Gotlybiškiai
Šakiai
Girėnai
Lukšiai
Duobiškiai
Siesartis
Giedručiai

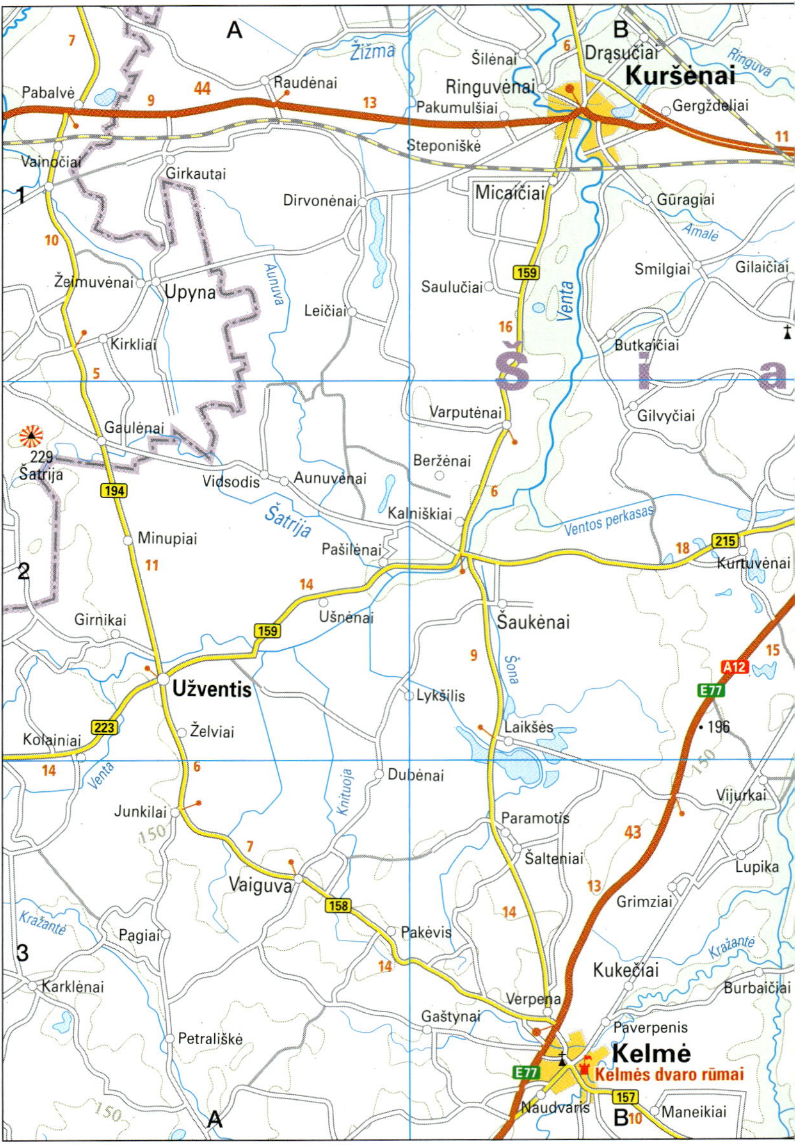
A
B
1
2
3
Žižma
Šilėnai
Drąsučiai
Kuršėnai
Ringuva
Raudėnai
Ringuvėnai
Pabalvė
Pakumulšiai
Gergždeliai
Steponiškė
Vainočiai
Girkautai
Micaičiai
Dirvonėnai
Gūragiai
Amalė
Žeimuvėnai
Upyna
Aunuva
Saulučiai
Smilgiai
Gilaičiai
Leičiai
Venta
Kirkliai
Butkaičiai
Š i a
Varputėnai
Gilvyčiai
Gaulėnai
229
Šatrija
Beržėnai
Vidsodis
Aunuvėnai
Šatrija
Kalniškiai
Ventos perkasas
Minupiai
Pašilėnai
Kurtuvėnai
Girnikai
Ušnėnai
Šaukėnai
Šona
Užventis
Lykšilis
Kolainiai
Želviai
Laikšės
196
Venta
Dubėnai
Knituoja
Vijurkai
Junkilai
Paramotis
Šalteniai
Lupika
Vaiguva
Grimziai
Kražantė
Pagiai
Pakėvis
Kražantė
Kukečiai
Karklėnai
Burbaičiai
Verpena
Gaštynai
Paverpenis
Petrališkė
Kelmė
Kelmės dvaro rūmai
Naudvaris
Maneikiai
194
159
215
223
158
157
A12
E77
150

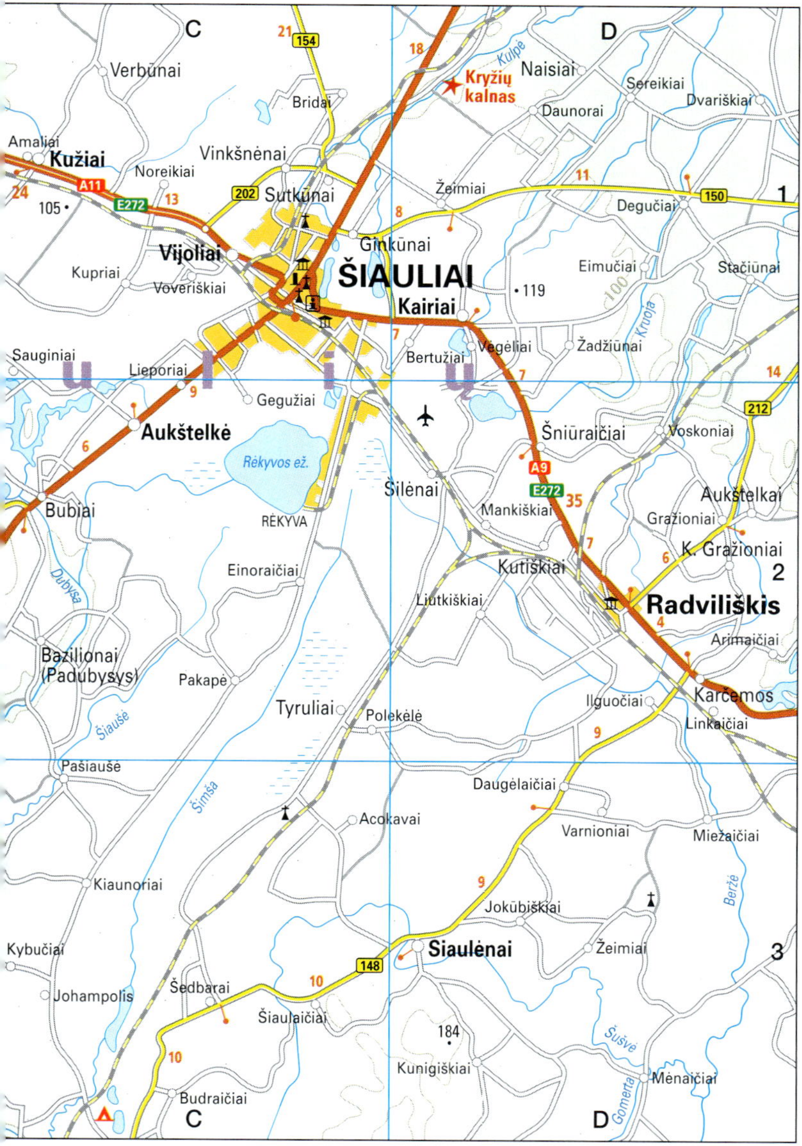
C
D
Verbūnai
Bridai
Kryžių kalnas
Naisiai
Kulpė
Daunorai
Sereikiai
Dvariškiai
Amaliai
Kužiai
Vinkšnėnai
Noreikiai
Žeimiai
Degučiai
A11
E272
202
Sutkūnai
150
154
105
Vijoliai
Ginkūnai
Kupriai
ŠIAULIAI
Eimučiai
Stačiūnai
Voveriškiai
119
Kairiai
Kruoja
Sauginiai
Bertužiai
Vegėliai
Žadžiūnai
Lieporiai
Gegužiai
Aukštelkė
Šniūraičiai
Voskoniai
212
Rėkyvos ež.
A9
Šilėnai
E272
Aukštelkai
Bubiai
Mankiškiai
Gražioniai
RĖKYVA
K. Gražioniai
Kutiškiai
Einoraičiai
Dubysa
Liutkiškiai
Radviliškis
Arimaičiai
Bazilionai (Padubysys)
Pakapė
Ilguočiai
Karčemos
Tyruliai
Polekėlė
Linkaičiai
Šiaušė
Pašiaušė
Daugėlaičiai
Šimša
Acokavai
Varnioniai
Miežaičiai
Kiaunoriai
Jokūbiškiai
Beržė
Kybučiai
Siaulėnai
Žeimiai
148
Johampolis
Šedbarai
Šiaulaičiai
184
Šušvė
Kunigiškiai
Mėnaičiai
Gomerta
Budraičiai
1
2
3

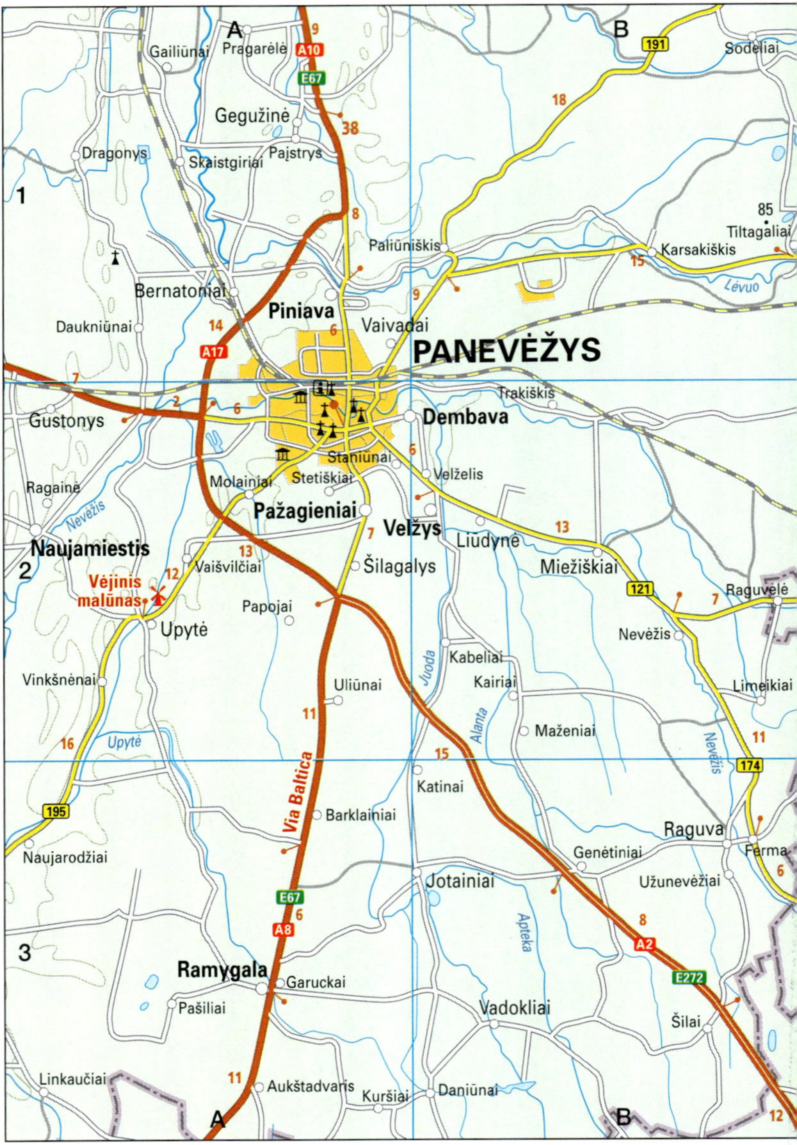
A
B
1
2
3
PANEVĖŽYS
Gailiūnai
Pragarėlė
Gegužinė
Dragonys
Skaistgiriai
Pajstrys
Sodeliai
Tiltagaliai
Karsakiškis
Paliūniškis
Lėvuo
Bernatoniai
Piniava
Vaivadai
Daukniūnai
Trakiškis
Gustonys
Dembava
Staniūnai
Velželis
Ragainė
Molainiai
Stetiškiai
Pažagieniai
Velžys
Liūdynė
Nevėžis
Naujamiestis
Vaišvilčiai
Šilagalys
Miežiškiai
Raguvėlė
Vėjinis malūnas
Papojai
Upytė
Nevėžis
Kabeliai
Kairiai
Vinkšnėnai
Uliūnai
Limeikiai
Juoda
Alanta
Maženiai
Upytė
Katinai
Via Baltica
Barklainiai
Raguva
Ferma
Naujarodžiai
Genėtiniai
Jotainiai
Užunevėžiai
Apteka
Ramygala
Garuckai
Pašiliai
Vadokliai
Šilai
Linkaučiai
Aukštadvaris
Kuršiai
Daniūnai
A10
E67
A17
A8
A2
E272
191
121
174
195
85

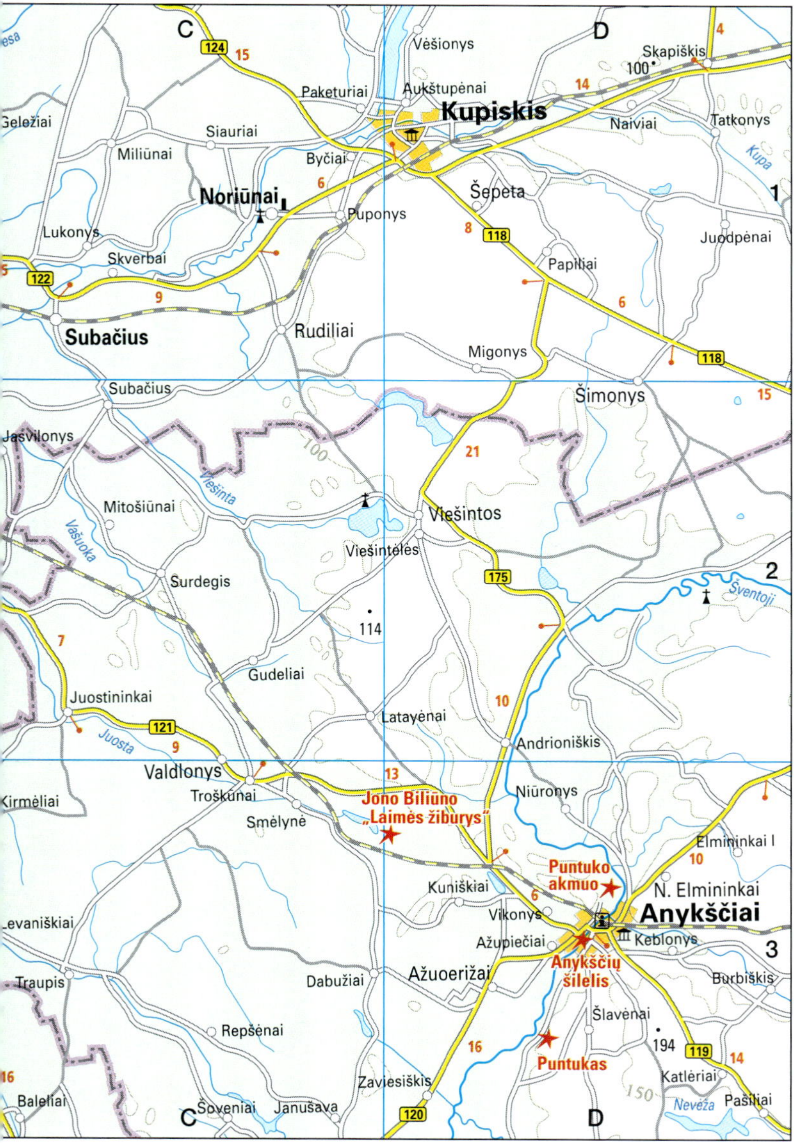

Kartenatlas

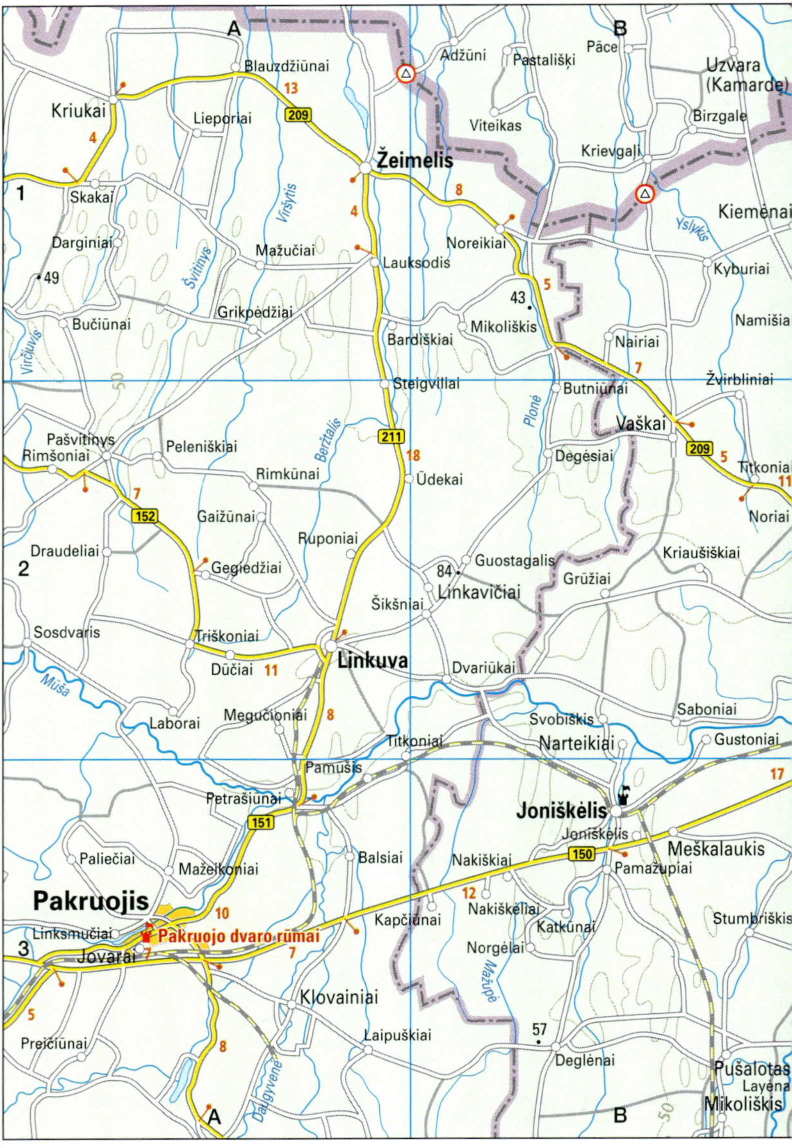

A
B
1
2
3
Blauzdžiūnai
Adžūni
Pastališki
Pāce
Uzvara (Kamarde)
Birzgale
Kriukai
Lieporiai
Viteikas
Krievgali
Žeimelis
Skakai
Kiemėnai
Darginiai
Mažučiai
Noreikiai
Lauksodis
Kyburiai
Švitinys
Viršytis
Yslykis
Grikpėdžiai
Mikoliškis
Bučiūnai
Bardiškiai
Nairiai
Namišia
Virčiuvis
Steigviliai
Butniūnai
Žvirbliniai
Vaškai
Pašvitinys
Rimšoniai
Peleniškiai
Beržtalis
Degėsiai
Titkoniai
Rimkūnai
Ūdekai
Noriai
Gaižūnai
Ruponiai
Kriaušiškiai
Draudeliai
Gegiedžiai
Guostagalis
Grūžiai
Šikšniai
Linkavičiai
Sosdvaris
Triškoniai
Linkuva
Dvariūkai
Dūčiai
Mūša
Laborai
Megučioniai
Svobiškis
Saboniai
Titkoniai
Narteikiai
Gustoniai
Pamušis
Petrašiunai
Joniškėlis
Meškalaukis
Pamažupiai
Paliečiai
Mažeikoniai
Balsiai
Nakiškiai
Pakruojis
Kapčiūnai
Nakiškėliai
Katkūnai
Stumbriškis
Linksmučiai
Pakruojo dvaro rūmai
Jovarai
Norgėlai
Mažupė
Klovainiai
Preičiūnai
Laipuškiai
Deglėnai
Pušalotas
Layena
Mikoliškis
Daugyvenė
Plonė
209
211
152
151
150

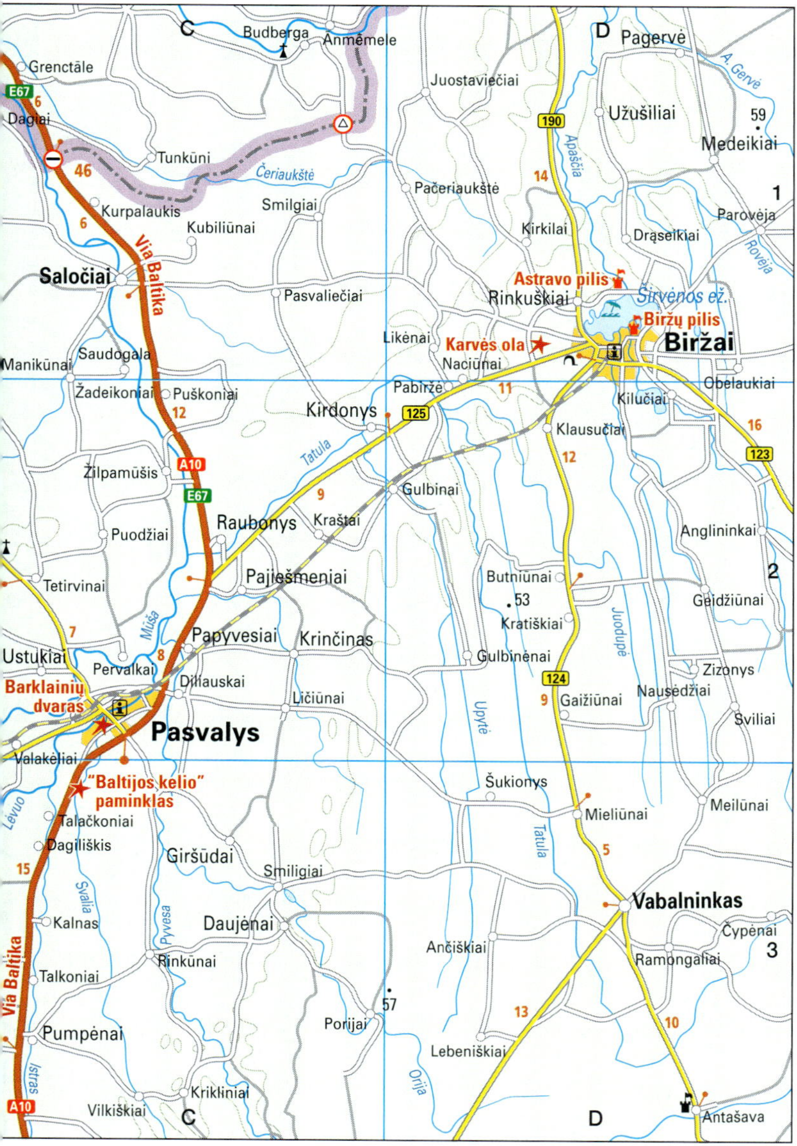

Kartenatlas

A
B
1
2
3
Butėnai
Varkujai
Aknystos
Aušra
Šiaudiniai
Kaliekiai
Šileikiai
Sirutėnai
Sudeikiai
Alaušas
Antandraja
Indrajai
Daugailiai
Šavaša
Radeikiai
Juknėnai
Vaikutėnai
Vyžuona
Utena
Atkočiškės
Grybeliai
Klovinai
Mockėnai
Spitrėnai
Sirvydžiai
Klykių k.
235
Utenos m.
Nemeikščiai
Klykiai
Leliūnai
Antalgė
Ažugiriai
Narkūnai
Biliakiemis
Pačkėnai
Tauragnai
Pakalniai
Viešа
Maleckažemis
Piliakalnis
247
Kvykliai
Kuktiškės
Kaniūkai
Skudutiškis
Runionys
175
Saldutiškis
Sugintčiai
Sidabrinės
Galuonis
Naujasodis
Verbiškės
Kulionys
Pašekščiai
Aisetas
Virintai
Molėtų observatorija
Juodėnai
Toliejai
Šnieriškės
Labanoras
Žiūrai
Levaniškiai
Ažubaliai
Stirniai
Žvejybos muziejus
Kijėliai
Šeštokiškės
Mindūnai
Siesartis
Rašiai
Molėtai
Utena
Grajauda
Baltųjų Lakajа
A6
E262
A14
118
119
114
100
150
200
16
14
8
48
9
29
12
10
20
23

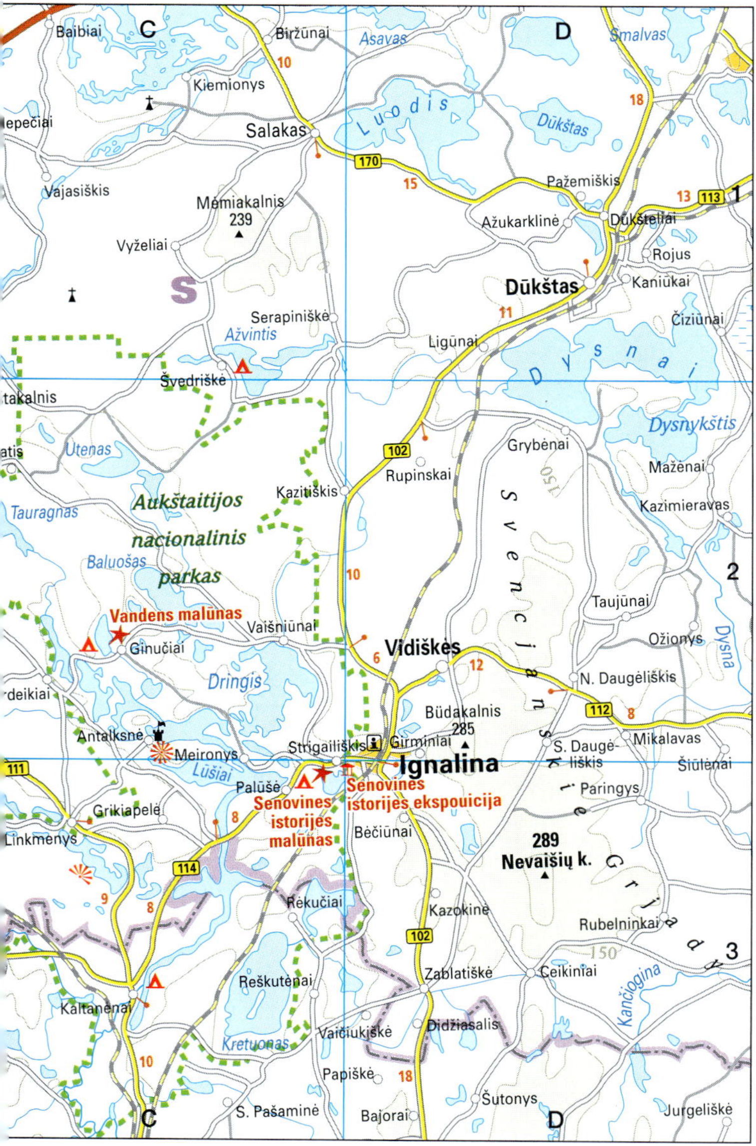
Baibiai
C
Biržūnai
Asavas
D
Smalvas
Kiemionys
Luodis
Dūkštas
Salakas
170
Pažemiškis
Vajasiškis
Mėmiakalnis
239
113
Ažukarklinė
Dūkšteliai
Vyželiai
Rojus
Dūkštas
Kaniūkai
Serapiniškė
Ažvintis
Čižiūnai
Ligūnai
Dysnai
Švedriškė
Dysnykštis
Utenas
102
Grybėnai
Rupinskai
Mažėnai
Kazitiškis
Aukštaitijos
nacionalinis
parkas
Tauragnas
Kazimieravas
Baluošas
Svencjanskie Grjady
Vandens malūnas
Taujūnai
Vaišniūnai
Ožionys
Ginučiai
Vidiškės
Dysna
Dringis
N. Daugėliškis
Antalksnė
Būdakalnis
285
112
Mikalavas
Strigailiškis
Girminiai
Meironys
S. Daugė-
liškis
Ignalina
Šiūlėnai
111
Lūšiai
Palūšė
Senovinės
istorijės ekspouicija
Paringys
Grikiapelė
Senovinės
istorijės
malūnas
Linkmenys
Bėčiūnai
289
Nevaišių k.
114
Rėkučiai
Kazokinė
Rubelninkai
102
Reškutėnai
Zablatiškė
Ceikiniai
Kančiogina
Kaltanėnai
Vaičiukiškė
Didžiasalis
Kretuonas
Papiškė
Šutonys
S. Pašaminė
Bajorai
Jurgeliškė

Kartenverzeichnis

Litauen .... Umschlag vorn
Fähr- und Landverbindungen . . 17
Ethnographische Regionen 98
Aukštaitija-Nationalpark 420

Stadtpläne

Druskininkai 218
Kaunas 240
Kaunas, Zentrum 244
Klaipėda 299
Klaipėda, Zentrum 302
Nida 351
Palanga 362
Panevėžys 397
Šiauliai 385
Trakai 209
Vilnius . . . . Umschlag hinten
Vilnius, Altstadt und Umgebung 142

Kartenatlas

Blattschnitt, Zeichenerklärung . . . I
Rund um Vilnius II
Der Süden IV
Rund um Kaunas VI
Nördlich von Kaunas VIII
Klaipėda und Kurische Nehrung X
Palanga und Ostseeküste XII
Am Nemunas (Memel) entlang XIV
Rund um Šiauliai XVI
Rund um Panevėžys XVIII
Der Norden XX
Das Land der Seen XXII

1 Pušis
2 Tvirtovė
★ 3 Kenessa-Gebetshaus
4 Mariä-Erscheinungskirche
5 Victoria
• 6 Europaplatz/Europaturm
7 Kalvariju-Markt
8 St. Peter und Paul Kirche
9 SaulėsNamai
10 Pushkin Gedenkmuseum
11 Hotel Užupio
12 Jaunųjų Turistų Centras
13 JH Filaretai
• 14 Konzert- und Sportpalast
15 Sanvita/Ad Astrum
16 Energiemuseum
17 Best Western Naujasis Vilnius
• 18 Parlament/Nationalbibliothek
19 St. Philip- und Jakobkirche
★ 20 Lukiškių aikšte
21 KGB-Museum
• 22 Musikakademie
• 23 Deutsche Botschaft
• 24 Hochzeitspalast, Gewerkschaftshaus
25 Romanovkirche
26 Russisches Schauspielhaus
27 Telekomas Guesthouse
28 Blumenmarkt
29 Centrum Uniquestay
30 Žemaitės
★ 31 Radiostudios,
• Schweizer Botschaft